2e édition

Psychologie et management

Estelle M. Morin et Caroline Aubé

Chenelière Éducation

Psychologie et management, 2e édition

Estelle M. Morin, Caroline Aubé

Édition : Pierre Frigon
Coordination : Lyne Larouche et Guillaume Proulx
Révision linguistique : Claire St-Onge et Nathalie Larose
Correction d'épreuves : Sarah Bernard
Conception graphique : Norman Lavoie
Infographie : Infoscan Collette
Conception de la couverture : So Design

Dans cet ouvrage, le masculin est utilisé comme représentant des deux sexes, sans discrimination à l'égard des hommes et des femmes, et dans le seul but d'alléger le texte.

Catalogage avant publication de Bibliothèque et Archives Canada

Morin, Estelle M.

Psychologie et management

2e éd.

Publ. antérieurement sous le titre : Psychologies au travail. Montréal : G. Morin, 1996.

Comprend des réf. bibliogr. et des index.

ISBN 2-7650-1283-0

1. Travail – Aspect psychologique. 2. Psychologie du travail. 3. Groupes, Dynamique des. 4. Qualité de la vie au travail. I. Aubé, Caroline, 1976- . II. Titre. III. Titre : Psychologies au travail.

HF5548.8.M63 2006 158.7 C2005-942179-7

Chenelière Éducation

7001, boul. Saint-Laurent
Montréal (Québec)
Canada H2S 3E3
Téléphone : (514) 273-1066
Télécopieur : (514) 276-0324
info@cheneliere.ca

ISBN 2-7650-1283-0

Dépôt légal : 1er trimestre 2007
Bibliothèque et Archives nationales du Québec
Bibliothèque et Archives Canada

Imprimé au Canada

1 2 3 4 5 IL 10 09 08 07 06

Nous reconnaissons l'aide financière du gouvernement du Canada par l'entremise du Programme d'aide au développement de l'industrie de l'édition (PADIÉ) pour nos activités d'édition.

Gouvernement du Québec – Programme de crédit d'impôt pour l'édition de livres – Gestion SODEC.

Préface

Estelle M. Morin et Caroline Aubé

La première édition de ce livre est une référence incontournable dans les cours de psychosociologie et comportement organisationnel des écoles de gestion francophones. La deuxième édition concentre, en quelque cinq cents pages, des décennies de recherches et de publications les plus utiles au gestionnaire.

L'ouvrage est extraordinairement pédagogique, de lecture agréable, ni simpliste ni caricatural. La synthétisation ne dénature pas la pensée des auteurs cités. Dans cet ouvrage, les auteures ne se contentent pas de juxtaposer des théories. Estelle Morin et Caroline Aubé s'adressent non seulement à l'apprenant, mais aussi au lecteur, qui ne peut manquer de s'interroger sur lui-même, de s'explorer à partir de ce qu'il lit. Le lecteur est interpellé dans sa propre expérience, son devenir (présentation des évolutions de personnalité, de carrière, etc.) et leur trouve un lieu de résonance.

D'entrée de jeu, l'ouverture sur la diversité des approches en psychologie donne le ton : le livre ne délaisse ou ne préfère aucune psychologie individuelle (au sens de « types de personnalités ») ni aucun discours scientifique sur la psychologie. L'ouvrage présente des filtres de compréhension, leurs intérêts et limites et laisse au lecteur le soin d'exprimer ses préférences et ses doutes. Estelle Morin et Caroline Aubé ont par ailleurs travaillé à le rendre accessible à chacun, en évitant le jargon et en multipliant les exemples.

Cette approche centrée sur le lecteur génère des bénéfices pédagogiques : au lieu de le perdre dans une accumulation de connaissances abstraites, elle lui montre à faire de la psychologie un savoir personnel, utile et dont il apprend aussi les limites. En cette époque où nous entrons dans de nouvelles modes de gestion de l'imaginaire (*coaching,* gestion des émotions), il convient pour chacun de mesurer les apports et les risques que ces modes présentent. Au fil des chapitres, le lecteur découvre que la richesse de la subjectivité humaine nécessite une gestion différenciée de chacun selon son parcours (sexe, âge, origine, sensibilité selon les moments de la vie).

Cette deuxième édition vient à point nommé. L'Europe du Sud (Italie, Espagne, France) a été traditionnellement assez rétive à l'égard de la psychologie voulant préserver les « jardins secrets » de chacun. Aujourd'hui, c'est l'inverse. Dans les médias, on voit l'utilisation généralisée de psychologues un peu partout. Dans la gestion, les habiletés interpersonnelles sont de plus en plus mises en avant ; des référentiels de ce qui est attendu des gestionnaires fleurissent abondamment. L'accélération du temps, les nouvelles technologies de l'information et de la communication intensifient le stress. *Quid* d'un gestionnaire durable ?

L'ouvrage d'Estelle Morin et de Caroline Aubé est un outil précieux en regard de cette situation. Il nous aide à prendre une distance. Il dépasse les théories et les techniques et nous invite à une quête du sens combien nécessaire.

Georges Trépo
Professeur
Groupe HEC

Avant-propos et remerciements

Le présent ouvrage, *Psychologie et management,* est le fruit d'une belle complicité entre deux femmes qui en sont à des étapes bien différentes de leur carrière, mais qui partagent une même passion : la psychologie, cette science fabuleuse qui tente de comprendre les phénomènes de l'esprit et les façons d'agir des êtres humains. La psychologie s'intéresse non seulement aux comportements, mais aussi aux rêves, aux aspirations, aux désirs, aux conflits, aux peurs, aux joies, aux valeurs et à la vie sociale.

La psychologie est très utile dans la vie en générale et dans le monde du travail en particulier. De cette discipline découle un ensemble de pratiques qui visent à s'aider soi-même et à aider les autres à développer leur potentiel et leur autonomie – en d'autres termes, leur liberté. Dans le langage courant, nous utilisons l'expression « faire preuve de psychologie » pour désigner ces pratiques.

En tant que professeures à HEC Montréal, notre mission consiste à faire découvrir et apprécier la psychologie à des gestionnaires en herbe ou en exercice. Plus spécifiquement, nous souhaitons amener les personnes à mieux comprendre leurs propres comportements et ceux d'autrui ainsi qu'à développer des relations interpersonnelles saines et productives, tant au travail que dans leur vie de tous les jours.

Ce livre a été rédigé à partir de l'ouvrage *Psychologies au travail,* publié par Estelle M. Morin en 1996. *Psychologies au travail* a connu beaucoup de succès auprès des lecteurs en raison de ses qualités pédagogiques et de sa pertinence dans un contexte de gestion. Cette première édition présentait notamment l'avantage de rendre accessibles les théories et les concepts de la psychologie sans pour autant offrir une vision simpliste des phénomènes psychologiques. L'ouvrage original, jumelé à la qualité de l'enseignement offert par les professeurs qui s'en sont servi, a permis à des milliers d'étudiants de premier et de deuxième cycle d'apprivoiser la psychologie et d'en intégrer les principes, tant dans leur vie quotidienne que dans leur pratique professionnelle.

Psychologie et management poursuit les mêmes objectifs, soit faire le pont entre la psychologie et le management, ainsi qu'insuffler aux gestionnaires un réel intérêt pour la psychologie en milieu de travail. Nous avons pris soin de préserver les qualités de l'ouvrage original, auquel nous avons intégré les nouveaux développements théoriques et empiriques en psychologie du travail et des organisations. Nous abordons également des sujets qui ont suscité beaucoup d'intérêt au cours des dernières années, tels que le harcèlement moral, l'absentéisme, la santé mentale des employés, le sens du travail, etc.

La psychologie étant une discipline aussi complexe que fascinante, nous présentons à la fin de l'ouvrage un glossaire qui permet de trouver rapidement les définitions de certains termes spécialisés. Un « texte classique » est également associé à chaque chapitre dans le but d'initier les lecteurs aux travaux de certains auteurs qui ont marqué – et qui continuent d'influencer – la psychologie du travail et des organisations. Par ailleurs, afin d'illustrer les concepts présentés, nous avons puisé des textes dans la littérature non scientifique. C'est pourquoi vous trouverez dans cet ouvrage des extraits de Platon, de Jules Verne, de Gilbert Bécaud, de l'histoire des trois princes de Serendip, du *Petit Prince* d'Antoine de Saint-Exupéry et d'autres encore.

Cet ouvrage est le résultat de nombreuses années d'enseignement de la psychologie et, en toute modestie, d'un travail de rédaction soutenu et difficile. Toutefois, ce livre n'aurait pas vu le jour dans sa forme actuelle sans la collaboration et le soutien de plusieurs personnes. Nous pensons bien sûr à nos collègues de HEC Montréal qui, comme nous, partagent une passion pour la psychologie, dont Céline Bareil, Réal Jacob, Pierre Lesage, Gérard Ouimet et Alain Rondeau, sans oublier les nombreux chargés de cours et stagiaires d'enseignement qui ont participé à l'enrichissement de nos cours à HEC Montréal, parmi lesquels Luc Audebrand, Carol Bélanger, Benoît Cherré, Jean-Christophe Durand, Geneviève Hervieux, Nathalie Lemieux, Stéphanie Rivier, Jocelyne Savoie et Christian Voirol. Nous tenons également à remercier chaleureusement Joëlle Breault et Philippe-Étienne Langdeau pour leur travail de recherche. La réalisation de cet ouvrage a également été rendue possible grâce au soutien moral et financier de HEC Montréal. À cet égard, nous tenons spécialement à remercier Jean-Marie Toulouse et Réal Jacob. Merci d'avoir cru en notre projet. Nous remercions également du fond du cœur tous les étudiants à qui nous avons enseigné, pour leurs questions, leurs commentaires et leurs réflexions. Vous nous avez beaucoup appris. Merci également à toute l'équipe de Chenelière Éducation, et en particulier à Sylvain Ménard et Pierre Frigon, pour leur attention cordiale et leur appui tout le long de la production de cet ouvrage.

Enfin, nous ne pourrions passer sous silence l'immense soutien que nous ont apporté nos familles respectives. Merci à Thierry, Olivier, Marianne, Étienne et Vincent pour votre amour, votre compréhension et vos encouragements. C'est en grande partie grâce à vous si nous avons réussi à maintenir le cap et à mener notre projet à terme.

Estelle M. Morin et Caroline Aubé

Table des matières

Introduction

La psychologie est une science qui permet de comprendre le comportement des personnes. Si elle ne donne pas la « bonne réponse » aux questions qu'on peut se poser à propos de soi ou d'autrui, elle propose à tout le moins des moyens de comprendre ses propres attitudes et réactions, de même que celles des autres ; elle permet aussi de trouver un sens à ses expériences et de résoudre les problèmes auxquels on doit faire face chaque jour.

La psychologie constitue une discipline fondamentale de la direction des personnes et de la gestion des organisations. En tant que science du comportement, elle fournit des façons de décrire, de comprendre et même, parfois, de prédire les attitudes et les comportements des gestionnaires et des employés ; elle contribue aussi à l'amélioration des pratiques de gestion en aidant les personnes à trouver du sens dans leur travail et à développer des habiletés interpersonnelles.

Au XIXe siècle, la psychologie pouvait être considérée comme une discipline relativement homogène : les premiers psychologues s'intéressaient aux mêmes phénomènes et leurs méthodes étaient semblables. Koch (1993) explique qu'il existe aujourd'hui plusieurs approches et différents objets d'étude, résultat de la spécificité des problèmes auxquels s'intéressent les chercheurs. D'après Bower (1993), les spécialisations du champ de la psychologie ne mettent toutefois pas en péril son intégrité. Par ailleurs, on reconnaît que la philosophie et la physiologie sont les racines de la psychologie. À l'origine, les philosophes cherchaient à comprendre des phénomènes tels que la conscience, l'expérience et la subjectivité, l'âme et le corps, ou encore l'inné et l'acquis. Avec le développement des sciences, en particulier la physiologie, la psychologie a pris un essor important. En outre, la neurophysiologie a permis de mieux comprendre les phénomènes de la conscience ainsi que les processus organisateurs des conduites humaines, dont la perception, la motivation et l'apprentissage.

Pour présenter les fondements psychologiques des comportements humains au travail, nous avons opté pour la pluralité des perspectives. Bien qu'il soit certainement difficile de cacher notre préférence, nous avons toutefois tenu à rendre hommage à la diversité des contributions de la psychologie au monde du travail.

Cet ouvrage a pour objectif de présenter une véritable introduction aux fondements psychologiques du comportement humain appliqués dans des situations de travail. Il vise à transmettre au lecteur les connaissances de base qui l'aideront à mieux comprendre son propre comportement et celui des autres, et ce, non seulement dans les milieux de travail, mais dans la vie en général.

Dans une perspective plus large, cet ouvrage propose aussi des moyens de développer des habiletés de travail en équipe et de leadership. Une enquête menée par

Aiken et autres (1994) révèle que les employeurs s'attendent à ce que les diplômés en administration aient développé les compétences suivantes : l'habileté à communiquer et à s'entendre avec les autres, la capacité et la volonté d'apprendre, la pensée critique et la créativité. Ils devront aussi avoir développé des qualités personnelles comme la fiabilité, l'initiative et le leadership.

Dans le même ordre d'idées, le Conference Board du Canada (2000) a décrit le profil des compétences que recherchent les employeurs canadiens et que nous présentons dans le tableau 1. Leurs attentes sont regroupées en trois domaines : les compétences de base, les compétences personnelles en gestion et les compétences pour le travail d'équipe. Les compétences de base consistent à communiquer, à gérer l'information, à utiliser les chiffres, à réfléchir et à résoudre des problèmes. Ces compétences sont généralement acquises à l'école et dans le cadre de formations spécialisées. Les compétences personnelles recherchées consistent à démontrer des attitudes et des comportements positifs, à être responsable, à faire preuve de souplesse, à apprendre de façon continue et à travailler en sécurité. Ces compétences s'acquièrent et sont renforcées tout au long du développement personnel et professionnel ; elles impliquent la conscience et la compréhension de soi, de ses attitudes et de ses comportements, et cela dans différentes situations, dont les situations de travail. La psychologie est en mesure d'apporter des connaissances en cette matière et de fournir des moyens de développer ces compétences. Enfin, les compétences pour le travail d'équipe se résument à savoir travailler avec d'autres et à participer aux projets ainsi qu'aux tâches. Ces compétences, qui peuvent s'acquérir par l'entremise de formations spécialisées, impliquent la connaissance et la compréhension des relations humaines, des rapports d'influence dans les équipes de travail et des phénomènes de groupe, tous des thèmes largement étudiés en psychologie du travail et des organisations.

Les contributions de la psychologie à la gestion et à l'intervention dans les organisations sont nombreuses. Elles sont le reflet de la diversité des conceptions de la nature humaine et reposent sur des systèmes de valeurs différents. La prochaine section présente quatre approches de la psychologie dans le but de familiariser le lecteur avec l'ensemble des théories, de lui faire apprécier l'étendue des préoccupations des psychologues-chercheurs et reconnaître les contributions de la psychologie en ce qui regarde l'amélioration de la qualité de vie au travail et l'efficacité des organisations.

TABLEAU 1 Les compétences relatives à l'employabilité 2000+

Les compétences dont vous avez besoin pour entrer, demeurer et progresser dans le monde du travail – que vous travailliez à votre propre compte ou en équipe.

Ces compétences peuvent également vous servir au-delà du milieu de travail, pour toute une gamme d'activités quotidiennes.

Compétences de base Les compétences essentielles à votre développement	**Compétences personnelles en gestion** Les compétences, attitudes et comportements qui favorisent le potentiel de croissance	**Compétences pour le travail d'équipe** Les compétences et les qualités nécessaires pour contribuer de façon productive
Vous serez davantage en mesure d'évoluer dans le monde du travail lorsque vous pouvez : **Communiquer :** • Lire et comprendre l'information sous diverses formes (c.-à-d. textes, graphiques, tableaux, schémas) • Écrire et parler afin de favoriser l'écoute et la compréhension d'autres personnes • Écouter et poser des questions afin de comprendre le sens et la valeur du point de vue des autres personnes • Partager l'information par l'utilisation de diverses technologies de l'information et de communications (verbalement, courrier électronique, ordinateurs) • Utiliser les connaissances et compétences scientifiques, technologiques et mathématiques appropriées pour expliquer ou préciser des idées **Gérer l'information :** • Repérer, recueillir et organiser l'information en utilisant les systèmes de technologie et d'information appropriés • Consulter, analyser et appliquer les connaissances et compétences de diverses disciplines (p. ex. : les arts, les langues, la science, la technologie, les mathématiques, les sciences sociales et humaines) **Utiliser les chiffres :** • Décider ce qui doit être mesuré ou calculé • Observer et sauvegarder l'information en utilisant les méthodes, les outils et les technologies appropriées • Faire des estimations et vérifier les calculs **Réfléchir et résoudre des problèmes :** • Évaluer des situations et cerner les problèmes • Rechercher divers points de vue et les évaluer objectivement • Reconnaître les dimensions humaines, interpersonnelles, techniques, scientifiques et mathématiques d'un problème • Déterminer la source d'un problème • Être créatif et novateur dans la recherche de solutions • Utiliser d'emblée la science, la technologie et les mathématiques pour réfléchir, acquérir et partager le savoir, résoudre des problèmes et prendre des décisions • Évaluer des solutions pour faire des recommandations ou arriver à des décisions • Adopter des solutions • Confirmer l'efficacité d'une solution et l'améliorer	*Vous pourrez accroître vos chances de réussite lorsque vous pouvez :* **Démontrer des attitudes et des comportements positifs :** • Bien vous sentir dans votre peau et être confiant • Aborder les personnes, les problèmes et les situations de façon honnête et morale • Reconnaître la valeur de votre travail ainsi que les efforts des autres • Prioriser (*sic*) votre santé • Manifester de l'intérêt, faire preuve d'initiative et fournir des efforts **Être responsable :** • Fixer des buts et des priorités tout en maintenant un équilibre entre le travail et la vie personnelle • Planifier et gérer votre temps, votre argent et d'autres ressources afin d'atteindre vos buts • Évaluer et gérer le risque • Être responsable de vos actions et celles de votre groupe • Contribuer au bien-être de la communauté et de la société **Être souple :** • Travailler de façon autonome ou en équipe • Effectuer des tâches ou des projets multiples • Être novateur et ingénieux : rechercher et proposer plusieurs façons pour atteindre des objectifs et accomplir le travail • Être ouvert et réagir de façon positive au changement • Tirer profit de vos erreurs et accepter la rétroaction • Composer avec l'incertitude **Apprendre constamment :** • Être disposé à apprendre et à croître • Évaluer vos forces personnelles et déterminer les points à améliorer • Fixer vos propres objectifs d'apprentissage • Identifier et recourir aux sources et occasions d'apprentissage • Fixer et atteindre vos objectifs **Travailler en sécurité :** • Connaître les pratiques et procédures de santé personnelle et collective et agir en conséquence	*Vous serez plus apte à améliorer les résultats d'un travail, d'un projet ou de la performance d'une équipe lorsque vous pourrez :* **Travailler avec d'autres :** • Comprendre et composer avec la dynamique d'un groupe • Veiller à ce que les buts et objectifs de l'équipe soient clairs • Être souple : respecter, accueillir et appuyer les idées, les opinions et la contribution des autres membres du groupe • Reconnaître et respecter la diversité des perspectives dans un groupe • Recevoir et donner de la rétroaction de façon constructive et respectueuse • Contribuer au succès de l'équipe en partageant l'information et son expertise • Diriger, appuyer ou motiver l'équipe pour une performance maximale • Comprendre le rôle du conflit dans un groupe pour parvenir à des solutions • Gérer et résoudre les conflits **Participer aux projets et aux tâches :** • Planifier, concevoir ou mettre en œuvre un projet ou une tâche, du début à la fin, en maintenant le cap sur des objectifs et des résultats • Planifier et rechercher la rétroaction, tester, réviser et mettre en œuvre • Travailler selon les normes de qualité établies • Choisir et utiliser les outils et la technologie qui conviennent à une tâche ou à un projet • Vous adapter aux exigences et à l'information changeantes • Superviser des projets ou des tâches et identifier des moyens de les améliorer **Conference Board du Canada (2000)**

Quatre approches de la psychologie

En psychologie, quatre approches sont généralement reconnues : 1) l'approche psychodynamique-analytique ; 2) l'approche béhaviorale-cognitive ; 3) l'approche systémique-interactionnelle ; et 4) l'approche humaniste-existentielle (Schultz, 1975). Les pratiques thérapeutiques au Québec sont d'ailleurs classées sous ce répertoire. Le tableau 2 présente des psychologues et des psychiatres qui ont particulièrement influencé le développement de ces approches. Il indique aussi certains de leurs objets de recherche et leurs contributions.

Une mise en garde doit cependant être faite à propos du classement des auteurs et de leurs contributions. Premièrement, tout système de classification étant réductionniste et simplificateur, il s'ensuit que certains auteurs (c'est le cas notamment de

TABLEAU 2 Les quatre approches de la psychologie

Approche psychodynamique-analytique	Approche béhaviorale-cognitive	Approche systémique-interactionnelle	Approche humaniste-existentielle
P. Janet Abaissement du niveau mental	**J. B. Watson** Conditionnement (émotionnel)	**M. Wertheimer** Lois d'organisation perceptive	**G. W. Allport** Traits Réalisation personnelle Estime et identité
S. Freud Plaisir Inconscient Refoulement	**E. C. Tolman** Intentionnalité Attente	**W. Köhler** Champ-isomorphisme *Insight*	**R. D. Laing** Antipsychiatrie
A. Adler Complexe d'infériorité Pouvoir	**C. L. Hull** Apprentissage Adaptation biologique	**K. Lewin** Topologie Dynamique du groupe Méthode de travail Style d'autorité Résolution de conflit Recherche-action Changement	**A. H. Maslow** Besoins et valeurs Santé mentale Extase
K. Horney Déterminants sociaux de la vie psychique Confiance de base Anxiété de base	**B. F. Skinner** Conditionnement opérant Contingences de renforcement	**F. S. Perls** Gestaltthérapie	**C. R. Rogers** Attitudes aidantes Relation humaine Regard positif
E. H. Erikson Développement de la personnalité	**A. Bandura** Sentiment d'efficacité personnelle Apprentissage indirect		
H. Kohut Psychologie du *self* Approbation, satisfaction Narcissisme Déflation/inflation	**J. Piaget** Genèse de l'intelligence Équilibration Épistémologie		
C. G. Jung Inconscient collectif Individuation Type psychologique			

Lewin et de Jung) pourraient tout aussi bien être classés ailleurs dans cette taxinomie. Le classement proposé ici n'est donc pas parfait, mais certainement utile pour se familiariser avec le domaine de la psychologie. Deuxièmement, la recension des auteurs et la présentation de leurs contributions ne sont pas exhaustives, le but de cette introduction n'étant pas de tout présenter. Il s'agit plutôt de se familiariser avec les différentes approches et de souligner les contributions de la psychologie à la gestion et à l'intervention dans les organisations.

L'approche psychodynamique-analytique

L'approche psychodynamique-analytique doit beaucoup à Sigmund Freud (1856-1939) ainsi qu'à ses prédécesseurs tels Pierre Janet (1859-1947) et Jean M. Charcot (1825-1893). Les pratiques thérapeutiques et les chercheurs qui adoptent cette approche s'inspirent d'une variété de travaux dont ceux d'Alfred Adler (1870-1937), de Karen Horney (1885-1952), d'Erik Erikson (1902-1994), de Melanie Klein (1882-1960), de Heinz Kohut (1913-1981), de Carl G. Jung (1875-1961) et de Jacques Lacan (1901-1981). Les tenants de l'approche psychodynamique-analytique s'intéressent à l'exploration de la vie psychique, soit par l'association libre, par l'analyse des rêves ou encore par l'analyse du transfert. Aujourd'hui, la psychanalyse est devenue une véritable théorie de la psyché, fondée sur l'expérience concrète et la phénoménologie.

La psychanalyse présente la nature humaine comme étant déterminée biologiquement. C'est donc l'enfance qui retient l'attention des psychanalystes (en particulier les freudiens), car c'est au cours de cette période (de la naissance à six ans) que la personnalité se formerait. Le plaisir est le grand principe qui guide le comportement. Le changement de la personnalité est décrit comme un processus qui se déroule par étapes verticales : la personne doit franchir une étape (qui correspond en quelque sorte à un défi) avant d'atteindre l'étape suivante, située à un niveau supérieur par rapport à son état actuel. La théorie du développement proposée par Erikson (1950) constitue un bon exemple de ce type de changement.

La psychanalyse en tant qu'approche a fortement inspiré les travaux de plusieurs chercheurs dans le domaine des sciences de la gestion. Des auteurs comme Dejours (1980), Jaques (1955, 1965), Kets de Vries et Miller (1985), Lapierre (1992), Levinson (1975), Maccoby (1976) et Zaleznik (1966, 1989) se sont servis de la théorie et de la méthode propres à la psychanalyse pour analyser et comprendre le fonctionnement des organisations et l'exercice du leadership.

L'approche béhaviorale-cognitive

L'approche béhaviorale-cognitive s'étend à toutes les sphères des sciences humaines ; on la retrouve aussi bien dans le domaine de l'éducation que dans celui de l'administration (ex. : en système d'information, en marketing et en gestion des ressources humaines). En amont de cette approche, on trouve le béhaviorisme de Burrhus F. Skinner (1904-1990). En aval, la psychologie cognitive d'Ulric Neisser (1928-) et de Jean Piaget (1896-1980). Le lien entre ces deux écoles a été établi à travers l'étude des processus cognitifs et de l'apprentissage. Depuis quelques années, on constate que l'approche cognitive remplace progressivement l'approche béhaviorale, en raison de l'insuffisance des formulations stimulus-réponse ou réponse-renforcement, caractéristiques de l'orthodoxie béhavioriste (Boneau, 1992; Lazarus, 1991a; Mahoney, 1991).

Le béhaviorisme représente le courant positiviste: les psychologues qui adoptent cette approche cherchent à expliquer le comportement à partir de phénomènes observables ou de leurs relations directes (Delprato et Midgley, 1992). Parmi les chercheurs qui ont influencé le développement du béhaviorisme figurent Clark L. Hull (1884-1952), Ivan P. Pavlov (1849-1936), Edward C. Tolman (1886-1959), John B. Watson (1878-1958) et, plus récemment, Albert Bandura (1925-) et Arthur W. Staats (1924-).

Quant à la psychologie cognitive, ses fondements remontent aux expériences de Wilhelm Wundt (1832-1920), entreprises en Allemagne dès 1879. C'est toutefois aux États-Unis qu'elle a pris véritablement racine, au cours des années 1950, à la faveur de trois développements importants: 1) la théorie de l'information et les modèles de traitement de l'information; 2) l'informatique; et 3) la linguistique. La psychologie cognitive vise à comprendre la nature de l'intelligence humaine et de la pensée. Plusieurs thématiques sont abordées par les chercheurs dans ce domaine: l'attention, la perception, les représentations et les connaissances, la mémoire, la résolution de problèmes et le raisonnement, le langage et l'apprentissage.

D'après les tenants de l'approche béhaviorale-cognitive, le comportement d'une personne est déterminé avant tout par le milieu dans lequel elle se trouve; c'est pour cette raison que l'apprentissage en constitue l'un des thèmes centraux. Le comportement est régi par l'adaptation. Le changement s'effectue par l'association d'une nouvelle expérience avec une ancienne et par l'équilibration des structures concernées.

L'approche béhaviorale-cognitive est à l'origine du développement du « comportement organisationnel » dans les sciences de l'administration; il s'agit en fait d'un champ hybride qui puise parmi les notions de la psychologie (psychologie sociale, psychométrie), de la sociologie (organisation, travail et professions) et du management (management scientifique, relations humaines). Le comportement organisationnel (qu'on désigne en anglais par le sigle OB, aussi utilisé en français) concerne les phénomènes humains qui se produisent dans les organisations, tant au niveau des individus, des groupes que des organisations. Dans son application « micro », c'est-à-dire d'orientation plutôt psychologique et qu'on appelle « micro-OB », les principaux thèmes de recherche sont la satisfaction et l'engagement au travail, la motivation au travail, le leadership, la prise de décision, l'organisation du travail, l'absentéisme et les départs volontaires, la performance et l'efficacité (O'Reilly, 1991).

L'attention des chercheurs en OB se dirige de plus en plus vers des problématiques propres à la « macro-OB », c'est-à-dire d'orientation plutôt sociologique, telles que la stratégie, le symbolisme organisationnel, le climat et la culture de l'entreprise, l'apprentissage organisationnel, le pouvoir, la prédominance et les répercussions des nouvelles technologies (Wilpert, 1995).

L'approche systémique-interactionnelle

L'approche systémique-interactionnelle tire ses origines de la gestaltthéorie et de la théorie du système général de Ludwig von Bertalanffy (1901-1972).

La gestaltthéorie (ou le gestaltisme) met l'accent sur la perception et la totalité dans la vie psychologique. C'est Wolfgand Köhler (1887-1967) qui a introduit la notion de « champ », reprise par Kurt Lewin (1890-1947). Dans le domaine thérapeutique, on associe principalement la gestalt aux travaux de Frederik S. Perls (1893-1970). La théorie de von Bertalanffy sert de référence à cette approche, quoique les psychologues qui l'utilisent aient plutôt tendance à la « linéariser », et donc à la réduire à la simple description des composants du système étudié.

Selon cette approche, le sens, en tant que gestalt, oriente la conduite de l'individu. Les chercheurs s'intéressent en particulier aux valeurs qui sous-tendent les attitudes et les conduites de même qu'aux représentations qu'elles inspirent. Ils proposent une conception de la nature humaine déterminée à la fois biologiquement et socialement. En d'autres termes, ils avancent que le comportement est fonction de l'interaction de facteurs psychologiques et environnementaux. Le changement est conçu comme un déplacement des forces présentes dans le système ; il s'agit en fait du passage d'un état virtuel à un état actuel, impliquant la continuité ou la conservation de la structure même du système. La maturation, l'apprentissage et la réforme sont des exemples de ce type de changement.

L'approche systémique-interactionnelle est aussi très présente dans le champ du comportement organisationnel. Les chercheurs associés à cette approche ont contribué au développement des connaissances en ce qui a trait aux équipes de travail, à la motivation, à la résolution de problèmes et à la prise de décision, au leadership et au changement organisationnel.

L'approche humaniste-existentielle

Dans l'histoire de la psychologie, la popularité de l'approche humaniste-existentielle est plus récente. Dans une certaine mesure, on peut considérer Kurt Lewin comme un précurseur de l'école des relations humaines. Avec l'aide de ses collaborateurs, il a fait valoir l'aspect humain des organisations. En philosophie, Martin Buber (1878-1965), Martin Heidegger (1889-1976), Edmund Husserl (1859-1938), Sören A. Kierkegaard (1813-1855) et Jean-Paul Sartre (1905-1980) ont largement influencé le développement de cette approche. Des psychologues l'ont finalement établie, notamment Gordon W. Allport (1897-1967), Abraham Maslow (1908-1970), Rollo May (1909-1994) et Carl Rogers (1902-1987), avec le concours de psychiatres tels Viktor E. Frankl (1905-1997) et Ronald Laing (1927-1989).

Selon les postulats de l'approche humaniste-existentielle, les déterminants de la personnalité sont d'ordre biologique, social et spirituel. C'est le devenir de l'individu (ou plutôt l'individu en devenir) qui retient l'attention. De plus, dans cette approche, c'est le sens de l'expérience (non pas comme une représentation, mais bien comme une signification) qui oriente le comportement. Le changement est conçu comme un processus de transformation, c'est-à-dire comme le passage de l'état actuel à un nouvel état, impliquant une discontinuité ou le dépassement de la structure du système qui le rend vulnérable pour un certain temps. La mutation, la création et la révolution sont des exemples de ce type de changement.

L'humanisme et l'existentialisme ont permis la remise en question des modes et des pratiques de gestion. Dans la foulée des George C. Homans (1910-1989), Elton Mayo (1880-1949), Alfred N. Whitehead (1861-1947) et autres, les psychologues de cette tradition ont pu mettre en évidence l'existence d'un ensemble complexe de sentiments ayant une influence directe sur les réponses de l'individu à l'égard des normes et des exigences de la production. Dans cette perspective, on reconnaît que les individus ont plusieurs besoins et que le travail n'est pas seulement, pour eux, un moyen de gagner leur vie, mais aussi un moyen d'apprendre, de se développer et de s'accomplir. L'organisation n'est pas uniquement un milieu officiel; c'est aussi un milieu non officiel, au sens où des relations s'établissent entre les individus au cours des activités, et ces relations humaines constituent la vie de l'organisation.

L'approche humaniste-existentielle a également contribué au champ du comportement organisationnel. Des chercheurs comme Frederick Herzberg (1923-2000), Rensis Likert (1903-1981) et Douglas McGregor (1906-1954) comptent parmi les grands auteurs dans ce domaine.

Le comportement humain : du psychologique au social

En psychologie, un comportement (ou une conduite) désigne un ensemble d'actions et de réactions. Ainsi, dire quelque chose, faire quelque chose, regarder quelqu'un ou attendre une réponse sont des exemples de comportement. De la même façon, ne pas dire quelque chose, ne rien dire, ne rien faire, ne pas se rendre à un rendez-vous, ne pas répondre, sont aussi des comportements. Penser, réfléchir, imaginer sont également des comportements, même s'ils sont difficilement observables.

Comment peut-on comprendre le comportement humain au travail ? D'emblée, un observateur attentif peut déterminer les événements qui ont précédé un comportement et peut-être déduire les buts qu'il vise. En effet, toute conduite humaine est rationnelle, même si ce n'est pas toujours évident aux yeux d'un observateur. Le but visé par une conduite ou un comportement peut être conscient ou non. De plus, les comportements sont une réponse – optimale pour la personne qui l'émet au moment où elle l'émet – à des stimuli, c'est-à-dire des événements (internes ou externes) perçus comme exigeant une réponse. Les individus réagissent donc à des « demandes » qui les stimulent.

Entre les stimuli et les buts visés se produisent plusieurs phénomènes psychologiques qu'on ne sait pas observer, car ils se produisent dans le corps ou dans la tête de la personne ; c'est la fameuse « boîte noire » que certains béhavioristes ont préféré écarter de leur table de travail. Que se passe-t-il donc dans cette boîte noire ? Des psychologues ont avancé des hypothèses et des théories permettant de comprendre les conduites humaines. Nous proposons ici (voir la figure 1) un schéma décrivant les fondements psychologiques du comportement humain qui s'inspire largement des travaux de Lewin et de Piaget.

Si le recours à un schéma facilite la compréhension en simplifiant les phénomènes, il reste qu'une mise en garde s'impose. Il est en effet difficile, voire impossible, de savoir exactement ce qui se passe « dans la tête » d'une personne lorsqu'elle agit. La principale difficulté en sciences humaines réside dans le fait que nous n'avons pas de « point d'Archimède », c'est-à-dire un point de vue étranger. Les tenants du béhaviorisme ont d'ailleurs tenté de résoudre ce problème en faisant fi de ce qui se passe effectivement dans la « boîte noire ». En conséquence, ils ont longtemps considéré le comportement comme une réponse à un stimulus. Aujourd'hui, on accepte de moins en moins que soient écartés les phénomènes relatifs à cette « boîte noire », comme en atteste la vigueur des théories sur la personnalité.

FIGURE 1 *Le schéma du comportement humain*

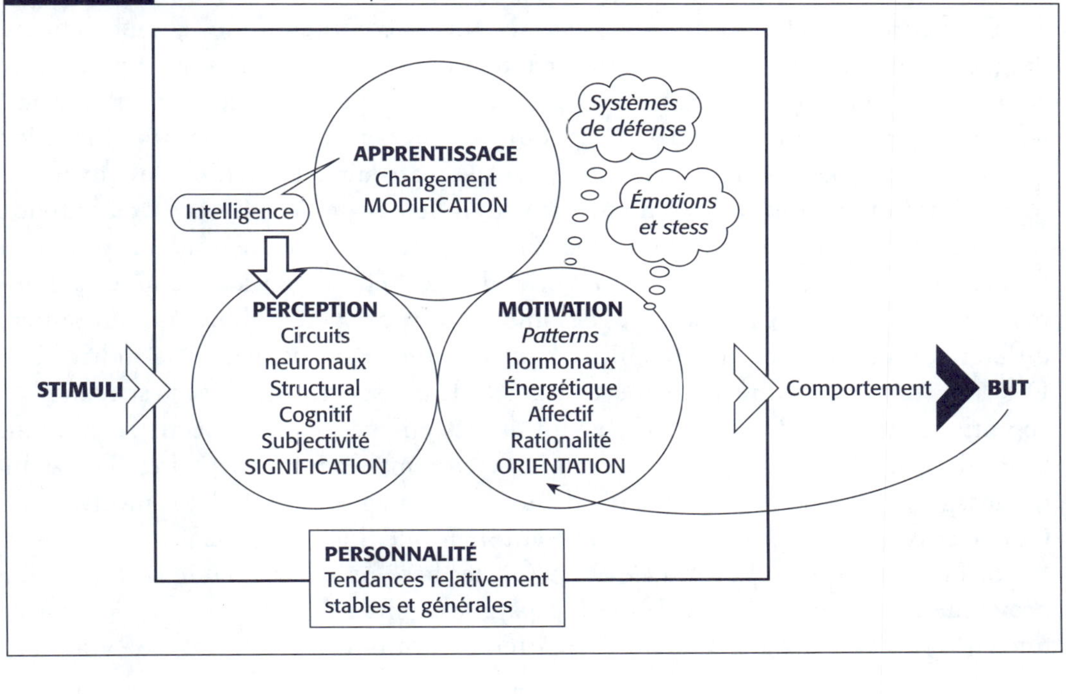

En effet, pour comprendre comment une personne agit et réagit dans diverses situations, le concept de « personnalité » est fort utile. Comme nous le verrons dans le premier chapitre, la personnalité est un ensemble de caractéristiques relativement stables et générales d'une personne. Ainsi, les traits, les dispositions plus ou moins conscientes, les attitudes et les croyances confèrent à l'individu son identité, sa singularité. En raison de la tendance personnelle à agir de manière cohérente avec son identité, la connaissance de la personnalité permet de comprendre, voire de prévoir les conduites des personnes à différents moments et dans des situations variées. Cependant, il arrive qu'une personne doive agir ou réagir d'une manière non conforme à ses préférences ou habitudes. Il faut donc pouvoir expliquer ce phénomène.

D'après Lewin (*1950,* 1975), l'individu capte des stimuli qui l'informent sur ses besoins et ses désirs de même que sur les événements qui se produisent dans son environnement. Les sensations que ces stimuli produisent vont mettre en œuvre au moins trois processus psychologiques : la perception, qui permettra la structuration des conduites ; la motivation, qui fournira l'énergie nécessaire à la réalisation des conduites ; et l'apprentissage, qui rendra possible la modification des conduites. Tous ces processus permettront à l'individu de s'adapter à son milieu et de s'y développer. Il semble donc raisonnable de croire que la perception, la motivation et l'apprentissage sont des processus réciproques, indépendants mais complémentaires. Si on s'entend pour reconnaître ces trois processus, il faut aussi admettre que leurs relations sont multiples et complexes ; il devient donc difficile de déterminer un ordre et des directions entre eux. Ces trois processus, ainsi que les phénomènes d'adaptation qui leur sont associés, feront l'objet des chapitres 2, 3, 4 et 5.

De façon générale, les processus permettant de comprendre les comportements des individus dans une situation, compte tenu de leur personnalité sont la perception et la motivation. En effet, Jean Piaget pose comme hypothèse que tous les comportements humains supposent des besoins qui les mettent en œuvre et une intention qui oriente ces besoins vers des buts censés les satisfaire. L'intention est formée à partir des données qui se présentent dans le milieu et de l'expérience de l'individu concernant ce type particulier de situation. La perception serait donc un processus fondamental, permettant de sélectionner les données et d'organiser la conduite d'une manière qui ait un sens. Quant aux besoins, ce sont des déséquilibres qui entraînent différents processus visant à rétablir l'équilibre, processus associés à la motivation. Dès lors, toute conduite humaine comporte deux aspects : un aspect structural et cognitif relevant de l'intelligence, et un aspect énergétique et affectif relevant de la motivation. Ces deux processus sont différents mais complémentaires, l'un étant davantage neuronal (la perception) ; l'autre, davantage hormonal (la motivation). Ces deux processus agissent de manière automatique, inconsciente.

Selon la théorie de Lewin (*1950,* 1975), les besoins à l'origine de la motivation provoquent une tension dans le champ psychologique. À cette tension s'en ajoute une autre, en l'occurrence l'intention d'atteindre un but, qui est « forgée » grâce aux activités perceptives et intellectuelles. Lorsque le but est atteint, la tension causée par l'apparition du besoin diminue. L'état de tension suscite une force, une tendance à se diriger vers le but, plus précisément une tendance à agir de manière à l'atteindre.

Le but constitue un champ de forces d'une structure spéciale, car il attire sur lui toutes les forces. Il n'est pas de même nature que les valeurs qui influencent le comportement et qui déterminent ce qui est bon (valence positive) et mauvais (valence négative) pour un individu dans une situation donnée.

La notion de champ, au cœur de la théorie de Lewin, désigne le contenu de la conscience à l'instant *t*. Selon Lewin (*1950*[1], 1975), « le champ psychologique comprend tous les faits qui existent à un moment donné pour l'individu ou le groupe considéré » (p. 11). Le champ psychologique est tout ce dont un individu a conscience, ici et maintenant. On peut classer en trois catégories les faits susceptibles de figurer dans le champ psychologique :

1) les faits psychologiques (besoins, représentations, croyances, attitudes, idéaux, etc.) ;
2) les faits biologiques, sociaux et physiques qui ont une incidence directe sur le comportement (régulations hormonales, normes et valeurs, statuts et rôles, environnement, etc.) ;
3) les autres faits de l'environnement qui n'ont pas d'incidence directe sur le comportement.

Pour exister dans le champ psychologique, un fait doit avoir un effet sur le comportement de l'individu, qu'il soit perçu, conscient ou latent. Cela implique que « tout comportement [...] dépend seulement du champ psychologique à un moment donné » (Lewin, *1950,* 1975, p. 14). D'où l'équation suivante : le comportement (à l'instant *t*) est fonction du champ psychologique (à l'instant *t*), qui inclut la personne (les faits psychologiques) et l'environnement (les faits non psychologiques). Le comportement est donc le résultat de l'interaction de la personne et de son milieu :

$$B_t = F_{(P, E)}t$$

où B_t est le comportement de la personne, P la personne, E l'environnement, et *t* le moment où le comportement est considéré.

Que se passe-t-il lorsque l'individu ne parvient pas à atteindre ses buts ou à satisfaire ses intérêts ? Ou lorsqu'il éprouve des difficultés dans son milieu ? Deux possibilités s'offrent à lui : ou bien il s'ajuste plus ou moins consciemment à la situation en élaborant des stratégies défensives plus ou moins efficaces, ou bien il décide de modifier ses conduites et d'apprendre. L'apprentissage est le troisième processus fondamental du comportement humain. Il vise la modification des conduites et le développement de la personne dans son milieu.

1. Dans ce livre, les dates en italique correspondent à l'année de parution de l'ouvrage original.

Dans un contexte de travail, le comportement productif d'une personne est le résultat de l'interaction de ses caractéristiques personnelles (aptitudes, habiletés, intérêts, traits de personnalité, etc.) et des caractéristiques de l'environnement (clarté et degré de difficulté des objectifs de travail, disponibilité des ressources, qualité des conditions de travail, style de supervision, nature des récompenses, etc.).

D'après la théorie de Lewin, le champ psychologique tend à conserver sa structure et à maintenir son équilibre : il est dans un état d'« équilibre quasi stationnaire », c'est-à-dire que le champ psychologique oscille constamment entre des états d'équilibre et de déséquilibre parce qu'il est continuellement équilibré et déséquilibré par des forces propulsives et restrictives. Il existe donc un dynamisme quasi permanent dans le champ de forces. C'est pourquoi on peut dire qu'un état d'équilibre quasi stationnaire est en fait un état de flux constant.

Pour qu'un changement soit possible, il faut pouvoir produire le déséquilibre nécessaire à la recherche d'un nouvel équilibre. En effet, comme le souligne Lewin (*1950,* 1975) : « Ce qui se produit à l'intérieur d'un tel champ dépend de la distribution des forces à travers le champ » (p. 246). Le champ psychologique est un champ de forces dont la résultante est nulle ; c'est pour cette raison qu'il est dans un état d'équilibre quasi stationnaire. Cela suppose qu'il comprend des forces propulsives, c'est-à-dire des forces qui tendent à orienter les actions vers quelque chose (conduites d'approche) ou à les écarter de quelque chose (conduites d'évitement) – et qui tendent par conséquent à opérer des changements dans les comportements de l'individu –, et des forces restrictives, qui s'opposent de façon équivalente aux forces propulsives, c'est-à-dire qui tendent à diminuer ou à annuler les effets des forces propulsives, conservant ainsi la structure des comportements. Les résistances au changement résultent de l'action des forces restrictives.

Voici un exemple qui permet d'illustrer la théorie de Lewin. Julie Lafortune est commis de bureau. Elle occupe ce poste depuis un an. Sa collègue Claire Fontaine, également commis de bureau, vient d'être promue. Le travail de commis de bureau consiste principalement à classer des documents. Le nouveau travail de Claire comporte, en plus du classement, le suivi auprès des clients, la participation à des réunions de régie et la supervision de certaines activités réalisées par d'autres commis de bureau. Au cours d'une discussion avec Claire, Julie prend conscience qu'elle aimerait bien faire le même travail.

Julie reçoit des stimuli de Claire : ce qu'elle lui dit sur son nouveau travail, son enthousiasme, ses attentes, etc. Ces stimuli provoquent un déséquilibre dans le champ psychologique de Julie, correspondant à son désir d'avoir un travail varié comportant des responsabilités et à la possibilité de l'obtenir. La signification des sensations engendrées par les stimuli dépend de plusieurs facteurs, dont la personnalité de Julie, ses expériences passées, son éducation, ses valeurs, ses affiliations à différents groupes, etc. Dans le cas présent, Julie partage la joie de sa compagne de travail et perçoit cet événement comme quelque chose de très désirable (valence positive), vu le plaisir qu'il procure.

Ce déséquilibre met en œuvre plusieurs processus afin de rétablir l'équilibre. La question que Julie se pose maintenant est la suivante : comment parvenir à obtenir un tel travail ? Quand elle songe aux moyens et aux stratégies dont elle dispose (ceux dont elle a conscience ici et maintenant), Julie se rend compte qu'il en existe plusieurs.

Une première stratégie consiste à indiquer à son supérieur son désir de changer d'emploi et à lui demander des conseils pour le réaliser. Se confier à son supérieur, c'est en soi quelque chose qu'elle valorise. Cependant, elle est timide, et cela constitue une barrière qu'elle devra franchir.

Une deuxième stratégie consiste à donner le meilleur d'elle-même et à attendre que son supérieur s'aperçoive qu'elle travaille fort et qu'elle mérite d'être promue, comme ce fut le cas pour Claire. Donner un bon rendement est aussi quelque chose qu'elle valorise. Toutefois, elle n'est pas certaine qu'elle réussira à se faire remarquer par son supérieur, ce qui constitue un autre obstacle à surmonter.

Une troisième stratégie pourrait consister à demander à Claire de vérifier auprès de son supérieur s'il entend lui donner une promotion bientôt. Procéder par personne interposée n'a jamais été son genre. L'idée lui est venue, mais elle l'a rejetée aussitôt.

Finalement, tout bien pesé, elle préfère encore surmonter sa timidité et aller demander conseil à son supérieur. Par cette stratégie, elle tente de rétablir l'équilibre.

S'il s'avère impossible d'atteindre le but visé ou si la personne rencontre des obstacles qui rendent cette tâche difficile, une autre tension se produira dans son champ psychologique, qu'on appelle la frustration, laquelle s'accompagnera d'une tendance à l'agression. L'expression de son agressivité pourra prendre plusieurs formes, selon les conditions dans lesquelles la personne se trouve : l'apathie aussi bien que l'hostilité pourront se manifester.

Dans cet exemple, on voit bien que le comportement implique la mise en œuvre de plusieurs processus : des processus psychologiques comme la perception et la motivation permettent l'organisation et l'orientation des conduites de Julie, alors que des processus psychosociaux comme la différenciation et la socialisation rendent possibles l'appartenance de Julie et le développement de son identité dans son groupe de travail.

Le groupe auquel appartient un individu a une influence considérable sur ses conduites, tout particulièrement les personnes auxquelles il s'identifie ainsi que les valeurs et les normes sociales qu'il privilégie. Par conséquent, la connaissance des déterminants sociaux ou politiques du groupe facilite la reconnaissance des déterminants du comportement d'un individu.

Dans le chapitre 6, nous verrons comment se forment les relations humaines. Deux processus seront traités plus en profondeur : l'attachement et la socialisation. L'influence qui s'exerce dans les relations humaines au travail fera l'objet du chapitre 7. Enfin, le chapitre 8 présentera les fondements des équipes de travail efficaces. De plus, pour stimuler la réflexion et la discussion, nous présentons à la fin de chaque chapitre des textes qui constituent des classiques dans le domaine. Écrits par des chercheurs et des praticiens qui ont marqué l'histoire de la psychologie, ces textes demeurent encore aujourd'hui des références clés en psychologie du travail et des organisations.

Dans cette introduction, nous avons décrit quatre approches en psychologie, dans le but d'apprécier la diversité des explications et des contributions possibles de la psychologie au monde du travail. Nous avons en outre exposé un schéma du comportement humain afin de faciliter l'intégration des connaissances présentées au fil des chapitres. Il ne reste plus qu'à souhaiter au lecteur la joie de découvrir les possibilités de la psychologie et l'intérêt de poursuivre sa réflexion personnelle par la mise en application des idées que ce livre pourra lui suggérer.

Chapitre 1

La personnalité

Comprendre les différences individuelles

La personnalité constitue certainement un concept incontournable pour ceux et celles qui désirent comprendre les attitudes et les comportements des individus dans les organisations. Comprendre la personnalité aide les gestionnaires et les conseillers à mettre à profit les différences individuelles dans le but de faciliter le travail en équipe, de favoriser le développement des compétences et d'améliorer la performance (Goldberg, 1993). Ce chapitre présente le concept de personnalité, des façons de la décrire, les principales étapes de son développement, ainsi que des applications de la psychologie de la personnalité dans un contexte organisationnel.

Qu'est-ce que la personnalité ?

Bloch et autres (2002) définissent la personnalité dans les termes suivants : « Un ensemble de caractéristiques affectives, émotionnelles et dynamiques relativement stables et générales de la manière d'être d'une personne dans sa façon de réagir aux situations dans lesquelles elle se trouve. » Cette définition suggère que la personnalité est ce qui permet de distinguer et de reconnaître une personne parmi d'autres, ce qui lui confère sa particularité, son individualité, sa singularité. L'épithète « stable » indique que cette caractéristique tend à se conserver dans le temps, au cours de l'histoire de la personne. C'est ce qui lui confère son identité, produit un effet de consistance et permet, dans une certaine mesure, de prévoir ses réactions dans certaines situations. L'épithète « générale » signifie que cette caractéristique a tendance à se manifester dans la majorité des situations vécues par l'individu ; c'est ce qui permet son unité et sa cohérence. Toutefois, dans cette définition, l'adverbe « relativement » est essentiel, car il marque la nécessité pour l'individu d'adapter ou d'ajuster ses manières d'être à des exigences particulières suivant la situation dans laquelle il se trouve, cette capacité étant signe de son intelligence.

La personnalité constitue également la synthèse de tous les éléments qui contribuent au développement du caractère d'une personne. En effet, plusieurs éléments interviennent dans la genèse de la personnalité, parmi lesquels les tendances héréditaires et constitutionnelles, l'influence de la famille, du milieu, de l'éducation et de la culture, le fait d'avoir subi des épreuves et éprouvé des difficultés, les réussites et les échecs, l'exercice d'un métier ou, encore, le conformisme imposé par des groupes religieux ou professionnels (Horney, 1937 ; Jung, *1930,* 1981 ; Lewin, *1950,* 1975 ; Revelle, 1995).

D'après Porot (1969), les fondements de la personnalité sont l'unité et l'identité, la vitalité, la conscience de soi et la nature des rapports avec le milieu ambiant.

D'un point de vue observable, l'unité et l'identité donnent à la personnalité sa cohérence et sa résistance. L'unité fait en sorte que la personne se comporte et réagit comme un tout cohérent, à un moment donné de son existence. L'identité, quant à elle, constitue la continuité ou la consistance de la personne dans le temps. En effet, la personnalité dite normale possède un caractère relativement stable, ce qui procure à l'individu la solidité nécessaire pour traverser les étapes de la vie et lui permet de devenir ce qu'il est. Le mot *stabilité* ne signifie pas « rigidité », mais bien la tendance à se maintenir à travers les expériences successives, ce qui permet l'actualisation du potentiel, des caractéristiques latentes de l'individu. Étudier la personnalité, c'est étudier ce qu'est la personne, ici et maintenant (*being*), et ce qu'elle est en train de devenir (*becoming*).

La cohérence de la structure de la personnalité se traduit par le degré de cohésion et de correspondance entre ses différents éléments ; l'individu est perçu comme étant équilibré, consistant et logique. La résistance permet à l'individu de conserver son caractère malgré les difficultés de l'existence, sans pour autant perdre sa capacité d'adaptation.

La vitalité de la personnalité correspond au dynamisme, à la vigueur, à l'énergie que la personne déploie dans ses activités, alors que la conscience de soi représente la capacité de l'individu à percevoir d'une manière réaliste et à se représenter correctement à la fois sa vie intérieure et le monde extérieur. C'est toutefois dans les rapports avec le milieu ambiant qu'on peut vraiment apprécier la personnalité. Une personnalité « normale » est en contact avec le réel et son milieu ; elle permet à l'individu de déterminer ses possibilités et ses limites et de régler ses comportements en fonction des circonstances.

Les quatre bases de la personnalité servent à définir celle-ci et à classer les troubles qui peuvent y être associés. Bien qu'il n'entre pas dans le propos de ce chapitre d'expliquer en détail la psychopathologie, il peut s'avérer utile d'indiquer quel type de problème psychologique risque de survenir lorsque l'une de ces bases fait défaut. Il faut aussi savoir que les bases de la personnalité ne peuvent pas être dissociées des bases physiologiques, ce qui signifie qu'un trouble de la personnalité peut avoir des causes organiques.

Les troubles de l'unité de la personnalité se manifestent par des dédoublements de la personnalité, des phénomènes de dépersonnalisation ou de dissociation fragmentaire de la personnalité, comme c'est le cas dans la schizophrénie. Les troubles de l'identité sont de plusieurs types : négation du moi, superstition, mythomanie, mégalomanie, mysticisme, etc. Les troubles de vitalité se manifestent aussi sous des formes diverses : apathie, asthénie, cyclothymie, dépression, syndrome d'épuisement professionnel, etc. Quant aux troubles associés à la conscience de soi, ils peuvent se traduire par la dépression, la mélancolie, l'obsession, etc. Enfin, les troubles dans les relations avec le monde extérieur s'expriment dans leur forme la plus grave par la schizophrénie.

Onze facteurs sont pris en considération dans l'évaluation de la personnalité (Amchin, 1991) :

1) l'apparence de la personne ;
2) ses comportements ;
3) son expression orale ;
4) son attitude à l'égard de la personne qui l'interroge ;
5) son humeur et ses affects ;
6) sa pensée (processus, idées, troubles) ;
7) sa fonction cognitive (orientation, mémoire, attention et concentration, calculs) ;
8) sa capacité d'abstraction ;
9) son intelligence ;
10) sa compréhension soudaine (*insight*) ;
11) son jugement.

Comme on peut s'en douter, établir un diagnostic sur la santé mentale d'un individu s'avère une tâche complexe qui requiert une grande expertise de même que beaucoup de sagesse et d'expérience. Plusieurs professionnels utilisent la méthode du DSM (manuel diagnostique et statistique des troubles mentaux) pour évaluer l'état de santé mentale d'une personne. Cette évaluation porte sur les cinq axes suivants :

- Axe I. Troubles cliniques et autres situations qui peuvent faire l'objet d'un examen clinique (motif de la consultation)
- Axe II. Troubles de la personnalité, retard mental (aussi principales caractéristiques d'inadaptation de la personnalité et mécanismes de défense mal adaptés)
- Axe III. Affections médicales générales
- Axe IV. Problèmes psychosociaux et environnementaux (famille, amis, éducation, travail, logement, revenus, accès aux services de santé, problèmes judiciaires, sinistre, etc.)
- Axe V. Évaluation globale du fonctionnement (échelle 0-100)

Le sujet du diagnostic psychiatrique soulève souvent beaucoup de curiosité et de questions qui ont trait à la définition de la normalité et de la santé mentale. La question de la normalité est très controversée, car sa définition même repose sur une conception de la nature humaine et, donc, sur une idéologie. Quant à la santé mentale, il est peut-être plus facile de la définir.

L'Organisation mondiale de la santé (OMS) définit la santé mentale comme « un état de bien-être dans lequel la personne peut se réaliser, surmonter les tensions normales de la vie, accomplir un travail productif et fructueux et contribuer à la vie de sa communauté » (www.who.int/mediacentre/factsheets/fs220/fr). Ainsi, la santé mentale est avant tout le bien-être que peut ressentir une personne dans sa vie en général, dans ses relations avec les autres et dans son milieu ; c'est la capacité de s'adapter aux conditions changeantes de son milieu sans perdre son identité ; elle implique la capacité d'affronter les difficultés et les épreuves de la vie et la possibilité d'en ressortir plus fort qu'avant.

Comment décrire la personnalité ?

D'après Ozer et Reise (1994), la personnalité peut être décrite de deux façons : par des traits (ex. : extraversion, altruisme, stabilité émotionnelle) ou par des types (ex. : sensitif, intuitif, sentiment, pensée).

Les traits de personnalité correspondent à des dimensions de la personnalité qui servent essentiellement à décrire quelqu'un et à prédire des comportements typiques, mais qui ne permettent pas de comprendre ni la dynamique ni les processus psychologiques en cause (McAdams, 1992). Les types de personnalités correspondent à une combinaison unique d'attributs qui sont censés déterminer certaines tendances personnelles et des réactions typiques. Ces deux approches sont ici présentées.

Les traits de personnalité

Les traits de personnalité offrent la possibilité de décrire la personnalité par l'entremise de plusieurs concepts indépendants les uns des autres (Lévy-Leboyer, 2005). Cette façon de procéder permet d'établir de façon assez nuancée le profil d'un individu.

Le modèle en cinq facteurs

Le modèle en cinq facteurs (*Big five*) constitue aujourd'hui la conception de la personnalité la plus répandue dans le milieu de la recherche (Costa et McCrae, 1992 ; Digman, 1990). Comme son nom l'indique, ce modèle décrit cinq facteurs de la personnalité, soit l'extraversion, la stabilité émotionnelle, l'ouverture aux expériences, l'agréabilité et le caractère consciencieux.

Il ne s'agit toutefois pas d'une façon révolutionnaire de concevoir la personnalité. Déjà, au début des années 1930, McDougall (1932) et Thurstone (1934) soutenaient que la personnalité était essentiellement composée de cinq facteurs. À l'époque, les travaux de ces théoriciens étaient pratiquement ignorés en raison de leur aspect réductionniste et de la popularité d'autres modèles, dont ceux de Cattell (1947, 1965) et d'Eysenck (1947, 1970), constitués respectivement de 16 dimensions de premier ordre et de 3 dimensions de second ordre.

Chacun des cinq facteurs de personnalité peut être représenté selon un continuum allant de « très présent » à « très peu présent » chez un individu. Vous remarquerez cependant que les deux pôles d'un même facteur ne constituent pas nécessairement des opposés (voir le tableau 1.1).

Selon ce modèle, chacun des cinq facteurs se subdivise en six facettes qui permettent de décrire la personnalité d'un individu de façon plus nuancée. Ainsi, l'extraversion serait le facteur de la personnalité qui régulerait le processus de la

TABLEAU 1.1 Les cinq facteurs de la personnalité

Caractéristiques d'un individu chez qui ce facteur est très présent	**Facteurs**	**Caractéristiques d'un individu chez qui ce facteur est très peu présent**
Sociable, actif, volubile, optimiste, bon vivant, chaleureux, etc.	**Extraversion/Introversion** Évalue la quantité et l'intensité de l'interaction interpersonnelle, du niveau d'activité, du besoin de stimulation et de la capacité de s'amuser.	Réservé, sobre, discret, etc.
Calme, détendu, serein, etc.	**Stabilité émotionnelle/ Névrosisme** Évalue l'adaptation. Permet de repérer les personnes sujettes à la détresse psychologique, aux idées irréalistes, aux besoins ou aux désirs excessifs et aux stratégies d'adaptation inappropriées.	Inquiet, nerveux, sentiment d'être inadéquat, etc.
Curieux, créatif, ouvert d'esprit, non traditionnel, tolérant, original, etc.	**Ouverture à l'expérience** Évalue la recherche proactive et la capacité d'apprécier les expériences pour elles-mêmes, de tolérer l'inconnu et de l'explorer.	Conventionnel, conservateur, terre à terre, champs d'intérêt restreints, etc.
Sensible, intègre, droit, honnête, altruiste, capable de pardonner, enclin à démontrer de la compassion, etc.	**Agréabilité/Désagréabilité** Évalue la qualité de l'orientation interpersonnelle de l'individu le long d'un continuum allant de la compassion à l'antagonisme dans les idées, les sentiments et les actes.	Cynique, rude, suspicieux, compétitif, revanchard, irritable, manipulateur, etc.
Organisé, méthodique, fiable, travaillant, discipliné, ponctuel, scrupuleux, ambitieux, persévérant, etc.	**Caractère consciencieux/ Négligent** Évalue le degré d'organisation, de persévérance et d'assiduité de l'individu. Compare l'individu fiable et minutieux à celui qui fait preuve de nonchalance et de négligence.	Irresponsable, paresseux, apathique, négligent, lâche, sans volonté, hédoniste, etc.

Sources : Adapté de Costa et McCrae (1992) ; Goldberg (1993) ; Pervin et John (2005) ; Rolland (2004).

motivation (Rolland, 2004). Il est composé des facettes suivantes : *chaleur, grégarité, assertivité, activité, recherche de sensations* et *émotions positives*. Les personnes très extraverties recherchent activement les situations qui leur procurent un haut niveau de stimulation et de plaisir. Elles préfèrent les activités de groupe et se caractérisent généralement par leur enthousiasme et l'énergie qu'elles dégagent. Les individus très extravertis peuvent paraître envahissants aux yeux des autres. On retrouve souvent ce trait chez les vendeurs. Les personnes introverties, pour leur part, recherchent davantage le calme et les activités pouvant être réalisées seul ou au sein d'un petit groupe. Elles utilisent rarement des expressions telles que « sensationnel ! » ou « extraordinaire ! » pour décrire ce qu'elles vivent. Les extravertis peuvent penser des introvertis qu'ils ne « savent pas s'amuser ».

Selon Rolland (2004), le facteur « stabilité émotionnelle » correspond à un système de perception de la menace, réelle ou symbolique, et de réactivité à cette menace. Ce facteur est composé des facettes *anxiété, colère, dépression, timidité sociale, impulsivité* et *vulnérabilité au stress*. Les personnes qui présentent une plus grande stabilité émotionnelle affichent généralement une attitude calme et pondérée. Dans le langage courant, on dit que ces personnes savent garder leur sang-froid dans les situations stressantes. À la limite, elles peuvent paraître nonchalantes et indifférentes aux événements qui surviennent. Certains métiers ou professions exigent un niveau particulièrement élevé de stabilité émotionnelle ; c'est le cas des pompiers, des policiers, du personnel de l'urgence dans un hôpital, des soldats, etc. À l'inverse, les personnes chez qui ce trait est peu présent ont tendance à envisager le pire, à se faire du souci pour tout et rien, à avoir une image peu valorisante d'elles-mêmes et à ressentir fréquemment des affects négatifs tels que la peur, la honte et la tristesse. Ces personnes seraient également davantage susceptibles de vivre de la détresse psychologique.

L'ouverture à l'expérience correspond de façon générale à l'intérêt pour la nouveauté (Rolland, 2004). Bien que ce facteur soit souvent associé à l'intelligence, les deux termes ne sont pas synonymes. L'ouverture à l'expérience peut correspondre aux *rêveries*, à l'*esthétique*, aux *sentiments*, aux *actions* et aux *idées*. Les personnes très ouvertes d'esprit ont plusieurs champs d'intérêt et recherchent les expériences nouvelles. Elles préfèrent de loin le changement à la routine. Les personnes les plus ouvertes à l'expérience peuvent être perçues comme excentriques, voire rebelles. À l'opposé, les individus peu ouverts à l'expérience sont attirés par les activités concrètes et pratiques. Leurs champs d'intérêt étant plus concentrés ou restreints, ils agissent souvent à titre d'experts. Compte tenu de leur préférence marquée pour la stabilité, ces personnes peuvent également sembler rigides.

L'agréabilité est, selon Rolland (2004), une dimension servant à réguler la tonalité des relations et des échanges avec autrui. Les facettes de l'agréabilité sont la *confiance en autrui*, la *droiture*, l'*altruisme*, la *complaisance*, la *modestie* et la *sensibilité aux autres*. Les personnes caractérisées par un haut niveau d'agréabilité se montrent sensibles aux besoins et aux préoccupations des autres, coopératives et conciliantes. Elles sont aussi perçues comme douces et amicales. À la limite, ces personnes peuvent avoir de la difficulté à se défendre au sein d'un groupe. Les personnes peu agréables sont, quant à elles, égocentriques et peu empathiques. Elles se caractérisent également par leur froideur et leur agressivité. Elles privilégient généralement une approche compétitive.

Enfin, le caractère consciencieux correspond à l'assiduité, l'organisation et la persévérance dans les conduites orientées vers un but (Roland, 2004). Ce facteur serait constitué des facettes suivantes : *compétences, ordre, sens du devoir, recherche de réussite, autodiscipline* et *délibération*. Les personnes très consciencieuses accordent une très grande importance à la réussite. Elles valorisent notamment la ponctualité, les efforts et la discipline. Lorsque ce facteur est très marqué, la personne peut être perçue comme étant acharnée au travail, pointilleuse et rigide. À l'inverse, un individu très peu consciencieux supportera difficilement les contraintes et aura tendance à remettre à plus tard les tâches plus exigeantes. Ces individus seront perçus par les personnes consciencieuses comme ayant des difficultés à respecter leurs engagements et comme étant peu fiables.

Sur le plan scientifique, le modèle en cinq facteurs a fait l'objet d'un nombre impressionnant de recherches, notamment dans les domaines des organisations, de l'éducation et de la santé. Bien que le nombre de facteurs ne fasse pas encore tout à fait l'unanimité parmi les chercheurs dans ce domaine, il demeure que la validité du modèle en cinq facteurs a été confirmée dans plusieurs pays, dont les États-Unis d'Amérique, la Chine, la Corée, la Russie, l'Allemagne, les Pays-Bas, Israël, les Philippines, le Japon, le Portugal et le Canada. Les résultats des recherches indiquent que la structure factorielle du modèle se maintient indépendamment de la culture nationale (McCrae et Costa, 1997). La validité du modèle a également été confirmée au moyen d'échantillons constitués de personnes d'âges variés ainsi qu'à l'aide de différentes mesures, sources d'évaluation et méthodes statistiques (voir Rolland [2004] pour une synthèse de ces travaux).

Plusieurs recherches ont également porté sur les capacités prédictives des cinq facteurs de personnalité. Ainsi, dans un contexte de travail, les différents facteurs de personnalité permettraient notamment de prédire le rendement individuel (Hogan et Holland, 2003), le rendement d'équipe (Barrick et Stewart, 1997 ; Barrick et autres, 1998), la viabilité d'équipe (Barrick et autres, 1998), la satisfaction au travail (Judge et autres, 2002a), la rotation du personnel (Salgado, 2002), la motivation (Judge et Ilies, 2002), le leadership (Judge et autres, 2002b), les comportements discrétionnaires (van Emmerik et autres, 2005), les comportements déviants (Salgado, 2002), l'implication au travail (Bozionelos, 2004), la proactivité dans la recherche d'emploi (Kanfer et autres, 2001), le salaire (Seibert et Kraimer, 2001), le statut social (Anderson et autres, 2001), la créativité (George et Zhou, 2001) et le bien-être psychologique (DeNeve et Cooper, 1998). De manière générale, les individus davantage extravertis, stables émotionnellement, ouverts aux expériences, agréables et consciencieux connaissent plus de succès dans leur vie professionnelle, adoptent des comportements valorisés dans leur milieu de travail et ont une perception plus positive que les autres quant à leur état de santé.

Ces résultats ont évidemment des conséquences sur le recrutement des employés (Raad et Perugini, 2002). En plus de justifier le recours à des mesures d'évaluation de la personnalité dans le processus de sélection du personnel, ils ciblent les facteurs de personnalité à rechercher afin de favoriser un meilleur succès en emploi. Lévy-Leboyer (2005) attire cependant l'attention des recruteurs sur le fait que les individus en contexte de sélection ont tendance, plus ou moins consciemment, à se présenter sous un jour favorable, c'est-à-dire à afficher les qualités qu'ils pensent que l'employeur recherche. Il s'agit du biais de la désirabilité sociale. Divers moyens peuvent toutefois être utilisés afin de diminuer l'influence de ce biais (ex. : échelle de désirabilité sociale dans un questionnaire, consignes données au candidat).

Les types de personnalité

À la différence des taxinomies de traits, les typologies de personnalités ne fournissent pas un modèle pour tous, mais plusieurs modèles pour décrire les individus. Nous présentons ici deux modèles populaires, soit la théorie des types psychologiques de Jung et celle des types d'employés de Rice.

La théorie des types psychologiques

Dans ses analyses, Jung (*1921,* 1976) a constaté la présence de *patterns* relativement stables chez les individus quand il s'agit de percevoir, de juger et d'orienter leur intérêt. Ces *patterns* l'ont conduit à élaborer l'idée de « type psychologique » pour décrire et comprendre la personnalité. Le texte présenté à la fin de ce chapitre porte sur cette typologie. La lecture devrait en être facilitée par la connaissance des notions qui suivent et qui se rapportent à la théorie de Jung.

Pour décrire la personnalité, Jung a recours à deux concepts, soit les attitudes types et les fonctions psychologiques. Une attitude type, c'est l'orientation de l'énergie de la personne face à un événement ou un stimulus. Une fonction psychologique, c'est la manière avec laquelle cette énergie est structurée, organisée. Jung définit deux attitudes types : l'extraversion et l'introversion. Il propose également quatre fonctions psychologiques : la sensation, la pensée, l'intuition et le sentiment.

Jung définit un type psychologique à l'aide de deux éléments : une attitude type et une fonction psychologique. En combinant chacune des fonctions psychologiques avec l'une ou l'autre des attitudes types, on obtient huit types de personnalités. Par exemple, il y a le type *Pensée extravertie,* le type *Intuition introvertie,* le type *Sentiment introverti* et le type *Sensation extravertie.* D'après Jung, le type psychologique est inscrit dans le caractère ; il se développe au fil des expériences en fonction de sa constitution et des influences du milieu dans lequel l'individu grandit. En règle générale, les proches tendront à renforcer les tendances naturelles d'une personne, et cela l'aidera à s'épanouir. Par contre, si le milieu n'encourage pas l'individu à développer sa vraie nature, plusieurs conséquences peuvent s'ensuivre (Casas, 1990). Une telle situation aura d'abord pour effet de rendre le développement de l'individu plus difficile qu'il ne l'aurait été si ses tendances naturelles avaient été respectées, car cela l'obligera à faire des activités moins satisfaisantes. La deuxième conséquence sera la déformation de son type psychologique : l'individu deviendra très habile à exercer des fonctions pour lesquelles il a un intérêt moyen, mais il n'aura pas eu l'occasion de se rendre compte de ses forces véritables. La troisième conséquence, la plus grave, est que cette personne se rendra vulnérable et qu'elle risquera de manifester des symptômes névrotiques. Dans ce cas, son rétablissement nécessitera la reconnaissance de sa vraie nature et le développement de son vrai type psychologique (Jung, *1921,* 1976). Voyons maintenant plus en détail chacune de ces attitudes et fonctions.

L'attitude type : l'extraversion ou l'introversion

Chaque individu développe une façon habituelle d'agir et de réagir, ce qu'on appelle l'attitude type (Jung, *1921,* 1976). Cette attitude type est déterminée par une disposition innée (les gènes) et peut être renforcée par des facteurs de l'environnement, des expériences de la vie, des *insights* et des croyances, etc. (Eysenck, 1970 ; Gottesman, 1963 ; Lykken et autres, 1992 ; Scarr, 1969).

Jung définit deux types d'attitudes : l'extraversion et l'introversion, qui indiquent la direction habituelle de l'intérêt de la personne. L'extraversion désigne l'orientation de l'intérêt vers la « réalité extérieure », c'est-à-dire les gens, les choses, les relations, les événements, les normes, etc. Elle provient du besoin vital de s'adapter aux conditions de l'environnement. En présence d'un stimulus, la personne aura spontanément tendance à aller vers ce dernier ; son attention sera dirigée vers ce stimulus et sa réaction sera d'agir promptement.

L'introversion représente quant à elle l'orientation de l'intérêt vers la « réalité intérieure », c'est-à-dire les idées, les pensées, les suppositions de base, les images, les fantasmes, etc. C'est l'attitude opposée à l'extraversion ; elle provient du besoin vital de satisfaire les exigences de l'individuation. En présence d'un stimulus, la personne aura spontanément tendance à prendre du recul ; son attention sera dirigée vers ce que représente le stimulus, et sa réaction sera de préparer sa réponse adéquatement.

Ces deux attitudes correspondent à des traits et à des dispositions particulières. Par exemple, une attitude extravertie se caractérise par un intérêt marqué pour la variété et l'action, la compagnie, les rencontres sociales, l'adaptation aux exigences du milieu. En outre, une personne extravertie aime entreprendre beaucoup de projets en même temps. À l'opposé, une attitude introvertie se distingue par un penchant pour le calme et la concentration, la réflexion, la solitude, les rencontres intimes, l'individuation. Une personne introvertie préfère concentrer ses efforts sur un projet à la fois.

Le fait qu'une attitude traduise une disposition implique que l'individu, dans une situation donnée, se prépare à agir et à réagir d'une façon qui lui est propre ; celle-ci a tendance à se renforcer à un point tel qu'elle devient unilatérale (*one-sided*). Cette unilatéralité, si elle n'était pas régulée par une fonction compensatoire dans l'appareil psychique, pourrait mener à une perte complète de l'équilibre psychologique. C'est la fonction de l'inconscient de compenser l'unilatéralité de la conscience en « développant » de façon réciproque l'attitude opposée.

L'inconscient est une notion fort controversée, car on ne peut pas vérifier son existence. Par définition, l'inconscient est inconscient; on ne peut donc pas savoir s'il existe vraiment. Toutefois, l'expérience nous montre qu'il doit bien exister (Greenwald, 1992). Loftus et Klinger (1992) ont pour leur part consacré un dossier spécial à l'inconscient dans la revue *American Psychologist*; les trois versions du phénomène de l'inconscient (qu'on désigne par l'expression *new look*) y sont discutées. Dans le passé, on a attribué toutes sortes de qualités à l'inconscient, alléguant par exemple qu'il exerçait une influence plus forte que celle de la volonté, que son contenu était développé et doté d'une certaine autonomie et que, à la limite, il pouvait même receler une forme supérieure d'intelligence. Or, il s'avère que toutes ces qualités sont surfaites. Si l'inconscient existe, ses contenus sont toutefois primitifs, archaïques, immatures (Greenwald, 1992; Jung, *1921,* 1976). En outre, l'inconscient serait doté de capacités analytiques très limitées (Erdelyi, 1992; Greenwald, 1992).

Comme la lune, la personnalité a deux faces : un côté clair, qui est la conscience, et un côté caché, qui est l'inconscient. La conscience, c'est la synthèse de tous les éléments perçus par la personne et qui lui permet de comprendre son expérience immédiate, passée et future, en fonction de sa personnalité. Quant à l'inconscient, il comprend tous les éléments qui ne sont pas perçus par l'individu, mais qui exercent tout de même une certaine influence sur ses attitudes et ses conduites. Jung (*1921,* 1976) a montré que l'inconscient exerce une fonction compensatoire par rapport aux positions qu'adopte la personne dans ses activités conscientes. La compensation effectuée par l'inconscient assure un certain équilibre entre les oppositions naturelles comme : masculinité/féminité, actif/passif, performance/qualité, rationalité/affectivité, extériorité/intériorité, etc.

La figure 1.1 a été dessinée par Jung lui-même à l'occasion d'un séminaire tenu à Zurich en 1925. Elle montre la structure des fonctions psychologiques dans la conscience et dans l'inconscient.

Les fonctions psychologiques : la sensation, la pensée, le sentiment et l'intuition

Dans le texte présenté à la fin de ce chapitre, Jung explique que la seule connaissance de ces types d'attitudes ne permet pas de comprendre les différences entre les types de personnalité. C'est à partir de son expérience dans le milieu clinique qu'il a découvert les quatre fonctions psychologiques représentées à la figure 1.1. Ces quatre fonctions, la sensation, la pensée, l'intuition et le sentiment, permettent à chacun de s'adapter à son milieu et de développer sa personnalité.

La structure de la personnalité comprend ces quatre fonctions; en conséquence, elles se retrouvent dans le caractère de toute personne. Toutefois, chaque individu montre une « préférence » marquée pour l'une d'elles et, comme nous le verrons

FIGURE 1.1 *Le schéma des fonctions psychologiques dans la conscience et dans l'inconscient*

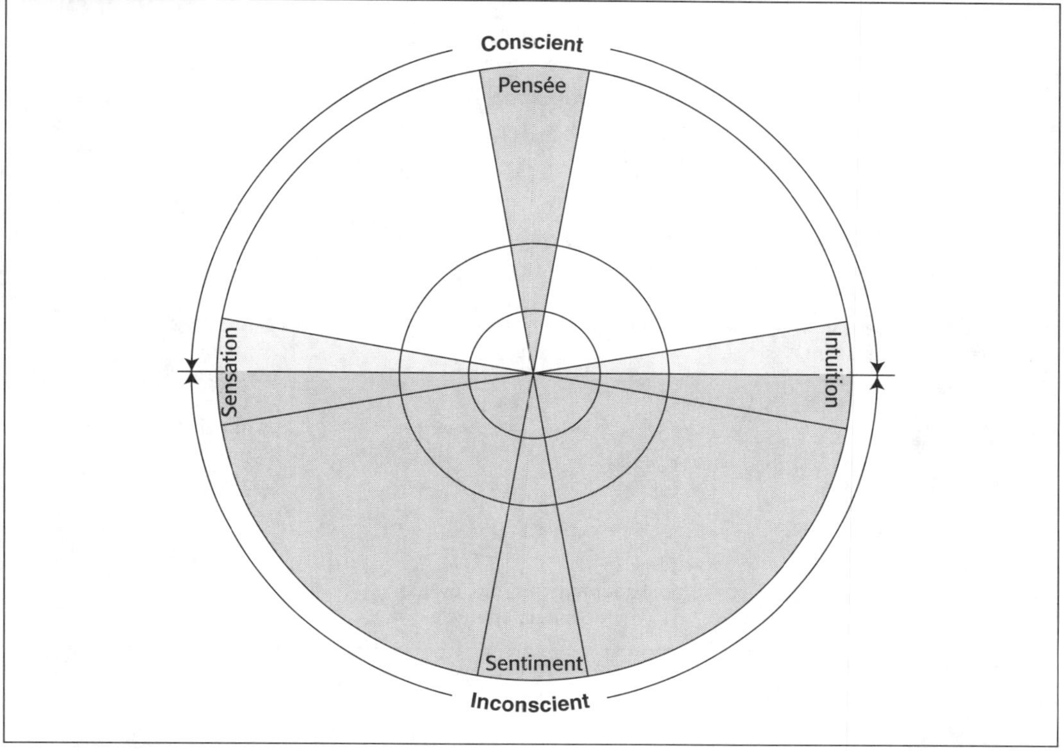

Source : Traduit de Jung (*1925*, 1989, p. 128).

plus loin, cette fonction déterminera son type psychologique, car elle deviendra sa fonction dominante. Dans la figure 1.1, Jung présente la pensée comme une fonction dominante ; il décrit vraisemblablement la structure d'une personnalité de type « pensée ». Pour représenter une personnalité de type « sensation », il faut imposer à la figure une rotation de 90 degrés vers la droite, afin de placer cette fonction au-dessus de toutes les autres. Il s'agit là évidemment d'une théorie qui sert de référence à la recherche sur les types psychologiques.

Jung définit une fonction psychologique comme une forme particulière de l'activité psychique qui demeure la même, en principe, dans des conditions changeantes. Chacune des fonctions est nécessaire à l'adaptation de la personne à son milieu et à son individuation : la sensation recueille les données internes et externes par les récepteurs sensoriels (quelque chose existe), la pensée les organise et leur trouve un sens (qu'est-ce que c'est ?), le sentiment en établit la valeur (est-ce que ça en vaut la peine ?) et l'intuition détermine les possibilités que cela représente (d'où cela provient-il et vers où cela tend-il ?). Ces quatre fonctions composent deux dimensions : la dimension rationnelle (le jugement) et la dimension irrationnelle (la perception). La figure 1.2 (p. 12) illustre la dynamique de ces quatre fonctions.

FIGURE 1.2 *La dynamique des quatre fonctions psychologiques*

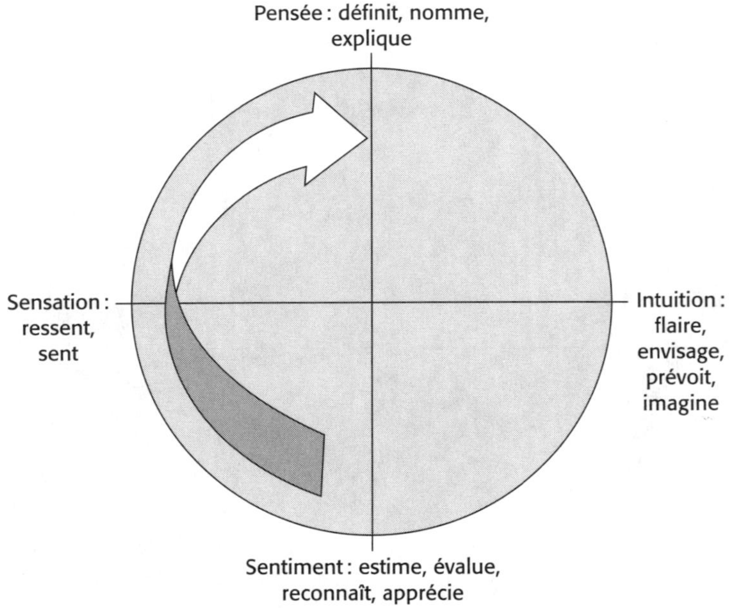

La première dimension est dite rationnelle, car son principe est de rendre des *patterns* de comportement conformes aux valeurs objectives établies dans l'histoire humaine. La pensée (T pour *thinking*) et le sentiment (F pour *feeling*) sont les deux fonctions rationnelles : leur activité se caractérise par la suprématie de la réflexion, de la raison et du jugement. Les contenus psychologiques de la pensée et du sentiment sont produits par la raison, sur la base des idées (dans le cas de la pensée) ou des valeurs (dans le cas du sentiment). La pensée et le sentiment sont donc deux fonctions rationnelles, mais qui s'opposent quant à la façon de juger la « réalité ».

La pensée permet à l'individu de juger à partir de règles, de principes ou de lois. Une personne qui montre une préférence pour la pensée a tendance à accorder beaucoup d'importance à la logique et à l'analyse, aux principes, à la loi et à la justice, aux résultats ; elle tend à considérer les sentiments, les émotions et les relations humaines comme des données dont il faut tenir compte dans le processus de décision ; elle sera encline à porter des jugements et à faire des critiques qui paraîtront sévères aux yeux des autres.

Contrairement à la croyance générale, le sentiment est aussi une fonction rationnelle. À l'opposé de la pensée, le sentiment permet à l'individu de juger, à partir des valeurs, de ce qui est désirable ou idéal dans un système donné. Une personne qui montre une préférence pour le sentiment tend à accorder beaucoup d'importance aux valeurs, au sens de la situation et à ses conséquences potentielles. Elle a tendance à considérer les règles et les résultats comme des contraintes dont il faut tenir compte ; elle aura tendance à éviter les conflits et les confrontations.

La seconde dimension est dite irrationnelle, car son principe n'est pas soumis à la raison, mais vise plutôt à rendre les *patterns* de comportement conformes à la réalité perçue, qu'elle soit externe (c'est le cas de la sensation) ou interne (c'est le cas de l'intuition). En employant le terme *irrationnel,* Jung ne veut pas dire « contraire à la raison », mais plutôt « au-delà de la raison ». La sensation (S pour *sensation*) et l'intuition (N pour *intuition*) sont des fonctions irrationnelles parce qu'elles se caractérisent par la dominance de la perception des événements comme ils apparaissent dans la conscience. Les contenus de la sensation ou de l'intuition proviennent de l'extérieur ou de l'intérieur. La sensation et l'intuition sont donc deux fonctions irrationnelles, mais qui s'opposent elles aussi quant à la façon de percevoir la « réalité ».

La sensation permet à l'individu de sentir ce qui se passe en lui et autour de lui. Une personne qui montre une préférence pour la sensation tend à accorder beaucoup d'importance aux données de son expérience, aux faits, à ce qui se passe ici et maintenant, et préfère s'appuyer sur des expériences concrètes pour accomplir des choses utiles.

L'intuition, au contraire, permet à l'individu de sentir ce qui va arriver dans le futur. Une personne qui montre une préférence pour l'intuition tend à accorder beaucoup d'importance à son flair, à ses inspirations, aux possibilités, à ce qui pourrait se passer dans l'avenir ; elle préfère apprendre de nouvelles compétences pour innover.

En résumé, la pensée constitue une fonction psychologique qui engendre des idées, des mots et des schèmes d'action. Le sentiment est, quant à lui, une fonction qui attribue une valeur aux objets, aux idées et aux actions, dans le sens de leur acceptation (approche) ou de leur rejet (évitement). Considéré sous cet angle, et bien que cela semble paradoxal, le sentiment est une fonction rationnelle parce que les valeurs ont une logique interne, une rationalité. Cette rationalité n'est pas celle des mots ni du formalisme, mais celle des significations et des formes (von Franz et Hillman, 1971). La sensation est une fonction qui informe la personne sur ce qui se passe dans sa vie intérieure et dans le monde extérieur. L'intuition, enfin, est une fonction qui amène des perceptions d'une manière quasi inconsciente ; c'est une sorte d'appréhension instinctive, de sixième sens.

Chacune de ces fonctions est donc nécessaire pour appréhender et comprendre le monde, chacune est essentielle à l'adaptation de l'individu à son milieu et à la satisfaction des exigences de son individuation. La théorie des types psychologiques repose sur le postulat que l'individu développe les fonctions qu'il exerce le mieux. Le développement du type psychologique constitue un processus qui dure toute une vie et qui vise la maîtrise personnelle des fonctions.

À l'instar des points cardinaux qui servent à nous situer dans l'espace, les types psychologiques nous aident à repérer les forces et les faiblesses des individus et à nous orienter de façon appropriée pour établir des relations harmonieuses et satisfaisantes. Les fonctions rationnelles (la pensée, T, et le sentiment, F) définissent l'axe jugement, J, alors que les fonctions irrationnelles (la sensation, S, et l'intuition, N) correspondent à l'axe perception, P. Les types psychologiques sont également formés par l'attitude, qui constitue le troisième axe, opposant l'extraversion, E, et l'introversion, I.

Un type psychologique comprend une fonction dominante, soit la fonction préférée de l'individu, et une fonction auxiliaire, qui assiste la fonction dominante et qui se trouve sur l'axe complémentaire. Par exemple, si une personne montre une préférence pour la pensée, la fonction auxiliaire pourra être soit la sensation, soit l'intuition, selon encore une fois sa préférence pour l'une ou l'autre de ces fonctions. La fonction qui s'oppose à la fonction dominante s'appelle la fonction inférieure. Cette fonction est généralement celle que la personne maîtrise le moins et qu'elle a le moins développée. Dans notre exemple, la fonction inférieure d'une personne de type pensée est le sentiment. La détermination de la dominante, de l'auxiliaire et de l'inférieure demeure importante pour guider l'analyse des attitudes et des comportements d'une personne et pour l'aider à s'améliorer.

Connaître le type psychologique d'un individu, c'est un peu comme connaître son adresse personnelle. En effet, le type psychologique nous informe sur ses préférences personnelles quant à sa manière de percevoir et de juger sa vie intérieure et le milieu ambiant, et quant à sa manière habituelle d'agir, de réagir et d'interagir dans son milieu. Reconnaître le type psychologique s'avère très pratique, car cela facilite les communications et les relations avec cette personne.

Comme le fait une adresse, le type psychologique nous permet en quelque sorte de nous rendre chez quelqu'un et d'avoir une idée du style de maison que cette personne habite (les préférences personnelles conscientes), mais cela ne nous dit pas comment la maison est aménagée à l'intérieur (les tendances plutôt inconscientes). Pour le découvrir, il faut que la personne accepte de nous faire visiter. Comme nous le verrons dans cette section, la structure même du type psychologique nous renseigne sur les aspects conscients et moins conscients de la personnalité.

La figure 1.3 montre la structure d'un type psychologique (ce schéma a aussi été conçu par Jung à l'occasion du séminaire de Zurich). Il s'agit de la structure d'une personnalité de type Intuition ; comme tous les autres types psychologiques, il se compose de préférences conscientes (la fonction dominante et la fonction auxiliaire) et de tendances plutôt inconscientes (la fonction tertiaire et la fonction inférieure). De plus, si la fonction dominante est extravertie, les autres fonctions seront introverties en vertu de la fonction compensatoire de l'inconscient. Par conséquent, le type psychologique n'est pas un stéréotype qu'on donne à quelqu'un, mais une véritable hypothèse quant à la structure et à la dynamique de sa personnalité (Mattoon et Davis, 1995).

La fonction dominante et la fonction inférieure

Chaque individu montre une préférence pour l'une ou l'autre des quatre fonctions ; c'est sa fonction dominante. D'après Jung, cette fonction apparaît très tôt dans le

FIGURE 1.3 *Le schéma d'une structure de personnalité de type Intuition*

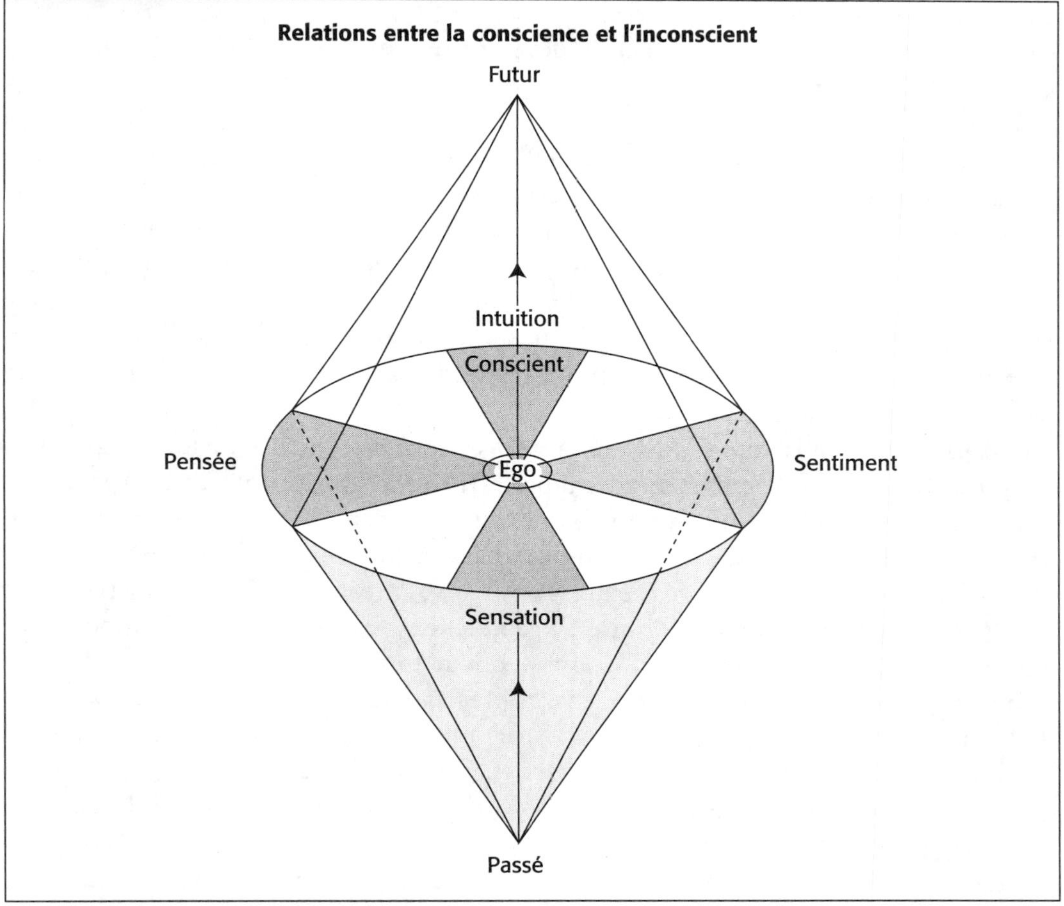

Source : Traduit de Jung (*1925*, 1989, p. 128).

développement. Dès la petite enfance, la préférence pour une fonction se manifeste et, parce que l'enfant a tendance à répéter ce qu'il sait bien faire, cette fonction se développera plus que les autres. L'entourage et le milieu ambiant tendront à renforcer cette préférence qui, par conséquent, deviendra la fonction dominante. Réciproquement, la fonction qui lui est opposée tendra à « couler au fond » de l'inconscient ; elle deviendra la fonction inférieure.

Par exemple, une personne qui montre une préférence pour la pensée attache beaucoup d'importance aux idées et à la logique ; elle aura tendance à prendre une attitude impartiale pour analyser le pour et le contre d'une situation, pour distinguer le vrai du faux. Cette attitude l'amène à échafauder des théories, à valoriser la raison et l'intellect, à promouvoir l'impartialité et la justice. Parce qu'elle accorde plus d'attention à la raison, elle est moins tentée de chercher à comprendre les émotions ; elle aura tendance à juger les sentiments d'autrui et à éprouver de la sympathie si elle les approuve ou de l'antipathie si elle les désapprouve. La fonction inférieure du type *Pensée* sera donc le sentiment.

La fonction dominante sera bien développée dans la conscience de l'individu, non pas dans le sens de la performance de la fonction, mais dans celui de la maîtrise personnelle et de la confiance en soi dans ce domaine. En effet, l'exercice répété de la fonction dominante tend à renforcer celle-ci ; l'individu acquiert de l'aisance et un sentiment de maîtrise à l'égard de cette fonction. À mesure qu'il la développe, il acquiert les traits et les dispositions personnelles qui sont caractéristiques de cette fonction. Ainsi, lorsque la pensée est la fonction dominante, cela implique que l'individu a une préférence pour l'analyse, le raisonnement, la critique et la prise de décision ; c'est dans ces domaines qu'il se sentira le plus à l'aise. Par ailleurs, si une personne a théoriquement des aptitudes pour le raisonnement, cela ne garantit pas qu'elle sera mathématicienne.

L'utilisation de la fonction dominante n'est pas la même pour les extravertis et les introvertis (Casas, 1990). Chez les types extravertis, elle est utilisée dans le monde extérieur ; elle est aisément reconnue par les autres, puisqu'elle est projetée vers l'extérieur. Chez les introvertis, elle est utilisée dans la vie intérieure ; les autres ne peuvent pas facilement la reconnaître, car elle est pour ainsi dire « réservée » pour la personne.

C'est la fonction auxiliaire qui est visible chez les introvertis et, comme ils ont moins d'aisance avec cette fonction qu'avec leur fonction dominante, ils sont plus exposés que les extravertis à ne pas être appréciés à leur juste valeur (Casas, 1990). En contrepartie, les types introvertis développent plus rapidement leur fonction auxiliaire que ne le font les types extravertis, parce qu'ils reçoivent plus de pression en ce qui a trait à l'adaptation. Être introverti procure donc l'avantage de maîtriser plus rapidement deux fonctions psychologiques (Cauvin et Cailloux, 1994).

En raison de l'attention que va accorder la personne à sa fonction dominante, sa fonction inférieure sera reléguée dans l'inconscient, où elle deviendra dominante. Parce qu'elle appartient au domaine inconscient de la personnalité, elle y demeurera dans un état archaïque (c'est-à-dire primitif, non différencié, immature, non maîtrisé) et elle aura un effet compensatoire sur les modes de réaction habituels de la personne (von Franz et Hillman, 1971). Dans les mots de Jung, la fonction inférieure, c'est le point faible de la personnalité, au sens propre (c'est une faiblesse de la personnalité) comme au sens figuré (c'est ce qui attire et repousse en même temps la personne).

Cauvin et Cailloux (1994) décrivent la fonction inférieure en ces termes : lente, source constante d'erreurs, susceptible, à contretemps, masquée, troublante, refoulée. Lorsqu'une personne doit se servir de sa fonction inférieure, tout prend plus de temps, elle ne cesse de commettre des erreurs, toujours les mêmes. Les caractéristiques associées à la fonction inférieure refont souvent surface au moment où on s'y attend le moins, ou nous font défaut au moment où on en a le plus besoin. Pour masquer ses faiblesses, la personne mettra au point des mesures palliatives, comme utiliser des clichés pour dire quelque chose de touchant à quelqu'un, des listes de contrôle pour ne pas oublier ce qu'elle doit faire, des lettres types pour transmettre des dossiers, etc.

La fonction inférieure peut se manifester dans les comportements sous l'impulsion de plusieurs déclencheurs : la fatigue, le stress, la maladie, l'alcool, la drogue, les chocs, les critiques imméritées, les crises, etc. (Cauvin et Cailloux, 1994 ; Morin, 1993 ; von Franz et Hillman, 1971). Le tableau 1.2 (p. 18) synthétise les caractéristiques associées à chacune des fonctions psychologiques lorsqu'elles se trouvent en position d'infériorité.

Pour comprendre le rôle de la fonction inférieure dans le développement de la personnalité, von Franz utilise l'image du roi et de ses trois fils, qu'on retrouve souvent dans les contes de fées. Cette auteure compare la fonction inférieure au plus jeune des princes, souvent considéré comme immature ; c'est pourtant lui qui parvient toujours à sauver le royaume (von Franz et Hillman, 1971). Cette comparaison nous suggère que c'est la maîtrise de la fonction inférieure qui permettra à la personne de s'épanouir et de s'actualiser.

En dépit de son caractère primitif et archaïque, la fonction inférieure est celle qui indique la direction de l'adaptation et de l'individuation. Winston Churchill nous donne un bon exemple : cet homme savait comment puiser dans le riche potentiel de sa fonction inférieure et comment utiliser ce qu'il y trouvait pour réussir ses projets ; c'est pour cette raison que O'Neill (1991) l'a appelé l'« apprenti des profondeurs ». Storr (1988) présente une bonne analyse du cas de Winston Churchill et de son « chien noir », ainsi qu'il appelait lui-même sa dépression.

Cependant, les contenus de la fonction inférieure ne peuvent pas être appréhendés directement, car ils sont inconscients, et comme l'explique Jung (*1921,* 1976), la fonction inférieure ne peut pas devenir consciente :

> Ce serait une tâche impossible – mais qui a néanmoins été souvent entreprise, sans succès – de transformer la fonction inférieure directement en fonction supérieure. Ce serait en fait aussi difficile que d'inventer la machine à mouvement perpétuel. Aucune forme inférieure d'énergie ne peut être simplement convertie en une forme supérieure sans qu'une source d'une valeur supérieure lui prête simultanément son soutien, c'est-à-dire que la conversion ne peut être accomplie qu'au détriment de la fonction dominante. Cependant, en aucune circonstance la valeur initiale de la forme supérieure d'énergie ne peut être atteinte par les formes inférieures, pas plus qu'elle ne peut être reprise par la fonction dominante : un nivellement à un niveau intermédiaire doit inévitablement se produire (p. 86, traduit par les auteures).

Afin de faciliter l'apprentissage et de développer la créativité et l'imagination, on devrait permettre aux personnes de parler ouvertement de leurs craintes et de leurs réticences, de discuter avec respect de sujets tabous ou délicats à aborder, de laisser libre cours, de temps à autre, à leurs idées et à leurs sentiments, d'expérimenter de nouvelles façons de faire, même si cela peut prendre du temps, de connaître des expériences inusitées, etc. (Dixon, 1994 ; Morin, 1993).

TABLEAU 1.2 Les forces de la fonction dominante et les faiblesses de la fonction inférieure correspondante

Forces de la fonction dominante	Conséquences possibles de la fonction inférieure
Sensation Reconnaître les faits pertinents ; utiliser l'expérience pour résoudre les problèmes ; repérer ce qui mérite attention ; retenir l'essentiel ; traiter les problèmes avec réalisme.	**Intuition** Voir le futur de façon négative ; être pessimiste sans raison ; se sentir coincé sans trouver de portes de sortie ; manquer de confiance ; démontrer du fétichisme ; rester bloqué dans une situation difficile.
Intuition Imaginer des possibilités nouvelles ; faire preuve d'ingéniosité pour résoudre les problèmes ; voir comment se préparer au futur ; être à l'affût des nouveautés ; aborder les problèmes avec enthousiasme.	**Sensation** Être obsédé par des détails mineurs et préoccupé par des faits sans importance ; utiliser ses sens de façon abusive ; avoir une perception erronée de son état de santé ; avoir l'humeur dépressive ; gérer difficilement ses finances personnelles.
Pensée Être bon analyste ; prévoir les embûches ; s'en tenir aux règles ; peser « la loi et les faits » ; ne pas se laisser influencer.	**Sentiment** Manifester des décharges émotionnelles incontrôlées ; éprouver de la colère ou d'autres sentiments de façon inattendue ; être hypersensible ; être trop réservé ; porter des jugements catégoriques ; démontrer du fanatisme ; prendre les critiques comme des remarques désobligeantes à son endroit.
Sentiment Bien comprendre les gens ; deviner ce que ressentent les autres ; trouver les circonstances atténuantes ; avoir conscience des valeurs ; apprécier la contribution de chacun.	**Pensée** Être hypercritique : rechercher sans cesse ce qui ne va pas ; vouloir avoir raison à tout prix ; être autoritaire : prendre les choses en main sans écouter les autres ; avoir de la difficulté à se faire comprendre ; rechercher la vérité absolue.

Sources : Adapté de Casas (1990) ; Cauvin et Cailloux (1994) ; Hirsh et Kummerow (1994).

La fonction auxiliaire et la fonction tertiaire

Deux autres fonctions, situées sur un axe complémentaire, ont une importance secondaire, mais tout de même significative. Celle que préférera l'individu sera la fonction auxiliaire, alors que l'autre, située à l'opposé, sera la fonction tertiaire. Jung (*1921,* 1976) explique :

> L'expérience nous montre que la fonction auxiliaire est toujours de nature différente, mais non antagoniste, de la fonction dominante. Ainsi, la pensée en tant que fonction dominante peut s'apparier facilement avec l'intuition, fonction auxiliaire, ou encore avec la sensation, mais, comme cela a déjà été observé, jamais avec le sentiment (p. 406, traduit par les auteures).

Alors que la fonction dominante caractérise le mode habituel de réaction de l'individu, la fonction auxiliaire permet l'équilibration de ses conduites ; la fonction auxiliaire est au service de la fonction dominante. Elle est presque aussi différenciée que la fonction dominante, et l'individu est relativement conscient de sa préférence pour cette fonction. La fonction dominante et la fonction auxiliaire servent toutes deux à développer des stratégies d'adaptation efficaces.

La fonction tertiaire s'oppose à la fonction auxiliaire, mais joue un rôle similaire, celui d'assister la fonction dominante. Cependant, elle n'est pas aussi différenciée que la fonction auxiliaire, car elle réside davantage dans l'inconscient. Elle sert toutefois à dépanner quand la fonction auxiliaire fait défaut.

Imaginons par exemple André, un homme rationnel, de type *Sentiment extraverti* et dont la fonction auxiliaire est l'intuition. D'après Casas (1990), cet homme aura tendance à s'appuyer sur des valeurs bien établies et ses conduites respecteront les normes et les idéaux de son milieu parce que sa fonction dominante est le sentiment et qu'elle est, dans son cas, extravertie. André a la capacité de percevoir ce qui a de la valeur chez autrui ou dans les choses et les opinions exprimées. Il s'intéresse aux possibilités des personnes et des choses, au-delà d'un contexte donné, parce que sa fonction auxiliaire est l'intuition. Il est à l'aise avec les autres ; il valorise les relations harmonieuses. S'il est aux prises avec un problème qu'il ne peut résoudre à sa façon habituelle, il cherchera des moyens de le résoudre autrement, en se renseignant sur la situation et en s'efforçant de l'examiner concrètement ; il se sentira probablement lent et malhabile, car la sensation est sa fonction tertiaire. Par-dessus tout, il se montrera réticent aux explications théoriques, car la pensée est sa fonction inférieure. S'il a tout essayé sans succès, il tentera d'éviter de connaître ce problème de nouveau. Parce que la pensée introvertie est sa fonction inférieure, André aura tendance à être très critique envers lui-même, à rechercher la vérité à tout prix, à mal établir ses priorités, à éprouver de la difficulté à se faire comprendre et à se sentir irrité par des personnes logiques et analytiques (Cauvin et Cailloux, 1994 ; von Franz et Hillman, 1971).

Lorsqu'on connaît la fonction auxiliaire d'une personne, il devient alors possible d'approcher le domaine inconscient et d'aider au développement de sa personnalité. Jung (*1921,* 1976) explique pourquoi. Ainsi, voici ce qui arrive lorsque la personne prend la position caractéristique de la fonction auxiliaire :

> Cela donne au patient une vue plus large de ce qui se passe et de ce qui est possible, de telle sorte que le champ de sa conscience est suffisamment protégé contre les incursions de l'inconscient. Réciproquement, dans le but d'amortir l'impact de l'inconscient, un type irrationnel a besoin d'un plus grand développement de la fonction auxiliaire rationnelle présente dans la conscience (p. 407, traduit par les auteures).

L'inventaire des types psychologiques de Myers et Briggs

La théorie de la typologie psychologique de Jung a fait l'objet de plusieurs opérationnalisations, mais la plus connue demeure celle de Myers et Briggs. Pour définir un type psychologique, Myers (1975) emploie quatre éléments : une attitude (extraversion ou introversion), une fonction irrationnelle ou de perception (sensation ou intuition), une fonction rationnelle ou de jugement (pensée ou sentiment) et un style de vie (jugement ou perception). C'est en effet Myers et Briggs qui ont introduit le concept de « style de vie » dans la théorie des types psychologiques. Cette quatrième dimension est censée refléter la dominance de l'axe rationnel (jugement, J) ou de l'axe irrationnel (perception, P) dans les conduites de la personne.

L'indicateur de types de Myers-Briggs est l'un des inventaires (tests) de la personnalité les plus utilisés en Amérique du Nord (Casas, 1990 ; Mattoon et Davis, 1995 ; Samuels, 1991). Conçu par Isabel Myers et Katherine Briggs, il a été publié en 1962.

Pour déterminer le type psychologique, d'autres inventaires sont aussi offerts sur le marché des tests, tels le *Gray-Wheelwrights' Test* (Wheelwright et autres, 1942) et le *Singer-Loomis Inventory of Personality* (Singer et Loomis, 1984). Le *Gray-Wheelwrights' Test* a été le premier questionnaire élaboré par Horace Gray, Jane Hollister Wheelwright et Joseph Wheelwright. Il détermine le type psychologique selon les trois axes de la typologie (attitudes, fonctions rationnelles et fonctions irrationnelles). Le *Singer-Loomis Inventory of Personality* a été conçu de façon à tenir compte du contexte afin de déterminer les préférences de l'individu, et à pouvoir vérifier l'hypothèse de polarité et d'opposition des fonctions psychologiques.

L'indicateur de types de Myers-Briggs définit 16 types psychologiques, qui sont présentés très sommairement dans le tableau 1.3. La fonction représentée par une lettre minuscule est la fonction auxiliaire du type psychologique.

En considérant les types de personnalité que nous avons passés en revue, nous devons garder à l'esprit l'idée que tous les types se valent. Les types psychologiques des individus constituent des préférences ; ils ne caractérisent pas des comportements. Le comportement humain est complexe, et l'indicateur de types de Myers-Briggs ne peut nous donner toutes les informations sur une personne. Les techniques de reconnaissance des types devraient d'abord être utilisées pour se connaître soi-même avant de servir à connaître les autres. En d'autres termes, il faut éviter de stéréotyper les autres à partir de leur type.

Coe (1992) décrit les bons et les mauvais usages de cet inventaire dans les organisations. Dans les pratiques concernant les personnes, les tests et les autres mesures du genre ne doivent jamais constituer le seul outil pour justifier des décisions directoriales. Ils doivent être utilisés avec d'autres moyens comme le contact personnel, des entrevues et des observations de comportements, etc.

L'indicateur ne donne aucune indication sur les valeurs et les motivations de la personne. Il ne mesure pas la pathologie : des personnes très saines peuvent avoir le même type psychologique que des personnes très malades. Il ne mesure pas non plus la performance en rapport avec les fonctions préférées : une personne présentant une forte préférence pour la pensée n'est pas forcément bonne en mathématiques.

Plusieurs personnes croient que le type psychologique est formé de propositions binaires ; en fait, un individu exerce toutes les fonctions en tout temps. De plus, certains maîtrisent mieux leurs fonctions cachées que d'autres. Étant donné le fait que l'indicateur ne mesure pas la partie moins consciente de la personnalité, toute personne qui l'utilise doit éviter de stéréotyper les individus.

L'indicateur ne doit pas être utilisé pour attribuer un type aux autres, les critiquer ou les percevoir d'une façon négative. Chacun des 16 types possède des forces particulières qu'une organisation devrait pouvoir mettre en valeur et soutenir. L'environnement interpersonnel devrait reconnaître et valoriser les différences individuelles pour les contributions qu'elles apportent à l'équipe.

En dépit de la plausibilité des arguments pour l'indicateur, on fait souvent un très mauvais usage de celui-ci en refusant de considérer des candidatures qui n'ont pas le « bon » type pour un emploi. En effet, l'indicateur décrit des préférences, non des aptitudes ou des compétences ; en outre, quiconque s'est familiarisé avec cet indicateur peut en fausser les réponses.

Pour que la théorie des types psychologiques soit utile au travail, elle doit d'abord être appliquée dans la vie de tous les jours ; pour cela, il faut développer la capacité de reconnaître les types à partir des attitudes et des conduites des personnes. Il s'agit alors d'appliquer un principe connu : la pratique.

Pour déterminer le type psychologique d'une personne à partir de ses comportements habituels, il faut se rappeler que le type se compose d'une attitude type

TABLEAU 1.3 La carte de 16 types psychologiques de Myers-Briggs

ISTJ *Je fais ce qui doit être fait.* Tuteur	**ISFJ** *J'ai un sens élevé du devoir.* Conservateur	**INFJ** *J'aime être à l'origine des choses.* Auteur	**INTJ** *À mon sens, tout peut être amélioré.* Scientifique
ISTP *J'aime expérimenter.* Artisan	**ISFP** *Je vois beaucoup, mais j'en dis peu.* Artiste	**INFP** *J'aime rendre service aux autres.* Chercheur	**INTP** *J'adore résoudre des problèmes.* Architecte
ESTP *J'aime l'efficacité.* Organisateur	**ESFP** *J'estime qu'on n'a qu'une vie.* Amuseur	**ENFP** *Je profite de la vie.* Journaliste	**ENTP** *Je relève un défi excitant après l'autre.* Inventeur
ESTJ *J'aime administrer.* Administrateur	**ESFJ** *J'aime accueillir les gens.* Vendeur	**ENFJ** *J'aime persuader en douceur.* Pédagogue	**ENTJ** *J'aime diriger.* Maréchal

Sources : Adapté de Keirsey et Bates (1984) ; Kroeger et Thuesen (1988).

(extravertie ou introvertie), d'une fonction de perception (sensation ou intuition), d'une fonction de jugement (pensée ou sentiment) et d'un style de vie (jugement ou perception). Il faut également se rappeler qu'une fonction sera introvertie et l'autre, extravertie. Ainsi, pour une personne dont le type est ESTJ, son attitude type est extravertie, la sensation introvertie est sa fonction de perception, la pensée extravertie est sa fonction de jugement et son style de vie habituel est le mode jugement. Il est à noter que, pour ce type, la sensation est la fonction introvertie et la pensée, la fonction extravertie.

Deux éléments de la typologie de Myers-Briggs sont assez facilement observables : l'attitude type et le style de vie. Le style de vie détermine la fonction psychologique que la personne emploie généralement dans ses relations avec autrui et qui sera, par conséquent, extravertie. Ainsi, une personne dont le style de vie est Jugement aura tendance à utiliser la fonction de jugement (c'est-à-dire Pensée ou Sentiment) dans ses interactions avec autrui ; une autre dont le style de vie est Perception aura tendance à utiliser la fonction de perception (c'est-à-dire Sensation ou Intuition) dans ses interactions avec autrui. Quant à l'attitude type, elle détermine la fonction dominante. Par exemple, le type ESTJ : l'attitude type extravertie détermine la dominance de la fonction Pensée, et le style de vie extraverti détermine la pensée comme fonction utilisée dans les interactions avec autrui. Un autre exemple, celui-ci avec un type introverti : INTP. Dans ce cas, l'attitude type introvertie détermine la pensée comme fonction dominante et le style de vie extraverti détermine l'intuition comme fonction généralement utilisée dans les interactions avec autrui. Le tableau 1.4 présente la grille d'analyse des types psychologiques de Myers-Briggs.

En considérant l'étude des types psychologiques dans les milieux de travail, on se rend compte que la personnalité joue un rôle important dans la détermination des problèmes de performance et dans la manière de les résoudre. Ainsi, on peut s'attendre à ce qu'un employé dont le type est INTJ renonce difficilement à des projets non réalisables et refuse d'en partager la responsabilité ; ou qu'un gestionnaire de type ESFJ évite les conflits entre ses employés et nie les problèmes pour préserver la paix dans son service ; ou encore qu'un mécanicien de type ISTP se montre pointilleux sur les détails et prenne des moyens pour économiser son énergie. Or, il est difficile, voire impensable, de changer la personnalité d'une personne.

Il s'agit de trouver des moyens de composer avec les faiblesses de chacun. Pour cela, il semble possible d'apporter des améliorations dans les comportements des

TABLEAU 1.4 La grille d'analyse des types psychologiques de Myers-Briggs

Attitudes	Fonctions de PERCEPTION (irrationnelles)	Fonctions de JUGEMENT (rationnelles)	Styles de vie
Extravertie (E)	Sensation (S)	Pensée (T)	Jugement (J)
Introvertie (I)	Intuition (N)	Sentiment (F)	Perception (P)

individus en les aidant à développer leur fonction auxiliaire et à prendre conscience des atouts de leur fonction inférieure. De plus, la seule prise de conscience des forces et des faiblesses de chaque type aide les uns et les autres à se communiquer leurs opinions et à travailler dans un esprit de coopération, en développant leur caractère. Le tableau 1.5 présente une synthèse des préférences personnelles qui définissent les attitudes types et les fonctions psychologiques selon le modèle de Myers (1975).

D'après Mattoon et Davis (1995), les recherches sur la théorie des types psychologiques tendent à démontrer sa validité et à faire valoir son utilité pour comprendre les différences individuelles. Cette théorie est une contribution importante de la psychologie analytique au monde du travail. Parmi ses applications, on trouve la résolution des problèmes personnels et organisationnels (*counseling*) (Davey et autres, 1993 ; Hunter et Levy, 1982), la consolidation des équipes de travail, la formation au leadership et à la direction (Davis et autres, 1990 ; Mitroff, 1983 ; Myers, 1989), l'orientation de carrière et le développement professionnel (Casas, 1990 ; Coe, 1992), la facilitation des changements organisationnels (Lynch, 1985), la gestion des conflits (Mills et autres, 1985) et la nature des stratégies d'entreprise (Miller et autres, 1985).

Ainsi, Miller et autres (1985) ont utilisé cette théorie afin d'explorer les relations possibles entre la personnalité du dirigeant et la stratégie d'entreprise. Ils ont mené une étude dans 97 entreprises du Québec de différents secteurs d'activité. Leur méthode consistait essentiellement à décrire les types de personnalités les plus fréquents dans leur échantillon, puis à analyser la stratégie de l'entreprise, sa structure organisationnelle et les caractéristiques de son environnement.

Dans leur échantillon, trois types de personnalités ressortaient : ESTJ, ISTJ et INTJ. Les chercheurs ont été surpris de trouver une majorité de dirigeants introvertis (54 %). En fait, ce résultat concorde bien avec les normes canadiennes établies depuis par Casas (1990) : la population canadienne est constituée en majorité d'introvertis, ce qui n'est pas le cas dans la population des États-Unis. Par ailleurs, tous les dirigeants qui ont participé à la recherche étaient des TJ ; ce résultat n'est pas surprenant, car c'est ce qu'on trouve généralement dans les échantillons de gestionnaires un peu partout dans le monde (Casas, 1990 ; McCaulley, 1989 ; Myers et McCaulley, 1985).

Les analyses de Miller et de ses collaborateurs font ressortir des stratégies propres à chaque type de personnalité. Ainsi, les dirigeants ESTJ ont tendance à développer des stratégies entrepreneuriales de diversification et d'expansion ; les dirigeants ISTJ, des stratégies prudentes et planifiées, maximisant le rendement par l'implantation de systèmes d'information robustes ; les dirigeants INTJ, des stratégies entrepreneuriales créatives, investissant dans la recherche et le développement, mettant au point des produits destinés à un groupe de clients bien ciblés.

Les types d'employés

Le modèle des types d'employés a été présenté par Judith A. Rice (1978) pour comprendre les différences individuelles quant à l'évaluation du climat au travail.

TABLEAU 1.5 La synthèse des préférences personnelles qui définissent les attitudes et les fonctions

Types et préférences personnelles	Comment les respecter
Type extraverti Est orienté vers l'extérieur ; fait preuve de souffle, d'ampleur des intérêts envers les personnes et les choses ; est attiré par les interactions, les discussions et l'action ; agit, pense, agit.	Pour savoir ce qu'il pense, il s'agit simplement de l'écouter ; se concentrer sur l'action ; ne pas être surpris quand il agit ; s'attendre à ce qu'il inclue d'autres personnes dans sa démarche.
Type introverti Est orienté vers l'intérieur ; démontre de la profondeur ; fait preuve de concentration des intérêts, des idées et des pensées ; apprécie l'intimité, la réflexion ; pense, agit, pense.	Pour savoir ce qu'il pense, il faut le lui demander, lui donner du temps pour réfléchir, lui permettre de répondre par écrit ; s'attendre à ce qu'il travaille seul ou avec quelques personnes.
Type sensitif Démontre une prédilection pour les cinq sens ; apprécie ce qui est réel, pratique, utile ; tient compte du passé et du présent ; valorise les habiletés acquises ; s'intéresse aux faits ; agit étape par étape.	Lui présenter tous les faits ; expliquer en suivant l'ordre des séquences ; discuter les détails ; mettre l'accent sur les faits ; montrer la continuité entre la situation présente et l'expérience passée ; utiliser les procédures normales.
Type intuitif Possède un sixième sens, du flair ; conçoit ce qui pourrait être ; est imaginatif ; aime la nouveauté ; pense au futur ; valorise les nouvelles habiletés ; est perspicace ; agit en sautant des étapes.	Lui présenter la situation dans son ensemble ; mettre l'accent sur les principes, les idées, les relations ou les *patterns* ; envisager des possibilités et le futur ; suggérer des approches créatives ou des aspects originaux.
Type pensée Possède un système logique ; est positif ; aime la justice ; est porté à la critique ; apprécie la valeur des principes et des lois ; est mû par la raison ; est ferme et juste.	Lui présenter une analyse de tous les faits à considérer ; mettre l'accent sur les faits et la logique ; expliciter les postulats et le rationnel ; établir un parallèle entre les coûts et les bénéfices réels et totaux ; suggérer de faire une analyse ; discuter de l'équité.
Type sentiment Possède un système de valeurs ; tient compte de l'invisible ; est porté au pardon, à la considération, à l'empathie et à la compassion ; est à la recherche du sens.	Souligner les répercussions humaines de la décision ; mettre l'accent sur le sens et les valeurs ; être sincère et faire connaître ses propres croyances ; choisir une approche humaine pour la tâche à accomplir ; suggérer un processus démocratique ; discuter des effets sur les personnes.
Type jugement Aime les choses planifiées et réglementées ; aime exercer un contrôle ; valorise la permanence ; possède un esprit de décision ; est organisé ; vise la réduction de l'incertitude.	S'assurer que les délais prévus sont raisonnables et faire tous les efforts pour les respecter ; être prêt à délimiter le problème à résoudre ; s'attendre à des jugements et à des décisions ; fournir un cadre structuré ; planifier le travail et en adapter le plan au besoin.
Type perception Est spontané, laisse couler les choses, possède un bon pouvoir d'adaptation ; valorise le provisoire ; est ouvert, flexible ; accepte l'incertitude.	Donner des échéances et clarifier la communication ; s'attendre à ce qu'il travaille sous la pression des échéances ; être prêt à dépasser le cadre du problème ; s'attendre à des perceptions particulières et à des propositions ; fournir un cadre non directif ; anticiper la spontanéité et le changement.

Sources : Adapté de Casas (1990) ; Cauvin et Cailloux (1994) ; Hirsh et Kummerow (1994) ; Myers (1975).

D'après ce modèle, deux traits de personnalité déterminent les attitudes des employés : l'internalité/l'externalité et la confiance/la méfiance.

L'internalité caractérise les personnes qui croient pouvoir exercer de l'influence sur les événements qui les concernent. On peut dire qu'une personne interne a tendance à croire que ce qui lui arrive dans la vie dépend d'elle et qu'elle peut généralement obtenir ce qu'elle veut si elle fait ce qu'il faut. À l'opposé, l'externalité caractérise les personnes qui croient que ce qui leur arrive dans la vie ne dépend pas d'elles, mais d'agents ou de facteurs extérieurs comme le système, le gouvernement, Dieu, la chance, etc. Ce type d'individus a tendance à croire que la vie est régie surtout par des événements que personne ne peut prévoir et que le bonheur est avant tout une question de chance.

Cependant, comme l'explique Rice (1978), déterminer le lieu de contrôle (interne ou externe) d'une personne n'est pas suffisant pour expliquer les différences individuelles dans les organisations. Une personne peut croire qu'elle maîtrise ou non les événements, mais cela ne nous dit pas si elle trouve sa situation agréable ou désagréable. Pour le savoir, il faut pouvoir déterminer le degré de confiance qu'elle a dans les autres. Le deuxième trait de personnalité, la confiance dans les autres, correspond donc à la perception qu'a la personne des intentions, des attitudes et des conduites d'autrui.

Avoir confiance dans les autres, c'est les percevoir comme de bonnes personnes, honnêtes, capables d'écouter et de comprendre et prêtes à collaborer avec soi. À l'opposé, avoir de la méfiance, c'est percevoir les autres comme des personnes mal intentionnées, malhonnêtes, égoïstes, prêtes à exploiter quelqu'un si cela devient nécessaire pour satisfaire des intérêts personnels.

La typologie formée par ces deux traits de personnalité, présentée dans le tableau 1.6, fait l'objet de la recherche de Lesage et Rice-Lesage depuis 1978. D'après Lesage et Rice-Lesage (1982), cette typologie permet de comprendre et d'expliquer le choix professionnel, la façon dont les individus perçoivent leurs expériences de travail, l'intérêt et la satisfaction au travail, les façons d'apprendre les rôles professionnels et les réactions typiques face à des difficultés éprouvées au travail. Elle

TABLEAU 1.6 La typologie des employés

Interne-confiant (IC) « Ce qui m'arrive d'intéressant au travail dépend de moi et de la façon dont je peux choisir les situations où je pourrai échanger et collaborer de façon satisfaisante pour moi et les autres. »	**Interne-méfiant (IM)** « Ce qui m'arrive d'intéressant au travail ne dépend que de moi, c'est-à-dire de ce que je peux arracher aux autres avant qu'ils ne me l'arrachent. »
Externe-confiant (EC) « J'ai eu de la chance de trouver cet emploi. Les gens puissants dans cette organisation sont honnêtes et intéressés par moi. Je dois m'efforcer de bien faire ce qu'ils demandent, car ils savent ce qui est bon pour moi. »	**Externe-méfiant (EM)** « Comme partout ailleurs, les gens puissants dans cette organisation sont égoïstes et malhonnêtes. L'idée, c'est de se protéger et d'éviter les coups autant que possible pour essayer de survivre. »

Source : Lesage et Rice-Lesage (1982, p. 17).

permet également de déterminer le type d'emploi qui correspond le mieux au type d'employé. Le tableau 1.7 présente les principales difficultés auxquelles font face les quatre types d'employés, leurs réactions habituelles devant ces difficultés et la tâche la mieux adaptée à chacun.

Dans une étude réalisée auprès des gestionnaires du Québec, Lesage et Rice-Lesage (1986) ont découvert que cette typologie permet de prévoir comment chaque type de personnalité va se comporter au travail.

TABLEAU 1.7 Les principales difficultés, les réactions habituelles et le genre de tâche le mieux adapté à chaque type d'employé

	IC	EM	EC	IM
a) Principales difficultés éprouvées par l'individu	Se sentir sous-utilisé s'il ne fait qu'une tâche qu'il maîtrise déjà.	Se sentir exploité par les gens puissants qui contrôlent les « règles du jeu ».	Avoir l'impression que son supérieur ne s'occupe pas assez de lui ou qu'il doit décider lui-même ce qu'il faut faire.	Se sentir sous-estimé (c'est-à-dire qu'on ne s'aperçoit pas que c'est lui le meilleur et qu'il mérite de travailler sans aucune contrainte).
b) Réaction typique de l'individu	S'associer à des gens capables afin de créer des défis et d'accomplir des projets utiles en surplus de sa tâche.	Chercher un emploi où les critères sont impersonnels et objectifs, sans risque pour lui.	Trouver une personne puissante qui va lui dire quoi faire.	Faire sa propre publicité, chercher à faire des coups de maître pour prouver sa supériorité.
c) Solution ultime de l'individu si la situation empêche b)	Quitter cet emploi après mûre réflexion tout en restant en bons termes avec son employeur.	Se plaindre à ses semblables, mais endurer en maugréant (« c'est la vie »).	Bricoler en attendant qu'on s'occupe de lui.	Être présent le moins possible au travail et adopter les signes extérieurs de succès en dehors de son emploi. À la limite, il part en mauvais termes.
d) Genre de tâche la mieux adaptée à chaque type	Beaucoup de défis où il pourra collaborer avec d'autres et progresser, bâtir. Il préfère des critères de succès explicites, ce qui lui permet d'apprendre de ses erreurs.	Tâche sécurisante dont les critères sont impersonnels et objectifs, ne le soumettant pas au jugement des autres, qu'il craint.	Tâche où il est lié à un supérieur immédiat qui lui dit quoi faire, le corrige au besoin, mais sans le réprimander.	Tâches variées où il n'a à compter que sur lui-même pour convaincre et séduire les autres, où les critères sont ambigus, où il n'est pas obligé d'administrer ce qu'il met sur pied.

Source : Lesage et Rice-Lesage (1982, p. 22).

- Les gestionnaires internes-confiants sont attirés par les entreprises dynamiques, peu bureaucratisées, et par les postes où ils pourront relever des défis intéressants à leur manière, avec des personnes intéressantes. Ils sont en général satisfaits de leur emploi et des conditions de travail ; en fait, ils ont du plaisir à travailler. Ils sont en accord avec ce qu'ils font, ils participent aux décisions et à la vie de l'entreprise et ils développent leurs compétences tout au long de leur vie professionnelle.
- Les gestionnaires internes-méfiants sont plutôt attirés par les entreprises prestigieuses et par les postes qui leur donnent de la visibilité, leur permettant d'obtenir rapidement des postes encore plus prestigieux ; ils perçoivent l'entreprise comme une jungle dans laquelle ils sont des chasseurs. Ils ont beaucoup d'ambition et consacrent leur énergie à faire progresser leur carrière, sans se préoccuper vraiment des autres ni de l'organisation.
- Les gestionnaires externes-confiants sont attirés par les employeurs qui vont s'occuper d'eux et par les emplois où une personne importante leur dira quoi faire. Ils constituent des collaborateurs dévoués qui risquent d'être blessés à cause de leur naïveté et de leur grand désir de plaire aux autres. Parce qu'ils hésitent à prendre les commandes, ils servent souvent de « courroie de transmission » dans l'entreprise ; leur supérieur, s'il est bienveillant, aura tendance à leur dire quoi faire.
- Les gestionnaires externes-méfiants sont attirés par la mission sociale de l'entreprise et par l'emploi qui leur permettra de trouver des disciples pour servir leur cause. Ils ont souvent l'impression de devoir faire des choses qui vont à l'encontre de leurs convictions et ils manquent toujours de ressources pour accomplir les tâches qu'on leur confie. Leur employeur est injuste et n'hésite pas à les exploiter pour faire du profit. Ils sont souvent en conflit avec les autres. Pour se protéger, ils auront tendance à épouser une cause et à s'entourer d'un petit nombre de personnes loyales qui pourront partager leur dévouement à cette cause.

La description de la personnalité permet de déterminer les différences individuelles à un moment donné, dans un contexte donné. Cependant, la personnalité évolue, change, se transforme suivant les âges et les étapes de la vie. Il importe donc également de savoir comment se développe la personnalité afin de prévoir les directions que prendront les individus.

Le développement de la personnalité

Il est courant en psychologie différentielle de concevoir la personnalité comme l'ensemble des dispositions personnelles et des attributs qui forment le caractère. Lorsqu'on dit de quelqu'un qu'il est une personnalité ou qu'il a de la personnalité, on conçoit plutôt la personnalité comme l'actualisation de son potentiel. En ce sens, la personnalité est le résultat de toute une vie.

D'après Carl G. Jung (*1930,* 1981), la personnalité est comme un germe qui se développe lentement au cours des étapes de la vie, sous tous les aspects : biologique, social et spirituel. Selon lui, il n'y a pas de personnalité sans la détermination, l'intégrité et la maturité. Par détermination, Jung entend à la fois le caractère défini, l'identité de la personne ainsi que le caractère résolu, la capacité d'exercer son libre arbitre et de suivre sa voie. L'intégrité correspond à l'unité de la personnalité, mais aussi à sa plénitude. Enfin, la maturité est le caractère épanoui de la personne, ce qui lui donne de l'assurance et de la sûreté dans son jugement ainsi que le courage d'affronter l'anxiété et les difficultés de l'existence. Carl G. Jung (*1930,* 1981) conçoit la personnalité ainsi :

> La personnalité est la réalisation suprême de l'idiosyncrasie d'un être vivant. C'est un acte de haut courage devant la vie, l'affirmation absolue de tout ce qui constitue l'individu, l'adaptation la mieux réussie aux conditions universelles de l'existence associée à la liberté la plus grande possible de l'autodétermination (p. 171, traduit par les auteures).

La personnalité se transforme au cours des années ; en comprendre le développement peut s'avérer utile pour les gestionnaires et les consultants dans les organisations.

Les notions de développement, de changement et d'évolution sont liées par l'idée de variation ; elles impliquent la discontinuité, la différenciation, le devenir de la personnalité. Les premières théories relatives au développement de la personnalité sont celles de Sigmund Freud (*1905,* 1962b) et de Jean Piaget (*1947,* 1967). Ces deux théories donnent la prépondérance à l'enfance ; Freud détermina les stades de développement psychosexuel de 0 à 12 ans et Piaget, les stades de développement cognitif de 0 à 11 ans. Ces deux théories, qui démontrent que les attitudes et les conduites d'une personne sont largement déterminées par les événements qui ont marqué le début de son histoire, sont certes intéressantes. Cependant, comme elles n'abordent pas l'âge adulte, elles ont une valeur explicative des comportements actuels, mais non « prédictive » des comportements futurs, si tant est qu'il soit possible de les prévoir.

Erik Erikson (1950) a tenté pour sa part de comprendre le développement de la personnalité depuis la petite enfance jusqu'à la vieillesse. Sa théorie est fort connue des chercheurs et des consultants dans les organisations.

Le tableau 1.8 présente une synthèse des stades de développement de la personnalité vus par Freud, Piaget et Erikson. Ces théories présentent le développement de la personnalité comme suivant essentiellement des stades, c'est-à-dire des étapes dans l'existence de la personne associées à des discontinuités dans l'évolution de la personne et à des changements somatiques, physiologiques, psychologiques ou culturels. Les changements structuraux qui découlent du passage de ces étapes sont censés rendre la personnalité plus stable, mieux équilibrée, plus forte, plus mature qu'elle ne l'était avant.

D'après Mahoney (1991), l'un des plus importants développements dans le domaine de la psychologie du développement est le passage de la description des stades et des structures de la personnalité à différents moments de l'existence (en particulier avant l'âge adulte) à la compréhension des processus et des systèmes de développement concernés.

TABLEAU 1.8 La synthèse des modèles de développement de Freud, Piaget et Erikson

Âge	Sigmund Freud	Jean Piaget	Erik Erikson
Nourrisson (de 0 à 1 an)	Stade oral (parce que la bouche est le lieu de frustration et de gratification)	Intelligence sensorimotrice (de la naissance à 2 ans) (réflexe ; maîtrise de l'environnement par les sens et les activités motrices ; permanence de l'objet ; début de réversibilité ; début du langage)	Confiance/méfiance (tâche principale : sevrage, séparation ; besoin d'avoir confiance en ses parents ou dans les personnes qui les remplacent et d'être aimé par eux ; force : réciprocité et espérance)
Petite enfance (de 1 an à 2 ans)	Stade anal (de 1 an à 3 ans) (apprentissage de la propreté)		Autonomie/honte et doute (tâche principale : propreté, indépendance ; besoin d'être encadré et soutenu ; besoin d'expérimenter sans craindre d'être vu et mal jugé s'il fait des erreurs ; force : volition)
Trottineur (de 2 à 3 ans)		Pensée préopératoire (de 2 ans à 6, 7 ans) (développement de la fonction symbolique avec l'acquisition du langage ; pensée magique et égocentrique)	
Âge du jeu (de 3 à 5 ans)	Stade phallique (complexe d'Œdipe)		Initiative/culpabilité (tâche principale : conscience morale ; besoin d'imiter les grandes personnes et de faire les choses par soi-même ; besoin de se donner des défis ; force : dessein)
Âge scolaire (vers 5 ou 6 ans)	Période de latence (de 5, 6 ans jusqu'aux environs de 11, 12 ans) (formation de l'idéal du moi et de la conscience morale)		Productivité/infériorité (de 6 à 11 ans) (tâche principale : scolarisation ; besoin d'accomplir des choses et de créer pour découvrir ses intérêts, apprécier ses talents et mesurer son efficacité personnelle ; force : compétence)
Âge de la raison (de 7 à 11 ans)		Pensée opératoire concrète (de 7 à 11 ans) (acquisition et consolidation des comportements sociaux ; capacité de décentration ; apparition de la pensée logique ; concentration sur le réel, le concret ; opérations simples [classification, sériation, nombre] ; conservation de la substance, du poids et du volume)	

Sources : Adapté de Erikson (1950) ; Freud (*1909*, 1953) ; Piaget (*1947*, 1967).

Les modèles de développement que les chercheurs proposent actuellement ont un caractère complexe et systémique. Ils prennent en considération la nature dialectique des passages dans l'existence : continuité/discontinuité du développement, stabilité/dynamique des structures, nouveauté/familiarité de l'expérience, progression/régression de la personnalité, etc.

Le développement suit de curieux procédés, un peu à la façon de l'escargot sur la muraille du château de Barbe-Bleue : il recule d'un pas, puis il avance de deux. Kaplan et O'Connor (1993) utilisent un modèle semblable à cette image pour comprendre les processus engagés dans les étapes de développement définies par Erikson. Le développement implique des mouvements progressifs, allant du simple et non différencié au complexe et différencié, et des régressions temporaires à des états inférieurs, comme s'il fallait reculer pour mieux sauter. Dans tous les cas, chaque individu essaie toujours de faire du mieux qu'il peut, dans le contexte où il se trouve, avec les moyens dont il dispose, et ce, afin de maintenir un équilibre entre la familiarité de ses habitudes et la nouveauté des acquis qu'il désire faire. Le développement met donc en jeu des processus complexes, comportant une suite continue et discontinue de conservation, d'expansion, de perturbations, de compensation et de reconstruction (Mahoney, 1991). Nous expliquerons ces processus plus en détail dans les chapitres sur l'apprentissage et l'adaptation.

Le cycle de la vie

L'existence humaine est remplie d'histoires, d'événements heureux et malheureux ; en fait, les problèmes semblent augmenter en nombre et en difficulté à mesure que la personne grandit. Quand on regarde un bébé (venu au monde dans des conditions « normales »), on peut constater son contentement suprême, surtout après avoir été bercé par sa mère. Quand on regarde un jeune avocat, on peut apercevoir son état fébrile, son humeur anxieuse, surtout à la veille de sa plaidoirie. Quand on regarde la directrice d'un service, on peut observer son niveau d'activité. Le bébé a conscience de ses besoins et du plaisir qu'il éprouve en compagnie de sa mère. Le jeune avocat a conscience de ses besoins et des exigences de son métier, sans compter tous les autres problèmes qu'il a à résoudre. La directrice de service a conscience de ses besoins et des exigences de son métier, mais aussi des obligations de l'entreprise et des besoins des employés qu'elle dirige. Ces exemples font ressortir le fait que l'augmentation des problèmes est un phénomène concomitant de l'élargissement du champ de la conscience d'une personne. Est-ce que cela signifie qu'il vaut mieux rester inconscient pour être heureux ? Cela dépend. L'inconscience ne procure pas toutes les satisfactions qu'on peut espérer de la vie ; en outre, vivre toujours dans la dépendance n'est peut-être pas la meilleure solution.

Le développement de la personnalité requiert en fait l'éveil de la conscience et son élargissement. La conscience remplace petit à petit l'instinct dont la nature nous a tous dotés. Chaque problème que connaît la personne humaine représente une occasion pour elle de se défaire de ses réponses réflexes et naturelles et de développer sa conscience, avec les implications culturelles qui en découlent. C'est du moins la position qu'adopte Carl G. Jung (*1930,* 1981) à l'égard du développement de la personnalité. Il faut ici souligner le mot « occasion », car il est dans la nature de la personne humaine d'éviter les problèmes, la frustration et la souffrance, et il est aussi dans sa nature de valoriser la certitude et le sentiment de compétence plutôt que l'incertitude et la mise à l'épreuve de ses compétences. Une telle conception de la nature humaine n'est cependant pas complète, car il est aussi dans la nature humaine de se montrer ouvert à l'expérience, d'exercer sa créativité et de développer son potentiel (Jung, *1930,* 1981 ; Rogers, 1947).

Jung fait une comparaison avec la course du Soleil pour décrire le développement de la personnalité, illustrée dans la figure 1.4. Au matin, les premiers rayons du Soleil pointent à l'horizon, au-delà de la mer sombre de l'inconscient. À mesure qu'il fait son ascension vers son zénith, il peut contempler le monde qu'il illumine et qui s'agrandit sous ses feux. Ainsi en est-il de la conscience, qui s'éveille à la naissance (ou peut-être à la conception) et qui accroît les possibilités d'action de la personne ainsi que sa liberté en même temps qu'elle maîtrise et transforme ses instincts en conduites volontaires et valorisées.

À son zénith, le Soleil brille de tous ses feux. De la même manière, le mitan de la vie correspond au sommet des performances de l'individu. Arrivée au sommet, la personne peut apprécier ce qu'elle est devenue et jouir de la vie qu'elle s'est construite.

FIGURE 1.4 *Les étapes de la vie*

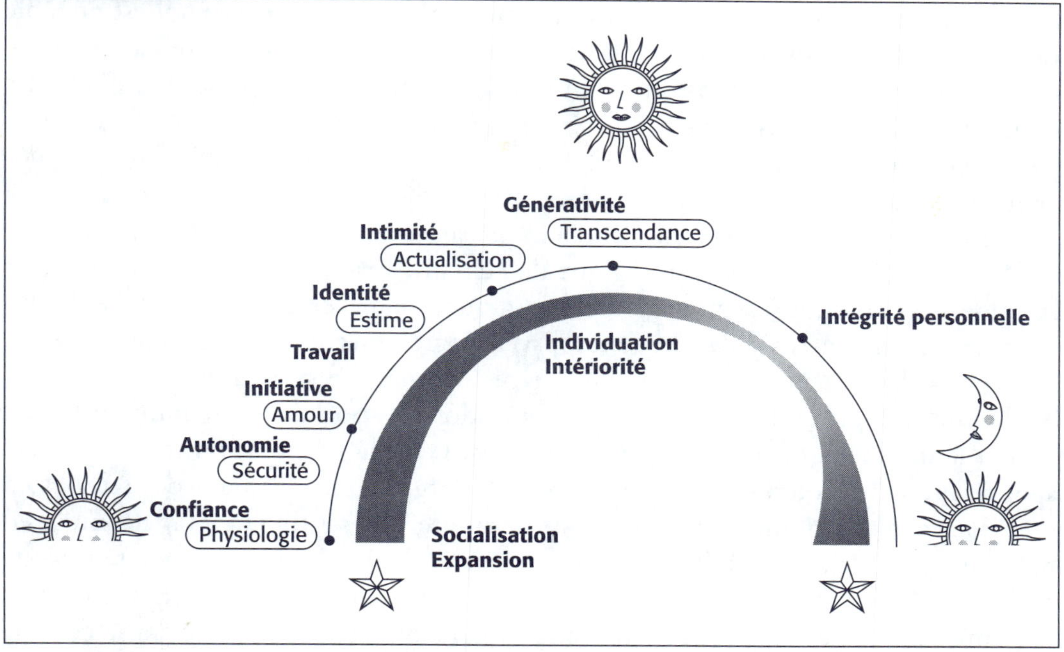

Sources : Adapté de Jung (*1930,* 1981) ; Mahoney (1991).

Puis commence la descente vers l'autre horizon, à l'opposé de celui du matin. Les forces qui animent le soleil se renversent, mais la lumière demeure tout aussi forte que celle de l'avant-midi. Ainsi en est-il de la conscience, qui continue d'éclairer les attitudes et les conduites de la personne après le mitan de sa vie. Seulement, la logique de son développement s'inverse : l'extériorité et l'expansion qui caractérisaient la première partie de sa vie font place à l'intériorité et à la contraction de l'énergie dans la seconde. La comparaison s'enrichit ici d'un nouvel élément : la conscience continue d'éclairer, mais elle est en outre capable de se dépasser, de changer de niveau ; c'est la métaconscience, c'est-à-dire la conscience ou la réflexion sur les processus exécutifs supérieurs de régulation et de contrôle des conduites (Pinard, 1992). C'est donc la capacité de prendre en charge de façon consciente et délibérée son propre fonctionnement cognitif, en d'autres mots sa propre pensée.

Le proverbe bien connu « Si jeunesse savait, si vieillesse pouvait » prend ici tout son sens. La jeunesse, c'est le moment de la vie où seul le ciel constitue la limite, comme disent les Anglo-Saxons, mais il manque l'expérience. La vieillesse, c'est le moment de la vie où on connaît les limites et les possibilités, mais la force physique et l'énergie commencent à faire défaut.

Les premiers stades de la conscience

La conscience se manifeste la première fois lorsqu'un enfant arrive à faire le lien entre quelque chose qu'il perçoit et quelque chose qu'il connaît déjà ; elle prend véritablement de l'ampleur lorsqu'il est capable de distinguer le moi de l'autre. D'ailleurs, au début, l'enfant parle de lui-même en se nommant ou en se désignant à la troisième personne. Ce n'est qu'au moment où la conscience de soi est possible qu'il peut parler de lui à la première personne. Lorsque l'enfant peut dire « je », « moi », on peut affirmer qu'il a conscience du fait qu'il est aussi une personne, différente de sa mère et des autres, détachée des autres, donc potentiellement libre. C'est une période qu'on peut qualifier de monarchique, car la conscience de l'enfant est égocentrique. L'enfant n'éprouve pas vraiment de problèmes à ce stade-ci, à moins qu'on ne prenne pas soin de lui ou, pire encore, que son existence soit menacée.

Survient la naissance psychologique de l'enfant, vers 9 à 11 ans, au moment de la puberté, en fait. C'est une période de grands bouleversements pour l'enfant à cause des changements physiologiques, psychologiques et sociaux qui se produisent. C'est aussi le moment de s'affranchir de ses parents, de sa famille, et de devenir quelqu'un. Les prises de conscience du jeune adolescent ont souvent comme effet de diviser le monde en deux, le bon et le mauvais. Les dualités, qui sont typiques à cet âge, permettent toutefois à la conscience de s'élargir, en provoquant des remises en question, des questionnements, des états de doute, des sentiments d'incertitude et, par conséquent, des possibilités d'apprentissage et de développement. Cette période de la vie qu'on appelle l'âge ingrat est en outre fort frustrante : le jeune adolescent est trop grand pour agir comme un enfant, mais pas assez pour être traité comme un adulte. Aussi éprouve-t-il, au début de cette période, une ambivalence entre l'immaturité et la sécurité de l'enfance, d'une part, et la responsabilité ainsi que la croissance associées à cette nouvelle étape de son existence, d'autre part.

À cet âge, les jeunes valorisent la réussite matérielle, l'affiliation et l'appartenance, la performance et l'utilité ; c'est encore le bel âge. Le jeune adolescent s'affranchit de sa famille pour s'attacher à d'autres groupes. Cette solution est temporaire ; pour devenir la personne qu'il est vraiment, il sera forcé de s'affranchir aussi de ses groupes d'appartenance, et cela ne se fera pas aisément. C'est la dialectique entre la sécurité que procure la dépendance et l'insécurité que cause l'autonomie, entre la conformité et l'individuation.

Le stade du mitan

Au mitan de la vie, un important changement psychologique – voire une crise – se prépare, et il semble qu'il prenne racine dans l'inconscient. Il arrive souvent qu'à cette période la personne continue d'appliquer les principes de la jeunesse à l'existence de la vie adulte, soit l'expansion de ses possibilités matérielles et la conservation des objectifs de réalisation et d'actualisation de soi. Or, il est temps qu'un changement s'opère, car la personne est au sommet de sa vie et son corps commence à perdre de sa vigueur. Elle va donc commencer à ressentir un besoin d'intériorité, la nécessité de développer sa vie intérieure ; elle peut même se rappeler ses rêves d'enfant et s'interroger sur les raisons qui l'ont détournée de la poursuite de ses rêves. En même temps, elle sera pressée par les autres de s'accomplir davantage : réaliser de grands projets, donner son meilleur rendement au travail, devenir le mentor de jeunes diplômés, etc. Si elle a une famille, elle sera préoccupée par ses enfants, elle souhaitera pour eux un monde meilleur que celui qu'elle a connu, elle se fera du souci pour eux. Même la physiologie se mêle de renverser les tendances. Le corps de la femme tend à devenir plus carré, et celui de l'homme, à s'arrondir. La femme pourra être tentée de devenir la sœur de sa fille et l'homme, le copain de son fils. Il est difficile d'accepter de vieillir, car il faudra ensuite accepter de mourir.

On n'arrête pas le mouvement de la vie : elle se dirige inévitablement vers la mort. Les systèmes religieux ont fort bien compris l'angoisse de la mort ; ils proposent d'ailleurs toutes sortes de solutions pour la soulager. Jung suggère de considérer la mort comme une transition faisant partie d'un processus de la vie dont on ne perçoit pas l'étendue ni la durée. Les musulmans disent quant à eux : « Fais ce que tu dois chaque jour comme si tu vivais toujours, mais vis chaque jour comme si c'était le dernier. » C'est le paradoxe de la vie et de la mort, de la responsabilité et de la finitude de l'existence humaine.

Le stade de la vieillesse

On qualifie à juste titre la vieillesse d'« âge d'or », et cela est loin d'être péjoratif. Comme en alchimie, où le fer se transforme en or, l'expérience de la vie devient sagesse, culture et héritage. Le temps est enfin venu de profiter du relâchement des pressions sociales et de la retraite pour prendre soin de soi et des personnes qu'on aime. C'est l'âge où la vie prend tout son sens. Jones (1988) a remarqué que la vieillesse donne la liberté d'accomplir des choses qu'on a sacrifiées au profit de la carrière, dans la mesure bien sûr où notre niveau de vie le permet. Les personnes âgées ont surtout besoin d'avoir des amis avec qui partager leurs craintes, leurs préoccupations et leurs champs d'intérêt.

Une vieille personne a tout son temps pour s'occuper de transmettre son expérience aux jeunes. La jeunesse donne de la vitalité à une société ; la vieillesse, de la culture.

Dans plusieurs sociétés, les grands-parents vivent avec leurs petits-enfants et s'occupent de leur éducation pendant que les parents travaillent. Dans les sociétés qui dénient la mort, on préfère regrouper les personnes âgées dans des résidences spécialement conçues pour elles. Dans ces sociétés se manifestent aussi des problèmes de garderie, d'éducation et de continuité de l'héritage culturel, sans compter l'aspect financier que représentent tous ces services à la communauté. Au Canada, on considère maintenant l'idée de retourner les personnes âgées chez leurs enfants parce que les soins et les services sociaux coûtent cher, mais cela ne réglera en rien les problèmes existentiels dont souffre notre société.

Des applications de la psychologie de la personnalité

La personnalité constitue un déterminant important de la satisfaction au travail et, dans une certaine mesure, de la performance (Hough et Furnham, 2003). En fait, ce n'est pas tant la personnalité qui peut prédire notre satisfaction à l'égard de notre vie professionnelle et le succès qu'on connaît dans notre travail que la congruence entre notre personnalité et notre environnement de travail. C'est pourquoi la personnalité gagne à être prise en considération dans divers contextes de travail, dont ceux liés à la sélection de personnel et au choix de carrière.

La sélection du personnel

Compte tenu du contexte social et économique actuel (ex. : évolution rapide des technologies, compétition accrue, multiculturalisme, travail en équipe), la sélection du personnel constitue un défi de taille pour les gestionnaires (Gatewood et Feild, 2001). Une des principales questions qu'un employeur se pose au moment de recruter un employé est la suivante : parmi tous les candidats ayant postulé, qui sera le meilleur une fois embauché ? Cette question n'est pas simple puisque plusieurs facteurs sont à considérer, parmi lesquels les habiletés intellectuelles, les compétences et la personnalité.

Une approche des plus influentes de nos jours dans le domaine de la sélection des employés est celle de l'adéquation entre le candidat et l'environnement de travail (*person – environment fit*). Ce type d'adéquation correspond au degré de compatibilité entre les caractéristiques d'un individu et les caractéristiques de l'emploi considéré au sens large. Le postulat derrière cette approche est que plus l'adéquation est forte, plus il y a de chances que l'employé soit satisfait de son travail et qu'il soit efficace (Werbel et Gilliland, 1999).

Il existe trois types d'adéquations candidat/environnement de travail. Le type d'adéquation dont il est le plus fréquemment question en sélection de personnel concerne le candidat et le travail à effectuer (*person – job fit*). L'évaluation de ce type d'adéquation vise à faire effectuer à l'employé les tâches convenant le mieux à ses aptitudes naturelles. L'intérêt accordé à ce type d'adéquation ne date pas d'hier. Il constitue l'un des principes de base de l'organisation scientifique du travail (le taylorisme).

En plus de l'adéquation entre le candidat et le travail à effectuer, deux autres types d'adéquations doivent également être pris en considération afin de prédire la satisfaction au travail et la performance en emploi (Muchinsky et Monaham,1987), à savoir l'adéquation entre le candidat et son éventuel groupe de travail (*person – group fit*), ainsi que l'adéquation entre le candidat et l'organisation (*person – organisation fit*). L'adéquation entre le candidat et le groupe de travail correspond à la compatibilité entre un individu et ses collègues, alors que l'adéquation entre le candidat et l'organisation correspond au degré de compatibilité entre les valeurs, les besoins et les buts du candidat et la structure, la culture de même que le fonctionnement organisationnel. Lorsque l'adéquation entre, d'une part, l'individu et, d'autre part, le groupe de travail et l'organisation est grande, il semble que l'employé arrive plus facilement à s'intégrer et qu'il est plus susceptible de demeurer longtemps à l'emploi de l'entreprise.

Dans un contexte de sélection de personnel, le degré d'adéquation entre le candidat et l'environnement de travail peut être évalué par différentes méthodes, dont les entrevues, les données biographiques, les références, les tests psychométriques, les essais professionnels, les tests de situation (ex. : panier de gestion), les simulations et les centres d'évaluation. Le choix des méthodes à privilégier est idéalement basé sur une analyse d'emploi (*job analysis*). Cette dernière s'effectue à la suite d'un processus de collecte d'information par lequel il est possible de décrire tous les aspects essentiels d'un emploi, qu'il s'agisse des tâches, des responsabilités ou des conditions de travail (Pettersen, 2000).

Le choix de carrière

J'exerce une profession que j'aime.
Mais quand je pense à toutes les questions que je ne me suis pas posées au moment de la choisir, je me dis que la chance devait être de mon côté ce jour-là ![1]

Considérant le fait que nous passons environ 50 % de notre temps de veille et 75 % de notre vie active à travailler (Forest, 2004), le choix de carrière constitue une pierre angulaire dans la vie d'un individu. Bien que la notion de carrière ait beaucoup évolué et que les gens se permettent aujourd'hui davantage de mobilité et de changements dans leur travail, il demeure que les choix que nous faisons au secondaire, au cégep et à l'université exercent une influence déterminante sur l'orientation que prendra notre avenir professionnel.

Selon les conclusions de Holland (1985) – que de nombreuses recherches ont confirmé –, le choix d'une profession ou d'un métier est une forme d'expression de la personnalité d'un individu. Plus spécifiquement, les choix professionnels seraient en grande partie guidés par des caractéristiques personnelles telles que les motivations, les valeurs, les champs d'intérêt, les compétences perçues, les connaissances, etc. Nous serions en fait à la recherche d'un emploi dans lequel nous pouvons nous réaliser.

Afin de structurer cette réalité, Holland a développé une typologie professionnelle selon laquelle les individus présenteraient une préférence marquée pour au moins un type : réaliste (R), investigateur (I), artistique (A), social (S), entreprenant (E) et conventionnel (C), d'où l'expression RIASEC, souvent employée dans la documentation.

Les individus de type réaliste valorisent le sens pratique et les aspects concrets. Affichant des valeurs traditionnelles, ils se montrent généralement fiables, directs, conservateurs et persévérants. Ils apprécient les activités mécaniques et manuelles, qui leur permettent de manipuler des outils ou des objets. Ces personnes évitent généralement les tâches qui impliquent d'interagir avec d'autres sur une base régulière.

Les personnes de type investigateur préfèrent la réflexion à l'action. Elles aiment la recherche sous toutes ses formes ainsi que résoudre des problèmes. On peut dire qu'elles ont un esprit scientifique. Elles valorisent d'ailleurs l'ambition, la détermination et l'indépendance. Elles se révèlent également curieuses, logiques et analytiques. On remarque qu'elles sont moins à l'aise dans les emplois à caractère social ou répétitif.

Les personnes de type artistique cherchent à s'exprimer par la voie de l'art (ex. : le langage, le théâtre, la musique, l'écriture). Elles aiment créer et développer des idées ou des projets. Elles se montrent généralement peu conventionnelles, intuitives

1. Cette citation est tirée du livre de Bujold et Gingras (2000, p. 2).

et originales. Les activités ordonnées et systématiques les rebutent. À la limite, elles peuvent se révéler complexes, désordonnées, impulsives et dénuées de sens pratique.

Les personnes de type social recherchent les activités dans lesquelles elles peuvent interagir avec d'autres. Ces personnes apprécient habituellement travailler en équipe. Elles sont perçues comme des personnes chaleureuses, compréhensives, généreuses, altruistes et coopératives. Elles présentent généralement moins d'intérêt et d'aptitudes pour les tâches techniques ou manuelles.

Les individus de type entreprenant préfèrent également les activités où ils peuvent interagir avec d'autres, mais cette fois dans l'optique de diriger, de coordonner, d'influencer ou de persuader. Ils possèdent souvent de bonnes habiletés relationnelles et des aptitudes en communication. Les personnes de type entreprenant valorisent la réussite économique et politique. Ce sont généralement des gens dynamiques, extravertis, fonceurs, proactifs, sociables, populaires et optimistes.

Les personnes de type conventionnel apprécient les activités qui impliquent la manipulation ordonnée et systématique de données telles que la tenue de dossiers et la comptabilité. Elles présentent donc une préférence pour les tâches précises et bien définies. Les individus de type conventionnel se perçoivent comme étant ordonnés, méthodiques, pratiques et efficaces. Ils peuvent également avoir tendance à se montrer réservés et inflexibles.

La théorie de Holland ainsi que les nombreuses recherches auxquelles elle a donné lieu indiquent que la satisfaction, l'accomplissement personnel, la stabilité dans l'emploi et le succès sur le plan professionnel dépendent de la congruence entre le type professionnel de l'individu et le type d'environnement dans lequel il travaille (Holland, 1996). À chaque type correspondrait donc un environnement de travail idéal. Ainsi, un type réaliste s'épanouirait pleinement dans un environnement réaliste et ainsi de suite. Cette théorie reprend donc la notion d'adéquation (*fit*) dont il a été question précédemment.

Bien que certaines personnes aient une préférence pratiquement exclusive pour un seul type (type pur), la plupart d'entre nous affichent des préférences pour plus d'un type. Afin de rendre compte de cette complexité, Holland (1985) introduit la notion de patron de personnalité. Un patron de personnalité tient non seulement compte du type dominant, mais aussi de deux types secondaires. En considérant le patron de personnalité, nous arrivons à établir avec plus de précision quels individus sont les plus susceptibles d'être à l'aise dans un environnement de travail spécifique.

Ce modèle présente un intérêt évident pour les étudiants, les individus en recherche d'emploi ou en transition de carrière, les conseillers en orientation et en ressources humaines, ainsi que les gestionnaires soucieux du développement de carrière de leurs employés. Cependant, comment ces personnes peuvent-elles reconnaître leur propre patron de personnalité, ainsi que celui des personnes qu'elles désirent aider ? Il est bien sûr possible d'avoir recours à un test psychométrique tel que le *Self-Directed Search* (SDS ; Holland et autres, 1994), mais nous pouvons également y arriver en observant les activités de travail qui suscitent davantage l'intérêt et l'engagement des individus ainsi qu'en discutant avec eux de leurs rêves, goûts, aspirations et valeurs. Notre capacité d'introspection nous aide à déterminer notre propre patron de personnalité, mais c'est l'empathie qui constitue la compétence clé pour déterminer le patron de personnalité de quelqu'un d'autre.

Holland (1985) représente les six types professionnels aux extrémités d'un hexagone (voir la figure 1.5). Il précise que la longueur des droites qui relient chaque type est inversement proportionnelle à la similitude entre ces types. En fait, plus la distance entre deux types est courte, plus ceux-ci partagent des points communs, et vice versa. Un patron de personnalité est dit « cohérent » lorsque les préférences de la personne, en termes de types, sont similaires, c'est-à-dire qu'elles sont proches l'une de l'autre sur l'hexagone. À titre d'exemple, un patron de personnalité CRI serait plus cohérent qu'un patron RAE.

Il existe des dictionnaires qui permettent d'établir la correspondance entre les différents patrons de personnalité (720 possibilités au total) et différents emplois, tels que le *Dictionary of Holland Occupational Codes* (Gottfredson et Holland, 1996) et le *Dictionnaire Septembre des métiers et professions* (Pelletier, 2005). Selon le test psychométrique utilisé, la correspondance entre le patron de personnalité et la profession ou le métier est susceptible de varier légèrement. Le tableau 1.9 présente différentes professions ou différents métiers ainsi que le ou les patrons de personnalité qui leur sont généralement associés.

Malgré l'importance du choix de carrière dans la vie d'un individu, plusieurs d'entre nous choisissent leur domaine d'études pour des raisons qui n'ont rien à voir avec leurs véritables champs d'intérêt, compétences et aspirations (ex. : salaire, peur de décevoir, besoin de reconnaissance sociale, perception de ne pas avoir le choix). En d'autres termes, différentes pressions sociales, provenant notamment des parents et des pairs, nous incitent à faire des choix professionnels qui ne sont pas nécessairement

FIGURE 1.5 *L'hexagone de la théorie de Holland*

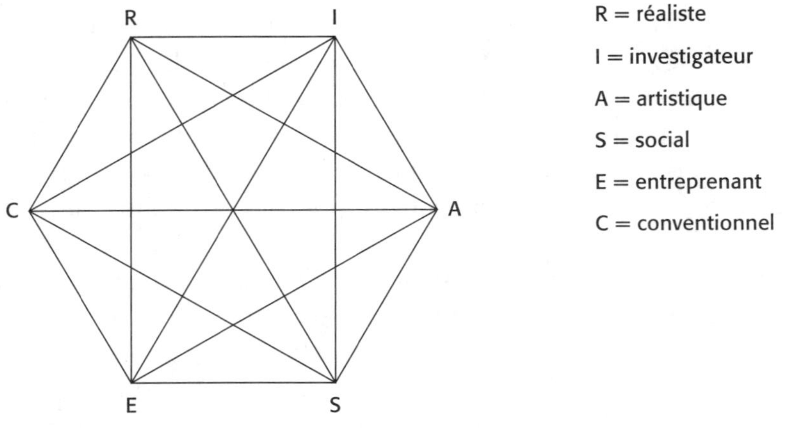

Source : Adapté de Holland (1985).

TABLEAU 1.9 Quelques exemples de correspondance entre des professions ou métiers et les patrons de personnalité

Professions ou métiers	Patrons de personnalité
Économiste	IAS, ISA
Comptable	CES, CEI
Avocat	EAS, ESI
Psychologue	ISA, ISE
Directeur d'usine	ESC
Directeur des ressources humaines	ESC
Gestionnaire – établissement de restauration et d'hébergement	ESC, ESR
Gestionnaire – marketing, publicité et relations publiques	ESC, ESA
Gestionnaire – organisation de services	ESR
Conseiller en relations industrielles	SEC
Vétérinaire	IRS, IRE
Électricien	RIC
Commis de bibliothèque	CSR

Sources : Adapté de Gottfredson et Holland (1996) ; Pelletier (2005).

optimaux. Or, ce n'est souvent qu'à la toute fin des études (ou même après quelques années en emploi) que certains d'entre nous prennent pleinement conscience de leurs insatisfactions et de leurs frustrations à l'égard du travail qu'ils accomplissent. Ce triste constat met en lumière la pertinence de nous pencher sur nos véritables aspirations professionnelles pour orienter notre choix de carrière. La typologie de Holland peut constituer un guide précieux dans cette réflexion.

Nous avons vu dans ce chapitre diverses façons d'appréhender les différences individuelles. Les modèles descriptifs comme les taxinomies de traits et les typologies de personnalités font ressortir la structure des différences individuelles, alors que les modèles génétiques font apparaître les facteurs qui déterminent le développement de la personnalité et qui expliquent dans une certaine mesure les différences observées à un moment donné.

Dans les organisations, la reconnaissance et la compréhension des différences aident les personnes à apprécier les contributions potentielles de chacun et à les mobiliser d'une façon constructive. Cela permet également d'accepter le fait qu'il existe plusieurs façons de voir la réalité et d'aborder les problèmes quotidiens, toutes aussi valables les unes que les autres. Pour les gestionnaires, la connaissance des différences individuelles facilite l'adoption de comportements de supervision et d'assistance appropriés. Cela leur permet également d'affecter leurs employés à des postes où ils auront la possibilité de trouver un sens à ce qu'ils font, d'être efficaces et de développer leurs compétences.

Pour ce qui est du travail en équipe, la compréhension des différences individuelles permet aux collègues de communiquer et de travailler plus efficacement ensemble, car il est plus facile de se faire comprendre et d'écouter les autres quand on connaît leurs points de vue. Nous aborderons cet aspect dans le chapitre 2, qui porte sur la perception, ainsi que dans le chapitre 6, qui traite des relations humaines.

Texte classique

Typologie psychologique[1]

Le caractère est la forme individuelle fixe de l'être humain. Cette forme est d'une nature qui relève autant du corps que de l'esprit, aussi la caractérologie générale est-elle la science des signes distinctifs, qu'ils soient de nature physique ou de nature spirituelle. L'inexplicable unité de l'être vivant a pour conséquence que les signes corporels ne sont pas tout simplement corporels et les signes spirituels pas tout simplement spirituels, car la continuité naturelle ignore ces incompatibilités et ces séparations que l'entendement humain est obligé de faire pour pouvoir connaître. La séparation de l'âme et du corps est une opération artificielle, une discrimination, qui certainement trouve son fondement moins dans l'essence des choses que bien plutôt dans la singularité de l'entendement qui connaît. En effet, si intime est la pénétration réciproque de signes distinctifs corporels et spirituels que, de la constitution du corps, nous pouvons non seulement tirer de larges conclusions concernant la constitution de l'âme, mais que nous pouvons en outre en tirer aussi sur les formes des manifestations corporelles en partant de la particularité spirituelle. Évidemment, dans ce dernier cas, nous nous heurterons à une difficulté infiniment plus grande ; mais cela tient, non pas sans doute à ce que l'âme influence moins le corps que le corps l'âme, mais à ce que, si nous prenons l'âme pour point de départ, nous devons conclure de l'inconnu au connu, tandis que, dans le cas contraire, nous avons l'avantage de pouvoir nous appuyer, au départ, sur quelque chose de connu, le corps visible. En dépit de toute la psychologie que nous nous imaginons posséder de nos jours, l'âme nous est cependant encore infiniment plus obscure que la surface visible de notre corps. L'âme nous est encore un pays étranger, à peine exploré, dont nous ne recevons que des informations indirectes, transmises par l'intermédiaire de fonctions de la conscience sujettes à des possibilités infinies d'illusions.

Aussi le chemin le plus sûr semble-t-il, à juste titre, être celui qui va de l'extérieur à l'intérieur, du connu à l'inconnu, du corps à l'âme et c'est pourquoi tous les essais de caractérologie ont commencé par l'extérieur : c'est le cas de la méthode des anciens, l'astrologie, qui commence même au dehors, dans l'espace cosmique, pour en arriver à ces lignes du destin dont les commencements – ainsi que Séni le fait remarquer à Wallenstein – gisent dans l'homme lui-même. De même aussi la chiroscopie, la phrénologie de Gall et la physiognomonie de Lavater, tout récemment, la graphologie, la typologie physiologique de Kretschmer et la méthode des taches de Rorschach. Comme on le voit, les voies qui vont de l'extérieur à l'intérieur, du corps à l'âme, ne manquent pas.

Cette marche de l'extérieur à l'intérieur doit être suivie par la recherche, jusqu'à ce que l'on ait constaté avec une suffisante certitude certains états de fait spirituels élémentaires. Mais une fois qu'on y sera parvenu, on pourra suivre la route inverse. Nous pourrons alors poser la question suivante : quelles sont les expressions corporelles de cet état de fait spirituel précis ? Malheureusement, nous n'en sommes pas encore arrivés à pouvoir même poser cette question, car la condition essentielle, qui est d'avoir établi de façon satisfaisante le fait spirituel, est encore loin d'être réalisée. Nous ne faisons guère que commencer à essayer de dresser un inventaire spirituel et avec plus ou moins de bonheur.

En effet, la simple constatation que certains humains ont telle ou telle apparence n'a pour nous aucun sens si elle ne nous autorise pas à conclure à quelque chose de spirituel qui lui corresponde. Nous ne sommes satisfaits que si nous savons quelle sorte d'âme correspond à une manière d'être corporelle déterminée. Le corps ne nous dit rien sans l'âme et – s'il nous était possible de nous placer au point de vue de l'âme – l'âme n'a pas non plus de sens sans le corps. Et si nous entreprenons de conclure d'un trait physique à un trait correspondant de l'esprit, nous concluons, comme nous l'avons déjà dit, du connu à l'inconnu.

Il me faut, malheureusement, souligner cette phrase, car la psychologie est, peut-on dire, la plus jeune de toutes les sciences et par suite, elle se trouve plus que toute autre sous la pression des préjugés. Le fait même que la psychologie n'a été découverte que récemment prouve immédiatement qu'il nous a fallu

1. Source : Tiré de Jung (1991, p. 195-219).

bien du temps pour isoler du sujet son esprit et pouvoir en faire la matière d'une connaissance objective. La psychologie considérée comme une science naturelle est, de fait, une conquête toute récente ; auparavant elle était un produit de l'arbitraire, aussi fantaisiste que la science naturelle du Moyen Âge. On croyait pouvoir faire de la psychologie par décret. Et ce préjugé continue à se faire sentir. L'esprit n'est-il pas ce qu'il y a de plus immédiat pour nous ? Par conséquent, semble-t-il, ce que nous connaissons le mieux ? Plus encore : il s'ouvre devant nous, il nous agace par la banalité de son incessante quotidienneté, nous en souffrons même et faisons tout notre possible pour n'être pas contraints d'y penser. Parce que l'âme est l'immédiat même, parce que nous-mêmes nous sommes âmes, nous ne pouvons guère faire autrement que d'admettre que nous en ayons la connaissance la plus profonde, la plus durable et la plus indubitable. D'où il résulte, non seulement que chacun a son opinion sur la psychologie, mais que chacun est aussi persuadé qu'il est tout naturel qu'il en ait la meilleure connaissance. Les psychiatres, qui ont à lutter contre les parents et tuteurs proverbialement compréhensifs de leurs malades, ont peut-être été les premiers dont le groupe professionnel se soit heurté au préjugé aveugle de la masse qui veut que, dans les affaires psychologiques, chacun en sache plus que le voisin ; ce qui, on le sait, n'empêche pas le psychiatre d'en être mieux averti, au point qu'il peut dire : « Dans cette ville, il n'y a, somme toute, que deux personnes normales : l'autre, c'est M.B., professeur au lycée. »

Dans la psychologie d'aujourd'hui, il faut en arriver à reconnaître que la chose la plus immédiate est aussi la moins connue de toutes, bien qu'elle paraisse la plus connue et que tout autre en soit probablement mieux instruit que moi. Quoi qu'il en soit, ce serait là un principe heuristique extrêmement utile. C'est précisément parce que l'âme est immédiate à ce point que la psychologie a été découverte si tard. Et comme nous en sommes encore au début d'une science, nous ne disposons pas des concepts et définitions au moyen desquels nous pourrions saisir les faits. Les premiers nous manquent, pas les secondes, qui nous pressent, au contraire, de toutes parts, qui nous submergent, au rebours des objets d'autres sciences qu'il nous faut, pour ainsi dire, aller chercher et dont le groupement naturel comme celui des éléments chimiques, ou les familles de plantes, nous transmet une notion représentative *a posteriori*. Or, il en est tout autrement de la psyché ; l'attitude empirique représentative nous rejette dans le flot incessant de nos événements mentaux subjectifs, et si, dans cette agitation, surgit un concept général qui la résume, il n'est le plus souvent qu'un simple symptôme. Comme nous sommes âmes nous-mêmes, il est en somme inévitable, si nous laissons agir le phénomène mental, que nous nous dissolvions en lui et qu'ainsi nous soit ravie la possibilité de connaître par distinction et comparaison.

Voilà une difficulté ; l'autre vient de ce que, à mesure que l'on s'éloigne du phénomène spatial et que l'on se rapproche de la non-spatialité de l'âme, on perd toute possibilité de mesure exacte. Même la constatation des faits devient pénible. C'est ainsi que, pour souligner l'irréalité d'une chose, je dis que je l'ai seulement pensée. « Je n'aurais même pas eu cette idée si… et d'ordinaire je ne pense pas ainsi. » Des remarques de ce genre sont courantes et prouvent combien nébuleux sont les faits psychiques, ou plutôt combien ils paraissent vagues subjectivement, car en réalité, ils sont tout aussi objectifs et déterminés qu'un événement historique. J'ai réellement pensé ceci ou cela quelles que puissent être les conditions et stipulations de ce processus. Et bien des gens n'arrivent à cet aveu, en somme tout naturel, qu'au prix des plus grands efforts moraux.

Par conséquent, lorsque, partant de phénomènes extérieurs connus, nous concluons à la réalité des faits psychiques, nous nous heurtons à ces difficultés.

Dans le domaine restreint où je travaille, on ne se borne pas à la constatation clinique – au sens le plus large – de caractéristiques extérieures ; on y étudie et classifie les faits mentaux établis par inférence. Ce travail aboutit d'abord à une phénoménologie psychique qui permet d'élaborer une doctrine structurelle convenable dont l'application empirique constitue finalement une typologie psychologique.

La phénoménologie clinique est une symptomatologie. Le pas qui va de la symptomatologie à la phénoménologie psychique peut se comparer à celui qui conduit de la pathologie symptomatique pure à la connaissance de la pathologie cellulaire et à celle du métabolisme. Car la phénoménologie psychique nous transmet la notion des processus d'arrière-plan qui servent de base aux symptômes manifestes. Comme tout le monde le sait, cette évolution s'est réalisée par l'application des méthodes analytiques. Aujourd'hui, nous avons une connaissance effective des phénomènes psychiques qui déclenchent des symptômes psychogènes ; cela établit la base d'une phénoménologie psychique ; la doctrine des complexes n'est pas autre chose. Quoi qu'il puisse se dérouler en outre dans les obscures profondeurs de l'âme – on sait que les opinions sont très diverses à ce sujet – il est solidement établi que ce sont, en premier lieu, des contenus affectivement tentés, appelés complexes, qui jouissent d'une certaine autonomie. On a été choqué assez souvent par l'expression « complexe autonome » ; bien à tort, à ce qu'il semble, car les contenus actifs de l'inconscient présentent, de fait, un comportement que je ne pourrais désigner autrement que par le terme « autonome » qui a pour but de caractériser leur aptitude à opposer de la résistance aux intentions de la conscience, d'aller et de venir comme il leur plaît. D'après tout ce que nous en savons, les complexes sont des masses psychiques qui se sont soustraites au contrôle de la conscience, dont elles se sont séparées pour mener une existence indépendante dans la sphère obscure de l'âme, d'où elles peuvent, à tout moment, entraver, ou favoriser des activités conscientes.

En approfondissant la théorie des « complexes », on arrive logiquement au problème de leur origine. Sur ce point aussi il existe différentes théories ; mais indépendamment d'elles, l'expérience a établi que les complexes renferment toujours quelque chose qui ressemble à un conflit, ou du moins qu'ils en provoquent ou en ont un pour origine. Quoi qu'il en soit, le complexe porte en lui le caractère de conflit, de choc, d'ébranlement, de gêne, d'incompatibilité. Ce sont en français : des « points sensibles », des « bêtes noires » ; en anglais : *skeleton in the cupboard,* dont on n'aime guère se souvenir, dont on aime encore moins que d'autres nous les remettent en mémoire, mais qui savent d'eux-mêmes se manifester, très souvent de la façon la moins désirée. Ils contiennent toujours des souvenirs, désirs, craintes, nécessités, obligations ou jugements dont on ne peut jamais venir à bout d'aucune façon : aussi viennent-ils toujours se mêler, pour la troubler et pour l'endommager, à notre vie consciente.

Apparemment, les complexes sont une sorte d'infériorité au sens le plus large ; mais je m'empresse de remarquer que le complexe, ou le fait d'avoir des complexes, ne signifie pas sans plus que l'on est inférieur. Cela signifie simplement qu'il existe quelque désunion, quelque chose de non assimilé, de conflictuel, un obstacle peut-être, mais aussi une impulsion à des efforts plus grands, peut-être même une nouvelle possibilité de succès. En ce sens, les complexes sont vraiment des foyers ou des nœuds de la vie psychique dont on ne voudrait guère être privé, plus encore : qui ne doivent jamais faire défaut, parce que, sans eux, l'activité de l'esprit en arriverait à un arrêt fatal. Mais ils expriment ce qu'il y a d'inaccompli dans l'individu, le point où, au moins pour le moment, il a subi une défaite, où il ne peut dominer ou vaincre, donc indubitablement le point faible dans tous les sens possibles du terme.

Ce caractère du complexe jette une clarté significative sur son apparition. Il provient apparemment de la collision entre une nécessité d'adaptation et la constitution de l'individu incapable de s'y soumettre. C'est ainsi que le complexe devient pour nous un symptôme précieux pour diagnostiquer une disposition individuelle.

L'expérience nous met d'abord en présence de complexes infiniment variés ; mais si on les compare soigneusement entre eux, on découvre des formes typiques fondamentales relativement peu nombreuses, qui s'édifient toutes sur les premiers événements de l'enfance. Il doit en être ainsi de toute nécessité, car la disposition individuelle se révèle déjà dans l'enfance, puisqu'elle est innée et non pas seulement acquise au cours de la vie. Le complexe parental n'est donc pas autre chose que la première manifestation du choc entre la réalité et la constitution de l'individu inadapté à ce point de vue. Il faut donc que la première forme du complexe soit le complexe parental, les parents étant la première réalité avec laquelle l'enfant entre en conflit.

C'est pourquoi la présence d'un complexe parental ne nous dit à peu près rien de la constitution particulière de l'individu. Mais l'expérience pratique nous apprend bientôt que l'essentiel ce n'est pas du tout la présence d'un complexe parental, mais bien plutôt la façon particulière sous laquelle le complexe agit dans l'individu. On y trouve alors les variations les plus diverses dont on ne peut guère ramener que la plus minime part au caractère spécial de l'influence des parents, puisque souvent plusieurs enfants sont soumis en même temps à la même influence à laquelle ils réagissent pourtant de façon très différente.

Aussi je porte mon attention précisément sur ces différences en me disant que c'est justement par elles que nous pourrions reconnaître la particularité des dispositions individuelles. Pourquoi, dans une famille de névrosés, l'un des enfants réagit-il par une hystérie, l'autre, par une névrose obsessionnelle, le troisième par une psychose, et le quatrième, peut-être en apparence, par rien du tout ? Ce problème du « choix de la névrose », devant lequel Freud s'est vu placé, enlève au complexe parental, en tant que tel, toute valeur étiologique parce que la question se trouve désormais reportée sur l'individu qui réagit et sur sa disposition particulière.

Les tentatives faites par Freud pour résoudre ce problème ne me donnent pas du tout satisfaction ;

mais je me trouve souvent moi-même dans l'impossibilité d'apporter une réponse. J'estime que, d'une façon générale, il est encore prématuré de poser la question du choix de la névrose. Car avant d'aborder ce problème extrêmement compliqué, nous devrons avoir accru considérablement nos connaissances sur la façon de réagir des individus. La question à poser est la suivante : comment réagit-on à un obstacle ? Par exemple : quand nous arrivons à un ruisseau, sans fond et trop large pour qu'on puisse simplement l'enjamber, il nous faut sauter par-dessus. Pour ce faire, nous avons à notre disposition un système fonctionnel compliqué : le système psycho-moteur, fonction parfaitement organisée qu'il nous suffit de déclencher. Mais avant de le faire, il se produit encore quelque chose de purement psychique, à savoir la décision en vue de ce qu'il faut faire, et c'est ici que se placent les événements individuels décisifs qui, chose curieuse, ne sont que rarement, ou même jamais, reconnus par le sujet comme caractéristiques ; en général, on ne se voit jamais soi-même ou, si l'on se voit, ce n'est qu'en tout dernier lieu. De même que l'appareil psycho-moteur est habituellement préparé pour le saut, nous avons, pour décider de ce qu'il faut faire, un appareil exclusivement psychique tout préparé par l'habitude (donc inconscient).

De quoi se compose cet appareil ? Les opinions à ce sujet divergent énormément ; sûr est seulement que chaque individu a sa manière, à lui habituelle, de prendre des décisions et de se comporter en présence des difficultés. L'un dira, si on l'interroge, qu'il a sauté par-dessus le ruisseau parce que cela lui faisait plaisir, un autre, parce qu'il n'y avait pas d'autres possibilités, un troisième, parce que tout obstacle l'incite à le vaincre. Un quatrième n'a pas sauté parce qu'il n'aime pas les efforts inutiles ; un cinquième, parce qu'il ne voyait pas de nécessité de franchir le ruisseau.

J'ai intentionnellement choisi ce banal exemple pour montrer combien ces motivations paraissent sans importance, si futiles même que nous avons tendance à les écarter et à les remplacer par notre propre explication. Et pourtant, ce sont justement ces variantes qui nous transmettent un précieux aperçu sur les systèmes psychiques d'adaptation individuelle. En effet, si nous examinons le premier cas, celui de l'homme qui franchit le ruisseau parce qu'il a plaisir à sauter, il est probable que nous découvrirons que l'essentiel de son comportement se déroule sous l'angle du plaisir ; quant au second, qui saute parce qu'il ne conçoit pas d'autres moyens de parvenir de l'autre côté, nous le verrons marcher à travers la vie, attentif et chagrin, s'orientant toujours selon un « faute de mieux[2] », etc. Chez tous, des systèmes psychiques particuliers se tiennent prêts auxquels on abandonne les décisions. On pourrait aisément penser que ces attitudes sont légion. Il est certain que l'on ne peut jamais dénombrer leur diversité individuelle, pas plus que l'on ne peut dénombrer les variations propres à chacun des cristaux qui pourtant appartiennent indubitablement à tel ou tel système.

Mais de même que les cristaux obéissent à des lois fondamentales relativement simples, de même les attitudes présentent, elles aussi, certaines particularités fondamentales qui les rangent dans différents groupes déterminés.

Les tentatives faites par l'esprit humain pour construire des types et mettre ainsi de l'ordre dans le chaos des individus remontent – on peut le dire sans crainte – à la plus lointaine Antiquité. La plus ancienne tentative connue de ce genre a été faite par l'astrologie de l'ancien Orient, dans ce qu'on appelle le trigone des quatre éléments : air, eau, terre, feu. Le trigone de l'air dans l'horoscope est composé des trois « Zodia » de l'air à savoir : Verseau-Gémeaux-Balance ; celui du Feu, du Bélier, du Lion, et du Sagittaire, etc., et la plus ancienne conception veut que celui qui est né dans ces trigones participe à leur nature aérienne ou ardente et jouisse d'un tempérament et d'une destinée qui y correspondent ; c'est pourquoi la typologie physiologique de l'Antiquité, la division en quatre tempéraments humoraux, est en rapport très étroit avec les idées cosmologiques encore plus anciennes. Ce qui jadis était représenté par les images du Zodiaque, fut désormais exprimé dans le langage physiologique des médecins antiques par les mots : flegmatique, sanguin, colérique et mélancolique qui ne désignent rien d'autre que des humeurs corporelles. On sait que ces derniers types se maintinrent jusqu'aux environs de 1700. Quant à la typologie astrologique, elle subsiste, chose curieuse, à l'âge des lumières ; elle jouit encore actuellement d'une grande faveur.

Ce coup d'œil rétrospectif sur l'Histoire peut donc nous tranquilliser : nos tentatives modernes de typologie ne sont nullement nouvelles, ni exorbitantes, bien que la conscience scientifique ne nous permette guère de recourir encore au vieux procédé intuitif. Il nous faut trouver notre propre réponse à ce problème, une réponse qui satisfasse aux exigences de l'esprit scientifique.

2. En français dans le texte original.

Et c'est ainsi que commence la principale difficulté du problème typologique : la question des mesures, ou critères. Le critère astrologique était simple : c'était la constellation de la naissance objectivement donnée. La question de savoir comment attribuer aux figures du Zodiaque et aux planètes des qualités de tempérament s'étend jusqu'à la grisaille nébuleuse des temps très lointains et reste sans réponse. Le critère des quatre anciens tempéraments physiologiques, c'était l'apparence et le comportement de l'individu, exactement comme dans la typisation physiologique d'aujourd'hui. Mais que doit être le critère d'une typologie psychologique ?

Rappelons-nous l'exemple donné plus haut des divers individus qui ont à franchir un ruisseau. Comment et d'après quels points de vue allons-nous classer leurs motivations habituelles ? L'un agit par plaisir, l'autre agit parce qu'il serait plus désagréable de ne rien faire ; un troisième ne fait rien parce qu'il se réserve une autre façon de voir, etc. La série des possibilités paraît sans fin et sans espoir.

J'ignore tout à fait comment d'autres se tireraient d'affaire en présence de cette tâche. Aussi ne puis-je que dire comment je me suis attaqué à la question et il me faudra supporter avec patience que l'on me reproche de résoudre le problème selon mon préjugé individuel ; cette objection est tellement juste que je ne vois pas bien comment je pourrais m'en défendre. Je ne peux que rappeler béatement le vieux Colomb qui, sur la base de suppositions personnelles, d'une hypothèse erronée et par une route abandonnée par les navigateurs d'aujourd'hui, découvrit l'Amérique… Quoi que l'on regarde et quelle que soit la manière de faire, on ne voit jamais que de ses propres yeux. C'est pour cette raison que la science n'est jamais l'œuvre d'un seul homme, mais celle d'un grand nombre. L'individu isolé ne fournit qu'une contribution et c'est en vertu de cette idée que je m'aventure à parler de ma façon de voir les choses.

Ma profession m'a contraint, depuis toujours, à me rendre compte des particularités des individus ; la circonstance particulière d'avoir eu à traiter je ne sais combien de couples, et d'avoir eu à faire comprendre à l'un et à l'autre ce qu'étaient l'épouse et l'époux, a mis davantage encore en relief la tâche et la nécessité de poser certaines vérités moyennes. Combien de fois ai-je été obligé de dire, par exemple : « Voyez-vous, votre femme se trouve être une nature très active dont on ne peut réellement pas attendre que toute son existence se déroule dans les soins du ménage. » Ainsi j'établissais déjà un type, une sorte de vérité statistique. Il y a des natures actives et des natures passives. Mais cette vérité banale ne me satisfaisait pas. J'ai d'abord essayé de dire qu'il y avait des natures réfléchies et des natures non réfléchies parce que j'avais remarqué que des natures en apparence passives ne sont pas tant passives que réfléchies. Elles examinent d'abord la situation, puis elles agissent et, comme c'est leur habitude de se comporter ainsi, elles laissent passer l'occasion où il faut agir immédiatement sans aucune réflexion ; c'est ainsi qu'on en arrive à porter sur elles le jugement prématuré de passivité. Les non-réfléchies me paraissaient sauter à pieds joints dans une situation, sans réflexion préalable, ne réfléchir qu'après coup et penser, que, peut-être, on était tombé dans un marécage. On pourrait donc les dire non réfléchies, ce qui semble mieux leur concevoir que le terme « actives », puisque la réflexion préalable de l'autre est, le cas échéant, une activité très importante et une façon d'agir pleine de responsabilité comparée au feu de paille inconsidéré d'un simple affairement. Or, je découvris bientôt que l'hésitation de l'un n'était pas toujours réflexion préalable, et l'action rapide de l'autre, pas davantage manque de réflexion. L'hésitation du premier repose aussi fréquemment sur une anxiété habituelle, ou tout au moins sur une sorte de recul habituel, comme on en aurait devant une tâche trop lourde, et l'agir immédiat de l'autre est souvent rendu possible par la prédominance d'une confiance en soi par rapport à l'objet. Cette observation m'incita à formuler ainsi ma détermination de types : il existe toute une classe d'êtres humains qui, au moment d'agir dans une situation donnée, exécutent d'abord un léger recul comme s'ils disaient doucement « non » et ne parviennent qu'ensuite à réagir, et une autre classe de gens qui, dans la même situation, semblent réagir immédiatement, parce qu'ils ont pleine confiance en la justice, toute naturelle pour eux, de leur façon d'agir. La première catégorie se caractériserait donc par une certaine relation négative à l'objet, la seconde, par une relation plutôt positive.

On sait que la première classe correspond à l'attitude introvertie et la seconde, à l'attitude extravertie.

Ces deux termes ne nous apportent d'abord guère plus de profit que la découverte que fit le Bourgeois gentilhomme de Molière qu'il parlait en prose. Ces types n'acquièrent sens et valeur que lorsqu'on connaît tout ce qui, par ailleurs, est donné en même temps que le type.

C'est qu'en effet, on ne saurait être introverti sans l'être à tous égards. La notion « d'introversion » signifie :

tout ce qui est psychique se déroule, comme il se doit, selon la loi de l'introverti. S'il en était autrement, constater qu'un individu est extraverti serait aussi dépourvu de toute importance que de constater qu'il a une taille de 1,75 mètre, ou qu'il a les cheveux bruns et est brachycéphale. Ces constatations, on le sait, ne contiennent guère plus que ce qu'elles disent. Mais le terme « extraverti » est incomparablement plus exigeant. Car il veut dire que si quelqu'un est extraverti, sa conscience, aussi bien que son inconscient, doivent posséder certaines qualités, que son comportement général, ses relations avec les hommes et même le cours de sa vie présentent certaines propriétés typiques.

Introversion et extraversion, en tant que types d'attitudes, marquent pour l'ensemble du processus psychique un préjugé essentiellement déterminant puisqu'elles fixent l'habitus réactionnel et déterminent non seulement le mode d'agir, mais aussi le mode d'expérience subjective et même, au-delà, le mode de compensation par l'inconscient.

La détermination de l'habitus réactionnel doit faire mouche en ce sens que cet habitus est, en quelque sorte, la centrale commutatrice qui, d'une part, commande la régulation de l'action externe et, d'autre part, forme l'expérience typique. La façon d'agir conduit à des résultats correspondants, et, de la conception subjective des résultats, naissent les expériences, qui, à leur tour, influencent le comportement et créent le destin individuel en vertu du proverbe : « Chacun est l'artisan de son bonheur. »

Alors qu'il ne devrait y avoir aucun doute que nous touchons, avec l'habitus réactionnel, le point central, c'est une question épineuse de savoir si l'on a réussi, ou non, à caractériser cet habitus réactionnel. De bonne foi, on peut être à ce sujet d'opinions différentes, même si l'on possède une connaissance profonde de ce domaine particulier. Ce que j'ai pu trouver en faveur de ma conception, je l'ai rassemblé dans mon ouvrage sur les types en stipulant expressément que je ne crois nullement que ma classification des types soit la seule vraie ou la seule possible[3].

La conception est, certes, simple et consiste en l'opposition de l'introversion et de l'extraversion : mais les classifications simples éveillent malheureusement presque toujours les soupçons. Il leur est trop facile de faire illusion en dissimulant les véritables complications. Je parle ici par expérience personnelle, car à peine avais-je, il y a aujourd'hui près de vingt ans, publié la première conception de mes critères que je remarquai, à mon grand déplaisir, que j'avais de quelque façon donné dans le panneau. Il y avait une erreur dans le compte. J'avais tenté d'expliquer trop de choses par des moyens trop simples : c'est ce qui arrive le plus souvent dans la première joie de la découverte.

Ce qui m'apparut clairement alors est le fait absolument indéniable que les introvertis présentent entre eux d'énormes différences, et les extravertis également ; différences si importantes que je me pris à me demander si j'avais, ou non, vu juste. Il m'a fallu près de dix ans d'observations et de comparaisons pour clarifier ce doute.

D'où proviennent les énormes différences à l'intérieur d'un type ? Cette question me plongea dans des difficultés imprévues sur lesquelles je n'eus point prise pendant longtemps. Ces difficultés reposaient pour une minime part sur l'observation et la perception des différences. Leur raison principale était plutôt, comme auparavant, le problème des critères pour désigner convenablement les différences caractéristiques. C'est alors que je compris réellement pour la première fois combien la psychologie est vraiment jeune. Elle n'est guère qu'un chaos de dogmes arbitraires et sans points de contact, nés dans le cabinet de travail ou le cabinet de consultations, par *generatio æquivoca*, du cerveau d'un savant isolé, donc jupitérien. Je n'ai pas l'intention de me montrer impertinent ; mais je ne puis m'empêcher de confronter le professeur de psychologie avec la psychologie de la femme, du Chinois et du nègre d'Australie. Il faut que notre psychologie se rapproche de la vie, sinon nous resterons plongés dans le Moyen Âge.

Je remarquai que, dans le chaos de la psychologie contemporaine, on ne pouvait trouver aucun critère solide, qu'au contraire il fallait les créer, les puiser, non pas dans le vide, mais dans les inappréciables travaux des nombreux penseurs antérieurs, dont nulle histoire de la psychologie ne passera les noms sous silence.

Il m'est impossible, dans les limites d'une conférence, de mentionner les observations particulières qui m'ont incité à choisir, comme critères des différences en question, certaines fonctions psychiques. Il nous suffira

3. Voir Jung, C. G. (1958). *Les types psychologiques* (traduction Yves Le Lay, Georg, Genève, et Albin Michel, Paris, 2e édition).

de constater d'une façon générale que, pour autant qu'elles me soient maintenant accessibles, les différences consistent essentiellement en ce que, par exemple, un introverti ne se borne pas à reculer et hésiter devant l'objet ; il le fait d'une manière tout à fait déterminée. De même dans l'action, il ne se comporte pas comme n'importe quel introverti, mais précisément encore d'une façon tout à fait particulière. Le lion n'abat pas son ennemi ou sa proie, avec sa queue comme le crocodile, mais avec ses griffes dans lesquelles gît sa force spécifique. De même notre habitus réactionnel est normalement caractérisé par notre force, c'est-à-dire qu'il utilise la fonction en nous la plus sûre et la plus puissante, ce qui n'empêche pas qu'il nous arrive aussi de réagir au moyen de notre faiblesse spécifique. Nous établirons aussi ou chercherons des situations correspondantes pour en éviter d'autres et ferons de cette façon des expériences spécifiques distinctes de celles des autres hommes. Un homme intelligent s'adaptera au monde au moyen de son intelligence, et non pas, comme un boxeur poids lourd de sixième rang, même si un jour dans un accès de fureur il lui arrive de se servir de ses poings. Dans la lutte pour l'existence et pour l'adaptation, chacun utilise instinctivement sa fonction la plus développée qui devient le critérium de son habitus réactionnel.

Maintenant se pose la question suivante : Comment faut-il enfermer toutes ces fonctions dans des concepts généraux de façon à les faire sortir de la nébulosité de l'événement simplement individuel ?

La vie sociale a déjà créé depuis longtemps une grossière typologie de cette sorte dans les figures du paysan, du travailleur, de l'artiste, du savant, du guerrier, etc., ou dans la liste de toutes les professions. Mais cette typologie n'a pour ainsi dire rien de psychologique. Comme le remarquait un jour avec malice un savant connu, il y a aussi, parmi les savants, « de simples portefaix intellectuels ».

Ce dont il s'agit ici est de nature plus subtile, car il ne suffit pas de parler d'intelligence par exemple ; cette notion est générale et trop vague. On peut appeler intelligent à peu près tout ce qui fonctionne aisément, rapidement, efficacement et conformément à son but. L'intelligence, comme la sottise, n'est pas une fonction, c'est une modalité qui ne dit jamais ce qu'est une chose, mais comment elle est. Il en est de même des critères moraux et esthétiques. Il nous faut arriver à désigner ce qui fonctionne surtout dans la réaction habituelle. Nous sommes ainsi contraints de recourir à quelque chose qui, au premier abord, ressemble de façon effrayante à la vieille psychologie des facultés du XVIIIe siècle ; mais en réalité nous nous contentons de recourir aux notions que nous offre déjà le langage quotidien et qui sont accessibles et compréhensibles à n'importe qui. Si, par exemple, je parle de « pensée », le philosophe seul ignore ce que cela veut dire ; un profane ne trouvera pas cela incompréhensible ; nous employons ce mot chaque jour et toujours il désigne à peu près la même chose ; mais il est vrai que le profane éprouverait un très grand embarras si nous lui demandions de nous donner sur-le-champ une définition de la pensée qui ne prête à aucun malentendu. Il en est de même du « souvenir » ou du « sentiment ». Si difficile que soit la définition scientifique de notions psychologiques de ce genre, aussi aisées à comprendre sont-elles dans le langage courant. Le langage est, par excellence[4], une collection d'évidences ; il en résulte que les notions trop abstraites qui n'ont pas cette évidence ont peine à prendre pied et disparaissent avec tant de facilité parce que justement, elles ont trop peu de contact avec le réel. Or la pensée et le sentiment sont des réalités si pressantes que toute langue qui n'en est pas restée au stade primitif, possède pour elles des expressions qui ne prêtent à aucun malentendu. Nous pouvons donc être certains que ces expressions coïncident avec des états de fait psychologiques bien déterminés, quelle que soit la définition scientifique que l'on puisse donner de ces faits complexes. Chacun sait ce qu'est, par exemple, la conscience et pourtant la science est encore bien loin de le savoir, bien que personne ne puisse douter que cette notion de « conscience » ne coïncide avec un état de fait psychique déterminé.

C'est ainsi que j'en vins, tout simplement, à prendre comme critères des différences à l'intérieur d'un type d'attitude les notions communes traduites dans le langage et que je désignai par elles les fonctions psychiques qui leur correspondent. Je pris donc la pensée, par exemple, telle qu'on la comprend communément, parce que j'avais été frappé de ce que bien des hommes pensent incomparablement plus que d'autres et qu'ils donnent à leur pensée plus de poids dans leurs décisions importantes. Ils utilisent aussi leur pensée pour comprendre le monde et s'y adapter et tout ce qui peut leur arriver est soumis soit à une réflexion ou à une méditation, ou au moins à un principe préalablement pensé. D'autres hommes

4. En français dans le texte original.

négligent la pensée souvent de façon frappante au bénéfice de facteurs émotionnels, donc du sentiment. Ils pratiquent continuellement une « politique sentimentale » et il faut une situation déjà extraordinaire pour les amener à la réflexion. Ces derniers se trouvent vis-à-vis des premiers en une opposition remarquable qu'il est difficile de négliger. Cette opposition ressort d'ordinaire surtout quand sont en présence des associés d'affaires ou des gens mariés. Dans ce cas, l'un peut donner la préférence à sa pensée, qu'il soit extraverti ou introverti. Il ne l'utilise alors que dans le sens qui correspond à son type.

Cependant la prépondérance de l'une ou de l'autre des fonctions n'explique pas toutes les différences qui se présentent. Ceux que j'appelle type-pensée et type-sentiment sont des hommes qui ont en eux quelque chose de commun que je ne puis guère désigner autrement que par le mot : rationalité. Que la pensée soit, dans son essence, rationnelle, personne sans doute n'y contredira ; mais si nous en venons au sentiment, des arguments inverses et de poids apparaîtront que je ne voudrais pas écarter sans autre forme de procès. Je puis au contraire assurer que le problème du sentir m'a donné bien du cassement de tête. Je ne voudrais cependant pas alourdir mon exposé des différentes doctrines concernant cette notion et me borne à une brève explication de ma conception. La principale difficulté vient de ce que le mot « sentiment » ou « sentir » est susceptible des emplois les plus divers, surtout dans la langue allemande. Moins en anglais et en français. Nous devrons en premier lieu distinguer rigoureusement ce terme de celui de sensation qui désigne une fonction sensorielle. Ensuite il nous faut, bon gré mal gré, nous mettre d'accord sur ce fait que le sentiment de regret, par exemple, devrait être distingué, en tant que concept, du sentiment que l'on a que le temps va changer, ou que les actions de l'aluminium vont monter. Aussi ai-je proposé d'appeler le premier sentiment « sentiment » proprement dit, tandis que, par contre, le mot sentiment, dans le second cas, devrait être repoussé dans l'usage psychologique et remplacé par le mot « sensation », dans le mesure où il s'agit d'expérience sensorielle, ou par le terme d'« intuition » en ce sens qu'il s'agit d'une sorte de perception que l'on ne peut, sans la violenter ou sans faire d'hypothèse, ramener à une expérience sensorielle consciente. J'ai donc défini la sensation : perception au moyen de la fonction sensorielle consciente, et l'intuition : perception via inconscient.

De toute évidence, on pourra discuter sur le bien-fondé de ces définitions jusqu'au jour du jugement dernier ; mais la discussion aboutit en tout dernier lieu à la question de savoir s'il fallait appeler le Rhinocéros : rhinocéros ou Nashorn ou d'un autre nom selon ses fantaisies ; car ce qui importe, c'est de savoir quelle chose nous désignons. La psychologie est un territoire neuf où la langue a besoin encore d'être précisée et fixée. On sait qu'il est possible de mesurer la température selon Réaumur, Celsius, ou Fahrenheit ; l'essentiel est de dire de quelle manière la mesure a été faite.

Comme on le voit, je considère que « avoir un sentiment » est une fonction du cœur, et j'en distingue la sensation et le pressentiment ou intuition. Celui qui confond ces dernières fonctions avec les « sentiments », au sens strict du mot, ne peut, cela se conçoit, reconnaître la rationalité de ce dernier. Mais celui qui les en sépare ne pourra manquer de voir que des valeurs et des jugements de sentiment, que les sentiments en général peuvent non seulement se comporter raisonnablement, mais aussi avoir leur logique, faire preuve de conséquence, qu'ils sont capables de jugements exactement comme la pensée. Pour le type-pensée, cela semble déconcertant, mais s'explique sans peine par la circonstance typique que, si la fonction pensée se trouve différenciée, la fonction sentir est toujours moins développée ; il en résulte qu'elle est plus primitive et par suite contaminée par d'autres fonctions, précisément par les fonctions irrationnelles, non logiques et non judicatives, c'est-à-dire par les fonctions non valorisantes, la sensation et l'intuition. Ces deux dernières s'opposent aux fonctions rationnelles pour une raison qui tient à leur essence la plus intime. En effet, quand on pense, on le fait avec l'intention d'aboutir au jugement ou conclusion (*conclusio*), et quand on sent, d'aboutir à la juste estimation ; sensation et intuition, fonctions représentatives, ont pour objet la représentation de ce qui se produit, et non pas son interprétation ou son estimation. Elles ne peuvent, par conséquent, procéder au moyen de principes qui choisissent, mais doivent simplement être ouvertes à ce qui va se dérouler. Or ce qui se déroule est irrationnel dans son essence, car il n'y a pour conclure aucune méthode au moyen de laquelle on pourrait prouver qu'il doit y avoir tant et tant de planètes ou tant ou tant d'espèces d'animaux à sang chaud. L'irrationalité est une imperfection de la pensée et du sentiment, la rationalité, une imperfection de la sensation et de l'intuition.

Or il y a beaucoup de gens qui fondent leur principal habitus réactionnel sur l'irrationalité, soit sur la sensation, soit sur l'intuition, mais jamais sur les deux en même temps, car la sensation est, envers l'intuition, aussi antagoniste que la pensée envers le sentiment. En effet, si je veux constater de mes yeux et de mes oreilles ce qui vraiment se passe, je puis faire tout ce que je voudrais, sauf rêver et imaginer vaguement; or c'est ce que doit faire l'intuitif pour laisser à son inconscient ou à l'objet le champ libre nécessaire. On comprend alors que le type-sensation soit l'antipode du type-intuitif. Malheureusement, le temps me manque pour m'arrêter plus longuement aux intéressantes variations que provoque, chez le type irrationnel, l'attitude, soit extravertie, soit introvertie.

Je préférerais m'arrêter encore aux conséquences régulières auxquelles conduit, pour les autres fonctions, la préférence accordée à l'une. L'homme, on le sait, ne peut jamais, au même moment, être tout, ni jamais être entièrement parfait. Sans cesse il développe certaines qualités seulement, et laisse les autres s'étioler. Jamais on n'atteint l'intégralité. Or qu'advient-il de ces fonctions qu'il n'utilise pas consciemment chaque jour et qu'il ne développe pas par exercices? Elles restent dans un état infantile plus ou moins primitif, souvent à moitié ou même totalement inconscient; elles forment ainsi une infériorité caractéristique de chaque type qui constitue une partie intégrante de l'image totale du caractère. La préférence unilatérale de la pensée s'accompagne toujours d'infériorité affective et la sensation différenciée blesse la faculté intuitive, et inversement.

Si une fonction est différenciée ou non, on le reconnaît aisément à sa force, à sa fermeté inébranlable, à sa conséquence, sa sûreté, son adaptation. Mais il n'est pas si aisé de décrire ou de reconnaître son infériorité. Comme critère essentiel nous avons son manque d'indépendance et comme conséquence, la soumission à des gens et des circonstances, puis sa sensiblerie capricieuse, l'incertitude de son usage, sa suggestibilité et son caractère diffus. Dans la fonction inférieure, on a toujours le dessous parce qu'on ne peut lui donner des ordres; on en est au contraire toujours la victime.

Comme il me faut ici me borner à une simple esquisse des idées fondamentales d'une typologie psychologique, il m'est malheureusement interdit de m'engager dans les détails d'une description des types psychologiques.

Le travail que j'ai fait jusqu'ici dans ce domaine aboutit à établir deux types généraux d'attitude; l'extraversion et l'introversion, et quatre types fonctionnels: les types pensée, sentiment, sensation et intuition qui varient suivant l'attitude générale et donnent ainsi huit variantes.

On m'a demandé souvent – et c'était presque un reproche – pourquoi je ne parlais que de quatre fonctions et non de plus ou de moins de quatre. S'il n'y en a justement que quatre, c'est là d'abord un résultat tout empirique. Mais avec ces quatre, nous parvenons à une certaine totalité: on le comprendra aux réflexions suivantes:

> La sensation constate ce qui existe réellement. La pensée nous permet de connaître la signification de ce qui existe; le sentiment, quelle en est la valeur et l'intuition enfin nous indique les possibilités d'origine et de but qui gisent dans ce qui existe présentement. Grâce à cela, l'orientation dans le présent devrait être aussi parfaite que la détermination géographique d'un lieu par sa longitude et sa latitude. Les quatre fonctions ressemblent aux quatre points cardinaux; elles sont aussi arbitraires et aussi indispensables qu'eux. Rien n'empêche de déplacer les points cardinaux d'autant de degrés qu'on voudra, de ce côté-ci ou de ce côté-là, et, en outre, de leur donner d'autres noms. C'est pure question de convention et de clarté.

Pourtant je dois avouer que je ne voudrais plus à aucun prix me passer de cette boussole dans mes voyages d'exploration psychologique, non seulement pour la raison trop humaine et facile à comprendre que chacun est imbu de ses propres idées, mais aussi pour la raison objective qu'elle nous procure un système de mesure et d'orientation qui nous permet de réaliser cette psychologie critique dont nous avons si longtemps été privés.

Chapitre 2

La perception

Comprendre les différences de points de vue

Conscience, connaissance et imagination sont les seules caractéristiques de l'espèce humaine.

LABORIT (1974, P. 20)

Une des fonctions importantes de la gestion est la prise de décision. Or, lorsqu'on prend une décision, la question de l'objectivité se pose immanquablement. De quelle façon s'assure-t-on de l'objectivité d'une décision ? Et si cette décision concerne le travail d'une équipe ou qu'elle aura des répercussions sur un ensemble de personnes, de quelle façon arrive-t-on à comprendre les différences d'opinions et à les prendre en compte au moment de la prise de décision ? Une des clés importantes pour répondre à ces questions est la compréhension des mécanismes de la perception et la compréhension de l'intelligence humaine. Ce chapitre a pour but de décrire et d'expliquer les mécanismes qui permettent à la personne d'entrer en relation, d'interagir avec son milieu et de s'y adapter. Dans la première section, le problème de l'objectivité et de l'origine de la connaissance est discuté afin de mieux saisir la portée des notions de perception et d'intelligence. La deuxième section introduit les notions de sensation, de perception et de cognition, dans le but d'en faciliter la compréhension. La troisième section décrit l'importance du système nerveux dans la compréhension des activités perceptives. La quatrième section présente les activités mentales qui interviennent dans l'acte de percevoir ; cela devrait permettre d'expliquer comment la personne perçoit le milieu, quel rôle y joue sa propre activité et quelle importance peut avoir sa subjectivité. La cinquième section traite des erreurs de perception ; reconnaître les inférences et les activités qui en sont responsables permet de les corriger, sinon de les compenser. La dernière section présente une compétence importante en management, l'empathie, qui est la capacité de comprendre le point de vue des autres ; cette faculté s'avère très utile dans les relations professionnelles, où l'on doit collaborer pour trouver des solutions à des problèmes simples ou complexes. Mais avant d'explorer plus à fond les mécanismes de la perception, faisons d'abord un survol de cette notion ainsi que des différentes conceptions qu'en ont quelques chercheurs et penseurs qui ont laissé leur marque dans ce domaine.

De la conscience à la connaissance

Le concept de la perception est associé depuis très longtemps au problème de la connaissance. Depuis l'Antiquité, les philosophes s'interrogent sur ce qui constitue une caractéristique essentielle de l'espèce humaine, la recherche de la connaissance, à commencer par Platon (427-347 av. J.-C.) et Aristote (384-327 av. J.-C.). D'après Aristote, les sens fournissent les éléments nécessaires à la connaissance et la raison les organise pour les rendre intelligibles. Cette façon de concevoir la recherche de la connaissance a profondément marqué la pensée scientifique moderne : il existe un monde objectif, une vérité dans la nature, et c'est le jugement de la personne qui l'observe qui est la source des erreurs.

L'objectivité et la subjectivité

Le problème de l'objectivité et de la subjectivité continue d'être très discuté dans les milieux savants, mais aussi dans les milieux de travail où des personnes sont appelées à prendre des décisions. En fait, tout le domaine de la résolution de problèmes et de la prise de décision fait face aux problèmes que pose la subjectivité et à la possibilité de rendre les processus les plus objectifs possible. Cependant, quand on considère de plus près la question de l'objectivité et de la subjectivité, on se rend compte que le vrai problème réside dans le fait qu'on associe l'objectivité à la neutralité, à l'impartialité, à la vérité unique et entière, et la subjectivité, à l'arbitraire, à l'inégalité et à l'invention. Il s'agit davantage d'un problème moral que d'un problème épistémologique.

Par ailleurs, quand on conçoit l'objectivité comme la qualité de ce qui est réel, de ce qui existe indépendamment de l'esprit qui perçoit, on soulève la question de l'existence même de la réalité, de ce qui constitue les choses, les faits qui sont présents dans l'environnement et qui peuvent être perçus par tout le monde. Le problème de la connaissance, c'est en outre qu'on ne peut pas s'entendre sur ce qui constitue la réalité. Qu'est-ce qui garantit à la personne que ce qu'elle perçoit est réel ? Le fait de pouvoir y toucher pourrait constituer une réponse, mais la réalité ne se présente pas seulement sous des formes tangibles. Beaucoup de choses sont senties par d'autres récepteurs moins fiables ; c'est le cas entre autres de la vue (Dixon, 1985). Mais qu'est-ce qui nous prouve que ce que nous voyons est le produit de notre expérience sensorielle (conviction) plutôt que le fruit de notre imagination (persuasion) ?

Du point de vue du scepticisme radical, on dira que personne ne peut être absolument certain de quelque chose ; du point de vue du sens commun, on dira plutôt qu'on peut être certain de quelque chose même si cette certitude n'est pas absolue. Pour Denis (1989), le problème n'est pas tant de savoir si les représentations sont vraies ou fausses que de savoir si elles sont utilisées efficacement par l'individu pour régler ses comportements.

Dans le texte classique présenté à la suite de ce chapitre, Laing et autres (1966) démontrent que la perception est le produit de trois facteurs : 1) le stimulus lui-même ; 2) l'interprétation du stimulus grâce aux activités cognitives ; et 3) les phénomènes psychiques associés à ce stimulus, comme la projection. En fait, il est possible de percevoir quelque chose sans qu'il y ait de stimulus apparent, c'est-à-dire perceptible pour un observateur. Et ce n'est pas un symptôme de maladie mentale, mais bien d'imagination.

Le problème de la réalité des phénomènes a déjà été soulevé par Platon dans le récit des hommes emprisonnés dans une grotte, que nous relatons brièvement dans l'encadré 2.1 et qui explique la nature de l'esprit humain et de l'enseignement.

Dans cette histoire, Platon raconte que les hommes prennent les ombres qu'ils voient sur la paroi de la grotte pour des objets réels et qu'ils s'exercent à les distinguer et à se rappeler l'ordre de leur apparition. Il explique ensuite ce qui se passerait si l'un d'eux était libéré et pouvait sortir de la grotte. D'abord, il éprouverait de la souffrance, car il devrait exercer des facultés qui ont été inutilisées jusqu'alors, mais à partir du moment où il prendrait conscience que les ombres ne sont que le reflet d'autres choses, il ne pourrait plus croire à la réalité des ombres et retourner vivre dans la grotte avec les mêmes dispositions qu'avant. Il prendrait aussi plaisir à connaître et à découvrir le monde qui l'entoure.

Pour connaître, l'individu se fie à sa perception, c'est-à-dire à l'apparence des choses comme il les perçoit. À la manière des prisonniers qui croient réelles les ombres sur le mur, l'individu a confiance en l'apparence des personnes et des choses telles qu'elles sont perçues par les sens. Ces apparences ne sont que des illusions, mais elles lui servent tout de même à connaître ; elles servent d'hypothèses sur ce qui se passe ici et maintenant et de croyances à propos de la réalité. La conviction que les choses sont telles qu'elles apparaissent dans la conscience rend possibles les activités de la raison, c'est-à-dire la faculté de connaître et de juger les perceptions, de distinguer les objets et d'en saisir la signification. Enfin, l'intelligence, au sens de Platon, c'est la puissance d'apprendre et de penser par soi-même, un peu comme l'homme libre qui a vu la lumière du jour.

L'illusion de la certitude s'explique non seulement sur le plan psychologique, mais aussi – et surtout – sur le plan biologique. Selon Dixon (1985), la conscience produite par la perception engendre immanquablement le sentiment d'objectivité, et trois facteurs expliqueraient cette illusion. Premièrement, l'individu n'est pas conscient de toutes les activités du système nerveux ; quand il perçoit, il n'est pas conscient de toutes les données sensorielles qui stimulent les récepteurs ni du traitement qu'en fait le cerveau. Comme nous le verrons dans ce chapitre, le système nerveux est responsable de la transmission des données sensorielles jusqu'au cerveau et de leur organisation dans le but de protéger l'existence de l'individu et d'assurer son développement dans son milieu.

Encadré 2.1 La grotte de Platon

Voici des hommes dans une habitation souterraine en forme de grotte, qui a son entrée en longueur, ouvrant à la lumière du jour l'ensemble de la grotte ; ils y sont depuis leur enfance, les jambes et la nuque pris dans les liens qui les obligent à ne regarder que vers l'avant, incapables qu'ils sont, à cause du lien, de tourner la tête ; leur parvient la lumière d'un feu qui brûle en haut et au loin, derrière eux ; et entre le feu et les hommes enchaînés, une route dans la hauteur, le long de laquelle voici qu'un muret a été élevé, de la même façon que les démonstrateurs de marionnettes disposent de cloisons qui les séparent des gens ; c'est par-dessus qu'ils montrent leurs merveilles (p. 357). [...]

Pour commencer, en effet, crois-tu que de tels hommes auraient pu voir quoi que ce soit d'autre, d'eux-mêmes et les uns des autres, que les ombres qui, sous l'effet du feu, se projettent sur la paroi de la grotte en face d'eux ? [...]

Alors, s'ils étaient à même de parler les uns avec les autres, ne crois-tu pas qu'ils considéreraient ce qu'ils verraient comme ce qui est réellement ? [...]

Examine alors, dis-je, ce qui se passerait si on les détachait de leurs liens (p. 357-358). [...]

Chaque fois que l'un d'eux serait détaché, et serait contraint de se lever immédiatement, de retourner la tête, de marcher, de regarder la lumière, à chacun de ces gestes, il souffrirait, et l'éblouissement le rendrait incapable de distinguer les choses dont tout à l'heure il voyait les ombres. [...] Ne crois-tu pas qu'il serait perdu, et qu'il considérerait que ce qu'il voyait tout à l'heure était plus vrai que ce qu'on lui montre à présent ? (p. 358-359). [...]

Oui, je crois qu'il aurait besoin d'accoutumance pour voir les choses de là-haut. Pour commencer ce serait les ombres qu'il distinguerait plus facilement, et après cela, sur les eaux, les images des hommes et celles des autres réalités qui s'y reflètent, et plus tard encore ces réalités elles-mêmes. À la suite de quoi il serait capable de contempler plus facilement, de nuit, les objets qui sont dans le ciel, et le ciel lui-même, en tournant les yeux vers la lumière des astres et de la lune, que de regarder, de jour, le soleil et la lumière du soleil. [...]

Mais dis-moi : ne crois-tu pas que, se souvenant de sa première résidence, et de la « sagesse » de là-bas, et de ses codétenus d'alors, il s'estimerait heureux du changement, tandis qu'eux il les plaindrait ? (p. 359-360).

Source : Platon 427-347 av. J.-C., (1993, Éditions Gallimard).

Deuxièmement, l'individu qui perçoit quelque chose n'est pas conscient non plus de l'information déjà mémorisée qui s'ajoute aux données sensorielles afin de les compléter, de les corriger et de leur donner un sens ; en d'autres termes, il n'est pas conscient des systèmes de représentation qui sont mis en œuvre pour construire les images présentes dans son esprit (Denis, 1989). Cela va de soi : quand nous regardons un objet, nous ne nous rendons pas compte des activités de reconnaissance et d'organisation effectuées par l'intelligence. Nous verrons dans ce chapitre que la mémoire et les activités de l'intelligence sont nécessaires pour trouver un sens à l'expérience immédiate.

Troisièmement, l'individu n'est pas conscient des mécanismes de la perception subliminale qui intègrent des données sensorielles à la représentation mentale de l'objet perçu. Des expériences sur la consommation de boissons gazeuses ou de maïs éclaté dans les cinémas ont tenté de montrer les effets de la perception subliminale. Bien que ce sujet fasse encore l'objet de controverses, il demeure que le cerveau traite des données sensorielles qui sont au-dessous du seuil perceptible.

L'étude de la perception conduit à la compréhension des phénomènes de la conscience, laquelle constitue à la fois le domaine des croyances et des émotions et, par conséquent, de la rationalité des conduites et de l'affectivité. En général, on associe la rationalité à l'intelligence, et l'affectivité à la motivation. Ces associations sont toutefois bien partielles. Les activités cognitives sont à la subjectivité de l'individu ce que les activités affectives sont à la rationalité de ses comportements. En d'autres termes, l'étude de la perception met au jour les activités de l'intelligence et fait ressortir la richesse de la subjectivité de l'individu ; l'étude de la motivation révèle les besoins et les champs d'intérêt de la personne et met en valeur la logique de ses comportements dans le milieu où elle se trouve.

Comme nous venons de le voir, le problème de la connaissance réside entre autres dans la distinction du réel, donc de l'objectif, et du possible, donc du subjectif. Il consiste aussi à comprendre les mécanismes d'acquisition et de développement de la connaissance. Il existe deux hypothèses sur ce point : l'être humain vient au monde avec une mémoire vierge et acquiert des connaissances grâce à ses activités ; ou l'être humain naît avec des connaissances élémentaires, à partir desquelles il en développe d'autres.

L'origine de la connaissance : l'empirisme et l'innéisme

Pour Descartes (1596-1650), seuls les éléments psychophysiques de la perception constituent la source de la connaissance. Cette conception est probablement à l'origine de la psychophysiologie, c'est-à-dire l'étude des rapports entre les activités physiologiques (physiques et somatiques) et les activités psychologiques (la pensée, les attitudes et les comportements). Les développements de la psychophysiologie ont d'ailleurs permis de comprendre les bases neurophysiologiques de la perception et de l'intelligence.

Descartes valorise l'information dite objective, présente dans l'environnement, c'est-à-dire les données sensorielles. En considérant le fait que les récepteurs sensoriels sont constamment stimulés par une multitude de renseignements sur l'environnement, on peut se demander par quels moyens, par quels mécanismes la perception parvient à mettre de l'ordre dans cet univers chaotique produit par la sensation.

Pour les empiristes comme Locke (1632-1704) et Hume (1711-1776), la perception fait des associations de données sensorielles régies par des lois de similitude (pareil/différent) et de contiguïté spatio-temporelle (événements simultanés). Ces lois seraient apprises au cours des expériences de l'individu dans son milieu.

Kant (1724-1804) donne une tout autre explication des mécanismes perceptifs. Selon ce philosophe, l'individu ne peut percevoir quelque chose qu'il ne connaît pas déjà. Il existerait donc des idées, des connaissances innées telles que l'unité, la totalité, la réciprocité et, en particulier, l'espace et le temps. Ces connaissances élémentaires fournissent à la perception des structures qui lui permettent de mettre de l'ordre dans le chaos sensoriel. Le sens qu'elles permettent de trouver dans l'expérience sensorielle guide les attitudes et les conduites de la personne.

L'idée qu'une structure mentale puisse servir à sélectionner et à organiser les données sensorielles a été retenue par la *gestaltthéorie*, que nous avons abordée dans l'introduction de ce livre. Selon cette théorie, la personne qui perçoit un objet en saisit immédiatement la signification dans sa totalité et le sens qu'elle y trouve impose une structure aux éléments qui constituent cet objet. Par exemple, lorsqu'un individu perçoit une table, il lui attribue immédiatement une forme et une fonction (c'est une table pour manger) ; cette forme et cette fonction seront utiles pour décrire l'objet (elle est ronde, en chêne, possède quatre pattes, etc.). La *gestaltthéorie* énonce une loi importante dans l'étude de la pensée : le tout (la forme) est plus que la somme des parties (les éléments). Pour comprendre le sens que peut avoir un objet ou un phénomène pour une personne, il faut savoir comment il se présente dans le champ de sa conscience, car c'est la forme que constituent ensemble les relations entre les éléments qui a un sens pour elle, et chacun des éléments ne peut être compris que par les relations qu'il a avec la forme. Dans cette perspective, les données sensorielles ne sont pas les éléments structurants de l'expérience consciente, mais les éléments structurés par le champ de la conscience. La *gestaltthéorie* a permis de comprendre et de valoriser la perception et la subjectivité humaines.

La perception constitue un objet d'étude fort ancien, et les théories qui sont proposées pour la comprendre s'inspirent de la philosophie, de la psychophysiologie et de la psychologie de la gestalt. Aujourd'hui, c'est à la psychologie cognitive qu'on associe les recherches sur la perception.

Les études sur la perception mettent en évidence les richesses de la pensée, la faculté d'imagination créatrice, comme le dit Laborit (1970b) quand il parle de la faculté de restructurer, chaque fois de façon originale, les expériences et les connaissances acquises au cours des générations successives. En effet, la culture joue un rôle essentiel dans les activités perceptives, car c'est elle qui fournit les connaissances nécessaires pour trouver du sens dans les expériences de l'existence.

L'un des pionniers de l'exploration des mécanismes perceptifs est Jean Piaget, pour qui la connaissance ne se développe pas seulement à partir des données sensorielles, mais aussi à partir de l'action entière faite par la personne qui veut savoir et apprendre. Nous verrons que la perception consiste en des activités complexes qui préfigurent les activités de l'intelligence.

La perception constitue donc un processus essentiel à l'acquisition de la connaissance et au développement de la conscience. Elle assure le contact direct et immédiat entre la personne et son milieu, et cela permet à celle-ci de prendre conscience de ses besoins et des occasions qu'offre le milieu pour les satisfaire. La perception permet à la personne d'acquérir des connaissances sur elle-même et sur son milieu, de transformer celui-ci de manière à satisfaire ses besoins, de s'y adapter et de s'y développer. Il ne faut toutefois pas oublier que la perception s'inscrit dans la structure du comportement et ne peut, à elle seule, expliquer l'interaction de la personne et de son milieu. Elle en constitue néanmoins un processus essentiel parce qu'elle permet avant tout l'appréhension du réel et en est, par conséquent, la connaissance sensible.

L'appréhension du réel : la sensation, la perception et la cognition

> *Percevoir n'est pas éprouver une multitude d'impressions qui amèneraient avec elles des souvenirs capables de les compléter ; c'est voir jaillir d'une constellation de données un sens immanent sans lequel aucun appel aux souvenirs n'est possible.*
>
> MERLEAU PONTY (1945, P. 30)

L'acte de perception suppose deux choses : 1) un corps capable de percevoir et de connaître ; et 2) une personne, consciente de son corps et de ses rapports avec le milieu ambiant, qui agit avec une intention, c'est-à-dire un projet plus ou moins conscient d'atteindre un but.

Pour être conscient de quelque chose, il faut évidemment être capable de percevoir ce « quelque chose » avec ses sens et de lui donner une signification. Cela exige que les récepteurs sensoriels soient en bon état ; ainsi, même s'il voit clairement, un daltonien ne peut pas percevoir certaines couleurs. Percevoir et connaître dépend en outre du bon fonctionnement du cerveau ; par exemple, si les aires associatives du cortex visuel ont subi un traumatisme, une personne peut voir quelque chose sans pouvoir savoir ce qu'elle voit. Le système nerveux est un peu comme le *hardware* de la conscience. Il peut se révéler utile de savoir comment il fonctionne afin de mieux comprendre la logique du comportement humain.

Pour être conscient de quelque chose, il faut en outre être capable de trier et de traiter les données sensorielles puis de trouver un sens à l'objet perçu. Cela implique la mise en œuvre de schémas de régulation, de métadirectives ou de métacritères qui sont à peine conscients (Laing et autres, 1966). Pour reprendre l'analogie des systèmes informatiques, nous dirons que l'intelligence d'où sont issus ces schémas et ces métadirectives représente le *software* de la conscience.

La conscience est la synthèse de tous les éléments perçus par la personne, lui permettant de donner un sens à son expérience immédiate, concrète, et de la comprendre dans la continuité de son passé et dans ses projets futurs, en fonction de sa personnalité, de ses motivations et de son milieu de vie. Le produit des activités perceptives est le champ de conscience de la personne, ce que Lewin (*1950,* 1975) appelle le champ psychologique et Saint-Arnaud (1974), le champ perceptuel. Laing et autres (1966) utilisent le terme « expérience ». Dixon (1985) emploie plutôt l'expression « champ phénoménal » pour parler de ce dont la personne a conscience ici et maintenant, par opposition à « champ subliminal », qui comprend tous les faits qui ne sont pas perçus par la personne ou qui sont inconscients, mais qui influencent tout de même ses attitudes et ses conduites. Champ psychologique, champ perceptuel, champ phénoménal et expérience sont des expressions synonymes qui font référence à l'ensemble des faits dont la personne a conscience et qui déterminent son comportement. L'inconscient est tous les éléments qui ne sont pas perçus, ni perceptibles par la personne, mais qui exerceraient tout de même un effet sur ses attitudes et ses conduites. Selon Jung, il serait constitué par des contenus primitifs, archaïques, immatures et il exercerait une fonction compensatoire par rapport aux activités de la conscience.

L'expérience consciente qui résulte des activités perceptives détermine le comportement d'une personne dans une situation donnée ; c'est là le premier axiome de la théorie de Laing et autres (1966), présentée dans le texte classique à la fin ce chapitre. En d'autres termes, la personne humaine agit, au moment où elle agit, en fonction de ce dont elle a conscience ici et maintenant (Saint-Arnaud, 1974).

Le primat de la subjectivité qui est énoncé ici ne veut pas dire que les données de l'environnement ou les phénomènes inconscients ne sont pas importants, bien au contraire. Cela signifie que le comportement de la personne est fonction de ce qu'elle perçoit.

Le deuxième axiome de la théorie de Laing et autres (1966) stipule que l'expérience et le comportement sont toujours en relation avec quelqu'un ou quelque chose d'autre que soi. En effet, c'est par la relation avec un objet ou une personne que l'individu façonne son identité, clarifie et différencie ses perceptions et adapte ses comportements en conséquence. C'est ainsi qu'on peut dire que le comportement est fonction de la personne et du milieu ambiant et, par conséquent, que la perception est déterminée par des facteurs personnels et des facteurs environnementaux, comme nous l'avons vu dans l'introduction de ce livre (Lewin, *1950,* 1975).

On peut décrire le champ psychologique à l'aide de quatre niveaux de conscience déterminés par différents processus de connaissance : 1) la sensation ; 2) la perception ; 3) la cognition ; et 4) la métacognition (Laing et autres, 1966 ; Pinard, 1992).

La sensation désigne généralement un événement psychologique élémentaire, déterminé par l'activation de modalités sensorielles. Sa manifestation dans l'organisme est globale, immédiate et indifférenciée. La principale fonction de la sensation est de réagir et d'informer le corps sur ce qui se passe à l'intérieur comme à l'extérieur. Ses messages sont physiologiques. Le fait de sentir produit un changement, un déséquilibre ou un potentiel dans la structure de la conscience de la personne que l'effort de la connaissance cherchera à rétablir (Merleau Ponty, 1945). La sensation engendre la prise de conscience de quelque chose.

La perception est un processus qui sélectionne et structure les données sensorielles de façon à leur trouver un sens. La perception est en quelque sorte une activité cognitive qui permet à la personne de saisir d'un seul coup, avec la multitude de données provenant de son corps et de son milieu, le sens qui les relie et qui leur est attribué (Merleau Ponty, 1945). Les principales fonctions de la perception sont d'explorer le milieu interne et externe (et de signaler les déséquilibres), de représenter ou de configurer les données sensorielles (figure, image, forme) et de préparer l'action (en alimentant les fonctions d'anticipation de l'intelligence). Selon Piaget (1970), la perception n'est pas la simple lecture des données sensorielles. Elle comporte plutôt une organisation active où interviennent des décisions et des préinférences qui témoignent de l'influence des opérations intellectuelles mises en œuvre. La perception implique nécessairement des activités sensorimotrices, car elle est en soi une expérience sensorimotrice. La perception engendre la conscience implicite.

La cognition est « l'ensemble des activités intellectuelles et des processus qui se rapportent à la connaissance et à la fonction qui la réalise » (Bloch et autres, 2002). Le terme cognition signifie à la fois la connaissance et le processus par lequel cette connaissance est acquise. Plusieurs expressions sont utilisées en psychologie cognitive pour nommer ce concept, et ce, de façon interchangeable : schème d'action (Piaget), structure opérative (Piaget, Neisser), notion, connaissance, croyance, concept (Changeux). Ces termes désignent l'organisation des données de l'expérience consciente en un système équilibré de rapports interdépendants. Selon Piaget (*1947,* 1967), « chaque structure est à concevoir comme une forme particulière d'équilibre, plus ou moins stable en son champ restreint et devenant instable aux limites de celui-ci » (p. 13).

En d'autres termes, la cognition est une connaissance formée de plusieurs éléments reliés entre eux d'une façon cohérente, comme un réseau. Des éléments de connaissance ont acquis une certaine valeur pour la personne ; ils se situent au centre du réseau, ils sont relativement permanents. D'autres éléments de connaissance sont incertains ; ils sont en périphérie du réseau et sont susceptibles d'être modifiés par l'expérience. La cognition engendre la conscience explicite.

Prenons par exemple la connaissance que nous avons de la gestion. La gestion, c'est la science de l'administration, de la direction d'une organisation et de ses différentes fonctions. Nous pouvons dire que c'est cela, la gestion. Cela constitue le centre de notre connaissance de la gestion. Sur ces idées s'en greffent d'autres. Par exemple, la science, c'est l'étude de quelque chose, un corps de connaissances, un savoir-faire, l'habileté, etc. L'administration est associée à l'exercice des fonctions de direction et de contrôle, à l'application des lois et des directives d'un gouvernement, à l'action de conférer un sacrement, à l'action de donner un remède à quelqu'un, etc. La direction d'une organisation est liée aux affaires, au marché, aux personnes qu'elle emploie, au leadership, à l'orientation des activités de l'entreprise, à sa mission, etc. Les fonctions de la gestion sont la gestion des ressources humaines, la comptabilité et les finances, la gestion des opérations et de la production, l'administration, le marketing, la recherche et le développement, etc. La figure 2.1 illustre le réseau de la gestion tel que nous venons de le décrire. Ainsi, plus les idées qu'on se fait de la gestion sont floues, incertaines, plus elles s'éloignent du centre du réseau et plus elles sont instables.

La cognition, ou le schème d'action, n'effectue pas seulement la traduction des données sensorielles ; elle les corrige, les enrichit et les transforme. Elle joue donc un rôle important dans l'acte de perception, car elle permet d'assimiler et d'élaborer le percept lui-même en s'ajoutant aux données sensorielles. L'expérience (ou les données offertes par l'objet) et la déduction (ou les opérations mentales de la personne) sont indissociables, selon Piaget (1970). Pour comprendre la perception, il faut alors rendre compte des opérations mentales qui sont effectuées par les schèmes d'action. Les fonctions de la cognition sont multiples. Elles visent toutes à donner un sens pour le sujet aux images perçues : transformer, corriger, compléter, enrichir, compenser, ajouter, soustraire, etc.

En psychologie cognitive et en psychologie sociale, on utilise souvent le concept de « croyance » pour décrire les idées qu'on a à propos de quelqu'un ou de quelque chose. Plus spécifiquement, une croyance est définie comme « l'attitude intellectuelle d'une personne qui tient pour vrai un énoncé ou un fait sans qu'il y ait nécessairement une démonstration objective et acceptable de son attitude » (Bloch et autres, 2002). La croyance est synonyme de certitude, de confiance, de conviction et de foi, mots qui traduisent la connaissance d'un objet, qu'il s'agisse d'une opinion (je crois qu'il fera soleil demain), d'une connaissance véritable (deux et deux font quatre), voire d'une connaissance non vérifiable (je crois en Dieu). Dans tous les cas, cette connaissance, qu'elle soit ou non vérifiable, comporte une charge affective, plus forte dans le cas de la foi. Cette charge affective, commune à l'attitude et à la croyance relatives à un objet, provient de la valeur qui a inspiré ces dernières. Les croyances donnent lieu à des attitudes, lesquelles sont des prédispositions apprises à réagir de façon positive ou négative à un stimulus, selon les sentiments et les idées qu'il évoque. Une attitude est donc un comportement avant la lettre, une structure du sujet qui commande une réponse à un objet ou à une classe d'objets.

La métacognition est la procédure mentale qui consiste à réfléchir sur la façon dont nous pensons. D'après Pinard (1992), il s'agit de la capacité de prendre en charge de façon consciente et délibérée son propre fonctionnement cognitif, en d'autres mots sa propre pensée. Cela implique que la personne a acquis la maturité nécessaire pour prendre du recul et pour réfléchir sur ses propres attitudes et ses motivations à l'égard de ses expériences, sur les situations problématiques qu'elle doit affronter quotidiennement. La métacognition, c'est aussi la connaissance de son efficacité personnelle, de son style d'attribution (externalité ou internalité), de ses dialogues intérieurs, etc. Les principales fonctions de la métaconscience sont l'introspection, l'autorégulation ou la gestion de soi et l'individuation.

La métaconscience, qui découle de la prise de conscience, constitue un niveau supérieur de la conscience qui implique le développement de son autonomie quant

FIGURE 2.1 *Le réseau de l'idée « gestion »*

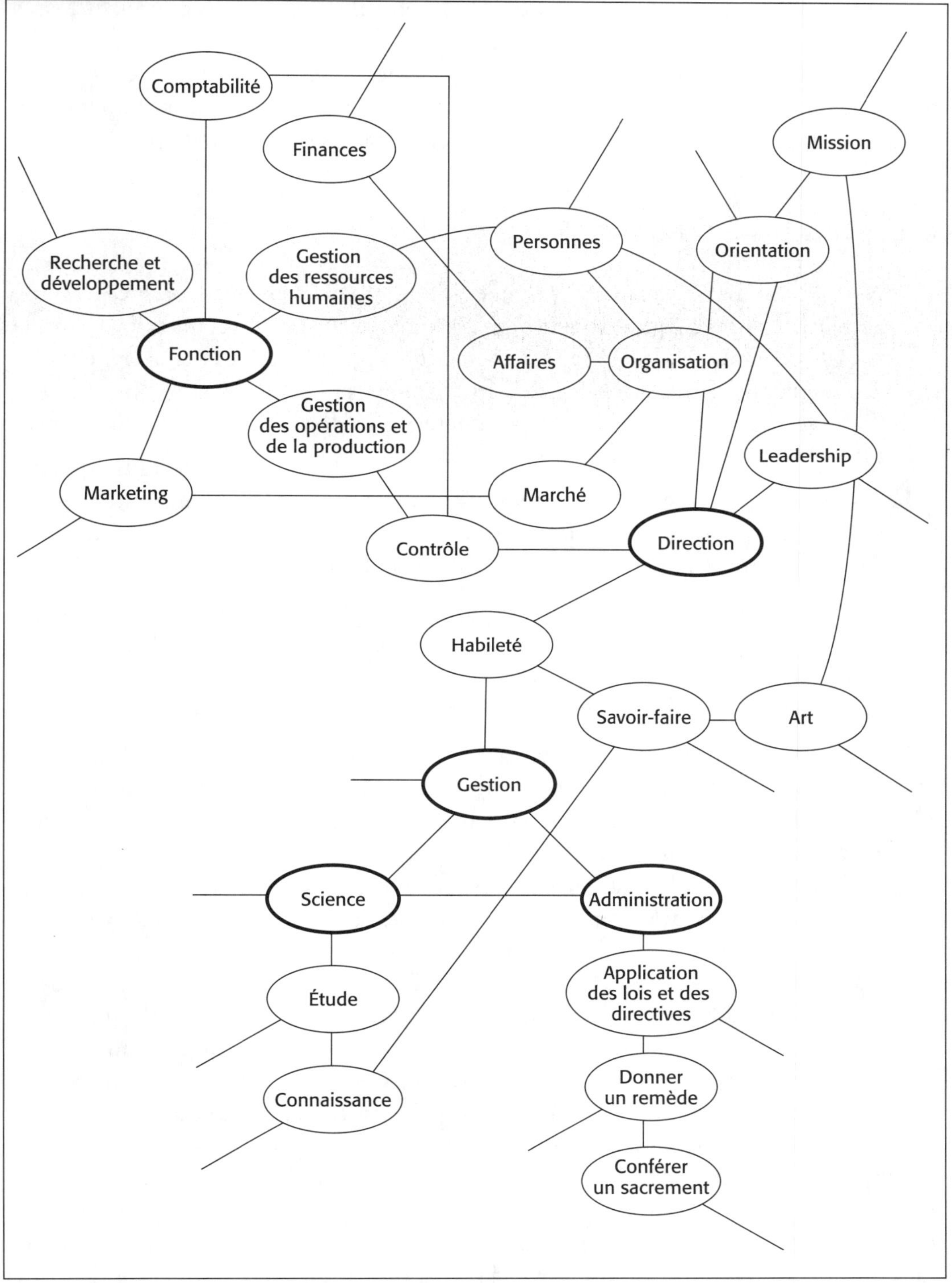

à la façon de penser et au sens qu'on veut donner à son existence. Le développement de la métaconscience permet à l'individu de devenir de plus en plus conscient de ses possibilités et de ses limites, de ses valeurs, des dangers d'inconsistance, d'écroulement ou de décadence que comporte la vie qu'il mène, des pressions exercées par les progrès de la technologie ainsi que des motivations réelles de ses comportements. La métaconscience rend possibles l'authenticité et la transcendance de la personne.

Le système nerveux

La perception comporte des activités biologiques, qui relèvent du système nerveux, et des activités mentales, qui relèvent de l'intelligence. Ainsi, un peu à la manière de Dejours (1986), nous faisons le rapprochement entre le corps et la conscience dans le but de mieux comprendre l'unité de l'être humain et d'enraciner les phénomènes psychologiques dans la matérialité qui caractérise le domaine de la biologie, sans quoi la psychologie risque de devenir artificielle et sans vie.

> Le corps est [...] un objet sensible à tous les autres, qui résonne pour tous les sens, vibre pour toutes les couleurs et qui fournit aux mots leur signification primordiale par la manière dont il les accueille (Merleau Ponty, 1945, p. 273).

> Le corps, en tant qu'il a des « conduites », est cet étrange objet qui utilise ses propres parties comme symbolique générale du monde et par lequel en conséquence nous pouvons « fréquenter » ce monde, le « comprendre » et lui trouver une signification (Merleau Ponty, 1945, p. 274).

Ces citations de Merleau Ponty ne sont pas seulement poétiques, elles font valoir le rôle du corps et son rapport avec le milieu dans la constitution des phénomènes de la conscience et, en particulier, de la perception de soi et du milieu ambiant. En effet, les activités de la conscience et l'action de la personne dans son milieu dépendent de l'organisation interne du système nerveux, grâce auquel l'information est transmise, selon un code, traitée, stockée puis utilisée pour préparer l'action (Changeux, 1983).

Le système nerveux forme un vaste réseau de cellules nerveuses appelées neurones. Un même neurone se trouve généralement en contact avec un nombre relativement grand d'autres neurones qui lui transmettent des influx provoquant soit des effets excitateurs (pensons à la position « marche » sur un bouton de commande), d'où la transmission synaptique de l'influx, soit des effets inhibiteurs (pensons à la position « arrêt »), bloquant la transmission de l'influx et permettant d'assurer le contrôle des activités comme la perception.

Les principales activités du système nerveux consistent à transmettre les messages des organes des sens concernant le milieu externe jusqu'aux centres supérieurs (système nerveux central), où conflueront également les messages des récepteurs viscéraux et des propriocepteurs concernant l'état de déséquilibre de l'organisme pour agir sur le milieu externe en vue de rétablir l'équilibre de l'organisme (Laborit, 1974).

La figure 2.2, adaptée de Laborit (1974), présente le schéma de l'activité fonctionnelle du système nerveux, laquelle aboutit finalement à la conscience.

Les ouvrages de Ornstein et Thompson (1987) et de Brown et Wallace (1980) expliquent plus en détail les structures du système nerveux. Nous nous contenterons d'examiner les récepteurs sensoriels, car ils sont responsables de la sensation et de la perception, ainsi que le système nerveux central (SNC), car une de ses fonctions principales est de permettre la conscience.

FIGURE 2.2 *La schématisation fonctionnelle du système nerveux*

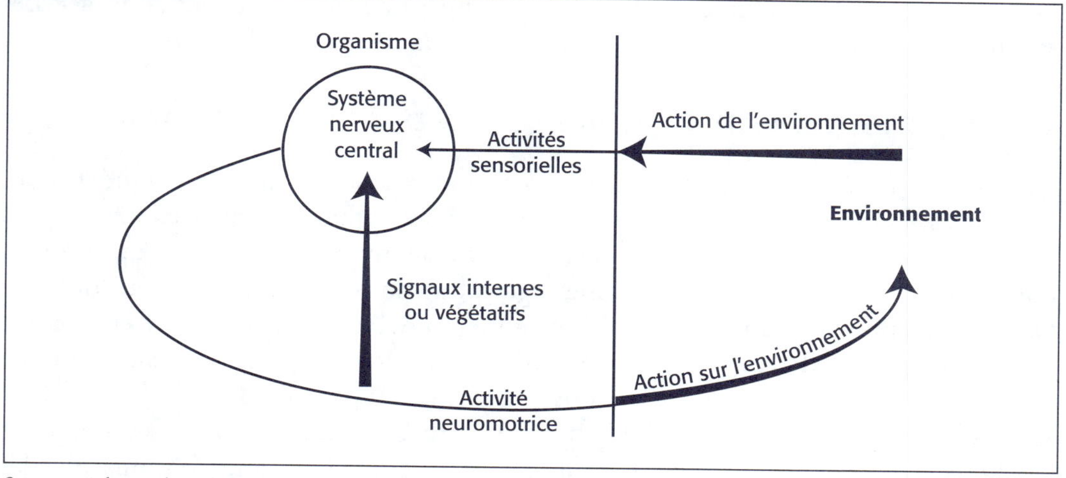

Source : Adapté de Laborit (1974, p. 53).

Les récepteurs sensoriels : stimuler

La sensibilité du corps est rendue possible grâce aux différents récepteurs sensoriels qui captent et transforment les propriétés physiques ou chimiques des stimuli en énergie électrique, l'influx nerveux. Le terme « stimulus » désigne toute forme d'énergie qui se produit à l'intérieur ou à l'extérieur de l'organisme et qui est d'une intensité suffisante pour déclencher une réaction psychophysiologique spécifique ou, en d'autres mots, pour exciter un récepteur sensoriel.

La figure 2.2 suggère au moins deux types de récepteurs : des récepteurs qui captent de l'information sur l'environnement externe et des récepteurs qui captent de l'information sur l'état interne de l'organisme. En fait, Sherrington (1947) en a défini trois, selon leur localisation dans le corps : les intérocepteurs, les propriocepteurs et les extérocepteurs.

La sensibilité intéroceptive comprend les sensations en provenance de la paroi des viscères et des muqueuses, en particulier de l'estomac et du tube digestif. Les récepteurs viscéraux informent l'organisme sur ses besoins et sur ses émotions. Leurs messages ont une forte teneur affective. La sensibilité intéroceptive est étroitement liée à la motivation humaine. Les activités du système nerveux permettent à la personne de prendre conscience de l'état interne de son organisme, à savoir ses besoins, ses émotions, son degré de stress, etc. Ces états sont de nature affective ; ils sont nécessaires pour organiser les conduites d'adaptation et ils confèrent une valeur à ces conduites.

La sensibilité proprioceptive renseigne l'organisme sur ses positions et sur ses mouvements dans l'espace et dans le temps. Les propriocepteurs sont situés au niveau des muscles, des tendons et des articulations.

Enfin, la sensibilité extéroceptive informe l'organisme sur le monde extérieur, soit par le contact direct (le toucher et le goût), soit par la précurrence, c'est-à-dire les sensations obtenues sans le contact direct (la vision, l'ouïe et l'odorat). Les extérocepteurs, les organes des sens, sont situés à la périphérie du corps.

Le système nerveux central : sentir, percevoir et connaître

Depuis sa conception, l'organisme humain est littéralement assailli, à chaque instant, par toutes sortes de stimuli, captés et codés par les cellules réceptrices. Le système nerveux a pour principales fonctions de transmettre les messages des récepteurs jusqu'au cortex cérébral, de sélectionner les messages pour ne retenir que ceux qui ont une valeur vitale pour l'organisme, de mettre en mémoire l'expérience acquise et de coordonner les actions de la personne dans son milieu. Dès lors, les activités du système nerveux permettent, entre autres, la mise en forme des données sensorielles, l'imposition d'un sens au chaos sensoriel. C'est grâce au SNC que s'effectueront ces fonctions.

Le SNC, qu'on appelle couramment le cerveau, est en effet responsable des fonctions sensorimotrices et des fonctions mentales. Essentiellement, ses activités permettent la collecte et le traitement de l'information, son stockage en mémoire et l'organisation des actions adaptées aux conditions du milieu. C'est grâce à ce système que la personne peut entrer en relation avec ce qui l'entoure et s'adapter à son milieu, tout en adaptant celui-ci à ses besoins (Laborit, 1974).

La principale fonction du SNC est donc de permettre l'action de l'individu dans son environnement, quand cela lui est possible. Sa finalité est la préservation ou le maintien de la structure de l'organisme, autrement dit la recherche de l'équilibre. Ce système se compose de plusieurs structures, dont le tronc cérébral, le système limbique et le néocortex. La figure 2.3 présente une coupe médiane du cerveau humain.

Le tronc cérébral : le cerveau reptilien

Selon Laborit (1974) et Ornstein et Thompson (1987), le tronc cérébral correspond à la région très primitive du cerveau. Il est responsable des comportements instinctifs, assurant la survie de l'individu et de l'espèce. Le tronc cérébral intervient dans les comportements vitaux tels que la motricité, la respiration et le sommeil. Il détermine également le niveau général de vigilance et participe à la transmission des données de l'extérieur vers les centres nerveux supérieurs ; en fait, tout passe par le tronc cérébral.

FIGURE 2.3 *La coupe médiane du cerveau humain*

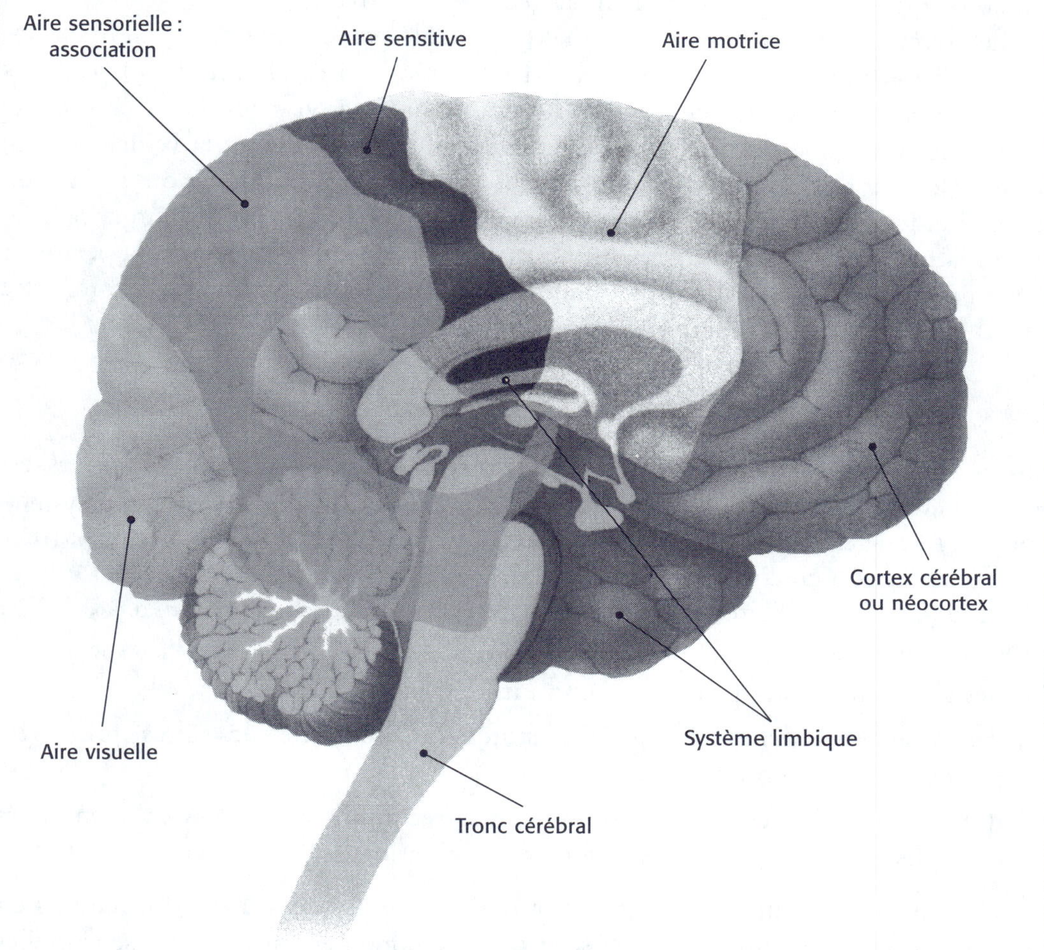

Le système limbique : le cerveau mammifère

Le système limbique, qui comprend l'hypothalamus, est situé dans la partie médiane du cerveau. Il joue un rôle majeur dans l'organisation des réponses émotionnelles qui régissent les conduites ; il exerce également un rôle essentiel dans l'établissement de la mémoire à long terme, permettant à l'organisme de répéter les expériences qu'il juge agréables et d'éviter celles qu'il trouve désagréables (Laborit, 1974). Commun aux premiers mammifères, ce système autorise une certaine forme de civilité en permettant l'expression des émotions.

L'hypothalamus consiste en une série de noyaux sensibles à l'intérieur de l'organisme ; il joue un rôle important dans la régulation du système endocrinien et de la température, dans l'intégration des émotions et des besoins vitaux comme la faim, la soif et le sommeil. Cette structure est responsable de l'organisation de la réaction physiologique à un stimulus, donc de la réponse affective.

Le système nerveux autonome (SNA), contrôlé principalement par l'hypothalamus, assure pour sa part la régulation des fonctions viscérales, la commande des muscles involontaires tels que le cœur, les poumons et les viscères. C'est ce système qui permet la régulation des besoins vitaux comme le sommeil et la veille, la faim, la soif et le désir sexuel ; le SNA assure aussi la régulation des émotions comme la peur, la colère et le plaisir. C'est ce système qui intervient lors des situations d'urgence, préparant la personne à agir rapidement. Grâce aux activités de ce système, la personne est en mesure de fuir une situation quand elle éprouve de la peur, ou de la combattre quand elle ressent de la colère (Laborit, 1974).

Le cortex cérébral ou néocortex : le nouveau cerveau

Enfin, le cortex cérébral, ou néocortex, structure commune aux espèces évoluées, est essentiel au traitement et à la mémorisation à long terme de l'information, à l'intégration des messages sensorimoteurs et en particulier à la conscience, à la connaissance et à l'imagination créatrice (Laborit, 1974).

Trois catégories d'aires corticales caractérisent le néocortex (Changeux, 1983 ; Laborit, 1974) :

1) des aires sensorielles primaires, recevant les données sensorielles ;
2) des aires sensorielles secondaires, situées à proximité des aires primaires, permettant la reconnaissance ;
3) des aires associatives, aptes à combiner et à recombiner les éléments mémorisés d'une façon originale, capables donc d'imagination et de créativité.

C'est un peu comme un centre de traitement de données. Les informations en provenance des récepteurs sensoriels sont reçues en premier dans les aires sensorielles primaires, où elles deviennent des sensations élémentaires. Dès leur arrivée, des « préposés à la perception », qui se trouvent à proximité (dans les aires sensorielles secondaires), essaient d'identifier ces informations et de les organiser de telle sorte qu'il soit possible de savoir ce qu'elles signifient pour l'organisme. L'interaction des sensations élémentaires et des « préposés » crée le percept, c'est-à-dire une image, une structure figurative. Pour faire correctement leur travail, les « préposés » envoient et reçoivent simultanément des messages en provenance des aires associatives, jusqu'au moment où le sens de l'information sensorielle est découvert et que le percept est réalisé.

Toutes ces structures rendent possible la perception par le système nerveux. Les encadrés 2.2, 2.3 et 2.4 illustrent, par des exemples de reconnaissance, les activités de celui-ci.

Comme nous pouvons le voir dans l'exemple de l'encadré 2.2, typiquement, les stimuli externes (le nom « Michel Dufrénoy » écrit sur le bulletin remis par le jeune homme) sont captés par les récepteurs spécialisés (les yeux), qui les codent en influx nerveux. Parcourant les voies sensorielles (les nerfs), ils passent deux relais, le premier au niveau du tronc cérébral et le second, au niveau du thalamus, avant d'être projetés sur les aires sensorielles primaires, où naissent les sensations élémentaires (M-i-c-h-e-l D-u-f-r-é-n-o-y), reconnues grâce à la mobilisation presque simultanée des aires secondaires (« Michel Dufrénoy »). Le percept naît alors (« C'est Michel Dufrénoy ! »). Changeux (1983) l'explique ainsi :

> Dans ces conditions, on peut concevoir la formation du percept primaire comme résultant de l'entrée en activité simultanée, par ces multiples voies parallèles, des représentations primaires et secondaires du cortex, alors que les voies hiérarchiques participent au « bouclage » de ces multiples représentations de l'objet. L'entrée en activité d'aires multiples en interactions réciproques permet donc à la fois analyse et synthèse. Elle assure la « globalité » du percept (p. 185).

Encadré 2.2 Un exemple de reconnaissance (contact)

Michel gagna rapidement la rue et se dirigea vers la Librairie des Cinq parties du Monde, immense dock situé rue de la Paix, et dirigée par un haut fonctionnaire de l'État.

« Toutes les productions de l'esprit humain doivent être enfouies là », se dit le jeune homme (p. 57). [...]

Le bibliothécaire, réveillé en sursaut, regarda l'audacieux jeune homme ; il lut le bulletin et parut stupéfait de la demande ; après avoir longuement réfléchi, à la grande terreur de Michel, il adressa ce dernier à un employé subalterne, qui travaillait près de sa fenêtre, sur un petit bureau solitaire.

Michel se trouva en présence d'un homme âgé de soixante-dix ans, œil vif, figure souriante, avec l'air d'un savant qui croirait ignorer toutes choses. Ce modeste employé prit le bulletin et le lut attentivement.

« Vous demandez les auteurs du dix-neuvième siècle, dit-il ; c'est bien de l'honneur pour eux ; cela va nous permettre de les épousseter. Nous disons... Michel Dufrénoy ? »

À ce nom, le vieillard releva vivement la tête (p. 62).

Source : Verne (1994).

Si le contact direct est une condition de la perception, son contenu peut être mis en mémoire par les aires associatives, d'abord sous forme d'images puis sous forme de concepts, rendant ainsi possibles la reconnaissance, le rappel, la combinaison et la création de concepts et, en conséquence, le développement du langage et de l'intelligence (Changeux, 1983) (voir la suite de l'exemple de reconnaissance dans l'encadré 2.3).

Encadré 2.3 Un exemple de reconnaissance (rappel)

« Vous êtes Michel Dufrénoy, s'écria-t-il ! En effet, je ne vous avais pas encore regardé. » (p. 62)

Source : Verne (1994).

Le cerveau humain a la capacité d'évoquer des concepts ou des images, de les combiner, d'en imaginer, d'en créer (Changeux, 1983 ; Laborit, 1974). Le cerveau fonctionne aussi comme un simulateur, ce qui confère à la personne le pouvoir d'anticiper les événements et de prévoir les résultats de son action. Dans ce contexte, le langage joue un rôle fondamental dans la relation qui s'établit entre la personne et son milieu. Selon Changeux (1983) :

> Suivant ce schéma, le langage, avec son système arbitraire de signes et de symboles, sert d'intermédiaire entre ce « langage de la pensée » et le monde extérieur. Il sert à traduire les stimuli ou les événements en symboles ou concepts internes, puis, à partir des nouveaux concepts produits, à les retraduire en processus externes (p. 181).

Comment la personne peut-elle savoir si ce qu'elle perçoit est véritable, réel et non pas pure fiction ? En fait, cela est probablement impossible. D'après les explications de Changeux (1983), physiologiquement, le cerveau agit comme un comparateur, mettant à l'épreuve un concept ou une image (ici, le souvenir que le vieillard a de Michel) avec un percept (le nom de Michel sur le bulletin et son visage).

Quand un concept (la connaissance de Michel), produit par une assemblée de neurones dans les aires associatives (c'est-à-dire l'ensemble des neurones qui ont participé à la configuration de la connaissance « Michel Dufrénoy »), est confronté avec un percept (le nom et le visage), produit par une autre assemblée de neurones dans les aires sensorielles (c'est-à-dire l'ensemble des neurones qui ont participé à la structuration des sensations élémentaires provenant des yeux), cela entraîne une potentiation de l'activité corticale (c'est-à-dire une consonance ou une résonance), et le test est positif (« C'est mon neveu ! »). Si cette confrontation entraîne au contraire une extinction de l'activité (c'est-à-dire une dissonance), le test est négatif. Changeux (1983) l'exprime ainsi :

> L'épreuve de la réalité consiste en la comparaison d'un concept ou d'une image avec un percept. Le test pourra consister en « l'entrée en résonance » ou au contraire « en dissonance » de deux assemblées de neurones confrontées. La résonance se manifestera par une potentiation d'activité, la dissonance par l'extinction de celle-ci. La sélection du concept « résonnant », adéquat au réel, donc « vrai », pourra alors en résulter. Il va de soi que ce comparateur fonctionnera aussi de manière « interne » entre objets de mémoire, percepts et images (p. 188).

Ainsi, le cerveau ne fait aucune distinction entre un objet perçu et un objet imaginé, d'où la difficulté de déterminer ce qui est réel – au sens positif – et ce qui ne l'est pas.

Physiologiquement, la personne est capable de sentir grâce à ses multiples récepteurs sensoriels et à son système nerveux ; elle est capable de percevoir et de reconnaître les phénomènes par les activités des aires sensorielles primaires et secondaires ; elle est capable de mémoriser grâce au système limbique ; elle est capable de connaître, d'imaginer et de se rappeler grâce aux activités des aires associatives du néocortex. L'encadré 2.4 donne un exemple des capacités de mémoire et d'imagination.

Encadré 2.4 Un exemple de reconnaissance (retrouvailles)

— Vous me connaissez ?…

— Si je vous connais !… »

Le vieillard ne put continuer ; une véritable émotion se peignait sur sa bonne figure ; il tendit la main à Michel, et celui-ci, de confiance, la serra affectueusement.

« Je suis ton oncle, dit enfin le bonhomme, ton vieil oncle Huguenin, le frère de ta pauvre mère.

— Mon oncle ! vous ! s'écria Michel ému.

— Tu ne me connais pas ! mais je te connais mon enfant ! J'étais là quand tu as remporté ton magnifique prix de vers latins ! mon cœur battait bien fort, et tu ne t'en doutais pas !

— Mon oncle !

— Il n'y a pas de ta faute, mon cher enfant, je le sais ! je me tenais à l'écart, loin de toi, pour ne pas te faire de tort dans la famille de ta tante ; mais je suivais tes études pas à pas, jour par jour ! (p. 62-63)

Source : Verne (1994).

En tant que système de relations, le langage permet à la personne d'entrer en contact avec les autres et d'acquérir la culture propre à son milieu. Mais le langage n'est pas qu'un système de communication, il est aussi un système arbitraire de signes (mots désignant des objets, des idées, des personnes, etc.) et de symboles (des images, des figures, des métaphores, des allégories, etc.) qui fournit des idées et des concepts « prêts à l'emploi » et qui permet à la personne de prendre du recul par rapport à l'expérience concrète, de réfléchir et de se donner une explication sur ce qu'elle observe, d'élargir son champ perceptuel grâce à l'augmentation des possibilités de combinaisons nouvelles et de développer son imagination créatrice. Le développement du langage est d'ailleurs étroitement lié au développement des habiletés intellectuelles et, par conséquent, à la maturation du système nerveux (Piaget, 1967).

Dans cette perspective, on peut dire que la perception est une activité de symbolisation (qui utilise des signes et des symboles, à l'origine du langage) qui revêt un caractère symbolique (parce qu'elle produit des images et des formes). La perception est un phénomène actif, faisant appel au système nerveux, à l'intelligence et au langage pour trouver un sens à l'expérience que vit la personne, ici et maintenant (Changeux, 1983). Les représentations mentales qu'elle permet de construire sont intimement liées aux activités cognitives, qui relèvent de l'intelligence, aux activités affectives, qui relèvent de la motivation, et aux activités culturelles, qui relèvent du langage.

Les représentations et les opérations mentales

Quand nous percevons un événement, il ne nous vient pas souvent à l'esprit de douter de l'authenticité de nos impressions. C'est là d'ailleurs le postulat de l'empirisme : les données que nous fournissent nos sens sont toujours réelles ; ce sont les jugements que nous portons sur elles qui faussent notre connaissance. Dès lors, si nous voulons être objectifs, faut-il nous efforcer de demeurer passifs lorsque nous observons un phénomène ? Cela est-il possible ?

Le développement de la psychologie cognitive nous a permis de nous rendre compte qu'il est impossible pour un observateur de demeurer passif, le fait de percevoir étant déjà une action en soi. On a d'ailleurs souvent constaté qu'il existe des écarts, parfois grands, entre la structure et le contenu d'un stimulus et la configuration perceptive que rapporte la personne (Hastie, 1981).

En fait, la perception comporte une organisation active des expériences passées, qu'elles soient récentes ou lointaines, qui, intégrées à l'expérience immédiate, transforment les données des sens en une synthèse originale, nouvelle et surtout significative par rapport à la finalité de l'action.

Quand la personne perçoit un objet, elle n'est donc pas passive, bien au contraire. Comme nous l'avons vu précédemment, des schémas préexistants sont mis en activité dans les aires associatives du néocortex, transformant les données des sens dans les aires sensorielles en leur imposant une forme, qui est l'aspect cognitif de l'acte, et une valeur, qui correspond à son aspect affectif. L'acte de perception comporte donc des décisions et des préinférences qui témoignent des activités de l'intelligence (Piaget, 1975b). Du point de vue de la biologie, l'intelligence se conçoit comme l'ensemble des activités du néocortex qui élaborent des réponses originales, adaptées aux conditions du milieu. Du point de vue psychologique, l'intelligence est l'ensemble des activités d'adaptation de l'individu à son milieu.

Les schémas : leur nature et leurs fonctions

Imaginons une situation : il est 15 h, Claude travaille sans relâche depuis midi. Il n'a pas vu le temps passer tellement sa tâche l'absorbait. Ses yeux piquent et sa gorge est sèche. Il prend conscience de sa fatigue. Il regarde autour de lui, il voit son fauteuil, son porte-documents ; il se rappelle y avoir mis son casse-croûte ce matin. Il prend une pause. Que s'est-il passé ?

Claude a pris conscience qu'il devait se reposer un peu et se restaurer avant de terminer sa journée de travail. Il a pris conscience de ses besoins grâce aux signaux de son organisme. Presque simultanément, il a pris conscience des moyens de les satisfaire, et une intention s'est formée dans le champ de sa conscience, celle de prendre une pause. Cette intention va orienter ses conduites. Elle suppose un plan d'action (où trouver son goûter, où se reposer, pendant combien de temps, etc.) et des attentes (s'il mange et se repose un peu, il sera plus efficace que s'il tente de terminer sa journée autrement). En d'autres termes, Claude émet des hypothèses, plus ou moins consciemment, quant à la meilleure façon de satisfaire ses besoins compte tenu des conditions dans lesquelles il se trouve.

Les hypothèses ou les inférences dépendent des intentions de la personne, de ses attentes et de ses préjugés (Taylor et Crocker, 1981). Il s'ensuit que les activités de la perception sont constamment dirigées par des hypothèses produites par les activités intellectuelles. La personne n'est pas consciente de ces hypothèses, à moins qu'elle ne fasse un effort d'introspection important. En fait, nous pouvons devenir conscients de nos hypothèses lorsqu'elles sont invalidées par l'expérience. La frustration peut amener l'individu à remettre en question ses attentes et ses convictions à l'égard de la situation et, par la réflexion, à les changer pour en apprendre de nouvelles.

Les hypothèses sont constamment soumises au contrôle de l'expérience consciente ; en d'autres termes, l'individu s'attend à percevoir des choses dans une situation et, plus ou moins consciemment, il compare ce qu'il perçoit effectivement avec ses attentes (Neisser, 1976). En psychologie cognitive, les structures qui fournissent de telles hypothèses portent le nom de cognition ou de schème d'action (Piaget, 1975b).

Nous avons distingué, précédemment dans ce chapitre, quatre niveaux de conscience : le subconscient, où se situe la sensation ; la conscience immédiate, où se situe la perception ; la conscience explicite, où se situe la cognition ; et la métaconscience, où se situe la métacognition. La distinction de ces niveaux nous permet de « localiser » les opérations mentales et de comprendre les mécanismes de la pensée. Cependant, cette distinction est bien arbitraire, car, en fait, la conscience devrait plutôt être décrite comme un continuum qui varie en degrés, allant de l'inconscient à la métaconscience, les différentes structures mentales s'élargissant et s'assouplissant progressivement (Piaget, 1975b). Cette distinction se fonde sur les structures nerveuses responsables des activités conscientes, comme le montre le tableau 2.1, qui résume les différents niveaux de conscience de même que les structures nerveuses correspondantes et qui présente les types de structures mentales ainsi que les opérations qui les caractérisent.

Piaget (1975b) distingue deux types de structures : les structures figuratives, produites par la perception, et les structures opératives, mises en œuvre par l'intelligence. Selon lui, les structures figuratives (de la perception) sont nécessairement subordonnées aux structures opératives (de l'intelligence). Pourquoi ?

Parce que, d'une part, les principales activités de la perception étant l'exploration et l'enregistrement des formes et des contenus, elles pourraient difficilement être

TABLEAU 2.1 Les niveaux de la conscience

Niveaux	Structures nerveuses	Types de structures	Activités
Métacognition (métaconscience)	Néocortex (aires associatives)	Structures opératives : métacritères, méta-directives	Introspection, autorégulation, individuation
Cognition (conscience explicite, expresse)	Néocortex (aires associatives)	Structures opératives : schèmes d'action ; schémas de régulation et de coordination des conduites ; concepts ; notions	Transformer, corriger, compléter, enrichir, compenser, ajouter, soustraire, etc.
Perception (conscience implicite, concomitante de l'action)	Néocortex (aires sensorielles secondaires)	Structures figuratives : représentations ; schémas ; percepts ; images	Explorer, configurer, signaler, anticiper
Sensation (subconscient)	Néocortex (aires sensorielles primaires)	Influx nerveux	Réagir, informer

réalisées sans qu'il y ait, au préalable, certaines conditions, à savoir quoi explorer et comment l'enregistrer. Ces conditions sont imposées par les structures opératives. Ainsi donc, en présence de l'objet, le rôle essentiel des structures opératives est de guider les activités perceptives en fonction des rapports anticipés entre l'action et la finalité. De ce fait, la perception est fondamentalement sélective.

D'autre part, sans le concours des structures opératives (ou des schèmes d'action), la personne serait exposée à toutes sortes d'illusions systématiques et d'impressions. En psychologie de la perception, on se sert d'ailleurs des illusions pour comprendre les phénomènes perceptifs et mettre au jour les opérations mentales nécessaires pour les transformer. La figure 2.4 présente un échantillon de ces illusions. Comme nous pouvons le voir, plusieurs figures paraissent correctes. Lemoine (1995a) s'est servi de l'illusion de Müller-Lyer pour montrer l'activité des personnes lorsqu'elles sont placées dans une situation évaluative. Par cette recherche, ce professeur a démontré que les individus placés dans une telle situation font attention à ce qu'ils font, car leur image est en jeu. Cela a donc des conséquences dans les contextes d'évaluation de rendement.

Bien sûr, notre perception ne nous trompe pas toujours, certaines structures figuratives étant vraisemblables, mais, la plupart du temps, elles comportent des erreurs qui sont automatiquement corrigées par les opérations mentales. Essentiellement égocentrique, la perception est déformante et requiert par conséquent les corrections des structures de l'intelligence.

FIGURE 2.4 *Les quatre illusions optico-géométriques*

Nom	Configuration	Description de l'illusion
Illusion de Delbœuf	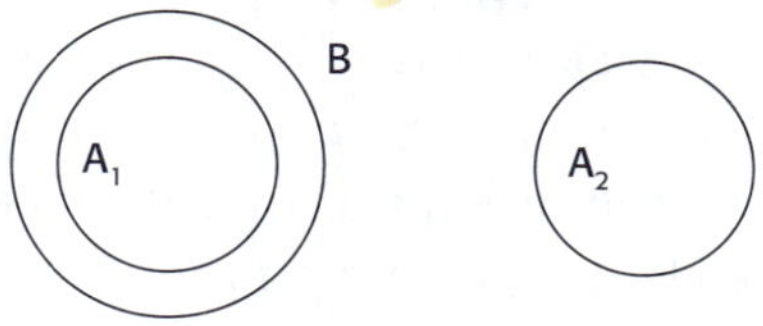	Inscrit en B, le cercle A_1 paraît plus grand que le cercle A_2 (en fait, $A_1 = A_2$).
Illusion de Müller-Lyer	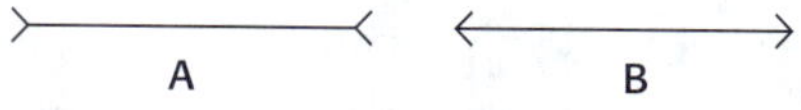	La longueur d'un segment est surestimée s'il est limité par des pennures externes (A) et sous-estimée dans le cas contraire (en fait, A = B).
Illusion de Poggendorff	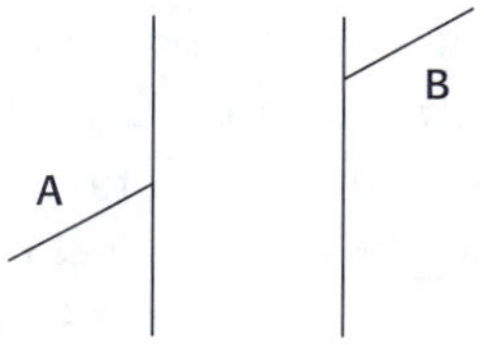	Le segment B est dans le prolongement du segment A alors qu'il paraît décalé vers le haut.
Illusion de Hering	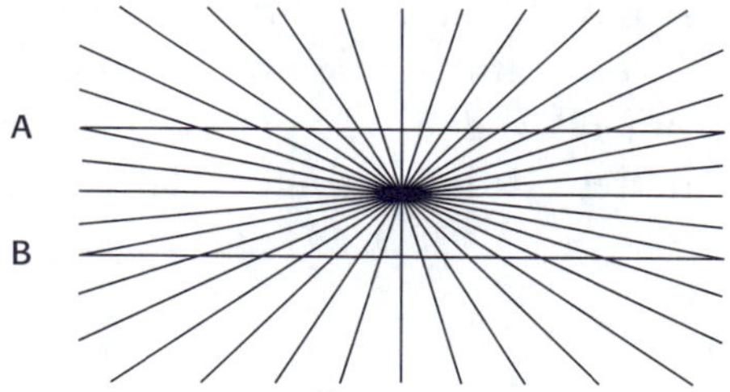	Les lignes A et B, d'apparence courbe, sont en fait strictement droites et parallèles.

Source : Richelle et Droz (1976, p. 194).

La perception, les structures figuratives et les représentations

La perception engendre des structures figuratives, soit des représentations, qui ont une fonction de signalisation et de configuration. Le percept et l'image appartiennent à cette catégorie.

Comme elles appartiennent à l'espèce cognitive, les structures figuratives ont une genèse, c'est-à-dire un développement qui va de l'indifférencié au plus différencié. Dans ce sens, on peut dire que la perception est une habileté qui se développe suivant les différents stades de l'intelligence (Neisser, 1976). Le développement des structures figuratives procède par enrichissements progressifs à partir des structures opératives et de leurs interactions avec les données sensorielles. Des exercices de détection, de différenciation et d'identification peuvent aider le développement perceptif. Tout comme les structures de l'intelligence, elles constituent des formes d'équilibre, caractérisées par les lois de totalité (Piaget, 1975b).

La principale loi de totalité est bien connue : le tout est différent de la somme de ses parties ou, en d'autres termes, l'ensemble des parties a des propriétés qui ne se réduisent pas à la somme des propriétés des parties. L'exemple de la table, que nous avons vu précédemment (voir p. 56), illustre bien cette loi de la forme : la personne qui la perçoit lui attribue immédiatement une forme et une fonction. Ainsi, une structure figurative possède une stabilité qui provient de l'organisation des données sensorielles ; la forme perçue ne change pas, à moins que les relations entre les données sensorielles ne soient modifiées. Par exemple, nous ne pouvons percevoir au même instant la même table debout et renversée, pas plus qu'un même livre ouvert et fermé.

De même, la forme perçue est indissociable de son contenu : nous ne percevons pas d'abord des sensations puis un objet, mais plutôt un objet sensible qui ressort de son contexte (Piaget, 1975b). Dans l'exemple de la table, celle-ci est perçue en entier dans la pièce où elle se trouve. C'est là le principe classique de la figure-fond : dans un champ sensoriel, les stimuli sont structurés de telle sorte qu'ils constituent ensemble une figure sensible (forme et contenu) qui se détache des autres stimuli potentiels, indéfinis, qui constituent le fond. La forme perçue a un sens, qui se détache du fond dans lequel elle se trouvait jusqu'alors. La forme est différenciée et possède une signification, alors que le fond demeure flou, indéfini, indifférencié, illimité, insignifiant. La figure 2.5, qui montre soit un vase, soit un double profil humain, illustre ce principe.

Les structures figuratives, qui relèvent de la perception, comportent en outre certaines particularités qui permettent de les distinguer des structures opératives, qui relèvent de l'intelligence.

La perception est positive

La perception est positive, c'est-à-dire qu'on perçoit ce qui est, qu'il s'agisse de stimuli internes ou externes. Seule la stimulation des récepteurs sensoriels peut donner lieu à la perception. La présence des stimuli est nécessaire pour que la personne les

FIGURE 2.5 *La figure-fond : le vase ou le double profil humain*

perçoive ; les structures de l'intelligence, au contraire, font que la personne peut se les imaginer. La perception est par conséquent toujours liée à un champ sensoriel ; elle fournit une connaissance des stimuli par la liaison immédiate avec eux.

Le fait qu'on ne perçoive que ce qui est présent, ce que Piaget appelle les observables positifs, constitue par ailleurs un moteur de développement des structures intellectuelles ; l'asymétrie des observables positifs et négatifs (ce qu'on s'attendait à percevoir, mais qui n'apparaît pas) compromet l'équilibre des structures mentales, d'où le déclenchement des processus de régulation (actions et opérations) visant à les rééquilibrer. La prise de conscience de l'absence d'un objet n'est possible qu'à la suite de l'action d'une structure opérative (par compensation) et ne se produit qu'en fonction des anticipations ou des attentes de la personne, lesquelles relèvent également de cette structure (Piaget, 1975b).

La perception est sensible à la proximité des stimuli ; elle est irréversible

Outre qu'elle est assujettie à la présence des stimuli, la perception est limitée par les conditions spatio-temporelles. Par exemple, nous pouvons difficilement voir en même temps des objets placés devant et derrière nous. Nous ne pouvons pas non plus percevoir un événement qui s'est produit hier ; nous pouvons par contre nous le rappeler, ce qui est le fait de l'intelligence. Ce dernier exemple montre d'ailleurs que la perception est une activité irréversible.

Par ailleurs, la proximité des stimuli crée entre eux des relations qui seront perçues également par la personne. La proximité des stimuli concerne autant leur similitude que leur rapprochement dans l'espace ou dans le temps. Les relations qui sont créées à partir de la proximité des stimuli peuvent difficilement être ignorées par la personne, à moins qu'une structure opérative ne les soustraie du champ de conscience. La perception des interactions entre des stimuli proches les uns des autres est une source d'erreurs de jugement et en particulier d'erreurs d'attribution de la causalité d'un événement (Jaspars et Hewstone, 1984 ; Piaget, 1975b).

Un exemple permettra de comprendre cette particularité de la perception. Si deux événements sont semblables ou se produisent à proximité l'un de l'autre, alors l'un a des chances d'être perçu comme la cause de l'autre. Imaginons une classe d'étudiants attentifs dans un cours de comptabilité financière débutant à 9 h. Il est 10 h 15, les étudiants posent leur crayon et commencent à bouger sur leur siège. Le professeur observe l'heure et les comportements des étudiants, et il en conclut que c'est l'heure de la pause. La proximité des stimuli (l'heure et les comportements des étudiants) signale au professeur qu'il est temps de faire une pause. Dans cet exemple, il n'y a pas d'erreur d'attribution puisque les étudiants cherchent effectivement à signaler à leur professeur que c'est le temps de la pause, et ce, en vertu de conventions tacites. Mais il y a des situations où la proximité des stimuli engendre des erreurs de jugement ; c'est le cas notamment des témoignages d'accidents.

La perception est égocentrique

La perception est essentiellement égocentrique : la personne perçoit les événements de son propre point de vue. (L'égocentricité ne doit pas être confondue avec l'égoïsme ; ce sont là deux états fort différents, le second correspondant à cette tendance à tout subordonner à son intérêt personnel.) La perception est égocentrique pour plusieurs raisons. Premièrement, ce que la personne perçoit dépend de sa position par rapport à l'objet, ce qui correspond à la centration de l'attention. La forme perçue sera différente selon le point de vue adopté par la personne. Par exemple, imaginons un homme qui assiste à un match de soccer. Le jeu qu'il peut voir sera perçu différemment s'il est assis derrière le but de l'équipe des visiteurs ou s'il est assis près de la ligne du centre.

Deuxièmement, la perception est égocentrique parce que ses activités sont déterminées par les attentes et les anticipations de la personne dans la situation où elle se trouve, ce qui correspond au foyer de son attention. Par exemple, le spectateur du match de soccer s'attend à ce que l'équipe des visiteurs compte plus de points que l'équipe locale. Il s'ensuit que son attention sera dirigée sur le jeu offensif de l'équipe des visiteurs et sur les faiblesses de la défense de l'équipe locale.

Troisièmement, la perception est égocentrique au sens où ce que la personne perçoit est strictement personnel et peut difficilement être communiqué aux autres (Piaget, 1975b). C'est d'ailleurs pour cette raison qu'on peut dire que la connaissance sensible est purement subjective.

L'égocentricité de la perception est une source d'erreurs de jugement. Les exemples sont nombreux. Celui de la figure de la jeune/vieille femme, illustré dans la figure 2.6, montre l'effet du foyer d'attention sur la forme perçue. De plus, l'égocentricité cause souvent des malentendus : chacun a son opinion sur un événement et est porté à croire que les autres pensent aussi comme lui, ce qui peut entraîner des conséquences fâcheuses dans les relations professionnelles.

La perception s'en tient à l'apparence des personnes et des choses

À la manière des prisonniers de la grotte de Platon, la perception s'en tient aux « ombres » des objets, des personnes ou des événements. Elle porte essentiellement sur ce qui est donné dans l'organisme (stimuli internes) ou dans le milieu ambiant (stimuli externes), et ce, du point de vue de la personne qui perçoit (égocentrisme). Il s'ensuit que la perception permet d'acquérir une connaissance sensible sur soi et sur le milieu ambiant, mais elle ne permet pas de dépasser les données sensorielles. Pour cela, les activités de l'intelligence deviennent nécessaires.

La perception comporte une signification immanente

Si la donnée perceptive comporte une signification pour la personne, cette signification ne dépasse pas le cadre de l'indice. Toutefois, cet indice sert de signal et conduit l'intelligence à sélectionner un schème d'action parmi d'autres possibles

FIGURE 2.6 *La jeune/vieille femme*

(Piaget, 1975b). La perception donne lieu à des activités d'exploration en vue d'améliorer la forme perçue. En conséquence, la perception implique certains processus inférentiels, des anticipations qui sont immédiates et non maîtrisables par la personne. Comme le dit Piaget (1975b) : « La perception se situe *hic* et *nunc* et a pour fonction d'insérer chaque objet ou événement particulier dans ces cadres d'assimilation possibles » (p. 445).

La perception en tant que processus a donc pour fonction d'alimenter les structures de l'intelligence avec les éléments extérieurs qu'elle transforme, avec le moins de déformation possible, en des structures figuratives ou des représentations. Elle assure donc, à chaque instant, le contact entre les actions de la personne (structures opératives ou schèmes d'action) et le milieu (les événements, les objets, les personnes, etc.) (Piaget, 1975b).

Les activités perceptives

Selon Neisser (1976), la perception est un processus circulaire qui fait appel à des cognitions, les schèmes d'action. Ces structures sont intériorisées par la personne, modifiées par l'expérience et spécifiques aux configurations perceptives, qui portent le nom de « schéma » dans la théorie présentée par Neisser.

Ainsi, selon ce dernier, il s'agit d'un processus circulaire parce qu'il est déclenché par la construction d'un schéma qui dirige les activités perceptives, lesquelles, à leur tour, vont modifier le schéma. Les activités perceptives ont pour but la recherche de l'information nécessaire pour que la personne puisse satisfaire ses besoins et réaliser son projet. La connaissance qu'elles fournissent s'intègre au schéma initial (par l'assimilation) en le modifiant (par l'accomodation). La figure 2.7 montre le cycle perceptuel tel que le décrit Neisser (1976).

Les activités perceptives sont en outre sensorimotrices parce qu'elles comportent, en plus de l'organisation des données sensorielles, une intervention de la motricité sur les données sensorielles elles-mêmes, par les activités d'exploration, de sélection ou de configuration.

Les activités d'exploration

Le schéma est semblable à un plan d'actions, lesquelles sont intériorisées et coordonnées; il sert à découvrir et à donner un sens à l'information reçue et à favoriser l'adaptation de la personne à son milieu (Neisser, 1976; Piaget, 1975b). Le schéma dirige l'exploration du milieu et la prise d'information. Produit à partir des attentes et des anticipations de la personne, le schéma dirige les comportements de la personne dans le milieu et ses activités d'exploration afin qu'elle y trouve des moyens pour arriver à ses fins. En effet, toute perception est ni plus ni moins une sollicitation virtuelle d'actions et de réactions familières, toutes prêtes à être déclenchées (Guillaume, 1969). Il s'avère presque impossible de séparer la perception de son potentiel d'action.

Les activités d'exploration consistent essentiellement à rechercher des informations et à les mettre en relation. Le schéma qui est en train de se former dirige les

FIGURE 2.7 *Le cycle perceptuel*

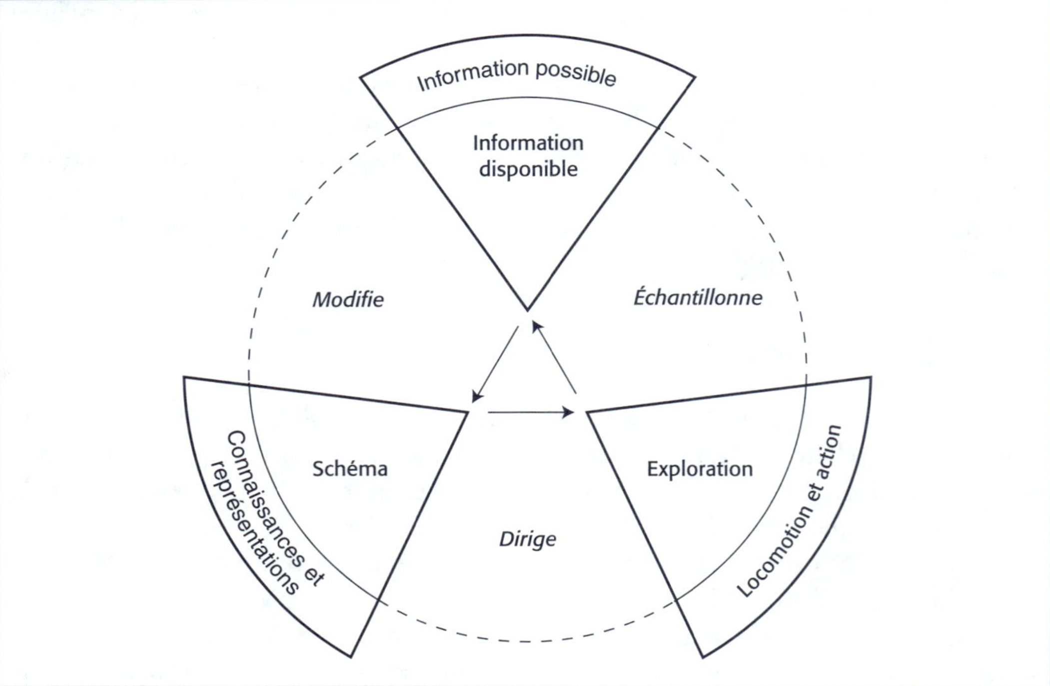

Source: Adapté de Neisser (1976, p. 112).

mouvements de l'attention et le choix des poses ou des centrations de l'attention. En raison des compensations auxquelles elles donnent lieu et des vérifications qu'elles rendent possibles, les activités exploratoires permettent de réduire les illusions et de développer les connaissances (Piaget, 1975b).

Les activités de représentation ou de configuration

Le schéma opère aussi comme un format d'entrée de données, n'acceptant que l'information qui a une certaine valeur pour la personne, qui semble pertinente à ses besoins et conforme à son intention. Par l'assimilation de l'information, les relations entre les éléments constitutifs du schéma sont modifiées, transformant celui-ci en conséquence. C'est l'accomodation. Les activités de représentation ont pour but de construire l'image et de la positionner dans son contexte (Denis, 1989). Parmi les activités de représentation, on trouve les activités de construction des coordonnées perceptives, de mise en référence, de transport et de transposition (Piaget, 1975b).

L'image est construite à partir des données sensorielles, grâce aux références et aux connaissances déjà mémorisées qui vont servir à diriger la construction de l'image et à en faire l'interprétation. L'image comporte un sens qui dépend en grande partie de son contexte, lequel est perçu par les activités de mise en référence. C'est aussi le cas par exemple avec les mots, qui peuvent avoir plusieurs sens selon leur contexte. Enfin, les activités de transport et de transposition désignent les déplacements, les manipulations et les comparaisons qu'effectuera la personne afin de reconnaître les stimuli et de les différencier. Ces activités permettent de réduire les erreurs perceptives grâce à la décentration, c'est-à-dire la coordination entre des points de vue différents, qu'elles rendent possible. Un exemple de la décentration est l'empathie, une compétence importante pour l'établissement de relations positives.

Les activités d'anticipation

En tant que plan d'actions, le schéma prédispose la personne à agir, à réagir ou à interagir selon son style habituel. Les activités d'anticipation qui en découlent permettent à la personne de se préparer, d'éviter les expériences inutiles ou l'exposition à des expériences désagréables (Guillaume, 1969). Cela représente un intérêt vital pour l'existence de la personne. La reconnaissance qui résulte des activités d'anticipation a également une fonction de signalisation pour la mise en activité des structures opératives responsables de la configuration du schéma perceptuel.

Le schéma remplit donc deux fonctions principales : une fonction de codage et de représentation et une fonction d'interprétation et d'inférence. La première permet à la personne d'acquérir de l'information concernant son milieu et de la représenter dans sa mémoire à court terme ; la seconde, de faire des hypothèses sur son milieu une fois qu'elle en a saisi la signification (Taylor et Crocker, 1981).

La perception dépend de la sensibilité de la personne, de son niveau de vigilance et de son état émotif ; la perception est également influencée par le type de personnalité et par les attentes de la personne. De plus, elle est limitée par son habileté à percevoir les phénomènes et par son expérience passée. Les mécanismes qu'elle met en œuvre sont automatiques et requièrent peu d'efforts mentaux. Cependant, cela devient fort différent dans les situations qui ne sont pas familières à la personne. Ainsi, un texte qui présente des notions familières, écrit dans un langage qu'on maîtrise, exige peu d'efforts d'attention pour être compris. Il en va tout autrement avec un texte qui présente des notions inconnues, dans un langage peu familier ; dans ce cas, la personne se trouvera obligée de fournir des efforts d'interprétation et de compréhension pour le lire. Les comportements qu'elle adoptera à l'égard du texte seront alors le produit des activités de l'intelligence.

La cognition, les structures opératives et les opérations mentales

Piaget (1975b) emploie l'expression « structures opératives » pour désigner des ensembles d'actions extérieures et intériorisées qui transforment les données perçues en leur imposant leur forme et une valeur.

L'épithète « opérative » désigne les opérations effectuées par le schème d'action (ou le schème mental, ou la cognition) dans le but de trouver le sens des données perçues. Une action extérieure est un agissement de la personne dans le but de comprendre ce qui se passe (ex. : transposition, déplacement, comparaison), alors qu'une action intériorisée précède ou atteint l'opération (ex. : addition, soustraction, inversion, etc.). Les notions et les concepts peuvent être considérés comme des structures opératives.

En tant que structure opérative, le schème d'action fait appel à la connaissance qu'a la personne de l'objet perçu ainsi qu'aux relations possibles entre ses éléments. Le schème d'action permet à la personne de reconnaître rapidement l'objet et de saisir d'emblée sa forme et son contenu (Piaget, 1975b ; Taylor et Crocker, 1981).

Le schème d'action engendre des hypothèses relatives à l'objet perçu, suggérant par le fait même des moyens pour l'interpréter et pour l'enrichir. Il ajoute à la configuration perceptive de l'objet l'information manquante ou des éléments nouveaux et y introduit des corrections qui sont très caractéristiques de la personne (Piaget, 1975b ; Taylor et Crocker, 1981). C'est le principe de la « bonne forme » : la forme perçue est la plus simple et la plus régulière de toutes les formes qui étaient possibles dans la situation donnée. En un sens, comme l'explique Guillaume (1969), l'œuvre de l'intelligence est de trouver la forme naturelle, normale, la mieux organisée, la plus stable dans les données sensorielles en corrigeant les irrégularités et en transformant la forme perçue jusqu'à ce qu'elle atteigne un point d'équilibre.

Les cognitions sociales

En psychologie sociale, on utilise la notion de schéma social, c'est-à-dire des constructions relatives aux personnes et à leurs relations. Taylor et Crocker (1981) mentionnent trois catégories générales de tels schémas : la première regroupe les schémas concernant les personnes ; la deuxième, les rôles ; et la troisième, les événements. Pelletier et Vallerand (1994) en ajoutent une quatrième, celle des schémas concernant le soi ou le concept de soi. Le recours à de tels schémas permet de connaître rapidement et facilement les gens et les contextes sociaux. Les cognitions sociales facilitent aussi le développement des habiletés à percevoir les autres, à prévoir ce qui peut arriver dans un contexte social donné et à comprendre les attitudes et les comportements d'autrui.

La catégorie des *schémas de personnes* inclut les prototypes et les traits qu'on peut attribuer à un ensemble de personnes, comme l'internalité ou l'externalité, la confiance ou la méfiance, l'extraversion ou l'introversion, etc. Cette classe de schémas comprend aussi les impressions qu'on a d'un individu en particulier, les attributs qu'on lui donne, les capacités et les dispositions qu'on lui prête.

La catégorie des *schémas de rôles* concerne les comportements auxquels on s'attend des personnes, compte tenu de leur statut et du milieu. Elle regroupe les idées qu'on se fait à propos d'emplois ou de professions précises comme professeur, comptable et délégué syndical. Elle comprend aussi les rôles sociaux tels que parent, ami, étranger, personne âgée, jeune. Enfin, c'est dans cette classe que se trouvent les stéréotypes, c'est-à-dire des caractéristiques attribuées à un ensemble de personnes, qui les font ainsi paraître toutes semblables en dépit de leurs différences réelles. Les exemples de stéréotypes sont nombreux : les Noirs, les femmes, les patrons, les employés, les assistés sociaux, les Anglais, les Français, les Arabes, etc.

La catégorie des *schémas d'événements* comprend les idées qu'on se fait de certaines situations et du genre de scénario qui devrait s'y produire. Elle inclut des événements particuliers comme la fête nationale, les cinq à sept et les réunions de service. On y trouve aussi les activités routinières (ex. : le travail et les courses) ainsi que les événements qui ont marqué l'histoire personnelle (ex. : l'obtention d'un diplôme, une promotion, un succès, une faillite, etc.).

La catégorie des *schémas de soi,* qu'on appelle généralement le concept de soi, comprend l'ensemble des idées que nous avons sur nous-mêmes, ce qui nous confère notre identité, et en fonction duquel nous agissons. L'Écuyer (1994) a déterminé les dimensions « expérientielles » du concept de soi : le soi matériel (somatique et possessif), le soi personnel (image de soi et identité), le soi adaptatif (valeur et activités), le soi social (préoccupations, attitudes sociales et sexualité) et le soi non-soi (autrui et opinion des autres sur soi). Le concept que la personne a d'elle-même inclut ces dimensions et sert à organiser ses attitudes et ses conduites.

D'après Taylor et Crocker (1981), les cognitions sociales nous aident à reconnaître et à interpréter rapidement le sens de nos rencontres avec les autres. Comme ils appartiennent également à l'espèce cognitive, les schémas sociaux possèdent les mêmes propriétés que les structures opératives. Ils ont des contenus spécifiques, structurés par des règles telles que l'équilibre, la réciprocité et la causalité, et leur organisation hiérarchique résulte de leurs relations et de leurs nombreuses possibilités de combinaison (Taylor et Crocker, 1981).

Les opérations mentales

L'intelligence, c'est l'ensemble des activités d'adaptation de la personne à son milieu ayant pour but l'actualisation de son potentiel. Pour Piaget (1975a), l'adaptation est un problème d'équilibre, en particulier d'équilibre entre la différenciation et l'intégration. Comme nous l'avons vu dans le chapitre 1, le développement de la personne oscille entre sa différenciation, c'est-à-dire son individuation dans son milieu, et son intégration, c'est-à-dire sa socialisation. Une personne trop différenciée risque d'être marginalisée par son groupe d'appartenance tout autant qu'une personne trop intégrée risque de perdre son identité dans le groupe. Du point de vue cognitif, la différenciation correspond au processus d'assimilation et l'intégration, au processus d'accommodation. D'après Piaget (1975a), tout schème d'action met en œuvre ces deux processus. En d'autres termes, tout schème d'action est un schème d'assimilation qui doit s'accommoder aux nouvelles données provenant de l'expérience de la personne pour conserver son équilibre. Ces deux opérations, à savoir l'assimilation et l'accommodation, sont complexes ; nous tenterons de les expliquer et de les illustrer ci-après.

Piaget (1975a) pose deux postulats. Le premier concerne la tendance du schème d'action à intégrer de l'information extérieure, à savoir la direction des conduites exploratoires et de la prise d'information : « Tout schème d'assimilation tend à s'alimenter, c'est-à-dire à s'incorporer (*sic*) les éléments extérieurs à lui et compatibles avec sa nature » (p. 13). Le second postulat indique la nécessité d'adapter le schème d'action aux éléments extérieurs, à savoir la modification du schème en même temps qu'il assimile l'information :

> Tout schème d'assimilation est obligé de s'accommoder aux éléments qu'il assimile, c'est-à-dire de se modifier en fonction de leurs particularités, mais sans perdre pour autant de sa continuité [...], ni ses pouvoirs antérieurs d'assimilation (p. 13).

Cette tendance à incorporer des éléments extérieurs (assimilation) et cette nécessité de tenir compte de leurs caractéristiques pour les assimiler (accommodation) impliquent un déséquilibre du schème d'action et, par conséquent, la recherche de l'équilibre, c'est-à-dire l'équilibration de la structure.

L'équilibration est alors permise par des cycles fonctionnels d'assimilation et d'accommodation (Piaget, 1975a). La figure 2.8 présente une lemniscate illustrant les rapports entre les processus d'assimilation et d'accommodation ainsi que le problème général d'équilibration des schèmes d'action.

Comme le montre cette figure, la structure est en équilibre (elle est relativement stable) au point indiqué par un +, auquel correspond également un déséquilibre minimal (indiqué par un –). Imaginons qu'il survient un événement qui active la

FIGURE 2.8 *L'assimilation, l'accommodation et l'équilibration des schèmes d'action*

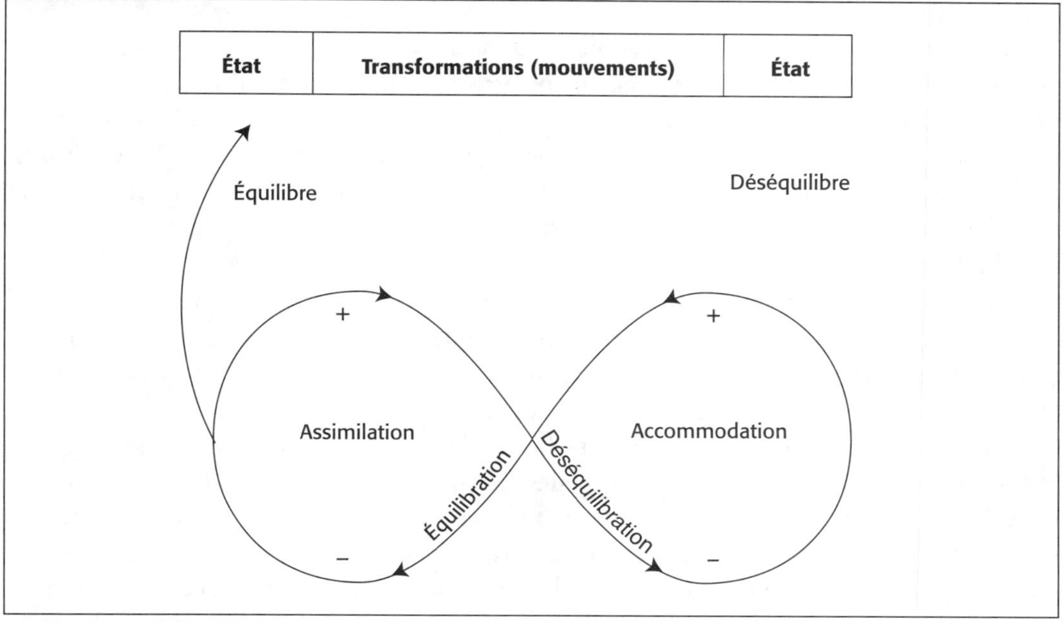

Source : Dolle (1987, p. 100).

structure : comme elle a tendance à intégrer les éléments compatibles avec elle, la structure va tenter de l'assimiler, ce qui entraînera un déséquilibre (par la déséquilibration de la structure), que le processus d'accommodation tentera de rétablir. L'accommodation vise à adapter l'organisation des éléments et des relations qui forment la structure de sorte qu'elle puisse retrouver une certaine cohérence et stabilité, ou un certain équilibre (par l'équilibration de la structure).

Selon Piaget (1975a), les déséquilibres proviennent de deux sources : 1) ceux engendrés par la présence ou l'action d'un agent ou d'un facteur de l'environnement, donnant lieu à des inadéquations ou à des inadaptations de la structure (ex. : une information inconsistante, une situation inconnue, etc.) ; et 2) ceux qui découlent des incohérences, des contradictions ou des dysfonctions de la structure elle-même. Les dysfonctions de la structure sont engendrées soit par la dissonance cognitive ou les insuffisances de la structure (ex. : la méconnaissance d'un phénomène) ou par la rigidité de la structure elle-même, résultant de la tendance de la structure à se stabiliser, c'est-à-dire à atteindre un état d'équilibre dit assuré. En d'autres termes, les déséquilibres proviennent non seulement de l'interaction de la structure avec les données sensorielles, mais aussi de la structure elle-même.

Du déséquilibre naît le dynamisme nécessaire aux activités et aux conduites de l'individu, dans la mesure où il y puise les motifs de ses actions dans son milieu. D'ordinaire, le déséquilibre produit demeure local et partiel. En effet, les déséquilibres apparaissent dans des contextes interactifs locaux et partiels, ne concernant bien souvent qu'un certain nombre de conduites de la personne. Ils n'ont pas, sauf exception, valeur de remise en cause de l'ensemble de ses activités ou de sa personnalité.

Un schème d'action étant à la fois un système ouvert (en raison de ses activités avec la perception) et fermé (en raison du principe de la bonne forme), l'équilibration peut donner lieu soit au retour à l'état antérieur au déséquilibre (conservation de la structure), soit à l'instauration d'un nouvel état (transformation de la structure). Pour qu'ils soient porteurs de transformation, les déséquilibres doivent entraîner des dépassements de la structure, établissant un équilibre meilleur qu'avant, ce qu'on appelle l'équilibration majorante.

Prenons par exemple le cas d'une personne qui tente d'envoyer un courriel à un collègue. Employant la procédure habituelle, elle active le logiciel de courrier électronique, clique sur l'icône « créer un nouveau message », rédige son message, et clique sur l'icône « envoyer/recevoir ». Quelques instants plus tard, elle reçoit du serveur un message d'erreur. Qu'aura-t-elle tendance à faire ? Reprendre la procédure habituelle, en faisant attention à ce qu'elle fait : il s'agit là d'une équilibration simple. Que fera-t-elle si elle reçoit à nouveau un message d'erreur ? Plusieurs hypothèses sont possibles : soit elle reprend la procédure, soit elle lit attentivement le message d'erreur pour revoir la procédure, soit elle demande de l'aide, soit elle laisse tomber et prend le téléphone, etc. Toutes ces conduites sont autant de manières différentes d'essayer de résoudre le problème et d'envoyer le message à son collègue. En termes psychologiques, ce sont là des équilibrations simples.

L'équilibration simple vise essentiellement à conserver la structure originale ; elle procède soit par la correction des éléments ou des relations qui forment la structure ou par la compensation des perturbations causées par les éléments étrangers.

Par exemple, imaginons un carré constitué de neuf points, qu'il s'agit de relier en se servant de lignes droites continues.

Pour résoudre ce problème, plusieurs solutions sont possibles, et aucune ne remet en cause la forme du problème ni la tâche à accomplir. Considérons maintenant le problème suivant. Imaginons le même carré de neuf points, qu'il s'agit de relier cette fois à l'aide de quatre lignes droites, sans soulever le crayon.

Ce problème est classique ; il vise à faire prendre conscience d'un autre type d'équilibration, l'équilibration majorante. La solution nécessite le dépassement de la structure. L'équilibration majorante procède par la production de nouveaux schèmes d'action ou par la transformation de la structure actuelle, impliquant son dépassement. Dans ce cas, il y a émergence de nouvelles significations ou mise en œuvre de nouvelles procédures ou de solutions plus appropriées à la situation.

Dans le cas où l'équilibration reproduit l'état antérieur, le système procède à des actions correctives ou compensatrices des effets perturbateurs, permettant de conserver intacte sa structure. Dans le cas inverse, le système est pris dans une impasse dont il ne peut sortir qu'en modifiant sa structure en fonction des paramètres des nouveaux éléments, en donnant un sens nouveau aux déséquilibres et à sa structure (c'est-à-dire en changeant le cadre de référence) ou en mettant en œuvre des procédures mieux adaptées à son milieu (c'est-à-dire en appliquant de nouvelles solutions). De telles opérations visent, dans les deux cas, non seulement l'équilibre de la structure, mais aussi l'accroissement de la complexité de l'ensemble, signifiant chez l'être humain la création de nouvelles relations et de nouveaux instruments de pensée, comme l'indique Piaget (1975a), qui augmenteront les capacités d'adaptation et d'individuation de la personne.

Dans cette section, nous avons tenté de comprendre les relations entre l'intention, l'action et l'expérience consciente de la personne, ces relations ne pouvant être comprises sans prendre en considération les transformations opérées par une structure mentale issue de l'intelligence. L'approche utilisée pour étudier la perception et les phénomènes de la conscience reconnaît la téléonomie du comportement, toute action de la personne présupposant une intention qui l'oriente vers un but. Elle reconnaît également la créativité de la personne, permise par les activités de cette structure mentale qui organise et transforme les données de l'expérience consciente (les données perceptives) en une synthèse originale, guidant le choix de ses comportements.

Dans ce contexte, la perception constitue un acte d'exploration et d'enregistrement des données sensorielles dont la fonction essentielle est d'alimenter les structures mentales d'éléments nouveaux. Parce que les schèmes d'action sont naturellement réceptifs à ces éléments nouveaux, leur assimilation va produire un déséquilibre qui sera rétabli par des transformations ; les structures mentales sont obligées de s'accommoder des nouveaux paramètres pour retrouver un état d'équilibre. Toutefois, ce nouvel équilibre est meilleur que l'ancien, d'où l'expression d'équilibration majorante (Piaget, 1975a).

Les structures opératives guident la perception grâce aux attentes qu'elles produisent. Ces attentes ont des répercussions sur les sentiments et les comportements de la personne parce qu'elles servent de normes d'évaluation des relations interpersonnelles, des activités comme le travail et des réalisations personnelles. Les structures perceptives, en particulier, peuvent comporter une forte composante affective (Taylor et Crocker, 1981).

Pour tirer un enseignement de cet exposé sur la perception et l'appliquer à un cadre professionnel, nous devons d'abord reconnaître la richesse de notre sensibilité, qui nous « informe » sur nos besoins et nos émotions (par l'entremise des intérocepteurs) et sur le milieu extérieur (par l'entremise des propriocepteurs et des extérocepteurs). Sans notre sensibilité, nous ne saurions agir de façon adaptée à notre milieu, ne pouvant reconnaître ni nos besoins ni les moyens de les satisfaire.

Il faut ensuite considérer l'importance de la perception en tant qu'agent de liaison entre les stimuli et leur signification. La perception permet l'exploration et la sélection des données sensorielles et leur codage dans un format compatible avec une structure qui leur imposera un sens. Toutefois, subordonnée à la présence et à la proximité des stimuli et centrée sur des états, la perception donne lieu à toutes sortes d'erreurs. Il importe donc de se rappeler que, les configurations perceptives étant déformées, indéfinies ou mal délimitées, nous ne pouvons pas vraiment nous fier à nos perceptions.

Il s'agit enfin de reconnaître l'avantage indéniable de l'espèce humaine que constitue l'intelligence : il convient donc de s'en servir autant dans le cadre de notre travail que dans nos relations avec les autres.

Les erreurs de perception

La perception comporte plusieurs limites. Toujours liée au champ sensoriel et limitée par les conditions spatio-temporelles, elle est positive et immédiate. Centrée sur des points particuliers du champ sensoriel, individuelle et incommunicable, elle est égocentrique. Guidée par les anticipations et les attentes que lui fournissent les structures opératives, elle est fondamentalement sélective. Enfin, les données qu'elle transmet à ces structures ont une signification, cela est certain, mais celle-ci ne dépasse pas le niveau des indices.

Outre qu'elle est limitée, la perception comporte plusieurs pièges, lesquels sont en fait tendus par ces mêmes structures qui, par ailleurs, lui rendent tant de services : les cognitions. En effet, si les indices conduisent à préférer un schème d'action à un autre, cela implique que toute l'interprétation des données sensorielles dépendra de celui-ci et non des autres. Que se passe-t-il lorsque les indices et le schème d'action ne sont pas cohérents ?

La perception nous met aussi quelquefois dans l'embarras, particulièrement lorsqu'on fait face à l'incertitude, à l'ambiguïté ou à la complexité. Par exemple, il arrive parfois qu'on interprète une situation de façon telle que nos comportements ne sont pas du tout appropriés à la situation (dans le langage populaire, on appelle cela « être déconnecté de la réalité »).

En guidant l'exploration et l'enregistrement des données, les schémas confèrent à la perception son caractère sélectif. S'ils recherchent et autorisent l'assimilation de l'information qui est compatible avec eux, cela suppose qu'ils n'incorporent pas toute l'information contenue dans un champ sensoriel.

Il existe plusieurs erreurs de perception. Certaines relèvent des schémas ou des attributions qui guident les activités perceptives : ce sont les erreurs fondamentales d'attribution et le biais égocentrique. D'autres proviennent des schémas sociaux que sont les stéréotypes : les préjugés, l'effet Pygmalion et l'illusion en sont des produits. Des erreurs de perception sont également engendrées par les impressions que produisent les personnes ou les événements sur soi ; les premières impressions et l'effet de halo sont les erreurs les plus connues. D'autres sources d'erreur sont aussi à signaler : l'effet de contraste et les prophéties autoréalisatrices.

Les erreurs d'attribution

Sources d'hypothèses, d'anticipations, de prévisions, d'attentes, permettant l'exploration et l'enregistrement, les schémas sont source d'erreurs d'attribution. Une attribution est une inférence ou une hypothèse faite par la personne ayant pour fonction l'explication des données observables, des événements ou des comportements (Vallerand et Bouffard, 1985). Plusieurs facteurs servent à expliquer les comportements : les facteurs internes, concernant les dispositions de la personne (son intention, sa motivation, ses habiletés, etc.), et les facteurs externes, concernant la situation où elle se trouve (l'activité qu'elle fait, le contexte, les conditions, etc.). Les attributions permettent de comprendre ce qui se passe grâce aux causes possibles qu'elles mettent en relief et d'améliorer ainsi à la fois la prévision et le contrôle des actions.

Les risques de commettre des erreurs d'attribution sont élevés quand on est incertain des sentiments qu'on devrait ressentir à l'égard des autres ou des événements, dans une situation complexe ou ambiguë, en présence d'informations contradictoires, à la suite d'un échec ou d'événements inattendus.

L'erreur fondamentale d'attribution

Parmi les erreurs d'attribution, l'erreur fondamentale est la plus importante. Celle-ci consiste à accorder plus de poids à des causes internes (dispositions de la personne) qu'à des causes externes (la situation) pour expliquer les comportements d'autrui (Harvey et Weary, 1984 ; Vallerand, 1994). Par exemple, dans le cas du retard d'un employé ou d'un retard dans les délais de production, on est tenté d'attribuer la cause aux dispositions de cet employé (comme son manque de motivation ou d'effort) plutôt qu'aux événements extérieurs (comme les embouteillages ou l'ambiguïté des objectifs).

Le biais égocentrique

Une autre erreur d'attribution, qu'on appelle le biais égocentrique, a pour fonction la protection de l'image de soi et de sa valeur personnelle. Par conséquent, l'individu a tendance à attribuer ses réussites à des dispositions personnelles et ses échecs, à des facteurs externes. Par exemple, dans le cas d'un échec personnel, comme le refus d'une promotion, on est tenté d'attribuer la cause à des facteurs externes (comme l'iniquité du système de promotion ou la forte compétition) plutôt qu'à des facteurs internes (comme le manque de qualifications). On commet cette même erreur, mais dans le sens contraire, quand on réussit quelque chose. On a alors tendance à s'en attribuer le mérite plutôt qu'à expliquer cette réussite par des facteurs externes (comme l'aide d'un collègue ou le soutien d'un supérieur).

Les stéréotypes

Les stéréotypes sont des croyances généralisées sur un groupe de référence, et ils résultent de l'attribution de caractéristiques identiques à n'importe quelle personne associée à ce groupe, sans tenir compte des différences individuelles. Bien que plusieurs se défendent d'en avoir, les stéréotypes sont inévitables, car ils servent essentiellement à structurer de façon économique la perception de soi et d'autrui. En raison de l'uniformisation qu'ils engendrent, les stéréotypes restreignent la capacité d'un individu de connaître vraiment les personnes qu'il rencontre. Les stéréotypes découlent souvent d'un manque d'information ou de l'enregistrement d'information erronée (Aronson, 1976). Les stéréotypes stimulent deux erreurs de perception : les préjugés et l'effet Pygmalion.

Les préjugés

Les stéréotypes donnent lieu à la formation de préjugés. Un préjugé n'est pas forcément négatif ; il peut être aussi positif. Un préjugé est en fait une attitude, positive ou négative, à l'égard d'un groupe. Il implique un jugement avant l'interaction, d'où le préfixe « pré », et un ensemble de généralisations faites à partir d'information fausse ou incomplète. En tant qu'attitude, il implique également une tendance à agir et à réagir de manière cohérente ou conforme aux croyances et à l'affect qu'évoque le groupe cible. Le stéréotype influence dès lors l'attitude adoptée à l'égard d'une personne et d'un groupe (c'est-à-dire le préjugé), qui renforce, à son tour, le stéréotype (Aronson, 1976).

Certaines situations sont propices à la naissance de préjugés. Dans des situations de compétition, particulièrement lorsqu'un groupe démontre plus de force et de pouvoir qu'un autre, le groupe « faible » devient la cible de préjugés (Aronson, 1976). À l'intérieur d'un groupe, il arrive que des tensions se forment. Quand la tension s'élève au point où les membres du groupe ressentent de la frustration et qu'ils ne perçoivent pas de moyens de la réduire, l'agressivité alors produite par cette tension sera détournée de sa source vers la personne la plus vulnérable du groupe. Celle-ci devient le bouc émissaire (Aronson, 1976).

Enfin, dans presque toutes les situations sociales, il existe des normes de conduite qui règlent les relations. Ces normes comportent souvent des préjugés. Pour susciter l'approbation des autres ou pour éviter des ennuis, on a tendance à s'y conformer et, par conséquent, à adopter ces préjugés et ces stéréotypes.

L'effet Pygmalion

Un cas particulier de préjugé est l'effet Pygmalion, qui s'observe sur la performance des personnes dans une situation d'apprentissage ou de production. Dans ces situations, la personne en position d'autorité (soit le professeur ou le superviseur) se fait une image des capacités des personnes qu'elle dirige et porte un jugement sur ces capacités ; ce jugement, qui est en fait un préjugé, conditionne ses attitudes et ses comportements à leur égard, lesquels influent sur leur performance (Eden, 1992). Il s'ensuit qu'un préjugé favorable produit un effet Pygmalion positif (c'est-à-dire une amélioration de la performance) et un préjugé défavorable, un effet négatif.

L'illusion

Une erreur similaire est l'illusion, c'est-à-dire le fait de percevoir des phénomènes qui, en réalité, n'existent pas (Taylor et Crocker, 1981). C'est le cas de l'employeur qui croit que ses employés sont fainéants et motivés seulement par les gains. Peu importe les véritables dispositions des employés, il s'entêtera à les percevoir ainsi et adoptera des conduites à leur endroit qui renforceront ses fausses croyances. L'effet Pygmalion qui risque de se produire renforcera également ses fausses croyances.

Les impressions

Les impressions sont des idées et des sentiments qui naissent au contact avec autrui. Comme les stéréotypes, il faut savoir les reconnaître, car nous avons tendance à nous y fier, surtout en ce qui concerne les premières impressions. Fondées sur un minimum d'informations concernant une personne, nos impressions sont durables parce qu'elles sont en soi des inférences qui amorcent et orientent l'acte de perception. Cependant, on dit souvent qu'elles ne trompent pas. En réalité, cette affirmation est fausse parce que les premières impressions sont justement produites à partir de trop peu d'information et soumises non seulement aux stéréotypes, mais aussi à des mécanismes de défense comme la projection et la négation. La projection consiste à se libérer de certaines dispositions, perceptions ou émotions pénibles ou intolérables en les attribuant à autrui. La négation consiste à ne pas reconnaître les données réelles, même si elles sont évidentes.

Les premières impressions

Comme leur nom l'indique, les premières impressions sont les impressions qui naissent au premier contact avec autrui et qui se fondent en grande partie sur des stéréotypes et les sentiments qu'évoque la première rencontre.

Asch (1952) a trouvé que certaines caractéristiques paraissaient plus importantes que d'autres pour déterminer la perception de la personne. Des attributs comme chaleureux et froid semblent avoir des effets plus déterminants sur les impressions que des attributs comme poli et brusque. De plus, les stimuli présentés en premier auraient plus d'effet sur les impressions que ceux qui sont présentés en dernier, d'où la croyance dans les premières impressions. Mais, en fait, on a aussi trouvé que les stimuli présentés en dernier pouvaient avoir un effet de récence : l'individu se souvient mieux des dernières impressions que des premières.

Selon l'hypothèse de Laing, la première impression donnée par une personne serait le produit de l'image de la personne (son apparence, ses attitudes, ses comportements), des attributions faites à propos de cette personne (stéréotypes et autres croyances) et des images projetées sur elle (inconscient). Ainsi, la perception qu'on a d'une personne, au premier contact, est essentiellement basée sur des hypothèses, d'où l'importance de garder l'esprit ouvert et de faire preuve d'empathie à son égard.

L'effet de halo

L'effet de halo est un cas particulier de la formation des impressions qui agit sur le jugement de la personne. Il consiste en la surestimation des associations entre des caractéristiques personnelles, entraînant une distorsion dans la perception. Par exemple, Brunswik (1956) a trouvé une forte relation entre le fait de trouver quelqu'un aimable et l'intelligence qu'on attribue à cette personne. L'effet de halo est particulièrement notable dans les situations où des personnes sont évaluées, telles les entrevues de sélection ou d'évaluation de rendement.

D'autres erreurs de perception

Il existe d'autres erreurs de perception qui ont des répercussions parfois désastreuses sur la qualité des relations professionnelles. Deux de ces types d'erreurs méritent d'être reconnus : il s'agit de l'effet de contraste et des prophéties autoréalisantes.

L'effet de contraste

L'effet de contraste est un effet perceptif de renforcement produit par l'opposition entre des personnes, des choses ou des situations qui sont présentées simultanément ou successivement. Il a pour conséquence de faire ressortir les différences, voire les oppositions et les contraires, ce qui risque d'entraîner des distorsions et des erreurs de jugement. En particulier, l'effet de contraste peut engendrer des prises de position pour la personne ou la situation à laquelle l'individu s'identifie et contre la personne ou la situation opposée.

Il existe des moyens de maîtriser ces biais perceptifs, à commencer par le développement des structures figuratives. Les erreurs commises par la perception sont corrigées par les actions et les opérations des structures mentales, lesquelles se développent à leur tour suivant un processus de dépassement et de stabilisation (équilibration majorante) à partir, justement, des erreurs perceptives. La perception joue donc un rôle essentiel dans le développement de l'intelligence.

Les prophéties autoréalisatrices

Une prophétie autoréalisatrice (*self-fulfilling prophecy*) est une définition d'abord erronée d'une situation qui provoque un comportement qui, une fois émis, fait en sorte que la définition erronée devient vraisemblable, voire réelle (Merton, 1948).

Cela signifie que, si l'on considère une situation comme réelle, celle-ci risque effectivement de le devenir dans ses conséquences. Pensons notamment à l'étudiant qui se convainc qu'il échouera à son examen final et qui finit réellement par échouer du fait qu'il a passé plus de temps à anticiper son échec qu'à étudier. Cela dit, nous pouvons seulement parler de prophéties autoréalisatrices dans la mesure où des croyances ont réellement influencé la réalité. Si un événement est appelé à se produire indépendamment des comportements que peuvent adopter des individus, il n'y a pas lieu de parler de prophéties autoréalisatrices (ex. : Le soleil se lève tous les matins, peu importe nos prédictions ; tous les êtres humains finissent un jour par mourir, que nous le voulions ou non).

L'effet Pygmalion, décrit précédemment, constitue une forme particulière de prophéties autoréalisatrices puisqu'il concerne la prédiction d'un certain niveau de performance chez un individu. Comparativement à l'effet Pygmalion, la prophétie autoréalisatrice ne se limite pas aux comportements individuels et peut s'appliquer aux événements. À cet égard, Staszak (1999) rapporte le cas d'une pénurie d'essence en Californie survenue en 1979 et qui a probablement été provoquée par les croyances des citoyens. Étant convaincus qu'une pénurie d'essence était imminente, les Californiens se sont dépêchés de faire le plein dans les stations-service de la région, ce qui a eu pour conséquence d'épuiser les réserves d'essence et de provoquer la pénurie anticipée. Cette pénurie aurait pu être évitée si les citoyens ne s'étaient pas montrés aussi empressés de faire le plein.

Le phénomène des prophéties autoréalisatrices nous amène à nous questionner quant à l'influence des personnes qui se prononcent sur une situation à titre d'experts. En fait, il devient difficile de départager la part de leur prédiction qui relève effectivement de leurs connaissances d'un domaine particulier et celle qui est attribuable au phénomène de la prophétie autoréalisatrice. À cet effet, Ferraro et autres (2005) expliquent comment des théories, que ce soit en économie ou autres sciences sociales, peuvent exercer une influence subtile, quoique puissante, sur les croyances et les comportements des travailleurs dans les organisations et, ainsi, forger la culture et l'histoire organisationnelle.

L'application de la psychologie de la perception : l'empathie

Selon Bloch et autres (2002), l'empathie correspond à « un mode de connaissance intuitive d'autrui, qui repose sur la capacité de partager et même d'éprouver les sentiments de l'autre » (p. 426). L'empathie est une faculté différente de la sympathie, qui caractérise plutôt un sentiment de bienveillance et de compassion à l'égard d'autrui, impliquant la participation à sa souffrance. L'empathie se distingue également de l'*insight,* qui désigne la compréhension soudaine de la nature d'une figure, d'un objet ou d'un sujet. Comme l'indique sa définition, l'empathie est un mode de connaissance intuitive d'autrui ; elle fait donc appel à l'intuition.

L'avantage de l'empathie est d'abord apparu dans les pratiques thérapeutiques, où on s'est rendu compte qu'il était bien utile de pouvoir comprendre le point de vue d'une personne, surtout lorsque celle-ci est difficile à comprendre et qu'elle présente des comportements étranges. Avec la popularité grandissante des approches humanistes dans les organisations, l'empathie est devenue pour ainsi dire un outil de gestion fort utile également aux personnes chargées de résoudre des problèmes et de prendre des décisions de concert avec d'autres. L'empathie est une habileté qui s'apprend, dans la mesure où la personne est disposée à l'apprendre (Rogers, 1980).

L'apprentissage de l'empathie exige des qualités personnelles, propres à une personnalité confiante (Rogers, 1980). Parce que l'empathie suppose que la personne doit faire comme si elle était l'autre, cela implique qu'elle se sente suffisamment en sécurité, suffisamment stable, pour adopter une position qui lui paraît inhabituelle ou étrange. Une personne qui éprouve de la sécurité interne se sent libre dans ses relations avec l'autre et disposée à accepter des points de vue différents.

D'après Rogers (1947), une première qualité est la congruence de la personne, c'est-à-dire le degré d'accord ou de consistance interne entre son expérience, sa représentation consciente de cette expérience (la métaconscience), l'image de soi (le concept de soi) et l'expression de cette expérience (ses attitudes et ses comportements). L'état d'accord interne permet à la personne de percevoir les comportements de l'autre d'une façon correcte et différenciée et améliore sa capacité à éprouver une compréhension empathique du cadre de référence de l'autre.

Rogers (1947) a énoncé une loi des relations humaines :

> Quand il existe entre deux parties un désir mutuel d'entrer en contact et de s'engager dans un processus de communication, nous pouvons affirmer que plus l'expérience, la perception et le comportement de l'une des parties réalisent un degré élevé d'accord, plus la relation sera caractérisée par :
>
> - une tendance à la communication réciproque caractérisée par les mêmes propriétés ;
> - une compréhension mutuelle plus correcte de l'objet de la communication ;
> - un fonctionnement psychologique meilleur, de part et d'autre ; un accroissement de la satisfaction procurée par la relation (p. 246-247).

Une autre qualité personnelle nécessaire pour établir le contact avec l'autre, et ce, dans le but de comprendre son point de vue, est l'ouverture à l'expérience. L'ouverture a pour fonction d'établir la sécurité interne nécessaire à l'établissement du contact. C'est une attitude qui se caractérise par une manière spontanée, non sélective et non directive d'explorer l'expérience, par la disposition et la capacité de s'engager dans une voie sans devoir vérifier si elle représente ou non des difficultés.

L'ouverture implique la reconnaissance et la tolérance des différences ainsi que la compréhension de l'expérience vécue par l'autre. Certaines caractéristiques personnelles facilitent l'ouverture à l'expérience telles que la disposition à apprendre de l'expérience de l'autre et la capacité de réagir d'une façon flexible et dynamique.

L'ouverture à l'expérience suppose aussi la capacité de suspendre son jugement un certain temps, en vue de saisir pleinement la signification du point de vue de l'autre. En phénoménologie, cette capacité correspond à la règle de l'époché (Mucchielli, 1983). Le mot « époché », traduit du grec, signifie littéralement « interruption ». Ce terme, qui désignait la suspension du jugement chez les sceptiques grecs, reproduit une métaphore dans leur langue (une époque, c'est proprement un « arrêt », une suspension dans le cours du temps). Le mot a été repris par Husserl (1962) pour désigner la phase de la réduction phénoménologique qui consiste à « mettre hors jeu », à « mettre entre parenthèses » tout jugement existentiel sur les objets (et même sur les sujets en tant que parties du monde), de manière à faire « saillir » la pure conscience irréductible qui porte ce jugement ou le suspend. Cette attitude d'ouverture est perceptible par autrui et l'engage à exprimer librement sa pensée, sans crainte d'être mal perçu et mal jugé. L'ouverture permet d'élargir le champ psychologique et de l'approfondir. Elle facilite la compréhension de l'expérience d'autrui, c'est-à-dire l'appréhension synthétique de son point de vue, dans son contexte, ici et maintenant.

Contrairement à ce qu'on pourrait croire, la capacité empathique ne semble pas être déterminée par la performance intellectuelle ni par l'expérience, bien que ces dernières ne nuisent pas. En d'autres termes, il n'est pas nécessaire d'être brillant ni expert pour comprendre les autres empathiquement (Rogers, 1980). La capacité empathique dépend toutefois des attitudes de la personne envers elle-même et envers les autres.

L'empathie consiste en la représentation correcte du cadre de référence d'autrui, avec les harmoniques subjectives et les valeurs personnelles qui s'y rattachent. La capacité empathique suppose que le sujet peut percevoir une situation et éprouver un sentiment comme s'il était l'autre, sans jamais oublier qu'il s'agit bel et bien de l'expérience de l'autre (Rogers, 1947).

Cette capacité semble pouvoir s'améliorer avec l'âge, mais varie peu à l'âge adulte. Il ne s'agit donc pas de cette fameuse sagesse qu'on acquiert avec les ans. Les différences sexuelles y interviendraient peu, bien que les femmes paraissent avoir plus de facilité à percevoir correctement les expériences d'autrui. Cette capacité serait par contre étroitement associée à la personnalité, en particulier à la stabilité émotionnelle de la personne (Massarik et Wechsler, 1984).

La compréhension empathique

La compréhension empathique suppose la capacité d'adopter le point de vue de l'autre, de se décentrer. La décentration permet de réduire l'égocentrisme de la perception en prenant du recul ou de la distance par rapport à son propre point de vue, en mettant en suspens ses jugements pour un certain temps, afin d'adopter un autre point de vue, un point de vue étranger, celui de l'autre. En pratique, il s'agit d'écouter pour comprendre la signification la plus entière possible du message, à savoir son contenu informatif et affectif. Il faut demeurer attentif à tous les signes, verbaux et non verbaux. Il faut s'interroger constamment: Qu'est-ce qu'il essaie de me dire? Qu'est-ce que cela signifie pour lui? Comment perçoit-il la situation? Savoir reconnaître le type psychologique de la personne peut aider, car la connaissance de ses préférences de perception et de jugement facilite les activités de communication.

Berger (1987) décrit les principes de l'empathie. Il faut encourager la personne à expliciter son point de vue, car le seul fait de l'énoncer ne permettra pas de le faire comprendre. Il faut aussi rester attentif aux signes verbaux et non verbaux, porteurs de significations implicites ou cachées. Il faut en outre se sentir tout aussi libre d'adopter parfois un point de vue externe ou d'expert afin de faire progresser l'exploration que d'adopter le point de vue de la personne afin de l'aider à le comprendre et à le dépasser. Il faut enfin être capable de reconnaître les images que la personne projette sur soi (le transfert) de même que les images qu'on projette sur elle (le contre-transfert) afin de mieux comprendre la dynamique de la relation et les *patterns* psychiques qui peuvent s'établir.

Quand un individu se sent écouté de cette façon, avec autant de considération, il a tendance à s'écouter avec plus d'attention et à clarifier ses idées et ses sentiments. Parce que l'écoute active tend à réduire le sentiment de menace engendré par la perception de l'esprit critique de l'autre, la capacité de percevoir son expérience et celle de l'autre s'améliore et chacun éprouve un sentiment de valeur personnelle.

L'empathie fait appel à plusieurs techniques d'écoute et de communication qui ont fait leurs preuves et qui peuvent être apprises pour favoriser le développement de relations positives et pour encourager l'ouverture et l'honnêteté nécessaires à la résolution de problèmes. Par exemple, pour encourager une personne à exprimer ce qu'elle pense ou ressent, les techniques suivantes peuvent être employées: l'écho, la relance, le silence attentif, la question, un geste ou une parole, le reflet. L'écho, le geste ou la parole (ex.: hum hum) sont des techniques à utiliser avec parcimonie, car elles ont tendance à irriter. Le silence attentif est une technique efficace, mais anxiogène. Savoir questionner est un art, car les questions doivent inviter de manière respectueuse à exprimer et explorer des contenus implicites, inconscients ou cachés. Enfin, le reflet est une technique très efficace pour clarifier la pensée et reconnaître la valeur ou l'importance de l'opinion de l'autre.

Pour faciliter la compréhension de l'expérience de la personne, plusieurs techniques sont utiles: la reformulation, la synthèse, l'exploration, l'élucidation, la clarification et la confrontation en sont des exemples. La reformulation, une technique très efficace, est clairement illustrée dans le texte classique de Rogers et Farson, présenté à la fin du chapitre 6. La synthèse est utile pour faire le point sur un ensemble d'idées émises avant de passer à un autre ensemble d'idées. L'exploration, l'élucidation et la clarification sont des techniques utiles pour examiner différents aspects de ce qui a été exprimé, de façon explicite ou implicite, en les rendant de plus en plus clairs non seulement aux yeux de la personne, mais aussi pour soi. Enfin, la confrontation est une technique à utiliser aussi avec parcimonie, car elle a tendance à stimuler des défenses étant donné qu'elle consiste à mettre en présence deux ou plusieurs idées émises, en apparence antagonistes, en vue d'en découvrir le sens.

Manifester de l'empathie n'est pas une façon d'apparaître comme une « bonne personne ». Cela exige un effort conscient, de la pratique et la volonté d'améliorer sa façon d'être (Rogers, 1980). L'empathie requiert l'exercice de toutes les fonctions psychologiques décrites dans le chapitre précédent. Elle se développera de différentes façons, selon les types de personnalité : ainsi, le type « pensée » devra renforcer sa capacité d'apprécier la valeur des autres personnes ; le type « sentiment » devra améliorer sa compétence et sa confiance dans le domaine de la critique ; le type « intuition » devra apprendre à vivre ici et maintenant ; et le type « sensation » devra apprendre à s'ouvrir au monde imaginaire.

Texte classique

L'interaction et l'inter-expérience dans les dyades[1]

Dans le cadre d'une science qui s'intéresse aux personnes, on reconnaît comme axiomatiques les deux énoncés suivants :

- le comportement est fonction de l'expérience ;
- l'expérience et le comportement sont toujours reliés à quelqu'un ou à quelque chose d'autre que soi.

Le schéma le plus simple du comportement d'un individu doit inclure, à tout le moins, deux personnes et une situation commune. Il faut, en outre, y rendre compte non seulement de leur interaction, mais aussi de leur interexpérience.

Ainsi,

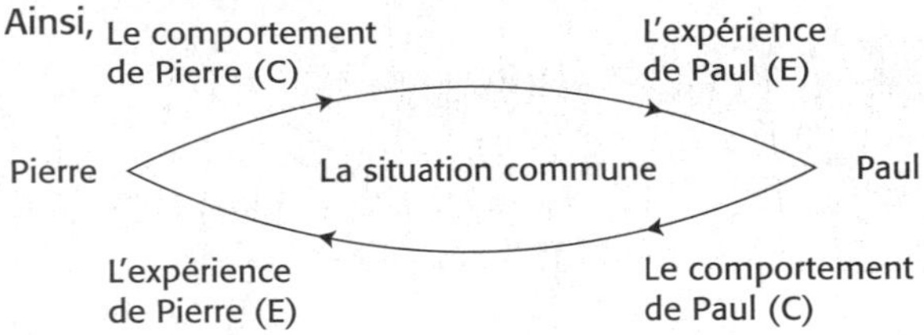

Suivant ce schéma, le comportement de Pierre à l'égard de Paul est, en partie, fonction de l'expérience que Pierre a de Paul. Or, cette dernière repose dans une certaine mesure sur le comportement de Paul envers Pierre, lequel dépend partiellement à son tour de l'expérience que Paul a de Pierre, qui est en partie déterminée par le comportement de Paul à son égard. On ne peut donc assimiler le comportement de Pierre envers Paul, et celui de Paul à son égard, exclusivement à un schème d'intercomportement (et encore moins à un quelconque schème intrapersonnel) si Pierre et Paul sont des personnes axiomatiques. En effet, quand il s'agit de personnes, le comportement de l'une envers l'autre est influencé par l'expérience qu'elles possèdent l'une de l'autre, tout comme cette expérience est influencée par le comportement de chacune d'entre elles.

La transformation du comportement de Paul en l'expérience de Pierre fait intervenir toutes les structures de perception constitutionnelles et culturellement déterminées que Pierre a apprises, et qui contribuent à la manière dont il se représente ce qui l'entoure. Or, une bonne part de cet apprentissage n'a jamais fait l'objet d'une réflexion consciente. Dans une mesure beaucoup plus grande que la plupart d'entre nous ne le pensent, et que chacun d'entre nous ne souhaite le croire, nous sommes « programmés » comme des ordinateurs pour traiter les données d'une manière précise à leur entrée. Les instructions en cause s'accompagnent fréquemment de métadirectives qui nous empêchent d'en avoir conscience. Il s'agit là d'un élément qui ajoute à la difficulté, souvent appréciable, que présente pour beaucoup de gens l'exploration consciente de leur propre « programmation ».

Si chacun d'entre nous possède un ensemble de critères sur lesquels il se base pour juger certains gestes affectueux et tendres, ou malveillants et brutaux, ce qui apparaît comme une manifestation d'affection à certains peut sembler un geste malveillant pour d'autres. Il se peut ainsi qu'une femme soit charmée par un prétendant qui a une attitude d'homme des cavernes, et qu'une autre le trouve répugnant en raison même de ce comportement. La femme qui juge affectueuse une attitude d'homme des cavernes pourrait, à l'inverse, interpréter des avances subtiles comme une manifestation de faiblesse, tandis qu'une autre y verra peut-être le signe d'une âme sensible. Le comportement en lui-même ne débouche donc pas directement sur l'expérience. Il doit, en effet, être perçu et interprété selon un ensemble quelconque de critères. Bien que la plus grande partie du présent ouvrage ne porte pas explicitement sur ces variables intermédiaires, cela ne veut pas dire que nous ne leur accordons qu'une importance secondaire à l'intérieur d'une théorie d'ensemble des systèmes interpersonnels.

Pour que le comportement d'autrui devienne partie intégrante de l'expérience que possède un individu, ce dernier doit le percevoir. Or, cette perception même entraîne une interprétation. Tout être humain apprend à structurer ses perceptions, en particulier au sein de sa famille, en un sous-système qui interagit avec

1. Source : Tiré de Laing et autres (1966, p. 12-29).

sa sous-culture contextuelle, les institutions qui s'y rattachent et son milieu culturel d'ensemble. Imaginons, par exemple, une situation où un mari se met à pleurer. Ce comportement doit faire partie de l'expérience de sa femme. Or, cette femme ne pourra acquérir l'expérience de ce comportement sans l'interpréter. L'interprétation donnée à un comportement varie de beaucoup d'un individu à l'autre et d'une culture à l'autre. Ainsi, Julie interprète inévitablement les pleurs d'un homme comme une manifestation de faiblesse, alors que Jeanne y voit le signe d'une âme sensible. L'une et l'autre réagiront de façon différente à ce comportement, à cause d'un modèle d'interprétation préconçu dont elles peuvent ou non avoir conscience. Il se peut que Julie ait appris de son père qu'un homme ne pleure jamais, à moins d'être une femmelette. Jeanne, quant à elle, a peut-être appris de son père qu'un homme peut laisser voir ses émotions et en sortir grandi. Dans bien des cas, les étapes intermédiaires (schèmes de régulation) qui contribuent à la caractérisation d'une expérience échappent à la conscience de l'individu. Ainsi, Julie acquiert tout simplement une expérience de son mari qui l'amène à le juger faible et Jeanne, quant à elle, vit une expérience qui l'amène à juger le sien sensible. Ni l'une ni l'autre ne savent exactement pourquoi. Elles pourraient même éprouver de la difficulté à décrire les types de comportements qui ont abouti à leurs conclusions. Nous ne pouvons pourtant simplement attribuer leur interprétation à un fantasme, car ce terme est souvent utilisé pour désigner une forme d'invalidation cachée.

Toute expérience qu'un individu a d'un autre fait intervenir une interprétation particulière de son comportement. On se sent aimé lorsqu'on perçoit et qu'on interprète les gestes d'autrui, c'est-à-dire lorsqu'on en fait l'expérience comme des manifestations d'amour. Ce qui pose un problème, c'est l'écart entre l'expérience qu'un individu tire de son propre comportement et celle que ce comportement engendre chez autrui.

- J'agis d'une manière qui me semble prudente, mais qui te paraît lâche.
- Tu agis d'une manière qui te paraît courageuse, mais qui me semble téméraire.
- Elle se trouve enjouée, mais il la juge superficielle.
- Il se juge amical, mais elle le trouve aguichant.
- Elle se juge réservée, mais il la trouve hautaine et détachée.
- Il se trouve galant, mais elle le juge faux.
- Elle se trouve féminine, mais il la juge faible et dépendante.
- Il se juge masculin, mais elle le trouve autoritaire et dominateur.

L'expérience entraîne toujours la perception d'une action ou d'un geste de même que son interprétation. La perception fait, en outre, intervenir la notion de sélection et de réception. De tout ce qu'un individu voit et entend d'un autre, il ne choisit que quelques éléments à retenir. Or, un geste qui revêt beaucoup d'importance pour certains individus peut être insignifiant pour d'autres. Il arrive aussi qu'un individu ne porte pas attention au bon moment, et n'ait pas conscience de ce qu'autrui envisage comme une déclaration importante ou un geste important. S'il arrive que deux individus retiennent les mêmes gestes aux fins d'interprétation et qu'ils les perçoivent de manière identique, l'interprétation qu'ils en feront pourra toutefois varier considérablement. Elle lui adresse un clin d'œil complice, et il y voit un geste aguicheur. Le geste en cause est le même, mais l'interprétation, donc l'expérience, qu'en tire chacune des personnes se révèle disjonctive. Elle refuse de l'embrasser à la fin de la soirée par respect pour elle-même, mais il en conclut qu'elle le repousse. Les exemples abondent.

Un enfant peut en vouloir à sa mère lorsqu'elle lui dit de mettre un blouson parce qu'il a l'impression qu'elle le surprotège, alors qu'il ne s'agit pour elle que d'une simple manifestation du souci naturel qu'il n'ait pas froid. De même, roter après le repas témoigne de bonnes manières dans certaines sociétés, mais d'une attitude grossière dans d'autres. Ainsi, même lorsqu'on s'entend sur le comportement en cause, l'interprétation que chacun en fait peut être diamétralement opposée.

Qu'est-ce qui explique ces interprétations contraires ? De façon générale, on peut dire que toute interprétation repose sur ce qu'un individu a appris antérieurement, en particulier au sein de sa famille (c'est-à-dire auprès de sa mère, de son père, de ses frères et sœurs, et de ses autres parents), mais aussi, plus largement, dans la société où il évolue.

De plus, tout geste est interprété suivant le contexte dans lequel on l'observe. Reprenons notre exemple de la femme qui refuse un baiser à un homme après une soirée passée ensemble. Il se peut que l'un et l'autre jugent ce comportement tout naturel s'ils en sont à leur première sortie, mais qu'ils y accordent plus d'importance après six mois de fréquentations. Ce refus paraîtra également plus significatif si la femme acceptait auparavant d'embrasser son partenaire.

Que se passe-t-il lorsque deux individus ne s'entendent pas sur la signification d'un geste particulier ?

Il s'ensuit un processus très complexe. Si la communication entre eux est optimale, ils comprendront qu'ils ne partagent pas la même interprétation et ils en auront l'un et l'autre conscience. Partant de là, il se peut qu'ils soient en désaccord sur la nécessité de modifier ou non le comportement en cause. Diverses tactiques s'offrent alors à eux :

- la menace (« fais ce que je te dis ou il t'en cuira ») ;
- la câlinerie (« fais ça pour moi, s'il te plaît ») ;
- le chantage (« si tu fais ceci, je te promets de faire cela en retour ») ;
- la persuasion (« je crois que tu devrais faire ça parce que… »).

Toutefois, lorsque des personnes sont en désaccord, il y a souvent entre elles une mauvaise compréhension dont elles ne prennent pas conscience. Il peut s'agir là, soit d'une situation délibérée s'expliquant par le fait qu'on cherche à ignorer l'opinion de l'autre, soit d'une situation non intentionnelle, où l'on ne remarque tout simplement pas ce point de vue opposé. Quel que soit le cas, il survient une rupture de la communication. Or, il nous semble, pour la première fois, que notre système de notation… permet de caractériser et de définir avec précision les divers degrés et le modèle d'une rupture de ce genre.

Ainsi, sur le schéma de la page 96[2], E et C représentent des catégories de variables interposées entre l'effet direct de C sur C et celui de E sur E. En matière de comportements interpersonnels, il n'existe aucune contiguïté pure et simple entre le comportement d'un individu et celui d'un autre, bien qu'on puisse envisager une bonne partie des comportements humains (y compris celui des psychologues) comme une tentative, unilatérale ou bilatérale, visant à éliminer E du processus. De même, ce schéma suppose qu'il n'y a aucun contact direct ni aucune confluence entre l'expérience d'un individu et l'autre personne en cause. On y présume que les autres influent toujours sur l'expérience d'un individu par l'intermédiaire de leurs comportements (y compris leur comportement verbal), lesquels doivent être perçus et interprétés par l'individu pour engendrer chez lui une expérience. Il s'ensuit que, dans le présent ouvrage, nous ne considérons comme personnels ni le comportement, qui est la conséquence directe d'un effet physique (telle une boule de billard qui en heurte une autre), ni l'expérience directement acquise chez un individu par l'expérience d'un autre (comme dans les cas possibles de perception extrasensorielle).

Nous savons que l'opinion que Pierre a de lui-même est plus ou moins reliée, selon les individus et la situation en cause, à ce qu'il croit que Paul pense de lui, c'est-à-dire à la métaperspective et la méta-identité de Pierre. Si Pierre croit que Paul n'a pas de lui l'opinion qu'il voudrait que ce dernier ait, il peut en principe maîtriser la condition qui le contrôle, soit en agissant sur Paul pour le faire changer, soit en agissant sur l'expérience qu'il a de Paul afin de la modifier. S'il agit sur Paul, son but pourrait être de modifier l'expérience que Paul a de lui, ou simplement son comportement. Supposons, par exemple, qu'il demande à Paul de se taire. Il se peut qu'il lui dise en fait : « Je me fiche de ce que tu penses de moi, alors garde-le pour toi. »

En d'autres termes, tout geste peut viser principalement, soit l'individu qui le pose, soit autrui ; mais s'il est perçu, il aura nécessairement un effet sur les deux. Un geste qui s'adresse à autrui peut avoir pour but premier de susciter chez celui-ci un changement ou de prévenir un tel changement. De même, un geste visant la personne qui le pose peut avoir comme but premier d'amener ou d'éviter un changement chez elle. Dans le cadre d'une relation dyadique, cependant, tout geste adressé à autrui aura un effet sur la personne qui le pose, et tout geste visant l'individu qui le pose aura un effet sur autrui. Il se peut qu'un individu agisse d'une façon donnée pour en amener un autre à avoir une certaine expérience de lui. Une part importante des gestes qu'on pose vise à engendrer chez autrui certaines expériences de soi. Prenons l'exemple d'un individu qui souhaite être perçu par un autre comme étant généreux, dur ou juste. Il se peut qu'il ne sache que faire pour amener l'autre à interpréter ses actions sous le jour voulu et à acquérir de lui l'image souhaitée. Il arrive, en effet, que les critères sur lesquels s'appuie l'autre pour juger un comportement généreux, dur ou juste soient à l'opposé des siens, et ce qu'il en ait conscience ou non. Une personne faisant appel à la résistance passive (comme Gandhi) pourra paraître dure aux yeux d'un individu, mais faible aux yeux d'un autre.

Il se peut en outre qu'un individu, de manière intentionnelle ou non, s'acharne à interpréter tout geste que pose l'autre comme une attestation du bien-fondé d'une hypothèse préétablie (voulant que l'autre cherche à le blesser, par exemple). Ainsi, une femme se présentant à une rencontre dans le cadre d'une thérapie

2. Page 12 dans le texte original.

conjugale interprète l'absence de son mari comme une preuve que ce dernier « cherche à la blesser ». Lorsque son mari arrive à son tour, bien qu'en retard, elle déclare avec calme qu'il a finalement décidé de venir « pour la blesser ». Il s'agit là d'une situation particulièrement difficile si un individu (dans notre exemple, la femme) laisse en même temps sous-entendre qu'il existe une façon appropriée d'agir et que l'autre ne l'a pas découverte. En pareil cas, la femme de notre exemple fonderait son interprétation sur l'hypothèse cachée selon laquelle, peu importe ce qu'il fait, son mari cherche à la blesser, le sous-entendu manifeste étant que, s'il ne voulait pas se montrer blessant, il agirait de la manière appropriée.

Tout individu tend, par conséquent, à rechercher les personnes aux yeux desquelles il peut être ce qu'il souhaite être, de manière à pouvoir refaire sien le genre de méta-identité qu'il désire. Or, ceci l'oblige à trouver quelqu'un qui partage ses critères. Pareil stratagème peut cependant engendrer une grande aliénation. Il arrive, en effet, que l'autre que cet individu est pour autrui devienne le centre de son univers. Si tel est le cas, cet individu ne pourra obtenir l'identité qu'il souhaite – en devenant l'autre qu'autrui recherche – que s'il peut façonner ou influencer autrui. Il lui faudra choisir avec soin les personnes avec lesquelles il interagira, et se conduire de manière à pouvoir être pour elles tel qu'il le désire. Cet individu sera toutefois aux prises avec un grave dilemme s'il ne parvient pas à obtenir qu'autrui l'envisage de la façon dont il souhaite paraître à ses yeux. Il se peut, en effet, qu'il veuille agir comme une mère le ferait envers quelqu'un qui désire assumer le même rôle, ou qu'il cherche à se montrer généreux envers une personne qui s'entête à le juger méprisable. En pareilles circonstances, cet individu en viendra peut-être, en désespoir de cause, à adopter comme stratégie d'agir sur sa propre expérience de l'autre pour ainsi, dans un certain sens, rendre sa méta-identité indépendante d'autrui.

Examinons cette dernière stratégie plus en détail. On l'observe sous la forme d'une action axée sur soi, à savoir lorsque Pierre agit sur sa propre expérience de Paul, action qu'on appelle la « projection ». La projection constitue une façon d'agir sur l'expérience qu'on a d'autrui. On la qualifie de « mécanisme psychique », un terme mal choisi puisque la projection n'est ni mécanique ni psychique. Il s'agit en fait d'une action qui vise l'expérience qu'on a de l'autre. La psychanalyse a le mérite d'avoir mis en lumière les actions de ce genre.

La projection représente, de toute évidence, un stratagème très important. Elle peut, à l'intérieur d'un système interpersonnel, fonctionner de diverses manières, mais fait toujours partie d'une catégorie d'actions qui visent essentiellement à influer sur l'expérience qu'un individu a d'autrui, et non pas sur celle que l'autre a de lui. Évidemment, la projection vient aussi modifier l'expérience que l'autre a de cet individu. Il arrive ainsi qu'un paranoïaque qui se projette sur autrui ait l'impression que l'autre le blesse et ne l'aide pas, ce qui oblige cette autre personne à avoir, de lui, l'expérience d'un individu qui la juge blessante.

Nous avons mentionné précédemment que le problème auquel on se heurte sans cesse sur le plan théorique découle en partie du fait que, à l'intérieur d'une dyade, on trouve plus facile d'envisager les personnes séparément plutôt qu'ensemble. C'est le cas, entre autres, en ce qui touche à la théorie de la projection. Ainsi, il existe un certain nombre de perspectives et de versions différentes du concept de projection, lesquelles ne sont pas toutes présentées d'une manière explicite.

Comme nous l'avons déjà suggéré, la projection représente une façon d'agir sur l'autre où, paradoxalement, on n'agit pas directement sur lui en tant que personne réelle, mais plutôt sur l'expérience qu'on a de lui. Il est cependant certain qu'on influence autrui lorsqu'on lui laisse savoir comment on le perçoit. De fait, l'un des moyens les plus efficaces qui s'offrent à un individu pour influer sur l'expérience qu'une autre personne a de lui consiste à lui dire comment il la perçoit. Les flatteurs savent bien que, toutes choses égales d'ailleurs, on tend à aimer les personnes qui nous aiment. Une personne laide ne l'est pas seulement à ses yeux, mais aussi dans le miroir du regard de l'autre. Autrui est témoin de sa laideur. De fait, dans la mesure où la laideur est relative, si tout le monde jugeait cette personne belle, elle pourrait ne plus être laide. Si elle ne peut amener autrui à la voir comme elle le voudrait, cette personne en viendra peut-être à agir sur l'expérience qu'elle a de l'autre plutôt que sur celle qu'il a d'elle. Tout individu peut inventer l'expérience qu'un autre a de lui. Nombre de projections, bien sûr, ne sont que l'invention apparemment compulsive de personnes qui se jugent laides et souhaitent éliminer cette perception de leur relation de soi à soi. Il s'agit là, du moins, d'une motivation qu'on attribue souvent aux personnes qui projettent. Toute projection fait intervenir la négation simultanée de ce qu'elle remplace.

Dans l'*Avesta*, le livre saint des adeptes de Zarathoustra, l'homme le plus laid, ne pouvant supporter qu'il existe un témoin éternel de sa laideur, abolit Dieu et le remplace par le néant.

La projection amène un individu à acquérir l'expérience d'autrui en abordant le monde extérieur à la lumière de son univers intérieur. En d'autres termes, un individu fait alors l'expérience du monde perceptible en fonction d'un système de fantasmes, et ce sans en avoir conscience. Il arrive que l'individu en question cherche à faire en sorte que l'univers incarne ses fantasmes, mais il s'agit là d'une autre histoire et la projection peut survenir sans qu'il en aille ainsi.

La projection pure n'apporte aucune information au sujet de l'autre. Elle se rattache à un seul aspect de l'interaction dyadique, soit la manière dont une personne agit sur son expérience de l'autre ou la façon dont l'autre agit sur son expérience de cette personne. Nous savons toutefois que la projection en vient à influer sur d'autres aspects et à être influencée par eux, puisque l'expérience qu'un individu acquiert d'un autre est reliée à la manière dont cette personne agit envers lui, et ainsi de suite. La manière dont Pierre se comporte envers Paul, par exemple, varie selon l'expérience que Paul acquiert de Pierre, et la façon dont il agit ensuite à son égard. Malheureusement, il n'existe aucune théorie systématique et très peu de données empiriques pour nous éclairer sur cet aspect des choses. Nous ne possédons même pas le vocabulaire nécessaire pour décrire ce qui peut survenir en d'autres points du circuit dyadique lorsque la projection entre en jeu à l'intérieur de celui-ci. Comment, par exemple, réagirait Paul en découvrant que l'expérience que Pierre a de lui est surtout le fruit de la projection, et que les gestes de Pierre s'adressent non pas au Paul que Paul croit être mais à un Paul en grande partie imaginé par Pierre? Une façon d'améliorer les choses consiste, pour Paul, à rechercher systématiquement les données sur lesquelles s'appuie Pierre pour bâtir une image de lui qu'il ne reconnaît pas. Ce faisant, Paul adopte une attitude plus rigoureuse que s'il tenait pour acquis que Pierre invente purement et simplement l'image qu'il se fait de lui. Il revient alors à Paul de découvrir les critères sur lesquels se fonde Pierre pour en arriver à des conclusions opposées aux siennes. Ces critères existent nécessairement, mais il arrive qu'ils soient cachés ou tellement étranges – même aux yeux de Pierre, et encore plus à ceux de Paul – qu'ils sont laissés pour compte ou jugés sans importance, c'est-à-dire invalidés d'une quelconque manière.

Un homme et une femme mariés depuis huit ans nous ont, un jour, décrit leur première querelle, qui est survenue le deuxième soir de leur lune de miel. Tandis qu'ils étaient assis au bar d'un hôtel, la femme se mit à parler au couple qui se trouvait à proximité. À sa grande consternation, son mari refusa de prendre part à la conversation, se montrant distant, lugubre et hostile, aussi bien à son égard qu'à celui de l'autre couple. Consciente de l'attitude de son mari, la femme se mit en colère contre lui parce qu'il avait rendu la situation embarrassante et lui avait donné l'impression de l'avoir abandonnée. Se laissant emporter, les conjoints en vinrent à se quereller en s'accusant mutuellement d'avoir manqué d'égards pour l'autre. C'est ainsi, à tout le moins, que l'homme et la femme nous ont décrit l'incident. Huit ans après ces événements, nous sommes cependant parvenus à leur faire révéler certains des autres éléments en cause. Lorsque nous lui avons demandé pourquoi elle était entrée en contact avec l'autre couple, la femme a répondu : « Je n'avais encore jamais parlé à un couple marié en tant qu'épouse. Auparavant, j'avais toujours été l'amie, la fiancée, la fille ou la sœur. Je croyais que notre lune de miel serait le bon moment pour commencer à jouer mon nouveau rôle d'épouse, et pour soutenir une conversation en tant que femme mariée, avec mon époux à mes côtés. Je n'avais, non plus, jamais eu un mari auparavant. » Elle envisageait leur lune de miel comme une situation qui leur offrirait la possibilité de commencer à fréquenter d'autres couples en tant que gens mariés. Elle attendait ce moment avec joie et impatience. Son mari avait, par contre, une vision tout à fait différente de ce que devait être une lune de miel. Interrogé au sujet de son attitude lors de la conversation, il a déclaré : « Évidemment que j'étais distant. J'imaginais la lune de miel comme un moment où les nouveaux mariés s'éloignent des autres, un moment où ils apprennent à tirer avantage d'une occasion privilégiée de s'isoler du reste du monde pour simplement se consacrer l'un à l'autre. Je voulais que nous n'ayons besoin de personne. Pour moi, la présence de toute autre personne représentait une complication, un fardeau, une intrusion. Lorsque ma femme s'est mise à parler à cet autre couple, ça m'a fait l'effet d'une insulte. Elle venait de me laisser savoir que je ne lui suffisais pas, que je ne répondais pas à tous ses besoins. Je me suis senti irrité. »

Huit ans plus tard, l'un et l'autre avaient appris à rire de cet incident. Le mari pouvait affirmer : « Si j'avais su ce que tu ressentais, les choses auraient été bien différentes. » Le point à retenir est que chacun envisageait les actions de l'autre comme un manque d'égards, voire comme une insulte délibérée. Ces attributions reposaient sur des systèmes de valeurs cachés et différents, de même que sur des attentes contraires fondées sur ces systèmes.

L'expérience concrète que Pierre a de Paul est le fruit de l'union du « donné » et du « construit », c'est-à-dire d'une synthèse des diverses interprétations que Pierre fait de ses perceptions sur la base de ses attentes et de ses fantasmes (projections), ainsi que du stimulus distal provenant de Paul. La fusion ainsi générée de la projection et de la perception donne naissance au phénomène « Paul » tel que Pierre en fait l'expérience. Conséquemment, le Paul de Pierre n'est ni purement le fruit de l'imaginaire de Pierre ou de ses perceptions, ni simplement une copie de l'image que Paul a de lui-même. Le Paul dont Pierre fait l'expérience procède en effet de la perception, de l'interprétation et du fantasme. On pourrait ici imaginer un coefficient de perception qui varierait selon le degré de prépondérance de la perception ou de la projection. De même, on pourrait envisager un coefficient de discordance ou de disjonction des systèmes d'interprétation. Le comportement de Pierre à l'égard de Paul peut découler de l'expérience que Pierre a de Paul, laquelle fait une place importante à la projection (d'où une grande part d'imaginaire), ou de systèmes d'interprétation discordants. On peut s'attendre à ce que l'expérience de Pierre et son comportement subséquent ne soient pas conformes à la vision que Paul a de lui-même, ni à celle qu'il a de l'image que Pierre se fait de lui. Dans le cas où Pierre aurait de Paul une image très différente de celle que Paul a de lui-même – peu importe si cette dernière tient ou non pour beaucoup de l'imaginaire –, il est probable que les gestes de Pierre s'adresseraient à un Paul que Paul ne reconnaît pas. Paul remarquera alors que Pierre lui témoigne plus ou moins de respect qu'il ne s'y attendait, ou qu'il se montre à son égard trop ou trop peu familier, distant ou craintif. Il se peut aussi que Paul découvre que Pierre se comporte envers lui, non pas comme s'il était le Paul que Paul croit être, mais plutôt à la façon d'une mère, d'un père, d'un fils, d'une fille, d'un frère, d'une sœur ou d'une autre personne.

Tout ce qui précède donne à penser que Pierre ne peut se percevoir lui-même en tant que Pierre s'il ne perçoit pas Paul en tant que Paul. Si la part de fantasmes ou la discordance des systèmes d'attentes augmente chez Pierre, il faut s'attendre à ce que la vision que Pierre a de lui-même s'écarte d'autant de son identité de soi, de sa méta-identité, ainsi que de l'image que Paul se fait de Pierre et de sa méta-identité (sans essayer ici d'épuiser la liste des différentes disjonctions), et à ce que cela se traduise chez Pierre par un comportement envers Paul que ce dernier juge de plus en plus « étrange ». Il est inutile de reprendre toute cette description *mutatis mutandis* en remplaçant Pierre par Paul.

Ce qu'il faut ici essayer de comprendre, c'est la manière dont les interprétations et les fantasmes[3] discordants de Pierre en ce qui touche à son expérience de lui-même et de Paul influent sur ce dernier, de même que la façon dont l'expérience que Paul a de lui-même et de Pierre influe à son tour sur la tendance que manifeste Pierre à fonder son expérience sur la projection et à agir en conséquence.

On pourrait supposer que ce que ressent Paul à l'intérieur de lui-même constitue la partie du circuit qui se prête le plus facilement à des fantasmes chez Pierre, puisque ce dernier ne peut guère en obtenir confirmation sans le témoignage de Paul.

Imaginons par exemple que Pierre déclare : « Je crois qu'au fond, tu es malheureux. » Paul répond : « Non, ce n'est pas le cas. »

Pierre pourrait cependant tenter de valider ce qu'il suppose au sujet de la relation de Paul envers Paul en surveillant les actions de Paul. Peut-être se dira-t-il : « Si j'agissais comme lui, je serais malheureux », ou : « Lorsque ma mère se comportait comme ça, elle était malheureuse ». Pierre pourrait aussi avoir l'impression que Paul est malheureux, sans toutefois pouvoir expliquer pourquoi. Il se peut qu'il reconstitue correctement l'expérience de Paul en parvenant à faire la synthèse de divers indices fournis par le comportement de Paul, ou qu'il se trompe en analysant les actions de Paul selon ses propres critères plutôt que selon ceux de Paul, ou encore qu'il attribue à Paul le chagrin qu'il essaie lui-même de ne pas ressentir. En pareille situation, il n'est pas facile de trouver des critères de validité, car il se peut que Pierre rende Paul malheureux en insistant sur la question. Imaginons cependant que Pierre et Paul aient chacun une vision différente de Paul en ce qui touche à sa relation avec lui-même. Paul est-il malheureux ? Il est possible que Pierre en arrive, consciemment ou non, à la conclusion que Paul est malheureux sur la base d'indices que lui fournit Paul intentionnellement, et non de par son comportement. Paul cherche peut-être à nier qu'il est malheureux. D'un autre côté, il se peut que Pierre attribue à Paul un sentiment que lui-même nie éprouver. Plus encore, Pierre tente peut-être de ne pas se sentir lui-même malheureux en essayant de rendre Paul malheureux. Pour ce faire, il pourrait, entre autres, déclarer à Paul qu'il est lui-même malheureux ou que Paul l'est. Supposons qu'il

3. Le concept des fantasmes en tant que mode d'expérience à l'intérieur d'un système social a déjà été examiné par Laing (1961, 1966).

opte pour cette seconde possibilité. Il se pourrait que Paul accuse Pierre d'essayer de le rendre malheureux en lui disant qu'il l'est. Pierre repoussera très probablement cette attribution en faveur d'une autre du genre : « J'essayais simplement de t'aider. »

Parfois, ce qui apparaît comme une projection n'est, en fait, que le résultat d'une discordance complexe des attentes, c'est-à-dire le résultat de l'interprétation que l'un attribue au fait que l'autre ne réponde pas à ses attentes. Imaginons par exemple que Pierre soit bouleversé par quelque chose. Paul espère l'aider en demeurant calme et détaché, mais Pierre juge qu'il ne s'agit pas là de la bonne attitude. Pierre croit qu'un véritable ami désireux de lui venir en aide se montrerait lui aussi irrité. Si Paul ignore tout de cela et que Pierre ne le lui fait pas savoir, Pierre en viendra peut-être à supposer que Paul cherche délibérément à le blesser en prenant une attitude distante, ce qui pourrait amener Paul à conclure que Pierre projette ses sentiments de colère sur lui. Voilà donc une situation où Paul croit qu'il y a projection de la part de Pierre, ce qui n'est pas le cas. Pareil phénomène se produit fréquemment dans le cadre d'une thérapie analytique lorsque l'analyste (Paul) pense qu'il peut le plus aider son client (Pierre) en adoptant envers lui une attitude qui reflète les émotions de ce dernier. Son client pourrait, toutefois, juger que seule une personne ouverte et disposée à se révéler peut lui venir en aide. S'il persiste à interpréter l'attitude de l'analyste comme étant non seulement peu utile en pratique, mais également issue de vaines intentions, l'analyste peut à son tour en conclure que le client projette. Tous deux tombent alors dans un cercle vicieux d'interprétations, d'attentes, d'expériences, d'attributions et de contre-attributions discordantes.

Les choses se passent à peu près comme ceci :

Pierre	**Paul**
1. Je suis bouleversé.	1. Pierre est bouleversé.
2. Paul se comporte d'une manière très calme et détachée.	2. Je vais essayer de l'aider en restant calme, et en me contentant de l'écouter.
3. Si Paul se préoccupait vraiment de moi et s'il voulait m'aider, il serait touché et montrerait lui aussi ses émotions.	3. Il est encore plus bouleversé, alors il faut que je me montre encore plus calme.
4. Paul sait bien que ça me bouleverse.	4. Il m'accuse de le blesser.
5. Si Paul est conscient que son comportement m'irrite, il agit sûrement comme ça pour me blesser.	5. J'essaie simplement de l'aider.
6. Il est sans doute cruel et sadique. Peut-être prend-il plaisir à agir comme ça.	6. Il projette sûrement ses sentiments.

Les attributions de ce genre, fondées sur un ensemble virtuellement inextricable d'attentes, de fantasmes et de perceptions discordants, font partie intégrante de la réalité interhumaine. Il faut, par exemple, explorer ce domaine pour comprendre que les attributions d'un individu à l'égard des autres peuvent se révéler particulièrement troublantes et disjonctives pour ces personnes, qui ne cessent alors de les invalider, de sorte que l'individu peut en venir à faire l'objet d'une attribution d'ensemble voulant qu'il soit fou (Laing, 1961 ; Laing et Esterson, 1964).

Un cercle de perceptions n'est cependant pas validé même s'il y a concordance entre les divers éléments en cause – c'est-à-dire entre l'image que Pierre a de lui-même et celle que Paul a de lui, entre l'image que Pierre a de Paul et celle que Paul a de lui-même, entre la vision que Pierre a de l'image que Paul se fait de lui-même et celle que Paul a de la vision que Pierre a de l'image que Paul se fait de lui-même, entre la vision que Pierre a de l'image que Paul se fait de Pierre et celle que Paul a de l'image que Pierre se fait de Paul. Pareille concordance en atteste la fiabilité, mais non la validité. Elle pourrait tout aussi facilement « valider » un cercle de fantasmes. Or, nous croyons que les cercles tourbillonnants de fantasmes sont tout aussi dévastateurs pour les relations individuelles (et internationales) qu'un ouragan peut l'être pour le littoral.

En résumé, un individu, de par son comportement, peut influer : 1) sur l'expérience qu'un autre a de lui ; 2) sur l'expérience que cet autre individu a de lui-même ; 3) sur le comportement de cette autre personne. Il ne peut agir directement sur autrui, mais il est en mesure d'influer sur l'expérience qu'il en a.

Références

Laing, R.D. (1961). *The Self and Others,* London, Tavistock Publications.

Laing, R.D. (1965). « Mystification, confusion and conflict », dans I. Boszormenyi-Nagy et J. L. Frano (dir.), *Intensive Family Therapy : Theoretical and Practical Aspects,* New York, Hoeber (Harper and Row).

Laing, R.D. (1966). « Family and individual structure », dans P. Lomas (dir.), *Psychoanalytic Approaches to the Family,* London, Hogarth Press.

Laing, R.D., et Esterson, A. (1964). *Sanity, Madness, and the Family,* London, Tavistock Publications, New York, Basic Books.

Chapitre 3

La motivation

Donner un sens au travail

La motivation au travail est un sujet qui suscite un grand intérêt chez les gestionnaires. Comment motiver le personnel, c'est-à-dire faire en sorte que les employés aient le goût de bien faire leur travail ? On recourt souvent à la notion de motivation au travail (ou plutôt de manque d'intérêt au travail) pour expliquer les problèmes de productivité, d'absentéisme, de relations de travail, etc.

Chacun a sa théorie sur ce qui amène les gens à s'investir dans leur travail. Pour certains, il s'agit d'une question de principe. Les personnes qui sont de cet avis ont tendance à considérer le manque de motivation comme le résultat de la disparition des valeurs traditionnelles. Pour d'autres, la baisse de la motivation au travail serait due au fait que les citoyens n'ont plus d'intérêt à travailler, à gagner leur vie, puisque les programmes sociaux actuels n'incitent pas suffisamment à le faire. Un certain nombre d'individus estiment, pour leur part, que l'organisation moderne du travail fait en sorte que le travail perd de son sens ; selon eux, il faut repenser tant la façon d'organiser le travail que la propriété même de celui-ci. D'autres encore considèrent qu'il s'agit d'une question culturelle, et ils se tournent vers des solutions de rechange comme les modèles suédois ou japonais afin de promouvoir des conditions qui, semble-t-il, ont du succès ailleurs.

Depuis le début des années 1930, la motivation au travail et des notions connexes comme la performance et l'engagement sont en tête de liste des préoccupations des chercheurs dans le domaine du comportement organisationnel (Latham et Pinder, 2005). L'intérêt pour ces phénomènes ne semble d'ailleurs pas près de diminuer. En 2004, l'*Academy of Management Review* publiait un numéro complet sur la motivation au travail (voir le volume 29, numéro 3).

L'étude de la motivation porte sur ce qui déclenche et oriente les comportements, c'est-à-dire les besoins, les tendances et les valeurs ; elle porte aussi sur les réponses qui animent la vie affective d'une personne, telles que le stress, les émotions et les systèmes de défense. Dans ce chapitre, il sera essentiellement question de l'analyse des besoins, des tendances et des processus qui sous-tendent l'organisation des conduites dans un milieu de travail. Les notions de stress, d'émotion et de défense seront abordées dans le chapitre suivant.

Nous commencerons le présent chapitre par une présentation de différentes théories de la motivation au travail qui ont contribué à mieux comprendre cet état psychologique. Ce tour d'horizon ne se veut pas exhaustif, mais plutôt représentatif de la grande diversité des approches pour expliquer ce phénomène. Nous enchaînerons en présentant les liens entre la motivation au travail et d'autres notions connexes, telles que la performance, la mobilisation, l'engagement, l'implication, l'habilitation psychologique et l'expérience optimale. Enfin, nous aborderons différentes applications de la psychologie de la motivation, soit la gestion de la présence au travail, l'organisation du travail, ainsi que les programmes visant à attirer et retenir le personnel.

Qu'est-ce que la motivation ?

La motivation correspond au « processus psychophysiologique responsable du déclenchement, de l'entretien et de la cessation d'un comportement, ainsi que de la valeur appétitive ou aversive conférée aux éléments du milieu sur lesquels s'exerce ce comportement » (Bloch et autres, 2002, p. 790).

La motivation est un processus psychophysiologique qui dépend des activités du système nerveux ainsi que des activités cognitives (voir le chapitre 2). Du point de vue de la neurophysiologie, la motivation est une variable qui rend compte des fluctuations du niveau d'activation, c'est-à-dire du degré d'éveil ou de vigilance d'une personne. Du point de vue de la psychologie, la motivation correspond aux forces qui entraînent des comportements orientés vers un objectif, forces qui permettent de maintenir ces comportements jusqu'à ce que l'objectif soit atteint. En ce sens, la motivation procure l'énergie nécessaire à une personne pour agir dans son milieu.

La motivation confère trois caractéristiques à une conduite, quelle qu'elle soit : la force, la direction et la persistance. En effet, les conduites sont orientées vers un but (direction) auquel la personne attribue une certaine valeur. Ces conduites dépendent à la fois de la vitalité du besoin (considéré dans son sens large) dont elles sont issues et de la valeur sociale à laquelle l'objectif des comportements est associé. L'intensité (la force) et la persistance de l'action dénotent la valeur qu'attribue la personne à l'objectif qu'elle poursuit ou, mieux – comme le dirait James (*1892*, 1961) –, l'intérêt que représente la finalité du comportement pour la personne.

L'orientation des conduites d'un individu indique la valeur signifiante (ou valence) de certains éléments du milieu. Ainsi, si la valence est positive, l'individu a tendance à vouloir rechercher l'élément en question. Ce dernier acquiert alors une valeur appétitive aux yeux de la personne ; il suscite de l'intérêt, ce qui tend à entraîner des comportements dits d'approche. Par contre, si la valence est négative, l'individu a tendance à éviter l'élément en question ; cet élément a donc une valeur aversive pour la personne, ce qui entraîne des comportements dits d'évitement. La valence d'un élément peut être modifiée selon les conséquences d'un comportement. En effet, si l'individu éprouve un certain plaisir à la suite d'un comportement adopté pour atteindre un objectif quelconque, il aura tendance à répéter ce comportement si une situation semblable se présente. L'inverse est également vrai.

En fait, l'individu tend à répéter les comportements qui lui ont procuré du plaisir ; c'est le principe de renforcement. La satisfaction entraîne une réduction de la tension, liée au besoin (ou au désir ou à la pulsion) qui a fait apparaître le comportement. La satisfaction correspond à l'atteinte, partielle ou totale, de l'objectif recherché. L'état qui résulte de cette baisse de tension est expérientiellement vécu comme du plaisir, c'est-à-dire comme un état affectif agréable. Est-il utile de préciser que le plaisir peut être altruiste ?

Pour expliquer le processus de la motivation, les chercheurs utilisent souvent l'exemple du thermostat, ce dispositif qui permet de régler les flux d'énergie afin de maintenir une chaleur constante. Par analogie, la motivation serait ce dispositif qui permet de régulariser les flux d'énergie dans le but de maintenir l'équilibre de l'organisme. La théorie du champ psychologique de Kurt Lewin emploie cette image pour décrire la structure du comportement humain. La théorie développementale de Jean Piaget s'appuie également sur cette conception de l'équilibre. C'est aussi de cette comparaison qu'est apparue la notion d'homéostasie, c'est-à-dire la tendance générale de l'organisme à rétablir l'équilibre, et ce, chaque fois que ce dernier est rompu. Les comportements motivés ont donc une fonction d'autorégulation, car ils servent, en conjonction avec les mécanismes physiologiques, à rétablir l'équilibre interne (au sens large). C'est en raison de cette nécessaire conjonction entre les activités psychologiques et neurophysiologiques qu'on doit reconnaître la nature psychophysiologique de la motivation.

Ainsi, nous pouvons déduire que l'équilibration des structures dont il a été question dans le chapitre précédent est effectuée par la motivation. Il est difficile de dissocier la cognition et l'affectivité lorsqu'on étudie les comportements. Toute conduite comporte nécessairement un aspect énergétique ou affectif, à savoir le besoin, les tendances, le désir ou la recherche du plaisir, et un aspect structural ou cognitif, à savoir le sens, l'intention, le projet, les rapports entre l'action et la finalité, entre les moyens et l'objectif (Piaget, *1947,* 1967). À ce sujet, Merleau Ponty (1942) parle de la signification immanente de l'action et de sa structure interne. Ces deux aspects sont indissociables bien que distincts : l'un attribue une valeur aux résultats attendus et l'autre, une structure déterminant les moyens pour les atteindre (Piaget, *1947,* 1967). Comme nous le verrons plus loin, les chercheurs ont dû, pour comprendre l'orientation des comportements motivés, tenir compte des cognitions et des attributions de la personne en situation de travail.

En régularisant les flux d'énergie entre les états d'équilibre et de déséquilibre, on doit s'attendre à ce que la motivation fasse varier le niveau d'activation de l'organisme ; on peut d'ailleurs constater cet état de fait dans la force et la persistance des comportements d'une personne dans une situation donnée. Le niveau d'activation est associé aux exigences d'une situation donnée et aux dispositions de la personne à l'égard de cette situation (Hebb, 1974). Le niveau d'activation, en tant qu'objet de recherche, a attiré l'attention de plusieurs intervenants dans le domaine du travail, car il permet de comprendre les phénomènes d'effort, de fatigue et de performance des employés, et de trouver des moyens de mobiliser leur énergie pour atteindre les objectifs de travail (Scott, 1966). En effet, Hebb (1974) a démontré que la motivation et le niveau d'activation varient conjointement selon une courbe en forme de U inversé, comme le montre la figure 3.1. La motivation – et, par conséquent, l'efficacité des comportements qu'elle entraîne – augmente avec l'activation, jusqu'à un certain point où elle commence à diminuer, puis elle tend à disparaître lorsque le niveau d'activation est trop élevé. Cette notion est importante en psychologie du travail, car elle permet de comprendre le problème que pose la charge de travail et l'impact de celle-ci sur la santé et la performance des employés.

FIGURE 3.1 *La relation entre l'efficacité avec laquelle les stimuli guident le comportement (fonction d'indice) et le niveau d'activation*

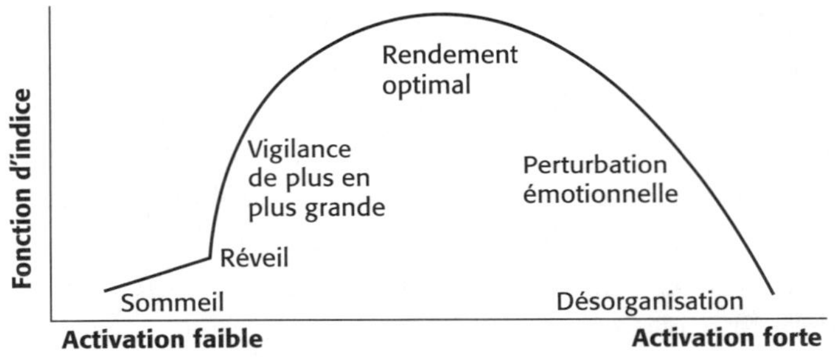

Le niveau d'activation varie du sommeil profond aux états désorganisateurs de l'émotion. L'efficacité maximale du comportement se situe à un niveau intermédiaire d'activation. La forme de la courbe varie avec les habitudes.

Source : Adapté de Hebb (1974, p. 223).

Les théories de la motivation

En psychologie appliquée au travail et aux organisations, on trouve une multitude de théories sur la motivation. Déjà, en 1976, dans un texte intitulé *La jungle des théories de la motivation au travail,* Toulouse et Poupart notaient ce foisonnement de théories. À l'instar de Latham et Pinder (2005), nous devons reconnaître que, même si les chercheurs s'intéressent au même phénomène, celui de la motivation au travail, ils le font sous des angles bien différents.

Les théories de la motivation sont généralement réparties en deux approches : les théories de contenu et les théories de processus. Les premières visent à comprendre ce qui déclenche la motivation au travail (Qu'est-ce qui motive les employés ?), alors que les secondes ont pour objectif d'expliquer les mécanismes sous-jacents (Comment la motivation permet l'ajustement des comportements des employés ?). Ces deux approches sont complémentaires.

Nous présentons, dans les prochaines sections, cinq théories qui ont marqué la recherche dans ce domaine et qui continuent d'exercer une grande influence tant dans les milieux académiques que dans les entreprises. Afin d'illustrer les théories de contenu, nous exposerons les faits saillants de la théorie de la motivation humaine de Maslow (1943) et de la théorie des deux facteurs de Herzberg et autres (1959). Pour ce qui est des théories de processus, nous avons choisi de vous présenter deux classiques : la théorie des attentes de Vroom (1964) et la théorie de la fixation d'objectifs de Locke et Latham (1990). La théorie de l'autodétermination de Deci et Ryan (1985) suscite un intérêt croissant parmi les chercheurs. Ce modèle sera également présenté.

La théorie de la motivation humaine de Maslow

La théorie de la motivation d'Abraham H. Maslow a exercé une grande influence dans les domaines de la psychologie et du management. On associe notamment ce chercheur à la fameuse pyramide des besoins, qui n'est pourtant pas de lui, mais d'un illustre inconnu ! En fait, Maslow n'a jamais proposé de pyramide, mais bien une hiérarchie des besoins (1943), qu'il a révisée quelques années plus tard et qui est devenue une « holarchie » des besoins, c'est-à-dire un ensemble de besoins qui est indivisible, entier, global. Il a d'ailleurs déterminé six catégories de besoins, et non pas cinq, comme on le croit généralement. Les besoins de base comprennent les besoins physiologiques (la faim, la soif, la reproduction, etc.), les besoins de sécurité (la confiance, la protection contre les dangers, etc.) et les besoins d'amour (l'affiliation, l'appartenance, l'approbation, l'attachement, etc.). Les besoins supérieurs comprennent les besoins d'estime (le statut, le pouvoir, l'accomplissement, etc.) et d'actualisation (le développement de son potentiel). Les métabesoins comprennent pour leur part les différents besoins de transcendance (les besoins altruistes, les besoins esthétiques, le besoin de vérité, etc.). Le tableau 3.1 (p. 110) présente les différentes catégories de besoins définies par Maslow.

Le fait que Maslow ait accolé les épithètes « de base », « supérieur » et « méta » aux besoins ne veut pas dire qu'il leur attribue un ordre de valeur. Pour lui, les besoins de base et les métabesoins font partie du même continuum, dans le domaine de la conscience et possèdent une même caractéristique fondamentale : ils sont nécessaires, c'est-à-dire que la satisfaction d'un besoin de l'une ou l'autre catégorie procure tout autant de plaisir à la personne. De même, l'impossibilité de satisfaire l'un ou l'autre besoin cause tout autant de tort à l'individu, qu'il s'agisse, par exemple, du besoin de manger ou du besoin de paix. Malgré le fait qu'ils aient la même valeur pour l'existence et le développement de la personne, les besoins de base et les métabesoins demeurent sensiblement différents : la recherche de la satisfaction des besoins

TABLEAU 3.1 Les catégories de besoins

Catégorie de besoins	Exemples
Transcendance	Dépassement de soi, altruisme, vérité, bonté, beauté, unité, nécessité, finalité, sens, justice, ordre, simplicité, jeu
Actualisation de soi	Accomplissement de l'idéal de soi, développement de son potentiel, réalisation de soi
Estime	Estime de soi : maîtrise, compétence, confiance en soi, indépendance, efficacité personnelle Estime des autres : réputation, prestige, statut, succès, gloire, dominance, reconnaissance, attention, importance, dignité, appréciation
Amour	Amitié, attachement, appartenance, complicité, affiliation
Sécurité	Stabilité, dépendance, protection, structure, routine, ordre, justice, frontières, etc.
Besoins physiologiques	Besoin d'oxygène, faim, soif, copulation, sommeil, instinct maternel, besoin d'exercice, de stimulation, etc.

Source : Adapté de Maslow (*1962,* 1972).

de base comporte plus de tensions, implique une plus grande urgence que celle des métabesoins à cause de leur nécessité vitale pour l'individu.

Selon la théorie de Maslow (1943), tous les besoins fondamentaux qui ont été pleinement satisfaits tendent à être oubliés par l'individu et à disparaître du niveau de la conscience. Par conséquent, ce que la personne veut, désire ou souhaite tend à se trouver juste au-dessus du « niveau » où elle se trouve dans la hiérarchie des besoins. Il s'ensuit que les individus vivent à différents niveaux de cette hiérarchie. Cela implique aussi que les besoins qui sont au-dessus de celui qui les préoccupe ne font pas encore partie de leur conscience.

D'après Maslow (1954), on peut reconnaître chez l'être humain deux tendances principales : la recherche de la sécurité (*deficit-need*) et la recherche de la croissance (*growth-need*). Ces deux tendances seraient toujours présentes dans la conduite humaine, bien que la première soit inférieure et la seconde, supérieure. En d'autres mots, la sécurité sert de base à la croissance. La rationalité de ces tendances diffère toutefois radicalement. La recherche de la sécurité suit une logique de réduction de la tension : l'individu comble une lacune, surmonte un obstacle, se soustrait à une force, etc. La recherche de la croissance, au contraire, suit une logique de maintien, voire d'accroissement de tension, car le but à atteindre ou l'objet de satisfaction s'éloigne au fur et à mesure que l'individu s'en approche. Les conséquences de ces deux types de recherche sont également différentes. La satisfaction des besoins de sécurité permet de prévenir la maladie, alors que la satisfaction des besoins de croissance favorise la santé. La satisfaction des besoins de sécurité est ressentie comme un repos, un soulagement, une relaxation, alors que celle des besoins de croissance apparaît comme une extase, une profonde sérénité.

D'après Maslow, l'être humain va toujours se plaindre étant donné la recherche de croissance et sa quête d'idéal. Dès lors, la frustration n'est pas en elle-même quelque chose de mauvais ; elle est inhérente à la vie. Le fait d'exprimer sa frustration à l'égard des besoins supérieurs ou des métabesoins est un signe de félicité. De plus, de bonnes conditions de vie et de développement ne permettent pas nécessairement la croissance et l'actualisation des personnes. Certains tempéraments ou certaines constitutions ne vont pas s'améliorer parce que les conditions s'améliorent, au contraire. Il faut donc tenir compte de l'état de santé (mentale ou physique) de la personne. Le texte classique présenté à la fin de ce chapitre explique de quelle façon on peut se servir de la théorie de Maslow pour évaluer le degré de santé d'une organisation.

La notion de besoin est au centre non seulement de la théorie de Maslow, mais aussi de la psychologie de la motivation en général. Conséquemment, elle mérite qu'on s'y attarde un peu. Un besoin, c'est l'état organique qui résulte d'un déséquilibre entre, d'une part, des normes physiologiques et culturelles et, d'autre part, de l'information ou des représentations concernant l'état du milieu intérieur.

On distingue parfois la notion de besoin de la notion de pulsion. On définit une pulsion comme étant l'énergie fondamentale d'une personne, la force nécessaire à ses activités, qui s'exerce au plus profond d'elle. Cette force prend des formes multiples et possède quatre caractéristiques : la source (somatique), la poussée (expression de l'énergie), l'objet (tout ce qui permet l'atteinte du but) et le but (décharge de l'énergie, réduction de la tension, satisfaction de la pulsion). Une pulsion ne peut devenir consciente. C'est pourquoi elle est différente du besoin qui, lui, peut être conscient.

La notion de besoin est parfois associée à celle de désir, mais ces notions ne sont pas synonymes. Un désir serait la prise de conscience du besoin ou de la tendance, un peu comme une action mise en suspens ; le désir est une force dans le champ psychologique, mais une force maîtrisable parce qu'elle est consciente. La satisfaction d'un désir n'a pas le caractère instinctif de la satisfaction d'un besoin, car le désir est le résultat d'une décision personnelle, d'un choix conscient, et donc d'une intention (Diel, 1947). Les besoins et les pulsions sont du ressort biologique, alors que le désir est du ressort symbolique.

Pour Maslow (1943), l'actualisation des potentialités réelles de la personne serait conditionnée par la présence des besoins de base relatifs aux parents et aux autres personnes, par l'ensemble des facteurs appelés « écologiques », par l'évolution de la culture ou par son absence ainsi que par la situation du monde. Selon lui, la croissance vers l'actualisation et la transcendance est rendue possible grâce à une hiérarchie complexe de bonnes conditions préalables. Des conditions physiques, chimiques, biologiques, interpersonnelles et culturelles sont importantes pour l'individu dans la mesure où elles lui permettent de satisfaire les besoins de base de l'être humain et les « droits » qui lui permettent d'acquérir une personnalité assez forte pour agir sur sa destinée.

La théorie des deux facteurs de Herzberg

Au cours des années 1950 et 1960, un psychologue humaniste du nom de Frederick Herzberg s'est intéressé aux déterminants de la motivation au travail. *The Motivation to Work* (1959) présente plusieurs de ses travaux. D'après Herzberg et autres, les facteurs qui engendrent l'insatisfaction au travail sont différents de ceux qui entraînent la satisfaction. En d'autres mots, le contraire de la satisfaction au travail n'est pas l'insatisfaction au travail, mais bien la non-satisfaction. Réciproquement, le contraire de l'insatisfaction au travail n'est pas la satisfaction au travail, mais plutôt le fait de ne pas être insatisfait. Ces résultats ont donné naissance à la théorie des deux facteurs de Herzberg (*bifactorial theory*, figure 3.2).

Deux ensembles de facteurs seraient donc nécessaires pour comprendre les attitudes et les comportements des personnes au travail : les facteurs d'hygiène et les facteurs de motivation.

Les facteurs d'hygiène comprennent le salaire, les conditions de travail, les relations avec les collègues, le style de gestion, la justice et l'équité des pratiques organisationnelles, le sentiment de sécurité, la perception de contrôle, etc. La perception de ces facteurs influence le degré de non-insatisfaction des employés. En d'autres termes, si un employé perçoit qu'il reçoit un salaire et des avantages sociaux convenables, est à l'abri des dangers, se sent équitablement traité par ses supérieurs, etc., il aura tendance à dire qu'il n'est pas insatisfait de son travail. À titre d'exemple, la théorie de Herzberg suggère qu'un employé insatisfait de son salaire ne serait pas nécessairement plus satisfait après une augmentation salariale, mais seulement moins insatisfait. Les facteurs d'hygiène permettent généralement de combler les besoins de base : les besoins physiologiques, les besoins de sécurité et les besoins d'amour. Ils permettent de prévenir l'apparition de problèmes de santé et de performance au travail, sans pour autant stimuler l'intérêt des employés pour leur travail. Ce sont plutôt les facteurs

FIGURE 3.2 *Les facteurs d'hygiène et les facteurs de motivation de Herzberg*

FACTEURS D'HYGIÈNE

- Les politiques organisationnelles
- La supervision
- Les conditions de travail
- Le salaire
- Les relations avec les collègues
- La relation avec les subordonnés
- Le statut professionnel
- La sécurité d'emploi

FACTEURS DE MOTIVATION

- L'accomplissement
- La reconnaissance
- Le travail lui-même
- Les responsabilités
- Les possibilités d'avancement

← Élevée — Insatisfaction au travail | Satisfaction au travail — Élevée →

Source : Adapté de Herzberg et autres (1959).

de motivation qui engendreront cet effet. Les facteurs de motivation sont liés au travail lui-même : l'intérêt pour les tâches, les occasions d'apprendre et de s'accomplir dans son travail, les responsabilités et les possibilités d'avancement en sont des exemples. Les facteurs de motivation stimulent l'intérêt des employés en éveillant les besoins de croissance, tels les besoins d'accomplissement, de pouvoir et d'actualisation.

Ainsi, il serait beaucoup plus plausible d'entendre un employé dire « J'adore mon travail, car il m'offre plusieurs défis très stimulants ! » plutôt que « Je suis vraiment très motivé par mon travail, car la qualité de l'air dans mon bureau est excellente ! ». Selon la théorie des deux facteurs, ce dernier commentaire s'avère beaucoup moins probable, puisque la qualité de l'air fait référence à un facteur d'hygiène et non à un facteur de motivation.

De manière générale, Herzberg (1968) soutient que les besoins de croissance peuvent être satisfaits en enrichissant les tâches des employés. Pour ce faire, il propose entre autres d'encourager les initiatives des travailleurs, d'aménager leur travail de façon à ce qu'il ait du sens, d'accroître leur autonomie, de les tenir informés des changements et des décisions touchant l'organisation, de leur transmettre régulièrement du feed-back sur leur travail, de leur confier graduellement des tâches nouvelles et plus difficiles ainsi que de développer leur sens des responsabilités et leur sentiment de compétence.

Le modèle et les recherches de Herzberg et autres (1959) ont été passablement contestés par la communauté scientifique pour des raisons méthodologiques (Lévy-Leboyer, 2001). Cependant, il n'en demeure pas moins que les travaux de ce chercheur ont révolutionné la façon de concevoir la motivation au travail. Les recherches de Herzberg ont entre autres permis de prendre conscience que les incitatifs financiers ne constituent pas nécessairement la plus grande source de motivation. Dans un texte classique publié en 1968, Herzberg va jusqu'à soutenir que, pour motiver les travailleurs, il faut rendre leur travail plus intéressant, et non chercher à récompenser ceux qui performent et à punir les autres.

Herzberg insiste sur l'importance de comprendre et d'étudier le travail, car celui-ci occupe une place importante dans la vie des personnes. Il soutient que les fonctions primaires de toute organisation, qu'elle soit religieuse, politique ou industrielle, devraient viser à intégrer les besoins des êtres humains en vue de donner du sens à leur vie. Herzberg (1995) explique que la première question qui affecte la motivation est : Qu'est-ce que je dois faire ? Cette question existentielle nous renvoie au besoin d'activité et d'efficacité de l'être humain, à la nécessité vitale de faire quelque chose, de produire quelque chose qui soit utile, en vue de trouver du même coup l'utilité de ses activités et, par extension, de son existence. Ainsi, un travail qui a du sens nous renvoie directement à la notion de « vie utile » (Bracke et Bugental, 1995 ; Herzberg, 1995 ; Hillman, 1993 ; Jung, *1930,* 1981).

La théorie des attentes de Vroom

La théorie des attentes (*expectancy theory*) de Vroom (1964) est bien connue de ceux qui s'intéressent au domaine de la motivation au travail. Cette théorie s'inspire principalement des travaux de Lewin (1938) et de Tolman (1959) concernant les déterminants des comportements humains. Elle stipule que les employés choisissent d'adopter les comportements qui ont le plus de chances de les mener aux résultats désirés (ex. : promotion, sentiment d'accomplissement, acception dans le groupe, prestige). Ainsi, l'individu décide d'investir de l'énergie dans une tâche en particulier lorsqu'il estime que ce comportement lui permettra d'atteindre certains résultats. L'adoption des comportements constituerait donc un choix rationnel.

La théorie de Vroom met en lumière le rôle de trois concepts distincts dans l'explication des comportements motivés en milieu de travail, soit les concepts d'attente, d'instrumentalité et de valence. Le concept d'attente (*expectancy*) correspond à la probabilité qu'un certain niveau de performance puisse être atteint si l'individu fournit suffisamment d'efforts. À titre d'exemple, un étudiant peut être très confiant d'obtenir la note de passage à son examen de mi-session, mais beaucoup moins certain de pouvoir obtenir A+ pour ce même examen. Le concept d'instrumentalité (*instrumentality*) correspond à la probabilité qu'un certain niveau de performance puisse entraîner un résultat particulier. Revenons à notre exemple : l'étudiant pourrait estimer que ses chances d'obtenir une bourse d'études sont très élevées s'il obtient un A+, mais beaucoup plus faibles s'il n'obtient qu'un C. Enfin, le concept de valence (*valence*) a trait à la valeur accordée à ce dernier résultat. En d'autres termes, il s'agit du degré auquel la conséquence du comportement est convoitée. Ainsi, dans notre exemple, il est possible que l'étudiant ne convoite pas ardemment la bourse d'études en raison du fait que ses parents le soutiennent financièrement durant celles-ci. Dans ce cas, la bourse ne constitue pas une conséquence attrayante aux yeux de l'étudiant ; sa valence ne s'avère ni positive ni négative. Compte tenu de cette dernière information, il y a fort à parier que l'obtention éventuelle d'une bourse d'études ne permet pas de motiver l'étudiant en question à obtenir A+ pour son examen de mi-session.

Bref, les individus seront motivés à fournir des efforts dans les activités de travail qui sont susceptibles de leur procurer le plus de satisfaction et qu'ils pensent être en mesure de réaliser avec succès. La figure 3.3 illustre, de façon simple et opérationnelle, le processus de la motivation tel qu'il a été conceptualisé par Vroom.

La théorie des attentes de Vroom (1964) est basée sur des représentations cognitives. En d'autres termes, les attentes, l'instrumentalité et la valence dépendent des processus de perception mobilisés par l'individu. Cela implique que deux personnes soumises aux mêmes conditions ne seront pas nécessairement aussi motivées l'une que l'autre à fournir des efforts dans une activité particulière.

Porter et Lawler (1968) ont précisé la théorie de Vroom en faisant ressortir la contribution de la clarté de rôle et des différences individuelles sur le plan de l'explication de la relation entre les efforts déployés dans le travail et la performance

FIGURE 3.3 *La théorie des attentes de Vroom*

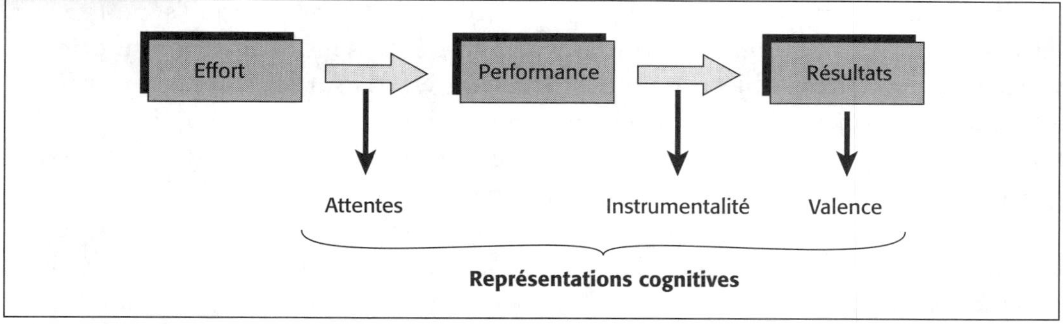

Source : Vincent Rousseau (développé à partir de la théorie de Vroom, 1964).

observée. Diverses variables individuelles comme l'estime de soi, le style d'attribution (*locus of control*) ou le sentiment d'efficacité personnelle (*self-efficacy*) ont effectivement des répercussions sur l'image de soi et, par conséquent, sur les défis que la personne se sent apte à relever. Des recherches sur les cognitions sociales et, plus spécifiquement, sur le sentiment d'efficacité personnelle (Bandura, 1977a) ont démontré que l'individu a tendance à fournir un plus grand effort pour atteindre les objectifs de travail lorsqu'il estime être capable de le faire (fort sentiment d'efficacité personnelle) que lorsqu'il doute de ses compétences. Porter et Lawler ajoutent également au modèle une boucle de rétroaction visant à illustrer la capacité de l'être humain à apprendre de ses expériences passées. Ainsi, si l'employé a appris qu'une performance plus élevée dans une tâche particulière ne conduit pas nécessairement à des résultats plus intéressants, il risque de diminuer ses efforts.

Bien que la théorie des attentes ait été développée initialement pour rendre compte de la performance au travail, elle peut également s'appliquer à d'autres critères, dont l'absentéisme, la rotation de personnel et les comportements discrétionnaires (Mobley, 1977 ; Mowday et autres, 1982 ; Organ, 1988 ; Porter et Steers, 1973 ; Steers et Rhodes, 1978).

La théorie de la fixation d'objectifs de Locke et Latham

La fixation d'objectifs constitue l'un des champs d'études les plus explorés et les plus solidement établis en psychologie. Des centaines d'études ont porté sur l'efficacité de cette intervention (Latham et Pinder, 2005). Dans la plupart des cas, les objectifs de performance concernent la quantité de travail à réaliser (ex. : augmenter la productivité de 10 %) ou la qualité du travail (ex. : diminuer les retours de marchandises défectueuses de 25 %). De plus, il est assez fréquent que les objectifs de performance tiennent compte des délais à respecter (ex. : produire X automobiles au cours des six prochains mois).

Locke et Latham (1990) ont développé une théorie de la fixation d'objectifs selon laquelle le comportement est intentionnel et la volonté d'agir dans un sens donné résulte d'abord de l'existence d'un objectif à poursuivre. Selon ces auteurs, les objectifs sont d'importants régulateurs du comportement puisqu'ils poussent à l'action et dirigent l'énergie vers des activités précises. Les individus qui sont orientés vers l'atteinte de leurs objectifs concentrent leurs efforts sur les comportements qui peuvent leur permettre d'atteindre ces objectifs et ignorent les activités qui leur paraissent moins pertinentes. Ce serait donc en agissant sur les objectifs d'une personne que l'on arriverait à influencer ses comportements.

Selon la théorie de la fixation d'objectifs, plus ces derniers seraient clairs, précis et difficiles (tout en demeurant réalistes), plus la performance serait grande. Plus spécifiquement, l'individu saisirait mieux ce qu'on attend de lui et parviendrait plus facilement à orienter ses efforts lorsque les objectifs qu'on lui fixe sont clairs et précis. D'autre part, les objectifs seraient plus stimulants lorsque leur niveau de difficulté est élevé, sans qu'ils soient toutefois inaccessibles. En effet, l'atteinte de l'objectif doit constituer un défi : un objectif trop facile sera perçu comme inintéressant, alors qu'un objectif trop difficile aura pour effet de décourager l'individu.

Les points essentiels de cette théorie sont les suivants :

1) Les personnes qui poursuivent un objectif clair, précis et difficile ont un meilleur rendement que celles qui n'ont pas d'objectifs explicites à atteindre.
2) La performance augmente proportionnellement avec le niveau de difficulté de l'objectif, jusqu'à ce que l'individu ait atteint la limite de ses compétences ou qu'il abandonne son objectif.
3) Les objectifs précis et difficiles engendrent de meilleurs résultats que les objectifs difficiles, mais flous (ex. : « Fais de ton mieux ! »).
4) Pour que les objectifs soient efficaces, ils doivent susciter l'engagement des personnes auxquelles ils ont été fixés.

L'engagement à l'égard des objectifs correspond au degré auquel la personne est déterminée à atteindre ses objectifs en dépit des difficultés et des obstacles. Afin d'accroître cet engagement, les gestionnaires peuvent solliciter la participation des employés au moment de fixer les objectifs, récompenser leurs efforts et leur offrir du soutien.

La théorie de la fixation d'objectifs précise également la façon dont cette intervention arrive à influencer la performance. La fixation d'objectifs de qualité (c'est-à-dire clairs, précis et suffisamment difficiles) inciterait les individus à fournir plus d'efforts, à diriger leur énergie vers l'atteinte des objectifs et à persévérer en dépit des obstacles. En d'autres termes, la fixation d'objectifs les inciterait à investir de l'énergie dans la réalisation de leurs tâches et à travailler aussi fort et aussi longtemps que nécessaire pour répondre aux attentes établies au départ. La fixation d'objectifs aiderait également l'individu à développer des stratégies de travail plus appropriées. En d'autres mots, des objectifs de qualité devraient aider les individus à déterminer où, quand, comment et, au besoin, avec qui le travail sera réalisé. La figure 3.4 illustre la relation entre la fixation d'objectifs et la performance.

FIGURE 3.4 *Une représentation schématique du lien entre la fixation d'objectifs et la performance*

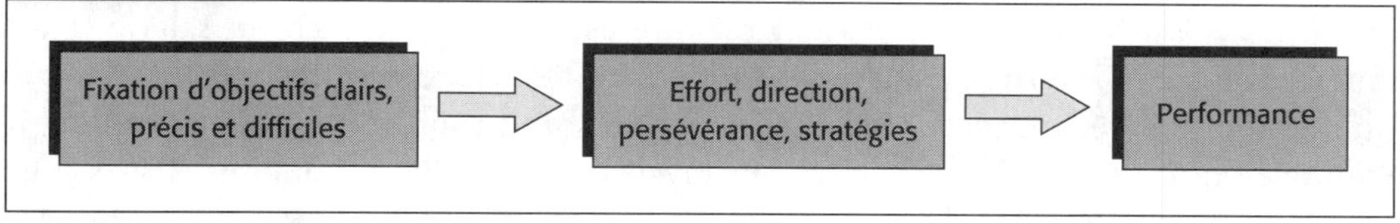

Source : Adapté de Locke et Latham (1990).

La théorie de l'autodétermination de Deci et Ryan

Selon la théorie de l'autodétermination de Deci et Ryan (1985, 2000), il existerait trois grandes familles de motivation, à savoir l'amotivation, la motivation extrinsèque et la motivation intrinsèque (figure 3.5). Chacune de ces familles se subdiviserait également en sous-dimensions correspondant à des types de motivation particuliers (Blais et autres, 1993 ; Deci et Ryan, 1985).

L'amotivation correspond à l'automatisme des comportements ou, en d'autres termes, aux comportements qui sont adoptés de façon automatique, sans qu'on ait besoin d'y réfléchir (ex. : un réflexe, une habitude). Dans un contexte de travail, un individu est dit amotivé lorsqu'il ne perçoit pas le lien entre ses comportements et ce qui en résulte, sans pour autant cesser d'adopter les comportements en question. Compte tenu du fait que l'amotivation correspond à l'adoption non réfléchie de certains comportements, il s'agit d'une notion similaire au concept de résignation acquise (Abramson et autres, 1978). Selon Blais et autres (1993), il existerait deux types d'amotivation, soit l'amotivation externe et l'amotivation interne, qui se distingueraient selon l'origine de la résignation, à savoir l'environnement ou l'individu.

FIGURE 3.5 *Une représentation schématique du continuum des différents types de motivation selon la théorie de l'autodétermination de Deci et Ryan*

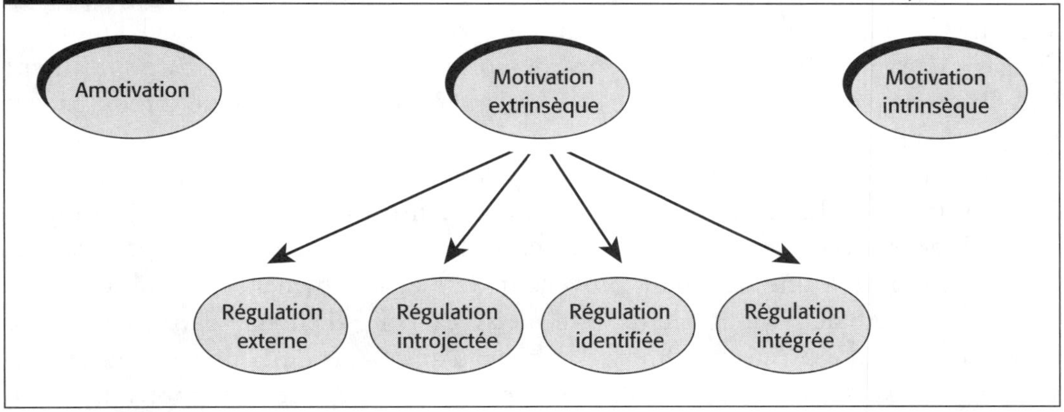

Source : Adapté de Ryan et Deci (2000, p. 72).

Par exemple, un employé peut continuer à effectuer ses tâches, mais juger que ses efforts ne donnent rien, compte tenu du fait que les exigences de son patron sont irréalistes. Dans ce cas, l'amotivation est dite externe. À l'inverse, un salarié serait amotivé de façon interne lorsqu'il n'établit aucun lien entre ses efforts et les résultats qu'il obtient, et ce, en raison de facteurs qui lui sont propres. À titre d'exemple, un employé pourrait se résigner à faire son travail tout en estimant que ses efforts sont inutiles puisqu'il ne possède pas les compétences nécessaires. Dans ce cas, la source de la résignation provient de l'employé lui-même, c'est-à-dire de ses perceptions et de ses croyances. Un tel état pourrait être qualifié d'aliénation.

À l'opposé se trouve la motivation intrinsèque. La motivation intrinsèque correspond au degré auquel un travailleur décide volontairement de réaliser une activité pour la simple satisfaction que cette dernière lui procure. Vallerand et autres (1989) proposent une conception tridimensionnelle de la motivation intrinsèque comprenant les volets stimulations, connaissance et accomplissement. Dans le cas de la motivation intrinsèque aux stimulations, l'individu effectue une activité parce que celle-ci entraîne chez lui des stimulations plaisantes. C'est souvent le cas des personnes qui occupent des fonctions liées au domaine des arts ou qui procurent des sensations fortes (ex. : chirurgien, policier). Cette notion est similaire à celle du *flow*, proposée par Csikszentmihalyi (1975) et qui sera détaillée plus loin dans ce chapitre. Quant à la motivation intrinsèque à la connaissance, elle s'observe lorsque l'employé fait un travail parce que celui-ci lui permet d'apprendre de nouvelles choses et de développer ses compétences. Enfin, un individu présente une motivation intrinsèque à l'accomplissement lorsqu'il effectue une activité parce qu'elle l'amène à relever des défis intéressants, à créer et à s'accomplir dans cette activité.

Bien entendu, toutes les activités dans lesquelles un individu s'engage ne lui apparaissent pas intrinsèquement motivantes. Diverses pressions nous poussent à réaliser des activités et à assumer des responsabilités qui, en elles-mêmes, nous procurent peu de satisfaction. Ce qui nous amène à nous soumettre à ces pressions relève de la motivation extrinsèque. Selon Deci et Ryan (1985), il existerait différentes formes de motivation extrinsèque. Celles-ci se distingueraient en regard de leur niveau d'internalisation, c'est-à-dire en fonction du degré auquel l'individu s'engage dans une activité en l'absence de contingences externes sans pour autant faire l'activité par plaisir (ex. : Je me concentre sur mon travail, même si mon patron ne me surveille pas).

La motivation extrinsèque peut être régulée de façon externe, introjectée, identifiée ou intégrée. Les comportements extrinsèquement motivés, qui sont les moins internalisés, relèvent de la régulation externe. Ils sont uniquement adoptés dans le but de répondre à une demande provenant de l'environnement ou d'obtenir une récompense verbale ou tangible (ex. : Je mets beaucoup d'énergie dans mon travail afin d'obtenir une prime à la fin de l'année). Dans le cas de la motivation extrinsèque par régulation externe, l'individu dépend des autres pour se motiver, ce qui peut être source de conflits interpersonnels (Blais et autres, 1993). C'est à ce type de motivation que Skinner et ses successeurs de l'approche béhavioriste[1] s'intéressaient dans leurs recherches.

Lorsque la source de motivation est davantage internalisée tout en demeurant externe, la motivation devient graduellement régulée de façon introjectée. Dans ce cas, l'individu s'engage dans une activité afin de ne pas se sentir coupable, anxieux ou, encore, pour prouver aux autres sa valeur (ex. : J'ai accepté ce mandat afin de ne pas perdre la face devant mes collègues). Ce type de motivation se distingue de la motivation extrinsèque par régulation externe du fait que les pressions proviennent de l'individu lui-même et non de l'environnement.

À un niveau encore un peu plus internalisé, l'individu estime qu'il n'est pas obligé d'adopter le comportement, mais qu'il est de son devoir de le faire. Compte tenu du fait que l'individu estime qu'il a le choix d'adopter ou non le comportement, ce dernier s'avère autodéterminé. L'activité est alors valorisée et jugée importante par la personne, et ce, même si elle n'est pas plaisante (ex. : J'accepte de laver les patients de l'hôpital même si je ne trouve pas cette tâche agréable, parce que je sais que cela contribue à leur bien-être). Cette forme de motivation extrinsèque se caractérise par une régulation dite « identifiée ».

Le dernier type de motivation extrinsèque correspond à la régulation intégrée. À ce niveau d'autodétermination, l'individu se sent personnellement engagé dans son travail, qu'il estime congruent avec ses valeurs et ses besoins (ex. : J'effectue ce travail parce qu'il a un sens pour moi ; j'ai l'impression d'être utile à la société).

Les recherches indiquent que les deux formes de motivation autodéterminée, soit la motivation extrinsèque par régulation intégrée et la motivation intrinsèque, sont associées à un plus haut niveau de performance (du moins pour les tâches complexes), de créativité, de bien-être psychologique, d'engagement organisationnel, de satisfaction au travail, ainsi qu'à un plus bas taux d'absentéisme et de rotation du personnel (voir l'article de Gagné et Deci [2005]). Malgré le fait que la motivation intrinsèque et la motivation extrinsèque par régulation intégrée aient plusieurs conséquences similaires, ces deux concepts demeurent distincts. En fait, les résultats d'une recherche réalisée par Koestner et Losier (2002) révèlent que la motivation intrinsèque permet de prédire la performance pour des tâches qui sont perçues comme étant foncièrement intéressantes, alors que la motivation extrinsèque par régulation intégrée permet d'atteindre une meilleure performance dans l'exécution des tâches qui ne sont pas stimulantes en soi, mais qui exigent de la discipline et de la détermination.

La théorie de l'autodétermination et les recherches qui en ont découlé indiquent que les employeurs ont intérêt à promouvoir la motivation intrinsèque ou, du moins, la motivation extrinsèque par régulation intégrée. Afin que la motivation à réaliser une activité soit davantage internalisée, il importe que l'individu se sente accepté par son groupe d'appartenance, qu'il se sente compétent dans l'exécution de

1. Les recherches de Skinner sont présentées au chapitre 5.

cette activité et qu'il ait l'impression d'être libre de faire ou non l'activité en question. Bref, il doit être motivé par des besoins d'affiliation, de compétence et d'autonomie. Plusieurs pratiques de gestion peuvent contribuer à stimuler ces trois besoins et ainsi développer la motivation autonome des employés (ex. : participation à la prise de décisions, valorisation de l'initiative, transmission d'information pertinente, encouragements, promotion du travail d'équipe).

L'une des plus grandes controverses associées à la théorie de l'autodétermination est la possibilité que l'attribution de récompenses puisse miner la motivation intrinsèque d'un individu. Les résultats d'une méta-analyse sur le sujet révèlent que les récompenses tangibles, promises à l'avance et attribuées pour souligner une bonne performance diminuent généralement la motivation intrinsèque (Deci et autres, 1999). Les recherches indiquent également que les échéances, les directives, les évaluations externes et les objectifs imposés diminuent tout autant la motivation intrinsèque que le font les récompenses. Il en serait ainsi en raison du fait que ces interventions diminuent le sentiment d'autonomie de l'individu et amènent ce dernier à développer un style d'attribution externe[2]. En fin de compte, les individus soumis à ces interventions deviendraient moins créatifs et auraient plus de difficulté à résoudre des problèmes. Cela dit, il semblerait que les incitatifs distribués indépendamment de la performance (ex. : le salaire) ou qui ne peuvent pas être anticipés par l'individu (ex. : une prime inattendue) ne nuiraient pas à la motivation intrinsèque.

Une synthèse des connaissances sur la motivation au travail

Même si la thématique de la motivation au travail a fait couler beaucoup d'encre depuis les 75 dernières années, il n'existe pas encore de consensus. Les théories développées jusqu'ici contribuent de façon importante à mieux comprendre la motivation, mais aucune d'entre elles n'est suffisamment englobante pour expliquer à la fois les causes et les mécanismes qui sous-tendent ce phénomène. Quoi qu'il en soit, la diversité des théories présentées dans ce chapitre permet de constater que la motivation au travail constitue un phénomène complexe, qui peut être conceptualisé de diverses façons.

Afin d'arriver à une compréhension plus globale de la motivation au travail, plusieurs auteurs ont récemment proposé des métathéories (Locke et Latham, 2004 ; Johns et Saks, 2005). Ces dernières ne sont pas de nouvelles conceptions de la motivation, mais plutôt des intégrations de théories existantes. La figure 3.6 présente une façon de concevoir le processus de motivation dans son ensemble. Évidemment, il s'agit d'une représentation grandement simplifiée, compte tenu du fait que seules les théories présentées dans ce chapitre sont ici prises en considération. Davantage de travaux de recherche théoriques et empiriques seront nécessaires afin de vérifier les relations entre les variables et d'apporter les nuances et les ajouts nécessaires.

---

2. Ce concept est expliqué dans le chapitre 1.

FIGURE 3.6 *L'ébauche d'une métathéorie de la motivation au travail*

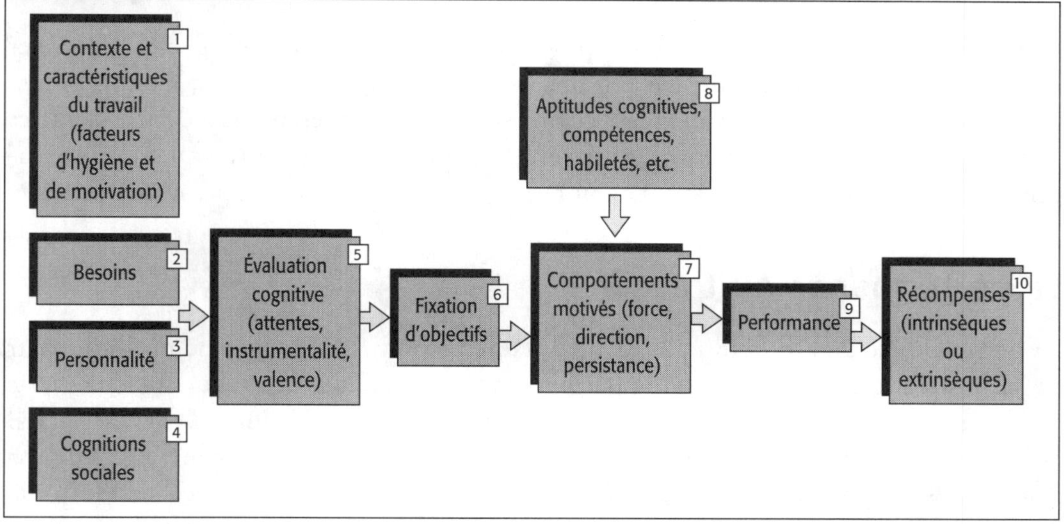

La probabilité qu'un individu décide de s'engager dans une activité particulière (5, théorie de Vroom) dépend de différentes variables, dont les facteurs d'hygiène et de motivation (1, théorie de Herzberg), les différents besoins de l'individu (2, théorie de Maslow), sa personnalité (3, voir le chapitre 1) et ses cognitions sociales (4, voir le chapitre 2 [ex. : schémas d'événements, schéma de soi]). Lorsque la décision de fournir des efforts dans une activité est prise, l'individu se fixe des objectifs qui peuvent s'avérer plus ou moins clairs, précis et difficiles (6, théorie de Locke et Latham). Suivant ce que représente l'atteinte de ces objectifs pour l'individu, ce dernier adoptera des comportements qui pourront être motivés de façon intrinsèque ou extrinsèque (7, théorie de Deci et Ryan). En d'autres termes, même si dans les faits l'individu a toujours le choix d'adopter ou non certains comportements, il se sentira plus ou moins libre de le faire. Cela dit, la force, la direction et la persistance des comportements adoptés, ainsi que la performance qui s'ensuivra (9) dépendront non seulement des objectifs fixés, mais aussi des aptitudes cognitives, des compétences (perçues et réelles) et des habiletés de l'individu (8). Si le processus se déroule comme la personne l'avait envisagé, le niveau de performance atteint permettra d'accéder à la récompense convoitée (10). Cette récompense pourra être intrinsèque ou extrinsèque. La récompense est intrinsèque lorsque la satisfaction de l'individu provient de la réalisation même du travail (ex. : sentiment d'accomplissement, fierté du travail accompli). Par ailleurs, la récompense s'avère extrinsèque lorsqu'elle dépend de l'environnement (ex. : prime, acceptation par les pairs, prestige).

Bien entendu, les résultats obtenus pourront également être très différents de ceux anticipés, voire décevants, ce qui aura possiblement pour effet de modifier les prochaines décisions de l'individu quant à savoir s'il doit ou non s'investir dans une activité particulière.

Les notions connexes

La motivation est un processus psychophysiologique qu'on peut difficilement observer directement ; par contre, on peut étudier ses effets sur les attitudes et les comportements de la personne au travail. C'est ce qui a conduit les chercheurs à définir d'autres concepts associés à la motivation, notamment la performance au travail, la mobilisation, l'engagement, l'implication, l'habilitation psychologique et l'expérience optimale.

La performance au travail

La performance de l'individu au travail est souvent considérée comme un indicateur de sa motivation. La mesure de la performance correspond à la grandeur des écarts entre les objectifs qu'on lui a assignés et les résultats qu'il obtient. D'après Katzell et Thompson (1990), les mesures de la performance s'appuient généralement sur des indices de productivité et des mesures de comportement comme l'assiduité, la ponctualité et l'intention de garder son emploi. Plusieurs chercheurs sont portés à croire que la performance est fonction du degré de motivation de la personne et considèrent qu'on ne peut estimer la motivation au travail que par l'observation de la performance.

De fait, nous savons aujourd'hui que la performance individuelle résulte davantage de la compétence de la personne que de sa motivation (Mowday et autres, 1982 ; Ostroff, 1992 ; Porter et Lawler, 1968). De plus, Mitchell (1982) affirme que la performance diffère de la motivation parce qu'il y a beaucoup d'autres facteurs qui influent sur la performance individuelle. S'il est vraisemblable que la performance soit fonction des caractéristiques personnelles (généralement représentées par l'équation suivante : aptitudes × habiletés × décision de faire un effort × décision du niveau d'effort × décision de persister) et des conditions facilitantes ou inhibantes qui échappent au contrôle de la personne, elle est aussi déterminée par d'autres facteurs comme le type de technologie et la culture de l'entreprise.

Il est généralement admis dans le milieu de la recherche que la performance est essentiellement la conséquence de l'action. Cependant, le lien entre la performance et la motivation demeure relativement obscur. Parmi les facteurs qui pourraient exercer une influence sur cette relation, citons la contingence des rétributions ; les contraintes situationnelles telles que le budget, le temps et l'information ; l'estime de soi de l'employé ; sa marge discrétionnaire ; ses habiletés ; les efforts déployés dans son travail ; et, enfin, sa personnalité (Morin et autres, 1994).

La mobilisation

À une époque où les organisations évoluent dans des environnements complexes et sont soumises à des changements majeurs et fréquents, il devient crucial de pouvoir compter sur la flexibilité et l'engagement du personnel, ce qui nous amène à parler de mobilisation. En effet, ce phénomène constituerait un important déterminant de la performance organisationnelle et du bien-être des personnes.

Tremblay et Wils (2005) définissent la mobilisation comme « une masse critique d'employés qui accomplissent des actions (faisant partie ou non de leur contrat de travail et étant rémunérées ou non) bénéfiques au bien-être des autres, de leur organisation et à l'accomplissement d'une œuvre collective » (p. 38). Selon ces mêmes auteurs, les comportements de mobilisation se regroupent en trois catégories, à savoir : 1) le respect du contrat de travail ; 2) les comportements de motivation individuelle ; et 3) les comportements de motivation collective.

La première catégorie comprend le respect des termes explicites du contrat de travail et le respect des règles officielles découlant de ce même contrat (Est-ce que l'individu effectue correctement le travail pour lequel il a été engagé ? Est-ce qu'il se conforme aux règles officielles de conduites concernant entre autres la longueur des pauses, les absences, les retards, les départs ?). Le respect de ces règles organisationnelles constitue une condition fondamentale pour la mobilisation.

La deuxième catégorie regroupe, d'une part, le dévouement dans le travail et, d'autre part, le développement professionnel. Le dévouement se traduit par le fait de fournir plus d'efforts que ce qui est exigé. Il peut s'agir de faire des suggestions d'amélioration, de réduire le temps des pauses, de travailler plus tard, etc. Bref, un employé dévoué est prêt, sur une base ponctuelle, à consacrer plus de temps et d'énergie à son travail que ce qu'on attend explicitement de lui. Par ailleurs, le développement professionnel se définit par la volonté individuelle d'améliorer ses compétences. Le fait de rechercher activement les occasions d'apprentissage liées au travail (ex. : nouveaux produits et services, expertise, changements à l'interne) encourage nécessairement la mobilisation.

La troisième catégorie, la motivation collective, se compose de huit types de comportements distincts, à savoir l'aide apportée aux autres, la facilitation interpersonnelle, la coordination, l'esprit sportif, l'amélioration continue, la participation à la vie civique interne, la loyauté organisationnelle et, enfin, l'orientation vers les clients. Cette catégorie de comportements permet de distinguer la motivation individuelle de la mobilisation. À titre d'exemple, un individu très motivé à progresser dans la hiérarchie d'une organisation peut décider d'utiliser des moyens qui nuisent à l'esprit d'équipe pour arriver à ses fins (ex. : compétition, rétention d'information, survalorisation personnelle). Cet individu est certes motivé, mais il ne s'avère pas mobilisé – au sens de Tremblay et Wils (2005) –, compte tenu du fait que ses comportements ne contribuent pas à un projet collectif. Bref, la motivation individuelle constitue une composante nécessaire, mais insuffisante pour définir le concept de mobilisation. Pour qu'il y ait mobilisation, il faut que l'individu soit également animé par une motivation collective. Les huit comportements de motivation collective sont définis dans le tableau 3.2.

TABLEAU 3.2 Les comportements de motivation collective

Comportement de motivation collective	Définition[a]
L'aide apportée aux autres	« Il s'agit de rendre les autres plus performants et meilleurs notamment en partageant ses connaissances et ses compétences, en prenant en charge un nouvel employé ou en dépannant un collègue débordé. »
La facilitation interpersonnelle	« La personne écoute, encourage, félicite et soutient les autres, elle cimente l'esprit d'équipe, dénoue des conflits, rapproche les personnes, etc. »
La coordination avec les autres	« L'employé pense aux autres avant d'agir, se préoccupe de l'impact de ses actions sur les autres, discute avec ses collègues avant d'agir, coordonne ses actions avec celles des autres, et ainsi de suite. »
L'esprit sportif	« L'employé accepte les contraintes, les règles, les procédures, met l'accent sur le côté positif plutôt que sur le côté négatif, ne dramatise pas les difficultés, est solidaire avec les autres quant aux décisions prises, etc. »
L'amélioration continue	« L'individu suggère des solutions constructives, adhère aux changements, en propose, en implante, et ainsi de suite. »
La participation à la vie civique interne	« L'employé assiste aux réunions, qu'elles soient prévues ou non, participe aux activités sociales, s'engage dans des activités à caractère social, etc. »
La loyauté organisationnelle	« L'employé défend l'organisation quand on la critique, il est un bon ambassadeur interne et externe, il aide au recrutement externe, il s'engage dans la communauté, il promeut les produits et les services de l'organisation, etc. »
L'orientation vers les clients	« La personne fournit un service exemplaire, courtois, empressé, améliore les services offerts aux clients, etc. »

[a] Tremblay et Wils (2005, p. 44).

L'engagement au travail

L'engagement (*commitment*) constitue une force qui pousse un individu à poser des actions qui s'avèrent pertinentes en regard d'une ou de plusieurs cibles (Meyer et Herscovitch, 2001). Les cibles possibles de l'engagement sont multiples. Il peut s'agir de l'organisation, du syndicat, de la profession, de l'équipe, du supérieur immédiat, des objectifs ou de la carrière.

Quelle que soit sa cible, l'engagement constituerait un concept tridimensionnel, incluant l'engagement affectif, l'engagement de continuité et l'engagement normatif (Allen et Meyer, 1990 ; Meyer et Allen, 1984, 1991). L'engagement est affectif lorsque l'individu s'identifie à la cible (ex. : organisation, syndicat) et qu'il est disposé à fournir des efforts de façon à assurer la permanence du lien avec cette cible. Ce type d'engagement se développe souvent lorsque l'individu est motivé intrinsèquement. L'engagement de continuité amène plutôt la personne à considérer les coûts associés au fait de rompre le lien avec la cible. Ce type d'engagement peut découler de la crainte pour la personne de perdre ce qu'elle a investi antérieurement dans la cible (ex. : temps, argent) ou de l'absence de solution de rechange dans l'éventualité où le lien entre l'individu et la cible venait à se rompre. Enfin, l'engagement prend une forme normative lorsque la personne se sent moralement obligée de maintenir le lien avec la cible. Ce type d'engagement se développe lorsque 1) l'individu a internalisé, par l'entremise du processus de socialisation, des normes concernant les conduites appropriées à adopter à l'égard de la cible ou 2) lorsqu'il reçoit des bénéfices desquels découle un besoin de réciprocité. Meyer et autres (1998) soutiennent que l'engagement normatif pourrait également découler de la perception qu'a l'individu de ses obligations en regard du contrat psychologique (Rousseau, 1989).

Les trois formes d'engagement réduiraient l'intention de partir des travailleurs ainsi que le taux de rotation du personnel. Cependant, alors que l'engagement affectif augmenterait la performance au travail, l'engagement de continuité risquerait de nuire à la performance.

L'implication

L'implication se traduit par les dispositions de l'employé à l'égard de son travail. Plus l'individu s'identifie à son travail et y accorde de l'importance par rapport aux autres sphères de sa vie, plus il s'avère impliqué (Lawler et Hall, 1970).

Kanungo (1982) fait une distinction entre l'implication dans l'emploi (*job involvement*) et l'implication au travail (*work involvement*). La première forme d'implication correspond au degré auquel l'individu s'identifie à l'emploi qu'il occupe actuellement, alors que la seconde forme d'implication fait référence à l'importance du travail en général dans la vie de l'individu. Les recherches menées par Wrzesniewski et autres (1997, 2003) indiquent que le travail peut être considéré comme un gagne-pain, une carrière ou une vocation, selon l'individu. Lorsque le travail est considéré comme un gagne-pain, il n'est pas perçu comme une fin en soi, mais plutôt comme un moyen d'acquérir des ressources permettant de mieux profiter des autres aspects de la vie (ex. : famille, loisirs). Les individus qui perçoivent davantage leur travail comme une carrière s'investissent plus dans cette sphère de leur vie et cherchent à progresser dans la structure organisationnelle. L'avancement professionnel est perçu comme une façon de développer leur estime d'eux-mêmes et d'accroître leur prestige et leur pouvoir. Enfin, les personnes qui voient leur travail comme une vocation considèrent que cette sphère de leur vie est indissociable des autres. Ils font leur travail pour le sentiment d'accomplissement que celui-ci leur procure, ce qui n'implique pas nécessairement qu'ils ont du plaisir à le faire.

L'implication a été longtemps considérée comme le principal antécédent de la motivation au travail (Lawler, 1986). La popularité de ce concept a d'ailleurs donné lieu à un grand nombre d'études concernant, notamment, les pratiques de gestion visant à augmenter l'implication des employés. Les résultats d'une méta-analyse réalisée par Brown (1996) indiquent que le fait de témoigner de la considération aux employés et d'encourager leur participation lors de la prise de décisions constitueraient d'importants prédicteurs de l'implication au travail. Ces résultats corroborent en partie le modèle de Lawler (1991), selon lequel l'implication des employés n'est possible que par la mise en place d'une gestion participative, fondée sur un partage réel des pouvoirs entre tous les acteurs (gestionnaires, employés, syndicat), eu égard aux quatre aspects critiques du succès d'une organisation : l'information, la prise de décisions, l'accès aux récompenses et l'accroissement des habiletés.

L'habilitation du personnel

Depuis les années 1970, les pratiques de gestion visant à encourager la participation des employés suscitent beaucoup d'intérêt en raison de leur influence positive sur la performance et la qualité de vie au travail. Le concept d'habilitation du personnel (*employee empowerment*) découle de ce champ d'études, qui a pris différentes tangentes au cours des années (ex. : cercles de qualité, participation à la prise de décisions, équipes de travail semi-autonomes). Traditionnellement, l'habilitation du personnel désignait un mode de gestion où l'employé de première ligne se voyait allouer plus de latitude dans la réalisation des tâches et de pouvoir dans l'organisation (Boudrias et autres, 2003). Au cours des dernières années, on a commencé à examiner le concept d'habilitation sous un angle psychologique. Il est aujourd'hui de plus en plus question de l'expérience d'habilitation, couramment appelée « habilitation psychologique ». Ces deux conceptions de l'habilitation au travail sont complémentaires : la première est principalement issue de la documentation en management, alors que la seconde découle des travaux en psychologie de la motivation (Spreitzer, 1997).

L'habilitation psychologique compterait quatre composantes cognitives, soit le sens du travail, la compétence, l'autodétermination et l'impact (Spreitzer, 1995 ; Thomas et Velthouse, 1990). En premier lieu, la personne dite habilitée a le sentiment de faire quelque chose de significatif au travail, c'est-à-dire d'apporter une contribution utile et importante. En deuxième lieu, la personne habilitée éprouve un sentiment de compétence dans l'accomplissement de ses tâches ; non seulement elle estime qu'elle possède les habiletés et les connaissances nécessaires pour réussir, mais elle a confiance en sa capacité personnelle d'accomplir de façon adéquate ce qu'on attend d'elle. En troisième lieu, la personne habilitée a le sentiment d'être libre de choisir, c'est-à-dire qu'elle a la conviction d'exercer son libre arbitre pour décider de la meilleure façon de faire son travail et, ce faisant, elle se sent responsable de ses actes et de leurs conséquences. Enfin, la personne habilitée perçoit qu'elle peut exercer une influence sur les conséquences stratégiques, administratives ou opérationnelles du travail. Plus récemment, Menon (1999, 2001) a ajouté une autre composante au concept d'habilitation psychologique, à savoir l'internalisation des objectifs. L'individu habilité serait donc davantage engagé à l'égard de ses objectifs de travail.

Boudrias et autres (2003) ont recensé les principales recherches qui ont contribué à établir le réseau nomologique de l'habilitation psychologique. Leur recension indique que l'habilitation psychologique permettrait de prédire plusieurs des comportements des travailleurs (ex. : comportements autogérés, comportements proactifs, comportements de citoyenneté au travail), l'efficacité et la performance individuelles, ainsi que des résultantes affectives (ex. : satisfaction au travail, engagement organisationnel, stress, épuisement professionnel). Les antécédents de l'habilitation psychologique concernent, pour leur part, les dispositions personnelles de l'individu (ex. : lieu de contrôle, estime de soi), les comportements du superviseur (ex. : leadership transformationnel, partage d'information, *coaching,* développement des habiletés, participation à la prise de décision, délégation, qualité des échanges entre le leader et les membres de l'équipe) et les caractéristiques du travail (ex. : niveau d'autonomie, feed-back provenant du travail, variété des tâches, signification du travail pour l'individu).

L'expérience optimale

Vous êtes-vous déjà concentré sur une activité à un point tel que vous avez perdu toute notion du temps et que rien d'autre ne semblait plus avoir d'importance ? Si la réponse est oui, vous viviez probablement à ce moment un épisode d'expérience optimale, communément nommé *flow*. Selon Csikszentmihalyi (1990, 2003), le *flow* correspond à un état psychologique de profond bien-être, de concentration et de motivation intenses, qui survient lorsqu'une activité est perçue comme constituant un défi égal ou légèrement supérieur aux habiletés que l'on possède. Pour entraîner une expérience optimale, ou *flow,* l'activité que l'individu pratique doit correspondre à ses compétences, à ses intérêts et à sa personnalité. L'activité doit également être intrinsèquement satisfaisante. En d'autres termes, l'exécution même de l'activité doit procurer du plaisir à l'individu.

Les gens qui affirment avoir des expériences optimales font généralement les observations suivantes (Csikszentmihalyi, 1997a, 2003) :

1) Les objectifs poursuivis lors d'une expérience optimale sont clairs et précis, de sorte que nous savons exactement le comportement à adopter pour les atteindre. À titre d'exemple, un bon chirurgien connaît exactement les actions à poser à chaque moment de l'opération, et ce, peu importe les imprévus susceptibles de survenir.

2) Un feed-back immédiat, pouvant provenir du travail lui-même, nous permet d'évaluer notre performance de façon continue. Il est difficile pour un individu de demeurer absorbé dans une activité et, par conséquent, de connaître une expérience optimale, sans savoir si sa performance est bonne ou non.

3) L'activité à réaliser correspond exactement à nos compétences ou est légèrement supérieure à celles-ci. Une expérience optimale ne peut avoir lieu si la tâche à réaliser est trop difficile par rapport aux compétences de l'individu, ce qui se traduit par de l'anxiété et de la frustration, ou trop facile, ce qui entraîne un état d'ennui, d'apathie. Prenons l'exemple d'Alexandre, un nouveau joueur de tennis (exemple adapté de Csikszentmihalyi, 1990). Lors de ses premières séances, il prend plaisir à frapper la balle contre le mur. Après quelque temps, cet exercice commence à l'ennuyer et il s'en désintéresse. Il décide alors de suivre des cours de tennis afin de jouer avec d'autres débutants. Comme le niveau de complexité augmente légèrement, il retrouve le plaisir de jouer. Un soir, il décide d'aller s'entraîner avec un de ses amis qui joue au tennis depuis plusieurs années. Après quelques échanges désastreux, Alexandre commence à ressentir de la frustration. Il n'arrive plus à se concentrer. Tout ce qu'il souhaite, c'est que la partie se termine au plus tôt.

4) Lors d'une expérience optimale, l'attention est canalisée sur l'activité réalisée. Notre esprit ne cherche pas à s'évader vers d'autres pensées (ex.: ce que nous allons manger ce midi, notre rendez-vous amoureux de la veille). Il n'existe plus de différence entre la pensée et l'action. Les gestes sont faits naturellement, sans que la personne ait à y réfléchir. Bref, l'individu et l'activité ne font plus qu'un.

5) L'individu est si concentré sur l'activité en cours qu'il ne se laisse distraire par aucune préoccupation (ex.: problèmes de santé, difficultés financières). Ce qui compte, c'est l'instant présent. Il se sent alors coupé du reste du monde, de la réalité. Il est dans sa bulle. C'est en partie parce que l'état de *flow* permet à l'individu de se soustraire momentanément à ses problèmes qu'il procure un sentiment de profond bien-être, voire d'extase.

6) L'individu ne craint pas l'échec lorsqu'il connaît une expérience optimale. Compte tenu du fait que l'activité réalisée est en adéquation avec ses compétences, l'individu sent qu'il maîtrise la situation et n'envisage donc pas l'échec comme une issue possible.

7) La conscience de soi disparaît momentanément. L'individu est si engagé dans son activité qu'il ne cherche pas à protéger son ego et à bien paraître. La distinction entre sa personne et l'environnement n'existe temporairement plus. L'individu en oublie ses ambitions, ses désirs, ses craintes et ses peurs, tellement il est absorbé par son activité.

8) Lors d'une expérience optimale, l'individu perd la notion du temps: soit les heures semblent s'écouler aussi rapidement que les minutes, soit l'exécution d'une

performance qui exige une grande précision semble durer beaucoup plus que quelques secondes (ex. : exécuter une acrobatie en skis ou en patins).

9) L'activité devient une fin en soi. À titre d'exemple, il peut être stressant d'avoir à apprendre à utiliser un nouveau logiciel dans le seul but d'atteindre nos objectifs au travail. Cependant, au fur et à mesure que l'on développe des compétences à utiliser ce logiciel, le simple fait d'y avoir recours peut devenir source de plaisir.

Fait intéressant, les expériences optimales ne surviennent pas seulement pendant les loisirs (ex. : jardiner, écouter de la musique, cuisiner), mais aussi durant le travail (Csikszentmihalyi, 1982). D'ailleurs, le travail serait particulièrement propice à l'atteinte de cet état psychologique. De prime abord, cette observation peut paraître surprenante, compte tenu du fait qu'il est encore peu fréquent d'associer publiquement le plaisir et le travail. Cependant, lorsque nous nous y penchons de plus près, nous découvrons que cela n'a rien d'étonnant. En fait, le travail ressemble à un jeu à plusieurs égards. Le travailleur poursuit généralement des objectifs plus ou moins clairs et doit se soumettre à des règles de performance, tout comme l'individu qui joue aux échecs ou au soccer.

À l'inverse, certaines activités, comme regarder la télévision, s'accompagnent très rarement d'épisodes de *flow*. La raison pour laquelle il en est ainsi est que ces activités ne nous permettent pas d'utiliser des compétences particulières. Dans ce cas, pourquoi plusieurs d'entre nous passent tant de temps devant le petit écran ? Selon la théorie de l'expérience optimale de Csikszentmihalyi (1990), ce choix s'expliquerait par le fait que l'accès à un état de *flow* implique de fournir des efforts intenses et de se concentrer sur une tâche. Si une personne est trop fatiguée, anxieuse ou manque de discipline pour faire face à d'éventuels obstacles, elle va opter pour une activité plus accessible, bien que moins satisfaisante. Bref, le plaisir ne vient pas seul, il exige des efforts !

Les résultats des recherches indiquent que nous bénéficions grandement des expériences optimales. Les personnes qui vivent fréquemment des expériences optimales sont de meilleure humeur, plus satisfaites de leur vie, moins anxieuses, plus motivées, plus créatives, en meilleure santé et plus productives dans leur travail (Csikszentmihalyi, 1982). De là l'importance pour les gestionnaires d'aménager le travail de sorte que les employés y trouvent du plaisir et puissent connaître des épisodes d'expérience optimale (Csikszentmihalyi, 2003). Pour ce faire, les gestionnaires peuvent notamment fixer des objectifs de travail précis et stimulants, ainsi qu'évaluer le potentiel des employés afin de leur offrir des défis à la hauteur de leurs compétences. Il est également souhaitable d'établir avec eux un plan de carrière, de façon à ce qu'ils puissent relever des défis correspondant à leurs compétences à différents moments de leur vie professionnelle.

Cela dit, la capacité de vivre des expériences optimales ne dépend pas seulement des conditions présentes dans l'environnement. Elle constitue en fait une compétence personnelle extrêmement importante. De nos jours, plusieurs personnes ont perdu la capacité d'éprouver du plaisir à effectuer les petites activités de la vie quotidienne (ex. : jouer avec les enfants, faire les courses, entretenir la maison). Dans le même ordre d'idées, bon nombre d'individus tolèrent le fait de s'ennuyer à l'école ou dans leur travail dans l'espoir d'être un jour récompensés pour leurs efforts et de pouvoir enfin goûter au bonheur. L'état de *flow* se trouve à l'opposé de ce sentiment d'aliénation. Selon Csikszentmihalyi (1990), nous pouvons apprendre à apprécier les petites choses de la vie de tous les jours pour la simple satisfaction qu'elles procurent ici et maintenant et non pour les objectifs qu'elles permettent d'atteindre. Malheureusement, nous apprenons très tôt dans notre vie que les tâches sérieuses sont ennuyeuses ou difficiles et que les tâches frivoles sont excitantes et faciles. Ce constat soulève d'importantes questions sur l'éducation et les valeurs que nous promouvons.

La théorie de l'expérience optimale de Csikszentmihalyi (1990) présente plusieurs points communs avec la théorie de la fixation d'objectifs de Locke et Latham (1990). Les gens arrivent à atteindre un état de *flow* lorsqu'ils poursuivent des objectifs stimulants (mais accessibles), ce qui constitue un élément central de la théorie de la fixation d'objectifs. Quand un individu poursuit ce type d'objectifs, il concentre toute son attention sur la tâche à réaliser. Momentanément, il oublie tout le reste et devient totalement engagé dans cette activité. Le *flow* transforme ainsi les tensions en plaisir. Lorsque l'individu arrive à se concentrer sur l'atteinte d'objectifs précis et réalistes, le stress devient tolérable et même stimulant. Pour arriver à vivre des expériences optimales malgré la pression et le stress, les gestionnaires peuvent notamment fractionner leurs objectifs finaux en sous-objectifs plus réalistes. Nous pouvons comparer cette stratégie à celle de l'alpiniste qui est en train d'escalader l'Everest et qui ne concentre pas son attention sur son objectif ultime, qui consiste à atteindre le sommet, mais plutôt sur son prochain mouvement, afin d'éviter de perdre l'équilibre. C'est en décomposant les objectifs finaux en sous-objectifs que l'on parvient à concentrer notre énergie et notre attention sur ce qui doit être fait ici et maintenant, plutôt que de ruminer le passé ou de s'inquiéter démesurément à propos de l'avenir. Cette attitude est nécessairement associée à l'efficacité. À titre d'exemple, un vendeur qui est essentiellement préoccupé par le fait d'atteindre ses objectifs mensuels ne sera pas suffisamment attentif à l'humeur de son client et risquera de perdre une vente.

Des applications de la psychologie de la motivation

Il existe plusieurs applications de la psychologie de la motivation au monde du travail. Dans cette dernière section du chapitre, nous discuterons de trois de ces applications, soit la gestion de la présence au travail, l'organisation du travail et, enfin, les programmes d'attraction et de rétention du personnel.

La gestion de la présence au travail

De manière générale, l'absentéisme est un terme utilisé dans les organisations pour désigner les absences évitables et imprévisibles (Statistique Canada, 2005). Comparativement aux jours de congé prévus dans le calendrier de travail, les absences non prévisibles peuvent être difficiles à absorber par l'entreprise, surtout lorsqu'elles sont fréquentes. L'absentéisme entraînerait chaque année des pertes de 16 milliards de dollars pour l'économie canadienne (Picher, 2005). En plus de perturber l'échéancier de travail et la performance organisationnelle, l'absentéisme constituerait un irritant important pour les collègues de travail, et ce, particulièrement lorsque les employés travaillent en équipe.

Au Canada, nous observons depuis quelques années une hausse importante du taux d'absentéisme. En 1997, au cours d'une semaine moyenne de travail, environ 5,5 % des employés à temps plein occupant un seul emploi étaient absents toute la semaine ou une partie de celle-ci pour l'une ou l'autre des raisons suivantes : une maladie, une incapacité, des obligations personnelles ou familiales ou le mauvais temps[3]. En 2004, ce pourcentage atteignait 7,6 % (Statistique Canada, 2004). Il s'avère toutefois impossible d'établir avec précision la proportion de ces absences qui auraient pu être évitées. En d'autres termes, les gestionnaires ont souvent bien des difficultés à départager le mensonge de la vérité. À titre d'exemple, un employé peut déclarer à son patron qu'il ne peut se présenter au travail en raison d'un mal de ventre, alors qu'il avait plutôt décidé de prendre une journée de congé pour aller jouer au golf. Sans prétendre que ce phénomène est largement répandu, nous ne pouvons nier son existence et ses effets pervers sur le fonctionnement et l'efficacité organisationnelle.

Les raisons qui expliquent l'augmentation du taux d'absentéisme auraient notamment trait au vieillissement de la main-d'œuvre, au nombre plus important de femmes sur le marché du travail (particulièrement les mères de jeunes enfants) et au niveau de plus en plus élevé de stress que vivent les travailleurs (Lambert et autres, 2005 ; Statistique Canada, 2004).

Dans certaines circonstances, le fait de s'absenter du travail en dehors des journées normales de congé peut constituer une stratégie d'adaptation efficace pour contrer le stress occupationnel (Martocchio et Jimeno, 2003). L'individu peut profiter de son absence du travail pour « recharger ses batteries ». Il revient ensuite au travail de meilleure humeur et plus productif. Par conséquent, lorsqu'il n'y a pas d'abus, l'absentéisme n'est pas nécessairement un problème pour l'organisation. Cela dit, certains individus n'arrivent pas à profiter de ces « journées de repos » pour se ressourcer. Plusieurs continuent en fait à ressasser leurs problèmes professionnels. Dans ces conditions, le fait de s'absenter du travail ne permet pas à l'individu de faire le plein d'énergie. En définitive, selon l'attitude qu'est en mesure d'adopter l'individu

3. Ce pourcentage exclut les femmes en congé de maternité.

durant son absence, cette stratégie peut s'avérer plus ou moins efficace pour contrer le stress au travail.

Les antécédents et les conséquences de l'absentéisme ont été abondamment étudiés. Les résultats des études révèlent que les facteurs culturels et organisationnels sont plus importants que les facteurs individuels pour prédire l'absentéisme. Le taux d'absentéisme varie considérablement d'un pays à l'autre. Par exemple, les employés s'absentent plus souvent du travail au Canada et aux États-Unis qu'au Japon ou en Suisse. Ces différences ne seraient pas attribuables à des raisons de santé, mais plutôt à des différences culturelles quant à la légitimité de prendre du temps pour soi en dehors du travail (Johns, 2003). Un phénomène semblable se produirait également à l'échelle organisationnelle ou groupale. Dans les organisations et les équipes de travail, les gens ajustent leurs comportements en fonction de ceux des autres. C'est ainsi que certaines organisations ou équipes de travail développeraient des cultures où l'absentéisme serait plus ou moins toléré, selon les normes implicites. Une culture d'absentéisme correspond aux croyances, aux valeurs et aux *patterns* de comportements reliés à la présence au travail que partagent les membres d'un groupe de travail ou d'une organisation (Gellatly et Luchak, 1998).

Certaines conditions de travail sont également associées à un plus haut taux d'absentéisme, dont le fait d'avoir des journées de congé qui ne correspondent pas à celles de nos amis ou de notre famille, les horaires rotatifs, les heures de travail non flexibles, etc. La recherche en comportement organisationnel a également permis d'établir d'autres antécédents de l'absentéisme, dont le manque de latitude dans la prise de décisions, les demandes psychologiques, le manque d'autonomie, la perte de sens dans le travail, le caractère routinier des tâches et le manque de soutien social provenant des collègues et du supérieur immédiat (Nielsen et autres, 2004).

Heureusement, les dirigeants et les gestionnaires ne sont pas impuissants devant les problèmes d'absentéisme que peut connaître leur entreprise ou leur équipe. L'absentéisme constitue avant tout un problème de gestion. Voici donc une liste d'interventions qui peuvent être mises en pratique dans les organisations afin de ramener le taux d'absentéisme à un niveau plus acceptable :

- Effectuer un diagnostic organisationnel afin de déterminer les causes de l'absentéisme et élaborer un plan d'action ;
- Rédiger une politique organisationnelle concernant l'absentéisme et communiquer clairement son contenu aux employés ;
- Rencontrer les employés dont l'absentéisme est élevé afin d'explorer les raisons de leurs absences ;
- Appliquer les mesures disciplinaires prévues lorsque c'est nécessaire ;
- Permettre la création d'une banque de congés ;
- Mettre en place des horaires de travail flexibles ;
- Offrir aux employés des services visant à favoriser la conciliation travail-vie privée (ex. : un service de garde) ;

- Encourager si possible d'autres formes d'organisation du travail (ex. : le télétravail) ;
- Promouvoir l'exercice physique en organisant des activités sportives ou en remboursant une partie des frais d'inscription à des centres sportifs ;
- Diminuer le niveau de stress au travail en clarifiant les rôles et les responsabilités de chacun, en établissant les priorités, en offrant de la formation, etc. ;
- Récompenser les employés qui s'absentent très peu (ex. : chèque-cadeau, prime) ;
- Mettre en place des programmes pour faciliter le retour au travail à la suite d'une absence prolongée ;
- Lors de l'entrevue d'embauche, demander au candidat le nombre de jours d'absence qu'il considère comme étant normal au cours d'une période de six mois. (Vous serez peut-être surpris de la réponse !)

Somme toute, l'idéal n'est pas de réduire à zéro le taux d'absentéisme dans les entreprises. La poursuite de cet objectif risquerait de contribuer au développement d'autres problèmes, dont le présentéisme. Le concept de présentéisme désigne le fait pour une personne de se présenter au travail même si elle est malade ou qu'elle présente des symptômes de détresse psychologique (Dew et autres, 2005). En d'autres termes, le présentéisme correspond à la situation de l'individu qui est physiquement présent sur les lieux de travail tout en étant mentalement absent. Les études réalisées à ce jour indiquent que cette situation aurait également plusieurs effets négatifs sur l'individu et l'entreprise. Par analogie au concept de *burnout,* certains commencent à parler de *burn-in*...

Le sens du travail et l'organisation du travail

Donner du sens à ses actes est une nécessité vitale pour l'être humain. Comme l'explique Frankl (1993), l'individu ne peut vivre en suivant simplement ses instincts ; il doit donner à ses conduites un sens qui soit acceptable à la fois pour lui et pour la société dans laquelle il se trouve. Jusqu'à une époque encore récente, les traditions lui prescrivaient des règles de conduite et des obligations morales qui lui procuraient, somme toute, une certaine sécurité ; les traditions l'aidaient à comprendre son existence et à y donner un sens. Mais avec l'affaiblissement des valeurs et des traditions, l'individu doit lui-même trouver un sens à son existence. Voici ce qu'écrit Frankl (1993) à ce sujet :

> « Désormais, ni son instinct ni la tradition ne lui dictent sa conduite ; il lui arrive même de ne plus savoir ce qu'il veut. Ou il cherche à imiter les autres (conformisme), ou il se conforme à leurs désirs (totalitarisme) » (p. 116).

Le sens se présente comme un effet, un produit de l'activité humaine, pouvant être décrit à l'aide de trois composantes : la signification, l'orientation et la cohérence (Brief et Nord, 1990 ; Frankl, 1967 ; Harpaz, 1986 ; Yalom, 1980). S'intéresser au sens du travail, c'est s'interroger sur la façon dont l'individu conçoit celui-ci. C'est également s'interroger sur les valeurs sous-jacentes, sur l'orientation de l'individu à l'égard du travail et sur le degré de cohérence que le travail représente pour lui. La figure 3.7 illustre les différentes composantes du sens du travail.

Morin (1995) utilise ce schéma pour décrire les résultats des recherches qui ont été faites sur le sens du travail. Elle rapporte ainsi les recherches qui permettent de déterminer : la signification du travail pour l'individu, à la fois comme définition et comme valeur ; l'orientation de l'individu à l'égard du travail, soit comme objectif personnel ou comme fonction du travail dans sa vie, et comme résultats personnels recherchés ; et la cohérence de l'expérience du travail, c'est-à-dire l'équilibre que l'individu trouve en lui-même grâce aux expériences et aux images que lui procure l'accomplissement de ses tâches.

Dans la constellation des données que l'individu perçoit relativement au travail, il se fait une image, une représentation qui a une signification pour lui. Cette signification est déterminée par un ensemble de facteurs psychologiques et sociologiques. L'individu aura tendance à exprimer cette signification relativement aux fonctions expressives et utilitaires que remplit le travail dans son projet de vie. Selon le sens (ou le non-sens) qu'il y trouve, ses attitudes et ses conduites au travail seront différentes.

Le travail est porteur de beaucoup de significations pour les individus. Fox (1980), pour sa part, parvient à déterminer huit significations personnelles :

1) le travail donne aux individus le sentiment d'appartenance à la société et le sentiment de pouvoir y apporter une contribution utile ;
2) le travail donne l'occasion de créer des liens d'attachement avec d'autres ;
3) le travail est un moyen d'obtenir un statut valorisé dans une société et de gagner le respect des autres ;
4) le travail offre la possibilité de définir son identité sociale ;

FIGURE 3.7 *Les composantes du sens du travail*

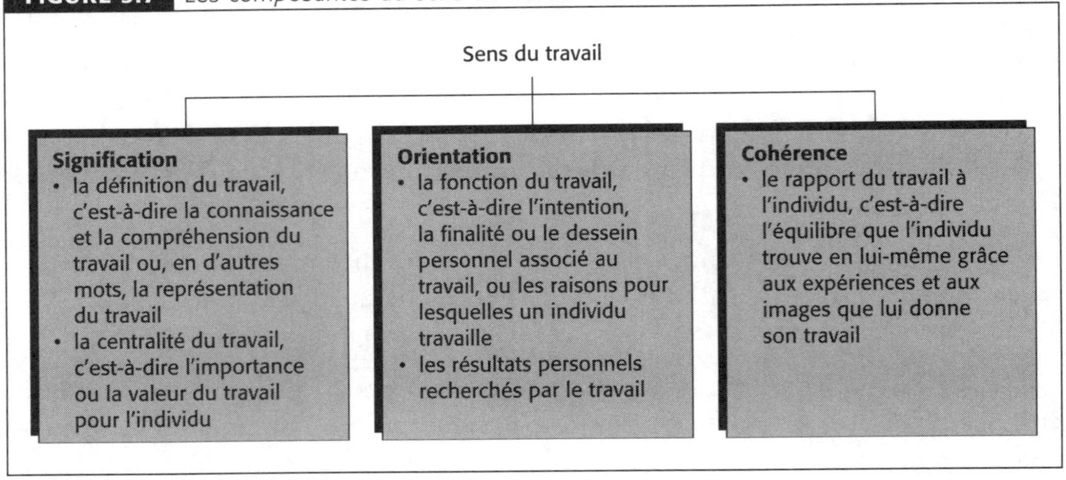

5) par sa régularité et son horaire contraignant, le travail permet de structurer le temps, de rythmer les activités de la vie quotidienne ;
6) le travail est un moyen de surmonter les problèmes existentiels de l'être humain (ex. : la solitude et la mort) ;
7) le travail permet aux individus de s'accomplir en leur donnant des occasions de relever des défis ou de poursuivre leurs idéaux ;
8) le travail est aussi un moyen de transcender l'existence humaine, dans la mesure où les individus se consacrent à une cause importante et signifiante.

Le travail est avant tout une nécessité vitale pour l'être humain, car il lui permet de développer sa force créatrice et ses capacités d'imagination. De nos jours, les images ou les représentations sociales que nous avons pour donner un sens au travail ne rendent plus compte du plaisir qu'il y a à être créatif, productif et efficace. James Hillman (1993) le dit bien d'ailleurs :

> « Je veux simplement parler du travail comme d'un plaisir, comme d'une gratification instinctuelle – au lieu d'en parler comme d'un droit, “le droit au travail”, ou comme d'une nécessité économique, ou comme un devoir social, ou comme une pénitence imposée à Adam après qu'il eut été chassé du paradis terrestre. Les mains veulent faire des choses et l'esprit aime à s'appliquer. Le travail est vital, irréductible à quelque autre valeur. Nous ne travaillons pas pour ramasser le fruit de la cueillette, pour acquérir du pouvoir dans la tribu, pour acheter une nouvelle voiture, et ainsi de suite. Le travail a son propre but et apporte ses propres joies ; mais pour que cela roule, il faut avoir un fantasme à propos de notre travail, et les fantasmes économiques et sociologiques que nous avons développés sont complètement dysfonctionnels. Il n'y a pas à s'étonner de l'énorme problème de productivité et de qualité qui existe dans le monde du travail en Occident. Nous ne sommes pas censés vouloir cesser de travailler. C'est comme vouloir ne pas manger, vouloir ne pas faire l'amour. C'est de l'infirmité instinctuelle ! Et c'est la faute de la psychologie ; elle ne s'occupe pas de l'instinct du travail » (p. 218-219).

Le sens que donne un individu à son travail dépend de plusieurs facteurs : la représentation qu'il s'en fait (ce qui est du travail pour lui) ; la centralité du travail dans son existence par rapport aux autres activités qu'il valorise ; les fonctions que remplit le travail dans sa vie ; et surtout le sentiment de cohérence qu'il retire de l'accomplissement de son travail (Morin, 1995).

Les gestionnaires peuvent faciliter et soutenir les efforts de découverte des significations personnelles et collectives (Hanna, 1985). Notamment, ils peuvent fixer des objectifs qui ont du sens, tant pour eux que pour leurs employés, et qui s'harmonisent bien avec les priorités de leur unité de travail. Les gestionnaires doivent également être en mesure de tracer des voies vers un avenir qui respecte davantage l'équilibre personnel de chacun. Les systèmes de gestion de carrière constituent une occasion unique pour ce faire, pour autant qu'on ne cède pas à la tentation de les « trivialiser » et de les assujettir aux pressions de la collectivité. Pour favoriser l'individuation, il faut soutenir les efforts des individus dans leur propre développement, lequel est nécessairement singulier. Enfin, les normes et les attentes des gestionnaires peuvent avoir des effets inhibiteurs sur le développement des individus. Les gestionnaires doivent être vigilants dans leurs relations avec les autres afin de les encourager à développer leur potentiel au maximum (Lesage et Rice, 1978).

Les recherches sur l'organisation du travail (Gardner, 1986) et sur l'habilitation ont souligné l'importance de faire en sorte que le travail soit d'abord significatif aux yeux de la personne qui l'accomplit. Certains aspects du travail le rendent significatif: l'utilité du travail (qu'est-ce que ça donne ?), le sentiment de valeur personnelle que l'individu retire de son travail (pourquoi moi ?) et l'intérêt du travail lui-même (est-ce que c'est intéressant ?). D'abord, on a mis en évidence l'importance de l'utilité perçue du travail, c'est-à-dire la nécessité pour la personne de savoir que ce qu'elle fait sert à quelque chose et a de la valeur. Également, la personne doit être consciente qu'elle apporte une contribution distinctive et qu'elle n'est pas facilement remplaçable. Enfin, le travail doit donner à la personne des occasions d'exercer la variété d'habiletés qu'elle possède et de développer des compétences.

Les programmes d'attraction et de rétention du personnel

Dans le contexte socioéconomique actuel (ex. : départs massifs à la retraite, main-d'œuvre spécialisée et exigeante, redéfinition du concept de loyauté), les entreprises doivent mettre en place des programmes efficaces en vue d'attirer et de conserver leur personnel. Être en mesure de planifier la relève constitue de nos jours un avantage concurrentiel de taille. À l'inverse, la difficulté à recruter les meilleurs candidats ainsi qu'à les garder peut considérablement nuire à l'efficacité des organisations. Les capitaux investis pour développer le potentiel des travailleurs et les pertes subies lorsqu'un employé talentueux décide de quitter son emploi sont considérables. D'ailleurs, comme l'illustre si bien le film québécois *La grande séduction* réalisé par Jean-François Pouliot, les employeurs sont parfois prêts à faire des pieds et des mains pour attirer de bons candidats et les garder…

Il existe un grand nombre de raisons pour lesquelles un employé peut décider de quitter son emploi. Plusieurs d'entre elles sont liées à la motivation et aux concepts connexes tels que l'engagement, la mobilisation ou la satisfaction au travail. De plus, bon nombre des causes évoquées par les employés qui démissionnent relèvent, en partie ou en totalité, de l'employeur, ce qui suggère que de nombreux départs pourraient être évités. Ramlall (2004) énumère quelques-unes de ces raisons :

1) Les caractéristiques et les exigences de l'emploi n'ont pas été présentées de façon réaliste à l'employé avant son embauche.

2) La personnalité, les valeurs ou les attitudes de l'employé ne sont pas compatibles avec celles des membres de son équipe.
3) La rémunération est perçue comme inéquitable, compte tenu des exigences de l'emploi.
4) L'attribution des promotions n'est pas basée sur la performance.
5) Les gestionnaires exercent un style de leadership axé sur le contrôle.
6) La gestion de la diversité est déficiente.
7) Les horaires de travail entraînent des conflits travail-vie privée.
8) Aucune action n'est prise pour convaincre l'employé qui exprime sa volonté de démissionner, de rester dans l'organisation.

Les raisons pour lesquelles une entreprise peut connaître des difficultés à recruter des employés talentueux sont tout aussi multiples. Si certains obstacles sont hors du contrôle de l'employeur (ex. : rareté de la main-d'œuvre dans un domaine), plusieurs autres pourraient être évités (ex. : manque de visibilité sur le plan de l'affichage des postes, description de poste peu représentative de l'emploi, salaire et avantages sociaux peu concurrentiels).

Ramlall (2004) a recensé différentes pratiques utilisées dans des organisations performantes afin d'attirer et de retenir les employés. Ces pratiques sont nombreuses et doivent être déployées de façon continue, c'est-à-dire dès l'ouverture du poste et jusqu'au départ éventuel de l'employé. Sans entrer dans les particularités de chacune de ces pratiques, ce qui dépasserait les visées de cet ouvrage, notons que celles-ci concernent l'analyse d'emploi, le recrutement et la sélection, la rémunération et les avantages sociaux, la planification et le développement de carrière, la formation, la supervision et la gestion, l'aménagement du temps de travail et les entrevues de départ. Si ces pratiques sont escamotées ou négligées, l'organisation risque de connaître des problèmes à attirer des candidats de choix ainsi que de voir augmenter son taux de rotation du personnel.

En définitive, les problèmes de recrutement et les départs volontaires sont souvent liés à la motivation des employés (ex. : les besoins, les attentes). Ce constat indique qu'une meilleure compréhension des théories de la motivation du travail permettrait aux dirigeants et aux gestionnaires d'intervenir plus efficacement lorsqu'il s'agit de planifier la relève et de retenir les individus talentueux dans l'entreprise.

Texte classique

Les plaintes et leur niveau[1]

Le tout découle d'un principe général qu'on pourrait énoncer comme suit : les motivations des gens peuvent se situer à différents niveaux de la hiérarchie. En d'autres termes, un individu peut avoir une existence d'ordre inférieur ou supérieur, c'est-à-dire avoir peine à survivre ou évoluer au sein d'une société eupsychienne où la fortune lui sourit et où tous ses besoins fondamentaux sont satisfaits, de sorte qu'il peut atteindre un niveau supérieur et s'intéresser à des choses comme la poésie ou les mathématiques.

Il existe diverses façons d'évaluer le niveau de motivation d'un individu. On peut en juger, entre autres, d'après le genre d'humour qui le fait rire. En effet, un individu dont les besoins sont d'ordre inférieur aura tendance à apprécier un humour hostile et cruel, riant par exemple d'une vieille dame qui se fait mordre par un chien ou d'un jeune simple d'esprit qui est tourmenté par d'autres enfants. Le genre d'humour qu'on associe à Abraham Lincoln, celui qui présente un caractère philosophique et éducatif, fait sourire plutôt que rire, et n'est guère lié à l'hostilité ou la domination. Il ne peut être compris par les personnes qui se trouvent aux échelons inférieurs de la hiérarchie des besoins.

Les tests projectifs font également ressortir la manière dont le niveau des motivations d'un individu se manifeste, c'est-à-dire par toutes sortes de symptômes et de gestes expressifs. On peut ainsi utiliser le test de Rorschach pour déterminer ce qu'un sujet recherche activement, soit l'objet de ses besoins et de ses désirs profonds. Tous les besoins fondamentaux pleinement satisfaits tendent à être oubliés et à s'effacer de la conscience d'un individu. Ils cessent en quelque sorte d'exister, tout au moins de manière consciente. Par conséquent, un individu a tendance à rechercher et à désirer ce qui se trouve au niveau immédiatement supérieur à celui qu'il a atteint dans la hiérarchie des besoins. S'il accorde son attention à ce besoin plus qu'à un autre, c'est que tous ceux d'ordre inférieur sont déjà satisfaits chez lui et que ceux d'un niveau plus élevé ne figurent pas encore pour lui dans le domaine des possibilités, de sorte qu'il n'y songe même pas. Or, on peut évaluer le niveau de ces motivations grâce au test de Rorschach, de même que par l'analyse des rêves d'un individu.

Poursuivant dans cette voie, j'en suis venu à penser que le niveau des plaintes, c'est-à-dire celui des besoins et des désirs profonds d'un individu, peut indiquer où se situent ses motivations, et qu'on pourrait y recourir en milieu de travail pour évaluer la santé d'une organisation dans son ensemble, en particulier si on dispose d'un échantillon suffisamment important.

Imaginons par exemple des travailleurs qui œuvrent dans un milieu autoritaire où la compétition est vive et où la peur, la misère et même la famine représentent des possibilités réelles. Considérons ensuite les emplois offerts, la manière dont les patrons se comportent, le degré de soumission des subalternes traités avec cruauté, etc. Ces travailleurs ne peuvent sans doute satisfaire leurs besoins élémentaires, qui se situent au bas de la hiérarchie. S'ils formulent des plaintes, celles-ci auront trait au froid, à l'humidité, aux dangers, à la fatigue, aux mauvaises conditions d'habitation et à tout autre élément lié aux besoins physiologiques élémentaires.

Au sein d'une organisation moderne, de telles plaintes ne pourraient que dénoter une très mauvaise gestion et un niveau de vie extrêmement bas. Même dans les organisations où les conditions de travail sont moyennes, les plaintes liées aux besoins de base sont rares. Du côté positif, ces plaintes, qui traduisent le désir d'obtenir quelque chose de plus que ce qui est actuellement offert, se situent approximativement au même niveau. En d'autres termes, il se peut qu'un travailleur du Mexique se plaigne d'une manière positive de choses liées à son besoin de sécurité, comme le risque d'un congédiement arbitraire ou l'impossibilité de planifier son budget familial, parce qu'il ignore combien de temps il conservera son emploi. Ce même individu pourrait protester contre l'absence de toute sécurité d'emploi, les décisions arbitraires du contremaître, les affronts qu'il doit accepter pour garder son emploi, etc. Selon moi, on pourrait qualifier de plaintes de niveau ou d'ordre inférieur celles qui ont trait aux besoins physiologiques, aux besoins de sécurité et peut-être même aux besoins d'affiliation et d'appartenance au groupe.

Les besoins d'ordre supérieur touchent, quant à eux, principalement à l'estime des autres et de soi,

1. Source : Tiré de Maslow (2006).

c'est-à-dire à la dignité, à l'autonomie, au respect de soi et d'autrui, au sentiment d'avoir de l'importance, à l'obtention d'éloges et de récompenses, à la reconnaissance de réalisations, etc. Les plaintes s'y rattachant auront probablement trait à quelque chose qui fait perdre une certaine dignité, ou menace l'estime de soi ou le prestige d'un individu. Je reconnais un autre type de plaintes, celles du métaniveau, qui touchent les métamotivations liées à l'actualisation de soi ou valeurs B. Ces métabesoins de perfection, de justice, de beauté, de vérité et autres se manifestent eux aussi en milieu de travail, où un individu peut très bien se plaindre d'un manque d'efficacité (même lorsqu'il ne lui coûte rien). En pareil cas, la personne concernée attire en fait l'attention sur le caractère imparfait de son milieu (sans égoïsme, par ce qu'on pourrait presque appeler la plainte impersonnelle et altruiste d'un philosophe). Il se peut aussi qu'elle proteste contre le fait qu'on lui cache une partie de la vérité, ou contre toute entrave à la communication.

Cette recherche de la vérité, de l'honnêteté et de tous les faits traduit un métabesoin plutôt qu'un besoin élémentaire. Les gens qui ont le loisir d'exprimer leur frustration à cet égard ont donc atteint un niveau très élevé de la hiérarchie des besoins. Dans une société marquée par le cynisme et dirigée par des voleurs, des tyrans ou d'autres individus de la même espèce, on n'entendrait aucune plainte du métaniveau, car les doléances toucheraient des besoins d'ordre inférieur. Les plaintes ayant trait à un manque de justice résultent elles aussi d'un métabesoin, et elles abondent dans les protocoles établis par les employés au sein d'une organisation bien gérée. Ces derniers ont tendance à s'élever contre l'injustice, même lorsqu'ils en tirent un avantage financier. Les mauvaises actions récompensées au détriment des bonnes, soit un manque de justice, font aussi l'objet de plaintes du métaniveau.

Tout ce qui précède donne fortement à penser que l'être humain ne cessera jamais de se plaindre. Le jardin d'Éden, le paradis terrestre, n'existe pas ; on ne peut goûter le bonheur parfait que pendant de brefs moments. On pourrait croire que tout individu devrait se contenter des satisfactions que lui procure l'existence, quelles qu'elles soient. Pareille attitude nierait cependant les aspirations les plus profondes de l'être humain, puisqu'elle sous-entend qu'un individu ne peut améliorer son sort, ce qui est évidemment ridicule. Un million d'années ne suffiraient pas pour atteindre la perfection. L'être humain saura toujours faire sien le bonheur qui se présente à lui. Il en tirera quelque temps un plaisir absolu, puis il l'oubliera dès qu'il y sera habitué ; il se mettra alors en quête de bienfaits encore plus grands, mû par la conviction que son existence pourrait être encore plus satisfaisante. Ceci m'apparaît comme un processus qui se poursuivra sans fin.

J'insiste sur ce point parce que je remarque, dans les écrits consacrés à la gestion des organisations, que beaucoup de gens sont désenchantés de la philosophie des dirigeants éclairés, et que certains cadres l'ont abandonnée pour reprendre une approche autoritaire parce qu'ils sont déçus du manque de gratitude de leurs employés ainsi que des plaintes que ces derniers formulent toujours malgré l'amélioration de leurs conditions de travail. Toutefois, selon la théorie de la motivation, on ne doit jamais s'attendre à ce que les plaintes cessent, mais simplement à ce qu'elles touchent des besoins d'ordre toujours plus élevé, c'est-à-dire à ce qu'elles passent du niveau inférieur au niveau supérieur, pour ensuite atteindre le métaniveau. Cette affirmation est conforme au principe que j'ai énoncé, suivant lequel la motivation est toujours présente chez l'être humain, évoluant tout au plus d'un niveau à un autre à mesure que sa situation s'améliore. Elle correspond également à ce que je considère comme les différents niveaux de frustration. J'ai, en effet, rejeté l'idée que la frustration est toujours une chose négative. Selon moi, il existe une hiérarchie des frustrations et le fait que celles-ci passent du niveau inférieur au niveau supérieur dénote la félicité, le bonheur, de bonnes conditions sociales, une grande maturité personnelle, etc. Mettre sur pied un comité pour protester contre le peu de soins accordés aux rosiers dans les parcs de la ville représente en elle-même une chose merveilleuse, une indication du niveau de vie élevé des personnes en cause. En effet, les gens ne se plaindront d'une telle situation que s'ils mangent à leur faim, ont un endroit où se loger, ne souffrent pas du froid, ne craignent pas la peste bubonique, se sentent à l'abri d'un assassinat, jouissent de la protection d'un service de police et d'un service des incendies adéquats, sont bien gouvernés, bénéficient d'un bon système éducationnel, sont satisfaits de la politique municipale et bien d'autres choses encore. Là où je veux en venir, c'est qu'on ne peut envisager une plainte d'ordre supérieur de la même manière que les autres ; il faut y voir une indication de toutes les conditions qui doivent avoir été satisfaites préalablement pour la rendre théoriquement possible.

S'il comprend tout ce qui précède, un dirigeant d'entreprise éclairé et intelligent s'attendra à ce qu'une amélioration des conditions de travail fasse passer les plaintes et la frustration de ses employés à un niveau plus élevé, *plutôt que de les faire disparaître complètement*. Il n'y a guère de risques qu'il soit déçu ou irrité si les employés continuent à se plaindre malgré le temps, l'argent et les efforts consacrés à l'amélioration de leurs conditions de travail. On doit apprendre à se poser la bonne question, à savoir si les plaintes formulées traduisent des motivations d'un niveau plus élevé. Il s'agit là de la seule indication véritable qu'il y a eu progrès et, bien sûr, de la seule à laquelle on puisse s'attendre. Plus encore, je suppose qu'on doit apprendre à se réjouir de cette évolution des plaintes, non uniquement à s'en contenter.

Certains problèmes particuliers se manifestent. L'un d'entre eux se rattache à ce qu'on peut qualifier de justice ou d'injustice. Il y aura assurément une profusion de plaintes insignifiantes attribuables au fait qu'un individu compare sa situation à celle des autres et proteste lorsque quelqu'un bénéficie d'un meilleur éclairage, d'une chaise plus confortable, d'un salaire plus élevé ou d'un autre avantage. Les plaintes de ce genre peuvent devenir très mesquines, les gens en arrivant par exemple à comparer les dimensions de leur bureau ou le nombre de fleurs qui le décorent. Très souvent, il faudra porter un jugement *ad hoc* sur ces doléances pour déterminer si elles se rattachent à la justice et au niveau des métabesoins, ou si elles traduisent tout simplement une hiérarchie de dominance à l'intérieur de laquelle les individus jouent du coude pour gravir les échelons et accroître leur prestige. Le contexte pourrait aussi révéler clairement que ces plaintes sont liées au besoin de sécurité, comme le met en lumière l'ouvrage de Dalton[2] où l'on trouve plusieurs exemples de ce genre. Dalton mentionne, entre autres, avoir observé que, si la secrétaire du patron se montre amicale envers un employé mais en néglige un autre, ce dernier est sur le point d'être congédié. Bref, c'est par conjecture qu'il faut juger le niveau des motivations dans un cas particulier.

Une autre difficulté, peut-être plus grande encore, réside dans l'analyse de la signification de l'argent du point de vue de la motivation. L'argent peut, en effet, se rattacher à presque tout élément de la hiérarchie des motivations, qu'il s'agisse de valeurs d'ordre inférieur, moyen ou supérieur, ou de métavaleurs. Il m'est arrivé, dans certains cas, d'être tout simplement incapable de déterminer le niveau des besoins en cause. J'ai alors laissé ces exemples de côté sans essayer de les classer par rapport à la hiérarchie des motivations, jugeant qu'il était impossible d'y parvenir.

Il se présentera sûrement d'autres cas difficiles à classer. L'attitude la plus prudente consiste probablement à ne pas tenter d'évaluer ces exemples et à les laisser de côté. Dans le cadre d'une étude personnelle d'envergure, on pourrait interroger de nouveau les sujets en cause pour découvrir ce que signifie pour eux, sur le plan des motivations, telle ou telle plainte à caractère monétaire, par exemple. Cependant, dans le cas qui nous occupe, cela n'est ni faisable ni nécessaire. Il en va tout particulièrement ainsi lorsqu'on utilise les mêmes critères pour évaluer deux organisations choisies pour fin d'analyse, c'est-à-dire une usine bien gérée et une autre mal gérée.

La signification de conditions de travail vraiment exécrables. Ne perdons pas de vue ce à quoi ressemblent les pires conditions de travail possibles. Les écrits consacrés à la gestion n'offrent aucun exemple de conditions de travail vraiment déplorables, comme celles auxquelles sont habitués les travailleurs occasionnels ou non professionnels, conditions qui se traduisent presque par une situation de guerre civile. Peut-être pourrait-on adopter comme exemple extrême celui d'un camp de prisonniers de guerre, d'une prison ou d'un camp de concentration. Ici, au pays, on pourrait envisager le cas d'une très petite entreprise qui évolue dans un secteur où la concurrence est féroce et où chaque dollar compte. Le propriétaire d'une telle entreprise ne peut survivre qu'en saignant ses employés à blanc jusqu'à ce que ces derniers démissionnent par désespoir. Il tente de gagner sa vie en conservant ses employés le plus longtemps possible et en tirant d'eux le maximum avant qu'ils ne démissionnent. On se trompe si on croit que les conditions de travail qui prévalent au sein d'une organisation relativement bien gérée sont mauvaises. Rappelons-nous que 99 % des gens renonceraient à plusieurs années de leur vie pour décrocher un emploi dans la grande entreprise la plus mal gérée au pays. Il faut donc établir une plus grande échelle de comparaison. Je crois qu'il serait sans doute bon, dans le cadre d'une étude comme celle qui nous intéresse, de recueillir des exemples de conditions de travail vraiment déplorables dont on a fait l'expérience.

Une autre complication. Un phénomène qu'on commence à remarquer et qui m'a étonné lorsque je l'ai observé pour la première fois est que de bonnes conditions de travail, tout en contribuant à la croissance de la plupart des gens, exercent un effet négatif

2. Dalton, M. (1959). *Men Who Manage*. New York : John Wiley.

et même catastrophique sur une petite portion de la population. Un individu autoritaire à qui l'on accorde liberté et confiance, par exemple, réagira par un comportement déplorable. De même, la liberté, la tolérance et les responsabilités engendrent une angoisse et une peur écrasantes chez les personnes véritablement passives et dépendantes. J'en sais relativement peu sur ce phénomène, car j'en ai pris conscience il y a quelques années seulement, mais il est bon de le garder à l'esprit. Il faudrait en observer systématiquement d'autres manifestations avant d'essayer d'énoncer une théorie s'y rapportant ou d'effectuer certaines expériences en la matière. On pourrait dire que bon nombre d'individus qui se situent à l'extrême psychopathologique sont aisément attirés par le vol, mais qu'ils ne commettent jamais ce délit parce qu'ils travaillent dans un milieu où on les surveille sans cesse, de sorte qu'ils prennent rarement conscience de cette tentation. Imaginons, par exemple, qu'une banque renonce soudainement à toute mesure de surveillance, congédie ses gardiens et fasse pleinement confiance à ses employés. On peut s'attendre à ce que l'un de ceux-ci (un sur dix ou sur vingt, j'ignore quelle serait la proportion exacte) soit alors consciemment tenté, pour la première fois, de voler. Certains des employés pourraient bien céder à la tentation s'ils croyaient pouvoir le faire sans qu'on ne le découvre.

La chose à retenir est que de bonnes conditions de travail ne sont pas un gage de croissance et d'actualisation pour tous les êtres humains. Certains types de névroses engendrent en effet une réaction différente. De même, le caractère ou le tempérament de certains individus rend pareil résultat beaucoup plus improbable. Enfin, il se pourrait que de « bonnes conditions », c'est-à-dire une situation où un individu jouit de la confiance des autres, qui s'en remettent totalement à sa bonne foi, fassent ressortir les tendances malhonnêtes, sadiques et autres, dont peu d'êtres humains sont dépourvus. Je songe ici à la manière dont on faisait appel aux ententes de bonne foi lorsque j'étais étudiant à la Cornell University, en 1926 et 1927. Chose tout à fait étonnante, environ 95 % (ou plus) des étudiants, selon mon évaluation, étaient très heureux et flattés qu'on leur fasse ainsi confiance, et se comportaient de manière honorable. Il y avait cependant toujours 1, 2 ou 3 % des étudiants qui trahissaient ce genre d'ententes et qui en profitaient, entre autres, pour plagier, mentir ou tricher aux examens. De nos jours encore, on ne peut en général s'en remettre à une entente de bonne foi lorsque la tentation est trop forte ou les enjeux, trop importants.

En théorie, toutes les idées et les techniques que nous venons d'examiner pourraient s'appliquer à de nombreuses autres situations sociopsychologiques. Dans le cas d'une université, par exemple, on pourrait évaluer le degré d'édification de l'ensemble des intervenants en examinant la nature et le niveau des plaintes formulées par les professeurs, les administrateurs et les étudiants. En pareille situation, il peut exister tout un ensemble hiérarchisé de doléances ou de gratifications recherchées. La même chose s'applique dans le cas d'un mariage. On pourrait même juger de la solidité ou de la santé d'une telle union en déterminant le niveau des plaintes et doléances des époux. La femme qui reproche à son mari d'avoir oublié de lui offrir des fleurs pour une occasion spéciale ou de mettre une trop grande quantité de sucre dans son café se situe bien évidemment à un niveau différent de celui où se trouve une femme qui se plaint que son époux lui a fracturé le nez, qu'il lui fait peur ou autre chose du genre. On pourrait en général dire la même chose des plaintes que formulent les enfants au sujet de leurs parents, de leur école ou de leurs enseignants.

Selon moi, il est possible de généraliser en disant qu'on peut, en théorie, évaluer la santé ou le degré de développement de toute organisation interpersonnelle en utilisant les techniques qui servent à établir le niveau des plaintes et doléances. Il faut ici retenir que, peu importe leurs qualités, le mariage, l'université, l'école ou les parents feront toujours l'objet de plaintes et de doléances parce qu'on juge possible une amélioration. On doit aussi reconnaître qu'il faut répartir ces plaintes selon qu'elles présentent un caractère positif ou négatif. Tout individu réagira en effet d'une manière prompte et véhémente si l'une de ses gratifications les plus élémentaires disparaît ou est remise en cause, et ce même s'il n'a pas conscience de cet élément de satisfaction ou le tient pour acquis lorsqu'il peut facilement l'obtenir. En d'autres termes, lorsqu'on demande à un individu ce qu'il apprécie de son bureau, il ne songe jamais à répondre qu'il peut y garder les pieds au sec, qu'il y est à l'abri de la vermine et ainsi de suite. Il tient en effet toutes ces choses pour acquises et ne les compte pas comme des avantages. Par contre, si elles venaient à disparaître, cet individu protesterait avec force. Autrement dit, on ne montre ni appréciation ni gratitude pour ce genre de satisfactions, dont la disparition entraîne toutefois des plaintes véhémentes. D'un autre côté, il existe des plaintes ou doléances à caractère positif, c'est-à-dire des suggestions visant une amélioration. Celles-ci se rapportent en général à ce qui vient ensuite, à ce qu'on recherche désormais et à ce qui occupe le niveau suivant de la hiérarchie des motivations.

J'imagine que, en principe, on pourrait aisément pousser plus loin l'étude des plaintes en recherchant tout d'abord des exemples réels de patrons et de conditions de travail exécrables à l'extrême. Un homme de ma connaissance, par exemple, travaille dans le secteur du rembourrage et déteste son patron ; cependant il ne peut démissionner, faute de pouvoir trouver un meilleur emploi. Or, il est exaspéré par le fait que son patron le siffle au lieu de l'appeler par son nom, une insulte répétée et délibérée qui le met de plus en plus hors de lui. Un autre exemple, dont j'ai moi-même été témoin, remonte à l'époque où je travaillais dans les restaurants et les salles à manger d'hôtels pendant mes années à l'université. Cette année-là (soit en 1925 environ), ayant accepté un emploi de serveur pour l'été dans un hôtel éloigné, je me suis rendu sur place à mes frais pour découvrir qu'on me réservait en fait un poste d'aide-serveur beaucoup moins rémunéré. On s'était joué de moi, mais je n'avais pas assez d'argent pour repartir et il était trop tard pour me trouver un autre emploi estival. Le patron m'avait promis que je ne tarderais pas à avoir un poste de serveur et je l'avais cru sur parole. En tant qu'aide-serveur, je gagnais environ dix ou vingt dollars par mois et je n'obtenais aucun pourboire. Je devais travailler sans aucun congé, sept jours par semaine et quatorze heures par jour. Le patron nous avait, en outre, confié la tâche de préparer toutes les salades parce que la personne qui devait s'en charger n'était pas encore arrivée. Au bout de quelques jours, nous avons voulu savoir pourquoi cette personne tardait encore, et le patron nous a répondu qu'elle arriverait le lendemain. Les choses continuèrent ainsi pendant deux semaines. Il n'y avait alors plus aucun doute que le patron cherchait simplement à nous rouler pour économiser quelques dollars. Arriva le congé du 4 juillet. L'hôtel accueillait alors trois ou quatre cents clients, et le patron nous demanda de travailler la plus grande partie de la nuit pour préparer certains desserts très élaborés. Nous étant tous réunis, nous acceptâmes de le faire sans récriminer ; mais le 4 juillet, sitôt après avoir servi le premier plat du souper, nous démissionnâmes en bloc. Il s'agissait évidemment là d'un important sacrifice financier pour les employés, car les bons emplois d'été étaient déjà tous occupés et il était peut-être même trop tard pour trouver un quelconque autre travail. Néanmoins, notre ressentiment et notre désir de vengeance étaient tels que ce geste me procure encore de la satisfaction après toutes ces années. Vous comprenez maintenant ce que j'entends par des conditions de travail vraiment exécrables et par une situation de guerre civile.

Pour en revenir à notre propos, on pourrait recueillir des exemples de ce genre dans le but d'élaborer une liste qui permettrait de faire prendre conscience aux employés d'une organisation bien gérée des avantages dont ils bénéficient (et qu'ils ne remarquent le plus souvent pas, les tenant pour acquis). En d'autres termes, au lieu de s'informer de leurs doléances, on y gagnerait peut-être à établir une liste de conditions de travail vraiment déplorables, pour ensuite leur demander si ces dernières s'appliquent dans leur cas. Cette liste pourrait faire mention de la présence d'insectes, d'une température trop basse ou trop élevée, d'un environnement de travail trop bruyant ou trop dangereux, d'éclaboussures de produits chimiques corrosifs, d'un risque de blessures, de l'utilisation de machines dangereuses sans mesures de précaution, et ainsi de suite. Tout individu, à la lecture d'une liste comportant deux cents éléments de ce genre, prendrait conscience que l'absence de ces conditions représente en soi un bienfait.

Chapitre 4

L'adaptation

Rechercher l'équilibre

S'il n'espère pas l'inespérable,
il ne parviendra pas à le trouver.
En terre inexplorée,
nul passage vers lui ne s'ouvre.

HÉRACLITE D'ÉPHÈSE,
cité dans Battistini (1968, p. 33)

Le mot « adaptation » a deux racines : *adaptare,* qui signifie « ajuster à », et *ad* ou *aptus,* qui signifie « apte ». Étudier l'adaptation, c'est donc chercher à connaître comment un individu s'ajuste à une situation et devient apte à s'y développer. En ce qui a trait aux conditions d'adaptation, Kimble (1994) fait une différence entre s'adapter à une situation (*adaptation*) et se tirer d'affaire (*coping*). D'une part, « s'adapter à une situation » suppose que l'événement ou le stimulus échappe au contrôle de l'individu ; ses comportements doivent s'ajuster aux circonstances. Par exemple, le froid hivernal oblige les gens à s'habiller chaudement pour aller dehors. D'autre part, « se tirer d'affaire » implique que les conséquences de l'action dépendent des décisions de l'individu ; par exemple, le fait d'arriver tôt au cinéma assure à la personne d'avoir une bonne place. L'adaptation (dans le sens de se tirer d'affaire) est un effort d'ajustement des conduites intellectuelles et manifestes comportant la prise de conscience de son propre fonctionnement et des difficultés éprouvées, la remise en cause de ses stratégies ainsi que leur perfectionnement ou leur transformation, en vue d'atteindre des objectifs individuels dans une situation qui n'est ni facile ni avantageuse pour la personne.

Tout comme la motivation, l'adaptation (dans les deux sens du mot) modifie la relation entre la personne et son milieu de façon relativement permanente (par la mise en œuvre de stratégies d'ajustement de défense et de résolution de problèmes). Elle modifie aussi la manière de se préparer aux événements et de les interpréter (par la modification des stratégies cognitives ou affectives).

Lazarus et Folkman (1984) soutiennent que l'adaptation est un processus dynamique basé, d'une part, sur la façon dont l'individu évalue un événement et y réagit et, d'autre part, sur les changements qui surviennent au cours du déroulement de ce même événement. Ainsi, l'adaptation ne constituerait pas un phénomène statique. En outre, ces auteurs mettent l'accent sur l'aspect contextuel de l'adaptation. Le processus d'adaptation serait influencé par l'évaluation que fait l'individu des demandes provenant de l'environnement et des ressources disponibles pour y répondre. En d'autres termes, des variables individuelles et situationnelles interagiraient pour orienter les efforts d'adaptation. Conséquemment, il n'existerait pas de stratégies d'adaptation universellement efficaces ou inefficaces. L'efficacité d'une stratégie d'adaptation dépendrait plutôt du contexte et des résultats désirés.

Les stratégies d'adaptation sont régies par le principe de l'équilibre. Plusieurs idées ont été émises pour représenter cette notion. La représentation la plus courante (et la plus orthodoxe) consiste à décrire l'équilibre comme un état de stabilité vers lequel tendent tous les systèmes. Selon cette représentation, tout système tend à conserver sa structure et, pour y arriver, il ne tolère aucun élément incompatible avec sa structure. Cette conception de l'équilibre valorise la stabilité, l'ordre, le contrôle et la prévision. Or, devant tous les bouleversements qui marquent notre époque (crises industrielles et environnementales, catastrophes écologiques, incertitude économique et politique, déséquilibres sociaux), force est de constater que cette conception de l'équilibre semble bien fragmentaire et qu'en fait, l'équilibre est un état idéal, instable, fait d'oscillations et de mouvements constants (Pauchant et Mitroff, 1995 ; Timmerman, 1986). La popularité des réflexions à propos du chaos, du désordre et de l'incertitude témoigne de l'intérêt qu'on porte actuellement à la recherche d'autres représentations de l'équilibre.

Dans cet ouvrage, nous présentons l'équilibre comme un état virtuel : tous les organismes sont constamment, inlassablement à la recherche de l'équilibre, mais ne l'atteignent jamais. La théorie de Prigogine sur les structures dissipatives a d'ailleurs contribué à démystifier cette notion (Prigogine et Stengers, 1979). Tout comme ont tenté de le faire Henderson (1970), Piaget (1954) et von Bertalanffy (1972), Prigogine a montré que les systèmes tendent vers le chaos, c'est-à-dire vers le déséquilibre ; d'où la dialectique de l'ordre et du désordre, de l'équilibre et du déséquilibre.

L'équilibre est un état idéal et, en cela, il constitue une source de motivation importante. L'équilibre peut être conçu de la façon dont l'entend Vincent (1986), c'est-à-dire comme un état central fluctuant. L'être humain est ainsi constitué qu'il doit s'ajuster à son milieu ; on peut même aller jusqu'à penser que la vulnérabilité de l'être humain rend possible sa survie à long terme, car c'est en raison de ses faiblesses qu'il doit apprendre, s'il veut améliorer son sort et développer son potentiel dans son milieu (Timmerman, 1986).

De plus, l'adaptation de l'individu suppose la synchronie entre sa vie intérieure et le monde extérieur, laquelle implique des transactions constantes avec le milieu dans lequel il vit. C'est l'affectivité qui gère ces transactions et qui fonde la réalité existentielle de l'individu. En effet, parce que l'affectivité met l'individu dans un certain état, elle détermine non seulement les rythmes de son organisme (rythmes respiratoire, cardiovasculaire, etc.), mais aussi ses actions, ses réactions et ses interactions (Piaget, 1954 ; Wallon, 1969 ; Zajonc, 1984).

Dans les chapitres précédents, nous avons discuté des moyens de comprendre l'organisation et la dynamique des comportements : la perception permet d'organiser les conduites individuelles de façon appropriée aux circonstances alors que la motivation les oriente vers des buts susceptibles de procurer de la satisfaction à l'individu. Mais que se passe-t-il lorsque l'individu fait face à des obstacles ou à l'impossibilité de réaliser ses projets ? Que se passe-t-il lorsqu'il est aux prises avec un conflit qui l'empêche de poursuivre ses buts ? Des mécanismes d'adaptation sont mis en œuvre, déclenchant des résistances et des réactions de défense, et donnant parfois lieu à des apprentissages.

Dans le présent chapitre, il sera question des réponses non spécifiques (le stress) et spécifiques (les émotions) de l'individu à toute demande d'adaptation qui lui est faite. Ces réponses accompagnent la mise en œuvre de stratégies d'adaptation, dont certaines (positives) permettent la résolution du problème d'adaptation, alors que d'autres (palliatives) ont pour effet de réduire de façon temporaire les tensions causées par l'apparition du problème, sans toutefois résoudre celui-ci. Enfin, nous présenterons deux applications de la psychologie de l'adaptation en milieu de travail, soit la promotion de la qualité de vie au travail et le développement de l'intelligence émotionnelle.

Afin de faciliter l'apprentissage des notions présentées dans ce chapitre, nous avons recours à un conte de fées, *The Three Princes of Serendip*. Les contes de fées ont ce pouvoir merveilleux de faire comprendre des phénomènes complexes, flous, obscurs, sans qu'on ait à les nommer explicitement. La lecture d'un conte éveille la curiosité et l'imagination créatrice de l'être humain. Comme le souligne Bettelheim (1976) : « Nous évoluons, nous donnons un sens à la vie, nous découvrons la sécurité intérieure en comprenant et en résolvant tout seuls nos problèmes personnels et non pas en écoutant les explications des autres » (p. 3).

Par son pouvoir d'enchantement, le conte permet à la personne de se sentir comprise et appréciée au plus profond d'elle-même sans qu'elle soit forcée d'exposer ses espoirs et ses craintes à la lumière de la raison des autres.

The Three Princes of Serendip est un conte qui facilite la compréhension de l'anxiété et de sa fonction créatrice. Nous avons placé dans le texte des extraits de ce conte présenté par Hodges (1964) afin d'établir un lien avec les notions abordées au moyen de l'imaginaire et du merveilleux.

Encadré 4.1 *The Three Princes of Serendip:* Le miroir de la justice

« Autrefois, dans ce pays, le malheur était beaucoup moins présent que de nos jours, dit-il, parce que mon grand-père avait un appareil appelé le Miroir de la justice, qui avait été découvert jadis par des philosophes. Ce miroir, légué en héritage par mon père et mon oncle, avait la propriété de refléter à la fois la vérité et le faux. Lorsque deux personnes étaient en conflit, elles se devaient de regarder dans le miroir. Ainsi faisant, le visage de celle qui avait mal agi prenait une couleur pourpre. Le visage de la personne qui était juste conservait sa couleur naturelle ; et ainsi cette dernière gagnait sa cause.

— Et le perdant, demanda le plus jeune des princes, Rajahsingha, que lui arrivait-il ?

— Un tel individu ne regagnait sa vraie nature, lui dit Vahram, qu'après avoir été mis dans une fosse profonde, pour y vivre de pain sec et d'eau durant trente-sept jours. Plus tard, s'il venait confesser ses mauvais agissements, sa vraie couleur réapparaissait.

— C'est certainement un miroir merveilleux, dit le troisième prince, imaginant à quel point un outil si remarquable serait une aide pour un souverain.

— Comme tu peux bien l'imaginer, continua l'empereur, les gens vivaient dans la peur de cet étrange pouvoir. Ils contenaient leurs comportements et le royaume était tranquille et heureux.

— Mais où est ce miroir, maintenant ? demanda Rajahsingha.

— Hélas ! répliqua l'empereur, il a été pris par mon oncle, qui le confia à une reine d'une région en Inde. Elle ne nous le rendra pas, parce que ce merveilleux miroir sauve son royaume d'un mauvais sort. »

Sources : Traduit et adapté de Hodges (1964, p. 44-45) par Corinne Prost, sous la supervision d'Estelle M. Morin.

L'adaptation : le stress et les émotions

On peut distinguer deux types de réponses de l'organisme devant une demande d'adaptation : le stress, qui est une réponse non spécifique à toute demande d'adaptation, et les émotions, qui sont des réponses spécifiques à un stimulus.

Qu'est-ce que le stress ?

Le stress est un concept très étudié en psychologie. Les médias nous inondent d'information sur la façon dont nous pouvons prévenir, éviter, gérer ou tout simplement « vivre avec » notre stress.

Le concept de stress n'a toutefois pas toujours suscité autant d'intérêt qu'aujourd'hui (Lazarus, 1999). Les premières recherches sur le stress psychologique ont été effectuées auprès de soldats ayant participé à la Première et à la Seconde Guerre mondiale. La notion de stress était donc fortement associée à ce contexte. Ce n'est que dans les années 1960 et 1970 que la recherche sur le stress dans des domaines divers (ex. : travail, famille, études) a réellement pris son envol.

De nos jours, le mot « stress » fait partie du vocabulaire courant. Cependant, ce terme peut avoir une signification bien différente selon le contexte dans lequel il est utilisé. Ainsi, à certains moments, nous faisons référence aux antécédents du stress (ex. : conflits interpersonnels, problèmes d'argent), alors qu'à d'autres moments nous désignons ses conséquences (ex. : maladies, épuisement) ou la façon dont il est vécu (ex. : durée, intensité). Au fait, de quoi s'agit-il exactement ?

Le syndrome d'adaptation de Selye

Selye (1974) définit le stress comme la réponse non spécifique de l'organisme à toute demande qui lui est faite. À cet effet, Cannon (1915) a découvert que les réponses physiologiques provoquées par une demande de l'environnement sont semblables, et ce, peu importe la nature de la demande, d'où la notion de réponse non spécifique. Selye est d'avis que cette réponse non spécifique de l'organisme s'articule dans le temps selon un syndrome d'adaptation qui comprend trois phases : la réaction d'alarme, la phase de résistance et la phase d'épuisement, comme le montre la figure 4.1.

Durant la réaction d'alarme, le niveau de résistance de la personne descend sous le niveau normal, car son organisme réagit à l'agent stressant et prépare une réponse psychomotrice telle que la fuite ou le combat. Un agent stressant correspond à tout stimulus (objet, personne, animal, événement, etc.) perçu par la personne comme amenant une demande d'adaptation. L'organisme de la personne montre alors des changements neurophysiologiques associés à la première exposition : par exemple, les glandes surrénales, le thymus et les trois glandes lymphatiques préparent la réaction de défense. Durant cette première phase, le système immunitaire étant plus faible, la personne est plus exposée que d'habitude aux affections somatiques diverses.

Durant la phase d'adaptation, le niveau de résistance de la personne augmente et monte au-dessus du niveau normal, car son organisme s'adapte à l'agent stressant et commence à résister. La durée de cette phase dépend à la fois de la faculté naturelle d'adaptation de l'organisme et de l'intensité de l'agent stressant. Si la personne a l'impression qu'elle maîtrise la situation, il n'en demeure pas moins qu'elle dépense

FIGURE 4.1 *Les trois phases du syndrome d'adaptation*

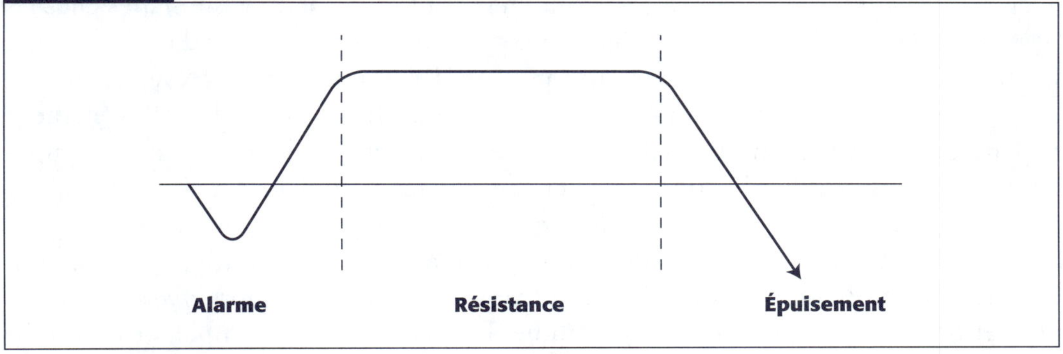

Source : Adapté de Selye (1974, p. 42).

de l'énergie d'adaptation, qui n'est pas récupérable par la suite, causant de l'usure à l'organisme (d'où l'hypothèse du vieillissement du corps).

Enfin, durant la phase d'épuisement, le niveau de résistance tombe bien au-dessous du niveau normal. Cela se produit seulement si l'action de l'agent stressant perdure et que la personne persiste à y faire face. Il s'ensuit que l'organisme doit puiser dans ses réserves profondes d'énergie d'adaptation, entraînant en conséquence des dommages irréparables, voire la mort quand ces réserves sont épuisées. Évidemment, cela est fort différent de ce qu'on entend généralement par épuisement, c'est-à-dire la fatigue qui peut être soulagée par le repos. Pour faire une analogie, disons que la phase d'épuisement représente la faillite de l'organisme, sa ruine totale devant l'agent stressant.

Bien que le terme « stress » ait souvent une connotation négative, Selye (1976) souligne que cet état psychologique n'est pas toujours négatif; on ne pourrait s'en soustraire totalement et il ne serait pas souhaitable de pouvoir y arriver non plus. En fait, un certain niveau de stress permettrait de réguler la motivation, la croissance, le développement et le changement. Le stress constructif est appelé *eustress*, alors que le stress découlant de situations éprouvantes, non désirées et difficiles à gérer serait appelé *détresse*.

Le modèle transactionnel de Lazarus

Selon le modèle transactionnel de Lazarus (1966), le stress résulte de l'interaction entre la personne et l'environnement. Plus spécifiquement, la réaction psychologique de stress apparaît lorsque l'individu estime que les exigences de l'environnement sollicitent de façon importante ou excèdent les ressources dont il dispose (ex. : intelligence, habiletés sociales, argent, soutien social, énergie), menaçant ainsi son bien-être. Le stress implique donc un déséquilibre et un besoin de rétablir l'homéostasie (l'équilibre).

Le modèle de Lazarus soutient que l'état psychologique de stress résulte d'une évaluation cognitive (*appraisal*). Le concept d'évaluation cognitive correspond au processus par lequel l'individu détermine si oui ou non un événement est susceptible d'affecter son bien-être et, dans l'affirmative, de quelle façon il peut y faire face. Même si certains événements ont tendance à susciter des réactions similaires chez les personnes, les conclusions de l'évaluation cognitive peuvent différer d'un individu à l'autre. Ainsi, deux individus se trouvant dans la même situation n'évalueront pas l'événement exactement de la même manière. Le sens qui est donné à un événement dépend de différences individuelles telles que les objectifs, les croyances, les compétences, les attentes et l'estimation de la personne quant à sa capacité à pouvoir s'ajuster à la demande, l'importance ou la valeur qu'elle accorde à cette demande, etc.

Selon Lazarus, il existerait deux niveaux d'évaluation cognitive : l'évaluation primaire et l'évaluation secondaire. L'évaluation primaire (*primary appraisal*) vise à donner un sens à l'événement et à déterminer l'enjeu. Voici des exemples de questions que peut se poser l'individu lors de l'évaluation primaire : Est-ce que la situation constitue un danger, une menace ou une opportunité? Est-ce que la santé ou le bien-être d'un proche est menacé? Est-ce que ma valeur personnelle risque d'être affectée à la suite de cet événement? L'évaluation secondaire (*secondary appraisal*) consiste, pour sa part, à déterminer si quelque chose peut être fait pour surmonter ou prévenir le danger ou encore pour augmenter les probabilités de succès devant un défi. Les questions que peut alors se poser l'individu ont trait à la façon de réagir à l'événement: Est-ce que je dois faire quelque chose? Qu'est-ce que je peux faire? Quelle stratégie serait la plus efficace? Cette stratégie est-elle réaliste? Différentes stratégies d'adaptation sont ainsi évaluées: par exemple, essayer d'agir sur l'environnement, accepter la situation telle qu'elle est, rechercher davantage d'information, se retenir d'agir impulsivement et de façon contre-productive, etc.

Les conclusions des évaluations primaire et secondaire ainsi que les ressources dont dispose l'individu vont conduire à l'adoption de stratégies d'adaptation particulières. Ces stratégies vont l'amener à réviser la signification qu'il donne à la situation et affecter ses réactions émotionnelles et comportementales. En définitive, les effets du stress vont dépendre de la façon dont l'individu évalue la situation, du sens qu'il lui donne et des stratégies d'adaptation qu'il mobilisera plus ou moins consciemment. La figure 4.2 représente schématiquement les différentes composantes du modèle transactionnel de Lazarus.

Selon Lazarus (1999), le stress et les émotions sont des réactions interdépendantes. Il ne peut y avoir de stress sans émotions. Ces dernières offrent toutefois une description plus riche et plus utile de ce qui est vécu par l'individu que ne le fait l'état de stress (Lazarus, 1991b, 1993).

FIGURE 4.2 *La représentation schématique du modèle transactionnel de Lazarus*

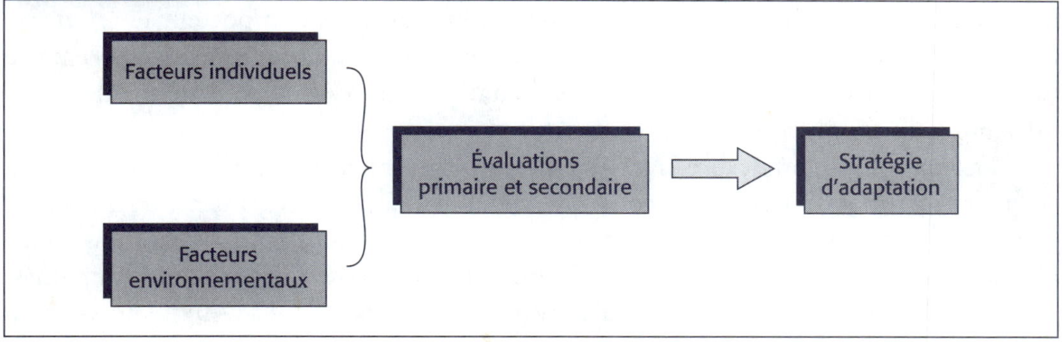

Qu'est-ce que les émotions?

Le terme « émotion » vient de *esmotion,* qui signifie « en mouvement ». Autrefois, on aurait dit « un mouvement de l'humeur », car l'émotion est le produit d'une émission d'hormones dans le sang, à la suite d'un stimulus. D'une certaine manière, on pourrait dire qu'il s'agit du mouvement de l'âme. Plus spécifiquement, une émotion, c'est « une constellation de réponses de forte intensité qui comportent des manifestations expressives, physiologiques et subjectives typiques » (Bloch et autres, 2002, p. 422). En d'autres termes, c'est l'ensemble des réactions de l'organisme à un stimulus, qui se traduit par des expressions physiques (la mimique, la posture, le ton de la voix, etc.), par des signes physiologiques (le rythme cardiaque, la conduction des fibres musculaires, etc.) et par les représentations que se fait la personne des stimuli qui l'affectent (Oatley et Jenkins, 1992).

Les stimuli qui provoquent les émotions sont divers : la manifestation ou la cessation d'événements désirables ou indésirables, agréables ou douloureux, les attentes quant à la probabilité que se produise un événement donné et la manifestation d'événements inattendus (Frijda, 1989). Ce serait l'évaluation cognitive que fait l'individu de ces stimuli qui déterminerait les émotions vécues (Lazarus, 1999).

Par leur composante physiologique, les émotions entraînent un découplage des stimuli et des comportements, permettant ainsi la préparation psychophysiologique de l'action adaptée aux circonstances. En effet, les émotions sont en quelque sorte le produit du déclenchement d'hormones, à la suite de la perception d'un stimulus. Ce déclenchement produit une discontinuité dans le champ de la conscience, pendant laquelle le sujet peut reconnaître l'émotion, saisir l'information qu'elle comporte, puis réorganiser sa pensée et ses agissements, de sorte à mieux s'adapter à la situation en cours. C'est durant cette brève interruption qu'il peut faire preuve d'intelligence émotionnelle.

Par leur composante subjective, les émotions comportent une signification immanente qui oriente la pensée et les actions du sujet. Les émotions positives comme la joie, la fierté et l'amour poussent la personne à aller vers les objets de plaisir. En revanche, les émotions négatives comme la peur, la colère ou la honte poussent la personne à éviter les objets de souffrance. Les émotions comportent en effet des renseignements importants à propos de soi et d'autrui. Prendre en compte cette information est donc nécessaire pour l'adaptation des conduites individuelles dans différentes situations.

Par leur composante expressive, les émotions informent les autres de ses humeurs, ce qui leur permet de s'ajuster en conséquence. Par exemple, pleurer exprime un besoin d'aide ; grimacer dénonce l'évitement d'un stimulus désagréable. Les émotions remplissent donc une fonction de communication et de régulation des relations humaines.

On a déterminé quatre sources d'activation des émotions : le système nerveux, la motivation, l'apprentissage et l'intelligence (Izard, 1993).

Les recherches en neuropsychologie ont révélé que des changements hormonaux et des neurotransmetteurs déclenchent des émotions qui influent directement sur l'expérience phénoménale (Zajonc, 1984). Par exemple, la baisse des niveaux de norépinéphrine ou de sérotonine est associée avec la dépression.

Les émotions sont aussi déclenchées par la motivation ; en fait, les émotions peuvent être considérées comme de l'énergie mise au service de l'adaptation. Par exemple, l'intérêt de la personne et la poursuite de ses objectifs la rendent réceptive aux événements et aux circonstances pouvant faciliter ou entraver la réalisation de son projet. Ainsi, une interférence qui facilite l'atteinte de ses objectifs est perçue positivement et entraîne des émotions positives, alors qu'une interférence qui l'entrave est perçue négativement et déclenche des émotions négatives. C'est pourquoi il est nécessaire de connaître l'intérêt et les objectifs personnels en jeu pour comprendre pleinement la réponse émotionnelle de l'individu dans une situation donnée (Karniol et Ross, 1996; Lazarus, 1991a).

L'apprentissage participe également au déclenchement des émotions; il se produit lorsque la personne parvient aux limites de ses capacités et qu'elle décide de les dépasser. Par des stimulations sensorimotrices, l'expérience concrète amène la personne à prendre conscience de ses incapacités, des insuffisances et des contradictions de ses dispositions personnelles, ce qui provoque des émotions. Par ailleurs, la contingence d'une situation et d'une réponse émotionnelle de même que la répétition d'expériences émotionnelles composées d'éléments similaires sont également en mesure de déclencher des émotions. En effet, les émotions peuvent apparaître à la suite d'un conditionnement. Mais elles sont souvent le produit des interactions de la personne et de son environnement, et elles l'informent de l'efficacité de ses conduites dans son milieu et des modifications qu'elle doit faire pour satisfaire aux exigences de la situation.

Enfin, l'intelligence est aussi un processus important dans le déclenchement des émotions, car c'est l'appréciation subjective de l'état émotionnel qui lui confère sa signification (Lazarus, 1991b). Piaget (1954) a démontré que l'intelligence et l'affectivité sont deux aspects de l'action humaine, distincts mais indissociables. Par « affectivité », Piaget entend les sentiments proprement dits, comprenant les émotions et les tendances diverses, telle la volonté. L'émotion et la cognition sont de natures différentes. Piaget établit une analogie avec l'essence en faisant référence aux deux sens du mot : l'émotion serait de nature énergétique alors que la cognition serait de nature structurante (comme le moteur). Si les cognitions sont des structures provisoirement fermées, constamment sujettes à être corrigées ou transformées, les émotions sont au contraire des états ouverts, des flux d'énergie en mouvement, qui s'organisent structuralement par les activités d'intellectualisation effectuées par la personne lorsqu'elle en prend conscience (Piaget, 1954).

C'est en raison de leurs interrelations psychophysiologiques qu'il est difficile de dissocier l'affect de l'intellect, l'émotion de la cognition. Il demeure néanmoins que les aspects les plus importants de l'expérience émotionnelle semblent être l'évaluation de la signification des événements ou des stimuli externes par rapport aux intérêts et aux intentions de la personne, la préparation psychophysiologique de l'action adaptée aux circonstances et la communication des états et des intentions de la personne à son entourage (Scherer, 1989). Ces trois aspects comportent nécessairement des activités de représentation et d'inférence, caractéristiques de l'intelligence.

Le processus de l'émotion

Pour comprendre les émotions, il importe de situer leur apparition dans leur contexte, car leur signification dépend des interactions entre la personne et son environnement (Hillman, 1982; Lazarus, 1993). Le processus de l'émotion est ce qui rend possible le flux et la transformation des états émotionnels au fil du temps et à travers les expériences. Les émotions ponctuent l'expérience, la conscience de la personne: comme un fleuve, elles coulent dans la conscience de façon continue, apparaissant les unes à la suite des autres. Cependant, à l'image du fleuve, les émotions causent aussi des remous, des blocages, des tourbillons qui marquent l'histoire personnelle de chacun, avec ses hauts et ses bas, ses moments de bonheur et de malheur, ses réussites et ses échecs, ses surprises et sa routine.

Lazarus (1991b) présente l'émotion comme un processus qui comprend quatre phases: l'anticipation, la provocation, la préparation de l'action et l'état émotionnel.

1. L'anticipation

La conscience est continue: elle fait la synthèse des expériences passées et des anticipations dans le moment présent. La capacité d'anticiper l'avenir permet à l'individu de se préparer en conséquence et, parfois, de changer quelque chose en espérant prévenir un danger ou améliorer la situation. Parce que l'anticipation engendre des attentes, la position d'un individu dans une situation n'est jamais neutre. Ces attentes constituent des facteurs de causalité de la réponse émotionnelle. Par exemple, des attentes positives augmentent la probabilité d'être déçu et, par conséquent, d'en ressentir de la tristesse ou de la colère, alors que des attentes négatives disposent l'individu à percevoir des résultats négatifs comme moins graves qu'il ne l'avait prévu ou, dans le cas de résultats positifs, moins bons que ce à quoi il s'attendait. De plus, les attentes de la personne ont des conséquences sur le stress psychologique; c'est la raison pour laquelle il y a plus souvent de peine anticipée que de peine réelle.

2. La provocation

La provocation de l'émotion est produite par n'importe quel stimulus, interne ou externe, qui cause une interruption dans le déroulement de la pensée ou de l'action de la personne dans son milieu et qui met en branle un processus d'évaluation des stimuli en fonction de l'importance qu'ils revêtent pour la personne et des réactions qu'ils suscitent nécessairement. Scherer (1989) suppose que ce processus d'évaluation comporte des séquences rapides de traitement des stimuli dont les résultats respectifs déterminent la structure et l'intensité des émotions. Les séquences ont trait à la maîtrise du caractère nouveau ou inaccoutumé des stimuli, à la détermination de leur caractère agréable ou désagréable (d'où découlera le sentiment d'envie ou d'aversion), à l'évaluation de leur importance relative par rapport aux intérêts et aux intentions de la personne, à l'évaluation de la capacité de maîtrise de la personne et, enfin, à la comparaison des stimuli avec les normes sociales et l'identité personnelle.

Ces différents traitements des stimuli conduisent à l'une des conséquences suivantes :

- la personne subit un dommage ou obtient un bénéfice ;
- la situation, qui était jusqu'alors jugée mauvaise par la personne, continue de l'être ou s'améliore ;
- la situation, qui était jusqu'alors favorable pour la personne, continue de l'être ou se détériore.

L'expérience émotionnelle qui s'ensuit dépend de l'évaluation plus ou moins consciente que fait la personne des conséquences de cette interruption. Ce processus d'évaluation rappelle celui que Lazarus décrit à propos du stress. En fait, le stress et les émotions sont deux réactions indissociables ; l'une conférant une tension à la réaction, l'autre, une signification.

3. La préparation de l'action

Dès que l'émotion est provoquée, elle suscite une tendance à l'action et à diverses conduites d'adaptation. Dans ce sens, l'émotion peut se concevoir comme un dispositif de régulation du passage à l'acte (Changeux, 1983). L'émotion est aussi un dispositif d'orientation de la conduite individuelle parce qu'elle influe sur les intérêts et la motivation de la personne (Karniol et Ross, 1996 ; Pagès, 1986).

4. L'état émotionnel

La transaction entre la personne et son environnement se solde par un état émotionnel qui reflète l'évaluation de la relation (en ce qui a trait aux dommages ou aux bénéfices) du point de vue du bien-être de la personne. L'état émotionnel est perceptible par les autres et les informe des intentions ainsi que des dispositions de la personne. Les émotions deviennent donc un dispositif de communication avec autrui (Hillman, 1982 ; Pagès, 1986).

Le nombre des émotions

Alors que le stress est généralement considéré comme un phénomène unidimensionnel, il n'en va pas de même des émotions. Il existe au moins 15 émotions différentes, soit la colère, l'envie, la jalousie, l'anxiété, la peur, la culpabilité, la honte, le soulagement, l'espoir, la tristesse (dépression), la joie, la fierté, l'amour, la gratitude et la compassion. L'étude des émotions a permis de reconnaître des expressions communes à toutes les cultures humaines lorsque les conditions de déclenchement sont comparables. D'après Ekman (1982), il s'agit de la joie, la surprise, la peur, la colère, la tristesse, le dégoût et le mépris. Izard (1977) ajoute à cette liste la honte et la culpabilité, mais ce point de vue demeure contesté.

Lazarus (1991b) a tenté de découvrir les principales représentations sous-jacentes à chaque émotion humaine (voir le tableau 4.1). Par exemple, la tristesse est associée à la perte définitive de quelqu'un ou de quelque chose qui nous tenait à cœur ; le dégoût, à l'approche de quelque chose qui nous répugne.

TABLEAU 4.1 Les émotions et leur signification

Émotion	Signification
Joie	État agréable et profond, de bien-être ou de ravissement
Surprise	État d'étonnement provoqué par quelque chose d'inattendu
Peur	État d'alerte et de frayeur provoqué par la perception d'un danger immédiat, réel ou supposé
Colère	État violent, agressif contre une offense
Tristesse	État de douleur, d'abattement, de peine ressenti à la suite d'une perte
Dégoût	État d'aversion ou de répugnance que procure quelque chose ou quelqu'un
Mépris	État de dédain ou d'indifférence envers quelque chose ou quelqu'un qu'on considère comme indigne d'attention
Honte	État de gêne morale causé par le sentiment de déshonneur, d'indignité ou d'infériorité
Culpabilité	État de gêne morale causé par le fait d'avoir transgressé une règle, d'avoir mal agi (par action ou par omission)
Anxiété	État d'agitation et d'inquiétude causé par la perception d'une menace incertaine
Envie	État de désir accompagné d'irritation et d'hostilité contre quelqu'un qui possède quelque chose qu'on n'a pas
Jalousie	État de crainte et d'amertume accompagné d'irritation et d'hostilité envers quelqu'un à qui l'on attribue une perte ou la menace d'une perte
Bonheur	État de quiétude, de sérénité engendré par le plaisir ou le fait de progresser vers l'atteinte d'un but
Fierté	État de satisfaction et de dignité ressenti à la suite de l'acquisition d'un objet important ou de l'accomplissement d'une tâche importante, reconnu par soi-même ou par quelqu'un à qui on s'identifie
Soulagement	État de détente ou d'apaisement ressenti à la suite d'une condition stressante qui s'est modifiée pour le mieux ou qui a disparu
Espoir	État d'assurance ou de conviction à l'égard de quelque chose dans un contexte défavorable ou qui fait craindre le pire
Amour	État d'attachement envers quelqu'un, disposition à lui vouloir du bien
Compassion	État de sensibilité à la souffrance d'autrui et disposition à vouloir l'aider

Encadré 4.2 *The Three Princes of Serendip :* La main redoutable

Avant que les trois princes n'eussent atteint la capitale royale, la reine envoya des ambassadeurs pour les accueillir dans son pays. Parmi eux, il y avait le mahanmantrin, son premier ministre. Il aborda les princes et s'informa avec courtoisie du dessein de leur visite.

« Nous sommes venus pour notre ami, l'empereur Vahram, dit Balakrama ; nous devons essayer de délivrer votre noble reine et son beau pays du fléau de la main redoutable. Aussi, si la chance nous sourit, nous devons supplier humblement Sa Majesté de nous laisser ramener le Miroir de la justice en Perse. »

Sources : Traduit et adapté de Hodges (1964, p. 77) par Corinne Prost, sous la supervision d'Estelle M. Morin.

Les sources de stress

Les sources de stress sont nombreuses et variées. Le tableau 4.2 (p. 156) présente, à titre indicatif, une liste de 43 événements susceptibles de survenir dans la vie d'une personne et qui entraînent un certain niveau de stress. On a demandé à un échantillon de 200 individus résidant aux États-Unis de classer ces différents événements selon l'importance de la demande d'adaptation qui leur est associée. Il convient de noter que l'ordonnancement présenté dans ce tableau est substantiellement différent de celui qui avait été fait 30 ans plus tôt par un échantillon distinct d'individus, ce qui peut s'expliquer par les changements au niveau des valeurs véhiculées dans la société. Naturellement, il existe des différences individuelles non négligeables quant à l'importance accordée à chacun de ces événements. L'ordonnancement présenté dans le tableau 4.2 correspond à la moyenne des classements individuels.

Le stress, qu'il soit engendré par le travail ou par d'autres événements de la vie, constitue un phénomène fort complexe, en ce sens qu'il peut avoir des causes nombreuses. Les causes de stress, aussi appelées « stresseurs », peuvent être regroupées dans différentes catégories, dont le travail lui-même (ex. : surcharge de travail, complexité des tâches), les rôles organisationnels (ex. : conflit de rôles, ambiguïté de rôle), les relations professionnelles (ex. : conflits, harcèlement), la carrière (ex. : promotions rapides, rétrogradations) et l'équilibre travail-vie privée (Cooper et autres, 2001).

Afin de mieux comprendre les facteurs de stress au travail, des chercheurs de différentes disciplines ont proposé des modèles théoriques. Compte tenu du fait qu'aucun de ces modèles ne fait l'unanimité chez les chercheurs et les praticiens, nous avons choisi de vous présenter deux modèles qui exercent actuellement une grande influence dans le domaine de la recherche sur le stress occupationnel, soit les modèles de Karasek (1979) et de Siegrist (1996). Ces deux modèles sont basés sur la notion d'adéquation entre l'individu et l'environnement de travail (voir à ce sujet le chapitre 1).

TABLEAU 4.2 Les événements de la vie classés par ordre décroissant selon l'importance de la demande d'adaptation qui leur est associée

1. Décès du conjoint
2. Divorce
3. Maladie ou accident personnel grave
4. Séparation conjugale
5. Peine d'emprisonnement
6. Mariage
7. Changement grave de l'état de santé ou du comportement d'un membre de la famille
8. Décès d'un proche dans la famille
9. Changement de la situation financière (en pire ou en mieux)
10. Problèmes sexuels
11. Saisie d'un bien hypothéqué ou soumis à un emprunt
12. Décès d'un ami proche
13. Licenciement professionnel
14. Changement dans la carrière (emploi différent)
15. Reprise de vie commune
16. Grossesse
17. Changement notable dans le nombre de discussions avec le conjoint (augmentation ou diminution)
18. Changement dans les conditions de vie
19. Entrée sur le marché du travail du conjoint ou changement d'emploi du conjoint
20. Changement d'horaire de travail ou de conditions de travail
21. Accomplissement personnel exceptionnel
22. Problèmes avec son patron
23. Arrivée d'un nouveau membre dans la famille
24. Changement dans les responsabilités au travail
25. Commencement ou fin des études
26. Changement dans les activités sociales
27. Changement dans le nombre de membres de la famille vivant sous le même toit
28. Déménagement
29. Retraite
30. Emprunt de plus de 51 000 $
31. Départ du foyer d'un enfant
32. Changement d'école
33. Changement de loisir
34. Changement dans les habitudes de sommeil
35. Violation mineure de la loi
36. Changement dans les activités religieuses
37. Changement dans les habitudes personnelles
38. Changement dans les habitudes alimentaires
39. Vacances
40. Changement dans le nombre de participants aux réunions de famille
41. Prêt ou hypothèque inférieur à 51 000 $
42. Difficulté avec la belle-famille
43. Noël

Sources : Adapté de Holmes et Rahe (1967) ; Scully et autres (2000).

Le modèle demande-contrôle de Karasek

Le modèle de Karasek (1979) sur le stress au travail repose sur les demandes psychologiques inhérentes à l'emploi et la latitude décisionnelle des employés. Dans ce modèle, les demandes psychologiques correspondent aux exigences de l'emploi (ex. : niveau de productivité attendu, échéancier de travail), alors que la latitude décisionnelle se traduit par la marge de manœuvre dont dispose l'individu (niveau d'autonomie), ainsi que par la diversité des compétences qu'il doit mobiliser pour faire son travail (variété des tâches). Les termes « latitude décisionnelle » et « contrôle » sont utilisés par Lazarus de façon interchangeable.

Selon le modèle demande-contrôle de Karasek, le niveau de demande psychologique interagit avec le niveau de latitude décisionnelle dont dispose l'employé pour prédire le stress au travail. Plus spécifiquement, le niveau de stress serait à son maximum lorsque les demandes psychologiques sont élevées et que la latitude décisionnelle de l'employé est faible. Il s'agit du postulat central à la base du modèle. En 1990, Karasek et Theorell ont révisé le modèle pour y inclure l'influence du soutien social.

Lorsque les demandes psychologiques sont élevées et que l'employé dispose d'un haut niveau de latitude décisionnelle, ce dernier serait en mesure de gérer son stress en mettant en application des stratégies d'adaptation appropriées. Cette situation favoriserait la motivation et serait également propice à l'apprentissage. Cependant, lorsque les demandes psychologiques sont élevées et que la latitude décisionnelle est faible, la motivation de l'individu diminuerait et celui-ci aurait de la difficulté à faire de nouveaux apprentissages. Il risquerait même de voir décroître son niveau de compétence. Les recherches découlant de ce modèle indiquent également que cette situation augmenterait les risques de maladies cardiovasculaires.

Les différentes combinaisons possibles entre les niveaux élevé et faible de demande psychologique et de latitude décisionnelle permettent de déterminer quatre types d'emplois associés à des expériences psychologiques de travail différentes, soit les emplois à haute tension, les emplois actifs, les emplois à faible tension et les emplois passifs (Karasek, 1979 ; figure 4.3).

FIGURE 4.3 *Une représentation schématique du modèle demande-contrôle*

		Demandes psychologiques	
		faibles	élevées
Latitude décisionnelle (contrôle)	élevée	Emplois à faible tension	Emplois actifs
	faible	Emplois passifs	Emplois à haute tension

Source : Adapté de Karasek (1979).

Les emplois à haute tension

Les emplois à haute tension sont ceux qui engendrent des demandes psychologiques élevées et qui permettent très peu de latitude décisionnelle. Les individus qui occupent ce type d'emplois risqueraient davantage que les autres de vivre un niveau élevé de détresse psychologique (ex. : fatigue chronique, anxiété, dépression) et de développer des maladies cardiovasculaires. Pensons par exemple à un employé travaillant sur une chaîne de montage où la cadence est réglée à un niveau très élevé et dont presque tous les mouvements sont prescrits et exécutés à la lettre, ou encore aux employés d'un centre d'appels qui doivent répondre à X appels téléphoniques en une journée en respectant une procédure très rigide. Prenons un exemple encore plus saisissant, soit une personne qui doit traverser à pied un boulevard où les véhicules circulent très rapidement (exemple adapté de Karasek, 1979). Si l'individu s'aperçoit à mi-parcours qu'un très gros camion se dirige sur lui à toute allure (demande psychologique élevée), il aura sans doute le réflexe d'accélérer le pas pour atteindre le plus vite possible le trottoir d'en face. Reprenons maintenant cette même situation, mais imaginons que l'individu a les pieds entravés par des chaînes (faible niveau de contrôle). Dans ces circonstances particulières, l'individu qui aperçoit le camion arrivant très rapidement fait face à une demande psychologique élevée, mais dispose cette fois de très peu de marge de manœuvre pour réagir à la situation efficacement. Imaginez l'angoisse et la peur que connaît cet individu ! Cette dernière analogie illustre le haut niveau de stress que subissent les personnes occupant un emploi à haute tension.

Les emplois actifs

Les emplois actifs s'avèrent très exigeants, mais permettent aux individus d'utiliser leurs compétences comme ils l'entendent. En d'autres termes, ces emplois engendrent un niveau élevé de demande psychologique, mais procurent à l'individu la latitude décisionnelle nécessaire pour relever adéquatement les défis. Pensons notamment au chirurgien qui doit effectuer une opération délicate ou au consultant qui tente d'obtenir un mandat très important. Le travail du chirurgien s'avère particulièrement ardu, mais ceux-ci disposent habituellement de la marge de manœuvre nécessaire pour faire face à la situation sans vivre un niveau trop élevé de stress psychologique. Les personnes qui occupent ce type d'emplois (ex. : avocat, physicien, ingénieur, etc.) seraient généralement plus satisfaites de leur vie professionnelle que celles qui occupent les trois autres types d'emplois. Précisons toutefois que ces personnes peuvent également vivre des situations très élevées de stress en raison d'autres facteurs reliés à leur travail, mais qui ne sont pas inclus dans le modèle.

Les emplois à faible tension

Les emplois à faible tension se caractérisent par un niveau peu élevé de demandes psychologiques, combiné à une importante marge de manœuvre. C'est parfois le cas du personnel d'entretien. Dans certaines organisations, le personnel d'entretien peut décider la façon d'exécuter un travail et la séquence des tâches. Les emplois à faible tension seraient associés à un niveau peu élevé de tensions psychologiques et, par conséquent, à un faible risque de développer des maladies associées au stress. Toutefois, nous remarquons chez cette population une tendance à perdre de l'intérêt pour le travail et les activités connexes.

Les emplois passifs

Les emplois passifs sont ceux qui impliquent à la fois un faible niveau de demande psychologique et un faible niveau de contrôle (ex. : certains postes de commis, le travail de portier dans certains hôtels). Selon Karasek (1979), ce type d'emplois peut graduellement diminuer la capacité de l'individu à apprendre, et même abaisser son niveau de compétence. À la longue, ce type d'emplois entraînerait également une baisse importante de la motivation. Compte tenu du fait que les emplois de ce type s'avèrent généralement très peu exigeants, les rares demandes psychologiques engendreraient chez les individus un niveau de tension particulièrement élevé. Dans l'ensemble, ces individus vivraient toutefois un niveau de tension psychologique se rapprochant de celui de la moyenne des gens.

Le modèle du déséquilibre effort-récompense de Siegrist

Selon Siegrist (1996), le manque de réciprocité entre les efforts qu'un employé investit dans son travail et les récompenses qu'il reçoit (ex. : argent, prestige, opportunité de carrière) provoque des réactions de stress. En d'autres termes, plus l'individu considère son ratio coût/bénéfice au travail comme insatisfaisant, plus il vit du stress. Le stress au travail découlerait donc de la perception de fournir une trop grande quantité d'efforts pour les récompenses reçues. Par exemple, un individu qui ne compte pas ses heures au travail (effort élevé) dans l'espoir d'obtenir une promotion, mais qui ne reçoit jamais de feed-back positif (récompense faible) risque de souffrir éventuellement de stress au travail. Il en va de même de l'employé qui occupe un emploi très exigeant mentalement (effort élevé) et qui se fait continuellement réprimander par son patron (récompense faible). Des résultats de recherches indiquent que ce type de situation augmenterait, entre autres, les probabilités de maladies cardiovasculaires (Bosma et autres, 1998), l'absentéisme (Peter et Siegrist, 1997) et la détresse psychologique (De Jonge et autres, 2000).

Le déséquilibre entre les efforts et les récompenses serait vécu encore plus difficilement par les individus dits « surengagés ». Le concept de « surengagement » (*overcommitment*) correspond à la tendance qu'ont certains individus à sous-estimer les demandes provenant du travail et à surestimer leurs capacités personnelles. À plus ou moins long terme, ces personnes risquent de vivre de la frustration et du découragement. Dans le modèle de Siegrist (1996), le surengagement constitue un facteur de risque susceptible d'exacerber les effets négatifs d'un déséquilibre entre les efforts et les récompenses.

Les conséquences du stress

Les difficultés d'adaptation peuvent engendrer des problèmes de santé mentale, qui à leur tour risquent d'avoir des incidences importantes sur la vie familiale, sentimentale, sociale et professionnelle des individus (Danna et Griffin, 1999). Les problèmes de santé mentale sont notamment associés à une consommation plus élevée de médicaments et d'alcool ainsi qu'à un recours plus fréquent aux services des professionnels de la santé (Hardy et autres, 2003 ; Massé et autres, 1998a). On attribue également aux troubles de santé mentale la détérioration de plusieurs indicateurs de performance organisationnelle, dont l'absentéisme, les accidents de travail, les départs volontaires, les conflits, le harcèlement, l'inefficience et l'affaiblissement de l'engagement des employés (Dierendonck et autres, 2004).

Comme nous l'avons vu au premier chapitre, l'OMS (1946) définit la santé mentale comme un état de complet bien-être physique, psychologique et social ne se limitant pas à une absence de maladie ou d'infirmité. Massé et autres (1998b) abondent dans le même sens. Pour eux, la santé mentale ne désigne pas seulement l'absence de réactions ou de symptômes négatifs (anxiété-dépression, autodépréciation, irritabilité-agressivité, désengagement social), mais comprend également des manifestations positives (estime de soi, bonheur, équilibre mental, contrôle de soi et des événements, engagement social et sociabilité). Ainsi, la santé mentale comprendrait deux dimensions, à savoir l'absence de détresse psychologique et le bien-être psychologique, qui peut s'observer par des manifestations positives. Selon cette conception de la santé mentale, un faible niveau de détresse psychologique ne signifie pas nécessairement qu'un individu ressent un haut niveau de bien-être psychologique.

Les problèmes de santé mentale sont en pleine expansion et cette tendance ne semble pas vouloir se renverser prochainement. Une enquête réalisée par Brun et autres (2003) révèle que 43,42 % des employés consultés présentent un niveau élevé de détresse psychologique. D'ailleurs, l'OMS (1999) estime qu'en 2020, la dépression arrivera au second rang des maladies, entraînant le plus lourd fardeau en matière d'incapacité dans le monde.

Nous tâcherons d'expliquer dans cette section les principales manifestations du stress et les affections qui lui sont associées.

Les manifestations

Le stress est susceptible de se manifester sous diverses formes, qu'elles soient physiologiques, affectives ou comportementales. Le fait d'être exposé à un agent de stress important risque d'engendrer des manifestations physiologiques telles que des tensions musculaires, l'arthrite, des troubles du sommeil, des troubles d'appétit, des troubles sexuels, des problèmes gastro-intestinaux, une augmentation de la transpiration, des palpitations, des problèmes respiratoires et cardiovasculaires, des troubles d'élimination des matières toxiques, des infections diverses, des céphalées, etc. Ces réactions physiologiques sont souvent décrites à l'aide d'expressions comme « avoir les yeux morts, la gorge serrée, le cœur lourd », « avoir mal au ventre », « avoir des nœuds dans l'estomac », « en avoir plein le dos » ou « trop sur les épaules », « avoir les mains moites », « se serrer les dents », etc.

Les manifestations affectives sont variées : troubles de l'humeur (ex. : repli sur soi, irritabilité, explosions de colère, hostilité, expressions maniaques), sentiment de culpabilité ou de honte, diminution ou perte d'intérêt, etc. On décrira les personnes qui vivent de tels états émotifs par des expressions comme « elle est devenue sauvage », « c'est un solitaire », « elle est obsédée par une pensée », « elle prétend que tout va toujours très bien », « elle dit ne plus avoir de projets », « elle perd son sang-froid », « elle est à bout de nerfs », etc.

Enfin, le stress se traduit également par des manifestations comportementales diverses : la fuite, l'évitement, le combat, l'inhibition de l'action, l'engagement dans des activités compensatrices, la recherche ou le refus d'un soutien socioaffectif, etc. Par exemple, on observera la sensibilité aux critiques, le cynisme et le pessimisme, le blâme et l'identification à la victime (*victimization*), l'isolement, l'entêtement et la rigidité, le conformisme excessif et le retranchement derrière l'autorité, l'apathie, la passivité et le détachement, etc.

Les affections

Des problèmes de santé peuvent être causés par le stress lorsqu'il atteint un niveau qui dépasse les capacités d'adaptation de la personne ou s'il perdure au point où ses capacités d'adaptation s'épuisent. Les agents stressants peuvent causer chez certaines personnes des maladies psychosomatiques, dont les ulcères gastro-duodénaux, les maladies de la thyroïde, la polyarthrite rhumatoïde, la recto-colite hémorragique, l'asthme et l'hypertension artérielle. Les agents stressants peuvent également causer des troubles de santé mentale importants. Parmi les syndromes psychiatriques principalement causés par le stress, nous retrouvons notamment l'attaque de panique, le stress post-traumatique, les troubles de l'adaptation et les réactions psychotiques brèves (American Psychiatric Association [APA], 1996).

L'attaque de panique se manifeste par un niveau très élevé d'anxiété et de peur, associé à l'appréhension d'une catastrophe imminente et inévitable. Les symptômes les plus communs d'une attaque de panique sont les suivants : impression de manquer d'air, palpitations, accélération du rythme cardiaque, transpiration, malaises thoraciques, tremblements, nausées, dépersonnalisation, peur de perdre le contrôle, etc. L'attaque de panique survient généralement de façon soudaine et s'étend sur une période délimitée. Elle atteint généralement son apogée en 10 minutes ou moins. Lorsque les attaques de panique surviennent de façon récurrente, l'individu souffre généralement d'un trouble panique.

Le stress post-traumatique est un état causé par un événement inhabituel qui comporte une menace réelle, soit pour la vie ou l'intégrité physique de la personne ou d'un être cher ; ou qui résulte de la destruction de biens personnels importants ou encore de l'implication à titre de témoin d'un accident ou d'une situation de violence physique causant des blessures à une personne ou sa mort. Cet état est vécu comme une peur intense, un état de terreur et d'impuissance. Ses principaux symptômes sont les suivants : rappel fréquent ou constant de l'événement traumatisant (répétition de cauchemars, illusions, etc.), évitement des stimuli associés à cet événement ou engourdissement, voire paralysie, des modes généraux de réponse (efforts pour réprimer les idées associées au traumatisme, incapacité de se rappeler un aspect important de l'événement, incapacité d'aimer, etc.), élévation du niveau d'activation (insomnie, irritabilité, difficulté de concentration, etc.). Les symptômes doivent être présents depuis plus d'un mois pour justifier le diagnostic de stress post-traumatique.

Les troubles de l'adaptation déterminent des réactions mal adaptées à un agent stressant repérable dans l'environnement de l'individu. Il peut s'agir soit de problèmes de comportement dans les occupations quotidiennes (au travail ou à l'école) ou dans les relations avec autrui, soit de comportements qui excèdent ce qui est considéré comme normal dans une situation donnée. Les symptômes de tels troubles incluent un état anxieux, une humeur dépressive, la déviance, une grande fatigue, des maux de tête persistants, la désaffection, une inhibition comportementale, la non-obéissance à des prescriptions, etc. Les problèmes d'attitudes ou de conduites sont atypiques dans la situation et apparaissent jusqu'à trois mois après l'action de l'agent stressant. Ces problèmes ne devraient pas durer plus de six mois.

Les réactions psychotiques brèves se caractérisent par l'apparition de symptômes psychotiques qui durent de quelques heures à un mois, et qui sont provoqués par un événement traumatisant. Les symptômes de ce syndrome comprennent l'affaiblissement des facultés permettant l'adéquation à la réalité, qui se manifeste par l'incohérence ou le relâchement sensible des associations (discours incohérents ou dépourvus de sens ; réponses inadéquates aux questions ; désorientation et perte de mémoire à court terme), les illusions et les fantasmes, les hallucinations visuelles ou les comportements catatoniques ou désorganisés (conduite bizarre, étrange, pouvant se caractériser par des postures surprenantes, des cris ou le mutisme ; conduite suicidaire ou agressive) ; la personne peut en outre souffrir de troubles des émotions.

Par ailleurs, sans être officiellement répertorié dans le manuel diagnostique et statistique des troubles mentaux (DSM-IV) (APA, 1996), le syndrome d'épuisement professionnel (*burnout*) a beaucoup retenu l'attention des chercheurs et des gestionnaires depuis les années 1980. L'épuisement professionnel est un syndrome psychologique qui découle d'une exposition prolongée à des stresseurs dans l'environnement de travail. La diminution de l'attention portée à ce trouble dans les revues spécialisées n'est pas un signe de sa disparition, mais reflète plutôt une baisse de l'intérêt des médias pour ce type d'affection nerveuse. Cinq étapes caractérisent l'évolution de ce syndrome (Maslach et Jackson, 1982) :

1) l'apparition de problèmes physiques : troubles du sommeil, céphalées, troubles gastro-intestinaux, maux de dos, etc. ;

2) la manifestation d'un dysfonctionnement de la pensée : troubles de réflexion, de mémoire ou de concentration, diminution de la créativité, difficulté de planification et d'organisation des activités, etc. ;
3) la distanciation, voire l'isolement de la personne : rupture des relations sociales, négativisme et désaffection, perte d'intérêt pour les autres, etc. ;
4) la manifestation de troubles de l'affect : troubles de l'humeur, repli sur soi ou explosions de colère, etc. ;
5) la perte de signification : sentiment de vide et d'impuissance, sentiment d'inutilité et d'abandon, confusion et fuite des idées, désorientation et désorganisation des conduites, etc.

Le syndrome d'épuisement professionnel se caractérise principalement par : un épuisement physique et émotionnel, un sentiment de cynisme et de détachement à l'égard du travail ainsi qu'une perception d'inefficacité et d'un manque d'accomplissement (Maslach, 2003). Des résultats d'enquêtes indiquent que le syndrome d'épuisement professionnel serait particulièrement présent dans les secteurs de l'éducation, des services sociaux et des soins de santé. Toutefois, aucun métier ou profession n'est totalement à l'abri de ce syndrome. Les questions présentées au tableau 4.3 (p. 164) permettent d'amorcer une réflexion individuelle sur notre degré de vulnérabilité à l'égard du syndrome d'épuisement professionnel.

La croyance populaire veut que ce syndrome soit essentiellement attribuable à des facteurs individuels. Alors que certains individus soutiennent que ce syndrome est le lot de ceux qui travaillent trop fort, d'autres croient que cet état psychologique est un signe de faiblesse et d'incompétence. Or, les recherches effectuées à ce jour ne corroborent pas ces hypothèses. Elles soutiennent plutôt que le syndrome d'épuisement professionnel serait principalement attribuable à des facteurs organisationnels.

Dans cette optique, Leiter et Maslach (2001) estiment qu'il s'avère improductif de blâmer les individus qui souffrent d'épuisement professionnel. En fait, les gestionnaires auraient un rôle de premier plan à jouer afin de prévenir et de contrer cet état psychologique chez les employés. Plus spécifiquement, ces auteurs ont déterminé six causes organisationnelles du syndrome d'épuisement professionnel sur lesquelles les gestionnaires peuvent exercer une influence, à savoir la charge de travail, la marge discrétionnaire, les récompenses, les relations interpersonnelles (ex. : conflits, soutien social), la justice sur le plan de l'application des politiques et des procédures, ainsi que les valeurs organisationnelles.

Il convient de noter que le syndrome d'épuisement professionnel présente un tableau clinique différent de celui de la dépression, laquelle est une « maladie mentale caractérisée par une modification profonde de l'état thymique, de l'humeur dans le sens de la tristesse, de la souffrance morale et du ralentissement psychomoteur » (Bloch et autres, 2002, p. 327).

TABLEAU 4.3 Êtes-vous susceptible de souffrir du syndrome d'épuisement professionnel ?

Choisissez la réponse qui vous décrit le mieux présentement.

1. **Épuisé ou plein d'énergie ?**
   a) Je me sens surchargé, fatigué, épuisé, incapable de récupérer.
   b) Je me sens énergique, alerte, fort et plein de ressources.
2. **Cynique ou motivé ?**
   a) Je fais seulement le strict minimum au travail.
   b) Je tente de donner le meilleur de moi-même au travail.
3. **Inefficace ou efficace ?**
   a) Les efforts que je fournis au travail ne mènent à rien.
   b) Les efforts que je fournis au travail portent fruit et me permettent d'accomplir beaucoup de choses.
4. **Déséquilibré ou équilibré ?**
   a) J'ai le sentiment de sacrifier ma vie personnelle pour mon travail.
   b) J'arrive à concilier les exigences de mon travail avec celles de ma vie personnelle.
5. **Désillusionné ou plein d'espoir ?**
   a) Je suis condamné à faire un travail qui n'offre pas de débouchés.
   b) Mon travail actuel mène à une carrière productive.
6. **Désintérêt à l'égard du travail ou sentiment d'accomplissement ?**
   a) Mon travail a peu de sens à mes yeux.
   b) Je suis fier de mes contributions au travail.
7. **Isolé ou entouré ?**
   a) À mon travail, je n'entretiens pas de bonnes relations avec les autres personnes.
   b) À mon travail, je fais partie d'un groupe de personnes qui s'offrent du soutien.

Si vous avez choisi la réponse A plus souvent que la réponse B, vous devez faire particulièrement attention à votre santé en ce moment. Par ailleurs, si vous avez choisi la réponse B plus souvent que la réponse A, cela indique probablement que vous êtes satisfait de votre vie professionnelle.

Source : Adapté de Maslach et Leiter (1999).

Encadré 4.3 *The Three Princes of Serendip :* La main redoutable

« Jadis, avant que nous n'ayons le miroir, dit la reine, la grande main saisissait un homme du rivage, à n'importe quel moment de la journée, qu'il soit de la ville ou d'une ferme, et elle le jetait dans la mer. Les gens avaient peur de quitter leur maison ; jusqu'ici, ceux dont le travail les menait hors de chez eux risquaient d'être saisis. Aujourd'hui, vous pouvez voir comment ce miroir prévient une chose aussi terrifiante. »

Sources : Traduit et adapté de Hodges (1964, p. 81) par Corinne Prost, sous la supervision d'Estelle M. Morin.

Les facteurs qui amplifient ou diminuent les conséquences du stress

Comme nous l'avons mentionné précédemment, une même situation peut engendrer un niveau élevé de stress chez un individu, mais affecter beaucoup moins une autre personne. Ce constat suggère qu'il existe des facteurs qui peuvent moduler à la hausse ou à la baisse les relations entre les sources de stress et leurs incidences sur l'individu. En d'autres termes, certains facteurs seraient susceptibles de jouer un rôle tampon, c'est-à-dire d'absorber les tensions vécues par l'individu, alors que d'autres auraient plutôt comme effet d'exacerber les conséquences négatives du stress. Les facteurs qui amplifient ou diminuent les conséquences du stress et qui s'avèrent les plus documentés concernent les caractéristiques personnelles et le soutien social.

Les caractéristiques personnelles

Différentes caractéristiques personnelles influencent la perception qu'a un individu de sa capacité à faire face à un agent stressant, dont le sentiment d'efficacité personnelle, la force de caractère (*hardiness*), l'affect (négatif ou positif), l'estime de soi et le style d'attribution (interne ou externe). De manière générale, les personnes qui ont confiance en elles et en l'avenir auraient plus de facilité à se tirer d'affaire lorsqu'elles font face à des agents stressants que celles qui s'estiment impuissantes, qui attendent que le problème se règle tout seul (passivité) ou qui se considèrent victimes des événements. Les premières auraient notamment tendance à mieux gérer les effets des agents stressants, à choisir des comportements mieux adaptés à la situation et à recourir au soutien social que leur offre leur entourage, sans toutefois s'en remettre aux autres pour régler leurs problèmes.

Deux autres caractéristiques personnelles influenceraient aussi l'évaluation que fait la personne de sa capacité à faire face à un agent stressant : le degré d'investissement psychologique, c'est-à-dire la tendance à s'engager activement dans les événements, et la tendance à l'accomplissement personnel, c'est-à-dire la conviction que les situations difficiles représentent des occasions de croissance personnelle. Ces deux facteurs dénotent chez la personne une grande confiance en ses choix, une grande sécurité psychologique et une grande capacité d'autorenforcement.

Par ailleurs, la vulnérabilité d'une personne face aux agents stressants pourrait également être amplifiée par la tendance personnelle à inhiber ses émotions (soit par la répression volontaire, soit en raison d'une grande timidité), les expériences personnelles qui ont marqué l'existence de l'individu (l'influence de la famille, des amis, de la télévision et des médias en général), le style d'attachement et le concept de soi (Basic Behavioral Science Task Force of the National Advisory Mental Health Council, 1996).

Il existe également des prédispositions personnelles à s'exposer à des expériences comportant des charges élevées de stress. Les personnes qui montrent de telles prédispositions risquent plus que les autres de vivre des excès de stress qui nuiront à leur santé. Ces prédispositions sont les suivantes : l'incapacité de prendre du temps pour soi sans se sentir coupable, le désir impérieux d'être reconnu et récompensé (Fromm, 1978), l'impossibilité d'alléger sa charge de travail, car « rien n'est mieux fait que par soi-même », la tendance à s'adonner à de plus en plus d'activités et à accuser de plus en plus de retards, l'impression chronique d'urgence, le désir pressant de réussir toutes ses entreprises, en tout temps, quoi qu'il arrive, le goût excessif pour la compétition, la tendance à vouloir toujours plus (être le premier arrivé au travail et le dernier à partir), à viser toujours plus haut, à aller toujours plus vite, à être toujours parfait (Chalvin, 1985 ; Mitroff et Pauchant, 1990).

Le soutien social

Le soutien social que la personne est en mesure d'obtenir dans son environnement exerce également une influence sur la façon dont elle perçoit l'agent stressant et la façon dont elle y réagit. Hirsh (1980) a déterminé cinq formes possibles de soutien social :

- le soutien émotionnel : prendre soin, réconforter, aimer, témoigner de la sympathie ;
- les encouragements : féliciter, complimenter ;
- les conseils : fournir des renseignements utiles pour résoudre des problèmes, informer ;
- la présence : le temps passé avec la personne ;
- l'aide tangible : fournir des ressources (ex. : argent, aide concrète).

Les recherches dans le domaine indiquent que deux formes de soutien seraient particulièrement efficaces, à savoir l'aide tangible et le soutien émotionnel. Les principales sources de soutien qui ont été étudiées sont les superviseurs, les collègues, la famille et les amis. Les recherches indiquent toutefois que ce ne serait pas tant la quantité de soutien social qui importerait, mais la disponibilité de ce soutien et le fait d'avoir recours à différentes sources de soutien dans son entourage.

Les stratégies d'adaptation face aux situations anxiogènes : méthodes constructives et négatives

L'anxiété correspond à l'anticipation d'un danger ou d'un malheur, accompagnée d'un sentiment de dysphorie ou de symptômes somatiques de tension. L'anxiété est donc un état de « non-quiétude » où prédomine l'appréhension d'une situation qui pourrait se révéler désagréable ou douloureuse. L'état anxieux se caractérise par trois composantes fondamentales : la perception d'un danger imminent, une attitude d'attente devant ce danger et un sentiment de désorganisation lié à la conscience d'une impuissance totale face à ce danger (Pichot, 1987).

L'anxiété est une émotion inhérente au développement du potentiel d'une personne et à sa créativité, car elle signale la présence d'un conflit, le plus souvent psychologique ou psychique, qui doit être résolu. Dans le texte classique présenté à la fin de ce chapitre, Rollo May (1977) fait la distinction entre l'anxiété normale et l'anxiété névrotique. Cette distinction se révèle utile pour comprendre la genèse des problèmes psychologiques.

L'anxiété normale résulte de la perception d'une situation menaçante ; elle n'est pas un signe de mésadaptation ni de maladie mentale. C'est généralement dans ce sens qu'on fait référence à l'anxiété en psychiatrie. L'anxiété névrotique est également le résultat de la perception d'une menace, mais, à la différence de l'anxiété normale, elle est en outre le résultat d'expériences d'apprentissage malheureuses à un moment où la personne était incapable de faire face au danger, de manière directe ou constructive. L'anxiété névrotique est le creuset de l'angoisse.

Selon le contexte et leurs dispositions personnelles, les individus ont recours à différentes méthodes pour faire face à l'anxiété. Certaines de ces méthodes s'avèrent constructives et d'autres, négatives.

Les méthodes constructives

Il est possible de clarifier et de résoudre le conflit anxiogène ; May (1977) rappelle à ce sujet deux processus communs aux méthodes constructives : l'expansion de la conscience et la rééducation.

L'expansion de la conscience se fait par l'introspection et l'analyse des pensées, des sentiments et des images qui « meublent » l'expérience de la personne. Par ce processus, la personne prend conscience de la valeur qui est menacée, de ses conflits et de ses ambivalences à l'égard de la situation. May emploie le mot « valeur » pour désigner les idées, les sentiments, les objets et même les personnes qui ont beaucoup d'importance pour un individu. Dans un contexte analytique, les valeurs propres à une personne sont souvent celles qui correspondent à son existence même (ex. : la responsabilité, la liberté, la réussite, la relation).

L'expansion de la conscience permet donc à la personne de comprendre la genèse du conflit à l'origine de l'anxiété ; elle la conduit à développer sa métaconscience[1].

Par ailleurs, la rééducation permet à la personne de se fixer de nouveaux buts, de définir ses valeurs et de choisir de vivre en fonction de celles-ci d'une façon responsable et réaliste.

D'un point de vue « objectif », l'individu a besoin de courage, en particulier de courage moral, pour être capable d'affronter l'anxiété normale, car il doit faire face au conflit ou à la situation de danger tout en reconnaissant son anxiété et en demeurant authentique. D'un point de vue « subjectif », l'individu doit prendre conscience de la valeur d'agir en dépit de son action, c'est-à-dire de l'importance de la finalité

1. Le concept de métaconscience est expliqué au chapitre 2.

de son action comparativement au coût de la renonciation à cette même action. En d'autres termes, la valeur de la cause est supérieure au prix de son anxiété, et cette cause sert le développement de sa personnalité et de sa liberté. D'où l'énoncé général qui stipule qu'une personne est subjectivement prête à faire face à son anxiété de façon constructive lorsqu'elle est convaincue, consciemment ou non, que les valeurs à acquérir en allant de l'avant sont plus grandes que les valeurs à acquérir en fuyant son anxiété.

Les méthodes constructives constituent des stratégies comportementales qui permettent à la personne de s'ajuster aux conditions de son milieu, d'augmenter ses possibilités d'action et d'accroître sa satisfaction générale. Les stratégies d'ajustement (*coping*) nécessitent l'investissement d'efforts personnels pour maîtriser la situation quand les réponses habituelles ou automatiques ne sont pas adéquates. Dans ce cas, les exigences posées dans les circonstances doivent être satisfaites au moyen de l'élaboration de nouvelles attitudes ou de nouvelles conduites, ou par la modification des anciennes (Monat et Lazarus, 1985). De telles stratégies exigent donc une adaptation de la personne sous des conditions relativement difficiles pour elle.

Les stratégies utilisées pour faire face aux agents stressants ou à l'anxiété sont différentes suivant l'histoire de la personne, son évaluation de ses capacités et de ses ressources ainsi que sa motivation. Il existe une grande variété de stratégies, qui vont de l'élimination de la source de danger jusqu'aux réponses créatives.

Folkman et Lazarus (1984) présentent les stratégies de résolution de problèmes comme des efforts investis par l'individu pour se tirer d'affaire et améliorer son sort. Ces efforts peuvent consister soit à modifier ses attitudes ou ses comportements, soit à modifier l'objet de tension, c'est-à-dire les agents stressants, ou les deux. Par exemple, l'individu aux prises avec une situation difficile peut rechercher de l'information sur ce qu'il faut faire, retarder les actions ou les réactions impulsives ou émotives, rencontrer les personnes associées au problème, etc.

Lorsque la personne ne parvient pas à résoudre le problème et à surmonter l'anxiété, elle est amenée à se protéger à l'aide de méthodes négatives et, plus spécifiquement, de mécanismes de défense. May (1977) qualifie ces mécanismes de négatifs, car ils ne conduisent pas à l'expansion de la conscience ni au développement de la métaconscience ; ils procurent néanmoins un soulagement temporaire des tensions causées par les agents stressants.

Encadré 4.4 *The Three Princes of Serendip :* La main redoutable

Sitôt que le soleil apparut, la main terrifiante sortit doucement de l'eau. Les cinq doigts écartés, elle s'éleva de plus en plus haut. La reine et ses sujets observaient en silence derrière les fenêtres de leur maison, alors que la grande main planait haut dans le ciel tandis que le prince se tenait seul sur le rivage. La main était plus calme que d'habitude et le prince la regardait fixement en silence. Alors, juste quand le soleil s'apprêta à se coucher, la main commença une violente descente. Rapide comme une comète, elle se précipita vers l'endroit où se tenait Rajahsingha.

Tous les oiseaux cessèrent de gazouiller. Les petits animaux détalèrent, effrayés. Et comme le jeune homme regardait la grande main s'abattre sur lui depuis les profondeurs du ciel bleu, il ne put qu'espérer que ses plans fussent justes. Ce terrible fléau s'emballa dans les airs et se rapprocha de plus en plus, mais la bravoure du cœur du prince l'arrêta. Le prince ferma un œil face à la lumière du soleil et il souleva sa main droite comme un bouclier devant son visage. À peine eut-il fait cela que cette main qui l'effrayait tant ne lui apparut pas plus grande que la sienne. Comprenant cela, le prince Rajahsingha éclata de rire.

Sur le moment, comme surprise par tant de courage, la grosse main cessa d'avancer et plana sur place pendant un moment. Durant ce court laps de temps, le prince souleva sa main dans les airs une fois de plus, mais en gardant deux doigts dépliés. Tout juste après qu'il eut fait cela, son adversaire plongea vers la mer et disparut dans un plouf puissant ; Rajahsingha resta debout sur le sable.

Sources : Traduit et adapté de Hodges (1964, p. 83-84) par Corinne Prost, sous la supervision d'Estelle M. Morin.

Les méthodes négatives

Les méthodes négatives visent à soulager ou à éviter l'anxiété sans résoudre le conflit qui l'a engendrée. Ces méthodes prennent des formes variées telles que la rigidité de la pensée, le dogmatisme, la superstition, les conduites compulsives comme la manie du travail, l'alcoolisme, la boulimie, etc. L'anxiété est évitée temporairement, au détriment du développement de la personne et de ses capacités d'adaptation. Il importe de souligner l'aspect temporaire du soulagement, car il demeure que, tôt ou tard, le conflit refera surface, avec l'anxiété qui en résulte, et la personne devra encore l'affronter.

Les stratégies palliatives que décrivent Folkman et Lazarus (1984) constituent des méthodes négatives. Elles consistent en des efforts investis dans des voies substitutives visant à soulager les effets nocifs (physiques ou psychologiques) des agents stressants. Par exemple, pour éviter de penser aux agents stressants et pour nier l'existence du problème, une personne pourra se retrancher derrière l'autorité ou dans le mutisme, prendre des calmants, s'adonner à la prière ou à la méditation, faire du sport, etc.

Les dénominateurs communs des méthodes négatives restent le rétrécissement du champ de la conscience, la réduction des possibilités d'action et la restriction des relations avec les autres. En d'autres termes, la personne évite le conflit et soulage sa peine au prix du développement de sa personnalité et de sa liberté.

Les mécanismes de défense

Les méthodes négatives font intervenir des mécanismes de défense qui sont, par nature, inconscients. Les mécanismes de défense sont des procédés dont se sert le moi, qui est une instance psychique inconsciente, lorsqu'il fait face à une représentation insupportable, à défaut de savoir comment l'intégrer aux autres représentations – conscientes, celles-là – par un travail de pensée. Les mécanismes de défense permettent d'éviter les agressions internes des pulsions refoulées et les dommages causés par l'expérience de l'angoisse qui en découle.

C'est à Anna Freud (1949) qu'on doit le premier dénombrement des mécanismes de défense. D'après elle, le moi dispose de 10 méthodes différentes pour se protéger contre des représentations insupportables et contre l'angoisse qui en résulte : le refoulement, la régression, la formation réactionnelle, l'isolation, l'annulation rétroactive, la projection, l'introjection, le retournement contre soi, la transformation en contraire et la sublimation. Dans tous les cas, l'usage de mécanismes de défense prive l'individu d'une somme d'énergie qu'il aurait pu autrement investir dans des activités capitales pour son développement. Le motif qui détermine le « choix » du mécanisme demeure toutefois inconnu. Il est possible qu'il soit en partie déterminé par le stade de développement de la personnalité.

Depuis les premiers écrits d'Anna Freud, on a déterminé plusieurs autres mécanismes de défense. Ces derniers se situent à sept niveaux (APA, 1996, 2000) :

- niveau des inhibitions mentales (ex. : déplacement, dissociation, intellectualisation, annulation rétroactive, refoulement, formation réactionnelle) ;
- niveau mineur de distorsion de l'image (ex. : dévalorisation, idéalisation, omnipotence) ;
- niveau du désaveu (ex. : déni, projection, rationalisation) ;
- niveau majeur de distorsion de l'image (ex. : rêverie autistique, identification projective, clivage) ;
- niveau de l'agir (ex. : passage à l'acte, agression passive, retrait apathique, plainte associant demande d'aide et rejet de cette aide) ;
- niveau de dysrégulation défensive (ex. : projection délirante, déni psychotique, distorsion psychotique) ;
- niveau adaptatif élevé (ex. : altruisme, humour, sublimation, répression).

Ce dernier niveau de mécanismes de défense (niveau adaptatif élevé) regroupe des mécanismes pouvant être qualifiés de matures, compte tenu du fait qu'ils facilitent l'adaptation de l'individu aux agents stressants, sans pour autant régler le problème à la source de l'anxiété comme le permettent les méthodes d'adaptation constructives (Vaillant, 1971, 1977). Ces mécanismes de défense aident l'individu à ne pas se laisser envahir par des émotions négatives.

Selon les auteurs consultés, les autres mécanismes de défense peuvent être qualifiés d'immatures, de narcissiques ou de névrotiques. Le recours à certains de ces mécanismes – utilisés sans excès et dans des circonstances particulières – peut toutefois contribuer à maintenir l'équilibre émotionnel de la personne (ex.: avant une opération chirurgicale, le déni peut aider un patient à ne pas céder à la panique). Ces mécanismes empêchent toutefois la personne d'affronter son anxiété et de faire face à ses difficultés de façon efficace à moyen et à long terme. Le tableau 4.4 présente les définitions des mécanismes de défense les plus communs.

TABLEAU 4.4 La définition des mécanismes de défense les plus courants

MÉCANISMES DE DÉFENSE MATURES (NIVEAU ADAPTATIF ÉLEVÉ) **Mécanismes par lesquels le sujet répond aux conflits émotionnels ou aux facteurs de stress internes ou externes…** • **Altruisme :** « … en se consacrant à répondre aux besoins des autres. » • **Humour :** « … en faisant ressortir les aspects amusants ou ironiques du conflit ou des facteurs de stress. » • **Sublimation :** « … en canalisant des sentiments ou des impulsions potentiellement inadaptées vers des comportements socialement acceptables. » • **Répression :** « … en évitant délibérément, mais de façon temporaire, de penser à des problèmes, des désirs, des sentiments ou des expériences pénibles. »
AUTRES MÉCANISMES DE DÉFENSE (IMMATURES, NARCISSIQUES OU NÉVROTIQUES) **Mécanismes par lesquels le sujet répond aux conflits émotionnels ou aux facteurs de stress internes ou externes…** • **Annulation rétroactive :** « … en utilisant des mots ou des comportements visant à nier ou à corriger symboliquement des pensées, des sentiments ou des actes jugés inacceptables. » • **Déni :** « … en se refusant à reconnaître comme réels certains aspects extérieurs douloureux ou certaines expériences subjectives douloureuses pourtant apparentes pour autrui. » • **Déplacement :** « … en transférant l'expression d'une émotion associée à une situation particulière à une autre situation dans laquelle l'émotion peut être exprimée sans risque. » • **Formation réactionnelle :** « … en substituant à un comportement, à des pensées ou à des sentiments personnels inacceptables, d'autres qui leur sont diamétralement opposés. » • **Idéalisation :** « … en s'attribuant – ou en attribuant à autrui – des qualités exagérées. » • **Intellectualisation :** « … en s'adonnant à un usage excessif de pensées abstraites ou de généralisations pour contrôler ou minimiser des sentiments gênants. » • **Passage à l'acte :** « … par des actions plutôt que par des sentiments ou des réflexions. » • **Projection :** « … en attribuant à tort à autrui ses propres sentiments, impulsions ou pensées inacceptables. » • **Rationalisation :** « … en dissimulant les motivations réelles de ses propres pensées, actes ou sentiments, derrière des explications rassurantes ou complaisantes mais erronées. » • **Régression :** « … en retournant à un stade antérieur de développement pour faire face à un conflit. » • **Refoulement :** « … en expulsant de sa conscience des désirs, des pensées ou des expériences pénibles. »

Sources : APA (1996, p. 879-882) et Thobaben (2005, p. 331).

De l'examen des stratégies défensives découlent trois constats. Premièrement, les objets qui représentent des menaces pour quelqu'un sont souvent associés à ses motivations ou à des aspects identitaires. Par exemple, une personne qui éprouve un grand besoin d'être admirée par les autres percevra tout commentaire à son endroit comme une offense à l'image qu'elle veut avoir d'elle-même.

Deuxièmement, les stratégies défensives présentent l'avantage de soustraire la personne à la situation conflictuelle, mais cela, à un prix élevé (Dejours, 1980) : l'exercice de la volonté de la personne s'en trouve diminué, le champ de sa conscience se restreint et ses comportements deviennent de plus en plus stéréotypés.

Troisièmement, les conséquences des comportements défensifs se répercutent sur l'entourage de la personne. Les proches adopteront parfois des stratégies réciproques, amorçant d'interminables boucles de défense et de protection. Les répercussions des stratégies défensives causent ainsi des blocages dans les relations, empêchent la recherche de solution et risquent d'engendrer d'autres conflits.

Encadré 4.5 *The Three Princes of Serendip :* La main redoutable

La reine les appela tous les trois ; la gratitude de son cœur n'était excédée que par la curiosité de son âme. « Par quelle étrange habileté et sagesse cette main terrifiante a-t-elle été subjuguée ? » demanda-t-elle, lorsqu'elle comprit l'événement qui venait de se dérouler devant ses yeux.

Balakrama lui dit : « Votre Majesté, c'est la bravoure de notre plus jeune frère qui est venue à bout de cette main ; de partout, comme vous devez le savoir, le véritable courage commande le respect. Mais il y a quelque chose d'autre qui s'est passé lors de cet événement étrange et heureux, qu'il pourra mieux expliquer que moi.

— Je vous en prie, faites, dit-elle en souriant et en se tournant vers Rajahsingha.

Le troisième prince fit sa révérence et lui dit : « Puisque Votre Majesté le demande, je pourrais dire que cette main fut envoyée par une puissance qui voulait vous mettre à l'épreuve et qui avait un message particulier à vous livrer. En étendant ses cinq doigts, elle tentait de vous faire comprendre que si seulement cinq personnes dans toute une nation étaient très unies, elles conduiraient le peuple. Et c'était parce que cette main n'avait pas pu faire passer clairement son message qu'elle était pleine de rage et qu'elle agissait avec autant de violence.

— Et pourquoi as-tu soulevé ta main en gardant deux doigts dépliés ? lui demanda-t-elle.

— En faisant cela, répondit Rajahsingha, je comprenais le message et lui répondais que si seulement deux personnes étaient unies, elles pouvaient le mener aussi. Je crois en cela, ô grande et gentille reine, et comme vous le savez fort bien, deux personnes réunies pour une cause juste en entraîneront d'autres avec elles. »

Sources : Traduit et adapté de Hodges (1964, p. 84-85) par Corinne Prost, sous la supervision d'Estelle M. Morin.

Des applications de la psychologie de l'adaptation

Dans cette dernière section du chapitre, il sera question de deux applications de la psychologie de l'adaptation, soit la promotion de la qualité de vie au travail et le développement de l'intelligence émotionnelle.

La promotion de la qualité de vie au travail

Le concept de qualité de vie au travail (QVT) fait habituellement référence à un état général de bien-être des personnes dans leur milieu de travail. Pour développer la QVT dans une organisation, plusieurs programmes sont possibles. Les programmes de QVT peuvent être regroupés en quatre catégories :

1) le travail lui-même ;
2) les relations professionnelles ;
3) les conditions d'exercice ;
4) l'équilibre entre le travail et la vie privée.

Le travail

Plusieurs facteurs liés au travail ont un impact sur le bien-être des personnes et leur engagement au travail (De Jonge et autres, 2001 ; Karasek et Theorell, 1990 ; Quick et autres, 1997). Parmi ces facteurs se trouvent l'adéquation entre l'individu et son emploi, le développement des compétences, la charge de travail, la clarté des rôles et l'utilité du travail, le feed-back sur la performance de même que l'autonomie et la sécurité d'emploi.

L'adéquation entre l'individu et son emploi[2]

On a constaté que l'engagement des employés est plus élevé lorsqu'ils perçoivent que leur travail correspond à leurs valeurs et à leurs champs d'intérêt et lorsqu'ils s'estiment capables de bien faire ce qu'on leur demande. De plus, le fait de faire un travail qui correspond à ses intérêts et à ses compétences procure du plaisir et stimule le développement de la personne. Or, le plaisir de l'accomplissement est le cœur de la motivation humaine au travail. Dans les organisations qui prônent la QVT, les gestionnaires veillent à la qualité des décisions d'embauche et de promotion, à l'efficacité des programmes de formation et à la participation des employés aux décisions concernant l'organisation de leur travail.

Le développement des compétences

Afin de maintenir l'intérêt des travailleurs, il faut que l'accomplissement du travail favorise le développement de leur potentiel et leur permette de se réaliser (Koestner

2. La notion d'adéquation est présentée au chapitre 1.

et autres, 2002). Pour cela, il importe de veiller à ce que les exigences du travail s'ajustent au fur et à mesure que la personne acquiert le sentiment de compétence dans l'exécution de ses tâches.

Le développement des compétences est une source de motivation importante. Le travail permet de développer les compétences lorsqu'il offre des occasions de se perfectionner et de s'épanouir, soit par les exigences qu'il représente ou les défis qu'il pose. Ce facteur est associé au bien-être psychologique et à l'engagement au travail.

La charge de travail

La charge de travail est un autre facteur qui détermine la QVT. Si la charge de travail est trop élevée, le travail risque d'apparaître oppressant et d'entraîner de l'anxiété plutôt que de l'intérêt. De même, si la charge de travail est trop faible, le travail risque d'être perçu comme ennuyeux ou insipide et d'entraîner du désintérêt et de l'inattention.

Idéalement, la charge de travail doit être ni trop lourde, ni trop légère. Une charge de travail trop lourde aura pour effet de décourager l'individu, alors qu'une charge trop légère (aussi appelée sous-charge) lui donnera l'impression de ne pas utiliser pleinement son potentiel, ce qui à la longue risque d'affecter son estime de soi, et même d'entraîner une détérioration de ses compétences. Afin de favoriser la santé mentale, les exigences du travail doivent correspondre aux compétences de l'individu ou les excéder légèrement. Pour ce faire, l'employeur doit prendre le temps d'évaluer les compétences et le potentiel des personnes ainsi que les exigences des mandats à allouer. La charge de travail peut également être évaluée et réajustée au moyen d'une réingénierie des processus.

La charge de travail peut être quantitative ou qualitative. Un employé connaît une surcharge quantitative lorsque le nombre de tâches qu'il doit réaliser est très important, que les interruptions durant sont travail sont fréquentes (ex. : le téléphone, les réunions) ou que les délais à respecter sont serrés. Ce type de surcharge est souvent le lot des employés qui disposent de peu de ressources pour faire leur travail. La charge de travail qualitative correspond pour sa part au niveau de difficulté des tâches à réaliser. L'employé qui réalise des tâches pour lesquelles il ne s'estime pas suffisamment compétent percevra une surcharge qualitative. Cette deuxième forme de surcharge de travail est donc intimement liée à la formation des employés.

Plus récemment, l'expression « surcharge de travail émotionnelle » a également été introduite afin de tenir compte des situations d'emplois qui impliquent d'exprimer des émotions qui ne sont pas nécessairement ressenties ou de réprimer des émotions vécues (ex. : service à la clientèle, unité des soins intensifs).

La clarté de rôle et l'utilité du travail

Afin d'être efficace et engagé, l'individu a besoin de connaître ce qu'on attend de lui dans son milieu de travail. En d'autres termes, son rôle doit être clairement défini. Un rôle trop ambigu constituera une importante source de stress pour le travailleur.

Il y a ambiguïté de rôle lorsque l'information disponible pour le poste occupé est inadéquate ou trop vague. C'est notamment ce qui risque de se produire lorsque l'organisation est soumise à des changements trop fréquents et mal gérés ou, encore, lorsque le superviseur adopte un leadership « laissez-faire »[3].

En plus de l'ambiguïté de rôle, il est également de mise de réduire au minimum les conflits de rôles. Ces derniers découlent de la perception d'incompatibilité à l'égard des demandes auxquelles le titulaire d'un poste doit répondre (que ces demandes concernent ou non le travail). L'employé qui reçoit des ordres contradictoires de deux patrons risque particulièrement de vivre ce type de conflits.

Enfin, comme le préconise Trist (1981), pour mobiliser l'investissement du personnel, le travail doit être utile ou ajouter de la valeur à quelque chose. Il importe donc de clarifier les attentes et de donner des orientations précises et compatibles avec la raison d'être de l'organisation.

Le feed-back sur la performance

Le feed-back peut venir soit de l'observation directe des résultats obtenus par ses propres activités, soit de l'évaluation faite par ses collègues ou son superviseur. Le feed-back permet à l'employé de déterminer ses forces et de s'améliorer. Il contribue également à ce que l'individu connaisse des épisodes de *flow* (voir le chapitre 3).

Habituellement, les employés préfèrent comparer leurs résultats avec leurs performances antérieures plutôt qu'avec ceux des autres afin d'éviter de se sentir en concurrence avec leurs collègues. De plus, la disposition à recevoir de l'information sur sa performance serait directement liée à l'anticipation d'obtenir de bons résultats. En outre, la disposition à rechercher ce type d'information est associée au sentiment de valeur personnelle, également appelé « estime de soi » : il semble que plus le sentiment de valeur personnelle est fort, plus l'individu recherche de l'information sur sa performance afin de s'améliorer. Par conséquent, il est peu probable que les individus dont la performance et le sentiment de valeur personnelle sont faibles – et qui par conséquent auraient besoin de feed-back pour s'améliorer – prendront spontanément l'initiative de s'informer auprès de leur supérieur ou de leurs collègues.

L'autonomie

L'autonomie ou la liberté d'action que possède un individu dans l'exercice de ses fonctions est également un antécédent important de la QVT. Les employés aiment pouvoir exercer leur jugement pour résoudre les problèmes dans leur travail, pouvoir organiser celui-ci de la manière qui leur semble la plus efficace, pouvoir donner leur opinion concernant les décisions qui pourraient avoir des incidences sur leur travail, etc. Le fait d'avoir de l'autonomie dans son travail stimule le développement de l'efficacité personnelle et, par extension, le bien-être psychologique des employés. Cela favorise également l'engagement au travail (Kuvaas, 2003).

3. Ce style de leadership est présenté au chapitre 8.

L'exercice de l'autonomie suppose par ailleurs que les employés ont les compétences pour faire efficacement leur travail ou qu'ils ont accès facilement à la formation ou au perfectionnement requis pour les acquérir. Cela suppose également qu'ils ont à leur disposition les ressources et des outils de travail efficaces, et qu'ils sont en mesure d'évaluer leur performance et de s'ajuster en conséquence. Enfin, l'autonomie des employés requiert le soutien ou la confiance du supérieur immédiat.

La sécurité d'emploi

Au cours des dernières années, les emplois dans les organisations ont subi d'importantes transformations en raison des nombreuses fusions, acquisitions et suppressions de postes qui sont survenues. En plus de ces derniers bouleversements, nous observons une hausse importante des emplois temporaires, occasionnels et à temps partiel. Ces changements créent chez les employés de l'insécurité à l'égard de leur emploi et de leur développement de carrière. De toute évidence, un individu qui craint de perdre son travail ou qui tout simplement ne connaît pas les possibilités d'avancement de carrière dans son entreprise risque de développer des symptômes de détresse psychologique. Même s'il est parfois impossible d'assurer aux employés une sécurité d'emploi à moyen et à long termes, il est du devoir du gestionnaire de : 1) maintenir le lien de confiance avec les employés en leur donnant l'heure juste quant à leur perspective de carrière dans l'organisation ; 2) les informer de la formation disponible dans l'entreprise afin qu'ils puissent développer des compétences transférables ; et 3) faire en sorte que ceux qui ont un statut d'emploi autre que permanent (ex. : temporaire) ne soient pas isolés ou ostracisés par leurs collègues.

Les relations professionnelles

La qualité des relations professionnelles est un facteur important de la QVT. Que ce soit avec les supérieurs, les collègues, les subordonnés ou la clientèle, la qualité des relations a un impact non négligeable sur le climat de travail, le bien-être des employés et leur engagement au travail.

Le soutien et la reconnaissance

Faire un travail qui permet d'avoir des contacts intéressants, de bonnes relations avec les autres, de développer une complicité avec ses collègues, de pouvoir compter sur leur soutien lorsqu'on a besoin d'aide ; voilà autant de caractéristiques qui définissent un milieu de travail qui a du sens (Morin, 2003). Le soutien du supérieur et des collègues est particulièrement important durant les périodes de stress (Karasek et Theorell, 1990 ; Stamper et Johlke, 2003). Le soutien perçu est largement dépendant de la perception d'équité dans les traitements, du soutien du supérieur immédiat, des marques de reconnaissance (salaire, promotion et autres reconnaissances) et des conditions de travail (sécurité d'emploi, autonomie, clarté des rôles, formation).

La reconnaissance venant du supérieur immédiat, des collègues ou de la clientèle est aussi très importante pour stimuler le bien-être des employés et leur performance au travail. Il existe une multitude de façons de témoigner de la reconnaissance. Brun et Dugas (2002) proposent une typologie de pratiques autour de ce qui mérite d'être reconnu : les résultats, la dignité, le travail et la personne.

Les pratiques de reconnaissance des résultats visent à récompenser la contribution des employés à l'atteinte des objectifs ou à la qualité de leur prestation. Cet ensemble de pratiques est bien connu dans les milieux de travail : pratiques d'évaluation de rendement, prix, honneur, geste de reconnaissance, cérémonies officielles de reconnaissance, rémunération au mérite, programme de primes et d'avantages, budget discrétionnaire, promotion, enrichissement des tâches, accroissement des responsabilités, etc.

Les pratiques de reconnaissance de la dignité visent à promouvoir la justice dans les décisions, la distribution des récompenses et les relations professionnelles. Cet ensemble de pratiques est aussi bien connu : promulgation des règles de distribution des récompenses (ce qui mérite d'être reconnu, de quelle façon et sous quelles conditions), égalité des chances à la promotion, respect de la vie privée des employés, promotion et développement de valeurs humaines fortes comme l'intégrité, le courage et la coopération, soutien des employés dans les situations difficiles, soutien des personnes mises à pied lors d'une réduction d'effectifs, etc.

Les pratiques de reconnaissance du travail visent à apprécier l'utilité et la beauté du travail accompli par les employés. Le jugement d'utilité est émis par le superviseur, la clientèle ou les collègues ; il reflète la contribution de l'employé à l'atteinte des objectifs de son équipe. Le jugement de beauté est émis principalement par les collègues ; il reflète la maîtrise des règles de l'art dans le domaine. Des exemples de telles pratiques sont : l'affectation à des tâches qui font appel aux champs d'intérêt et aux compétences des employés ; la mobilisation de l'expérience, des compétences et de l'expertise des employés pour résoudre les problèmes qui confrontent l'organisation du travail ; des programmes d'amélioration continue ; des activités de perfectionnement et de transfert des connaissances, etc.

Les pratiques de reconnaissance de la personne visent à apprécier l'autonomie, l'intelligence et l'imagination des employés. Elles renforcent la valeur qu'on accorde au respect de l'intégrité des personnes. Ces pratiques s'intègrent dans la gestion quotidienne des activités : communication régulière des orientations de l'organisation et de l'évolution de ses activités, consultation des employés avant de prendre une décision pouvant avoir un impact sur leur travail, diversité des modèles d'aménagement du temps de travail et d'équilibre vie-travail, promotion de la coopération et de l'entraide au sein des équipes de travail, etc.

La reconnaissance est appelée à jouer un rôle central pour les membres de la nouvelle génération qui recherchent avant tout un milieu qui sera cohérent avec leurs valeurs personnelles et au sein duquel ils pourront être reconnus.

Le sentiment de justice

La perception de la justice dans le milieu de travail est un autre facteur important pour assurer la qualité de vie au travail. On distingue trois formes de justice :

1) la justice procédurale : la rectitude des décisions prises par les gestionnaires ;
2) la justice distributive : l'équité des traitements et des rétributions ;
3) la justice interactionnelle : la rectitude des pratiques de supervision (respect, intégrité, cohérence).

La perception de la justice dans le milieu de travail influe sur les attitudes des employés. Le fait de percevoir de l'injustice ou de l'iniquité entraînerait notamment de l'absentéisme (De Boer et autres, 2002), des attitudes de désengagement et de cynisme, prélude à l'épuisement professionnel (Elovainio et autres, 2002 ; Kivimäki et autres, 2004). Pis encore, chez certains employés, le fait de percevoir de l'injustice dans leur milieu de travail conduirait à commettre des actions délinquantes comme le mensonge, le sabotage et la fraude (Aquino et autres, 2004).

Les conditions d'exercice

Certains types d'emplois et certains milieux de travail exposent davantage les employés à des sources de stress émanant de l'environnement physique. Pensons notamment aux employés qui travaillent avec de la machinerie potentiellement dangereuse ou dans des entrepôts à l'intérieur desquels il fait excessivement chaud. Parmis les agents physiques pouvant détériorer la qualité de vie au travail, mentionnons le bruit, les variations de température, le fait d'être exposé à des substances toxiques, la qualité de l'air et l'ergonomie du poste de travail (Brun et autres, 2003). À défaut de pouvoir éliminer toutes les sources de stress provenant de l'environnement physique, l'employeur gagne à mettre en place des mesures et des dispositifs visant à assurer la sécurité au travail et à préserver la santé des employés (ex. : système de ventilation, lunettes de protection, chaise de travail ergonomique).

L'équilibre travail et vie privée

La question de l'équilibre travail et vie privée a beaucoup évolué. Dans les années 1970, la vie professionnelle et la vie privée constituaient deux mondes distincts, séparés. Avec les transformations de la société et l'arrivée massive des femmes sur le marché du travail, le conflit entre ces deux mondes est apparu. Les interférences de la vie professionnelle et de la vie privée entraînent des problèmes de performance et de santé. Ce n'est que depuis le début de l'an 2000 qu'on envisage cette situation comme une recherche d'équilibre ou une conciliation entre le travail et la vie privée. Hammer et autres (2003) ont démontré que la perception d'un conflit entre le travail et la vie privée augmente la probabilité de s'absenter de son travail et stimule l'intention du travailleur de changer d'emploi. Haar (2004) a toutefois trouvé que la possibilité de compter sur une forme de soutien atténue l'impact du conflit quant à l'intention de quitter son emploi.

La recherche de l'équilibre entre le travail et la vie privée passe notamment par la question des horaires de travail. En effet, de plus en plus d'individus ont des horaires de travail qui ne correspondent pas au traditionnel « 9 à 5 » s'étalant du lundi au vendredi. Pensons, entre autres, aux employés qui travaillent selon des horaires rotatifs, des horaires de nuit, des horaires de fin de semaine ou encore des quarts de travail de 12 heures. Le stress engendré par les horaires atypiques chez les travailleurs peut entraîner de graves problèmes de santé mentale et physique. Les recherches effectuées dans ce domaine révèlent que les personnes travaillant selon un horaire atypique seraient notamment plus susceptibles de souffrir de fatigue chronique, d'anxiété, de désordres neurologiques et de dépressions, sans compter les risques de maladies cardiovasculaires, de cancers et de problèmes liés à la fertilité et à la grossesse (Weibel et Brandenberger, 2002).

Dans un monde idéal, tous les employés travailleraient durant la journée ou, du moins, selon un horaire de travail qu'ils auraient eux-mêmes choisi. Or, des contraintes économiques et sociales font souvent en sorte que les employés doivent s'adapter à des horaires de travail atypiques. Afin de faciliter l'aménagement des activités hors travail (ex. : activités familiales, domestiques) et de favoriser la santé des personnes, les dirigeants peuvent veiller à ce que les horaires soient le plus stables et le plus prévisibles possible. Cela augmente le contrôle que les employés peuvent exercer sur leur vie. Il est également possible de resynchroniser l'horloge biologique en privilégiant des rotations de type : matin – après-midi – nuit. La conciliation travail-famille peut également être favorisée au moyen de la mise en place de programmes de soutien aux familles (ex. : service de garderie en milieu de travail, banque de temps).

La figure 4.4 représente de façon schématique un modèle de la QVT. Dans ce modèle, les facteurs de la QVT sont présentés comme des déterminants de la santé des employés (bien-être et détresse psychologique), de leurs attitudes et de leur

FIGURE 4.4 *Un modèle général de la qualité de vie au travail*

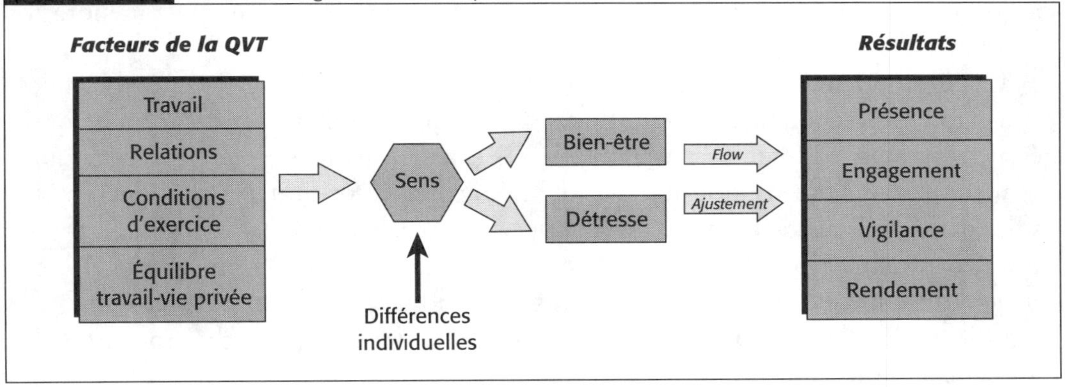

performance. Si l'individu perçoit positivement son travail, ses relations, ses conditions de travail et le rapport travail et vie privée, alors il aura tendance à se sentir bien dans son travail. Il sera donc enclin à se présenter à l'heure à son travail, à s'engager dans ses activités, à se montrer vigilant dans l'exercice de ses fonctions et à donner le rendement attendu. À l'opposé, s'il perçoit négativement ces facteurs, il aura alors tendance à souffrir du stress ou de détresse. Les résultats seront par conséquent négatifs : absentéisme, désaffection, inattention, apathie, minimalisme.

Dans les organisations où l'on porte une attention particulière à la QVT, le travail a un sens pour les employés. L'accomplissement des tâches requiert la mobilisation de compétences complexes et l'exercice du jugement. La direction nourrit une culture de gestion participative, encourageant la coopération et facilitant la gestion des conflits, stimulant l'engagement des employés, leur efficacité personnelle tout autant que l'efficacité organisationnelle. Les résultats de telles pratiques de gestion sont bénéfiques également pour la santé et la sécurité des employés (Olafsdottir, 2004).

Le développement de l'intelligence émotionnelle

Le concept d'intelligence émotionnelle a été proposé par Salovey et Mayer (1990) pour décrire cette forme d'intelligence sociale qui implique l'habileté à reconnaître et à gérer ses propres émotions et celles des autres, et à les prendre en compte dans l'organisation de ses conduites. Cette proposition fait écho à deux formes d'intelligence établies par Gardner en 1983 : l'intelligence intrapersonnelle et l'intelligence interpersonnelle. La première est la capacité de discerner ses propres sentiments, de faire des choix responsables et d'orienter ses comportements en fonction de ses choix, ce qui correspond à la gestion de soi. La seconde est la capacité à comprendre les autres (ce qui les motive, leur façon d'être et d'agir) et de réagir de façon appropriée, ce qui correspond à la gestion de ses relations.

En 1995, Goleman a fondé son ouvrage *Emotional Intelligence* sur le modèle de Salovey et Mayer, et sa publication a connu un véritable succès dans le monde du travail. Cet ouvrage a eu le mérite de rétablir la légitimité des émotions dans l'accomplissement du travail et de reconnaître leur importance pour l'amélioration de la QVT.

Le développement de l'intelligence émotionnelle suppose *a priori* que l'individu est capable de reconnaître les émotions, de comprendre leur signification et de les gérer de manière différenciée et civilisée. Ces capacités vont permettre le développement des compétences émotionnelles. L'intelligence émotionnelle implique en effet différents domaines de compétences dont le nombre varie selon les options théoriques des auteurs. Il y a toutefois un consensus sur les quatre composantes de cette forme d'intelligence : la conscience de soi, la gestion de soi, la conscience d'autrui et la gestion des relations. Cela donne lieu à différentes compétences émotionnelles, comme celles qui sont indiquées dans le tableau 4.5.

TABLEAU 4.5 Les compétences émotionnelles

Conscience de soi	**Conscience d'autrui**
• Conscience de ses émotions et de leurs effets • Connaissance de ses forces et de ses limites • Authenticité	• Empathie • Reconnaissance du climat du groupe et des relations de pouvoir • Altruisme
Gestion de soi	**Gestion des relations**
• Maîtrise de soi • Efficacité personnelle • Initiative, courage • Résilience • Optimisme	• Soutien • Leadership • Influence • Agent de changement • Gestion des conflits • Coopération

Généralement, les personnes qui sont douées d'intelligence émotionnelle sont considérées comme des leaders dans leur groupe de travail. Leurs collaborateurs se sentent bien avec elles et engagés dans leur travail, ils ne voient pas le temps passer, et ils ont le goût de se dépasser et de donner leur plein rendement. Par contre, lorsqu'ils travaillent avec une personne qui présente les caractéristiques opposées, ils se sentent mal et prêts à changer d'emploi dès que possible, ils trouvent le temps long, mais ils donnent quand même la performance attendue pour éviter de subir des sanctions. Bref, il semble que le fait de travailler avec des personnes qui ont des compétences émotionnelles ait des effets positifs sur le bien-être psychologique et l'engagement.

« Connais-toi toi-même, et tu connaîtras le monde. » C'est là une vieille maxime, remplie de sagesse. La connaissance de soi permet de découvrir ses possibilités et ses limites, ses intérêts et les motivations réelles de ses conduites. La connaissance de soi permet également la prise en charge de sa destinée, en se fixant des buts qui ont un sens pour soi. Cela permet aussi de devenir de plus en plus conscient de son propre fonctionnement et des nœuds de son existence. Ainsi, la connaissance de soi permet le développement de la conscience.

La gestion de soi implique aussi la capacité de prendre du recul par rapport à ses actions, surtout lorsqu'elles semblent échapper à la volonté, lorsqu'elles sont produites par une force inconsciente. Tenter de s'ajuster à une situation alors qu'on n'arrive pas à maîtriser ses réactions est une entreprise qui mène tout droit vers une impasse. C'est dans ces moments-là qu'on peut apprécier la fonction adaptatrice des émotions : l'interruption qu'elles causent permet la suspension momentanée des tendances. Reconnaître et admettre ses émotions permet de clarifier la situation plus rapidement. Durant cette brève interruption, il est possible d'observer ce qui se passe, de prendre conscience des problèmes et de réfléchir à la situation. Cela permet aussi de découvrir des occasions de s'améliorer et de surmonter les obstacles. L'intelligence « du cœur » s'avère donc aussi importante que l'intelligence « de la tête », car la maîtrise personnelle qu'elle rend possible permet à la personne d'avoir le courage d'affronter les difficultés de la vie, de les surmonter et de développer son caractère tout en respectant son entourage.

La gestion de soi est un préalable à la gestion de ses relations. Il existe plusieurs séminaires de formation dont les objectifs sont de développer des habiletés interpersonnelles comme l'empathie, le feed-back et la gestion des conflits. Cependant, sans la maîtrise des compétences associées à la gestion de soi, la formation demeure bien souvent limitée à l'apprentissage de techniques. L'intelligence émotionnelle est une forme d'intelligence qui se développe, pour peu qu'on le veuille et qu'on accepte de pratiquer les compétences qu'elle implique.

Texte classique

Un aperçu des théories de l'anxiété[1]

Les façons de réagir à l'anxiété

Les façons négatives

Les façons négatives de réagir à l'anxiété vont de simples traits de comportement – telle la timidité – aux psychoses, et même à la mort dans les cas de conflits très graves, en passant par toute la gamme des névroses et des affections psychosomatiques. Elles consistent à apaiser l'anxiété ou à l'éviter sans résoudre le conflit qui en est la cause ou, en d'autres termes, à esquiver une situation dangereuse plutôt que d'y remédier.

Beaucoup de traits de comportement qu'on pourrait qualifier de relativement « normaux », et qui ne deviennent névrotiques que s'ils tournent à l'obsession, visent en fait à éviter l'anxiété. Ainsi, l'intransigeance, qui peut se manifester par un dogmatisme religieux ou scientifique, représente un moyen de protéger ses valeurs pour que ces dernières ne soient pas menacées. Elle permet d'éviter temporairement l'anxiété, mais en sacrifiant la possibilité de découvrir de nouvelles vérités, en rejetant l'acquisition de nouvelles connaissances et en entravant la capacité de s'adapter à de nouvelles situations. Kierkegaard (1980) ajoute que croire au destin ou à la nécessité, tout comme croire aux superstitions, constitue un moyen d'éviter d'assumer pleinement la responsabilité de ses conflits, ce qui permet de contourner l'anxiété, au prix toutefois de la créativité. Il arrive que l'intransigeance, selon la façon d'agir et de voir les choses, se traduise par une névrose obsessionnelle lorsqu'un individu doit protéger des valeurs particulièrement vulnérables (le plus souvent du fait qu'elles sont contradictoires), et que sa capacité de s'adapter à de nouvelles situations est relativement limitée.

Les diverses méthodes permettant de réduire la tension associée à un conflit et à l'anxiété vont du rire, dans sa fonction normale, à l'alcoolisme ou à une activité sexuelle compulsive. Toute forme d'activité effrénée – tel le travail poussé à l'obsession – peut soulager la tension créée par l'anxiété au sein de l'organisme. En règle générale, cependant, elle n'est pas productive et ne vise pas à résoudre le problème à l'origine de cette tension. Il faut donc se demander si l'activité réalisée permet, sans remédier au conflit sous-jacent, un relâchement de la tension parce qu'elle tend alors à devenir compulsive du fait que le conflit demeure.

Lorsqu'une anxiété persistante devient trop grande pour qu'on puisse la tolérer consciemment, les méthodes névrotiques servant à l'éviter se manifestent. Les auteurs s'entendent pour dire que les schèmes névrotiques découlent du besoin d'un individu de se protéger contre l'anxiété ou, plus précisément, contre la situation qui l'engendre. Une névrose constitue ainsi un schème intrapsychique compensatoire qui permet à un individu de préserver sa sécurité malgré un conflit. Elle fait intervenir une certaine forme de répression des tendances associées à la situation de conflit (Freud, 1964) ou, pour utiliser le terme de Sullivan (1948), une dissociation, c'est-à-dire une démarcation de la conscience. Elle amène également une inhibition des activités qui mettraient l'individu dans une situation de danger. Les symptômes psychologiques d'une névrose consistent en diverses formes de compromis qui aident à éviter la situation dangereuse. Ainsi, l'anxiété engendrée chez Hans par un conflit avec son père s'est transformée en une certaine phobie des chevaux, de sorte que Hans ne se sentait plus menacé aussi longtemps qu'il pouvait éviter les chevaux en ne se promenant pas dans les rues. On peut aussi envisager les symptômes associés aux formes hystériques et psychosomatiques de l'affection comme des tentatives d'adaptation à une situation de conflit lorsque le problème à l'origine de ce dernier ne peut être résolu. Citons, à l'appui de ce qui précède, la relation inverse entre l'anxiété consciente et l'existence de symptômes somatiques. Dans la mesure où l'anxiété suscitée par un conflit peut être tolérée consciemment, aucun symptôme somatique ne se manifeste. Par contre, lorsqu'elle devient trop grande pour qu'on puisse y faire face, il arrive que des symptômes apparaissent et qu'on cesse d'avoir conscience de cette

1. Source : Tiré de May (1977, p. 223-234).

anxiété. Lesdits symptômes sont donc un moyen de s'adapter à une situation de conflit en apaisant l'anxiété sans résoudre le problème qui la suscite. On pourrait même affirmer que toute forme de maladie constitue, d'une manière ou d'une autre, une tentative d'adaptation à une situation de conflit, par laquelle on cherche en général à réduire la portée de ce dernier pour le limiter à un domaine où il est plus probable qu'on puisse s'y adapter. En présence d'un conflit extrêmement grave, un individu est parfois incapable de s'adapter à la menace en dépit des compromis mentionnés plus haut, et se voit alors contraint de renoncer à une large part du champ de son activité ou de sa réalité (comme dans le cas d'une psychose), ou même à l'existence en soi (par exemple en adoptant l'attitude d'un zombie).

Nous verrons que les façons négatives d'éviter l'anxiété entraînent toutes un rétrécissement du champ de la conscience et de l'activité, parant ainsi le conflit qui suscite de l'anxiété. Les sujets de Goldstein (1940) qui, à la suite de lésions cérébrales, avaient perdu en grande partie leur capacité de faire face aux menaces, tentaient de limiter leur environnement (par exemple en écrivant seulement dans le coin d'une feuille) ou d'éviter toute modification de comportement (par exemple en rangeant leur chambre toujours de la même façon et avec un soin méthodique). Or, la démarcation de la conscience et la limitation de l'activité, en tant que moyens d'éviter les situations qui engendrent de l'anxiété, restreignent en fait la liberté de l'individu. Kierkegaard (1980) soutient, par conséquent, que renoncer au possible, tant sur le plan de la réalisation de soi que sur celui de la communication avec autrui, constitue l'élément essentiel de tout effort pour éviter l'anxiété. Il utilise le terme « hermétisme » pour désigner les formes névrotiques d'évitement de l'anxiété[2]. Les façons négatives d'éviter l'anxiété entraînent toujours le sacrifice d'une certaine part du possible en matière de développement de soi et de relations réciproques avec la communauté[3].

Les façons constructives

On s'entend pour dire qu'une anxiété névrotique dénote l'existence d'un problème devant être résolu. Il est possible de l'envisager d'une manière constructive comme un avertissement, une indication que quelque chose ne va pas dans la personnalité d'un individu (et aussi dans ses relations interpersonnelles). On peut accepter l'anxiété comme un élément qui met au défi d'éclaircir le problème sous-jacent et d'y remédier (Horney, 1945). L'anxiété indique l'existence d'un conflit et, tant que celui-ci demeure, une solution positive reste toujours possible. On l'a ainsi déjà comparée à une fièvre, pour sa valeur pronostique. L'anxiété est, en effet, signe de difficultés sur le plan de la personnalité et révèle, en termes psychopathologiques, qu'un effritement grave n'est pas encore survenu (Yaskin, 1937). En ce qui touche à la méthode devant permettre de résoudre le problème à l'origine de l'anxiété, toutes les écoles de la psychothérapie accordent de l'importance à deux processus, soit : l'élargissement de la conscience, qui amène un individu à reconnaître la valeur (l'objectif) menacée, et à prendre conscience du conflit existant entre ses divers objectifs et de la manière dont il est survenu ; et une rééducation, par laquelle l'individu restructure ses objectifs et en choisit consciemment certains, pour ensuite tenter de les atteindre d'une façon réaliste et responsable.

Bien qu'on reconnaisse que l'anxiété névrotique met au défi de résoudre un problème, on oublie souvent que l'anxiété normale dénote, elle aussi, certaines possibilités, et qu'elle peut être utilisée de manière constructive. La tendance, manifestée au sein de notre culture, à envisager les craintes et l'anxiété surtout sous un jour négatif, comme le fruit d'un apprentissage malheureux, dénote une simplification excessive. De plus, elle tend, par voie de conséquence, à nier la possibilité d'une acceptation et d'une utilisation constructives des expériences de la vie de tous les jours qui sont à l'origine d'une anxiété qu'on ne peut précisément qualifier de « névrotique ». Il est certain que l'anxiété névrotique résulte d'un apprentissage malheureux, en ce sens qu'un individu se voit confronté à des situations menaçantes à une époque donnée de sa vie – le plus souvent la petite enfance – où il est incapable de s'adapter à ces expériences d'une manière directe ou constructive. Envisagée sous ce rapport, l'anxiété névrotique procède du fait qu'un individu n'a pu s'adapter aux situations éprouvantes qu'il a connues antérieurement. L'anxiété normale, cependant, n'est pas le fruit d'un apprentissage malheureux. Elle découle plutôt d'une évaluation réaliste

2. En parlant de l'élément de distorsion de la réalité (répression, démarcation de la conscience) associé au renoncement de la liberté et du possible en tant que moyen d'éviter l'anxiété, Kierkegaard (1980) fait remarquer, d'une manière poétique, que « l'hermétisme constitue *ipso facto* une fausse vérité ».
3. Voir le concept de la « grande force disjonctive », élaboré par Sullivan (1948).

de la situation dangereuse dans laquelle on se trouve. Dans la mesure où il réussit à affronter de manière constructive les expériences anxieuses de la vie courante lorsqu'elles se présentent à lui, un individu évite la répression et la suppression, qui déboucheraient plus tard sur une anxiété névrotique.

Enfin, le but recherché en présence d'une anxiété névrotique est de résoudre le problème sous-jacent, pour ainsi vaincre cette anxiété. Lorsqu'on songe à l'anxiété névrotique, le critère fréquemment associé à la santé mentale, « la capacité de vivre sans se faire d'inquiétude », est valable[4]. On ne peut cependant souhaiter l'absence de toute inquiétude dans le contexte de l'anxiété normale, celle qui résulte de menaces réelles et qui est inhérente, entre autres, à certains aspects de l'existence humaine, comme la mort, ainsi qu'à la possibilité d'un isolement qui accompagne le développement de la personnalité.

Il faut donc se demander comment on peut mettre à profit les situations qui engendrent une anxiété normale. Bien que la plupart des auteurs aient négligé cette question, Kierkegaard (1980) s'y est intéressé il y a un siècle[5], et Goldstein (1940) l'a fait à notre époque, tout comme Mowrer (1940), qui l'a fait à un degré moindre. Le lecteur se rappellera que, selon Goldstein, tout être humain subit de fréquents chocs générateurs d'anxiété dans le cours normal de son développement et que seule une réaction positive face à ces menaces à son existence lui permet d'actualiser ses capacités. Goldstein (1940) illustre ses propos à l'aide d'un exemple simple, celui d'un enfant en santé qui, même s'il tombe et se fait souvent mal, apprend à marcher. Lorsqu'on tente de comprendre l'utilisation constructive de l'anxiété normale du point de vue objectif, on remarque qu'elle nécessite qu'un individu affronte directement la situation qui engendre chez lui de l'anxiété, en reconnaissant ses craintes mais sans renoncer pour autant. En d'autres termes, il faut surmonter les expériences suscitant de l'anxiété, et non les éviter ou se replier devant elles. Cette manière de faire face à l'anxiété a été décrite maintes et maintes fois dans des études portant sur l'anxiété et la peur vécues par les soldats au cours de la Seconde Guerre mondiale. Selon ces études, l'attitude la plus constructive pour un soldat consistait à reconnaître franchement sa peur ou son angoisse à l'idée d'affronter l'ennemi, tout en étant subjectivement prêt à agir malgré ses craintes. On y affirme aussi fréquemment, par voie de conséquence, que le courage traduit non pas l'absence de toute crainte ou anxiété, mais plutôt la capacité d'aller de l'avant même lorsqu'on a peur. Cette manière constructive d'affronter l'anxiété normale dans la vie de tous les jours et lorsque se présente une crise exigeant un courage moral plutôt que physique (telles les crises liées au développement de soi qui surviennent lors de la psychanalyse et suscitent fréquemment une angoisse profonde) s'accompagne souvent d'un affect d'« aventure ». Cependant, lorsque l'anxiété découle d'une situation plus grave, il arrive qu'y faire face n'entraîne aucun affect agréable et que seule une détermination inébranlable permette d'y parvenir.

Lorsqu'on examine ce processus subjectivement – en se demandant ce qui se passe chez un individu pour

4. L'expression « vivre sans se faire d'inquiétude » a une signification idéale précieuse. Elle devient cependant trompeuse et même dangereuse lorsqu'on la simplifie à outrance – comme c'est souvent le cas dans l'usage courant – pour y voir l'absence de toute inquiétude plutôt que la capacité d'affronter et de surmonter l'anxiété. Il va de soi que vivre sans aucune inquiétude à une époque telle que la nôtre exigerait une vision irréaliste de la situation culturelle, et témoignerait d'une attitude irresponsable à l'égard de notre devoir de citoyen. Ainsi, lors de nombreuses manifestations ayant marqué la montée du fascisme en Espagne et en Allemagne, les citoyens inconscients du danger social se sont laissé manipuler par leurs futurs dictateurs. Mentionnons aussi l'exemple d'un officier qui ne se ferait absolument aucun souci pour ses hommes lors d'un combat. Pareille attitude serait irresponsable et mettrait ses subalternes en danger.
5. Kierkegaard (1980) a décrit en détail l'utilisation constructive de l'anxiété. Selon lui, un individu apprend plus grâce à l'anxiété qu'il ne le fait grâce à la réalité, car il peut échapper temporairement à la réalité, mais doit vivre avec l'anxiété à moins de restreindre sa personnalité. Kierkegaard affirme que seuls les individus formés à l'« école de l'anxiété », c'est-à-dire ceux qui ont déjà affronté avec succès des expériences angoissantes, pourront encore vivre des situations de ce genre sans se laisser accabler. À ce propos, certains faits tendent à démontrer que, durant la Seconde Guerre mondiale, les soldats que l'existence avait déjà exposés à une certaine anxiété et qui étaient dans plusieurs cas relativement « nerveux » ont pu mieux affronter l'expérience angoissante des combats que ceux qui n'avaient au préalable connu que peu d'anxiété (Grinker et Spiegel, 1945).

qu'il soit à même d'affronter un danger qui en fait peut-être fuir d'autres –, on découvre certains phénomènes très révélateurs. Selon les études déjà mentionnées, les soldats capables de faire face au danger avaient souvent pour motivation subjective la conviction qu'une plus grande menace pèserait sur eux s'ils renonçaient que s'ils prenaient part aux combats. D'une manière positive, on peut dire qu'ils associaient des valeurs plus importantes à l'affrontement du danger qu'à la fuite. La valeur la plus courante pour un soldat était sans doute celle résultant des attentes de ses compagnons d'armes, qui devaient pouvoir compter sur lui. Certains l'auraient présentée, en des termes simples, comme le désir de ne pas paraître lâches aux yeux de leurs compagnons ; les soldats plus raffinés auraient pu la décrire, quant à eux, comme une responsabilité à l'égard du groupe. Ainsi, l'énoncé parfois banal selon lequel un individu affronte et surmonte les dangers en ayant à l'esprit une « cause » qui fait plus que compenser cette menace se révèle tout à fait vrai. L'ennui, cependant, est – pour reprendre notre exemple – que seuls les soldats les plus raffinés peuvent définir ce pourquoi ils se battent en des termes plus généraux associés à une « cause », tels que le patriotisme, la liberté ou le bien-être de l'humanité.

Nous voulions, grâce au paragraphe explicatif qui précède, ouvrir la voie à la généralisation suivante : Un individu est subjectivement prêt à affronter une anxiété inévitable de façon constructive lorsqu'il est convaincu (d'une manière consciente ou inconsciente) qu'il privilégie des valeurs plus importantes en allant de l'avant qu'en renonçant. Comme nous l'avons déjà mentionné, l'anxiété se manifeste chez un individu lorsque les valeurs qu'il associe à son existence sont menacées. Autrement dit, un individu affronte ce qui le rend anxieux et va de l'avant sans y succomber parce que les valeurs qu'il associe à son existence (comme la liberté et le prestige) se révèlent plus importantes que la menace en cause. Si on envisage l'anxiété comme le résultat d'une lutte entre la menace et les valeurs qu'un individu associe à son existence, on peut dire que les névroses et les états émotionnels morbides dénotent une victoire de la menace, tandis qu'une manière constructive de réagir à l'anxiété indique que les valeurs de l'individu l'emportent.

Le terme « valeur » pourrait bien sembler vague à certains lecteurs. Nous l'avons cependant choisi à dessein parce qu'il est neutre et qu'il offre un maximum de latitude psychologique en ce qui a trait au droit de chacun d'avoir ses propres objectifs. Il est évident que tous et chacun ne s'en remettent pas aux mêmes valeurs pour affronter les situations qui engendrent de l'anxiété, comme nous l'avons déjà vu dans le cas des soldats. La plupart des gens sont motivés par des valeurs élémentaires qu'ils ne verbalisent parfois jamais, tels le besoin de préserver la vie et la tendance à rechercher la « santé » qu'on tient toujours pour acquise (avec une certaine justification pragmatique) lors d'une psychothérapie, comme l'a fait remarquer Sullivan (1949). À un niveau différent, le prestige social constitue lui aussi, sans aucun doute, une valeur très importante qui incite un individu à affronter les dangers. On peut en dire autant de la satisfaction que procurent à un individu l'accroissement et l'utilisation plus étendue de ses propres pouvoirs (comme Sullivan [1948], Goldstein [1940], et d'autres l'ont indiqué). Il est vraisemblable que cette valeur joue un rôle lors de l'apprentissage de la marche par l'enfant, et au cours des nombreuses autres étapes du développement qui s'effectuent par crises. On peut aussi noter des valeurs plus différenciées, entre autres chez les artistes et les scientifiques. Ceux-ci connaissent un grand nombre de bouleversements lorsqu'ils créent de nouvelles formes d'art ou élaborent des hypothèses révolutionnaires. L'artiste ou le scientifique équilibré juge cependant qu'il vaut la peine, malgré l'isolement et l'anxiété possibles, d'aller de l'avant pour découvrir de nouvelles vérités et explorer des voies inconnues. À long terme, la manière dont une personne réagit à l'anxiété normale varie selon ce qu'elle envisage comme une valeur en elle-même et dans le contexte de sa propre existence. Fromm (1947) appelle « cadre d'orientation et de dévouement » le système de valeurs sur lequel s'appuie une personne pour affronter l'anxiété normale[6]. On peut le définir au sens large comme l'attitude religieuse d'une personne à l'égard de la vie, l'adjectif « religieux » qualifiant ici ce qu'elle présuppose avoir ou non de la valeur. Freud (1971a ; 1971b), par exemple, accordait de la valeur à la science en général, et surtout à la quête de la vérité en psychologie, comme en témoigne son dévouement passionné à l'une et à l'autre. On sait que Freud a dénoncé avec véhémence les formes religieuses orthodoxes. Il ne fait cependant aucun doute que c'est sa propre affirmation de valeur – sa « religion de la science » – qui lui a permis, grâce à un courage remarquable, de poursuivre ses recherches solitaires

6. Fromm (1947, p. 48). Paul Tillich (1952) utilise, quant à lui, le terme « préoccupation première » pour désigner ce choix des valeurs religieuses.

pendant dix ans pour ensuite continuer ses travaux durant plusieurs décennies malgré les dénigrements et les attaques[7]. Citons comme autre exemple le dévouement de Kierkegaard (1980) au « possible infini », c'est-à-dire à la conviction que tout individu renonce à la possibilité de s'épanouir et de donner un sens à sa vie en tant qu'être humain à moins d'appliquer avec une intégrité intérieure et un courage personnel les connaissances intellectuelles et morales que lui apporte chaque jour vécu. Un peu à la manière de Freud, Kierkegaard est parvenu à rédiger des écrits étonnamment novateurs malgré l'incompréhension et l'opposition de la société, et malgré un isolement profond et une très grande anxiété. Nous pouvons maintenant mieux comprendre l'énoncé de Spinoza (1910) selon lequel les affects négatifs, comme la crainte et l'anxiété, ne peuvent être surmontés à long terme que grâce à des affects constructifs plus puissants, et selon lequel l'affect constructif premier réside dans l'amour intellectuel qu'un individu a pour Dieu. Dans le présent contexte, « Dieu » symbolise ce à quoi un individu accorde le plus de valeur.

Tel que mentionné précédemment, les valeurs sur lesquelles les gens s'appuient pour affronter les expériences qui suscitent de l'anxiété ne sont pas toujours les mêmes. Elles peuvent aller de la simple préservation de la vie aux « cadres d'orientation et de dévouement » que fournissent les religions établies, en passant par les préceptes hédonistes, stoïques et humanistes classiques. Nous ne voulons pas ici donner à entendre que toutes les valeurs adoptées ont une même efficacité, ni porter un jugement sur elles. Tout au plus souhaitons-nous faire ressortir qu'on affronte les situations qui engendrent une anxiété normale parce qu'on a plus à gagner en allant de l'avant qu'en battant pavillon. Nous voulons ici nous en tenir à l'aspect psychologique en retenant tout simplement que les valeurs en cause varient pour beaucoup d'un individu à un autre et d'une culture à une autre. La seule conclusion psychologique implicite est que les énoncés de valeur qui permettent à un individu d'utiliser ses capacités, de développer plus avant ses propres pouvoirs et de communiquer davantage avec les autres se révèlent les plus constructifs pour surmonter l'anxiété.

L'anxiété et le développement du soi

Le terme « soi » a deux sens pour les auteurs qui s'intéressent à l'anxiété. Au sens le plus large, il désigne l'ensemble des capacités d'un individu (Goldstein, 1940). Au sens le plus strict, il représente la capacité de l'organisme humain d'avoir conscience de ses activités et de pouvoir ainsi les diriger avec une certaine liberté (Kierkegaard, 1980 ; Sullivan, 1948 ; Fromm, 1947). Or, l'anxiété contribue au développement du soi, qu'on le définisse au sens large ou au sens strict.

Selon Goldstein (1940), l'actualisation de soi – c'est-à-dire la manifestation et l'utilisation créatrice des capacités qu'on possède – n'est possible que si on affronte avec succès les expériences générant de l'anxiété. La liberté dont jouit l'individu sain est inhérente à sa capacité de tirer avantage des possibilités nouvelles s'offrant à lui lorsqu'il affronte les menaces potentielles de son existence. Un individu se réalise en surmontant les expériences qui lui causent de l'anxiété, c'est-à-dire qu'il élargit alors le champ de ses activités tout en gagnant plus de liberté. La capacité de supporter l'anxiété représente une mesure de la force du soi[8]. Or, elle se manifeste beaucoup chez les adultes créatifs, et moins chez les enfants et les individus atteints de lésions cérébrales.

Sullivan (1948) a apporté une contribution importante à l'étude de l'anxiété en utilisant le terme « soi » au sens strict de la conscience qu'a un individu de ses activités. Selon lui, le soi prend forme grâce aux expériences génératrices d'anxiété que vit le jeune enfant. Au cours de ses premières relations avec sa mère, le jeune enfant apprend à reconnaître les activités qui reçoivent l'approbation et qui lui apportent une récompense, de même que celles qui sont désapprouvées et qui peuvent entraîner une punition. Or, les activités de la seconde catégorie créent chez lui de l'anxiété. Le « dynamisme du soi », ainsi que l'appelle Sullivan, se manifeste comme un processus qui amène l'enfant à exclure de ses activités et de sa conscience les expériences qui suscitent de l'anxiété, tout en incorporant celles qui n'en suscitent pas sur le plan de la connaissance et du comportement. Dans ce contexte, le soi se développe afin de préserver la sécurité de l'individu et de le protéger contre l'anxiété. Cette façon de voir les choses insiste sur le rôle négatif de l'anxiété

7. Deux ouvrages de Freud (1971a, 1971b) présentent son attitude critique à l'égard des formes religieuses et son propre dévouement passionné à la science.
8. Cette capacité s'avère dans ce sens essentielle pour être à même de vaincre l'anxiété.

dans le développement du soi et met en évidence un phénomène très courant par lequel l'anxiété entraîne un étranglement du soi lorsqu'on y réagit d'une manière non constructive. Sullivan laisse aussi entrevoir le rôle constructif de l'anxiété en faisant remarquer que les aspects de la personnalité que touche cette dernière deviennent fréquemment ceux qui se développent de façon importante lorsqu'un individu qui est confronté à une telle anxiété est à même de bien réagir, par exemple grâce à la psychothérapie ou à de bonnes relations avec autrui.

Attardons-nous maintenant aux éléments qui contribuent à la force du soi, c'est-à-dire la liberté, la conscience accrue de soi et la responsabilité. Il existe un lien étroit entre l'anxiété et la liberté. De fait, la possibilité d'obtenir une certaine liberté engendre toujours de l'anxiété, et la manière dont un individu réagit face à cette dernière détermine s'il tirera avantage de cette liberté ou s'il y renoncera (Kierkegaard, 1980 ; Fromm, 1947). Le besoin d'un enfant de rompre peu à peu les liens de dépendance qui l'unissent à ses parents suscite toujours chez lui une certaine anxiété (Fromm, 1947). L'enfant sain réussit à surmonter celle-ci grâce à de nouveaux liens, fondés sur une plus grande autodétermination et une autonomie accrue. Toutefois, lorsque l'indépendance engendre chez l'enfant un niveau d'anxiété insupportable (comme c'est le cas s'il a des parents hostiles ou excessivement anxieux), et que le prix à payer (sentiments accrus d'impuissance et d'isolement) est trop élevé, l'enfant se rabat sur de nouvelles formes de dépendance et renonce à cette possibilité d'épanouissement du soi. La conscience du soi, par ailleurs, se développe chaque fois qu'on explore de nouvelles possibilités (Kierkegaard, 1980). L'anxiété que vit un jeune enfant n'a, au début, aucune signification, mais il en va autrement lorsque se manifeste la conscience du soi. (Kierkegaard [1980] qualifie l'apparition de la conscience du soi de « bond qualitatif » ; on la décrit, dans le contexte différent de la psychologie dynamique, comme l'apparition de l'ego). C'est à ce moment que l'enfant prend conscience que toute liberté entraîne des responsabilités – responsabilités à l'égard de soi (« fidélité à soi-même ») et à l'égard des autres. L'envers de la médaille de ces responsabilités est un sentiment de culpabilité. Dans la mesure où un individu tente d'éviter l'anxiété, les responsabilités et le sentiment de culpabilité en refusant d'utiliser ses nouvelles possibilités et de s'aventurer vers l'inconnu, il sacrifie sa liberté et restreint tant son autonomie que sa conscience de lui-même[9]. En choisissant au contraire de tirer avantage des possibilités offertes, d'affronter l'anxiété et d'accepter les responsabilités et le sentiment de culpabilité qui l'accompagnent, il jouit d'une plus grande conscience de soi, d'une liberté accrue et de sphères de créativité plus étendues. Or, plus un individu se montre créatif, plus il a de possibilités et plus il doit faire face à l'anxiété, ainsi qu'aux responsabilités et au sentiment de culpabilité qui l'accompagnent (Kierkegaard, 1980 ; Goldstein, 1940). Une plus grande conscience du soi se traduit par un soi plus fort (Sullivan, 1948) ; ou comme l'affirme Kierkegaard, « plus la conscience est grande, plus le soi est grand ». En conclusion, les aspects positifs du soi se développent à mesure qu'un individu affronte et surmonte les expériences qui provoquent chez lui de l'anxiété.

9. « Prendre des risques entraîne de l'anxiété, mais on renonce à soi-même en ne prenant aucun risque » (Kierkegaard, 1980).

Références

Freud, S. (1964). *The Problem of Anxiety,* New York, W.W. Norton.

Freud, S. (1971a). *L'avenir d'une illusion,* Paris, PUF.

Freud, S. (1971b). *Malaise dans la civilisation,* Paris, PUF.

Fromm, E. (1947). *Man for Himself,* New York, Rinehart.

Goldstein, K. (1940). *Human Nature in the Light of Psychopathology,* Cambridge, Mass., Harvard University Press.

Grinker, R. R., et Spiegel, S. P. (1945). *Men under Stress,* Philadelphia, The Blakiston Co.

Horney, K. (1945). *Our Inner Conflicts, a Constructive Theory of Neurosis,* New York, W.W. Norton.

Kierkegaard, S. (1980). *The Concept of Anxiety,* Princeton, N.J., Princeton University Press.

Mowrer, O. H. (1940). « Anxiety-reduction and learning », *Journal of Experimental Psychology,* 27(5), p. 497-516.

Spinoza, B. (1910). *The Ethics of Spinoza and Treatise on the Correction of the Intellect,* London, Everyman Edition.

Sullivan, H.S. (1948). « The meaning of anxiety in psychiatry and life », *Psychiatry,* 2(1), p. 1-15.

Sullivan, H.S. (1949). « The theory of anxiety and the nature of psychotherapy », *Psychiatry,* 12(1), p. 3-13.

Tillich, P. (1944). « Existential philosophy », *Journal of the History of Ideas,* 5(1), p. 44-70.

Tillich, P. (1949). « Anxiety-reducing agencies in our culture », communication lue devant une assemblée de l'American Psychopathological Association, le 3 juin 1949.

Tillich, P. (1952). *The Courage to Be,* New Haven & London, Yale University Press.

Yaskin, J. (1937). « The psychobiology of anxiety, a clinical study », *Psychoanalytical Review,* 23-24 (suppl.).

Chapitre 5

L'apprentissage

Apprendre à apprendre[1]

La plupart du temps, les comportements des personnes sont le produit des habitudes, des routines, des prêts-à-penser qu'elles ont adoptés, et les résultats qu'elles obtiennent les encouragent à conserver leurs habitudes. Toutefois, il arrive que ces résultats soient insuffisants : elles se voient alors obligées de prendre conscience de leurs difficultés et de trouver des solutions mieux adaptées que celles qu'elles connaissent déjà. Elles se trouvent par le fait même dans une situation d'apprentissage.

Dans une situation familière, l'être humain a tendance à se comporter comme d'habitude, c'est-à-dire sans trop devoir réfléchir à ce qu'il fait, car il sait à quoi s'attendre. Il confirme généralement ses attentes et il a confiance en ses capacités. En simplifiant beaucoup, on peut dire que, dans une situation familière, les processus de perception et de motivation ont une grande importance dans l'organisation des conduites individuelles, et que le processus d'apprentissage est mis en veilleuse. Par contre, dans une situation inaccoutumée, étrangère, ou devant une difficulté, les conduites habituelles peuvent vraisemblablement donner lieu à des résultats insatisfaisants qui vont forcer la personne à les remettre en question ; c'est là le début de l'apprentissage.

L'apprentissage, c'est la modification de la capacité d'un individu à réaliser une tâche sous l'effet des interactions dans son environnement (Maisonneuve, 1991). Le terme « capacité » désigne ici des caractéristiques non observables de la pensée comme le savoir, le savoir-faire et le savoir-être. Le mot « tâche » s'applique à des activités très diverses, allant de l'adaptation biologique au milieu à la poursuite d'objectifs imposés ou librement choisis. En d'autres termes, l'apprentissage implique le changement d'une attitude ou d'un comportement sous l'effet de l'expérience.

L'apprentissage ne doit pas être confondu avec la maturation (le développement normal d'un organisme qui le rend apte à assurer ses fonctions) ou la sénescence (le processus de vieillissement). Apprendre, ce n'est pas seulement acquérir des connaissances, c'est aussi changer les habitudes et les modes de pensée automatiques. L'apprentissage est le processus psychologique responsable de la modification des

1. Les auteures désirent remercier chaleureusement André Savoie pour son aide dans la préparation de ce chapitre.

attitudes et des conduites de l'individu. Les modifications constitutives de l'apprentissage ne sont cependant pas toujours apparentes ; il y a apprentissage lorsque la personne est capable de faire des choses qu'elle n'aurait pas su faire avant les activités d'apprentissage.

L'être humain apprend presque tout : boire, manger, parler, marcher, jouer sans tricher, s'entendre avec les autres, faire entendre son opinion, se respecter et se faire respecter, lire, écrire, faire des affaires, exercer un métier, etc. Il apprend aussi à s'inquiéter, à avoir peur, à manipuler les autres, à être dépendant, etc. L'apprentissage est un processus fondamental pour le sain développement de la personne ; sa principale fonction est d'assurer la meilleure adaptation possible de la personne à son milieu tout en assurant son individuation.

Les objectifs généraux de ce chapitre consistent à présenter les processus d'apprentissage, leurs fondements et leurs applications dans les milieux de travail. Tout d'abord, nous tâcherons de répondre aux questions « Qu'est-ce qu'apprendre ? » et « Comment apprendre ? » en nous basant sur les approches béhavioriste, cognitive et expérientielle. Nous établirons après le lien entre l'apprentissage et le changement, dans une section intitulée « Apprendre, c'est changer ». Dans ce même ordre d'idées, nous verrons comment nous pouvons « apprendre à apprendre » dans la vie de tous les jours et au travail en particulier. Nous verrons ensuite comment les notions d'apprentissage s'appliquent en entreprise, notamment dans des contextes de socialisation et de développement des compétences. Enfin, nous aborderons deux phénomènes complexes et fascinants qui sont à la base de l'apprentissage et du changement : la créativité et l'innovation.

Qu'est-ce qu'apprendre ?

Reboul (1991) explique trois significations du mot *apprendre* : « apprendre que… », « apprendre à… » et « apprendre… ».

« Apprendre que… » signifie s'informer, se renseigner, acquérir de l'information, du savoir. C'est probablement le sens le plus passif du mot « apprendre » : on s'informe en lisant ou en se renseignant auprès d'une personne. L'acquisition des connaissances requiert tout de même une certaine préparation de la part de la personne et nécessite des activités intellectuelles[2]. L'apprentissage fait appel aux connaissances antérieures ; les connaissances que la situation d'apprentissage actualise interviennent dans la construction de la représentation de l'apprentissage et dans la recherche d'information utile pour résoudre efficacement les problèmes. De plus, les activités de représentation et les opérations mentales, en particulier les inférences, les analogies et la déduction, déterminent ce qui sera appris dans une situation donnée. Les capacités

2. Comme nous l'avons vu dans le chapitre 2, pour qu'une personne soit en mesure d'assimiler des connaissances, il doit exister au préalable des structures mentales, des cognitions ou des schèmes d'action compatibles avec la nouvelle information.

d'apprentissage sont toutefois dépendantes du niveau de maturation des structures intellectuelles nécessaires à l'acquisition. Par exemple, on peut enseigner la philosophie existentielle à de jeunes adolescents, mais ce n'est qu'à l'âge adulte qu'ils pourront vraiment comprendre les questions qu'elle soulève. Aussi, lorsqu'on éduque quelqu'un, il faut tenir compte non seulement de ce qu'il sait déjà sur le sujet, mais aussi de son niveau de maturité. De plus, et cela peut paraître évident, l'apprenant doit vouloir savoir : sa motivation constitue une condition facilitante du processus d'apprentissage. Pour stimuler son intérêt à apprendre, il est important qu'il perçoive le lien entre les objectifs d'apprentissage et son intérêt personnel.

Le savoir qui résulte des activités d'information ne donne pas nécessairement une expertise à la personne qui le possède. C'est le cas notamment avec les médias d'information : passer plusieurs heures par jour devant le téléviseur ne rend pas forcément plus cultivé ni mieux adapté socialement. C'est aussi le cas dans les écoles où il existe, comme l'explique Reboul (1991), une « langue des professeurs » que les étudiants apprennent sans la comprendre et qu'ils répètent au moment des examens pour avoir de bonnes notes. Cependant, une fois les cours terminés, cette langue est oubliée ou, pire, elle devient du verbalisme. Savoir sans comprendre, c'est comme chanter correctement dans une langue étrangère une chanson dont on ignore la signification. Toute activité d'information doit stimuler la pensée, la réflexion, le développement de l'esprit d'analyse et la mise à l'épreuve de l'information : on apprend que… pour que…

Pour que l'information nouvelle soit profitable à la personne qui la reçoit, elle doit être mise au service d'une activité : on apprend du vocabulaire pour mieux exprimer son opinion ; on apprend des mathématiques financières pour mieux évaluer des projets d'investissement ; on apprend des connaissances sur le comportement humain pour mieux collaborer avec les autres, etc. L'information est utile à l'apprentissage lorsqu'elle crée des conditions et des dispositions pour apprendre un savoir-faire et un savoir-vivre.

« Apprendre à… » signifie acquérir un savoir-faire, une habileté, exercer une compétence, apprendre à faire quelque chose, apprendre à savoir être. Reboul (1991) définit l'apprentissage comme « […] l'acquisition d'un savoir-faire, c'est-à-dire d'une conduite utile au sujet ou à d'autres que lui, et qu'il peut reproduire à volonté si la situation s'y prête » (p. 41). On acquiert un savoir-faire par la pratique, d'où le proverbe *C'est en forgeant qu'on devient forgeron*. Mais savoir forger n'implique pas nécessairement qu'on sache bien forger ; encore faut-il s'exercer (que ce soit par l'expérimentation, la pratique, la répétition ou le tâtonnement) et acquérir des savoirs (par l'application d'un modèle, l'observation d'un maître ou la compréhension soudaine).

Pour apprendre un savoir-faire, il est utile de recourir à une méthode. D'une part, l'apprenant doit prendre conscience des objectifs et des activités qui constituent le savoir-faire. Pour cela, il peut regarder faire quelqu'un qui maîtrise bien le savoir-faire en question et l'imiter ; il peut aussi étudier une méthode dans un livre et suivre les étapes présentées. Les objectifs d'apprentissage et le modèle (une personne ou une autre source d'information) permettent de réaliser des économies de temps et d'éviter des coûts, de surveiller chaque essai et de réduire le nombre d'erreurs. D'autre part, l'apprenant doit procéder par tentatives, faire des expériences concrètes afin de parvenir à mieux coordonner les gestes qui lui semblent efficaces et à éliminer les actions (et les idées) inutiles. Le savoir-faire est bien maîtrisé lorsque la personne peut en faire ce qu'elle veut. Comme l'écrit Reboul (1991) :

> Savoir faire n'est pas savoir singer ; c'est pouvoir adapter sa conduite à la situation, faire face à des difficultés imprévues ; c'est aussi pouvoir ménager ses propres ressources pour en tirer le meilleur parti, sans effort inutile ; c'est enfin pouvoir improviser là où les autres ne font que répéter. Bien savoir faire, c'est pouvoir agir intelligemment (p. 67-68).

Apprendre à faire quelque chose comporte toujours des risques d'erreur et d'échec qui peuvent agir sur le sentiment de valeur personnelle. L'inquiétude et l'anxiété sont des émotions inhérentes à l'expérience d'apprentissage. L'énergie qu'elles provoquent peut cependant être canalisée dans les activités d'apprentissage pour autant que la personne en prenne conscience et décide de le faire. Il faut du courage pour apprendre, et ce courage se trouve dans la volonté d'affirmer son pouvoir et de donner un sens à son existence. En effet, apprendre suppose la capacité de faire face aux difficultés, de surmonter l'anxiété, de faire l'expérience du changement, de tolérer l'incertitude et l'insécurité, de trouver un sens à ses actes, et ce, malgré les tensions et l'inconnu qui existent au moment de l'apprentissage ; tout cela demande le courage d'être et de créer (Cayer et Pauchant, 1995 ; May, 1975 ; Tillich, 1952).

« Apprendre… » signifie s'instruire, comprendre, saisir le sens et la portée de quelque chose et acquérir du même coup le pouvoir d'action que cela suppose. Apprendre, c'est pouvoir corriger ses fautes, changer ses habitudes, profiter de ses réussites, adapter ses conduites aux nouvelles situations, pouvoir imaginer des solutions originales à des problèmes quotidiens, créer des outils qui améliorent l'efficacité de son travail, etc. Apprendre, c'est faire des choses tout en pensant à leurs conséquences et en imaginant leurs résultats.

Apprendre suppose une attitude d'ouverture à l'expérience, au sens où l'entendent Laing et autres (1966). La conscience qui en résulte s'enrichit des expériences passées et modifie la qualité de celles qui suivront. Le champ de la conscience (ou l'expérience) intègre le passé et l'avenir dans l'instant présent. Ainsi, l'attitude et le comportement actuels d'une personne sont le produit des expériences (orientation passée) et des attentes (orientation future) que la personne ajuste au gré des nouveaux événements. L'ouverture à l'expérience facilite l'apprentissage, car cette disposition conduit la personne à se laisser surprendre par les situations, à remettre en question ses anticipations, à s'interroger et à élargir le champ de sa conscience. Il faut toutefois faire attention aux extrêmes : trop s'attacher à la certitude entraîne des attitudes rigides et dogmatiques qui rendent l'apprentissage quasi impossible, alors que prêter trop d'attention à l'incertitude occasionne des attitudes sceptiques qui empêchent également de faire des apprentissages. Apprendre nécessite une attitude à la fois conservatrice et émancipatrice à l'égard des croyances, des attitudes et des comportements acquis.

Qu'on s'informe, qu'on s'exerce ou qu'on s'instruise, apprendre implique un ensemble d'activités. L'individu qui apprend est actif, non passif. On n'apprend vraiment que par soi-même, que ce soit à l'école ou dans la vie. On associe souvent l'apprentissage à un résultat, soit la connaissance acquise ou le comportement adapté, mais cela ne représente que l'aboutissement de l'apprentissage, car il s'agit d'abord et avant tout d'un processus, d'un ensemble d'activités à la fois motrices et intellectuelles. En effet, apprendre, c'est acquérir des connaissances et des compétences ; c'est modifier ses attitudes et ses comportements pour être plus efficace qu'avant ; c'est changer ses routines, ses habitudes et ses automatismes ; c'est s'adapter à une nouvelle situation tout en devenant soi-même.

Apprendre suppose des dispositions personnelles et des capacités dont la sécurité psychologique, de l'ouverture, de la curiosité, une attitude réfléchie, analytique, de l'imagination, de la créativité et un esprit de collaboration. Bunning (1992) dresse le portrait idéal d'un apprenant, présenté dans le tableau ci-dessous.

TABLEAU 5.1 Les qualités recherchées chez un apprenant

Qualité	Description
Non défensif : orienté vers le développement	La capacité d'accepter d'avoir tort, la volonté de vouloir faire mieux
Ouvert : curieux	La capacité de se défaire de ses anciennes croyances, la volonté de chercher de nouveaux *insights* avec la jeunesse d'esprit
Analytique : interrogateur	La capacité de prendre du recul pour mieux « voir » la situation, pour mieux réfléchir à la dynamique de l'expérience
Créatif : conceptuel	La capacité d'imaginer et de saisir le sens de l'expérience
Innovateur : capable de prendre des risques	La capacité de remettre en cause ses idées et de faire des expérimentations
Positif : collaborateur	La capacité de coopérer, de servir les autres

Source : Adapté de Bunning (1992).

Comment apprendre ?

Toute activité d'apprentissage comporte essentiellement trois stades : la motivation à apprendre, l'expérience d'apprentissage et l'acquisition de conduites efficaces. L'apprentissage commence avec la prise de conscience que les conduites habituelles ne permettent pas d'obtenir les résultats souhaités ou le besoin d'apprendre quelque chose pour atteindre un but. De plus, pour apprendre véritablement, la personne doit faire des essais, expérimenter et corriger ses conduites. Enfin, l'apprentissage est réalisé lorsque la personne sait comment faire, pourquoi elle agit comme elle le fait, et lorsque son efficacité s'est améliorée. Ces trois stades sont représentés à l'aide de la courbe d'apprentissage illustrée dans la figure 5.1.

Cette courbe indique que les acquisitions augmentent et que la performance s'améliore rapidement avec le nombre d'exercices. Cependant, les acquisitions tendent à « plafonner » à partir d'un certain point. À l'origine de cette courbe, on trouve la motivation de la personne, qui éveille son intérêt à apprendre et qui du même coup déclenche les conduites d'apprentissage. Les premières expériences ne donnent pas de résultats significatifs, mais le niveau de performance s'accroît rapidement au cours des expériences suivantes ; l'exercice permet l'acquisition des connaissances et le perfectionnement des compétences. Cependant, au bout d'un certain temps, la personne atteint un niveau de performance tel que les exercices suivants ne lui apprennent plus grand-chose. Cette courbe représente en fait la loi de l'exercice, énoncée par Thorndike (1931) : le lien entre un stimulus (ex. : la présentation d'un problème à résoudre) et un comportement (ex. : la solution de ce problème) s'établit, et la performance s'améliore avec le nombre de répétitions. Au bout d'un certain nombre, le comportement tend à devenir automatique ; il devient une habitude.

FIGURE 5.1 *La courbe théorique de l'acquisition d'un comportement*

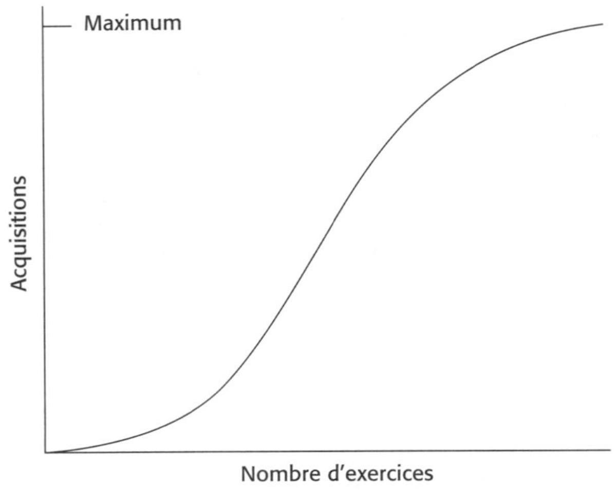

L'apprentissage ne se produit pas de la même façon pour tout le monde ; il existe des différences individuelles, qu'il s'agisse des aptitudes, des capacités d'apprentissage, des dispositions personnelles ou des intérêts. En outre, l'âge, l'intelligence, la motivation et la participation de l'individu influent sur le rythme et le niveau des apprentissages. En général, on apprend plus facilement et plus rapidement pendant la jeunesse qu'à l'âge adulte. De plus, les facultés intellectuelles telles que la mémoire, le raisonnement, les capacités d'abstraction et de généralisation, etc., déterminent le rythme d'apprentissage. Enfin, la motivation à apprendre et l'engagement de la personne facilitent l'apprentissage et en accélèrent le processus.

Par ailleurs, l'examen d'une courbe individuelle d'apprentissage peut révéler des paliers, c'est-à-dire des périodes d'exercices pendant lesquelles la personne n'apprend pas. Ces plateaux correspondraient à des périodes de transition entre deux niveaux d'apprentissage, l'individu devant d'abord intégrer les nouvelles acquisitions avant d'en faire d'autres.

Trois approches ont été proposées pour étudier l'apprentissage : les approches béhavioriste, cognitive et expérientielle.

1) L'approche béhavioriste met l'accent sur les facteurs externes de l'apprentissage : les récompenses verbales ou autres, ainsi que les punitions. Selon cette approche, l'apprentissage consiste en une modification d'un comportement à la suite d'un conditionnement.
2) L'approche cognitive reconsidère le postulat environnementaliste de l'approche béhavioriste et l'enrichit en lui ajoutant des facteurs internes tels que les métacognitions, les capacités intellectuelles, les dispositions personnelles, les styles d'apprentissage, les facteurs génétiques, etc. De plus, les acquisitions nouvelles ne supposent pas nécessairement l'apparition effective de nouvelles conduites ; pour les cognitivistes, il y a apprentissage lorsqu'il y a acquisition de connaissances donnant lieu à des conduites potentielles. C'est donc dans la potentialité que réside l'apprentissage.
3) L'approche expérientielle, plus récente, intègre les connaissances développées par les béhavioristes et les cognitivistes pour aller plus loin. Elle attire l'attention sur le processus d'apprentissage, intégrant l'action et la réflexion, l'expérience concrète et la conceptualisation abstraite, les mouvements convergents et divergents de la pensée de même que les activités d'assimilation et d'accommodation des structures intellectuelles. En raison de ses postulats humanistes, on doit associer cette approche à l'orientation humaniste-existentielle, qui a été présentée dans l'introduction de cet ouvrage. Selon cette approche, l'apprentissage est le processus de création de connaissances par la transformation de l'expérience.

L'approche béhavioriste

L'approche béhavioriste met l'accent sur la sélection et la rétention des comportements qui sont les plus susceptibles d'engendrer les résultats recherchés. Cette approche conçoit l'apprentissage comme un processus d'acquisition de comportements à la suite d'un conditionnement, c'est-à-dire par l'établissement du lien entre un comportement et une combinaison de stimuli (stimulations ou stimulants). Elle s'inspire largement de la loi de l'effet, énoncée par Thorndike (1931) : le lien entre un stimulus et un comportement varie selon la nature des conséquences de ce comportement pour la personne. Si les conséquences sont jugées satisfaisantes, le lien s'établit et se renforce. Au contraire, si les conséquences sont jugées insatisfaisantes, le lien s'affaiblit et tend à disparaître.

Sur le plan de l'apprentissage, divers types de comportements peuvent être appris en réponse à des stimuli, comme la présentation d'un problème ou la perception d'une difficulté. Les comportements peuvent être appris également par l'anticipation d'un renforcement (une récompense, la satisfaction d'un besoin, l'accomplissement d'un désir, l'évitement d'un conflit, etc.) ou par l'application d'une sanction, d'une punition, etc.

Les résultats obtenus ont une valeur de renforcement positif dans la mesure où ils correspondent aux conséquences attendues par la personne ou, en d'autres mots, à la récompense anticipée lors du déclenchement de la conduite. L'évitement d'une situation désagréable agit pour sa part comme un renforcement négatif. Les renforcements, qu'ils soient positifs ou négatifs, augmentent la probabilité que la personne adopte à nouveau la conduite qui les a précédés.

Par ailleurs, les résultats obtenus ont une valeur de punition lorsqu'ils infligent du déplaisir, voire de la douleur, à la personne. Ainsi, l'administration d'une punition (punition positive) ou le retrait d'une récompense (punition négative) ont des effets similaires sur le comportement : ils tendent à réduire la probabilité de son apparition. Enfin, l'absence de résultats ou de conséquences, positives ou négatives, entraîne l'extinction ou la disparition graduelle des comportements.

Le tableau 5.2 présente un résumé de ces cinq situations, chacune étant illustrée par un exemple en milieu de travail.

L'approche béhavioriste a permis de comprendre que le comportement est fonction, entre autres, des conséquences qu'il entraîne, d'où l'équation suivante :

$$R = f\ (S)$$

où R représente les réponses comportementales, et où S représente les stimuli (avant l'apparition du comportement) ou les stimulants (après l'apparition du comportement), internes ou externes.

TABLEAU 5.2 Les types de résultats d'un stimulus sur le comportement

Type de résultats	Effet sur le comportement	Exemple d'un comportement et d'une conséquence possibles
Récompense ou renforcement positif (résultat positif ou conséquences satisfaisantes)	Augmentation de la probabilité d'apparition	Bien préparer un dossier sur un projet d'investissement (comportement) et réaliser des économies lors de sa réalisation (récompense)
Renforcement négatif (retrait d'une menace ou absence de punition)	Augmentation de la probabilité d'apparition	Prendre au sérieux une augmentation soudaine des défectuosités d'un appareil et le réparer (comportement) et ne pas faire l'objet de remontrances (renforcement négatif)
Punition positive (résultat négatif ou conséquences insatisfaisantes)	Diminution de la probabilité d'apparition (souvent accompagnée de tensions et d'agressivité)	Prononcer des paroles diffamatoires à l'égard d'une personne (comportement) et avoir une note à son dossier (punition)
Punition négative (retrait d'un avantage)	Diminution de la probabilité d'apparition (souvent accompagnée de tensions et d'agressivité)	Commettre une erreur importante dans le traitement d'un dossier (comportement) et être exclu d'un projet stimulant (punition)
Rien (aucun résultat ni conséquence)	Inhibition du comportement, voire son extinction	Chuchoter lors d'une réunion de travail (comportement) et ne pas retenir l'attention des autres (indifférence totale des personnes présentes, c'est-à-dire néant)

La présence de trois facteurs est nécessaire pour conditionner un comportement: la répétition (en référence à la loi de l'exercice expliquée précédemment), la contiguïté entre l'apparition du comportement et sa conséquence, et le renforcement (en raison de la loi de l'effet).

La contiguïté de la réponse et de sa conséquence a été explicitée par Guthrie (1952). S'il y a eu contiguïté, une combinaison de stimuli qui a entraîné un comportement tendra à provoquer le même comportement si elle se présente de nouveau. En d'autres mots, si une situation donnée suscite chez une personne un comportement précis, cette personne aura tendance à se comporter de la même façon dans une situation semblable. Ainsi, dans une situation de divergence d'opinions, si un employé réagit en faisant preuve de grossièreté envers un collègue, cet employé aura tendance à répéter ce comportement dans des situations similaires, peu importe les conditions de renforcement. En effet, d'après Guthrie (1952), il n'est pas nécessaire qu'il y ait satisfaction, renforcement, succès ou répétition pour que l'apprentissage se fasse; seul l'accomplissement du comportement dans une situation donnée suffit pour que ce même comportement réapparaisse à l'avenir si la personne se retrouve dans une situation semblable.

Le principe de contiguïté n'explique cependant pas l'orientation des conduites, car la contiguïté n'est ni positive ni négative. Selon Young (1967), ce sont les processus d'activation qui sont responsables de la régularisation et du contrôle des conduites. Ces processus augmentent la probabilité de vivre des expériences positives et diminuent la probabilité de subir des expériences négatives; l'apprentissage s'effectue dans le sens qui permet à l'individu d'améliorer son sort: c'est la loi de l'effet. On peut aisément observer que les individus ont tendance à apprendre et à répéter des comportements qui leur ont procuré du plaisir ou à être tentés d'aller vers des objets ou des situations qui ont une valeur appétitive pour eux (conduites d'approche). Inversement, les individus ont tendance à ne pas adopter des comportements qui leur ont apporté des insatisfactions ou à éviter, autant que possible, des objets ou des situations qui ont une valeur aversive pour eux (conduites d'évitement)[3]. Ces observations montrent le lien entre l'apprentissage et les processus de perception et de motivation: l'apprentissage implique la prise de conscience (la perception) d'une combinaison de stimuli et l'orientation des conduites vers un objectif (la motivation).

Dans les organisations, plusieurs pratiques administratives sont basées sur l'approche béhavioriste. Par exemple, les systèmes de récompenses sont une façon de changer les attitudes et les comportements des employés. La mise en place de systèmes de récompenses appropriés peut stimuler la mobilisation des employés. Quand on pense aux récompenses offertes par une entreprise, on pense souvent aux salaires, mais les récompenses peuvent être de plusieurs natures. Certaines n'entraînent pas de débours, tels le respect, la collaboration, l'aide, le soutien de la hiérarchie, les bonnes relations, la confiance, la considération positive inconditionnelle, la connaissance des résultats, la consultation, la participation aux décisions, etc., alors que d'autres en nécessitent (ex.: hausses salariales, promotions, aménagement et décoration des lieux de travail, participation aux bénéfices, primes et cadeaux, remboursement de frais de voyage, de frais de représentation ou de primes d'assurance, usage d'un véhicule, etc.).

Pour qu'un système de récompenses soit d'une certaine efficacité, quelques conditions doivent être respectées. Ainsi, les comportements souhaités doivent être clairement définis par les gestionnaires et on doit veiller à les renforcer sans toutefois verser dans l'excès[4]. De plus, les récompenses doivent être valorisées par l'employé,

3. Est-il nécessaire de rappeler que la signification de l'expérience est subjective? Ce qui est agréable (ou désagréable) pour l'un ne l'est pas forcément pour l'autre, d'où la nécessité de comprendre le champ expérientiel de l'individu avant de porter un jugement sur ses comportements.

4. Voir à ce sujet le chapitre 3.

sans quoi elles ne susciteront pas son intérêt. La contiguïté des comportements souhaités et des récompenses doit être perçue par l'employé ; pour ce faire, il est préférable de donner les récompenses le plus rapidement possible après l'apparition des comportements souhaités. Des récompenses accordées de façon aléatoire ou sans lien avec une performance ou un comportement quelconque ont un effet amoindri, voire nul. Enfin, l'attribution de récompenses doit être faite avec sagesse et prudence, car les récompenses peuvent parfois nuire à la performance (Lawler, 2003).

Les activités de discipline visent à corriger les écarts de conduite dans les organisations. Une sanction qui est perçue comme fondée et impartiale aura des effets positifs sur la performance de l'employé ; en revanche, si elle est perçue comme arbitraire et injuste, elle causera du mécontentement, une baisse de rendement et des réactions agressives. À la suite de sanctions, les problèmes de performance peuvent être corrigés, mais des attitudes de ressentiment et d'autres types de problèmes peuvent ressurgir sous des formes plus difficilement mesurables, empêchant ainsi les gestionnaires soucieux d'objectivité d'intervenir.

Les conseils suivants devraient guider les actions des gestionnaires lorsque ceux-ci appliquent des sanctions (Drolet et Douville, 2004 ; Hammer, 1977) :

1) Mesurer la gravité de la faute pour déterminer la sanction. Pour ce faire, il faut notamment tenir compte des années de service de l'employé, de son dossier, du degré de responsabilité du poste et des circonstances, atténuantes ou aggravantes.
2) S'assurer que la sanction est juste et équitable, c'est-à-dire proportionnelle à la faute.
3) Expliquer clairement à l'employé le problème de performance.
4) Lui faire clairement comprendre les attentes des dirigeants à son égard.
5) Traiter l'employé avec respect, en discutant de son problème en privé pendant les heures de travail.
6) Sanctionner dans un délai raisonnable : une mesure disciplinaire doit être imposée rapidement après la prise de connaissance des faits.
7) Appliquer la sanction conformément aux procédures de discipline admises et reconnues dans l'organisation.
8) Faire preuve de cohérence, d'engagement personnel et d'équité dans les activités de discipline.

La disparition des comportements indésirables ne signifie pas nécessairement que le lien entre une combinaison de stimuli et les comportements est effacé de la mémoire de la personne. L'extinction consécutive à l'application de sanctions ou à l'absence de renforcements est, en fait, l'inhibition des comportements. Si, dans l'avenir, la personne se retrouve dans des conditions semblables et qu'elle perçoit la possibilité d'obtenir des résultats satisfaisants, le lien peut réapparaître ; c'est le phénomène de recouvrement spontané (l'expression « restauration spontanée » désigne aussi le même phénomène).

Par ailleurs, il arrive souvent que des comportements productifs ou positifs des employés disparaissent, faute de renforcements appropriés. C'est le cas notamment des employés qui ont de bonnes idées ; lorsque personne ne leur prête attention, ils cessent de communiquer leurs trouvailles (Harel-Giasson, 1993). Une des qualités d'un bon gestionnaire est justement d'être attentif aux comportements des employés qu'il dirige afin de reconnaître et de valoriser les bonnes idées et les initiatives qui peuvent profiter tant à l'organisation qu'aux employés eux-mêmes.

Selon l'approche béhavioriste, l'apprentissage procède essentiellement par essais-erreurs ou tâtonnements ; cette approche a permis de découvrir deux principes fondamentaux de l'apprentissage, à savoir la généralisation et la discrimination des stimuli. Une personne conditionnée à adopter des comportements devant un stimulus aura tendance à reproduire ces comportements en réponse à tout stimulus semblable ; c'est le phénomène de généralisation. En contrepartie, elle peut être amenée à faire la différence entre plusieurs stimuli et à ne réagir qu'à un seul d'entre eux, afin de limiter la généralisation des réponses béhavioristes ; c'est le phénomène de discrimination. Ainsi, un employé qu'on renforce lorsqu'il formule des idées créatives dans les réunions d'équipe pourra également être tenté de communiquer ses bonnes idées lorsqu'il rencontrera son supérieur immédiat seul à seul (généralisation). Cependant, il pourra hésiter à dire ce qu'il pense lors d'une réunion à laquelle participent les vice-présidents de l'entreprise, pensant, à tort ou à raison, que ses réflexions ne seront pas très bien reçues (discrimination).

Au problème de généralisation se rattache celui du transfert : des acquisitions préalables facilitent l'apprentissage pour autant que l'apprentissage initial ne soit pas trop avancé. Par exemple, une personne qui sait faire du ski alpin peut aisément apprendre à faire du ski de fond, mais si elle maîtrise très bien le ski alpin, il est possible qu'elle trouve difficile d'apprendre à faire du ski de fond, car l'apprentissage de ce nouveau sport suppose qu'elle « désapprenne » les postures et les mouvements du ski alpin pour apprendre ceux du ski de fond.

Les béhavioristes mettent en évidence la nécessité de reconnaître une combinaison de stimuli pour organiser des conduites adaptées au milieu. Ils admettent également que les individus agissent aussi en fonction de leurs attentes. Les activités de reconnaissance et d'anticipation supposent l'intervention de facteurs propres à l'intelligence et à la mémoire. De plus, la qualité renforçante des conséquences à un comportement est une donnée subjective, puisqu'elle est étroitement associée à la perception et à la motivation du sujet. Cela dit, d'après Skinner (1974), il n'est pas utile ni nécessaire de comprendre les activités de l'intelligence, de la mémoire, de la perception ou de la motivation pour expliquer le comportement humain ; il suffit de pouvoir déterminer les stimuli ou les événements qui ont un effet positif sur la probabilité d'apparition des comportements. Les cognitivistes ne partagent pas ce point de vue et, depuis le début des années 1970, l'approche cognitive a permis de faire progresser les connaissances sur l'apprentissage.

L'approche cognitive

L'apprentissage et l'intelligence sont étroitement associés. Par exemple, lorsqu'une personne apprend l'anglais, elle se souvient des expériences qu'elle a vécues avec des anglophones, elle reconnaît des mots de sa langue maternelle, elle essaie de penser en anglais. Malgré ses tentatives, elle continue de penser en français lorsqu'elle parle en anglais et, petit à petit, elle fait sienne la langue anglaise et se surprend à pouvoir suivre une émission de télévision en anglais, etc. L'apprentissage s'appuie sur l'expérience passée de la personne, ses divers mécanismes d'adaptation, son imagination et sa créativité. Piaget a apporté des contributions importantes à ce sujet.

L'apprentissage par équilibration des structures mentales

Piaget (1967) définit l'apprentissage comme étant l'adaptation intelligente de l'individu à son milieu, adaptation rendue possible grâce à l'équilibre des tensions entre deux processus, soit l'assimilation et l'accommodation. Ces deux processus ont déjà été présentés dans le chapitre 2, mais un bref rappel est utile. Les concepts ou les connaissances de l'individu à propos de son expérience ont tendance à intégrer des éléments extérieurs compatibles avec leur nature (c'est l'assimilation), mais ils sont obligés de se modifier en fonction des particularités des éléments extérieurs assimilés, sans perdre pour autant leur continuité ni leurs pouvoirs antérieurs d'assimilation (c'est l'accommodation). D'après la théorie de Piaget, ces deux processus doivent être maintenus en équilibre. Toutefois, s'il y a un déséquilibre favorisant l'assimilation, il en résulte une tendance, chez l'individu, à jouer, à faire fi de son milieu, en imposant ses idées et ses images sans tenir compte des « réalités » de son milieu. Si, au contraire, ce déséquilibre favorise l'accommodation, il en résulte une tendance à imiter son milieu, en se moulant aux contours ou aux contraintes de celui-ci, et à devenir conformiste.

Pour Piaget (*1947,* 1967), l'intelligence est un système d'opérations vivantes qui s'adapte pour constituer un équilibre à la fois mobile et permanent entre la pensée et le milieu ambiant. Plus précisément, ce système recherche un équilibre entre les actions de l'individu sur le milieu et les actions inverses :

> Toute conduite, qu'il s'agisse d'un acte déployé à l'extérieur ou intériorisé en pensée, se présente comme une adaptation, ou pour mieux dire, comme une réadaptation. L'individu n'agit que s'il éprouve un besoin, c'est-à-dire si l'équilibre est momentanément rompu entre le milieu et l'organisme, et l'action tend à rétablir l'équilibre, c'est-à-dire précisément à réadapter l'organisme (Claparède). Une « conduite » est donc un cas particulier d'échange entre le monde extérieur et le sujet, mais, contrairement aux échanges physiologiques, qui sont d'ordre matériel et supposent une transformation interne des corps en présence, les « conduites » étudiées par la psychologie sont d'ordre fonctionnel et s'effectuent à des distances de plus en plus grandes,

> dans l'espace (perception, etc.) et dans le temps (mémoire, etc.). [...] La conduite, ainsi conçue en termes d'échanges fonctionnels, suppose elle-même deux aspects essentiels et étroitement interdépendants: un aspect affectif et un aspect cognitif (p. 10).

La notion d'équilibre est centrale dans la théorie de Piaget (1975a). L'équilibre correspond à un mode temporaire d'organisation des structures mentales produisant un état relativement stable. L'équilibre d'une structure est établi par les activités d'assimilation et d'accommodation. La notion d'équilibre est ici analogue à la notion d'homéostasie, présentée au chapitre 3. L'équilibre d'une structure mentale n'est jamais permanent; une cognition peut être à tout moment déséquilibrée et resituée dans un nouvel équilibre à la suite d'une nouvelle expérience ou d'un apprentissage.

Puisque l'apprentissage suppose la modification d'une attitude ou d'une conduite à la suite d'une expérience, la théorie de l'équilibration des structures mentales de Piaget (1975a) est tout à fait pertinente pour expliquer la façon dont les conduites sont apprises et modifiées. En effet, si l'on considère que les conduites sont le résultat de la mise en œuvre de schèmes d'action[5], toute modification de ceux-ci, à la suite d'une expérience, entraîne une modification de ces mêmes conduites et donc un apprentissage.

L'équilibration est le concept clé de la théorie de Piaget (1975a); c'est le processus par lequel une structure mentale (c'est-à-dire un schème d'action) qui a perdu son équilibre retrouve un nouvel équilibre. Piaget assigne à la notion d'équilibration le sens d'un processus de régulation interne ayant pour fonction l'établissement du meilleur équilibre possible entre l'individu et son environnement. Les activités d'équilibration sont toutefois limitées par l'état du développement de la pensée. Nous avons présenté les stades de développement dans le premier chapitre; rappelons que trois périodes de développement marquent la genèse de l'intelligence: la période sensorimotrice, de 0 à 24 mois; la période de préparation et d'organisation des opérations concrètes, de 24 mois à 12 ans; et la période des opérations formelles, de 12 à 15 ans. Chaque période comporte des séquences d'activités d'apprentissage spécifiques conduisant à la formation de structures originales préalables aux activités de la période suivante.

Nous avons vu aussi au chapitre 2 qu'il existe deux types d'équilibration. L'équilibration simple entraîne une rééquilibration de la structure sans trop modifier son organisation interne; la structure demeure relativement inchangée et, en conséquence, il n'y a pas d'apprentissage proprement dit. L'équilibration majorante provoque un dépassement de la structure et une transformation de son organisation interne; il s'agit bien là d'un apprentissage. La théorie de l'équilibration des structures mentales permet de comprendre pourquoi une conduite apprise n'est jamais effacée de la mémoire et peut réapparaître spontanément. En effet, chaque apprentissage est une modification durable d'une structure mentale à la suite d'une expérience,

5. Voir le chapitre 2 sur la perception.

modification qui entraîne une évolution de l'organisation interne de la pensée. L'équilibration majorante s'exerce chaque fois que des contradictions et des conflits détruisent l'équilibre des systèmes cognitifs, obligeant la personne à réviser et à transformer ces derniers.

Les contradictions et les conflits qui perturbent l'équilibre des structures mentales correspondent à la théorie de la dissonance cognitive de Festinger (1957). Cette théorie est rarement associée au processus d'apprentissage, mais plus souvent à la formation et au changement des attitudes. Toutefois, il n'y a pas de raison pour qu'elle soit écartée en considération des possibilités d'explication qu'elle offre en ce qui concerne la modification des croyances, lesquelles sont à la base des attitudes et des conduites des personnes, et donc de l'acquisition des connaissances et des compétences.

L'apprentissage par réduction de la dissonance cognitive

La dissonance cognitive, c'est l'incompatibilité des idées qu'a la personne à propos d'un objet, d'un individu, d'une situation, etc. Cette incompatibilité entraîne un effort de la part de la personne pour concilier ses idées d'une manière ou d'une autre. La dissonance cognitive cause un état d'inconfort et de tension psychologique qui déclenche des conduites visant à réduire l'inconfort, soit en relativisant les cognitions dissonantes, soit en les supprimant (Festinger, 1957).

La dissonance cognitive est fonction de trois facteurs : l'écart entre les idées en contradiction, le nombre d'idées dissonantes en présence et l'importance de ces dernières. Le taux de dissonance est représenté par le rapport suivant :

$$\frac{\textit{importance} \times \textit{nombre d'idées dissonantes}}{\textit{importance} \times \textit{nombre d'idées consonantes}}$$

Il s'ensuit que le taux de dissonance est grand lorsque l'écart entre les idées dissonantes est grand et que l'étendue de la dissonance est également grande. Cela explique en partie pourquoi un individu peut tolérer un certain niveau de dissonance (nous verrons un peu plus loin que c'est souvent le cas des fumeurs, par exemple).

Plusieurs stratégies sont habituellement reconnues pour réduire la dissonance. Certaines, comme la fuite, la négation et la rationalisation[6], permettent de neutraliser les effets de la dissonance cognitive, sans véritablement conduire à des apprentissages. D'autres, comme l'élaboration cognitive, peuvent au contraire déclencher les processus d'apprentissage.

L'évitement consiste à fuir les situations rappelant la dissonance, c'est-à-dire à essayer de ne pas y penser. Des moyens comme la consommation d'alcool, la fuite dans le travail et l'activité intense sont parfois utilisés. La négation est surtout un mécanisme de défense ayant pour but de rejeter les idées qui ont provoqué l'état de

6. Ces mécanismes de défense ont été vus au chapitre 4.

dissonance. Par exemple, le fumeur peut discréditer les études montrant les effets cancérigènes du tabac en niant leur validité. La rationalisation consiste à trouver des justifications logiques et rationnelles à ses conduites. Ainsi, le fumeur peut dire que fumer lui apporte de la détente et du plaisir, ou encore qu'il préfère mourir jeune plutôt que de croupir dans une résidence pour personnes âgées. L'évitement, la négation et la rationalisation n'ont cependant qu'un effet temporaire sur la réduction de la dissonance. Tôt ou tard, l'état de dissonance refera surface : en raison de l'effet Zeigarnik, les tensions provoquées par la dissonance persisteront tant et aussi longtemps que le déséquilibre qui est à leur origine ne sera pas rétabli. En fait, ces stratégies apportent un soulagement de la tension, mais elles ne règlent pas le problème. Cela explique pourquoi les personnes qui utilisent ce genre de stratégies éprouvent des remords à la suite d'une décision visant la réduction de la dissonance cognitive (Wicklund et Brehm, 1976).

Une autre stratégie est l'élaboration cognitive, c'est-à-dire l'acquisition de nouvelles connaissances et la réorganisation des connaissances dissonantes en présence. Cette stratégie peut donner lieu à l'apprentissage dans la mesure où elle entraîne une modification des systèmes cognitifs en déséquilibre.

Prenons l'exemple de Marcel, qui doit choisir entre deux candidates pour un poste : Françoise et Camille. Lors des entrevues de sélection, Marcel trouve que Françoise est une meilleure candidate que Camille, mais il choisit tout de même Camille. Voici deux idées contradictoires : « Camille n'est pas la meilleure candidate pour le poste » et « je choisis Camille ». Pour réduire la dissonance entre ces deux cognitions, Marcel trouve une justification qui permet de relativiser les critères d'évaluation : « Camille n'est pas aussi performante que Françoise en entrevue de sélection, mais cela est causé par son anxiété ; peu importe, je la connais mieux que Françoise et je sais qu'elle satisfera aux exigences objectives du poste, au moment de son embauche. » Dans ce cas-ci, il n'y a pas vraiment apprentissage, car la dissonance n'a pas entraîné une modification des croyances de Marcel. Il y a apprentissage quand les activités de réduction de la dissonance entraînent une transformation du système cognitif auquel les idées dissonantes sont associées. Si, par exemple, Marcel prenait conscience de la rationalisation qu'il vient de faire et s'il acceptait de se remettre en question, il y aurait apprentissage. Pourquoi agir ainsi ? Est-ce juste pour Françoise ? Est-ce une bonne décision pour l'entreprise ? Qu'est-ce que cela révèle sur ma capacité à prendre des décisions impartiales et équitables ? Quels sont mes motifs réels ? Un tel examen de conscience permet un réel apprentissage et conduit à des pratiques de sélection plus équitables et plus efficaces.

La théorie de la dissonance cognitive est souvent associée aux deux autres théories de la consistance cognitive (théorie de l'équilibre [Heider, 1946] et théorie de la congruence [Osgood et Tannenbaum, 1955]), car elle suppose que les cognitions tendent à s'organiser en systèmes d'équilibre et, par conséquent, que tout déséquilibre, toute incohérence entraîne des activités pour réinstaller l'équilibre et retrouver un état relativement stable (Zajonc, 1960).

Pour Heider (1946), l'être humain a tendance à rechercher l'ordre, la symétrie et la cohérence[7] : c'est le principe de consistance ou d'équilibre. La situation typique présentée par Heider est celle du triangle. Prenons l'exemple de Bernard, qui veut s'acheter une voiture sport. Il voit souvent le modèle qu'il songe à acheter dans les rues et dans les magazines. Bernard présume que le modèle qu'il aime est une voiture de bonne qualité, puisque c'est un modèle très répandu.

La notion de consistance met en évidence la rationalité des comportements et le besoin de sens : la personne cherche à comprendre et à justifier les expériences malheureuses tout autant qu'à accorder ses décisions et ses actions, afin de se sentir cohérente et logique. Ainsi, quand une personne ne parvient pas à compenser les écarts entre différentes croyances à propos d'un même « objet », elle est forcée de remettre en question le système de croyances associé à cet objet, de le transformer et, ce faisant, d'apprendre.

Le principe de consistance a été généralisé à l'ensemble de la structure du comportement, soit entre l'affect, la cognition et le comportement. L'examen de la consistance entre l'affect et la cognition a permis de comprendre comment se développent les attitudes et comment elles peuvent être modifiées (Rosenberg, 1966).

Les attitudes sont généralement définies comme des prédispositions apprises à réagir de façon positive ou négative à un stimulus, selon les sentiments et les idées évoqués par celui-ci (Olson et Zanna, 1993). Une attitude a trois composantes : une conative, une affective et une autre cognitive. La composante conative correspond aux actions que l'individu aurait tendance à faire devant le stimulus. La composante affective renvoie aux sentiments et aux émotions qui sont éveillés par le stimulus. La composante cognitive se rapporte quant à elle aux idées et aux croyances à propos du stimulus. La structure de ces composantes est en équilibre lorsque ces dernières sont liées de façon logique et cohérente.

Dès qu'une nouvelle idée vient s'insérer dans la structure qui compose l'attitude, cette structure, en l'assimilant, se trouve en état de déséquilibre et doit s'accommoder de la nouvelle donnée pour rétablir l'équilibre. Cela explique pourquoi l'identité personnelle tend à se maintenir au cours de l'ontogenèse ; en fait, chaque fois qu'un individu doit faire face à une nouvelle situation, il a tendance à l'interpréter en conformité avec ses propres croyances et à adopter une attitude relativement consistante. Cette tendance psychologique du maintien de l'individualité ou de l'identité personnelle trouve son pendant biologique dans la constance du milieu interne, appelée homéostasie.

Le tableau 5.3 montre la structure d'une attitude telle que Rosenberg et Hovland (1966) la représentent, illustrée par un exemple. Marc-Antoine, récemment diplômé en administration et spécialisé en finances, vient de recevoir un appel d'un agent d'emploi de la Bourse de Toronto pour un poste de cambiste. L'entrevue d'emploi est le stimulus qui déclenche une attitude. Marc-Antoine est content, mais anxieux ;

7. Cela fait référence à la loi de la « bonne forme », dont il a été question dans le chapitre 2.

TABLEAU 5.3 La structure d'une attitude, illustrée par l'exemple de Marc-Antoine

Stimuli possibles	Composantes de l'attitude	Observations possibles
Personnes, situations, questions sociales ou autres « objets » Ex. : avoir une entrevue d'emploi pour travailler à la Bourse de Toronto	**Affect**	
	• Réponses du système nerveux autonome • Expression de l'émotion	• *Nervosité, tension musculaire, troubles du sommeil* • *Peur, bonheur, fierté, espoir*
	Cognition	
	• Images et représentations mentales • Expression des croyances, des attributions et des anticipations	• *Attention dirigée sur le marché boursier, surveillance des transactions en cours, etc.* • *« Travailler à la Bourse de Toronto, c'est un emploi prestigieux et utile au développement du marché québécois. »*
	Comportement	
	• Actions et réactions béhaviorales • Justification des comportements	• *Recherche d'information sur les exigences de l'employeur et de l'emploi* • *« Il faut être bien préparé pour obtenir un poste. »*

Source : Adapté de Rosenberg et Hovland (1966, p. 3).

il s'empresse de préparer son entrevue afin d'augmenter ses chances d'embauche. Il veut cet emploi. Il rencontre alors des amis, qui lui font part des exigences du métier de cambiste, des contraintes personnelles et du stress associé au poste. Marc-Antoine a bien confiance en eux. « Ce que vous me dites me fait remettre en question ma décision, leur répond-il, je dois réfléchir sérieusement avant d'accepter cette entrevue ; je ne sais pas si je suis prêt à payer le prix que ce métier implique… » L'état de déséquilibre dans lequel Marc-Antoine se trouve peut donner lieu à un changement d'attitude à l'égard du métier de cambiste.

D'après Rosenberg (1966), c'est l'inconsistance entre l'affect et la cognition qui provoque un changement d'attitude, donc l'apprentissage, dans la mesure où les tensions provoquées par l'inconsistance amènent la personne à prendre conscience de son attitude et à la remettre en question.

L'apprentissage résulte souvent de contradictions ou de conflits entre des idées à propos d'un même objet, ou d'inconsistances entre un état affectif et les idées qu'on se fait de l'objet qui a provoqué cet état. L'apprentissage résulte également des conflits inhérents à l'interaction avec d'autres personnes ; des conflits et des dissensions dans un groupe peuvent amener des personnes ou, mieux, des groupes de personnes, à faire des apprentissages qu'ils n'auraient pas faits autrement (De Paolis et autres, 1987 ; Mugny et autres, 1984).

La présence des autres stimule l'apprentissage, non seulement par les conflits inhérents aux interactions sociales, mais aussi par les modèles de comportements que les autres lui suggèrent. Ce sont les cognitivistes qui ont mis en évidence les mécanismes sociaux de l'apprentissage, dont l'apprentissage par observation (*vicarious learning*).

L'apprentissage par observation ou l'apprentissage indirect

Bandura (1986) a démontré que la présence des autres stimule l'apprentissage, notamment par l'imitation des comportements. Le fait de voir quelqu'un faire quelque chose qu'on voudrait savoir faire stimule la motivation à apprendre. L'individu regarde faire l'autre et se persuade qu'il peut en faire autant. D'après Bandura (1977b), le modèle peut être une autre personne (un maître enseignant) ou encore être symbolique (une recette de cuisine expliquée à l'aide de mots et d'images permettant à l'apprenti cuisinier de suivre les étapes de préparation).

Les actions du modèle servent de source d'information ; l'apprenti peut imiter les comportements du modèle, même en son absence. Bandura (1986) décrit les quatre étapes de l'apprentissage par observation : l'attention, la rétention, la reproduction et le renforcement. L'attention est l'étape au cours de laquelle l'individu observe le modèle pour savoir comment faire ; le degré d'attention qu'il porte aux comportements du modèle et sa motivation à l'imiter vont influencer les résultats de l'apprentissage. La rétention correspond à l'étape où il étudie les actions à faire, se les représente mentalement et les mémorise ; la capacité de l'individu à bien percevoir les actions, à les mémoriser et à les reproduire mentalement détermine également les résultats de l'apprentissage. La reproduction consiste à faire comme le modèle, à pratiquer concrètement le savoir-faire et à l'exercer. Enfin, des renforcements sont donnés lorsque l'individu s'attend à en recevoir.

Plusieurs facteurs déterminent tant la motivation à imiter la personne qui sert de modèle que l'efficacité de l'imitation : la similarité du modèle, la persévérance de l'apprenant, son âge, sa familiarité avec les comportements à apprendre, la difficulté de la tâche et le contexte dans lequel elle s'effectue, ainsi que la diversité des expériences réussies (Bandura, 1977a). En plus du sentiment d'efficacité personnelle, le style d'attribution (internalité/externalité), l'estimation des efforts requis et le concept de soi peuvent modérer autant la motivation à imiter que l'efficacité de l'imitation.

Une personne interne fait preuve d'une plus grande maîtrise d'elle-même qu'une personne externe ; elle s'attend à ce que son effort produise une performance et des résultats ; elle est disposée à apprendre et trouve généralement des solutions adaptées aux problèmes auxquels elle fait face. Parce qu'elle est de nature plus indépendante que la personne externe, elle se fie davantage à son propre jugement, est moins sensible à l'influence des autres et a plus confiance en ses capacités, ce qui facilite ses apprentissages.

L'évaluation que fait la personne des efforts nécessaires pour réussir est associée à l'évaluation de la difficulté de la tâche ; cela détermine le niveau d'activation[8] et, par conséquent, l'efficacité personnelle de l'individu.

---

8. Voir à ce sujet le chapitre 3, qui traite de la motivation.

Le concept de soi est aussi un facteur important de l'apprentissage par observation. Étant donné que la personne a tendance à agir selon l'image qu'elle a d'elle-même, on peut s'attendre à ce qu'elle ait tendance à choisir des modèles d'identification qui lui ressemblent. En d'autres mots, l'individu a plus de facilité à apprendre en observant un modèle auquel il peut s'identifier.

Le degré de similarité du modèle favorise l'identification de l'apprenant. En psychologie, l'identification prend deux significations. Dans le cas présent, l'identification n'est pas entendue dans le sens de la reconnaissance, perceptive et cognitive, d'une personne, d'un objet ou d'un événement[9]. La deuxième signification de l'identification est celle qui nous importe ici : c'est l'assimilation d'un moi étranger, ce qui amène la personne à se comporter comme le modèle. Elle imite les attitudes et les comportements du modèle, qu'elle accueille en elle-même sans vraiment s'en rendre compte (Vurpillot, 1991). Le modèle, le moi étranger, est ce que la personne voudrait devenir. En ce sens, l'identification correspond au désir de ressembler à une personne à qui on accorde de l'importance, de la valeur. Dans ce cas, l'identification s'effectue principalement au moyen de l'apprentissage par observation.

*L'apprentissage par compréhension soudaine (*insight*)*

L'apprentissage par compréhension soudaine (*insight*) a été mis en évidence dans les recherches portant sur la résolution de problèmes : il arrive qu'on trouve soudainement la solution à un problème, sans être conscient du processus qui nous a permis de le faire. C'est le fameux *Eurêka !* d'Archimède. Cette forme d'apprentissage consiste pour l'essentiel en la restructuration spontanée des éléments qui composent le problème à résoudre ou la figure à percevoir.

Une phase de tâtonnements d'une durée variable, suivie d'une phase de réflexion habituellement très courte précèdent l'*insight*. Le problème se présente souvent sous la forme d'une association d'idées plus ou moins organisées, plus ou moins cohérentes. Des souvenirs sont évoqués ; une idée prend forme, mais échappe rapidement à l'attention ; le problème occupe et préoccupe l'individu.

Les rôles de la motivation et de l'émotion sont importants, surtout dans les domaines où elles ne sont pas seulement le déclencheur de l'activité créatrice, mais aussi la matière de la création, comme c'est le cas pour les œuvres d'art ou la littérature. L'apprentissage par *insight* donne lieu à des expériences de créativité. La création ne s'effectue jamais à partir de rien : les éléments sont fournis par la mémoire et par l'environnement du créateur.

Prenons l'exemple d'Archimède, qui avait un problème d'importance à régler. Hiéron, tyran de Syracuse et protecteur d'Archimède, avait reçu une couronne, apparemment faite d'or pur. Comme il soupçonnait que la couronne était faite d'un alliage d'argent, il demanda à Archimède de résoudre ce problème sans altérer la

9. Voir à ce sujet le chapitre 2, qui traite de la perception.

couronne, qui était finement ciselée. Si Archimède avait pu fondre la couronne, il aurait aisément trouvé une réponse à la question d'Hiéron, puisqu'il connaissait le poids de l'or. Un jour, en entrant dans sa baignoire, toujours préoccupé par la demande de son protecteur, il observa le spectacle familier de l'eau montant dans la baignoire au fur et à mesure qu'il y pénétrait. Comme l'éclair, il lui vint à l'esprit que le volume d'eau déplacé était égal au volume des parties immergées de son corps ! Il avait en quelque sorte pu fondre son corps sans l'endommager. Il pouvait dès lors répéter cette expérience, cette fois avec la couronne (Koestler, 1965).

Cette histoire montre bien que l'*insight* provient de la fusion d'au moins deux champs cognitifs distincts : l'analogie devient porteuse d'une solution pour l'un des champs. Évidemment, l'*insight* ne se produit que lorsque l'individu est sous tension créatrice de recherche d'une solution, que lorsqu'il a un problème à résoudre, sinon il ne percevra pas les éléments de solution provenant de l'autre champ cognitif.

L'approche cognitive domine les activités de recherche sur l'apprentissage ; en revanche, dans les activités de formation ou d'enseignement, c'est l'approche expérientielle qui semble obtenir la faveur des intervenants.

L'approche expérientielle

David A. Kolb est l'un des professeurs qui ont beaucoup contribué au développement de l'approche expérientielle de l'apprentissage. Grâce à ses travaux effectués en collaboration avec des collègues tels Rubin et Schein, l'apprentissage et les différences individuelles d'apprentissage ont regagné de l'importance dans les milieux de travail. Le texte classique présenté à la fin de ce chapitre est de Kolb ; il présente une définition de l'apprentissage expérientielle. Aucune recension ne saurait égaler la qualité de son argumentation ; en conséquence, nous nous contenterons dans cette section de présenter brièvement l'approche expérientielle.

Kolb (1984) explique que l'approche expérientielle de l'apprentissage s'appuie sur les théories de Jean Piaget, de John Dewey et de Kurt Lewin. La théorie de Piaget a déjà été présentée. Celles de Dewey et de Lewin sont ici décrites succinctement.

Dewey (1938, 1958) conçoit l'apprentissage comme un processus dialectique intégrant le concret (l'expérience) et l'abstrait (la théorie), la réflexion et l'action. Il a montré que la réflexion et l'action, bien que distinctes, sont des activités indissociables : afin d'apprendre, l'individu doit prendre le temps de réfléchir à l'efficacité de ses conduites et aux conséquences de celles-ci, mais il doit aussi agir pour savoir si sa stratégie est bonne. D'après Dewey, l'individu a besoin de vivre des expériences concrètes pour découvrir et comprendre des connaissances acquises ; et réciproquement, il a besoin de connaissances sur lui-même et sur le milieu ambiant pour orienter efficacement ses conduites et s'actualiser. Ainsi, l'apprentissage se réalise lorsque la personne confronte ses idées (abstraites) avec son expérience (concrète), en les mettant à l'épreuve (action) et en réfléchissant à la fois aux hypothèses de base et aux conséquences de ses actions (réflexion).

Lewin (1951) présente une théorie qui s'accorde bien avec celle de Dewey. D'après Lewin, l'apprentissage est un cycle qui comporte quatre étapes :

1) L'expérience immédiate et concrète.
2) La réflexion sur les phénomènes observés, lesquels sont ensuite assimilés à une « théorie ».
3) À partir de cette « théorie », l'individu peut déduire quelles seront les implications de ces observations pour ses activités futures.
4) L'individu retient ainsi des leçons qu'il essaiera de se rappeler et de vérifier à l'occasion de nouvelles situations, lorsqu'il vivra de nouvelles expériences.

Lewin a démontré que pour apprendre, une personne doit faire des expériences et recevoir de l'information sur sa performance. L'expérience est nécessaire pour que la personne puisse vérifier et modifier sa « théorie » lorsqu'elle se trouve dans une situation donnée. De plus, des processus de rétroaction sont essentiels pour que la personne puisse diriger efficacement ses activités vers les objectifs qu'elle s'est fixés et pour qu'elle puisse mesurer les conséquences de ses choix afin d'ajuster ses stratégies et de contrôler sa progression.

L'approche expérientielle définit l'apprentissage comme le processus qui permet de créer la connaissance par la transformation de l'expérience. Comme l'a montré Piaget (*1947,* 1967), la connaissance est le fruit de la « transaction » entre la connaissance personnelle et la connaissance sociale. L'apprentissage comporte, par conséquent, des transactions entre la personne et l'environnement.

L'apprentissage est facilité lorsque les idées (ou croyances) acquises sont explicitées dans une situation, puis examinées et vérifiées, et enfin modifiées par la confrontation avec de nouvelles idées permettant une conduite mieux adaptée. Inévitablement, l'expérience d'apprentissage requiert que la personne agisse et réfléchisse sur ses actions, qu'elle vive une expérience concrète pour en retirer des leçons qui pourront lui être profitables dans un avenir plus ou moins rapproché.

D'après Kolb (1984), un individu qui apprend doit s'engager ouvertement et librement dans la situation (expérience concrète) qui lui permettra de découvrir, par l'observation de ses comportements et des résultats et par la réflexion sur les effets positifs et négatifs qu'il a produits (observation réfléchie), les leçons qu'il devra retenir pour la suite de son développement. Ces leçons sont en quelque sorte des explications relatives aux conséquences de ses conduites dans son milieu et lui servent de théories dans l'organisation de ses stratégies d'adaptation (conceptualisation abstraite). Pour assurer sa sécurité et sa croissance, l'individu devra être capable de mettre à l'épreuve, dans ses conduites futures (expérimentation active), les « théories » qu'il s'est ainsi données. Le cycle recommence alors par l'expérience concrète. La figure 5.2 illustre le cycle d'apprentissage de Kolb (1984) et détermine quatre habiletés d'apprentissage.

L'expérience concrète et la conceptualisation abstraite représentent deux façons opposées d'acquérir des connaissances : la première se rapporte à l'exposition directe

FIGURE 5.2 *Le cycle d'apprentissage de Kolb*

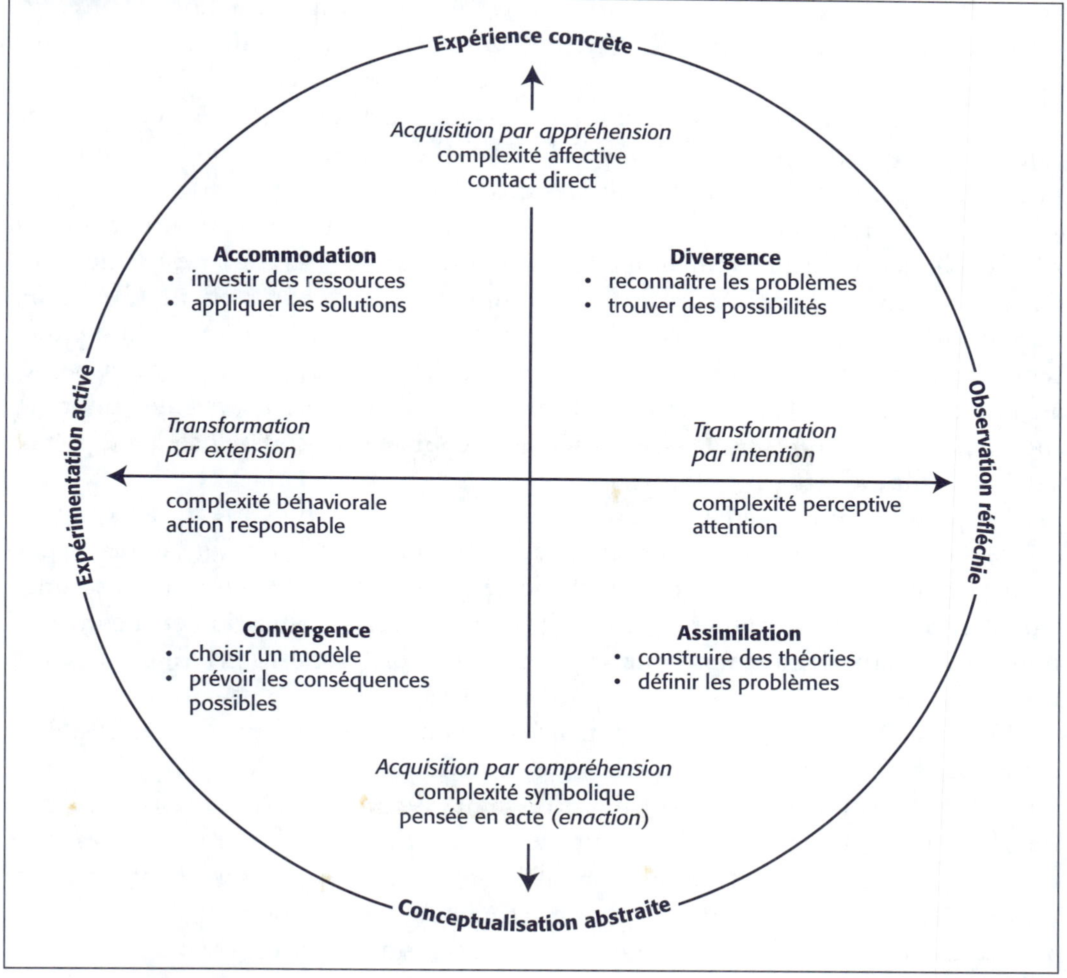

Source : Adapté de Kolb (1984, p. 42).

à la situation concrète, immédiate (appréhension) ; la seconde relève de la représentation abstraite et de l'interprétation des phénomènes perçus (compréhension).

L'appréhension est souvent associée à la pensée synthétique et la compréhension, à la pensée analytique. La pensée synthétique est associée à l'approche inductive, phénoménologique et totalisante des problèmes. L'individu qui a une préférence pour ce mode de pensée a tendance à choisir des méthodes qualitatives pour découvrir les significations : il tente de « mettre hors jeu », de « mettre entre parenthèses » tout jugement sur l'expérience de manière à faire « jaillir » la signification immanente qu'elle comporte. Il est plutôt enclin à suivre le flot des événements, car c'est par l'appréhension synthétique du contexte immédiat (ici et maintenant) qu'il comprend ce qui se passe. Ce mode de pensée est divergent et concret. Le temps n'a

Voir ma description du type d'apprentissage

pas vraiment d'importance. Le principe de la pensée synthétique est la tolérance de l'incertitude et du risque ; les systèmes synthétiques reposent sur le libre arbitre. Les individus préconisant la pensée synthétique préfèrent habituellement les structures non directives.

Au contraire, la pensée analytique est associée à l'approche déductive, empirique et positive des problèmes. L'individu qui a une préférence pour ce mode de pensée a tendance à choisir des méthodes quantitatives et a le souci de l'empirisme : ses jugements sont fondés sur des faits ou des raisonnements logicomathématiques. Il est enclin à expliquer les phénomènes qu'il observe ; l'observation des éléments ou de leurs composantes vise à saisir les relations, les causes et les effets. C'est donc un mode de pensée convergent et abstrait. Le temps a de l'importance : l'individu a tendance à suivre des étapes et à ordonner ses activités. Le principe de la pensée analytique repose sur la réduction de l'incertitude et du risque ; les systèmes rationnels sont généralement déterministes. L'individu préconisant la pensée analytique préfère généralement des structures directives.

L'expérimentation active et l'observation réfléchie représentent deux modes opposés de transformation de l'expérience : la première par des actions et des opérations portant directement sur des objets de l'environnement (extension), la seconde par le raisonnement hypothético-déductif permettant la classification et la construction de la connaissance ainsi que la formulation de propositions et d'inférences (intention).

D'après Kolb (1984), cette dimension action/réflexion peut s'apparenter à l'attitude extravertie/introvertie telle que la définit Jung (*1921,* 1976). La transformation des connaissances par extension serait associée à l'attitude extravertie et la transformation par intention, à l'attitude introvertie[10]. Il existe en effet des liens entre la typologie psychologique et les styles d'apprentissage. Margerison et Lewis (1979) ont trouvé que l'attitude extravertie caractérise les personnes qui ont une préférence pour l'expérimentation active et que l'attitude introvertie caractérise celles qui préfèrent l'observation réfléchie.

liens entre typologie et style d'app.

Scott (1990) suggère des moyens de développer les habiletés d'apprentissage. Pour développer les habiletés de l'observation réfléchie, les techniques de la pensée divergente tels le remue-méninges (*brainstorming*), la restructuration du problème, les exercices de visualisation (comme celui qui figure dans l'encadré 5.1) et l'écoute active peuvent aider les individus à imaginer le problème dans toutes les dimensions possibles. Les techniques d'entrevue et de recherche documentaire peuvent aider lors de la collecte de données relatives au problème à résoudre. Pour développer les habiletés de conceptualisation abstraite, il faut savoir prendre du recul, se détacher de la situation et être réceptif aux *insights*. Des techniques d'assimilation peuvent faciliter le développement de ces habiletés : la réflexion-en-action, l'analyse des champs de forces, la cartographie cognitive et la formulation d'hypothèses. Pour développer

10. Voir à ce sujet le chapitre 1, qui traite de la personnalité, et le texte classique tiré de Jung, p. 41.

les habiletés de l'expérimentation active, on peut utiliser des techniques de convergence telles que des modèles de validation et d'imagerie mentale pour apprendre à faire des choix et à déterminer un plan d'action qui permettra de tester les hypothèses et les propositions retenues. Enfin, pour développer les habiletés de l'expérience concrète, il est utile d'apprendre à définir des objectifs, à obtenir un consensus, à échanger des idées, à faire des présentations et à planifier des projets. Des techniques d'accommodation visant à adapter les stratégies au contexte et à la diversité des champs d'intérêt peuvent faciliter l'expérience concrète.

Encadré 5.1 Moi et mon entreprise

Objectifs
Cet exercice de visualisation est une projection permettant de découvrir la représentation mentale que vous avez de l'organisation. Cela peut vous aider à faire votre diagnostic de l'organisation et à découvrir ses aspects émotifs et subjectifs.

Durée
De deux à trois heures.

Directives
Prenez le temps de relaxer. Lorsque vous serez détendu, imaginez que c'est mercredi. Comment vous sentez-vous au réveil ? Que mangez-vous au petit-déjeuner ? Par quel moyen vous rendez-vous au travail ? Vous arrivez en face de l'entreprise, vous regardez l'immeuble et vous marchez lentement vers l'entrée. Vous ouvrez la porte, puis vous traversez le hall en direction de votre bureau. Vous ressentez chacun de vos mouvements et chacune de vos émotions. À ce moment, vous rencontrez un collègue que vous appréciez beaucoup. Que lui dites-vous ? Quel type de relations entretenez-vous avec lui ? Qu'est-ce que vous ressentez en présence de ce collègue ? Après un certain temps, vous le quittez et vous rencontrez un autre collègue que vous n'appréciez pas du tout. Qu'est-ce que vous ressentez ? Puis vous entrez dans votre bureau. Est-ce que la pièce vous plaît ? Comment la percevez-vous ? Que pensez-vous de votre travail et de son milieu ? Après cette journée de travail, vous rentrez chez vous. Partagez cette expérience avec d'autres personnes.

Source : Fatzer (1990, p. 138-139).

Il est assez facile de constater que les individus réagissent différemment dans des conditions d'apprentissage comparables, soit en raison des stratégies qu'ils emploient, soit en raison de leurs acquis. Est-il possible de tenir compte des différences individuelles lorsqu'on demande aux employés d'acquérir de nouvelles habiletés ou lorsqu'on fait des changements dans les organisations ? Dans le but de répondre à cette question, Kolb (1984) propose une typologie des styles d'apprentissage.

Comme nous l'avons vu précédemment, Kolb (1984) décrit l'apprentissage comme un cycle comprenant quatre étapes : l'expérience concrète, l'observation et la réflexion, la formation de concepts et de lois générales, et l'expérimentation active. Ces quatre étapes représentent en fait les habiletés requises pour apprendre et pour résoudre efficacement des problèmes. Les individus ont tendance à privilégier une ou deux habiletés d'apprentissage au détriment des autres, entraînant de la sorte la formation de « styles d'apprentissage ». Kolb détermine quatre styles d'apprentissage à partir des quatre habiletés mises en œuvre : l'assimilation, l'accommodation, la divergence et la convergence (voir la figure 5.2, p. 213).

1) L'assimilation est un style d'apprentissage caractérisé par deux habiletés : l'observation réfléchie et la conceptualisation abstraite. Un individu qui a une préférence pour ce style aura tendance à aimer créer des modèles théoriques, à raisonner par induction, à s'intéresser aux idées, aux concepts abstraits, à l'analyse et à la logique. Il manifeste peu d'intérêt pour les personnes ou pour l'utilité des théories qu'il développe ; par contre, il aime bien que ses théories soient bien fondées et véridiques. Il aime aussi rechercher plusieurs explications pour un événement qu'il a observé. D'après Carlsson et autres (1976), le tenant du style « assimilation » est capable de créer des modèles théoriques et d'apprendre de ses erreurs. Cependant, il a tendance à se bâtir des châteaux en Espagne et à ne pas se soucier de l'application de ses théories. Il est peu intéressé par les solutions réalistes et peut se montrer indifférent aux personnes qui l'entourent. Les personnes qui présentent ce style d'apprentissage vont préférer apprendre en lisant des textes théoriques, en écoutant des exposés magistraux et en se représentant de façon schématique les phénomènes.

2) À l'opposé, l'accommodation est un style d'apprentissage caractérisé par l'expérimentation active et par l'expérience concrète. Un individu qui a une préférence pour ce style d'apprentissage aura tendance à aimer faire de nouvelles choses, à réaliser des plans et des expériences ; il aime prendre des risques, excelle dans des situations qui demandent des ajustements ou des actions rapides. S'il arrive que les faits qu'il observe ne concordent pas avec le plan qu'il a défini, il est enclin à rejeter le plan plutôt que de nier les faits. Bien qu'il soit à l'aise avec les autres, il a tendance à se montrer impatient et arriviste. D'après Carlsson et autres (1976), le tenant du style « accommodation » est préoccupé par la réalisation du projet et toutes ses actions sont orientées vers les objectifs à atteindre. Toutefois, ce type de personne a tendance à faire des ajustements parfois inutiles au projet et il peut mettre beaucoup de temps à faire des choses qui ne sont pas nécessaires. Les individus qui se caractérisent par ce style d'apprentissage vont notamment apprécier apprendre au moyen de stages pratiques en entreprise et par des jeux de rôles.

3) La divergence est un style d'apprentissage caractérisé par l'expérience concrète et par l'observation réfléchie. Le tenant de ce style aime imaginer des choses, aborder des situations concrètes à partir de plusieurs perspectives ; il excelle dans des situations qui demandent de créer beaucoup d'idées ; il aime les personnes, il a tendance à montrer ses sentiments, il éprouve une attirance pour les arts. Carlsson et autres (1976) ont trouvé que la force de la personne qui adopte ce style d'apprentissage est la capacité de comprendre divers points de vue et de

reconnaître les possibilités d'action dans un contexte donné. Par contre, les tenants de ce style peuvent avoir de la difficulté à faire des choix, ainsi qu'avoir tendance à s'investir émotivement dans les projets, à vouloir faire plaisir à tout le monde et à éviter les conflits. Les personnes qui présentent ce style d'apprentissage préfèrent généralement apprendre en visionnant des reportages, en échangeant avec des collègues et en consultant des cas concrets.

4) La convergence est un style d'apprentissage caractérisé par la conceptualisation abstraite et par l'expérimentation active. Un individu ayant adopté ce style aura tendance à aimer appliquer des idées à des situations concrètes, à trouver la bonne solution ; il aime faire des raisonnements hypothético-déductifs ; il s'intéresse à la technique et aux objets. Carlsson et autres (1976) estiment que le tenant du style « convergent » a la capacité de concentrer ses efforts sur la résolution d'un problème et d'établir un plan d'action. Cependant, il a tendance à opter trop vite pour une solution, ce qui le conduit souvent à résoudre le mauvais problème. Son penchant pour les idées et les techniques l'amène à se spécialiser. Les individus qui se caractérisent par ce style d'apprentissage vont aimer apprendre en développant des plans d'action liés à des mises en situation ou à des études de cas.

Plusieurs entreprises adaptent leurs programmes de formation en fonction des styles d'apprentissage des employés (Barbian, 2002). Ces derniers complètent au préalable un questionnaire visant à déterminer leur style d'apprentissage et, sur la base des résultats obtenus, les formateurs adaptent le contenu de la formation ainsi que les moyens pédagogiques.

L'encadré 5.2 (p. 218) présente l'inventaire des styles d'apprentissage élaboré par Kolb. En 1985, cet inventaire a été révisé afin d'en améliorer les coefficients de fidélité et de validité. L'inventaire révisé comprend des ensembles de propositions à ordonner en fonction desquelles les répondants essaient de décrire leur style personnel d'apprentissage. Les répondants doivent classer par ordre de préférence les quatre habiletés d'apprentissage. D'après Veres et autres (1991), l'inventaire des styles d'apprentissage est un questionnaire fort utile pour étudier les styles d'apprentissage, la forme finale ayant des qualités psychométriques tout à fait acceptables.

L'exemplaire présenté ici n'est pas la forme finale de l'inventaire, mais bien une adaptation française de la version initiale qui, sans avoir subi les examens psychométriques nécessaires, peut tout de même être utile dans un contexte de formation.

Pour déterminer le style individuel d'apprentissage à partir des résultats de l'inventaire, il suffit de soustraire le résultat obtenu dans la colonne OR (pour observation réfléchie) du résultat de la colonne EA (pour expérimentation active), et de reporter le nombre obtenu sur l'axe horizontal de la figure de l'encadré 5.3 (p. 219). Puis, il faut soustraire le nombre obtenu dans la colonne EC (pour expérience concrète) du résultat de la colonne CA (pour conceptualisation abstraite), et reporter le nombre obtenu sur l'axe vertical de cette figure. À partir du premier résultat obtenu, tracez

Encadré 5.2 L'inventaire des styles d'apprentissage

Cet inventaire doit vous permettre de reconnaître votre façon d'apprendre. Vous devez classifier les propositions qui suivent par ordre décroissant, en commençant par celle qui caractérise le mieux votre style d'apprentissage.

Vous aurez sans doute quelque difficulté à choisir la proposition qui caractérise le mieux votre manière d'apprendre parce qu'il n'y a ni bonne ni mauvaise réponse. Cet inventaire décrit votre mode d'apprentissage ; il n'évalue pas votre facilité à apprendre.

Directives

Il y a ci-dessous neuf ensembles de quatre propositions. Ordonnez chaque ensemble (de 4 à 1) en assignant un 4 à la proposition qui caractérise le mieux votre mode d'apprentissage et un 1 à celle qui décrit le moins bien votre style. Assignez un chiffre différent à chacune des quatre propositions de chacun des ensembles. Deux propositions d'une même ligne ne doivent pas avoir le même chiffre. Ensuite, vous devez calculer la somme des chiffres que vous avez assignés aux propositions et inscrire le total au bas des quatre colonnes. Seuls les chiffres des rangées indiquées entre parenthèses au bas des colonnes doivent être pris en considération dans vos calculs.

1.	( ) je fais des choix	( ) j'essaie de comprendre	( ) je me risque	( ) je mets en pratique
2.	( ) je suis réceptif	( ) je m'efforce d'être pertinent	( ) j'analyse	( ) je suis neutre
3.	( ) je ressens	( ) j'observe	( ) je pense	( ) j'agis
4.	( ) j'accepte la situation	( ) je prends des risques	( ) j'évalue la situation	( ) j'ai l'œil ouvert
5.	( ) je procède par intuition	( ) j'obtiens des résultats	( ) je procède par logique	( ) je remets en question
6.	( ) je préfère les théories	( ) je préfère la réflexion	( ) je préfère les choses concrètes	( ) je préfère l'action
7.	( ) je vis le moment présent	( ) je suis patient	( ) je pense à l'avenir	( ) je suis pragmatique
8.	( ) je m'appuie sur l'expérience	( ) je cherche le sens du problème	( ) je cherche un modèle conceptuel	( ) j'expérimente
9.	( ) je me concentre	( ) je demeure sur la réserve	( ) je suis rationnel	( ) je fais ce que je dois faire
	EC ________	OR ________	CA ________	EA ________
	(2, 3, 4, 5, 7, 8)	(1, 3, 6, 7, 8, 9)	(2, 3, 4, 5, 8, 9)	(1, 3, 6, 7, 8, 9)

Source : Adapté de Kolb et autres (1976, p. 35).

Encadré 5.3 La détermination de la caractéristique dominante de votre style personnel d'apprentissage

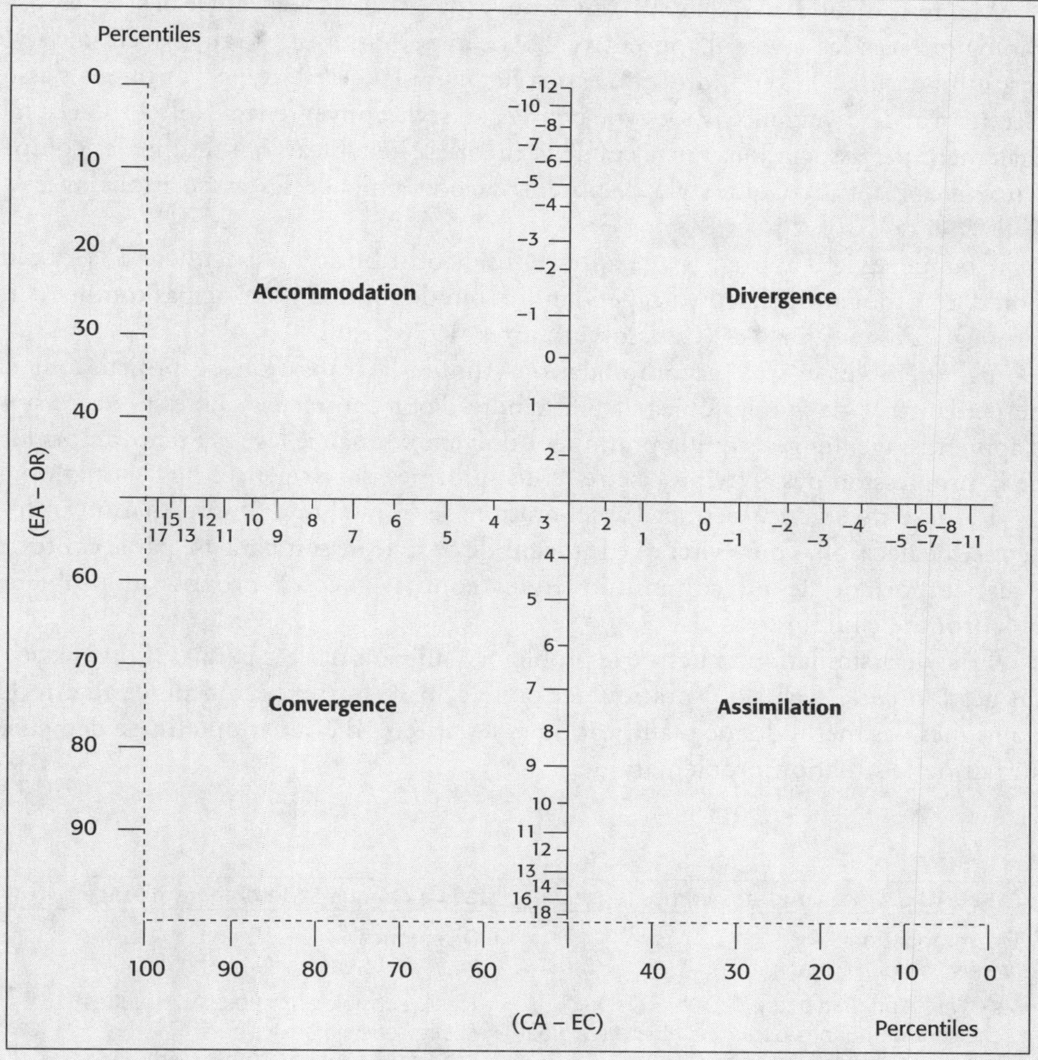

1) Inscrivez vos totaux ici :
EA =
OR =
CA =
EC =

2) Soustrayez OR de EA (EA – OR) et marquez d'un « X », sur la ligne horizontale du diagramme, le point qui correspond au résultat. Tracez une ligne verticale à partir de ce point.

3) Soustrayez EC de CA (CA – EC) et marquez d'un « X » le point correspondant sur la ligne verticale. Tracez une ligne horizontale à partir de ce point.

Au point d'intersection des deux droites se trouve votre style d'apprentissage.

Source : Adapté de Kolb (1984).

une ligne verticale, et tracez une ligne horizontale pour le second résultat. Au point d'intersection de ces deux droites se situe votre style d'apprentissage.

Margerison et Lewis (1979) ont trouvé des corrélations entre les types psychologiques et les styles d'apprentissage. Le type sensation serait associé au style accommodation ; le type intuition, au style assimilation ; le type sentiment s'associerait au style divergence ; et le type pensée, au style convergence. Kolb (1984) a fait également des associations entre ces deux théories. Le tableau 5.4 résume les compétences associées à chaque style d'apprentissage et rappelle les associations avec les différents types psychologiques.

Chaque style d'apprentissage apporte une contribution particulière à la résolution d'un problème ; chacun a cependant besoin de soutien pour ne pas tomber dans les pièges de ses faiblesses (Carlsson et autres, 1976 ; Kolb, 1974).

Par exemple, le style accommodation stimule la réalisation de projets tout en ne perdant pas de vue les objectifs à atteindre. Pour contrer les faiblesses de ce style d'apprentissage, les gens qui le pratiquent doivent connaître les résultats atteints lors de la progression des activités et être tenus informés des exigences de la situation.

Le style divergence permet l'amélioration de la qualité de l'information utile à la prise de décision. Pour éviter que le tenant de ce style ne soit paralysé par le contexte, il est important de lui communiquer les connaissances à propos du problème qu'affronte l'équipe.

Le style assimilation structure le problème, qui peut parfois paraître flou aux yeux du gestionnaire. Celui qui pratique ce style a, par contre, besoin de connaître les politiques, les méthodes de planification et les critères d'évaluation afin de demeurer au fait de la situation problématique.

TABLEAU 5.4 Résumé des compétences attribuées à chaque style d'apprentissage

Accommodation *Intérêts* : actions (comment ?) • s'engager pour atteindre des objectifs • chercher de bonnes occasions et en tirer profit • influencer et diriger les autres • être personnellement engagé • être en relation avec des personnes	**Divergence** *Intérêts* : valeurs (pourquoi ?) • être sensible aux intérêts des autres • être sensible aux valeurs • écouter avec un esprit ouvert • recueillir de l'information • imaginer les implications et les conséquences des situations ambiguës
Convergence *Intérêts* : décision (quand ? où ?) • créer de nouvelles façons de penser et de faire • expérimenter de nouvelles idées • choisir la meilleure solution • fixer des objectifs • prendre des décisions	**Assimilation** *Intérêts* : idées (quoi ?) • organiser l'information • développer des modèles conceptuels • vérifier les théories et les idées • planifier des expérimentations • analyser des données quantitatives

Source : Adapté de Kolb (1984).

Enfin, le style convergence concentre l'énergie sur un plan d'action, sur une solution. Le tenant de ce style d'apprentissage a besoin de connaître des techniques de décision qui lui donneront l'image la plus complète possible du problème à résoudre, et ce, avant de retenir une solution.

Le tableau 5.5 résume les contributions que chacun des styles peut apporter à la résolution de problèmes et au travail en équipe.

TABLEAU 5.5 Les styles d'apprentissage : résolution de problèmes, contribution à l'équipe et nature des stimuli utiles

Accommodation Expérience concrète et expérimentation active ***Application à la résolution de problèmes :*** défense d'opinions et d'idées, détermination des objectifs, engagement des ressources dans un projet, exécution des décisions. ***Contribution à l'équipe :*** stimulation de la réalisation des projets ; surveillance des objectifs à atteindre. ***Nature des stimuli utiles :*** rétroaction sur les résultats, techniques de suivi, information sur les besoins.	**Divergence** Expérience concrète et observation réfléchie ***Application à la résolution de problèmes :*** recherche d'information pour situer le problème et détermination des occasions d'action, reconnaissance des écarts et des difficultés, expérimentation de nouveaux *patterns,* création de possibilités d'action. ***Contribution à l'équipe :*** augmentation de la qualité et de la quantité des informations nécessaires à la prise de décision ; soutien à la collecte, à l'organisation et à l'utilisation des données qui n'auraient pas été considérées autrement ; relative indépendance de jugement. ***Nature des stimuli utiles :*** attribution de possibilités spécifiques, stimulation du processus de création d'idées, information sur le problème et sur son contexte.
Convergence Conceptualisation abstraite et expérimentation active ***Application à la résolution de problèmes :*** choix d'une hypothèse parmi d'autres, concentration des efforts, évaluation des plans et des programmes, test d'hypothèses, prise de décisions. ***Contribution à l'équipe :*** apport d'indices utiles pour la prise de décisions ; concentration de l'énergie vers une théorie. ***Nature des stimuli utiles :*** connaissance des techniques de tri et de sélection, du design expérimental, des sciences humaines et politiques.	**Assimilation** Conceptualisation abstraite et observation réfléchie ***Application à la résolution de problèmes :*** construction d'une théorie, définition du problème, comparaison des hypothèses possibles, définition des critères, formulation des hypothèses et des plans d'action. ***Contribution à l'équipe :*** mise en place d'une structure pour une situation qui à l'origine paraît relativement floue pour un gestionnaire ; formation d'un concept ; formulation d'indices facilitant la prise de décision ; relative indépendance de jugement. ***Nature des stimuli utiles :*** connaissance des politiques, des méthodes de planification, des stratégies possibles et des critères d'évaluation.

Sources : Adapté de Carlsson et autres (1976) ; Kolb (1984).

Apprendre, c'est changer

L'apprentissage, c'est la modification de la capacité d'un individu à faire quelque chose à la suite d'une expérience. Par définition, apprendre, c'est changer. Dans la documentation sur l'apprentissage, cet aspect du processus échappe parfois aux chercheurs. En effet, il arrive qu'on associe l'apprentissage à l'acquisition (plus ou moins passive) de connaissances et aux activités de mémorisation, et ce, sans faire état des conséquences de ces acquisitions sur les capacités ou sur les conduites individuelles. Il est temps de rappeler, toutefois, qu'apprendre implique un changement dans les capacités de la personne, changement qui peut se manifester dans ses comportements.

Les étapes du changement

C'est par la porte qu'on sort.
Pourquoi personne ne veut-il utiliser cette sortie ?

CONFUCIUS

D'après Lewin (*1950,* 1975), la réussite d'un changement comporte trois étapes : la décristallisation, le déplacement et la cristallisation. Ces trois étapes servent de cadre de référence à l'intégration des activités d'apprentissage étudiées précédemment.

La décristallisation

La décristallisation correspond à la création d'une ouverture à l'expérience, à la déséquilibration du champ psychologique. En effet, le déséquilibre est le déclencheur du processus de changement. Ce déséquilibre peut être provoqué par :

1) la présence ou l'action d'un agent ou d'un facteur de l'environnement donnant lieu à des dissonances, à des inadéquations ou à des inadaptations du système cognitif ;
2) les incohérences, les inconsistances, les contradictions ou les dysfonctions du système lui-même ;
3) l'équilibre même du système lorsque celui-ci tend vers la stabilité (il s'agit alors d'un état d'équilibre dit assuré, comme le nomme Dolle [1987]).

Ce troisième cas est un phénomène paradoxal : le changement coexiste avec la permanence. En même temps qu'un système cherche à conserver sa structure, des transformations sont opérées, modifiant par le fait même sa structure. Cela nous amène à poser le postulat suivant : plus c'est pareil, plus ça change !

L'action ou la simple présence d'un agent (une personne ou un groupe de personnes) ou d'un facteur (un événement, une combinaison de stimuli) entraîne donc la déséquilibration ou, dans les termes de Lewin, la décristallisation du champ. Cette déséquilibration suppose généralement pour l'individu la remise en cause de ses croyances, de ses normes, de ses habitudes, de ses mœurs ou de ses coutumes ; bref, la nécessité d'agir, d'accommoder les schèmes d'action aux paramètres des nouveaux éléments ; en un mot, de changer.

Du déséquilibre découle le dynamisme nécessaire aux activités et aux conduites de l'individu, dans la mesure où il puise les motifs de ses actions dans son milieu. Le déséquilibre produit demeure habituellement local et partiel, ne concernant qu'un certain nombre de conduites de l'individu. Le déséquilibre, sauf exception, n'entraîne pas une remise en cause de l'ensemble de ses activités ou de sa personnalité.

Le changement peut se produire dès qu'un déséquilibre apparaît dans la structure du champ psychologique. Cette proposition s'appuie sur la théorie des structures dissipatives temporelles de Prigogine : l'ordre ou l'équilibre naît de l'entropie, c'est-à-dire du désordre ou du déséquilibre ; les structures qui en résultent sont créées et maintenues, grâce à des échanges d'énergie constants avec l'environnement, dans des conditions de non-équilibre. Ainsi, d'après Trocmé-Fabre (1994), l'apprentissage ne peut avoir lieu tant que l'état de conscience reste immuable.

Suivant les conseils de Lewin (*1950,* 1975), il est possible de provoquer un changement chez une personne après avoir examiné son champ psychologique : ses valeurs, ses normes, ses attitudes, ses croyances, ses mythes, ses systèmes identitaires, etc. Pour ce faire, il faut désigner les canaux objectifs (les portes, les entrées du système ou les voies d'accès) et leur utilité pour l'individu, ainsi que les facteurs qui déterminent le choix de ses actions, pour autant qu'elles soient prévisibles. En d'autres mots, il faut pouvoir préciser les objets sur lesquels l'individu peut agir et présenter le projet d'apprentissage dans une forme qui soit compatible avec son expérience (comprenons son champ psychologique).

Le déplacement

Le déplacement correspond au changement proprement dit. Il procède soit par la correction des schèmes d'action ou la compensation des perturbations (il s'agit en fait d'une équilibration simple), soit par la production de nouveaux schèmes d'action ou la transformation du système, ce qui nécessite son dépassement (il s'agit alors d'une équilibration majorante). Dans ce deuxième cas, il y a émergence de nouvelles significations ou mise en œuvre de nouveaux processus ou de solutions plus appropriées à la situation. De telles opérations visent, dans les deux cas, non pas seulement l'équilibre, mais aussi l'accroissement de la complexité du système, signifiant chez l'être humain la création de nouvelles relations et de nouveaux instruments de pensée. Comme l'indique Piaget (1975b), elles nécessitent l'assimilation de nouveaux éléments, compatibles avec la nature du système.

Lors du déplacement, deux mécanismes psychologiques sont mis en œuvre : l'identification et l'intériorisation. En cours de processus, l'individu est amené à s'identifier à de nouveaux modèles et à intérioriser les nouvelles normes ou les nouveaux comportements.

L'opération de déplacement est plus facile lorsqu'elle résulte d'une décision de l'individu. Le désir d'un changement ainsi que le lien entre la motivation et l'action que fournit une telle décision contribuent à renforcer le changement.

Le déplacement peut donner lieu à la conservation de la structure du système si le cadre de référence demeure intact et que le système de valeurs et de croyances reste inchangé. Le déplacement peut mener à l'instauration d'une nouvelle structure, rendue possible par la production d'un cadre de référence original ou encore par la révision du système de valeurs et de croyances. L'apprentissage se produit lorsque le déplacement nécessite le dépassement du cadre de référence original ou la modification de sa structure interne.

La cristallisation

Enfin, la cristallisation consiste à rendre permanent le nouveau champ de forces, ou plutôt à stabiliser l'état d'équilibre atteint, tant par la consolidation de la structure du système que par le renforcement des acquis. L'engagement (public) dans un groupe est un moyen de stabiliser les apprentissages. Les différentes techniques de conditionnement et le soutien sont d'autres méthodes pour consolider les nouveaux comportements.

Les résistances au changement

Le changement se heurte souvent à des résistances, c'est-à-dire à des forces qui s'opposent à la réorganisation des conduites et à l'acquisition des nouvelles compétences ou, en d'autres mots, à des forces restrictives. Ces dernières proviennent de l'individu, du groupe ou encore d'un ensemble social plus grand, par exemple une organisation.

Chez beaucoup de personnes, l'inconnu et l'incertitude qu'engendre le changement suscitent des craintes, des peurs et des appréhensions. Ces réactions au changement sont attribuables à un sentiment de perte associé à l'abandon de ce qui était acquis et satisfaisant. Les forces restrictives émanent aussi de la structure même des groupes d'appartenance, des inerties que comportent ces derniers et de l'idéologie dominante.

Les résistances remplissent deux fonctions : celle de conserver l'identité personnelle, l'identité sociale et le sentiment de cohérence (besoin de sécurité et d'identité) ; et celle de donner du temps pour permettre l'assimilation des nouvelles exigences et l'accommodation des schémas d'action (principe de l'apprentissage), c'est-à-dire les manières de concevoir les conduites. En ce sens, les résistances assument des fonctions d'adaptation et sont nécessaires (Zacker, 1974). En fait, les résistances sont l'expression de l'autonomie des individus. L'absence de résistances serait plus inquiétante que leur présence.

Les résistances peuvent servir à faciliter l'apprentissage dans la mesure où elles sont considérées comme des révélateurs : on peut les analyser et les interpréter afin d'en découvrir le sens et les enjeux pour soutenir les efforts des individus dans leur recherche de solutions. Cette façon de traiter les résistances est appelée « analytique ».

L'intervention sur les résistances consiste à aider les gens à découvrir et à comprendre les déterminants cachés de leurs problèmes. Plusieurs techniques psychothérapeutiques sont employées à cette fin ; la confrontation, la clarification et l'interprétation en sont quelques-unes (Kets de Vries et Miller, 1985).

La confrontation est un moyen de faire prendre conscience aux individus de ce qu'ils évitent, fuient ou nient ; il s'agit de rendre explicite l'implicite de leurs actions. La mise au jour des conflits et des contradictions nécessite la clarification, c'est-à-dire l'analyse et la définition claire du problème. La dernière technique, l'interprétation, consiste à chercher les déterminants du problème. Cela peut se faire en analysant les éléments du passé d'un individu qui sont transférés dans la situation actuelle (interprétation de transfert) ; en faisant ressortir les forces qui sont intervenues dans l'histoire de cet individu pour expliquer ce qu'il est devenu aujourd'hui (interprétation du contenu) ; ou encore en élucidant les mécanismes de défense utilisés par l'individu pour se protéger contre son anxiété. Dans tous les cas, il s'agit de provoquer une prise de conscience, de faciliter la prise en charge de l'expérience et, par là, d'induire un changement constructif et de faciliter ainsi l'apprentissage.

Les phases de préoccupations

Bareil (2004) préfère le terme « préoccupation » à celui de « résistance », qui a une connotation négative dans les organisations, puisqu'il constitue une entrave au processus de changement. Selon elle, une préoccupation correspond plutôt à une inquiétude, une zone d'inconfort perçue par l'individu à l'égard d'un changement dont il est l'un des destinataires. En d'autres mots, une préoccupation est un sujet sur lequel on s'interroge et sur lequel on aimerait avoir des éclaircissements ou des éléments de réponse. Il ne s'agit pas nécessairement d'un problème (Bareil et Savoie, 1999).

Bareil (2004) est d'avis que les gestionnaires arrivent plus facilement à piloter un changement s'ils envisagent les réactions des individus en termes de préoccupations plutôt qu'en termes de résistances. Les employés seraient en fait susceptibles de passer par sept phases de préoccupations lors d'un changement. Ces phases sont les suivantes :

1) aucune préoccupation à l'égard du changement ;
2) préoccupations centrées sur le destinataire ;
3) préoccupations centrées sur l'organisation ;
4) préoccupations centrées sur le changement ;
5) préoccupations centrées sur l'expérimentation ;
6) préoccupations centrées sur la collaboration ;
7) préoccupations centrées sur l'amélioration du changement.

Un individu traverse généralement de cinq à sept phases de préoccupations durant la mise en œuvre d'un changement organisationnel, les deux dernières étant vécues par un nombre limité d'employés. Le tableau 5.6 présente une définition de chacune de ces phases.

TABLEAU 5.6 Les sept phases de préoccupations

Phase	Définition
1) Aucune préoccupation	Le destinataire ne se sent pas concerné par le changement, il poursuit ses activités et fait « comme si de rien n'était ». Il demeure indifférent au changement organisationnel. Il n'a aucune préoccupation par rapport au changement.
2) Préoccupations centrées sur le destinataire	Le destinataire est inquiet des incidences du changement sur lui-même, sur son poste et sur ses collègues. Il s'interroge sur les impacts du changement sur son travail. Il s'interroge aussi sur les conséquences du changement sur son rôle, ses responsabilités, son statut, son degré d'autonomie, son pouvoir décisionnel, etc. Les préoccupations sont centrées sur le destinataire et sur les impacts individuels du changement.
3) Préoccupations centrées sur l'organisation	Le destinataire est inquiet des impacts et des conséquences du changement sur l'organisation. Il veut que son investissement en temps et en énergie en vaille la peine. Il se demande entre autres jusqu'à quel point l'organisation est sérieuse dans le maintien du changement à plus long terme et si le changement est rentable pour l'organisation. La légitimité du changement et la capacité de l'organisation à rendre le changement à terme le préoccupent. Il se préoccupe de l'engagement de la direction.
4) Préoccupations centrées sur le changement	Le destinataire se préoccupe des caractéristiques du changement. Il s'interroge sur la nature exacte du changement. Il cherche des réponses à sa méconnaissance du changement. Attentif, il veut obtenir davantage de précisions sur la mise en œuvre de même que son implication dans le changement.
5) Préoccupations centrées sur l'expérimentation	Le destinataire se montre disposé à se conformer au changement et à en faire l'essai. Cependant, il éprouve un sentiment d'incompétence par rapport à ses nouvelles fonctions, habiletés et attitudes. Il doute de sa capacité individuelle à réussir tout ce que le changement exige de lui. Dans certains cas, il peut douter de la capacité collective (de ses collègues). C'est pourquoi il s'interroge sur le temps, les conditions et le soutien qui lui sont offerts et qui faciliteront son appropriation du changement. Il veut que tout soit propice à sa réussite.
6) Préoccupations centrées sur la collaboration	Le destinataire est préoccupé par le transfert des apprentissages dans les autres services. Il se montre intéressé à collaborer et à coopérer avec ses collègues. Au sein de l'organisation, il veut favoriser le partage de son expérience et des diverses façons de faire.
7) Préoccupations centrées sur l'amélioration du changement	Le destinataire se préoccupe de l'amélioration de ce qui est en place, soit en modifiant de façon significative son travail ou ses responsabilités, soit en proposant de nouvelles applications ou en innovant. Il est inquiet par rapport à la pérennité et à l'amélioration continue du changement.

Source : Bareil (2004).

Afin d'amener les employés à s'engager dans le changement et à se l'approprier, le gestionnaire gagne à adopter certains comportements clés (Bareil, 2004). Pour être efficaces, ces comportements doivent être adoptés au bon moment dans le processus de changement. Afin de déterminer la phase dans laquelle se trouvent les employés touchés par un changement, le gestionnaire doit poser les bonnes questions, faire preuve d'empathie et pratiquer l'écoute active[11].

Lors de la première phase (aucune préoccupation), l'objectif du gestionnaire consiste à déstabiliser les employés en leur démontrant notamment l'utilité du changement dans leur travail. Les employés doivent prendre conscience que le changement aura véritablement lieu et qu'ils sont directement concernés. Dans la deuxième phase (préoccupations centrées sur le destinataire), le rôle du gestionnaire consiste à rassurer ou à tenir informés les employés de leurs nouvelles conditions de travail et des impacts du changement sur leurs tâches et leurs responsabilités. S'il y a lieu, le gestionnaire doit également transmettre des renseignements à l'employé sur son nouvel environnement de travail. La troisième phase venue (préoccupations centrées sur l'organisation), le gestionnaire doit clarifier les choix, c'est-à-dire légitimer le changement en expliquant les enjeux organisationnels et les raisons qui l'ont guidé. Pour y arriver, il peut faire intervenir d'autres acteurs du changement considérés comme crédibles par les employés (ex. : un membre de la direction, un directeur de projet). Au cours de la quatrième phase (préoccupations centrées sur le changement), le gestionnaire gagne à solliciter la participation des employés dans la planification du changement. La participation des employés favorisera leur engagement à l'égard du projet. Dans la cinquième phase (préoccupations centrées sur l'expérimentation), le rôle du gestionnaire consiste essentiellement à apaiser le sentiment d'incompétence que pourront connaître certains employés. Pour ce faire, le gestionnaire doit tenir compte de la période d'adaptation au changement lors de l'évaluation de rendement, allouer suffisamment de temps aux employés pour qu'ils acquièrent les nouvelles compétences et assurer un suivi. La sixième phase (préoccupations centrées sur la collaboration) est axée sur le partage. Le gestionnaire doit, entre autres, encourager les employés à formuler des conseils à leurs collègues et à agir comme *coach* auprès d'eux. Lorsqu'un employé atteint la dernière phase (préoccupations centrées sur l'amélioration du changement), il importe que le gestionnaire l'encourage à soumettre des propositions d'amélioration liées au changement. Il valorise ainsi son expertise.

En définitive, lors d'un changement organisationnel, le rôle du gestionnaire consiste à aider les employés à trouver des réponses à leurs préoccupations, avant que celles-ci se traduisent en des comportements de résistance ou de rébellion.

11. Ces attitudes et ces comportements sont expliqués dans le chapitre 6.

Les organisations apprenantes

Pour assurer la pérennité et la croissance d'une organisation, ses membres doivent être en mesure et avoir la volonté d'apprendre rapidement et continuellement, ce qui correspond à la notion d'apprentissage organisationnel. Cette forme d'apprentissage se traduit par la création, le partage, la diffusion et l'application du savoir dans l'organisation. Ce concept désigne également la reproduction, la conservation et la diffusion des pratiques existantes. L'apprentissage organisationnel ne correspond pas à la somme des apprentissages individuels, mais plutôt au développement et au maintien de systèmes d'apprentissage qui influencent les membres et qui se transmettent au moyen des normes et des histoires.

Dans un environnement en perpétuel changement, l'apprentissage organisationnel constitue un important avantage concurrentiel puisqu'il permet une plus grande flexibilité. Certaines organisations ont d'ailleurs développé une culture d'entreprise axée sur la motivation à apprendre des employés, d'où l'expression « organisation apprenante », qui a été popularisée par Peter Senge (1990). Les organisations dites apprenantes sont celles qui arrivent à acquérir, à traiter et à diffuser de façon continue les connaissances concernant les marchés, les produits, les technologies et les affaires et qui ont des structures suffisamment souples pour permettre le travail en équipe et la mise en place de mécanismes de coordination informels (Slater et Narver, 1994).

Plusieurs entreprises ont été citées comme des modèles d'organisations apprenantes, dont Xerox, Banque Royale, Motorola, GE et Nokia. Comte tenu du fait que les membres de ces entreprises seraient en mesure d'intégrer beaucoup plus facilement les nouveaux savoirs, les organisations apprenantes arriveraient à s'adapter particulièrement rapidement aux changements. La pente de la courbe d'apprentissage des membres de ces organisations (voir la loi de la répétition au début du chapitre), serait donc beaucoup plus accentuée.

Dans les entreprises dites apprenantes, plusieurs compétences sont valorisées : être proactif, avoir une perspective à long terme, suspendre ses jugements et ses suppositions de base, réfléchir de façon intuitive, observer les processus interpersonnels et culturels, étudier l'histoire de l'entreprise, prendre soin des autres, exprimer ses émotions, tolérer l'incertitude, être intègre et mobiliser ses ressources personnelles dans le présent. Les cultures des organisations conventionnelles, réactionnaires, utilitaristes, machistes et bureaucratiques sont loin de rassembler les conditions facilitantes.

Les organisations apprenantes sont essentiellement basées sur cinq postulats (Saks et Haccoun, 2004) :

- Les employés reconnaissent le besoin d'apprendre.
- Les membres de l'organisation n'apprennent pas seulement par l'entremise de programmes formels de formation, mais également à l'aide de moyens informels. Dans une organisation apprenante, les gens apprennent les uns des autres.

- L'apprentissage fait partie intégrante du processus de changement. Lorsque les individus sont ouverts à l'apprentissage, ils sont capables de reconnaître la pertinence des changements.
- L'apprentissage continu constitue une caractéristique fondamentale des organisations apprenantes.
- L'apprentissage est perçu comme un investissement pour l'avenir et non seulement comme une dépense. Il s'agit d'un investissement à long terme dans le capital humain.

Pour favoriser l'apprentissage organisationnel dans une entreprise, les gestionnaires gagnent notamment à établir un climat de confiance, à encourager et récompenser le partage du savoir, à fournir les ressources nécessaires, à mettre en place les technologies appropriées et à promouvoir le travail en équipe.

Apprendre à apprendre

Selon Argyris (1978, 1985), les personnes éprouvent des difficultés à changer. Elles ont tendance à conserver leurs habitudes et à répéter leurs erreurs. Il explique ce phénomène par la manière dont les personnes apprennent. Il définit deux systèmes d'apprentissage. L'apprentissage en simple boucle correspond au processus de détection et de correction des écarts entre les résultats obtenus et les résultats désirés. Dans ce système, les hypothèses et les objectifs sont intouchables. L'apprentissage en double boucle permet la détection des écarts, mais inclut aussi la remise en cause des hypothèses, des normes et des objectifs sous-jacents. Un tel système d'apprentissage semble être meilleur que le premier, car il permet non seulement de résoudre les difficultés, mais aussi d'améliorer la performance.

Qu'est-ce qui empêche alors les personnes d'utiliser le système en double boucle ? D'après Argyris (1978), plusieurs facteurs expliquent le maintien du système en simple boucle :

1) les croyances et les rationalisations des écarts entre les discours et les conduites ;
2) la peur de dire ce qu'on pense ;
3) les déterminants inconscients du comportement ;
4) les rôles que jouent les individus pour ménager les susceptibilités des uns et des autres.

L'école des coups durs

Les coups durs donnent des occasions d'apprendre dans la mesure où les individus en sont capables. Les personnes qui attendent d'être obligées d'apprendre pour le faire développent des mécanismes de défense de plus en plus efficaces, ce qui a pour effet d'empêcher le déclenchement des processus d'apprentissage. En conséquence, il importe de mettre en place des conditions qui facilitent l'apprentissage individuel et collectif, et ce, non seulement dans les situations de crise, mais aussi dans les activités quotidiennes (Dixon, 1994 ; James et Snell, 1994 ; Pauchant et Mitroff, 1995 ; Senge, 1991).

Snell (1992) a mené une enquête auprès de plusieurs gestionnaires pour essayer de comprendre pourquoi l'apprentissage est si difficile au sein des organisations. Il a d'abord trouvé que les personnes apprennent de leur expérience lorsqu'elles sont exposées à une épreuve. Il a relevé plusieurs situations qui survenaient plus souvent que d'autres : faire une grave erreur, être surchargé au point de mettre en doute sa compétence, être forcé d'agir contre ses principes, être pris dans une impasse, être victime d'une injustice, perdre la responsabilité d'un projet important, être critiqué par un collègue bien en vue. En face de tels problèmes, Snell suggère des réactions et des façons d'apprendre. Le tableau 5.7 présente ses propositions.

Heureusement, apprendre n'est pas nécessairement douloureux. Au lieu d'adopter une attitude essentiellement réactive qui s'accompagne souvent d'émotions négatives,

TABLEAU 5.7 L'école des coups durs : réactions suggérées et façons d'apprendre

Source de détresse (c'est généralement un choc psychologique ou un coup inattendu)	**Réaction suggérée** (en général, permet de résister à une réaction impulsive, de se trouver une place pour prendre de l'air, de chercher de l'aide, *discrètement* si possible)	**Façon d'apprendre** (constitue souvent une façon de retenir les leçons de l'expérience malheureuse)
• Faire une grave erreur	• aller passer sa colère ou sa peine à l'écart des autres	• admettre l'erreur et en chercher la cause
• Être surchargé, se sentir incompétent	• réduire sa charge de travail et éviter de rester fixé sur ses imperfections	• se concentrer sur les améliorations possibles
• Être forcé d'aller contre ses propres principes	• réaliser qu'il n'y a pas de solution facile	• déterminer ce qu'on veut vraiment, ses valeurs
• Être pris dans une impasse	• passer sa frustration dans un endroit en retrait	• bien écouter les arguments de ses adversaires
• Être victime d'une injustice	• éviter de blâmer les autres et de se venger impulsivement	• repérer les valeurs qui ont été transgressées et les adopter
• Perdre la responsabilité d'un projet	• exprimer sa déception dans un lieu en retrait	• admettre la défaite comme juste et étudier les comportements de l'adversaire
• Être critiqué par un collègue	• réagir avec assurance	• étudier la mentalité de l'attaquant

Source : Adapté de Snell (1992, p. 135) par Marie-Ève Marchand.

l'être humain peut développer une motivation à apprendre qui le pousse à se montrer proactif en recherchant activement les occasions d'apprentissage. À cet égard, Snell (1992) a déterminé des activités qui facilitent l'apprentissage dans les organisations et qui permettent de prévenir les coups durs (tableau 5.8). Il s'agit de reconnaître les signes avant-coureurs d'un problème, d'envisager des scénarios défavorables, de chercher les points de divergence entre les personnes, de demander des avis critiques à des personnes qu'on estime, de faire du *counseling* d'avant-crise, de présenter ses idées à des personnes en qui on a confiance pour qu'elles les évaluent et d'être activement curieux au moment des rencontres. Snell fait état du coût émotif que de telles activités entraînent, mais il fait également valoir l'économie affective qu'elles permettent de réaliser.

TABLEAU 5.8 L'ouverture à l'expérience d'apprentissage sans douleur

Activité d'apprentissage (consiste à ne rien tenir pour acquis, à demeurer en état d'alerte, à mettre en doute activement)	**Coût émotif à court terme** (correspond à un effort mental, à un dérangement, à un inconfort, à une incertitude et à un malaise)	**Économie affective à long terme** (permet de réduire les risques d'un choc émotif ou d'un coup inattendu)
• Reconnaître les signes avant-coureurs de problèmes	• envisager la possibilité que quelque chose aille mal	• idéalement, la douleur du désastre est évitée – ou, à tout le moins, on est prêt à la supporter
• Envisager des scénarios défavorables	• penser l'impensable, tout en conservant une volonté optimiste	• c'est du temps gagné à préparer des réponses appropriées
• Chercher les points de divergence entre les personnes	• abandonner la sécurité étroite de sa propre perspective	• c'est une façon de réduire la possibilité de se retrouver au pied du mur
• Demander des avis critiques à des personnes qu'on estime	• réduire ses propres défenses, se permettre d'être vulnérable	• c'est toujours mieux que de recevoir des avis d'une façon brutale et offensive ou par l'entremise de messages systémiques
• Faire du *counseling* d'avant-crise	• risquer de se montrer fragile en apparaissant inutilement inquiet, faire confiance	• cela peut prévenir ou anticiper la douleur de la crise
• Présenter ses idées à des personnes en qui on a confiance	• risquer de commettre de petites erreurs	• c'est comme une police d'assurance contre un plus grand embarras
• Être activement curieux au moment des rencontres	• risquer des questions qui peuvent paraître bizarres, naïves ou déplacées	• cela augmente la vision ; les cartes cognitives ainsi développées peuvent servir plus tard

Source : Adapté de Snell (1992, p. 137).

La formation en entreprise et ses impacts sur la socialisation et le développement des compétences

En milieu de travail, les notions associées aux différentes approches de l'apprentissage (béhavioriste, cognitive et expérientielle) trouvent plusieurs champs d'application, notamment dans le contexte de la formation en entreprise. En plus de permettre le développement des compétences, la formation en entreprise favorise la socialisation des recrues[12].

Les activités de formation peuvent se dérouler en dehors du lieu de travail (*off-the-job training*) ou sur le lieu de travail (*on-the-job training*). Comme son nom l'indique, la formation en dehors du lieu de travail exige que l'employé interrompe momentanément ses tâches. Cette catégorie de formation est certainement la mieux connue des étudiants, car elle ressemble à celle qui est offerte dans les établissements d'enseignement (ex. : écoles, universités). Les programmes de formation peuvent porter sur différentes thématiques, telles que la prévention du harcèlement en milieu de travail, l'utilisation des technologies de l'information, les caractéristiques d'un nouveau produit, les habiletés de gestion ou le service à la clientèle. Ces programmes de formation peuvent être basés sur des exposés magistraux, des discussions de groupe, des exercices interactifs, des questionnaires, des jeux de rôles, etc.

La formation sur le lieu de travail prend, quant à elle, une allure informelle ou formelle selon le contexte et les apprentissages visés. La formation informelle (apprentissage sur le tas) est généralement donnée pendant le travail, de façon *ad hoc* et sans contenu spécifique prédéterminé. Parmi les stratégies d'apprentissage employées dans un contexte de formation informelle, notons l'apprentissage par essais et erreurs, la lecture de manuels spécialisés, les échanges avec les collègues, la consultation de documents internes et l'observation des collègues de travail. L'apprentissage informel jouerait un rôle de première importance dans l'acquisition des connaissances en milieu de travail. En fait, 70 % des connaissances que possèdent les employés à propos du travail qu'ils effectuent dans l'organisation seraient acquises de façon informelle (Harris-Lalonde, 2001).

La formation formelle sur le lieu de travail repose sur le contact direct entre l'employé, le travail à réaliser et le formateur, qui est généralement un collègue plus expérimenté ou un superviseur. Quatre méthodes de formation formelle sont brièvement présentées dans les sections suivantes, à savoir l'entraînement à la tâche, la rotation de postes, le *coaching* et le mentorat.

L'entraînement à la tâche

L'entraînement à la tâche désigne un ensemble d'activités visant l'acquisition, en cours de production, de connaissances, d'habiletés et d'attitudes reliées à l'exercice

12. Voir le chapitre 6 à ce sujet.

de nouvelles tâches dans le cadre d'un emploi donné. Ce type de formation a généralement lieu lorsque de nouvelles tâches sont attribuées à un travailleur et que des apprentissages précis, de courte durée, sont nécessaires à leur accomplissement. À titre d'exemple, l'entraînement à la tâche permet à une couturière d'apprendre à assembler correctement un pantalon.

Au cours de cette formation, l'apprenant n'est pas laissé à lui-même. Le formateur explique le travail, fait des démonstrations, fait pratiquer l'apprenant, donne du feed-back et du renforcement.

La rotation de postes (ou de tâches)

La rotation de postes (ou de tâches) réfère à une série planifiée d'affectations dans différentes fonctions afin d'élargir le bagage de compétences d'un employé. En plus d'augmenter la polyvalence des employés, la rotation de postes ou de tâches rend le travail davantage stimulant et intéressant, surtout lorsque le travail est répétitif. Cette pratique permet également aux employés d'obtenir une meilleure compréhension de ce que chaque membre fait dans son travail et comment chaque emploi contribue à l'atteinte des objectifs organisationnels.

Le *coaching*

Le *coaching* est une méthode de formation selon laquelle un employé travaille avec un autre employé plus expérimenté (appelé *coach*) dans le but d'arriver à développer différentes compétences cognitives, interpersonnelles ou managériales. Les résultats à atteindre doivent être clairement établis au départ (ex. : augmenter la productivité, diminuer l'absentéisme des subalternes, améliorer le climat dans l'équipe). Dans certains cas, le *coach* peut également être un consultant externe (ex. : consultant en management, psychologue industriel).

Puisqu'il s'agit d'une relation d'aide, le *coach* et, idéalement, l'apprenant doivent faire preuve d'authenticité, de considération positive inconditionnelle et d'empathie[13]. Le *coach* favorise l'apprentissage de l'apprenant en lui offrant du feed-back, des conseils basés sur son expérience et du renforcement. Il peut également avoir recours à différentes stratégies, telles que des jeux de rôles, des simulations ou des questionnaires.

En définitive, le *coaching* vise à encadrer plus formellement des personnes en formation afin de leur faire bénéficier des possibilités présentes dans leur milieu de travail et de leur permettre de développer leurs forces et leur potentiel. Cela suppose que le *coach* connaît bien l'organisation, ou du moins le secteur d'activité, ainsi que la personne sous sa supervision. Le *coach* doit également être apte à gérer cet encadrement avec rigueur et souplesse. Il faut démarrer le processus par une entente entre l'apprenant et le *coach* quant aux objectifs à atteindre et aux possibilités offertes par le milieu de travail. Il s'agit donc d'un processus planifié et consensuel.

13. Ces attitudes sont expliquées plus en détail dans le chapitre suivant.

Le mentorat

Le mentorat est une méthode de formation impliquant qu'un membre de l'organisation, ayant accumulé plusieurs années d'expérience, prenne en charge la socialisation et le cheminement de carrière d'un employé occupant depuis peu de temps un poste dans la même entreprise (Saks et Haccoun, 2004). Le mentor joue principalement deux rôles : un rôle de soutien dans la carrière et un rôle de soutien psychosocial (ex. : écouter, conseiller, servir de modèle). Comparativement au *coaching*, qui vise l'atteinte d'objectifs clairement définis, le mentorat vise le développement personnel, social et professionnel de l'individu. Les objectifs se définissent en cours de processus.

À l'origine, le mentorat se voulait davantage informel que le *coaching*. Une personne devenait un mentor lorsqu'elle reconnaissait le talent d'une recrue et décidait de l'aider dans sa carrière. Cela dit, comme le mentorat est de plus en plus reconnu comme étant une façon efficace de développer le personnel, il tend à devenir une pratique institutionnalisée.

Compte tenu que la relation entre le mentor et le nouvel employé s'étale généralement sur plusieurs années, le succès de cette méthode de formation réside principalement dans la qualité de la relation entre les deux parties concernées.

La créativité et l'innovation

La créativité constitue une qualité très valorisée dans notre société, mais qui varie énormément d'une personne à l'autre. Alors que certaines personnes ont beaucoup de difficulté à générer de nouvelles idées, d'autres sont qualifiés de génies créatifs (ex. : Aristote, Descartes, Shakespeare, Michel-Ange, Beethoven). Le potentiel de créativité de la plupart des individus se trouve quelque part entre ces deux extrêmes. Afin de protéger la propriété intellectuelle des personnes qui font preuve d'une créativité exceptionnelle, on a inventé les brevets et les copyrights. Des prix très prestigieux sont également décernés à des individus qui se sont démarqués par leur talent et leur créativité ; pensons notamment aux prix Nobel en sciences et en littérature, et aux Academy Awards dans le domaine du cinéma.

Naturellement, ces distinctions sont destinées à des personnes qui ont fait preuve d'une créativité hors du commun. Dans la vie de tous les jours, la créativité ne prend pas nécessairement des allures aussi révolutionnaires. Elle s'exprime différemment. Il peut s'agir de concevoir une campagne publicitaire, de développer un nouveau produit ou service, d'élaborer une façon originale de présenter un rapport, de proposer une nouvelle procédure de travail, etc. Les personnes qui génèrent des idées créatives contribuent de façon significative à l'efficacité de l'organisation. Il est d'ailleurs possible d'être créatif peu importe la fonction que nous occupons dans l'entreprise.

Csikszentmihalyi (1997b) remarque que les personnes créatives ont toutes un point en commun : elles aiment ce qu'elles font. Ce n'est pas l'espoir de gagner plus d'argent ou d'être davantage reconnues qui les mobilise, mais la possibilité de faire un travail qui leur procure du plaisir. De manière générale, les gens aiment développer et découvrir de nouvelles choses. La nouveauté serait source de plaisir pour l'être humain. Le tableau 5.9 présente certains trucs pour développer notre potentiel de créativité et, conséquemment, avoir plus de plaisir à travailler.

Selon Simonton (2002), pour être créative, une idée doit respecter deux conditions : 1) l'idée doit être originale, c'est-à-dire que personne d'autre ne doit l'avoir déjà formulée, et 2) l'idée doit avoir une plus-value. Ainsi, si une personne propose une nouvelle façon de procéder pour fournir un service quelconque à des clients, mais que cette méthode de travail prend plus temps et entraîne plus de coûts pour l'entreprise, l'idée est certes originale, mais comme elle ne s'avère pas appropriée, elle ne peut être qualifiée de créative. Dans la même veine, on ne peut qualifier de créatif un individu qui propose de « réinventer la roue ».

L'innovation et la créativité constituent des phénomènes distincts, mais complémentaires. L'innovation désigne le fait de reconnaître, de filtrer, de consolider, de développer, de modifier, de clarifier et, éventuellement, de commercialiser ou d'implanter les idées créatives (Amabile et autres, 1996). Ainsi, une idée créative n'a d'impact que dans la mesure où il y a innovation, et l'innovation n'est possible que si des idées créatives sont engendrées. La créativité alimente donc le processus d'innovation.

La plupart des recherches sur la créativité et l'innovation ont porté sur les déterminants individuels de ces deux phénomènes, tels que les traits de personnalité, l'humeur, la motivation, les compétences, l'expérience et les processus cognitifs (Egan, 2005). D'un point de vue managérial, il est également pertinent de se pencher sur les pratiques organisationnelles qui permettent de promouvoir la créativité du personnel et l'innovation au sein de l'entreprise.

TABLEAU 5.9 Quelques astuces pour augmenter votre créativité (et votre plaisir au travail !)

Essayez d'apprendre quelque chose de significatif chaque jour. Soyez curieux !	Efforcez-vous d'envisager les problèmes sous plusieurs angles.
Déterminez clairement ce que vous aimez faire et ce que vous détestez faire dans la vie.	Afin qu'une activité demeure intéressante, augmentez progressivement son niveau de difficulté.
Essayez de surprendre au moins une personne par jour en lui apprenant quelque chose de significatif.	Devant un problème, formulez le plus grand nombre de solutions possible.
Dans la mesure du possible, accordez plus de temps chaque jour à ce que vous aimez faire et moins de temps à ce que vous aimez moins.	Prenez du temps pour réfléchir et vous détendre. Les idées créatives surviennent souvent lorsque nous ne nous y attendons pas !
Lorsque quelque chose suscite votre intérêt, informez-vous.	Tentez de trouver des idées originales, qui sortent des sentiers battus.

Source : Adapté de Csikszentmihalyi (1997b).

McLean (2005) a recensé les principaux antécédents organisationnels de la créativité et de l'innovation en milieu de travail. Tout d'abord, la créativité gagne à être encouragée par l'organisation. En d'autres termes, la culture d'entreprise doit permettre la prise de risque, la génération de nouvelles idées, ainsi que la participation dans la prise de décision et dans la gestion. Pour favoriser la créativité et l'innovation, le superviseur a avantage à fixer des objectifs clairs, à faire circuler l'information pertinente, à soutenir les employés qui ont de nouvelles idées et à favoriser les interactions dans l'équipe. Les idées créatives résultent plus souvent de l'interaction et de l'influence sociale que d'une réflexion individuelle et isolée (Madjar, 2005). Les recherches indiquent également que la diversité (ex. : sexe, expérience de travail, formation générale) et la cohésion dans les équipes de travail encouragent la créativité, à la condition que les employés possèdent les compétences relationnelles nécessaires pour gérer leurs différends. D'autre part, plus la marge d'autonomie dont disposent les employés est importante, plus ces derniers ont la possibilité d'être créatifs et d'innover, dans la mesure où les objectifs à atteindre sont bien établis. Enfin, la disponibilité des ressources, en termes de temps et d'argent, rend possible l'innovation. Le laps de temps disponible pour réaliser un projet qui implique de faire preuve de créativité ne doit être ni trop court ni trop long. Lorsque les délais sont trop serrés, cela engendre de l'anxiété et peut mener à l'épuisement, comme nous l'avons vu au chapitre précédent. Par ailleurs, lorsque les délais sont trop souples, le projet perd de ses propriétés stimulantes. Ce n'est plus un défi pour l'employé d'arriver dans les temps.

À l'inverse, le principal facteur susceptible de « tuer » la créativité consiste à exercer un contrôle excessif sur les employés (Amabile, 1998 ; Oldham et Cummings, 1996). Le contrôle peut notamment être exercé sur les plans de la prise de décisions, de la circulation de l'information ou du système de récompenses. Le contrôle excessif constituerait une menace à la créativité et à l'innovation en raison de ses effets négatifs sur la motivation intrinsèque[14].

14. Voir la théorie de l'autodétermination présentée au chapitre 3.

Texte classique

Le processus de l'apprentissage expérientiel[1]

Nous ne cesserons pas d'explorer
Et au terme de notre périple
Nous reviendrons là d'où nous sommes partis
Et connaîtrons cet endroit pour la première fois

T. S. Eliot[2]

La théorie de l'apprentissage expérientiel offre une vision du processus d'apprentissage fondamentalement différente de celle que proposent les théories béhavioristes s'appuyant sur une épistémologie empirique, ou les théories de l'apprentissage plus implicites à l'origine des méthodes pédagogiques traditionnelles, méthodes reposant essentiellement sur une épistémologie rationnelle et idéaliste. Cette autre façon d'envisager l'apprentissage se traduit par des préceptes différents en ce qui touche à l'enseignement, aux relations appropriées entre l'apprentissage, le travail et les autres activités, ainsi qu'à la création de la connaissance même.

On qualifie cette vision de l'apprentissage d'« expérientielle » pour deux raisons. D'une part, on souhaite ainsi faire ressortir clairement que cette théorie tire ses origines intellectuelles des travaux de Dewey, de Lewin et de Piaget. D'autre part, on veut insister sur le rôle fondamental de l'expérience dans le processus d'apprentissage. La théorie expérientielle se distingue donc des théories rationalistes et des autres théories cognitives de l'apprentissage, qui tendent à mettre l'accent sur l'acquisition, la manipulation et le rappel de symboles abstraits, de même que des théories béhavioristes, qui nient les rôles de la conscience et de l'expérience subjective dans le processus d'apprentissage. Il importe cependant de souligner que nous ne voulons pas ici présenter la théorie expérientielle de l'apprentissage comme un substitut aux théories béhavioristes et cognitives, mais plutôt offrir une vision holistique intégrée de l'apprentissage combinant l'expérience, la perception, la cognition et le comportement. Le présent chapitre décrit les modèles de processus d'apprentissage mis respectivement de l'avant par Lewin, Dewey et Piaget et en indique les caractéristiques communes, caractéristiques qui servent à définir la nature de l'apprentissage expérientiel.

Les trois modèles du processus de l'apprentissage expérientiel

Le modèle de recherche-action et de formation en laboratoire de Lewin

Dans le cadre des techniques de la recherche-action et de la méthode de laboratoire, ce qui semble le plus faciliter l'apprentissage, le changement et la croissance, c'est un processus intégré débutant par une expérience immédiate à propos de laquelle on recueille ensuite des données et des observations. Après analyse de ces données, les conclusions tirées sont transmises par rétroaction aux sujets ayant pris part à l'expérience, afin que ces derniers puissent les utiliser pour modifier leur comportement et choisir de nouvelles expériences. L'apprentissage apparaît ainsi comme un cycle à quatre étapes (voir la figure 1). L'expérience immédiate et concrète est à l'origine de l'observation et de la réflexion. Les observations faites sont assimilées à une « théorie » à l'aide de laquelle les sujets peuvent déduire certaines implications en ce qui touche leurs activités futures. Ces implications ou hypothèses viennent ensuite guider les actions des sujets, entraînant ainsi de nouvelles expériences.

FIGURE 1 *Le modèle d'apprentissage expérientiel de Lewin*

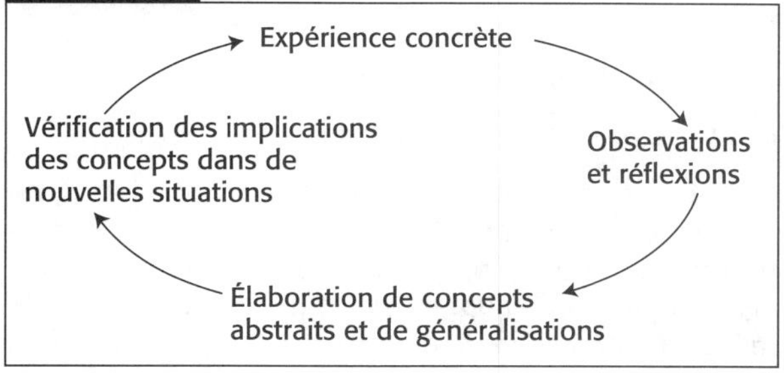

1. Source : Tiré de Kolb (1984, p. 20-38).
2. Tiré de « Little Gidding », dans *Four Quartets* © (1943) par T. S. Eliot, renouvelé en 1971 par Esme Valerie Eliot (traduction libre).

Deux caractéristiques de ce modèle d'apprentissage méritent qu'on s'y attarde. La première est l'importance qu'il accorde à l'*expérience concrète du type « ici et maintenant »* pour valider et vérifier les concepts abstraits. L'expérience immédiate d'un sujet lui permet d'apprendre, de donner vie et texture aux concepts abstraits et de leur attribuer une signification personnelle, tout en lui fournissant un point de référence concret qu'il peut partager avec d'autres pour vérifier les implications et la validité des idées générées au cours du processus d'apprentissage. Lorsque des êtres humains partagent une expérience, ils le font pleinement, d'une manière à la fois concrète et abstraite.

La seconde caractéristique de ce modèle qui retient l'attention est que la recherche-action et la formation en laboratoire reposent sur des *processus de rétroaction* (feed-back). Lewin a emprunté le concept de la rétroaction au génie électrique, et l'utilise pour décrire un processus d'apprentissage social et de résolution des problèmes dont on peut extraire une information valable pour évaluer les écarts observés par rapport aux objectifs visés. Cette rétroaction est à l'origine d'un processus continu faisant intervenir des activités axées sur des objectifs et l'évaluation de leurs conséquences. Lewin et ses disciples étaient convaincus qu'une bonne part de l'inefficacité individuelle et organisationnelle s'expliquait, en somme, par l'absence de processus de rétroaction adéquats. Cette inefficacité est le fait d'un déséquilibre entre l'observation et l'action, déséquilibre qui résulte d'une tendance, chez les individus et les organisations, soit à mettre l'accent sur la décision et l'action au détriment de la collecte d'informations, soit à s'enliser dans la collecte et l'analyse de données. La formation en laboratoire et la recherche-action visent à incorporer ces deux perspectives dans un processus d'apprentissage efficace axé sur des objectifs.

Le modèle du processus d'apprentissage de Dewey

Le modèle du processus d'apprentissage de John Dewey ressemble pour beaucoup à celui de Lewin. Il montre toutefois plus explicitement la nature développementale de l'apprentissage qu'implique son assimilation par Lewin à un processus de rétroaction, et ce en décrivant de quelle manière l'apprentissage transforme les impulsions, les sentiments et les désirs issus de l'expérience en un dessein (projet) supérieur.

Il s'ensuit que la formation d'un projet est une opération intellectuelle assez complexe. Elle implique :

1. l'observation des conditions qu'offre l'environnement ;
2. la connaissance de ce qui a pu se produire dans le passé à l'occasion de situations semblables, connaissance à la fois par la remémoration et par l'information, les conseils, les avertissements de ceux dont l'expérience est plus riche ;
3. le jugement qui synthétise les observations et les souvenirs pour en dégager la signification.

Un projet diffère d'une impulsion première et d'un désir par le travail qu'il suppose, travail d'élaboration selon un plan et une méthode d'action basés sur la prévision des conséquences dans certaines conditions données et dans une certaine direction. [...] Le problème crucial [en matière d'enseignement] consiste à obtenir que l'action, au lieu de suivre immédiatement le désir, soit différée jusqu'à ce que l'observation et le jugement aient pu intervenir. [...] Il va de soi que la prévoyance elle-même, en cette matière, ne suffit pas. L'anticipation intellectuelle, l'idée de conséquence, doit se mêler au désir et à l'impulsion pour acquérir une force d'actualisation. C'est elle qui imprime une direction lucide à ce qui, autrement, serait aveugle, tandis que le désir, lui, donne impulsion et mouvement à l'idée (Dewey, 1947, p. 76-77).

Une représentation graphique du modèle de l'apprentissage expérientiel élaboré par Dewey apparaît à la figure 2. La description de l'apprentissage qu'offre ce dernier s'apparente à celle de Lewin, car elle met l'accent sur l'apprentissage en tant que processus dialectique intégrant, d'une part, l'expérience et les concepts, et d'autre part, les observations et l'action. L'impulsion de l'expérience donne aux idées leur force d'actualisation, tandis que les idées confèrent à l'impulsion une direction, ou orientation. L'action imminente doit absolument être retardée pour que l'observation et le jugement puissent intervenir, mais elle est essentielle à la réalisation du projet. C'est grâce à l'intégration de ces processus opposés, mais en symbiose, qu'une impulsion aveugle donne naissance à un dessein ou projet mûr et complexe.

Le modèle de l'apprentissage et du développement cognitif de Piaget

Selon Piaget, les dimensions de l'expérience et du concept, de la réflexion et de l'action, forment les continuums du développement de la pensée adulte. De la petite enfance à l'âge adulte, la vision qu'on a du monde évolue. D'abord concrète et phénoménale, elle devient abstraite et constructiviste. Initialement

FIGURE 2 *Le modèle d'apprentissage expérientiel de Dewey*

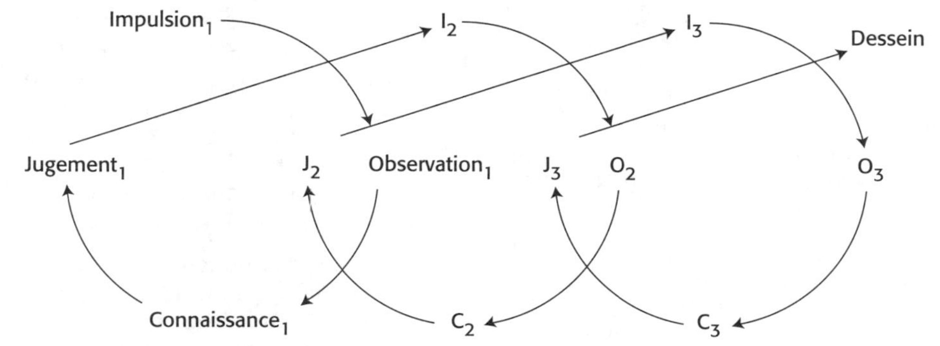

active et égocentrique, elle se transforme en un mode de connaissance réfléchi et intériorisé. Piaget soutient qu'il s'agit également là des grandes orientations du développement de la connaissance scientifique (Piaget, 1970). Le processus d'apprentissage qui génère ce développement se présente sous la forme d'un cycle d'interactions entre un sujet et son milieu qui rappelle les modèles de Dewey et de Lewin. Selon Piaget, l'apprentissage repose sur les interactions entre deux processus : l'*accommodation* des concepts et des schèmes avec l'expérience qu'on a du monde et l'*assimilation* des événements et des expériences vécus à des concepts et à des schèmes existants. L'apprentissage ou, pour reprendre l'expression de Piaget, l'adaptation intelligente, résulte d'une tension équilibrée entre ces deux processus. Lorsque l'accommodation prend le pas sur l'assimilation, on note un phénomène d'imitation, l'individu s'ajustant aux contours et aux contraintes de son milieu. À l'inverse, lorsque l'assimilation prédomine, il y a une tendance au jeu, l'individu imposant ses propres concepts et ses propres images, et ce sans tenir compte des réalités de son milieu. Le processus de la croissance cognitive du concret à l'abstrait et de l'action à la réflexion s'appuie sur cette transaction continue entre l'assimilation et l'accommodation, transaction qui passe par des étapes successives amenant chacune l'incorporation de ce qui est survenu auparavant dans un niveau de fonctionnement cognitif nouveau et supérieur.

Piaget a mis en évidence quatre grandes étapes de la croissance cognitive, lesquelles se succèdent de la naissance jusqu'à l'âge de 14 à 16 ans environ. Au cours de la première étape (de 0 à 2 ans), l'enfant a un style d'apprentissage essentiellement concret et actif. C'est ce qu'on appelle l'« étape sensori-motrice ». L'apprentissage se fait alors surtout par le toucher et la manipulation. Toute représentation se fonde sur l'action ; ainsi, « un verre est fait pour boire ». La plus grande réalisation qui caractérise cette étape est sans doute l'adoption d'un comportement axé sur des objectifs. En effet, « la période sensori-motrice laisse voir une évolution remarquable, les habitudes non intentionnelles initiales cédant le pas à une activité expérimentale et exploratoire manifestement voulue et axée sur des objectifs. » (Flavell, 1963, p. 107). À ce stade, l'enfant ne possède toutefois que peu de schèmes ou théories auxquels il peut assimiler les événements, de sorte qu'il adopte envers son milieu une attitude fondée avant tout sur l'accommodation. Son milieu influe pour beaucoup sur ses idées et ses intentions. L'apprentissage résulte alors essentiellement de l'association d'une réaction à un stimulus.

Au cours de la deuxième étape (entre 2 et 6 ans), l'enfant conserve sa vision concrète, mais acquiert peu à peu une orientation réflexive lorsqu'il commence à intérioriser les actions en les convertissant en images. C'est ce qu'on appelle l'« étape de la pensée préopératoire ». L'apprentissage se révèle alors essentiellement iconique et s'effectue par observations et par images. Ayant quelque peu échappé à son immersion dans l'expérience immédiate, l'enfant peut jouer avec ses représentations du monde et les transformer. À ce stade, son attitude à l'égard de ce qui l'entoure est marquée par la divergence. L'enfant est fasciné par sa capacité de recueillir des images et d'envisager le monde sous différents angles. Bruner décrit l'enfant à cette étape de la manière suivante.

> Ce qui survient alors au cours du développement constitue une réalisation importante. Les images acquièrent une position autonome et deviennent un bon moyen de résumer l'action. À trois ans, l'enfant s'est transformé en un modèle de distractivité

> sensorielle. Il est victime des lois de l'attrait et s'intéresse à cet objet brillant, puis à cet autre aux couleurs éclatantes, puis à cet autre qui fait du bruit, et ainsi de suite. À ce stade, la mémoire visuelle semble être très concrète et particulière. Le plus curieux au sujet de cette période est que l'enfant constitue alors une créature du moment ; l'image du moment lui suffit et est gouvernée par une seule caractéristique de la situation (Bruner, 1966b, p. 13).

La troisième étape (entre 7 et 11 ans) est marquée par le début du développement intensif de facultés symboliques abstraites. Il s'agit là de la première étape du développement de la pensée symbolique que Piaget nomme l'« étape des opérations concrètes ». À ce stade, c'est la logique des classes et des relations qui gouverne l'apprentissage. L'enfant accroît son indépendance par rapport à son milieu expérientiel immédiat en acquérant des facultés d'induction.

> En utilisant une analogie simple, on peut dire que les structures des opérations concrètes ressemblent à des parcs de stationnement dont les diverses places sont tantôt occupées et tantôt libres. Ces places de stationnement restent cependant toujours là, ce qui amène à considérer non seulement les automobiles présentes mais aussi celles qui pourraient venir occuper les espaces déjà libres et ceux qui le deviendront (Flavell, 1963, p. 203).

Ainsi, par opposition à l'enfant au stade sensorimoteur, dont le style d'apprentissage procède surtout de l'accommodation, l'enfant, à l'étape des opérations concrètes, apprend davantage par assimilation. Il s'appuie sur des concepts et des théories pour choisir et façonner ses expériences.

La dernière étape du développement cognitif, telle que décrite par Piaget, survient au début de l'adolescence (entre 12 et 15 ans). Les processus symboliques fondés sur des opérations concrètes cèdent alors le pas aux processus symboliques de la logique figurative. C'est ce qu'on appelle l'« étape des opérations formelles ». L'adolescent se montre alors de nouveau plus actif, mais il s'agit là d'une attitude d'action modifiée par le développement antérieur de ses facultés de réflexion et d'abstraction. Grâce aux facultés symboliques qu'il possède désormais, l'adolescent peut raisonner de manière hypothéticodéductive. Il définit les conséquences possibles de ses théories, puis se livre à certaines expériences pour déterminer lesquelles surviennent réellement. Son style premier d'apprentissage s'avère donc convergent, par opposition à celui de l'enfant à l'étape de la pensée préopératoire, qui est divergent.

> On constate ainsi que la pensée formelle représente pour Piaget non pas tant un comportement donné, mais plutôt une attitude générale – parfois explicite et parfois implicite – axée sur la résolution de problèmes, l'organisation des données (analyse combinatoire), l'isolation et le contrôle des variables, l'hypothétique ainsi que la justification et la preuve logiques (Flavell, 1963, p. 211).

Cette brève description de la théorie du développement cognitif de Piaget fait ressortir les processus fondamentaux du développement qui façonnent le processus de base de l'apprentissage chez l'adulte (voir la figure 3).

Les caractéristiques de l'apprentissage expérientiel

Les trois modèles du processus d'apprentissage décrits précédemment ont plusieurs points en commun. Ensemble, ils offrent une vision unique de l'apprentissage et du développement, vision caractérisée par les affirmations décrites ci-après, que partagent les trois grandes traditions de l'apprentissage expérientiel.

L'apprentissage constitue davantage un processus qu'un résultat

En ce qui touche au comportement, la théorie de l'apprentissage expérientiel met l'accent sur le processus de l'apprentissage plutôt que sur ses résultats, se distinguant ainsi des approches idéalistes associées à l'enseignement traditionnel et des théories béhavioristes élaborées par Watson, Hull, Skinner et d'autres. Elle a des fondements philosophiques et épistémologiques différents de ceux des théories béhavioristes de l'apprentissage et des approches pédagogiques traditionnelles. Les versions modernes de ces dernières s'appuient sur la philosophie empiriste de Locke et sur d'autres philosophies. Or, cette épistémologie repose sur l'idée qu'il existe des éléments de la conscience – des atomes mentaux ou, comme le disait Locke, des « idées simples » – qui demeurent toujours inchangés. Combinés et associés de différentes façons, ces éléments cohérents forment nos divers modèles de pensée. Cette notion, selon laquelle la pensée se compose d'éléments constants et fixes, a influé pour beaucoup sur les visions dominantes en matière d'apprentissage et d'enseignement, d'où une tendance à définir l'apprentissage en fonction de ses résultats, qu'il s'agisse de

FIGURE 3 *Le modèle d'apprentissage et du développement cognitif de Piaget*

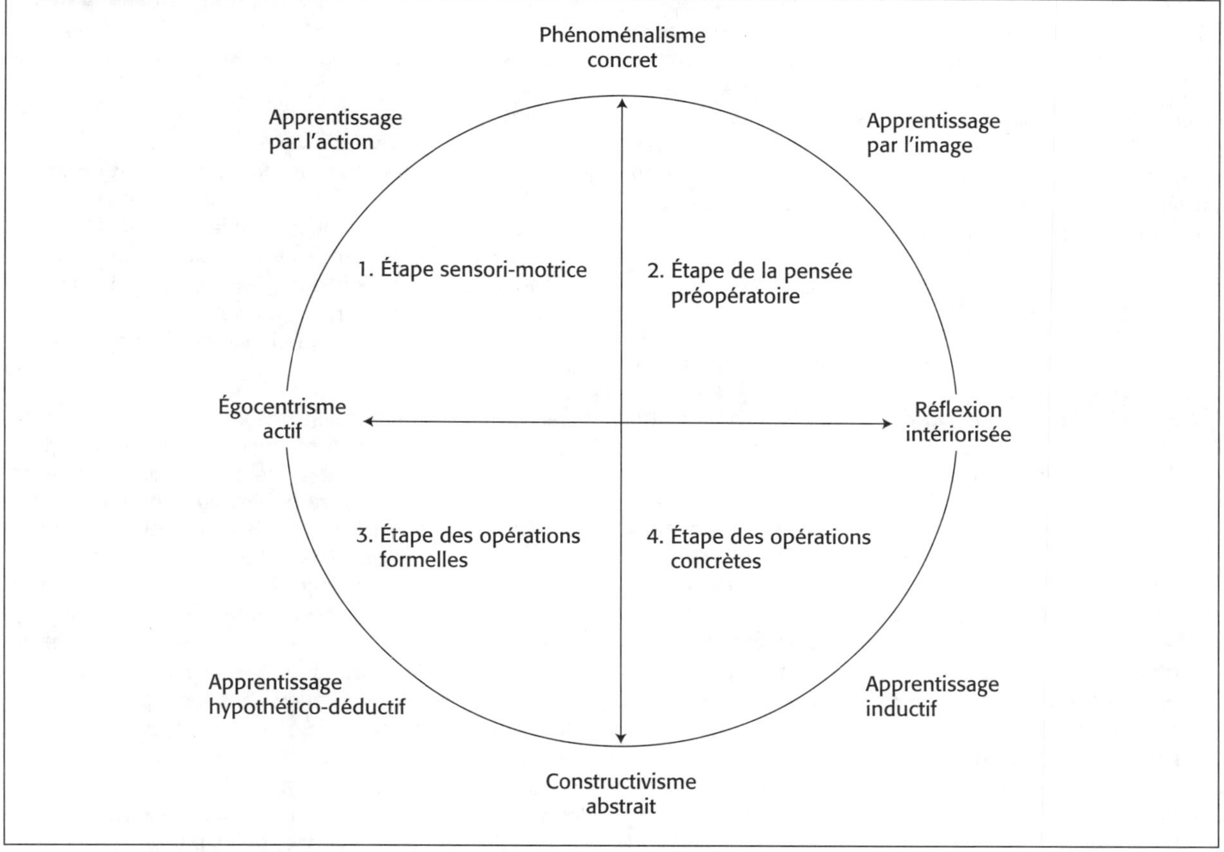

connaissances sous forme d'accumulation de faits, ou d'habitudes représentant une réaction comportementale à des stimuli particuliers. Si on envisage les idées comme étant fixes et immuables, il semble alors possible de mesurer ce qu'un sujet a appris en déterminant le nombre d'idées qu'il a accumulées.

La théorie de l'apprentissage expérientiel procède, quant à elle, d'hypothèses différentes. Les idées n'y constituent pas des éléments fixes et immuables de la pensée, car on considère qu'elles sont plutôt formées puis reformées sous l'effet de l'expérience. Chacun des modèles examinés précédemment décrit l'apprentissage comme un processus où les concepts sont dérivés de l'expérience, puis continuellement modifiés sous l'effet de celle-ci. On n'a jamais deux fois la même idée, car il y a toujours intervention de l'expérience. Piaget (1970), par exemple, envisage la création de nouvelles connaissances comme le problème central de l'épistémologie génétique, puisque chaque acte de compréhension est le fruit d'un processus de construction et d'invention continu, attribuable à l'interaction entre l'assimilation et l'accommodation. L'apprentissage est un processus émergent dont les résultats ne représentent qu'une chronique du passé et non une forme de connaissance de l'avenir.

Dans l'optique de l'apprentissage expérientiel, la définition de l'apprentissage en termes de résultats peut devenir une définition du non-apprentissage, dans le sens où le fait de ne pas modifier ses idées et ses habitudes à la lumière de l'expérience dénote une inadaptation. Le meilleur exemple de ce paradoxe réside dans l'axiome béhavioriste selon lequel on peut évaluer la force d'une conduite, ou habitude, en fonction de sa résistance à l'extinction. Autrement dit, plus une habitude donnée a été « apprise » par un sujet, plus ce dernier persiste longtemps à la conserver lorsqu'elle ne lui apporte plus aucune récompense. De la même façon, certains croient que les courants de pensée où l'apprentissage apparaît comme un résultat, et non comme un processus d'adaptation, ont un effet négatif sur le système éducationnel. Jerome Bruner, dans un ouvrage intitulé *Toward a Theory of Instruction*, déclare que l'enseignement a pour but d'accroître chez l'étudiant l'intérêt pour le savoir et l'habileté à l'obtenir, plutôt que de lui faire mémoriser un bagage de connaissances : « La connaissance est un processus et non un produit » (Bruner, 1966b, p. 72). Paulo Freire parle de la conception « bancaire » pour désigner l'approche où l'on envisage l'enseignement comme l'action de transmettre des connaissances.

> L'enseignement devient ainsi une forme de dépôt, les étudiants étant les dépositaires et leur maître, le déposant. Au lieu d'établir une communication, l'enseignant procède par voie de communiqués et effectue des dépôts que les étudiants reçoivent, mémorisent et répètent avec patience. Il s'agit là de la conception « bancaire » de l'enseignement, où la liberté d'action offerte aux étudiants se limite à la réception, au classement et à la conservation des dépôts. Les étudiants peuvent, il est vrai, collectionner ou cataloguer les choses qu'ils emmagasinent. Au bout du compte, toutefois, ce sont les hommes qui sont relégués aux archives par manque de créativité, de transformation et de connaissances à l'intérieur de ce système pour le moins déplacé, car on ne peut être véritablement humain sans l'investigation et la praxis. La connaissance ne peut procéder que de l'invention et de la réinvention résultant d'une investigation constante, impatiente et pleine d'espoir de l'homme dans son milieu, auprès de celui-ci et auprès des autres (Freire, 1974, p. 58).

L'apprentissage est un processus continu qui est enraciné dans l'expérience

On ne cesse d'apprendre de ses expériences et de vérifier les connaissances acquises à la lumière de celles-ci. Lors de ses études sur la nature de la conscience humaine, William James (1890) s'est émerveillé du fait que cette conscience est continue. Comment se fait-il, s'est-il demandé, que je me réveille chaque matin avec la même conscience, les mêmes pensées, les mêmes sentiments, les mêmes souvenirs et la même conception de ma propre identité que j'avais la veille à mon coucher ? De même, selon Dewey, la continuité de l'expérience est une puissante vérité de l'existence humaine et un élément central de la théorie de l'apprentissage.

> [...] le principe de la continuité de l'expérience signifie que chaque expérience, d'une part, emprunte quelque chose aux expériences antérieures et, d'autre part, modifie de quelque manière la qualité des expériences ultérieures. [...] Quand un sujet passe d'une situation à une autre, son univers, ou, comme on dit, son environnement, s'élargit ou se contracte. On ne peut pas prétendre que le sujet se découvre soudain dans un autre monde, mais du moins dans quelque partie ou quelque aspect différent du monde où il a toujours vécu. Ce qu'il avait acquis de savoir et d'habileté dans la situation précédente devient instrument de compréhension et d'action dans la nouvelle situation. Le processus doit se prolonger aussi longtemps que le désir d'apprendre et que la vie qui l'anime (Dewey, 1947, p. 49 et 57).

Bien que nous reconnaissions tous la notion de continuité de la conscience et de l'expérience à laquelle James et Dewey ont fait allusion, et que nous tirions un certain réconfort de la prévisibilité et de la sécurité qu'elle apporte, un élément de doute et d'incertitude se glisse à l'occasion dans la pénombre de cette conscience. Comment puis-je concilier mon sentiment de continuité et de prévisibilité avec un milieu qui semble parfois chaotique et imprévisible ? Chaque jour, j'accomplis mon travail en sachant assez bien quels sont les problèmes en cause, ce que pensent et disent les autres et ce que je devrais faire. Il m'arrive pourtant, à l'occasion, d'être pris au dépourvu en raison d'une situation inattendue, d'une mauvaise communication ou d'une méprise. C'est grâce à cette interaction entre les attentes et l'expérience que se fait l'apprentissage. On peut à ce sujet citer Hegel : « Une expérience qui ne va pas à l'encontre des attentes ne mérite pas ce nom. » Les déchirures que créent ces incidents inattendus dans le tissu de mon expérience disparaissent toutefois par enchantement, et j'affronte la journée suivante en étant quelque peu changé mais en restant toujours moi-même.

On peut sans doute mieux faire ressortir qu'il s'agit là d'un processus d'*apprentissage* en mentionnant les attitudes de non-apprentissage que peut susciter l'interaction entre les attentes et l'expérience. En s'attachant à la continuité et à la certitude à un point tel qu'on ne voit pas la pénombre du doute et de l'incertitude, on risque d'adopter une attitude rigide et dogmatique et d'être incapable d'apprendre à la suite de nouvelles expériences. À l'inverse, en laissant les vicissitudes de chaque nouvelle expérience miner son sentiment de continuité, on devient paralysé par l'insécurité et incapable d'une action efficace. Dans l'optique de la philosophie épistémologique, Pepper (1942) a démontré que ces deux attitudes — soit le dogmatisme et le scepticisme absolu – constituent des assises inadéquates pour la création de systèmes de connaissances valables. Il propose plutôt de se laisser guider par une attitude partiellement sceptique lors de l'investigation et de l'apprentissage.

Le fait que l'apprentissage soit un processus continu et enraciné dans l'expérience entraîne d'importantes conséquences dans le domaine de l'enseignement. En termes simples, il implique qu'apprendre consiste toujours à réapprendre. Il est simple et tentant, lorsqu'on élabore le plan d'un cours, de croire que l'esprit des étudiants est une page blanche à remplir, mais ce n'est pas le cas. Chacun d'entre nous aborde, en effet, toute situation d'apprentissage avec des idées plus ou moins précises sur le sujet en cause. Nous sommes tous des psychologues, des historiens et des physiciens de l'atome. Certaines théories sont tout simplement plus informes et inexactes que d'autres. On passe cependant à côté de la question en ne considérant que le degré d'affinement et la validité de ces théories. Ce qui importe, en effet, est que les gens à qui on enseigne possèdent ces théories – quelle qu'en soit la qualité – et qu'ils y aient fait appel jusqu'à maintenant à chaque fois qu'ils se trouvaient dans une situation les obligeant à adopter le rôle d'un physicien de l'atome ou d'un historien, ou un autre rôle.

La tâche de tout enseignant consiste donc non seulement à inculquer de nouvelles idées, mais aussi à faire disparaître ou à modifier des idées acquises. Très souvent, la résistance à certaines idées nouvelles s'explique par un conflit avec des croyances existantes qui les contredisent. L'apprentissage devient plus facile lorsque le processus éducationnel fait d'abord ressortir les croyances et les théories de l'individu, qu'il suscite leur examen et leur vérification, puis qu'il amène l'intégration de nouvelles idées plus affinées à ses systèmes de croyances. Piaget (voir Elkind, 1970, chapitre 3) a mis en évidence deux mécanismes par lesquels un individu adopte de nouvelles idées, soit l'intégration et la substitution. Les idées acquises par intégration tendent à devenir des éléments très stables de la conception qu'un individu a du monde. Par ailleurs, lorsque le contenu d'un concept change par substitution, il y a toujours une possibilité que l'individu revienne à son niveau antérieur de conceptualisation et de compréhension, ou qu'il adopte une double théorie du monde, si les théories qu'il a épousées par substitution sont en désaccord avec des théories en usage qui font davantage partie intégrante de sa vision totale du monde (conception et attitude). C'est ce résultat possible qui a incité Argyris et Schön (1974) à étudier l'efficacité de la formation professionnelle.

> Nous croyons que la difficulté qu'éprouvent les gens à apprendre de nouvelles théories découle peut-être, non pas tant de la complexité de ces théories, mais de l'existence de théories qui déterminent déjà leur conduite. Nous appelons ces théories opérationnelles de conduite « théories en usage », et ce pour les distinguer des théories épousées, qui servent à décrire et à justifier le comportement. Nous nous sommes demandé si la difficulté que pose l'apprentissage de nouvelles théories de conduite était reliée à une tendance à protéger les théories préexistantes en usage (Argyris et Schön, 1974, p. VIII).

Le processus d'apprentissage requiert la résolution des conflits entre des modes d'adaptation au monde dialectiquement opposés

Chacun des trois modèles de l'apprentissage expérientiel met en évidence certains conflits entre des manières opposées de concevoir le monde et suggère que l'apprentissage découle de la résolution de ces conflits. Le modèle de Lewin fait ressortir deux conflits dialectiques, soit celui entre l'expérience concrète et les concepts abstraits et celui entre l'observation et l'action[3]. Selon Dewey, par ailleurs, la principale relation dialectique met en cause l'impulsion, qui donne aux idées leur « force d'actualisation », et la raison, qui fournit une direction, ou orientation, au

3. Nous utilisons ici le concept de relation dialectique en toute connaissance de cause. Le terme peut être source de confusion du fait de sa longue histoire, de ses changements d'usage, et surtout de ses connotations émotionnelles et idéologiques dans certains contextes. Cependant, aucun autre ne qualifie mieux la relation entre les styles d'apprentissage décrits ici, c'est-à-dire une relation entre des processus opposés dont aucun ne peut expliquer les résultats de l'autre, mais dont la fusion par la confrontation du conflit entre eux engendre un processus supérieur qui va au-delà de l'un comme de l'autre et les englobe tous deux. Cette définition se rapproche le plus de l'utilisation que faisait Hegel de ce terme, sans toutefois impliquer une acceptation totale de l'épistémologie hégélienne.

désir. Enfin, dans le modèle de Piaget, les processus jumelés de l'accommodation des idées au monde extérieur et de l'assimilation de l'expérience aux structures conceptuelles existantes constituent le moteur du développement cognitif. La nature dialectique de l'apprentissage et de l'adaptation est également présente dans le concept de praxis mis de l'avant par Paulo Freire, qui définit ce concept comme étant « la réflexion et l'action qui portent sur le monde et qui ont pour but de le transformer » (Freire, 1974, p. 36). Le concept de praxis fait une place importante au processus consistant à « nommer le monde », lequel tient à la fois de l'action (puisqu'on transforme quelque chose en lui attribuant un nom) et de la réflexion (puisque les mots choisis donnent un sens à ce qui nous entoure). Ce processus de nomination se fait par le biais d'un dialogue entre des égaux, d'un processus conjoint d'investigation et d'apprentissage que Freire oppose à la conception bancaire de l'enseignement décrite précédemment.

> Lorsqu'on tente d'analyser le dialogue en tant que phénomène humain, on découvre une chose qui en est l'essence même : le mot. Mais le mot est plus qu'un simple instrument qui rend le dialogue possible. Il faut donc en chercher les éléments constitutifs. Or, le mot présente deux dimensions, soit la réflexion et l'action, qui interagissent l'une avec l'autre d'une manière tellement radicale que si l'une d'entre elles est sacrifiée – ne serait-ce qu'en partie –, l'autre en souffre aussitôt. Il n'y a aucun mot véritable qui ne constitue en même temps une praxis. Ainsi transforme-t-on le monde en prononçant un mot véritable.
>
> Un mot est inauthentique, c'est-à-dire qu'il est incapable de transformer la réalité, lorsque ses éléments constitutifs font l'objet d'une dichotomie. Si un mot perd sa dimension « action », sa dimension « réflexion » souffre elle aussi. Le mot n'est plus alors qu'une manifestation du verbalisme, un bavardage aliéné et aliénant. Vide de sens, il ne peut plus dénoncer le monde, étant donné que toute dénonciation est impossible sans un engagement à transformer, et qu'il n'y a aucune transformation sans action.
>
> Par ailleurs, lorsqu'on n'insiste que sur l'action au détriment de la réflexion, le mot devient affaire d'activisme. Or, l'action pour l'action nie la véritable praxis et rend tout dialogue impossible. L'une ou l'autre dichotomie, en créant des formes d'existence non authentiques, suscite également des formes de pensée non authentiques qui la renforcent.
>
> L'existence humaine ne peut être silencieuse. Il lui faut se nourrir de mots, mais de mots véritables qui permettent à l'homme de transformer le monde. Pour exister sur le plan humain, tout individu doit nommer ce qui l'entoure, le transformer. Une fois nommé, le monde réapparaît aux yeux de l'homme comme un problème, et exige alors qu'il lui donne un nouveau nom. L'être humain n'est pas le fruit du silence, mais bien du mot, du travail, de l'action-réflexion.
>
> Bien qu'énoncer un mot véritable – ce qui est travail et donc praxis – transforme le monde, il ne s'agit pas là d'un privilège réservé à un petit nombre, mais plutôt d'un droit que chacun possède. Conséquemment, personne ne peut dire seul un seul mot véritable – et personne ne peut énoncer un mot pour l'autre dans un geste normatif qui priverait ce dernier de ses propres mots (Freire, 1974, p. 75-76).

Tous les modèles décrits précédemment donnent à penser que l'apprentissage constitue, de par sa nature, un processus caractérisé par des tensions et des conflits. En effet, l'acquisition de nouvelles connaissances, habiletés ou attitudes s'effectue grâce à une confrontation entre quatre modes d'apprentissage expérientiels. Pour être efficaces, les apprenants ont besoin de quatre types différents d'habiletés liées respectivement à l'*expérience concrète* (E.C.), à l'*observation réfléchie* (O.R.), à la *conceptualisation abstraite* (C.A.) et à l'*expérimentation active* (E.A.). En d'autres termes, ils doivent être en mesure de participer pleinement, ouvertement et sans parti pris à de nouvelles expériences (E.C.). Ils doivent aussi pouvoir réfléchir à ces expériences et les observer en adoptant divers points de vue (O.R.). Enfin, ils doivent parvenir à créer des concepts qui intègrent leurs observations dans des théories logiquement valables (C.A.) et être à même d'utiliser ces théories pour prendre des décisions et résoudre des problèmes (E.A.). Cet idéal est toutefois difficile à atteindre. En effet, comment peut-on agir et réfléchir simultanément ? Comment peut-on adopter une attitude concrète et être capable d'agir de façon immédiate tout en s'intéressant aux théories ? L'apprentissage exige des habiletés diamétralement opposées, de sorte que l'apprenant doit sans cesse choisir celles qu'il mettra à contribution dans une situation d'apprentissage donnée. Le processus d'apprentissage présente plus précisément deux grandes dimensions. La première s'étend de l'expérience concrète des événements à leur conceptualisation abstraite, tandis que la seconde se caractérise par l'expérimentation active à un extrême et l'observation réfléchie à l'autre. Ainsi, en cours d'apprentissage, tout individu adopte un rôle plus ou moins similaire à celui d'acteur ou d'observateur, et une attitude plus ou moins axée sur une participation particulière ou sur un détachement analytique.

En outre, la *manière* dont sont résolus les conflits entre les modes d'adaptation dialectiquement opposés détermine le niveau d'apprentissage. Lorsque ces conflits sont résolus, soit par la suppression d'un mode ou la prédominance d'un autre, soit par ces deux moyens, l'apprentissage tend à être spécialisé dans les domaines axés sur le mode dominant et à être limité dans ceux associés au mode dominé. Ainsi, dans le modèle de Piaget, la prédominance de l'accommodation engendre l'imitation et celle de l'assimilation, le jeu. Dans les travaux de Freire, la dominance du mode actif entraîne l'« activisme » et celle du mode réfléchi, le « verbalisme ».

Ajoutons cependant que, dans le cas des formes supérieures d'adaptation – c'est-à-dire du processus de créativité et d'épanouissement personnel –, il importe de faire face au conflit entre les divers modes d'adaptation et de l'intégrer à une synthèse créatrice. En effet, depuis le modèle en quatre étapes de Wallas (1926) faisant intervenir l'incorporation, l'incubation, la compréhension soudaine et la vérification, presque toutes les descriptions du processus de créativité offertes font état des conflits dialectiques qui s'y rattachent. Dans son essai sur les conditions nécessaires à la créativité, Bruner (1966a) met en évidence la tension dialectique entre le détachement abstrait et la participation concrète. Selon lui, toute manifestation de créativité est le fruit du détachement et de l'engagement, de la passion et du décorum, ainsi que d'une liberté permettant à l'individu de se laisser dominer par l'objet de ses investigations. Aux stades supérieurs du développement, l'engagement adaptatif à l'égard de l'apprentissage et de la créativité engendre un important besoin d'intégration des quatre modes d'adaptation. Le développement associé à un mode hâte le développement des autres modes. Un accroissement de la complexité symbolique, par exemple, affine et accentue les possibilités en matière de perception et de comportement. La créativité et la croissance véritables se distinguent donc par la complexité et par l'intégration des conflits dialectiques entre les divers modes d'adaptation.

L'apprentissage est un processus holistique d'adaptation au monde

L'apprentissage expérientiel n'est pas un concept pédagogique moléculaire, mais plutôt un concept molaire décrivant le processus fondamental par lequel l'être humain s'adapte à son milieu social et physique. Il s'agit en fait d'un concept holistique très semblable à la théorie des types psychologiques élaborée par Jung (1977), en ce sens qu'il tente de décrire la formation de l'attitude première d'un individu face à l'existence en tant que fonction des tensions dialectiques entre les divers grands modes d'adaptation au monde. L'apprentissage ne relève pas d'un seul domaine spécialisé du fonctionnement de l'être humain, telles la cognition et la perception. Il nécessite au contraire la participation intégrée de tous les aspects de l'être humain – pensées, sentiments, perceptions et comportements.

Ce concept d'une adaptation holistique s'écarte quelque peu des tendances actuelles de la recherche en sciences du comportement. En effet, depuis le début du siècle et le déclin de ce que Gordon Allport appelait les théories « simples et souveraines » du comportement humain, on observe dans ce domaine une tendance à s'éloigner des théories comme celles de Freud et de ses disciples, théories qui veulent expliquer la totalité du fonctionnement de l'être humain en mettant l'accent sur les relations réciproques entre les processus telles la pensée, l'émotion et la perception. La plupart des chercheurs choisissent plutôt d'examiner et de décrire plus en détail certains processus et sous-processus particuliers de l'adaptation humaine, parmi lesquels on trouve la perception, la perception de la personne, l'attribution, la motivation à réussir, la cognition et la mémoire, pour ne citer que ceux-là. Or, leurs travaux ont porté fruit. Grâce à ces recherches spécialisées intensives, nous savons désormais beaucoup de choses sur le comportement humain, à tel point qu'il semble impossible de mettre en valeur et d'intégrer toutes les connaissances acquises. Aucune théorie holistique proposée de nos jours ne saurait être simple ni souveraine. Néanmoins, pour en arriver à comprendre le comportement humain, en particulier d'une manière pratique, nous devons rassembler, d'une façon ou d'une autre, tous les éléments qui ont été analysés avec tant d'attention. Il nous faut savoir non seulement de quelle manière se développent les pensées et les sentiments, mais aussi dans quelles circonstances le comportement obéit à la pensée et dans quelles circonstances il obéit aux sentiments. Outre qu'elle examine la nature des fonctions humaines spécialisées, la théorie de l'apprentissage expérientiel touche à la manière dont l'individu intègre ces fonctions dans une attitude holistique d'adaptation au monde.

L'apprentissage constitue le *principal* processus d'adaptation de l'être humain. Ce concept de l'apprentissage a une portée beaucoup plus grande que celui qu'on associe communément à l'école. L'apprentissage survient dans toutes les situations, tant à l'école qu'au travail, tant dans les laboratoires de recherche que dans les salles de réunion, et tant dans le cadre de relations personnelles que lors d'une visite au supermarché. Il se manifeste à toutes les étapes de l'existence : de l'enfance à l'adolescence, puis à l'âge mûr et au troisième âge. De ce fait, l'apprentissage englobe d'autres concepts plus limités, tels que la créativité, la résolution de problèmes, la prise de décision et les changements d'attitude, qui mettent l'accent sur l'un ou l'autre des aspects fondamentaux de l'adaptation. Les chercheurs qui s'intéressent à la créativité, par exemple, tendent à examiner les éléments divergents (concrets et réfléchis) de l'adaptation comme la tolérance des ambiguïtés, la réflexion métaphorique et la flexibilité, tandis que ceux qui étudient la prise de décision s'attardent à ses éléments plus convergents (abstraits et actifs), telle l'évaluation rationnelle des diverses solutions possibles.

La description du processus de l'apprentissage expérientiel en tant que cycle se reflète dans de nombreux modèles spécialisés du processus d'adaptation. Ceux-ci ont en commun l'idée que toute forme d'adaptation de l'être humain s'apparente à l'investigation scientifique, un point de vue que le regretté George Kelly (1955) a le plus clairement exprimé. Dewey, Lewin et Piaget semblent tous trois utiliser la méthode scientifique, d'une façon ou d'une autre, comme modèle pour décrire le processus d'apprentissage. En d'autres termes, la méthode scientifique leur apparaît comme le raffinement philosophique et technologique suprême des processus fondamentaux de l'adaptation humaine. Elle fournit, par conséquent, un moyen de décrire l'intégration holistique de toutes les fonctions de l'être humain.

La figure 4 montre un ensemble de cercles concentriques dont le plus petit présente le cycle de l'apprentissage expérientiel et le plus grand, un modèle du processus d'investigation scientifique (Kolb, 1978). Les autres cercles offrent respectivement un modèle de processus de résolution de problèmes (Pounds, 1965), de la prise de décision (Simon, 1947) et de la créativité (Wallas, 1926). Bien que les termes utilisés varient d'un modèle à l'autre, on note une remarquable similarité sur le plan conceptuel. Or, celle-ci donne à penser qu'il pourrait être très avantageux d'incorporer les fruits de la recherche dans chacun de ces domaines spécialisés à un même modèle général du processus d'adaptation, modèle semblable à celui que propose la théorie de l'apprentissage expérientiel. Les travaux de Bruner (1966b), axés sur l'élaboration d'une théorie de l'enseignement, offrent un exemple des bénéfices possibles. En intégrant les fruits de la recherche sur le processus cognitif, la résolution de problèmes et la théorie de l'apprentissage, Bruner a mis de l'avant une approche nouvelle et féconde en matière d'enseignement.

Envisagé à la manière d'un processus holistique d'adaptation qui ne cesse jamais, l'apprentissage jette un pont conceptuel entre les différentes situations de l'existence, tels l'école et le travail. Cette vision des choses fait également ressortir les points communs de diverses activités d'adaptation et d'apprentissage auxquelles on donne ordinairement un nom spécialisé : apprentissage, créativité, résolution de problèmes, prise de décision, recherche scientifique. Elle permet enfin d'incorporer à l'apprentissage des activités d'adaptation qui se distinguent, par leur étendue, dans le temps et dans l'espace. On associe ordinairement toute réaction immédiate à une situation ou à un problème de portée limitée non pas à l'apprentissage, mais à la *performance*. De même, à l'autre extrême, c'est au *développement* plutôt qu'à l'apprentissage qu'on tend à assimiler l'adaptation à long terme d'un individu à l'ensemble de sa situation. Lorsqu'on les envisage à la lumière de la théorie de l'apprentissage expérientiel, toutefois, la performance, l'apprentissage et le développement forment un continuum des attitudes que peut adopter un individu pour s'adapter à son milieu, attitudes qui ne diffèrent que par leur étendue dans l'espace et dans le temps. La performance représente ainsi l'adaptation à court terme à des circonstances immédiates, tandis que l'apprentissage constitue la maîtrise, à plus long terme, de différentes catégories générales de situations, et le développement, l'adaptation d'un individu à l'ensemble de ses conditions d'existence, ce la vie durant.

L'apprentissage implique des transactions entre la personne et l'environnement

Ainsi formulé, l'énoncé qui précède est on ne peut plus évident. Il n'en demeure pas moins un phénomène étrange ; les recherches sur l'apprentissage et la pratique de l'enseignement font peu de cas de ses implications, leur préférant une vision psychologique de l'apprentissage centrée sur la personne. Une observation sommaire du processus pédagogique traditionnel amènerait, sans nul doute, à conclure que l'apprentissage constitue essentiellement un processus personnel

FIGURE 4 *Les éléments semblables de diverses conceptions des grands processus d'adaptation : investigation/recherche, créativité, prise de décision, résolution de problèmes et apprentissage*

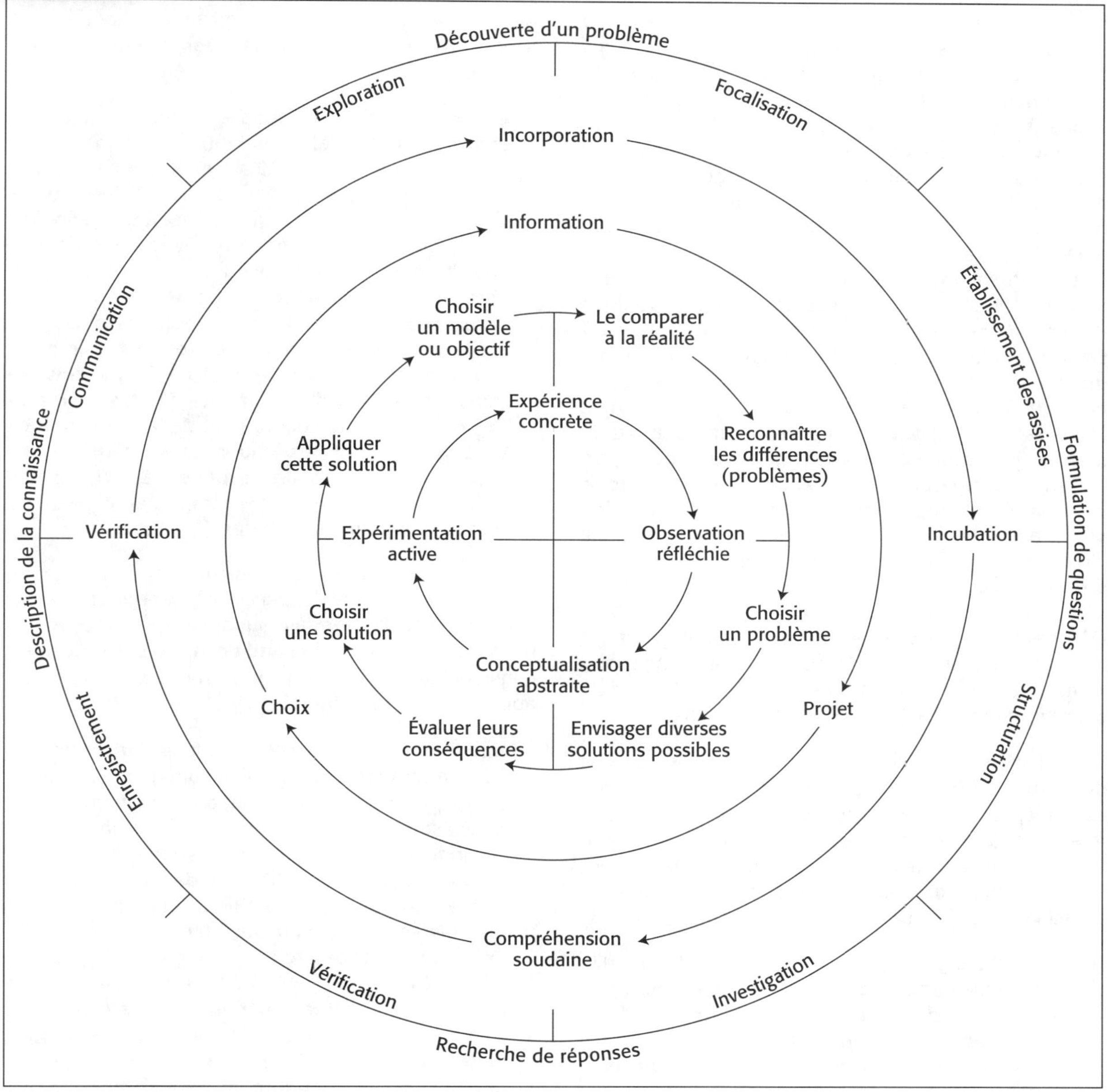

interne qui ne requiert qu'un environnement limité à des manuels, à un enseignant et à une classe. De fait, les systèmes d'éducation semblent, à tous les niveaux, rejeter parfois activement l'environnement plus vaste du monde « réel ».

Une situation semblable existe dans le domaine de la recherche psychologique sur l'apprentissage et le développement. Les théories de l'apprentissage fondées sur l'association stimulus-réponse décrivent en effet la relation entre les stimuli de l'environnement et les réactions de l'organisme. En pratique, toutefois, les recherches s'effectuent la plupart du temps en considérant les stimuli environnementaux comme des variables indépendantes manipulées artificiellement par les expérimentateurs pour en déterminer les effets sur les caractéristiques des réponses qui en dépendent. Cette manière de procéder a eu deux conséquences. D'une part, elle a engendré une tendance à percevoir la relation entre un individu et son environnement comme étant à sens unique, et ce en insistant beaucoup sur la manière dont l'environnement façonne le comportement, mais peu sur la manière dont le comportement façonne l'environnement. D'autre part, elle a donné lieu à des modèles d'apprentissage qui n'ont essentiellement aucun lien avec le contexte et ne présentent pas ce qu'Egon Brunswick (1943) appelait une « validité écologique ». En s'attardant à contrôler les conditions environnementales, on a en effet créé en laboratoire des situations qui ont bien peu en commun avec la réalité, d'où l'élaboration de modèles d'apprentissage empiriquement validés qui décrivent avec précision le comportement observé dans ces situations artificielles, mais peuvent difficilement faire l'objet d'une généralisation pour s'appliquer aux sujets dans leur milieu naturel. Il n'y a rien de surprenant à ce que le principal défenseur de cette théorie de l'apprentissage ait été fasciné par la création de sociétés utopiques telles que Walden II (Skinner, 1948), car la seule façon d'appliquer les résultats des études en cause est de transformer le monde en un laboratoire sous le contrôle d'un « expérimentateur » (comparer à Elms, 1981).

Des critiques semblables ont été formulées au sujet de la psychologie développementale. On a, par exemple, reproché aux travaux de Piaget de ne pas tenir compte de la situation environnementale et culturelle (Cole et autres, 1971). En parlant de la psychologie développementale en général, Bronfenbrenner a déclaré ce qui suit.

> La psychologie développementale, telle qu'elle existe actuellement, consiste pour une bonne part en *la science du comportement étrange d'enfants placés dans des situations étranges avec des adultes étranges pour un temps le plus court possible* (Bronfenbrenner, 1997, p. 19).

Dans la théorie de l'apprentissage expérientiel, la relation transactionnelle entre la personne et l'environnement est symbolisée par la double signification du terme « expérience », lequel dénote à la fois l'état intérieur d'un individu, subjectif et personnel (comme dans l'expression « une expérience heureuse »), et ses conditions objectives et environnementales (comme dans l'expression « il a vingt ans d'expérience dans ce domaine »). Ces deux formes d'expérience se fondent et sont reliées l'une à l'autre de manière très complexe. Ainsi, une personne qui a vingt ans d'expérience a acquis de l'expérience année après année depuis vingt ans. Dewey décrit ce phénomène comme suit.

> L'expérience n'est pas simplement une affaire subjective et personnelle ; elle influe sur la formation de certaines tendances : désirs et fins. Et ce n'est pas tout encore. Une expérience authentique comporte un aspect actif qui modifie à quelque degré les conditions objectives des expériences ultérieures. La différence entre la civilisation et la sauvagerie vient du degré selon lequel les expériences antérieures ont modifié les conditions objectives grâce auxquelles se sont produites les expériences suivantes. L'existence de routes, de moyens de transport rapides, d'instruments, d'outils, de mobilier, de la lumière électrique et de la force motrice en sont autant d'illustrations. Si on détruisait les conditions externes de l'expérience actuelle des civilisés, cette expérience rétrograderait jusqu'au niveau des peuples barbares. [...]

Le mot « interaction » [...] assigne les mêmes droits aux deux facteurs de l'expérience : externe et interne. Toute expérience normale suppose le jeu réciproque de ces deux chaînes de conditions. Ce sont elles qui, considérées ensemble [...], forment ce que nous appelons une « situation ». [...]

> Dire que les hommes vivent dans un certain univers signifie, pratiquement, qu'ils sont engagés par la vie dans une série de situations. Et quand on dit qu'ils sont engagés dans ces situations, il faut entendre « DANS » avec un sens différent de celui qu'on suggère si on dit « J'ai des sous dans ma poche » ou « de la peinture dans un bidon ». Encore une fois, cela signifie qu'une interaction s'est établie entre un sujet, des objets et d'autres personnes. SITUATION et INTERACTION sont inséparables l'une de l'autre. Une expérience est ce qu'elle est à cause de la relation qui s'établit entre un individu et ce qui constitue à ce moment-là son environnement ; cet environnement peut comporter des personnes avec lesquelles il s'entretient verbalement, étant lui-même partie de la situation, des jouets avec lesquels il joue, ou un livre qu'il lit (l'environnement peut aussi bien être la Grèce ancienne que l'Angleterre ou quelque région imaginaire), ou encore les éléments d'une expérience que lui-même est en train de poursuivre. Même en

> construisant un château en Espagne, on agit et réagit avec les objets dont on se sert en imagination (Dewey, 1947, p. 52-53, 55, 56).

Bien que Dewey utilise le terme « interaction » pour désigner la relation qui existe entre les conditions objectives et subjectives de l'expérience, il tente, à la fin du passage cité, de faire ressortir la nature particulière et complexe de cette relation. Le terme *transaction* convient mieux que le terme interaction pour décrire la relation entre un individu et son environnement dans la théorie de l'apprentissage expérientiel, et ce parce que le terme *interaction* a une connotation un peu trop mécanique, faisant intervenir deux entités distinctes immuables qui s'entremêlent mais conservent chacune leur identité propre. C'est pour cette raison que Dewey tente de donner une signification particulière au mot « dans ». Le concept de transaction suggère une relation plus fluide où les conditions objectives se fondent à l'expérience subjective de sorte que, une fois reliées, l'une et l'autre sont fondamentalement transformées.

Lewin était conscient de la complexité de cette relation. Il a cependant choisi de l'éluder lorsqu'il a proposé sa célèbre formule théorique, $C = f(P,E)$, formule qui indique que le comportement est fonction de la personne et de l'environnement, mais ne fournit aucune indication précise sur la nature mathématique de cette fonction. Nous avons ici adopté une position semblable à celle de Bandura (1978), où les caractéristiques personnelles, les conditions environnementales et le comportement sont étroitement liés, chaque élément influant sur les autres et étant déterminé par eux. Ce concept de transactions réciproquement déterminées entre un individu et son milieu d'apprentissage est au centre de la méthode de formation en laboratoire associée à l'apprentissage expérientiel. On envisage ainsi l'apprentissage au sein d'un groupe de formation comme le résultat non seulement d'une réaction à un environnement fixe, mais de la création active par les participants de situations conformes aux objectifs d'apprentissage.

> Cette expérience d'apprentissage repose essentiellement sur un processus transactionnel où les membres [du groupe] négocient les uns avec les autres, tandis que chacun tente d'influencer ou de contrôler le déroulement des événements et de satisfaire ses besoins personnels. Les individus apprennent dans la mesure où ils laissent voir leurs besoins, leurs valeurs et leurs modes de comportement, de telle sorte que des perceptions et des réactions puissent être échangées. Le comportement devient ainsi la monnaie d'échange utilisée lors de la transaction. La somme investie par chacun contribue à déterminer le bénéfice obtenu (Bradford, 1964, p. 192).

Vu de cette manière, l'apprentissage constitue un processus actif et autogéré auquel on peut recourir non seulement à l'intérieur d'un groupe, mais aussi dans la vie de tous les jours.

L'apprentissage est un processus de création de la connaissance

Pour bien comprendre l'apprentissage, il faut comprendre la nature et les formes de la connaissance humaine, de même que ses processus de création. Nous avons déjà indiqué que la création de la connaissance s'effectue à tous les niveaux de complexité, des formes les plus avancées de la recherche scientifique à la découverte par un enfant du fait qu'un ballon peut rebondir. La connaissance est le fruit de la transaction entre la connaissance sociale et la connaissance personnelle. Or, la première, comme le fit remarquer Dewey, représente la somme des expériences culturelles antérieures objectives de l'humanité et la seconde, la somme des expériences personnelles subjectives vécues par un individu. La connaissance résulte de la transaction entre ces expériences objectives et subjectives à l'intérieur du processus appelé « apprentissage ». De ce fait, on ne peut ni comprendre la connaissance sans comprendre la psychologie du processus d'apprentissage, ni comprendre l'apprentissage sans comprendre l'épistémologie, soit les origines, la nature, les méthodes et les limites de la connaissance. Piaget a déclaré ce qui suit à ce propos.

> La psychologie occupe donc une place de première importance, et ses implications sont de plus en plus évidentes. Il existe à cela une raison très simple. En effet, si les sciences naturelles permettent d'expliquer l'espèce humaine, l'humanité fournit une explication aux sciences naturelles, et il revient à la psychologie de démontrer de quelle manière. La psychologie représente en fait la jonction de deux courants opposés de la pensée scientifique qui sont dialectiquement complémentaires. Il s'ensuit qu'on ne peut organiser le système des sciences d'une manière linéaire comme beaucoup ont essayé de le faire, à commencer par Auguste Comte. Le système des sciences présente la forme d'un cercle, ou plus précisément d'une spirale qui va en s'élargissant. Les objets ne sont en fait connus que par l'entremise du sujet, et le sujet ne peut se connaître lui-même qu'en agissant sur des objets d'une façon matérielle ou mentale. De fait,

> si les objets sont innombrables et la science infiniment variée, toute connaissance du sujet nous ramène à la psychologie, c'est-à-dire à la science du sujet et de ses actions.
>
> [...] il est impossible de dissocier la psychologie de l'épistémologie [...] comment la connaissance est-elle acquise, comment s'accroît-elle et comment devient-elle organisée ou réorganisée? [...] Les réponses qui se présentent à nous, et parmi lesquelles nous ne pouvons faire un choix qu'en les affinant plus ou moins, sont nécessairement de l'un ou l'autre des trois types suivants: ou bien la connaissance provient exclusivement de l'objet, ou bien le sujet la construit seul, ou bien elle résulte de multiples interactions entre le sujet et l'objet – mais de quelles interactions et sous quelle forme? On remarque aussitôt qu'il s'agit là de solutions épistémologiques issues de l'empirisme, de l'apriorisme ou de l'interactionisme varié (Piaget, 1978, p. 651).

Il est étonnant que peu de chercheurs dans le domaine de l'apprentissage et de la cognition, mis à part Piaget, aient reconnu la relation étroite entre l'apprentissage et la connaissance et, par voie de conséquence, le besoin d'étudier ces processus connexes par une investigation aussi bien épistémologique que psychologique. Dans le cadre de mes recherches et de mes activités associées à l'apprentissage expérientiel, j'ai été impressionné par les ramifications de la perspective épistémologique sur le plan pratique. En tant que professeur, par exemple, j'ai découvert qu'il est essentiel de tenir compte du sujet au moment d'établir la façon d'aider les étudiants à apprendre ce qu'on veut leur enseigner. Favoriser l'acquisition d'aptitudes à l'écoute active et enseigner les notions élémentaires de la statistique sont deux tâches différentes qui exigent chacune une méthode pédagogique distincte. De même, à titre de consultant auprès d'organisations, j'ai souvent eu l'occasion de voir des obstacles à la communication et à la résolution de problèmes qui sont essentiellement épistémologiques, c'est-à-dire fondés sur des hypothèses contradictoires quant à la nature de la connaissance et de la vérité.

La théorie de l'apprentissage expérientiel offre une façon d'aborder ces problèmes pratiques en suggérant une typologie de différents systèmes de connaissances, typologie qui découle de la manière caractéristique dont sont résolus les conflits dialectiques entre les modes d'adaptation de l'expérience concrète et de la conceptualisation abstraite, et ceux de l'expérimentation active et de l'observation réfléchie dans divers domaines d'investigation. Cette approche s'inspire des travaux de Stephen Pepper (1942), qui a proposé un système décrivant les différentes formes viables de la connaissance sociale, système fondé sur ce que Pepper appelle des « hypothèses au sujet du monde ». Ces hypothèses correspondent à des systèmes métaphysiques qui définissent les suppositions et les règles s'appliquant à l'élaboration de la connaissance affinée à partir du sens commun. Pepper soutient que tous les systèmes de connaissances sont des formes affinées du sens commun fondées sur différentes hypothèses au sujet de la nature de la connaissance et de la vérité. Le processus d'affinement en cause comporte, selon lui, un dilemme fondamental. En effet, bien que le sens commun puisse toujours servir à expliquer une expérience, il tend à être imprécis. La connaissance affinée, par opposition, se révèle précise mais limitée quant à son champ d'application ou de généralisation parce qu'elle repose sur des suppositions ou des hypothèses au sujet du monde. Par conséquent, le sens commun a toujours besoin de la vision critique de la connaissance affinée, et la connaissance affinée a toujours besoin de la sécurité du sens commun, ce qui donne à penser que l'interprétation de toute connaissance sociale doit se faire avec une attitude partiellement sceptique.

En résumé : une définition de l'apprentissage

Bien qu'une définition tende à faire paraître les choses plus certaines qu'elles ne le sont, il peut être utile de résumer le contenu de ce chapitre sur les caractéristiques du processus de l'apprentissage expérientiel en offrant une définition de travail de l'apprentissage. *L'apprentissage est le processus qui engendre la création de la connaissance par la transformation de l'expérience.* Cette définition met en évidence plusieurs aspects importants de l'apprentissage envisagé du point de vue expérientiel. En premier lieu, l'importance est accordée aux processus d'adaptation et d'apprentissage plutôt qu'à leur contenu ou à leurs résultats. En deuxième lieu, la connaissance, qui est sans cesse créée et recréée, est le fruit d'un processus de transformation et ne constitue donc pas une entité indépendante qu'on peut acquérir ou transmettre. En troisième lieu, l'apprentissage transforme l'expérience, aussi bien dans ses formes objectives que subjectives. En dernier lieu, il est impossible de comprendre la nature de l'apprentissage sans comprendre celle de la connaissance, et vice versa.

Références

Argyris, C., et Schön, D. (1974). *Theory in Practice : Increasing Professional Effectiveness,* San Francisco, Jossey-Bass.

Bandura, A. (1978). « The self system in reciprocal determinism », *American Psychologist,* p. 344-357.

Bradford, L. (1964). « Membership and the learning process », dans L. Bradford et autres (sous la dir. de), *T Group Theory and Laboratory Method,* New York, John Wiley.

Bronfenbrenner, U. (1977). « Toward an experimental ecology of human development », *American Psychologist,* 32(7), p. 513-531.

Bruner, J. S. (1966a). On Knowing : *Essays for the Left Hand,* New York, Atheneum.

Bruner, J. S. (1966b). *Toward a Theory of Instruction,* New York, W.W. Norton.

Brunswick, E. (1943). « Organismic achievement and environment probability », *Psychological Review,* 50, p. 255-272.

Cole, M., et autres (1971). *The Cultural Context of Learning and Thinking,* New York, Basic Books.

Dewey, J. (1947). *Expérience et éducation,* Paris, Éd. Bourrelier & Cie.

Elkind, D. (1970). *Children and Adolescence : Interpretative Essays on Jean Piaget,* New York, Oxford University Press.

Elms, A. (1981). « Skinner's dark year and Walden Two », *American Psychologist,* 36(5), p. 470-479.

Flavell, J. (1963). *The Developmental Psychology of Jean Piaget,* New York, Van Nostrand Reinhold Co.

Freire, P. (1974). *Pedagogy of the Oppressed,* New York, Continuum.

James, W. (1890). *The Principles of Psychology,* vol. I et II, New York, Holt, Rinehart and Winston.

Jung, C. (1977). « Psychological types », dans *Collected Works of C. G. Jung,* vol. 6, Bollingen Series XX, Princeton, N.J., Princeton University Press.

Kelly, G. (1955). *The Psychology of Personal Constructs,* vol. I et II, New York, W.W. Norton.

Kolb, D. A. (1978). « Applications of experiential learning theory to the information sciences », communication présentée à la National Science Foundation Conference on Contributions of the Behavioral Sciences to Research in Information Science.

Pepper, S. (1942). *World Hypotheses,* Berkeley, Calif., University of California Press.

Piaget, J. (1970). *Genetic Epistemology,* New York, Columbia University Press.

Piaget, J. (1978). « What is psychology », *American Psychologist,* juillet, p. 648-652.

Pounds, W. (1965). « On problem finding », *Sloan School Working Paper,* n°s 145-165.

Simon, H. A. (1947). *Administrative Behavior,* New York, Macmillan.

Skinner, B. F. (1948). *Walden II,* New York, Macmillan.

Wallas, G. (1926). *The Art of Thought,* New York, Harcourt Brace.

Chapitre 6

La relation humaine

Établir des relations professionnelles productives et satisfaisantes

Si l'étude des comportements permet de comprendre un individu, c'est l'étude des relations humaines qui permet de comprendre un groupe. La relation humaine est nécessaire à l'autoconservation et au développement de la personne ainsi qu'à la société humaine. La relation humaine permet à la personne de se définir, de découvrir en quoi elle est unique et en quoi elle ressemble aux autres, bref, de trouver son identité. De plus, tout ce que fait une personne lorsqu'elle est en relation avec les autres a des répercussions à la fois sur ceux-ci et sur elle-même ; d'ailleurs, tout ce qu'une personne fait pour elle-même a des effets sur les autres. Ainsi, les relations qu'entretiennent les personnes dans un milieu déterminent le développement de la société qu'elles forment ensemble.

La relation humaine a été étudiée de diverses manières. En sociologie, Homans (1950) définit la relation humaine comme une interaction des personnes : des individus interagissent et de leurs interactions naissent des sentiments qui stimulent ou non des activités. En psychologie, Laing et autres (1966) définissent la relation humaine comme une interexpérience, c'est-à-dire une expérience vécue par au moins deux personnes. La relation humaine est un des axiomes les plus importants du comportement humain. En effet, l'expérience d'une personne et ses comportements au travail sont toujours en relation avec quelqu'un, que ce soit son supérieur hiérarchique, son collaborateur ou son client[1]. Plus généralement, la relation humaine peut se définir comme étant le lien d'interdépendance des individus, c'est-à-dire ce qui maintient deux personnes ou plus dans un état de relative dépendance mutuelle tout en leur permettant de conserver une certaine autonomie. La marge d'autonomie que chaque personne possède par rapport à l'autre, ou aux autres, détermine en partie son pouvoir. Ainsi, dans le cas où chaque personne dispose d'une marge d'autonomie comparable à celle de l'autre, la relation est dite symétrique ou égalitaire. Dans le cas où une personne dispose d'une marge d'autonomie plus grande que celle de l'autre, la relation est dite asymétrique. La relation humaine suppose donc un échange entre les individus et une influence réciproque.

1. Voir le texte classique de Laing et autres (1966) présenté au chapitre 2, p. 96.

Si elle peut avoir une dimension utilitaire, la relation humaine n'en revêt pas moins une dimension affective, car il est impossible d'être avec autrui sans éprouver pour lui un sentiment et sans le lui communiquer. Ainsi, il n'y a de relation humaine que dans un tissu de communications émotionnelles (Malrieu, 1979). La relation humaine ne peut donc pas se réduire à un rapport avec un objet ou à une finalité. Les liens qui unissent les personnes d'une communauté sont d'abord affectifs, puis instrumentaux, comme l'explique Pagès (1984) :

> Toujours et d'emblée, la relation humaine est affective. Elle est une sensibilité à l'autre, ou comme dit Heidegger, un souci (Sorge), une assistance (Fürsorge). Ces mots ne désignent nulle émotion particulière, mais le fondement de toutes les émotions. Ils signifient que l'être humain est, vis-à-vis des autres, en état permanent de non-indifférence, de disponibilité ou de réceptivité. L'indifférence, la non-disponibilité apparentes, sont des masques. Elles supposent une non-indifférence plus profonde. Car l'on est « indifférent à » quelqu'un que notre indifférence vise et auquel il a bien fallu que l'on soit sensible pour que l'on puisse se déterminer comme indifférent par rapport à lui. [...]
>
> La relation humaine donne l'autre dans son altérité, non en tant qu'il est semblable à moi, réductible à mon instinct ou à mes besoins, c'est-à-dire en tant qu'objet, mais justement en tant qu'il est autre. Elle suppose la reconnaissance au moins partielle et confuse d'une personne, douée d'individualité et d'autonomie. Inversement, le sentiment met en rapport avec autrui, il implique la relation (p. 101-102).

S'il est vrai que le comportement d'une personne résulte d'un besoin qui demande à être satisfait et suppose une intention qui l'oriente vers un but, producteur de satisfaction, alors, dans un groupe, chaque individu recherche la satisfaction de ses besoins et tente de soumettre les autres à ceux-ci. Dans un groupe, chaque individu fait face à ses besoins et à ceux des autres. Chacun essaie de persuader, de séduire ou de manipuler l'autre pour qu'il l'aide à satisfaire ses besoins. Chacun est donc hostile à l'autre dans la mesure où celui-ci peut l'empêcher d'atteindre ses objectifs. Par conséquent, le groupe crée une situation où chaque individu doit potentiellement sacrifier ses désirs. Mais comme le dit Freud (1933) : « Nous ne savons renoncer à rien. Nous ne savons qu'échanger une chose contre une autre » (p. 71).

C'est dans cette perspective que Freud (*1921,* 1981) fait le constat suivant, dans son analyse de la foule :

> Nous observons comment les hommes, en général, se comportent affectivement les uns envers les autres. D'après la célèbre parabole de Schopenhauer, des porcs-épics transis, aucun ne supporte de l'autre un rapprochement trop intime.
>
> Selon le témoignage de la psychanalyse, presque tout rapport affectif intime de quelque durée entre deux individus [...] contient un fond de sentiments négatifs et hostiles, qui n'échappe à la perception que par suite du refoulement.

> Cela est plus apparent chaque fois qu'un associé se querelle avec son collègue, qu'un subordonné grogne contre un supérieur. La même chose se produit lorsque les gens se réunissent en unités plus importantes (p. 162-163).

Selon Anzieu et Martin (2003), le groupe, par la pluralité des demandes et des exigences des individus à l'endroit des autres, peut se révéler une menace primaire contre la personne, contre l'unité de sa personnalité :

> Le groupe est une aliénation pour la personnalité individuelle : il est dangereux pour la dignité, la liberté et l'autonomie de celle-ci ; il risque de provoquer un « viol » de la personnalité. Les rapports humains dans les groupes ne peuvent être que des rapports de manipulateur à manipulé, c'est-à-dire sur un modèle sadomasochiste (p. 20).

Ainsi, dans un groupe, l'individu se trouve aux prises avec des besoins qui demandent à être comblés alors qu'il est dans l'impossibilité de le faire, compte tenu des exigences de la situation et des normes. L'insatisfaction des besoins est alors réprimée, au point où l'individu a l'impression qu'il ne les éprouve plus. Toutefois, la frustration demeure. Puisque les besoins ne peuvent pas être satisfaits par les voies normales que sont les actions directes et conscientes vers l'objet de satisfaction, l'individu va rechercher des satisfactions substitutives et, ainsi, adapter ses conduites aux conditions de son milieu.

L'impossibilité de satisfaire aux besoins de tous et chacun simultanément, et la difficulté à s'apporter mutuellement de l'aide révèlent la solitude des individus comme condition permanente de l'existence humaine. Elles traduisent l'état de séparation des êtres. Dans un groupe, la solitude est vécue comme l'impossibilité de comprendre les autres et de communiquer avec eux (Pagès, 1984), et comme la difficulté de se décentrer et d'accepter, sans condition, la singularité de l'autre.

Par ailleurs, on constate que les individus se comportent dans un groupe comme s'ils étaient tous faits sur le même moule, tolérant les singularités et acceptant de collaborer au projet commun. Cette contradiction n'est qu'une apparence. Au-delà du profit que chacun peut tirer de la collaboration de l'autre, ce profit pouvant être altruiste, des liens affectifs qui ont la propriété de faire durer les relations se nouent entre les individus. Freud (*1921,* 1981) parle d'attachement libidinal :

> Il se produit dans les relations sociales des hommes exactement ce que la recherche psychanalytique a découvert dans le processus de développement de la libido individuelle. La libido s'étaie sur la satisfaction des grands besoins vitaux et choisit pour ses premiers objets les individus qui y participent. Et, de même que chez l'individu, de même dans l'humanité entière, c'est l'amour seul qui agit comme facteur de civilisation, dans le sens de l'égoïsme à l'altruisme (p. 164-165).

Le fait que les individus dépendent les uns des autres pour réaliser leurs propres désirs signifie aussi qu'ils sont toujours frustrés, limités dans leurs possibilités de réalisation par les désirs des autres qui, s'ils sont parfois complémentaires, sont aussi plus souvent différents, conflictuels et potentiellement antagonistes. Si chacun trouve des objets de satisfaction dans des groupes ou des organisations, il y trouve aussi des occasions de souffrance, étant obligé, comme l'indique Freud (1933), d'échanger ses possibilités de plaisir contre d'autres (à savoir l'affection des autres).

En fait, il faut se rendre compte qu'il existe des structures de groupe ou d'organisation qui permettent d'une façon relative la réalisation des aspirations personnelles et qui préservent, voire améliorent, les capacités d'actualisation, de créativité et d'imagination des individus qui en font partie. Dans les cas où l'individu éprouve surtout de la frustration ou de la souffrance, il aura tendance, par conséquent, à chercher des moyens de modifier la structure du groupe ou de l'organisation, ou à s'intégrer dans d'autres groupes ou organisations où il perçoit que ses chances de satisfaire ses désirs sont meilleures, et ce, bien sûr, dans les limites des données économiques et sociales. Cela aurait ainsi un effet direct sur la force de l'engagement de l'individu envers l'organisation.

Le concept de « relation humaine » n'est pas étranger au monde du travail. Il a été introduit dans les années 1930 avec les travaux d'Elton Mayo. L'école des relations humaines propose une conception humaniste de l'organisation : elle met en valeur le composant humain de l'organisation en privilégiant non seulement l'atteinte des objectifs de l'organisation, mais aussi la satisfaction des besoins des employés.

Mayo est le fondateur du mouvement des relations humaines en management et en comportement organisationnel. Ses principaux intérêts de recherche étaient, au départ, les conditions matérielles de travail, les causes de la fatigue, de l'absentéisme et des accidents du travail (Mayo, 1933). Sa recherche à la Western Electric, devenue célèbre, montre l'importance sur le rendement individuel du moral des employés, des groupes dits non officiels chez les travailleurs, du style de direction et de la participation des employés aux décisions qui les concernent. Cette même recherche, reprise à l'usine Hawthorne, démontre que des facteurs humains tels que l'appartenance à un groupe non officiel et l'intérêt de l'employé pour son travail peuvent expliquer une bonne proportion de la quantité de production fournie. Plusieurs chercheurs ont adhéré à cette école de pensée ; parmi eux, citons Homans (1950), Roethlisberger et Dickson (1939), ainsi que Whitehead (1961).

Pour McGregor (1960), l'équipe dirigeante est en mesure d'améliorer l'efficacité de l'organisation en cultivant les valeurs humaines. Dans le modèle idéal qu'il propose, la direction considère que l'individu aime travailler, le travail étant source de satisfaction personnelle et d'apprentissage. La participation des travailleurs aux décisions qui les concernent constitue un moyen de gagner leur adhésion aux objectifs organisationnels et, de là, d'améliorer le rendement de chacun. Les superviseurs ont le devoir de soutenir les efforts des individus qui travaillent pour maintenir le niveau de rendement qu'ils fournissent.

Likert est un autre chercheur associé au courant de pensée humaniste. Il s'est particulièrement intéressé à la mesure des attitudes et des comportements dans l'organisation. D'après Likert (1961), une organisation efficace est dotée d'un système participatif parce qu'elle met en pratique le principe des relations intégrées selon lequel tous les rapports entre les gens d'une organisation intègrent les valeurs personnelles de chacun ; ce principe est mis en œuvre par la formation de groupes de travail. Les décisions sont décentralisées, et c'est le groupe lui-même qui effectue le contrôle.

Dans sa conception, l'efficacité d'une organisation se mesure par sa réussite économique et par la qualité des relations humaines. En particulier, Likert (1958) indique les mesures de performance qui peuvent être utilisées : la productivité, le profit, la confiance des consommateurs, la loyauté des employés, le degré de mobilisation des employés manifesté par leur rendement (en quantité et en qualité), le degré de confiance dans les relations humaines, l'esprit d'équipe et le sentiment de compétence.

En fait, l'école des relations humaines a permis de mettre en évidence l'existence d'un ensemble complexe de sentiments ayant une influence directe sur les réponses des personnes aux normes et aux exigences de la production. Dans cette perspective, on reconnaît que les individus éprouvent plusieurs besoins et que le travail ne représente pas seulement un moyen de gagner leur vie, mais aussi un moyen d'apprendre, de développer leurs compétences et de s'accomplir. L'organisation n'est pas seulement officielle, elle est aussi non officielle, au sens où des relations humaines s'établissent entre les individus, au cours des activités, et constituent la vie de l'organisation.

Le succès de la vie en groupe dépend de la compréhension de certains comportements, du développement d'habiletés et de l'adoption d'attitudes particulières en matière de relations humaines. Les objectifs de ce chapitre sont donc de mieux comprendre la dynamique de la relation humaine et les attitudes fondamentales afin de s'entendre avec les autres et d'établir des relations professionnelles satisfaisantes et productives. Compte tenu que les relations humaines peuvent également être source de souffrance pour les personnes, la dernière section du chapitre est consacrée à la problématique du harcèlement psychologique en milieu de travail.

La dynamique de la relation humaine

La relation humaine se construit à travers deux processus : l'attachement et la socialisation. L'attachement se produit de façon autonome et découle du besoin inné d'être avec les autres. Il répond à un besoin biologique au même titre que la faim et la soif. En raison de ce besoin, être avec les autres devient vital pour l'individu, mais, en revanche, ses manières d'être et d'agir avec les autres sont apprises au cours de son développement. C'est donc par la socialisation que l'individu s'intègre dans son milieu, qu'il apprend les comportements jugés désirables, et qu'il intériorise les normes, les modèles et les valeurs reconnus dans ce milieu. Dès lors, ces deux processus sont complémentaires, le premier procédant de l'intérieur, d'un besoin d'être avec autrui, et le second procédant de l'extérieur, de la nécessité de s'adapter au milieu social.

L'attachement

Depuis sa naissance, l'individu vit dans un milieu chargé de significations : les objets qu'il saisit ont une fonction, des règles de fonctionnement et d'usage ; les individus qu'il rencontre ont des statuts et des rôles, une fonction sociale et des responsabilités. Le monde qui l'accueille est empreint de règles, de normes, donc de sens ou de significations (Dolle, 1987). C'est par ses actions que l'individu s'approprie ces significations et crée les siennes. Autrement dit, c'est par l'activité que l'individu donne un sens aux objets et aux personnes, ainsi qu'aux relations qu'il entretient avec eux ; c'est également par l'activité que l'individu se définit lui-même.

C'est dire l'importance des autres dans le développement de l'identité personnelle et de la conscience d'être. C'est par la comparaison de soi avec les autres, par l'identification à des personnes significatives ainsi que par l'intériorisation de leurs conduites et de leurs attributs que se forge l'identité de l'individu et que se développe sa conscience d'être individualisé et autonome, accepté et valorisé par les autres.

L'autre, de par sa signification, est nécessaire au développement de l'individu. Il faut toutefois souligner l'importance de la liberté et de la volition de l'individu dans ses rapports avec l'autre et dans son propre développement : s'il aspire à devenir comme l'autre, cela implique alors un choix de sa part. Devenir comme l'autre ne signifie pas le copier ou le reproduire, mais bien assimiler ses conduites en accommodant les siennes pour mieux se les approprier. L'individu possède donc des caractéristiques propres qui définissent sa personnalité dans ce qu'elle a d'original et de singulier.

Parmi l'ensemble des besoins que ressent l'être humain, l'amour ne peut être satisfait autrement qu'en relation avec autrui. Par ses composantes de sollicitude, de responsabilité, de respect et de connaissance de soi et de l'autre, l'amour suppose la préservation de l'intégrité et de l'individualité (Fromm, 1968). Aimer et être aimé produisent un sentiment de sécurité et de valeur personnelle nécessaire à l'épanouissement et au dépassement de l'individu. C'est l'attachement qui constitue le mécanisme opérant dans une telle relation.

La notion d'attachement est curieusement apparue en force dans le domaine de l'éthologie : c'est grâce à l'œuvre de H. F. Harlow qu'on a pris conscience du besoin d'amour chez les animaux, comme en témoignent le mariage des choucas et le comportement des singes rhésus, par exemple. En effet, certains animaux ont des conduites qui sont plus ou moins indépendantes de leurs besoins physiologiques et dont la fonction est essentiellement sociale, c'est-à-dire assurer l'interaction, la coopération entre les congénères. Cela est un fait curieux, car on a longtemps cru que l'amour était, pour l'espèce humaine, une sublimation des pulsions sexuelles. Comme l'écrit Zazzo (1979), nos représentations de l'être humain et de l'animal ont été brutalement interchangées : l'amour pour les animaux et le sexe pour les humains ! Cette réflexion sur les conduites d'attachement a permis d'élargir la notion de libido en psychanalyse :

> Dans la nouvelle perspective, pour les animaux et pour les humains, l'amour est originel, en deçà de la sexualité et cet amour, garant de confiance et de sécurité, qui prépare à la sexualité, à ses préludes, ses jeux, ses accomplissements, et aux amours d'un nouvel ordre (p. 41).

La jonction entre l'éthologie et la psychologie s'est faite en 1958, lorsque Bowlby et Harlow ont pu démontrer à la communauté scientifique l'importance de l'attachement – et donc de l'amour – dans le développement normal d'un individu. Depuis lors, on reconnaît que l'amour est un besoin primaire, au même titre que la faim, la soif et la copulation. La sociabilité que ce besoin engendre n'est pas liée aux tendances physiologiques, mais n'entre pas non plus en contradiction avec elles. Cela permet l'expression des beaux sentiments que peuvent s'échanger les êtres humains lorsqu'ils sont ensemble. La chanson de Gilbert Bécaud, qui figure dans l'encadré 6.1, en constitue un bon exemple. Par contre, il faut aussi reconnaître que, dans un monde d'inégalités et de compétition, où les conflits s'aggravent au même rythme que s'effectuent les progrès technologiques, la solitude demeure fort présente tout autant que la perte de sens et des valeurs humaines (Moore, 1994 ; Pauchant, 1996 ; Zazzo, 1979).

Encadré 6.1 Le besoin de l'autre

Quand on est seul sur son étoile
Et qu'on regarde passer les trains
Quand on trinque avec des minables
Qu'on dort avec des moins que rien
Quand on réécrit à sa mère
Et qu'on pense aux économies
Quand on invente des prières
Pour des bons dieux de comédie.

C'est qu'on a besoin de quelqu'un,
de quelque chose ou d'un ailleurs
que l'on n'a pas, que l'on n'a pas.
C'est qu'on a besoin de quelqu'un
ou d'un amour ou bien d'un copain
que l'on attend depuis longtemps.

Quand on est seul sur son étoile
On ne voit pas le temps courir
On est au chaud et l'on s'installe
Comme un cheval qui va mourir
Quand on radote son enfance
À des gens qui n'écoutent pas
Quand tu te fais beau, c'est dimanche
Et qu'après tout, tu ne sors pas.

C'est que tu as besoin de quelqu'un,
de quelque chose ou d'un ailleurs
que tu n'as pas, que tu n'as pas.
C'est que tu as besoin de quelqu'un
ou d'un amour ou bien d'un copain
que tu attends depuis longtemps.

Quand on est seul sur son étoile
Y'a des fois des coups du bon Dieu
Et l'on est deux sur son étoile
C'est idiot, mais on est heureux.

On n'a plus besoin de quelqu'un,
de quelque chose ou d'un ailleurs,
on s'en fout bien,
on s'en fout bien.
La la, la la, la la, la la…
On est très bien, on est très bien !

Source : *Seul sur son étoile*
Gilbert Bécaud

L'être humain est un animal social, pour reprendre le titre d'un livre classique en psychologie sociale, *The Social Animal,* d'Aronson (1976). Le comportement des animaux supérieurs nous montre le primat de l'attachement, éventuellement de l'amour. Wallon (1959) écrit à ce propos : « L'individu est essentiellement social. Il l'est, non pas par suite de contingences extérieures, mais par suite d'une nécessité intime. Il l'est génétiquement » (p. 280).

La sociabilité de l'être humain et la socialisation représentent deux notions différentes. La première concerne le processus biologique de l'attachement, alors que la deuxième est relative au processus d'intégration au groupe. Ainsi, les notions d'attachement et de socialisation ne doivent pas être confondues (Zazzo, 1979).

Le processus de l'attachement

Le besoin de l'autre, pour ne pas dire le besoin d'amour, même si cela est plus juste, est primaire au sens où il se produit de façon autonome (Bowlby, 1978 ; Harlow, 1958 ; Zazzo, 1979). Il ne résulte ni du plaisir de manger ni des soins prodigués par la nourrice. L'attachement est un système de réactions innées à autrui permettant la satisfaction de ce besoin. Un passage du livre *Le petit prince* d'Antoine de Saint-Exupéry illustre bien en quoi consiste le processus d'attachement.

Encadré 6.2 L'attachement

C'est alors qu'apparut le renard :

« Bonjour, dit le renard.

— Bonjour, répondit poliment le petit, qui se retourna mais ne vit rien.

— Je suis là, dit la voix, sous le pommier…

— Qui es-tu ? dit le petit prince. Tu es bien joli…

— Je suis un renard, dit le renard.

— Viens jouer avec moi, lui proposa le petit prince. Je suis tellement triste…

— Je ne puis pas jouer avec toi, dit le renard. Je ne suis pas apprivoisé.

— Ah ! pardon, fit le petit prince.

Mais après réflexion, il ajouta :

— Qu'est-ce que signifie "apprivoiser" ?

— Tu n'es pas d'ici, dit le renard, que cherches-tu ?

— Je cherche les hommes, dit le petit prince. Qu'est-ce que signifie "apprivoiser" ?

— Les hommes, dit le renard, ils ont des fusils et ils chassent. C'est bien gênant ! Ils élèvent aussi des poules. C'est leur seul intérêt. Tu cherches des poules ?

— Non, dit le petit prince. Je cherche des amis. Qu'est-ce que signifie "apprivoiser" ?

— C'est une chose trop oubliée, dit le renard. Ça signifie "créer des liens…".

— Créer des liens ?

— Bien sûr, dit le renard. Tu n'es encore pour moi qu'un petit garçon tout semblable à cent mille petits garçons. Et je n'ai pas besoin de toi. Et tu n'as pas besoin de moi non plus. Je ne suis pour toi qu'un renard semblable à cent mille renards. Mais, si tu m'apprivoises, nous aurons besoin l'un de l'autre. Tu seras pour moi unique au monde. Je serai pour toi unique au monde… » (p. 66-68)

Source : Passage du livre *Le petit prince* (Antoine de Saint-Exupéry)

Les conduites d'attachement s'observent dès la naissance. Parmi les premières conduites d'attachement, Bowlby (1978) signale le sourire, l'étreinte et le cri. C'est vers l'âge de 9 à 18 mois que les *patterns* d'attachement s'organisent en système d'équilibre qui tend à maintenir l'enfant près de sa mère. Field (1996) a trouvé que les liens d'attachement ne sont pas seulement réservés à la personne nourricière, mais peuvent s'étendre à la fratrie, à la famille élargie, aux amis, etc.

On a d'ailleurs observé les conduites d'attachement dans plusieurs sociétés et dans diverses cultures, ce qui nous porte à penser qu'il s'agit d'un processus presque universel[2] (*near universal,* comme le dit Field [1996], p. 542).

De façon plus précise, Zazzo (1979) définit l'attachement ainsi :

> L'attachement désigne un lien d'affection spécifique d'un individu à un autre. Le premier lien est établi en général avec la mère, mais il peut aussi s'accompagner d'attachements avec d'autres individus. Une fois formé, l'attachement a pour nature de durer. Il n'est pas relatif, comme la dépendance, aux exigences de la situation. Il n'implique pas nécessairement une immaturité. Enfin et surtout, dans le contexte éthologique où il est d'abord apparu, il suppose une structure neurophysiologique, la tendance originelle et permanente à rechercher la relation à autrui (p. 27).

L'attachement remplit des fonctions nécessaires à la survie et au développement de la personne. Les comportements qui dénotent l'attachement procurent d'abord la protection contre des dangers réels ou imaginés dans un milieu (Bowlby, 1979 ; Pietroni, 1993). Ayant obtenu une certaine sécurité, grâce à autrui et à sa coopération, l'individu acquiert de l'autonomie et peut dès lors rechercher d'autres relations plus conformes aux conditions de son développement (Malrieu, 1979). Bowlby (1988) a également montré que l'attachement procure à la personne une base sécurisante (*secure base*) qui lui permet d'explorer de nouvelles relations et d'expérimenter de nouvelles compétences.

L'étude de l'attachement fait apparaître clairement le rôle des émotions dans les relations humaines et l'importance de leur accorder de la valeur. Comme le constate Bowlby (1988), il n'y a pas de communication plus importante pour l'être humain que celle qui s'exprime émotionnellement, et pas d'information plus vitale que celle qui lui permet de construire et de reconstruire ses modèles d'identification, et donc son identité personnelle.

Le besoin de l'autre ne doit cependant pas être confondu avec la dépendance émotionnelle, où la satisfaction des besoins d'un individu dépend de la volonté de l'autre. Dans le cas de l'attachement, la relation à autrui représente la finalité des comportements, ce qui n'est pas le cas de la dépendance (Zazzo, 1979).

---

2. Dans les milieux scientifiques, on hésite toujours à prétendre qu'un phénomène est universel, d'où la nuance que nous apportons.

L'attachement semble constituer une coaction de deux individus, chacun étant à la fois attaché et attachant, chacun se découvrant un trait commun avec l'autre et s'identifiant ainsi à l'autre (Malrieu, 1979). Chaque partenaire se comporte avec l'autre de façon telle que le lien qui les unit se renforce. Ces actions réciproques s'accompagnent toutefois de réactions propres à chaque partenaire, indiquant leur indépendance, voire leurs conflits (Malrieu, 1979).

Par les diverses réactions de la personne et par l'intermédiaire du langage, l'attachement amène celle-ci à intérioriser les valeurs et les schèmes de conduite des autres et, ainsi, à s'identifier à eux. Procédant de l'attachement, l'identification a pour conséquence de distendre le lien affectif, d'en réduire les effets sur soi ou de compenser sa perte (Duyckaerts, 1979). Par l'intériorisation du lien affectif de l'autre avec ses schèmes d'action, l'individu acquiert progressivement son autonomie et se détache petit à petit. L'attachement semble donc être « à la fois dépendance et l'instrument d'une autonomie progressive » (Zazzo, 1979, p. 32).

Le détachement, conséquence de l'autonomie acquise par rapport à une personne, ne signifie pas la négation du lien entre deux personnes, mais plutôt son intériorisation (Pietroni, 1993 ; Zazzo, 1979). Les comportements d'attachement, tout en favorisant l'échange d'affection, permettent le développement de la confiance de base nécessaire à l'inévitable détachement (Harlow, 1979).

Les recherches sur l'attachement présentent ce processus comme un système relativement en équilibre durant la vie d'une personne, laissant comprendre qu'une fois l'attachement établi, la personne se trouve destinée à répéter les *patterns* qu'il comporte lorsqu'elle crée des liens avec d'autres personnes. Or, cela n'est pas vraiment le cas. Field (1996) fait observer que le *pattern* d'attachement que l'enfant établit avec sa mère tend à se reproduire lorsqu'il est en sa présence, bien qu'une transformation soit possible si la mère développe une sensibilité accrue et de l'empathie pour son enfant. Cependant, en présence d'autres personnes, l'enfant a tendance à adopter à leur égard le *pattern* qu'il a développé avec sa mère, mais à la différence que celui-ci est malléable et en mesure de se transformer pour s'ajuster aux conditions que présentent les nouvelles relations. Par conséquent, les *patterns* d'attachement peuvent se modifier au cours de l'ontogenèse, même si le lien mère-enfant est très résistant (Ainsworth, 1979). Des travaux plus récents appuient également le fait que certains événements marquants de la vie (ex. : le décès d'un parent, le harcèlement psychologique) pourraient modifier substantiellement le style d'attachement d'un individu (voir Fraley [2002] pour une recension des écrits sur le sujet).

Les liens affectifs dans un groupe

D'après Duyckaerts (1979), l'existence d'un groupe « suppose un certain relâchement du lien affectif d'individu à individu » (p. 179). Dans un groupe, les individus doivent avoir l'occasion de s'attacher aux autres pour se connaître et partager leurs intérêts, et la force de se détacher d'eux pour s'attacher aux idéaux qu'ils ont mis en commun. Pour qu'un tel lien puisse s'établir, il semble nécessaire que chaque individu puisse communiquer avec chaque personne du groupe. Cela limite, par conséquent, la taille du groupe : au-delà d'une vingtaine de personnes, il devient difficile de faire connaissance et de nouer des liens d'attachement.

C'est par de tels liens que les individus découvriront et mettront en commun leurs intérêts, et par le relâchement de ces liens que leurs actions individuelles deviendront une action de groupe. L'unité du groupe peut dès lors se réaliser lorsque chaque individu adhère à un objectif commun, c'est-à-dire qui répond aux intérêts qu'ils ont mis en commun, ou lorsque tous s'attachent à une même personne, qui est en fait le chef, la figure d'autorité, le représentant des idéaux du groupe (Anzieu, 1984). L'unité du groupe procure à chaque individu une certaine sécurité. Cette sécurité constitue un compromis fragile entre sa dépendance et son autonomie.

En résumé, l'individu recherche, par l'attachement, la relation à autrui pour l'affection qu'il lui procure et risque, en même temps, de devoir renoncer à la satisfaction d'autres besoins pour ne pas lui déplaire et ainsi rompre la relation. Appartenir à un groupe ne s'avère donc pas facile : chaque individu vit plus ou moins consciemment les nécessités d'*être,* marquées par la recherche de son autonomie, de sa croissance et de son individualité, avec les nécessités d'*être avec,* caractérisées par la dépendance, la sécurité et l'identification (Guisinger et Blatt, 1994). Dans un groupe, les contradictions de l'*être* et de l'*être avec* coexistent en chacun des individus et se transforment dans les conduites d'attachement. La figure 6.1 donne une représentation de la dialectique de l'autonomie et de la dépendance, de l'individualité et de la relation.

FIGURE 6.1 *La dialectique de l'autonomie et de la dépendance*

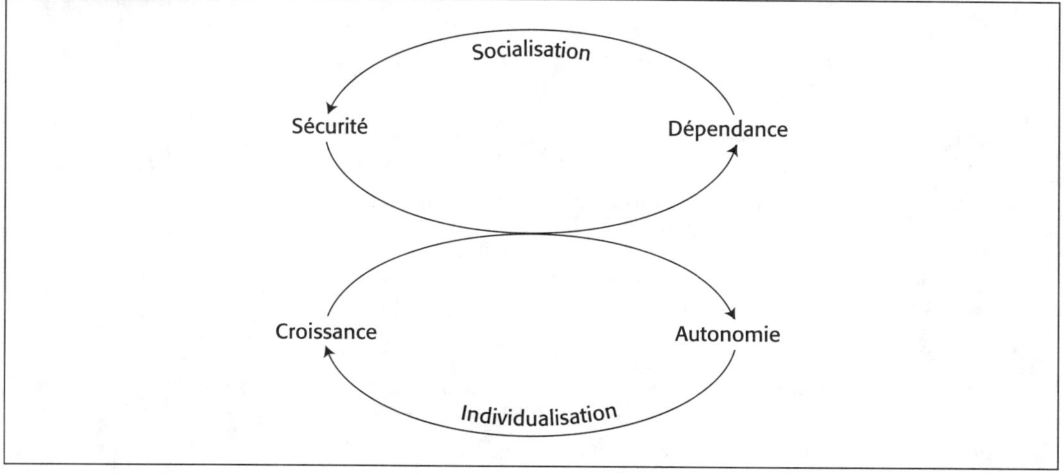

Les styles d'attachement

D'après Ainsworth (1979), les *patterns* ou les styles d'attachement qui s'établissent durant l'enfance ont des répercussions jusque dans la vie adulte, et ce, même s'ils se transforment au cours de l'histoire personnelle. Le Basic Behavioral Science Task Force of the National Advisory Mental Health Council (1996) corrobore cette observation. Les chercheurs de cet organisme ont trouvé que les enfants qui ont établi des *patterns* d'attachement sécurisant tendent à se montrer plus résistants (*resilient*) dans leur vie adulte, et à faire confiance aux autres dans leur vie sociale et professionnelle. Cela confirme d'ailleurs une hypothèse de la théorie d'Erikson (1950), présentée dans le premier chapitre.

Le style d'attachement d'une personne détermine également sa disposition à explorer les milieux dans lesquels elle se trouve, à prendre des initiatives et des risques afin de développer son potentiel et d'établir des relations, et à développer à la fois son individualité et sa sociabilité (Guisinger et Blatt, 1994 ; Hardy et Barkham, 1994). Main et Cassidy (1988) ont dénombré quatre styles d'attachement, que nous retrouvons dans l'encadré 6.3. On peut avoir un aperçu de son style d'attachement en répondant à la question qui y figure. Celle-ci est semblable à celle qu'ont posée Hazan et Shaver (1987) dans leur recherche.

Encadré 6.3 Des styles d'attachement durant la vie adulte

Question

Quelle description, parmi les suivantes, représente le mieux la façon dont vous vous comportez habituellement dans vos relations avec vos amis ?

Réponses possibles*

1. Il est assez facile pour moi d'avoir des relations amicales avec les autres. Je suis à l'aise à l'idée de dépendre des autres et de voir les autres dépendre de moi. Je ne crains pas souvent d'être abandonné par les autres. Je n'ai pas peur que les autres soient trop familiers avec moi.
2. Je me sens un peu mal à l'aise à l'idée d'être trop près des autres. Je trouve difficile de faire entièrement confiance aux autres, de me permettre de dépendre d'eux. Je suis nerveux quand quelqu'un devient trop familier avec moi.
3. Il me semble que les autres hésitent à être aussi familiers avec moi que j'aimerais qu'ils le soient. Je m'inquiète souvent du fait que mes amis ne m'aiment pas vraiment ou pas assez, et je crains qu'ils me laissent tomber.
4. J'ai appris à ne faire confiance qu'à moi-même, car je ne sais jamais ce que les autres vont faire. Je ne prends pas de risque. Il faut toujours que je m'occupe d'eux. Parfois, je me demande ce qu'ils feraient sans moi et cela me cause de la gêne, mais je n'ai pas le choix.

* La première description correspond au style assuré-sécurisant, la deuxième, au style fuyant-anxieux, la troisième, au style ambivalent-anxieux, et la quatrième, au style insécurisé-contrôlant.

Source : Adapté de Dubé (1994, p. 494).

L'attachement assuré-sécurisant se manifeste par des conduites d'attachement équilibrées et différenciées, signe du fonctionnement optimal de l'individu. En présence de la personne aimée, l'individu établit le contact avec elle, et ses conduites visent à s'en rapprocher. Ses émotions sont librement exprimées, il accepte ses attentions. Confiant dans sa relation, il est libre de vaquer à ses occupations comme il le veut.

L'attachement fuyant-anxieux se révèle par des conduites d'évitement et d'inattention en présence de la personne aimée. L'évitement est une réaction au stress éprouvé en présence de cette personne et traduit un état de vulnérabilité devant celle-ci.

L'attachement ambivalent-anxieux se traduit par des conduites de colère et d'ambivalence en présence de la personne aimée. L'individu recherche son contact et l'évite en même temps. Cette ambivalence révèle sa vulnérabilité devant cette personne.

L'attachement insécurisé-contrôlant s'exprime par des conduites désorganisées et désorientées, caractérisées par des tendances contrôlantes, soit punitives (l'individu humilie, embarrasse ou rejette la personne aimée), soit surprotectrices (il s'occupe d'elle comme si elle était son enfant). Ce *pattern* indique aussi l'état de vulnérabilité de l'individu devant cette personne (Main et Cassidy, 1988).

L'attachement fuyant-anxieux, l'attachement ambivalent-anxieux et l'attachement insécurisé-contrôlant sont causés par la vulnérabilité de l'individu devant la personne aimée. L'anxiété que comportent ses relations avec celle-ci le conduit à adopter des conduites défensives pour se protéger contre la menace que cette personne peut représenter. Il peut s'ensuivre des problèmes interpersonnels, des problèmes d'adaptation ou des problèmes de santé.

Hazan et Shaver (1990), ainsi que Vasquez et autres (2002) ont trouvé que différents styles d'attachement sont associés à différents comportements de travail et à des degrés de performance variés. Par exemple, les personnes présentant un style d'attachement ambivalent-anxieux tendent à donner une faible performance et à se révéler plutôt improductives au travail. Le travail procure à ce type de personnes une occasion de recevoir des approbations pour leurs conduites. Dès lors, elles auront tendance à vouloir travailler avec d'autres, à trop se dévouer pour les autres, à se sentir sous-estimées et mal appréciées, à craindre les échecs et les situations susceptibles de leur faire perdre la face. Pour leur part, Hardy et Barkham (1994) ont trouvé que le type ambivalent-anxieux tend à se plaindre des relations et du climat de travail dans son service, de la façon dont les dirigeants mènent l'organisation, du manque de liberté pour organiser son travail et de la supervision qu'il reçoit. Il est également enclin à avoir honte de sa performance au travail. Ce type de personnes a peur d'être rejeté et a tendance à trop s'engager dans ses relations avec les autres.

Au contraire, les personnes ayant un style fuyant-anxieux sont enclines à trop s'engager dans leur travail, ce qui leur permet d'atteindre une performance élevée, mais elles sont plus exposées à la maladie ou aux problèmes dans leur vie privée. En fait, le travail représente pour ce type de personnes une façon de se soustraire à la tension causée par l'insatisfaction de leur besoin d'amour. C'est pourquoi elles tendront à travailler durant de longues heures, à prendre peu de congés, à travailler seules, aux dépens de leur santé et de la qualité de leurs relations. De leur côté, Hardy et Barkham (1994) ont observé que le type fuyant-anxieux a tendance à se plaindre de ses collègues, du manque de variété dans ses tâches, du peu d'attention qu'on prête à ses suggestions et du nombre d'heures de travail. Comme le type précédent, il est enclin à éprouver de la honte à l'égard de sa performance au travail. Ce type évite les rapprochements, l'engagement et la dépendance envers les autres.

Le style insécurisé-contrôlant, qui a été déterminé par Main et Cassidy (1988), n'a pas fait l'objet de recherches en milieu de travail. Par conséquent, nous ne sommes pas en mesure de décrire les comportements de travail ni le degré de performance de ce type de personnes.

Ce sont les personnes présentant un style assuré-sécurisant qui donnent les meilleures performances au travail et qui sont les plus satisfaites de leur emploi. Elles montrent peu d'inquiétude à l'égard de leur travail et de leurs collègues. Elles ont moins l'impression d'être surchargées de travail. Leurs relations avec les autres sont généralement heureuses et leur santé est bonne. Elles n'ont pas l'humeur dépressive, ni irritable, ni anxieuse comparativement aux personnes qui présentent d'autres styles d'attachement. De plus, Yoon et autres (1994) ont trouvé une relation positive entre le *pattern* d'attachement assuré-sécurisant et le degré d'engagement au travail.

Les conséquences du style assuré-sécurisant chez l'adulte sont considérables (Mahoney, 1991 ; Mikulincer et Shaver, 2003 ; Vasquez et autres, 2002). Ainsi, un individu qui se caractérise par des conduites d'attachement assuré-sécurisant tend à :

1) se montrer flexible et engagé dans ses relations ;
2) se montrer efficace et maître de soi ;
3) prendre des risques calculés et à affronter de nouvelles réalités ;
4) faire preuve d'ouverture d'esprit ;
5) témoigner de la compassion aux autres ;
6) se montrer altruiste ;
7) être populaire auprès des autres et à s'attirer leur compagnie ;
8) avoir une estime de soi élevée ;
9) établir et maintenir des relations positives avec les autres ;
10) se garder à l'abri des désordres psychologiques importants ;
11) exprimer ses sentiments ouvertement, à chercher de l'aide quand il en a besoin et à en offrir aux autres aussi.

En règle générale, les relations fondées sur la confiance et la considération donnent lieu à des *patterns* assurés-sécurisants : le fait d'avoir confiance dans le potentiel des personnes, de les encourager à exercer leur libre arbitre, à tester leurs idées, à prendre des initiatives, à relever des défis à leur mesure et à cultiver le sentiment d'efficacité personnelle permet de développer ces *patterns*.

Des recherches plus récentes indiquent que le style d'attachement constituerait plutôt un concept bidimensionnel comprenant l'attachement de type évitant et l'attachement de type anxieux (Brennan et autres, 1998). L'attachement de type évitant se caractériserait par une stratégie de désactivation du système d'attachement. Les personnes ayant développé ce style d'attachement ont généralement de la difficulté à développer et à maintenir des relations humaines de qualité avec autrui. Elles éprouvent notamment de la difficulté à exprimer leur affection aux autres, à dire « je t'aime ». L'attachement de type anxieux s'exprime, pour sa part, par le fait de fournir beaucoup d'effort pour s'assurer l'attention et le soutien des personnes aimées. Les personnes caractérisées par ce style d'attachement recherchent de façon compulsive la proximité et la protection des autres. Conséquemment, elles se montrent hypersensibles face aux signes de rejet. Les individus qualifiés de « jaloux » ont souvent développé ce style d'attachement. Enfin, les personnes qui présentent relativement peu les attributs de ces deux derniers styles d'attachement auraient développé un style d'attachement sécurisé.

L'étude de l'attachement nous enseigne l'importance de créer des liens solides et sécurisants entre collègues, particulièrement entre supérieurs et employés. Yoon et autres (1994) ont d'ailleurs montré que la présence de liens d'attachement assuré-sécurisant dans un groupe de travail est une condition importante pour le renforcement de la cohésion et de l'efficacité.

La socialisation

Zazzo (1979) fait remarquer que le processus de l'attachement et celui de la socialisation sont différents, bien qu'ils soient complémentaires. L'attachement est un système inné de réactions à autrui qui a pour but de satisfaire le besoin de l'autre. Mais pour être avec l'autre, chacun doit apprendre les manières d'*être avec* qui sont jugées acceptables dans un groupe, et c'est par la socialisation que ces apprentissages se réalisent.

Si l'attachement est le processus par lequel la relation humaine se crée, la socialisation est celui par lequel cette relation trouvera ses formes d'expression. En effet, c'est par la socialisation que les individus apprennent et intériorisent les éléments socioculturels propres à leur milieu (Rocher, 1969). C'est par ce processus qu'ils apprennent les comportements qu'on attend d'eux, c'est-à-dire les rôles, et qu'ils font leurs les normes et les valeurs qui les sous-tendent.

Le processus de la socialisation

Rocher (1969) définit la socialisation comme étant :

> [...] le processus par lequel la personne humaine apprend et intériorise tout au cours de sa vie les éléments socio-culturels de son milieu, les intègre à la structure de sa personnalité sous l'influence d'expériences et d'agents sociaux significatifs et par là s'adapte à l'environnement social où elle doit vivre (p. 105).

En effet, l'individu prend conscience des manières d'être et d'agir valorisées dans son milieu dès ses premiers contacts avec son entourage. Pour maintenir ses relations avec les autres, il doit apprendre comment se conduire avec eux. La principale conséquence de ce processus est l'adaptation de l'individu à l'environnement social (Rocher, 1969). Une deuxième conséquence est son intégration dans la société qui l'accueille ; une troisième est la formation de l'identité sociale de la personne (Fischer, 1991 ; Lipiansky, 1995).

La socialisation met en jeu des mécanismes d'influence sociale[3], mais elle comporte aussi des mécanismes spécifiques : l'apprentissage des valeurs, des normes et des rôles sociaux, l'identification à des modèles de conduite ou à des figures d'autorité, et l'intégration sociale (Fischer, 1991).

L'apprentissage des valeurs, des normes et des rôles sociaux

Dans le chapitre 5, nous présentons l'apprentissage comme le processus d'acquisition et de modification de connaissances ou de conduites. Par la socialisation, l'individu apprend les valeurs, les normes et les comportements qu'on attend de lui. Grâce à sa famille, à ses jeux et à ses amis, il apprend à se comporter avec les autres de telle sorte qu'il obtient les réactions qu'il attend d'eux tout autant qu'il apprend à s'adapter à ce qu'ils attendent de lui. C'est ainsi que débute l'apprentissage des rôles sociaux, ce qui entraîne, par le fait même, l'apprentissage des normes et des valeurs qui les sous-tendent.

Selon Rocher (1969), les valeurs sont des manières d'être ou d'agir qu'une personne ou une collectivité jugent idéales et qui rendent désirables ou estimables les conduites auxquelles elles sont associées. Les valeurs constituent en quelque sorte l'ensemble des comportements idéaux dans un groupe. En tant que manières idéales d'être ou d'agir, les valeurs inspirent les jugements et les conduites. Par conséquent, les attitudes et les croyances prennent leur fondement dans les valeurs de la société, qui représentent l'hypocentre de l'action sociale. Elles sont transmises de génération en génération, conférant une identité à la société et assurant sa continuité.

Les normes constituent le produit concret des valeurs. Ce sont des règles de conduite désirables, prescrites par un groupe et partagées par les individus. Les normes visent à rendre impersonnel et impartial l'exercice de l'influence dans un groupe et à assurer à ce dernier un fonctionnement harmonieux ainsi que l'atteinte des objectifs communs. En favorisant le maintien de l'ordre social et de la stabilité du groupe et en améliorant la compréhension des relations sociales, les normes facilitent aussi la communication. Une norme partagée par un groupe et appropriée aux objectifs communs renforce les attitudes des individus, accroît leur attraction mutuelle et, par conséquent, augmente leur solidarité et leur coopération.

3. Les mécanismes de l'influence sociale font l'objet du chapitre 7.

Au cours de son intégration dans un groupe, l'individu est soumis à des pressions plus ou moins explicites pour adopter les normes du groupe. Cependant, la conformité à ces normes ne vise pas la dépersonnalisation de l'individu, au contraire. Lewin (*1950,* 1975) a montré à cet effet que le groupe permet et même encourage la divergence de vues des individus, à différents degrés. La variance des conduites dans un groupe favorise l'expression des différences individuelles et réduit le degré de tension du groupe.

Par contre, si l'individu est enclin à trop dévier des normes du groupe, il éprouvera des difficultés croissantes : le groupe exercera alors des pressions sur lui pour qu'il s'y conforme. Les normes du groupe permettent à celui-ci d'assurer un certain équilibre dans les rapports sociaux. En vertu de l'équilibre qu'elles représentent, les normes acquièrent une valeur par elles-mêmes. Ainsi, d'après Lewin (*1950,* 1975), « plus grande est la valeur sociale d'une norme de groupe, plus grande est la résistance d'un individu membre du groupe à s'écarter de ce niveau » (p. 274). En effet, si l'individu membre d'un groupe décide de trop s'écarter des normes, il court le risque d'être rejeté.

Les rôles, quant à eux, désignent les comportements associés à une position ou à un statut dans un groupe et auxquels s'attendent les personnes qui en font partie. Le caractère prescriptif des rôles sociaux tient à des normes générales et propres à une culture donnée. Ainsi, les valeurs, les normes et les rôles sociaux s'avèrent étroitement liés.

Ichheiser (1949) décrit les trois facettes de la notion de rôle : acquérir le statut, se conformer aux attentes d'autrui et porter un masque.

Jouer son rôle pour acquérir un statut. Les rôles sont liés à la position que l'individu occupe dans un groupe à un certain moment : ils relèvent donc des fonctions et des prescriptions sociales associées à son statut. En effet, on occupe toujours une position dans un groupe, soit de fait (de façon naturelle, par son âge, son expérience, son sexe, etc.) ou de droit (en raison des attributions qu'on a méritées). Le statut désigne la position d'un individu dans un groupe. Au statut s'associe une valeur qui dépend de quatre facteurs : l'autorité, le prestige, l'exclusivité de la position et la performance du titulaire à jouer les rôles.

Le statut fait donc référence à la fois à une position dans le groupe et à la qualité de cette position. Dans ce sens, le statut correspond aux aspects statique et qualitatif de la structure sociale. Par son aspect statique, le statut définit le rôle à jouer : il définit les droits, les devoirs et les attitudes du titulaire avant même qu'il soit nommé (Linton, 1936). Par son aspect qualitatif, le statut est l'agent de modification du rôle. Cet aspect correspond à l'évolution de la capacité du titulaire à jouer adéquatement son rôle. Le statut attribué à l'individu peut donc se modifier au cours de son insertion dans cette position et au cours de l'exercice même du rôle qu'il définit.

Les rôles constituent l'aspect dynamique de la structure sociale, car c'est par l'apprentissage et l'exercice des rôles que l'individu peut modifier son statut, et ainsi transformer la structure.

Jouer son rôle, c'est se conformer aux attentes d'autrui. Les rôles correspondent aux conduites conformes à ce que les autres attendent de leurs titulaires. Les rôles ont pour fonction de régulariser les rapports sociaux en rendant les conduites individuelles prévisibles. Ils facilitent les communications, réduisent la probabilité d'apparition de conflits, et favorisent l'harmonie et l'efficacité des groupes. Jouer correctement son rôle est une condition pour appartenir au groupe et être estimé par les autres. Si les attentes des individus concernant un rôle sont mal définies ou contradictoires, des conflits de rôles pourront survenir.

Jouer son rôle, c'est porter un masque. Janet (*1929,* 1984) écrit :

> Quand on attribue des pouvoirs à un individu, ou bien à soi-même, on adopte par là même une conduite spéciale, on lui donne un rôle particulier, on le transforme. [...] Les individus se transforment et je vous propose de leur donner maintenant un nom que nous allons tâcher de justifier : le personnage (p. 177-178).

La famille, un cercle d'amis, un groupe de travail ou une organisation, c'est, comme le dit Paris (1991), comparable à un théâtre où des individus jouent des rôles pour que s'écrive l'histoire de la société qu'ils constituent. Janet (*1929,* 1984) utilise le mot « personnage » pour désigner le moi social que les individus développent dans leurs relations avec les autres et... avec eux-mêmes :

> Il y a presque chez chacun de nous deux personnages très intéressants et très importants. Il y a ce que j'appellerai le personnage du dehors et le personnage du dedans. Or le dedans n'est pas le dedans psychologique, c'est le dedans de l'appartement, c'est l'intérieur, la vie de famille. [...] Vous voyez de ces individus qui sont très énergiques et qui ont l'air si importants quand ils sont dans la rue ou en chaire et qui, chez eux, sont fatigués, ne se tiennent qu'enfouis dans un fauteuil. Il y a deux attitudes et deux rôles absolument différents.
>
> Nous jouons tous des personnages, mais ce qu'il y a de plus étrange, c'est que nous les jouons pour nous-mêmes. Nous nous croyons tel ou tel. [...] Nous avons une attitude vis-à-vis de nous-mêmes et toutes les descriptions, les biographies individuelles, sont obligées de tenir compte de ce jeu d'un certain personnage.
>
> J'ai employé le mot de jeu et, à propos du personnage, il est bien difficile d'éviter des allusions à ce qu'on appelle la comédie. En effet, on se demande si ce personnage que nous sommes et que nous jouons les uns vis-à-vis des autres et vis-à-vis de nous-mêmes, est extrêmement profond, s'il est bien réel, si ce n'est pas quelque chose de très apparent, de très superficiel.
>
> [...] Le personnage est surajouté à un édifice psychologique antérieur ; il ne pénètre pas tout à fait cet édifice. C'est pourquoi le personnage n'est pas toujours très logique (p. 181-182).

Les rôles sociaux prêtent un masque à l'individu, par lequel son identité peut se former et grâce auquel il peut établir des relations avec les autres. D'après Paris (1991), on n'apprend pas à jouer un rôle social comme un acteur apprend les paroles d'un texte. L'individu qui s'intègre dans un groupe doit apprendre à interpréter son rôle, à trouver son style et à l'accommoder à son caractère. Elle rappelle l'insistance de Janet (*1929,* 1984) sur la nécessité de concevoir les rôles sociaux comme des matériaux dont se sert l'individu pour construire, maintenir et perfectionner son unité et sa différence par rapport aux gens de son entourage : « La personnalité est une œuvre que nous faisons socialement pour nous distinguer les uns des autres et pour prendre chacun un rôle plus ou moins distinct du rôle du voisin » (p. 14).

Paris (1991) explique aussi que les rôles sont à la fois des symboles qui relient l'individu au groupe ou à l'organisation, et des masques que l'individu emprunte pour développer sa personnalité. Outre qu'il lui sert de support et de modèle, le masque constitue une façon efficace de se protéger dans un groupe. Aussi faut-il prendre garde de jouer des rôles qui ne sont pas légitimes ou de porter des masques pour se défaire de ses responsabilités individuelles, sociales et écologiques.

Les rôles permettent aux individus de former leur identité en les amenant à adopter des « personnages » et à les transformer de telle sorte qu'ils deviennent cohérents avec leur caractère. Il n'y a donc rien de mal à jouer un rôle, à porter un masque et à adopter un personnage pour autant que la personne demeure consciente de ses rôles et de ses responsabilités, et qu'elle puisse jouer le jeu authentiquement.

L'éventualité de ne pas adhérer au masque ou de se confondre totalement avec lui demeure un fait préoccupant dans l'exercice des rôles sociaux, car il s'agit d'autant de danger pour l'équilibre de la personne. En effet, la personne qui rejette le masque croit être authentique et se prend au sérieux, alors que celle qui s'y identifie trop adopte une identité sociale au risque de perdre son authenticité. Or, le masque que constituent les rôles sociaux n'a pas pour but de dissimuler l'identité, mais de la révéler par son identification à des modèles (Paris, 1991).

L'identification à des modèles de conduite ou à des figures d'autorité

Par l'identification, l'individu se conduit envers lui-même de la même façon que les personnes auxquelles il était lié se sont conduites envers lui. Dans ses relations, l'individu assimile à ses conduites les manières d'être et d'agir des personnes significatives de son entourage. Les représentations qu'il se construit de ces personnes sont fortement teintées d'affectivité : elles sont idéalisées et, dès lors, inspirent ses conduites.

Il s'ensuit que les personnages qu'on adopte en société sont en règle générale des figures qu'on aime bien, qu'on valorise et à qui on aimerait ressembler. C'est ainsi que les personnages que l'individu joue, avec plus ou moins de succès, l'aident à parfaire son identité et à la valoriser grâce à l'affiliation, à l'approbation et à l'estime des autres.

Le lien d'attachement apparaît alors comme une condition nécessaire à la socialisation. Par l'intériorisation des valeurs, des modèles de conduite et des normes sociales, l'individu s'adapte à son environnement social. Il peut communiquer facilement avec les autres et développer un sentiment d'appartenance à son milieu.

L'intégration sociale

L'intégration dans un groupe, qu'il s'agisse d'une famille, d'un cercle d'amis ou d'un groupe de travail, implique l'acquisition de statuts, de rôles et de normes. L'intégration se réalise par des moyens divers, dont les pratiques d'insertion et de ritualisation.

Les pratiques d'insertion (ex. : les sessions d'orientation, la formation sur le tas, le mentorat, les bulletins internes, les manuels de procédures) s'observent aisément dans les organisations. C'est ce qu'on appelle généralement la socialisation organisationnelle (Wanous, 1992 ; Danielson, 2004). La théorie de Moreland et Levine (1982, 2001) sur les stades de l'appartenance sert d'appui pour décrire les étapes de l'intégration sociale, qui sont au nombre de quatre : l'entrée, l'acceptation, la divergence et la sortie. Selon ces auteurs, la socialisation dans un groupe de travail est plus déterminante que la socialisation organisationnelle pour favoriser l'engagement organisationnel. Nous présentons leur modèle dans la figure 6.2.

La première étape de la socialisation est l'entrée dans le groupe, au cours de laquelle l'individu et le groupe cherchent à se connaître suffisamment pour savoir s'ils vont établir une relation durable. L'individu recherche de l'information à propos du groupe et des personnes qui en font partie, des rôles qu'il pourrait y jouer et des contributions qu'il pourrait apporter. Des représentants du groupe recherchent aussi des renseignements sur l'individu, sur sa personnalité, son histoire personnelle,

FIGURE 6.2 *L'évolution de la relation individu-groupe*

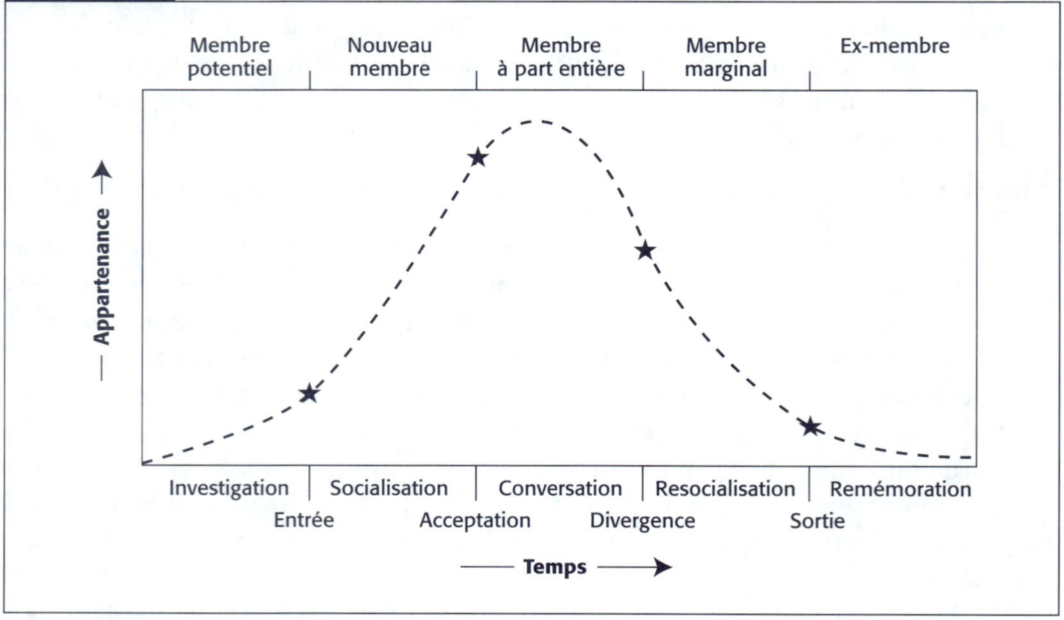

Source : Adapté de Moreland et Levine (1982, p. 153).

ses qualités, les ressources dont il dispose, etc. Lorsque les deux parties estiment qu'il serait intéressant d'établir la relation, l'individu fait alors son entrée dans le groupe.

Au début, l'individu peut être content de faire partie du groupe et, dans le cas d'une organisation, son principal défi est de montrer sa valeur et sa capacité d'accomplir une bonne performance pour se faire accepter par les membres du groupe. Cette phase correspond à l'étape de l'acceptation dans le groupe.

Pour ce faire, il doit d'abord se familiariser avec son travail et le fonctionnement de l'organisation, puis apprendre les responsabilités qui lui incombent et donner une bonne performance. Cela implique qu'il doive apprendre beaucoup de choses : le plan de l'immeuble, les règles et les procédures administratives, les rapports hiérarchiques et les alliances non officielles, les ressources offertes et la façon de les obtenir, les habitudes de travail communément admises et attendues, les responsabilités qui lui reviennent, les rôles qui lui sont attribués, les compétences qu'il doit développer, etc. Cela suppose également qu'il soit capable d'établir des relations positives avec ses collègues et son supérieur, d'accepter de travailler avec des personnes qui ne pensent pas forcément comme lui, d'aller chercher de l'aide s'il en a besoin, de faire confiance aux autres et d'accroître son efficacité personnelle.

L'employé doit apprendre beaucoup de choses et intérioriser les normes et les valeurs de l'organisation, tout en préservant son individualité et sa créativité. Lorsque les gens de son service reconnaissent ses compétences et apprécient ses contributions, l'employé devient alors un membre à part entière, et son sentiment d'appartenance au groupe culmine. Les membres du groupe essaient, pour leur part, d'attribuer à l'employé des rôles qui lui conviennent le plus possible afin d'augmenter sa contribution à l'efficacité du service et de l'organisation.

À un moment donné, il est possible que l'employé ressente un sentiment de plafonnement ou d'ennui, ou encore le besoin de faire autre chose. Il peut alors négocier de nouveaux défis avec les autres et envisager des modifications à ses rôles. C'est l'étape de la divergence, pendant laquelle l'employé précise ses objectifs professionnels et cherche des occasions d'avancement dans l'entreprise.

Son engagement dans le groupe peut diminuer, de même que son intérêt pour son travail. S'il parvient à s'entendre avec ses collègues, il trouvera peut-être un moyen de redéfinir ses rôles à la satisfaction de tous et décidera peut-être de rester à son poste. En revanche, il est aussi possible qu'il ait besoin de quitter son poste et, par conséquent, de changer de groupe ou d'organisation.

La dernière étape est la sortie, qui correspond au moment où l'employé décide de quitter son poste. Le départ d'un employé n'est pas forcément un événement dramatique. À cette étape, l'individu et le groupe se remémorent les événements heureux et malheureux qui ont marqué leur relation.

Au cours de son passage dans le groupe, l'employé a contribué au changement de sa structure sociale, par les accommodations et les transformations qu'il a effectuées relativement au statut qu'on lui avait attribué au départ. Son remplaçant, s'il y en a un, devra continuer le travail qu'il avait entrepris. En d'autres termes, il prendra le statut tel que l'ex-employé l'a laissé en quittant le groupe.

Le processus de l'intégration est parallèle à celui de l'attachement, et cela montre bien la complémentarité de ces deux processus. Les psychologues qui s'intéressent aux pratiques de socialisation organisationnelle ont observé des *patterns* d'intégration assez réguliers dans les entreprises. Ces *patterns* sont en fait des rites d'insertion qui dénotent l'importance de la ritualisation comme mécanisme d'intégration (Fischer, 1991). La ritualisation est un phénomène qu'on a d'abord étudié chez les animaux, mais, en raison de sa pertinence dans la structuration des conduites sociales, on l'a aussi étudié chez les humains. Un rituel est une séquence d'activités mise en place par une personne ou un groupe dans le but d'obtenir d'autrui des réponses déterminées. Ainsi, on peut observer plusieurs rituels dans les entreprises : l'accueil des nouveaux employés, les rites initiatiques, les fêtes organisées à l'occasion des grands congés, les cérémonies officielles, les assemblées d'employés, etc. Un second passage du livre *Le petit prince* d'Antoine de Saint-Exupéry réfère au processus de socialisation et à la ritualisation (voir l'encadré 6.4).

Encadré 6.4 La socialisation

Le renard se tut et regarda longtemps le petit prince :

« S'il te plaît... apprivoise-moi ! dit-il.

— Je veux bien, répondit le petit prince, mais je n'ai pas beaucoup de temps. J'ai des amis à découvrir et beaucoup de choses à connaître.

— On ne connaît que les choses que l'on apprivoise, dit le renard. Les hommes n'ont plus le temps de rien connaître. Ils achètent des choses toutes faites chez les marchands. Mais comme il n'existe point de marchands d'amis, les hommes n'ont plus d'amis. Si tu veux un ami, apprivoise-moi !

— Que faut-il faire ? dit le petit prince.

— Il faut être patient, répondit le renard. Tu t'assoiras d'abord un peu loin de moi, comme ça, dans l'herbe. Je te regarderai du coin de l'œil et tu ne diras rien. Le langage est source de malentendus. Mais, chaque jour, tu pourras t'asseoir un peu plus près... »

Le lendemain revint le petit prince.

« Il eût mieux valu revenir à la même heure, dit le renard. Si tu viens, par exemple, à quatre heures de l'après-midi, dès trois heures je commencerai d'être heureux. Plus l'heure avancera, plus je me sentirai heureux. À quatre heures, déjà, je m'agiterai et m'inquiéterai : Je découvrirai le prix du bonheur ! Mais si tu viens n'importe quand, je ne saurai jamais à quelle heure m'habiller le cœur... Il faut des rites. » (p. 69-70)

Source : Passage du livre *Le petit prince* (Antoine de Saint-Exupéry)

Dans cette partie du chapitre, nous avons présenté la relation humaine comme un lien qui se construit à travers deux processus complémentaires : l'attachement et la socialisation. Le processus de l'attachement procède de l'intérieur, du besoin inné d'être avec les autres. Il constitue un système de réactions à autrui qui vise à établir un lien durable et intime. L'attachement répond à la nécessité d'être avec les autres, mais ce lien affectif ne dicte pas à l'individu comment être avec les autres. C'est par la socialisation que l'individu apprend les manières d'être avec les autres, au cours de son histoire personnelle. C'est par la socialisation qu'il apprend les normes et les rôles sociaux, intériorise les éléments socioculturels propres à son milieu et développe le sentiment d'appartenance. La socialisation s'avère dès lors un processus qui procède de l'extérieur, de la nécessité de s'adapter au milieu social. Le tableau 6.1 récapitule les aspects importants des processus de la relation humaine.

TABLEAU 6.1 Le processus de la relation humaine

Attachement	Socialisation
Système inné de réactions à autrui	Apprentissage et intériorisation des éléments socioculturels propres à un milieu, concourant à la formation de l'identité
Découle du besoin d'être avec les autres	Enseigne la manière d'être avec les autres
Procède de l'intérieur	Procède de l'extérieur
Répond à un besoin d'autonomie, de croissance, d'individuation	Répond à un besoin de dépendance, de sécurité, d'adaptation au milieu

Les attitudes fondamentales

L'intérêt qu'on porte aujourd'hui aux relations humaines dans les organisations est en grande partie attribuable aux applications de la théorie des relations humaines élaborée par Carl Rogers. Celle-ci repose sur une prémisse fondamentale : tout individu « est animé d'une tendance inhérente à développer toutes ses potentialités et à les développer de manière à favoriser sa conservation et son enrichissement » (Rogers et Kinget, 1976). C'est la notion de « tendance actualisante ». Cette tendance veille à diriger les conduites de l'individu dans le sens de son autonomie et de l'unité de sa personnalité. Cela rejoint la conception de Janet (*1929,* 1984), que nous avons énoncée précédemment.

La tendance actualisante est régularisée par les expériences de la personne et le système de valeurs qu'elle a intériorisé. Ainsi, le développement de la personne est guidé par sa perception et ses représentations de la réalité. D'après Rogers (1947), le fonctionnement optimal d'un individu dépend de sa capacité de percevoir les phénomènes de manière réaliste et différenciée, et de les intégrer correctement dans la structure de ses comportements.

D'après cette théorie, les relations qu'entretiennent les individus les uns avec les autres ont une influence déterminante sur le fonctionnement psychologique de la personne et sur le déploiement de la tendance actualisante. Rogers (1947) a en effet démontré que, du point de vue de la relation, la façon dont les personnes se présentent les unes aux autres s'avère aussi importante que ce qu'elles doivent faire ensemble. En d'autres mots, leurs attitudes sont aussi importantes que leurs activités. On associe trois attitudes à la croissance des individus et à la qualité de leurs relations : l'authenticité, la considération positive inconditionnelle et la compréhension empathique. Ces trois attitudes engendrent une atmosphère, un climat tel que chaque personne concernée trouve la sécurité nécessaire à l'épanouissement de son caractère et de son autonomie.

D'après Rogers et Kinget (1976), pour que la communication et les relations entre deux personnes soient positives, deux conditions s'avèrent nécessaires :

1) chaque personne doit consentir à entrer en contact et en communication avec l'autre ;
2) au moins une des deux doit être authentique.

Lorsque deux personnes sont en contact et que l'une d'elles ou les deux sont authentiques, il s'ensuit que chacune pourra améliorer à la fois sa capacité de percevoir les comportements de l'autre d'une façon correcte et différenciée, et sa capacité d'éprouver une compréhension empathique du cadre de référence de l'autre. Se sentant comprise, la personne aura tendance à éprouver une certaine satisfaction de son besoin de considération positive, ce qui engendrera chez l'autre une attitude réciproque. Par le fait même, aucune des deux ne sera portée à recourir à des mécanismes de défense.

Examinons maintenant chacune des trois attitudes fondamentales aux relations humaines positives.

L'authenticité

Carl Rogers (1995) disait, à l'occasion d'une conférence en Californie :

> Dans mes relations avec les autres, j'ai trouvé que cela ne me servait à rien, à la longue, d'agir comme si j'étais quelqu'un que je n'étais pas. Cela ne me sert à rien d'agir d'une façon compréhensive alors que je cherche, au fond de moi, à manipuler l'autre personne, pas à la comprendre. Cela ne sert à rien d'agir avec calme et agréabilité quand je suis en fait choqué et désapprobateur. Cela ne sert à rien d'agir comme si j'étais permissif alors que j'ai franchement envie de tracer des limites (p. 10 ; traduit par les auteures).

Ce dont Rogers parle ici, c'est de l'inefficacité du manque d'authenticité de la personne dans ses relations. L'authenticité n'implique pas forcément la transparence, mais certainement la correspondance entre ce que la personne est vraiment et ce qu'elle croit être. On emploie aussi le terme « congruence » pour désigner l'authenticité.

Pour vérifier son degré d'authenticité, une personne dispose de deux critères : l'expérience vécue ici et maintenant (ses idées, ses croyances, ses sentiments, ses motivations, etc.), ainsi que ses comportements et ceux des autres à son endroit.

Prenons un exemple. La société G. DuBon est une entreprise commerciale située dans la banlieue de Québec. Depuis sa fondation en 1967, trois propriétaires se sont succédé. Le dernier acquéreur est Jean-Claude Élie, un financier qui jouit d'une très bonne réputation. Dès qu'il l'a pu, il a réuni les directeurs pour qu'ils lui fassent état de la véritable situation. En sortant de cette réunion, Jean-Claude Élie ne savait plus quoi penser. L'entreprise qu'il croyait prospère s'avérait en fait en mauvaise situation. De plus, le directeur des finances avait remis sa démission. « La première chose que je dois faire, s'est-il dit, est de recruter une personne compétente pour le poste de directeur des finances afin d'assurer le redressement financier de l'entreprise. » M. Élie, qui possède de nombreuses relations, s'est souvenu d'un jeune homme brillant qu'il avait rencontré à l'occasion d'un déjeuner d'affaires. Philippe Maisonneuve, alors âgé de 26 ans, diplômé en finance, travaillait comme adjoint au directeur des finances d'une importante entreprise de produits alimentaires depuis sa sortie de l'université. Il était, au moment de cette rencontre, à la recherche d'un emploi plus stimulant et avait confié à M. Élie que le poste d'adjoint ne comportait plus de défis pour lui. Au cours de l'entretien d'embauche, le jeune homme a déclaré : « J'ai tellement d'idées à mettre en valeur, j'en ai tellement appris à l'université et durant ces quatre dernières années à titre d'adjoint au directeur des finances, que je me sens prêt à assumer de plus grandes responsabilités. Il ne fait pas de doute que je pourrai redresser G. DuBon. Croyez-moi, je vais appliquer des contrôles là où il en faut et, en un rien de temps, vous verrez vos profits augmenter en flèche. Il suffit juste de me donner l'occasion d'utiliser mes compétences. »

Pour vérifier la perception qu'il a de lui-même, Philippe peut faire son examen de conscience. Est-ce que je maîtrise réellement les connaissances nécessaires au redressement d'une entreprise ? Suis-je capable de mettre en place un plan de redressement ? Suis-je en mesure d'obtenir la collaboration des autres pour accomplir un tel projet ? Est-ce que je me sens à l'aise lorsque je mène un groupe de travail ? Qu'est-ce que je pense de l'autorité ? Quelle importance est-ce que j'accorde au statut ? Quelles sont mes véritables motivations ? Ai-je assez d'expérience de travail ? Ai-je confiance dans les autres ?

Par ailleurs, il peut demander à ses supérieurs leur opinion sur ses compétences en finances et sur son potentiel pour diriger un service. Il peut aussi se rappeler les occasions où il a eu à diriger des personnes ou à redresser la situation financière d'une entreprise : Suis-je reconnu pour avoir du leadership ? Ai-je déjà accompli des mandats semblables ?

Le résultat de cet examen personnel permettra de déterminer le degré de congruence entre ce qu'il croit être et ce qu'il est. Si l'issue de son examen est positive, il y a de fortes chances que Philippe soit capable de réaliser son mandat. Si elle est négative, cela indique que l'idée qu'il a de lui-même n'est que partiellement réaliste, et il risque d'éprouver des difficultés à jouer adéquatement son nouveau rôle.

Rogers (1995) explique que, pour devenir authentique, il faut apprendre à s'accepter soi-même, tel qu'on est : accepter ses pensées, ses croyances, ses valeurs, ses sentiments, ses qualités et ses défauts, ses compétences et ses limites. Il a constaté que l'acceptation de soi est un préalable pour accepter les autres. Il a aussi découvert un paradoxe : quand on s'accepte comme on est, on change. Enfin, l'acceptation de soi a pour conséquence de faciliter le développement de relations humaines authentiques.

L'authenticité, c'est la faculté d'une personne d'être ce qu'elle est, de jouer les rôles qui lui conviennent, à sa façon, sans façade ni prétention. C'est aussi la capacité de faire face à ses responsabilités et d'être humain (Rogers, 1947).

Être authentique comporte plusieurs avantages. Cela permet à la personne de mobiliser son énergie dans le moment présent, de reconnaître ses émotions et de les communiquer honnêtement, si cela est utile dans les circonstances. Cela lui permet également d'améliorer sa disponibilité et son ouverture aux expériences différentes. Une personne authentique est souvent perçue par les autres comme quelqu'un qui est présent, qui est là, avec eux, ici et maintenant. Cette présence est considérée comme une force de caractère, comme de l'intégrité ou de l'honnêteté. La personne ainsi perçue par les autres inspire la confiance. La sécurité qu'elle procure aux autres s'avère également nécessaire pour établir un lien d'attachement sécurisant avec eux.

La considération positive inconditionnelle

Lorsqu'une personne se trouve en présence d'autres personnes, son niveau d'activation ou de tension augmente, en raison du fait que les autres pourraient porter un jugement sur ses attitudes et ses conduites (Zajonc, 1965). Ainsi sensibilisée à leurs attitudes à son égard, elle tend à soigner ses attitudes et ses comportements dans le but de créer une impression positive (Geen, 1991). Cette disposition à vouloir bien paraître aux yeux des autres ne constitue pas une faiblesse de la personne humaine, mais un signe des besoins d'appartenance et d'affiliation, caractéristiques de la sociabilité de l'être humain. Ces observations montrent bien la sensibilité de la personne à l'égard de l'évaluation que les autres feront d'elle et indiquent l'importance de maîtriser les effets de sa présence sur les autres.

La considération positive inconditionnelle caractérise une attitude qui permet à la personne de sentir qu'on ne porte pas de jugement sur ce qu'elle est. Elle est alors libre de se présenter aux autres d'une manière authentique. La considération positive inconditionnelle désigne la capacité d'un individu d'accepter et de respecter tout ce qu'une personne exprime (verbalement ou non verbalement, directement ou indirectement) à propos d'elle-même et de son expérience. Cette attitude suppose la capacité de s'accepter soi-même, comme l'explique Rogers (1995) : « C'est seulement quand je peux être moi-même, quand je peux m'accepter, qu'il est possible pour moi de comprendre et d'accepter les autres » (p. 19 ; traduit par les auteures).

Le fait de s'accepter lui-même rend l'individu capable d'accepter que les autres aient aussi des pensées, des sentiments, des intuitions qui peuvent être différents des siens. La considération positive inconditionnelle est une manière d'être de l'individu qui communique à l'autre qu'il l'accepte et qu'il lui prête attention, qu'il ne porte pas de jugement sur ce qu'il est, qu'il le considère comme une personne qui possède son autonomie propre, qui a le droit d'avoir ses propres expériences et le droit de leur trouver le sens qu'elle veut. Accepter et respecter n'impliquent pas aimer et approuver. On peut accepter une personne telle qu'elle est, mais désapprouver tout à fait ses comportements.

Cette attitude est positive, car elle témoigne de la reconnaissance de la tendance actualisante de chaque personne. Elle repose sur une conception positive de la nature humaine et sur la confiance en son potentiel créateur. En Inde et en Chine, lorsqu'on salue quelqu'un, on joint les mains pour ensuite les diriger vers la personne : ce geste reconnaît le potentiel créateur de la personne qu'on accueille. Avoir de la considération positive inconditionnelle, c'est reconnaître le potentiel créateur de la personne.

Cette attitude d'acceptation et de respect suppose une ouverture à l'expérience. L'ouverture a pour fonction d'établir la sécurité interne nécessaire à l'établissement du contact. Elle se caractérise par la manière spontanée, non sélective, d'explorer l'expérience, par la disposition et la capacité de s'engager sur n'importe quelle voie sans devoir vérifier si elle est sans difficulté. L'ouverture implique la reconnaissance et la tolérance des différences, ainsi que la compréhension de l'expérience vécue par l'autre.

Pour développer l'attitude de considération positive inconditionnelle dans le milieu de travail, Mink et autres (1993) proposent d'adopter les comportements suivants : prendre le temps de connaître ses collègues comme des personnes ; prendre le temps de comprendre ce qu'ils font et de partager avec eux ses impressions et ses observations (*acknowledging*) ; chercher à comprendre leurs points de vue et leurs sentiments à propos du travail ou des relations avec les autres (*understanding*) ; apprécier ce qu'ils font bien et les aider à surmonter les difficultés qu'ils éprouvent au travail (*recognition*).

La compréhension empathique

L'empathie consiste en la représentation correcte du cadre de référence d'autrui avec les harmoniques subjectives et les valeurs personnelles qui s'y rattachent[4]. La compréhension empathique suppose que la personne peut percevoir une situation et éprouver un sentiment *comme si* elle était l'autre, sans jamais oublier qu'il s'agit bel et bien de l'expérience de l'autre (Rogers, 1947).

La compréhension empathique découle de l'authenticité et de la considération positive inconditionnelle. Rogers (1995) exprime ainsi cette interrelation : « Plus je

4. Nous expliquons l'empathie en détail dans le chapitre 2, qui traite de la perception.

suis capable de me comprendre et de comprendre les autres, plus je m'accepte et j'accepte les autres, plus je suis ouvert aux réalités de la vie, moins je sens le désir d'intervenir » (p. 20 ; traduit par les auteures).

Ce que veut dire Rogers, c'est que l'authenticité et la considération positive inconditionnelle développent la capacité de compréhension empathique en aidant la personne à suspendre son jugement pour comprendre l'expérience des autres telle qu'elle se déroule, ici et maintenant. La maturité que ces deux attitudes engendrent permet à la personne de maîtriser ses impulsions de contrôle et de défense, et de développer le sens du respect envers les phénomènes de la vie qu'elle perçoit.

~

L'authenticité, la considération positive inconditionnelle et la compréhension empathique sont donc trois attitudes fondamentales pour le développement de relations positives, que ce soit dans le milieu de travail, dans la famille, dans les cercles d'amis, à l'école ou autres. Elles permettent de comprendre les divergences d'opinions, les différences individuelles et culturelles ; elles favorisent également la coopération en développant les capacités d'écoute entre les personnes.

S'entendre avec les autres

Le monde ne marche que par
le malentendu. C'est par le malentendu
universel que tout le monde s'accorde ;
car si, par malheur, on se comprenait,
on ne pourrait jamais s'accorder.

BAUDELAIRE (1986)

Il ne suffit pas de communiquer pour être compris ; par ailleurs, il n'est pas nécessaire de se comprendre à fond, parfaitement, pour agir ensemble. Comme nous l'avons vu en examinant la dynamique de la relation humaine, le conflit est inhérent à la communication. Il faut cependant un minimum de compréhension mutuelle pour coopérer (Komorita et Parks, 1995).

Pour réussir à s'entendre, les individus peuvent prendre les moyens suivants : se donner du feed-back constructif, pratiquer l'écoute active et gérer adéquatement leurs conflits.

Se donner du feed-back constructif

Le feed-back assure non seulement la qualité et l'efficacité des activités réalisées, mais aussi la satisfaction des interlocuteurs et le développement de saines relations. Pour que le feed-back qu'on donne soit efficace, il importe de demeurer conscient de ses préjugés personnels et de ses attentes à l'égard d'autrui afin d'être en mesure de maîtriser leurs effets dans la relation. Le feed-back doit porter sur les comportements de la personne, non sur les attributions qu'on lui prête. Le feed-back a un effet positif lorsqu'il est descriptif, c'est-à-dire lorsqu'il ne comporte pas de jugement de valeur concernant la personne. S'il contient un aspect évaluatif, il importe de fonder ses appréciations sur des faits précis et des comportements observés. Lorsqu'on donne du feed-back, il faut se concentrer sur ce qui se passe dans la relation, sur l'objet de la communication ou sur les comportements de la personne. Il faut aussi choisir le bon moment pour donner du feed-back : il faut savoir respecter la disponibilité et la liberté de l'autre.

Un bon feed-back a pour but d'aider l'autre à évaluer l'efficacité de sa communication et à mieux comprendre ce qu'il ne maîtrise pas ; de valoriser ce qu'il fait bien ; de l'encourager à maintenir la relation et à développer son autonomie. Le feed-back ne devrait pas servir à critiquer ou à blesser l'autre, ni à le réprimander ou à prendre une revanche. Donner du feed-back constitue un moyen d'établir un véritable dialogue avec quelqu'un, non pas une occasion de le juger ni de régler ses comptes avec lui.

Il existe aussi des règles à observer lorsqu'on reçoit du feed-back. Il faut s'efforcer de comprendre ce que la personne veut nous communiquer, et non chercher immédiatement à se défendre ou à se justifier parce qu'on se sent attaqué. On peut aussi lui poser des questions et explorer plus à fond certains aspects de son commentaire afin de mieux se comprendre et s'entendre. Il est permis d'exiger des faits ou des exemples lorsque le commentaire n'est pas clair. Enfin, il importe d'être disposé à chercher des moyens réalistes pour s'améliorer. En d'autres mots, il faut apprendre à s'écouter.

Pratiquer l'écoute active

Nous verrons dans cette section les principes qui guident l'écoute active ainsi que les principales techniques qui y sont rattachées. Le texte de Rogers et Farson (1984) qui figure à la suite de ce chapitre porte d'ailleurs sur l'écoute active. Certaines réflexions sont en mesure de vous amener à prendre conscience de votre capacité d'écouter les autres, laquelle constitue un préalable pour parvenir à s'entendre avec eux. Voici quelques exemples.

- Quand vous êtes en relation avec quelqu'un, est-ce que votre attention porte sur ce qu'il essaie de vous dire ou plutôt sur ce que vous pensez qu'il essaie de vous dire ?
- Comment lui faites-vous comprendre que vous portez toute votre attention sur ce qu'il essaie de vous dire ?
- Qu'est-ce qui pourrait vous empêcher d'écouter ce que l'autre a à vous dire ? Y a-t-il des idées ou des sentiments que vous ne seriez pas capable d'accepter ?
- Quand vous travaillez, que cherchez-vous à entendre ?

L'écoute active désigne la tentative, consciente et persévérante, de saisir les idées et les sentiments de l'autre et la volonté de l'aider à comprendre sa situation et à surmonter ses difficultés (Rogers et Farson, 1984). Pour être efficace, l'écoute active doit se fonder sur une attitude qui respecte réellement la valeur de l'autre, qui reconnaît ses droits et qui fait preuve de confiance en sa capacité d'autodétermination.

L'écoute active requiert la capacité de se décentrer de soi, d'accepter des idées et des sentiments qui ne sont pas forcément en accord avec ses croyances, ses valeurs et son image de soi. C'est probablement la plus grande difficulté à laquelle se heurte une personne qui veut apprendre à écouter.

De plus, comme l'essence même de la communication humaine réside en grande partie dans le non-dit, il importe de porter attention non seulement à ce qui est explicitement exprimé, mais aussi à ce qui l'est implicitement. La concordance et la convergence des messages verbaux et non verbaux ont pour effet de clarifier et de renforcer l'intention attribuée au locuteur.

Les messages verbaux et non verbaux sont également parallèles. Les premiers ont une valeur d'information ; les seconds, une valeur de redondance, qui porte et clarifie le contenu intellectuel du message verbal. Ils ont aussi une valeur de relation, car ce sont essentiellement les messages non verbaux qui permettent d'établir et de maintenir la relation humaine.

En définitive, les messages non verbaux fournissent des indications sur le degré d'authenticité de la personne et sur ses attitudes dans la relation. Le tableau 6.2 fournit des exemples de différentes formes de messages non verbaux.

Les comportements à éviter

Dans une relation, il n'est pas rare de constater que chaque personne essaie d'amener l'autre à adopter son point de vue, c'est-à-dire à voir les choses à sa façon. On assiste aussi à des cas où l'une des personnes entend ce que l'autre lui dit, mais comprend ce qu'elle veut bien comprendre. Ce sont là deux comportements qu'il faut tâcher d'éviter. C'est par la connaissance de soi, la prise de conscience de ses besoins, de ses valeurs et de ses croyances qu'il est possible de maîtriser ces deux tendances. La connaissance de soi rend la personne capable, le moment venu, de se décentrer d'elle-même et d'écouter activement les autres. Pour écouter quelqu'un, il faut être capable de suspendre son jugement afin de percevoir de façon réaliste et différenciée son cadre de référence.

Porter un jugement, donner un avis ou un conseil, faire une évaluation, même positive, donner un encouragement ou féliciter constituent autant de comportements qui risquent de nuire à une communication franche et ouverte. Il demeure essentiel que la personne soit disposée à écouter et à comprendre ce que l'autre veut lui communiquer, car autrement, il est possible qu'elle ne se concentre que sur ses propres pensées, qu'elle entende ce que dit l'autre, mais sans en comprendre le sens, qu'elle en vienne à offrir des solutions rapides, à réagir à quelque chose sans véritable raison, à se montrer impatiente, etc.

TABLEAU 6.2 Les formes de messages non verbaux

Formes de messages non verbaux	Exemples
La posture et la démarche	Se pencher légèrement par en avant lors d'une conversation peut indiquer que l'on porte un intérêt particulier à ce que notre interlocuteur nous communique.
L'orientation du corps	Tourner le dos à quelqu'un peut signifier que l'on désire mettre fin à une conversation.
Les mouvements des pieds et des mains	Pianoter des doigts sur notre bureau peut trahir notre impatience.
L'expression du visage, des yeux et des sourcils	Sourire à l'arrivée d'un ami ; Froncer les sourcils peut montrer notre scepticisme.
Les signes physiologiques	La rougeur du visage peut indiquer que la personne est gênée ou anxieuse.
L'inflexion et le débit de la voix	Un débit rapide peut indiquer que la personne est stressée.
L'habillement, les bijoux, la coiffure et le maquillage	Une personne vêtue d'un complet ou d'un tailleur paraît plus professionnelle que si elle porte un jeans et un t-shirt.
La distance entre les personnes	Les personnes qui se tiennent proches les unes des autres ont souvent plus d'affinités.
Les silences	Selon le contexte, les silences peuvent avoir différentes significations. Être silencieux peut signifier s'intéresser ou s'ennuyer, refuser ou consentir, bouder ou admirer, s'évader ou se concentrer.

Source : Adapté de Leclerc (1999).

Les comportements à adopter

Pour réussir à écouter, il s'agit essentiellement d'adopter le point de vue de l'autre, de se décentrer. Dans la pratique, il faut écouter pour comprendre la signification la plus entière possible du message, à savoir son contenu informatif et affectif. Il faut demeurer attentif à tous les signes verbaux et non verbaux, et s'interroger constamment : Qu'est-ce qu'il essaie de me dire ? Qu'est-ce que cela signifie pour elle ? Comment perçoit-elle la situation ?

Examinons la situation suivante. Votre collègue Georges entre dans votre bureau et vous dit sans détour : « J'aimerais savoir comment s'est décidée la dernière promotion. Je croyais être bien placé pour l'obtenir. En fait, personne d'autre dans le service n'a un meilleur dossier de rendement et, à écouter les gens parler, c'était chose faite. Je suis vraiment déçu qu'on ait nommé quelqu'un de l'extérieur plutôt que moi. Je crois que ce n'est pas juste. Mais qu'est-ce qu'il faut donc faire pour décrocher une promotion ici ? »

Que lui répondriez-vous ?

a) Est-ce qu'il s'est passé quelque chose, Georges, pour que tu soulèves cette question en ce moment ?

b) Ne te décourage pas, Georges, nous apprécions ton travail. Sois patient ; je suis certain que tu l'auras, ta promotion. Nous ferons tout ce qu'il faut pour t'aider à l'obtenir.

c) Je n'aime pas avoir à te le dire, Georges, mais je crois que tu te trompes. Tu n'étais vraiment pas dans la liste des candidats pour ce poste.

d) Pourquoi n'en appelles-tu pas de la décision ?

e) En d'autres mots, Georges, tu te demandes comment te perçoit la direction de l'entreprise, n'est-ce pas ?

f) Si je comprends bien, tu interprètes le fait qu'une autre personne ait été nommée comme une insulte personnelle.

g) J'ai eu la même réaction à mon premier emploi, Georges. Quand j'ai vu que Marie était promue avant moi, je me suis dit que c'était parce que c'est une femme, et non à cause de son rendement. Cela m'a vraiment choqué.

D'après vous, quelle serait sa réaction à la réponse que vous avez choisie ? Rappelons qu'écouter quelqu'un suppose qu'on essaie de comprendre ce qu'il dit et qu'on a confiance dans ses capacités d'autodétermination.

Quand un individu se sent activement écouté, il est porté à s'écouter avec plus d'attention et à clarifier ses idées et ses sentiments. L'écoute active tend à réduire, chez l'émetteur, le sentiment de menace engendré par la perception critique du récepteur. Cela améliore la capacité de l'émetteur de percevoir sa propre expérience et celle du récepteur, et chacun en éprouve un sentiment de valeur personnelle (Rogers et Kinget, 1976).

L'écoute active crée, chez le récepteur, un meilleur fonctionnement psychologique et suscite une plus grande ouverture à l'expérience, une réduction des défenses et une attitude plus démocratique.

Certaines techniques faciliteront la tâche de l'écoute active, dont la reformulation, l'écho, la relance, l'élucidation, la clarification et le reflet. Dans la situation de Georges, par exemple, deux de ces techniques sont illustrées : la réponse *e* est un exemple de clarification et la réponse *f*, un exemple de reformulation.

La clarification vise à mieux comprendre la teneur du problème. La reformulation consiste, quant à elle, à dire dans ses propres mots, de manière concise et explicite, ce que la personne vient de dire explicitement et implicitement. Dans le cas de Georges, elle permet de clarifier à la fois le problème qui le préoccupe et l'émotion qu'il éprouve.

Les techniques d'écoute active visent toutes à diriger le dialogue vers son objet, à concentrer les efforts de compréhension sur la signification de l'expérience de l'autre. Elles encouragent la personne à se comprendre elle-même et à parler ouvertement, ou encore elles dirigent le dialogue en approfondissant ou en explorant divers aspects de l'expérience qu'elle a vécue, afin de trouver des solutions possibles.

Parmi les principes de l'écoute active, soulignons la nécessité de parler au « je », de nommer les problèmes ou les difficultés, d'être sensible à l'expérience émotionnelle et de respecter les frontières (Greenhalgh, 1994).

Parler au « je » favorise la reconnaissance et la prise en charge par l'émetteur de l'expérience qu'il a vécue. Cela l'incite à faire de même et à parler pour lui. Nommer les problèmes ou les difficultés ne s'avère pas toujours facile, mais cela aide à faire progresser le dialogue. Il faut, bien sûr, demeurer sensible à l'expérience émotionnelle de l'autre afin de lui donner du soutien quand c'est nécessaire, de lui permettre d'apaiser ses émotions quand il le faut, et de respecter sa disponibilité et sa liberté. Il faut aussi respecter les frontières, c'est-à-dire reconnaître les espaces privés et s'abstenir d'y pénétrer tant que la personne ne nous y a pas invité. Comme en musique, les silences sont aussi importants que les notes jouées.

D'autres comportements s'ajoutent aux éléments favorables à l'écoute active : garder un contact visuel avec son interlocuteur, éviter de glisser des messages comme « OK », « d'accord », sur un ton qui dénotent un empressement à terminer la rencontre (il vaut mieux dire franchement que le temps nous manque, si c'est le cas), comprendre l'expérience de l'autre personne, et non chercher la solution finale, l'aider à bien exprimer son message, etc. (Ikemi et Kubota, 1996).

Pour écouter activement, il faut en outre savoir poser des questions. Ainsi, certaines questions nuisent à l'ouverture de la communication : les questions qui suggèrent les réponses attendues, les questions fermées, les questions qui violent l'intimité de la personne, etc. De plus, poser trop de questions risque aussi de gêner la communication. Il s'agit plutôt de poser les questions de façon ouverte et de les formuler de manière à explorer la situation, à approfondir le point de vue de la personne et à le clarifier, ou à élucider ses impressions.

Par exemple, il vaut mieux demander « Que penses-tu du climat qui règne dans le service ? » plutôt que de dire « Ne trouves-tu pas que le climat de travail dans le service est malsain ? »

Gérer adéquatement les conflits

Travailler avec d'autres augmente inévitablement les probabilités de conflits relationnels. Toutefois, ces conflits ne constituent pas nécessairement des problèmes en soi. Ils le deviennent lorsqu'ils sont récurrents et gérés de façon inadéquate.

À partir des travaux de Blake et Mouton (1964), Thomas et Kilmann (1974) ont développé un modèle de gestion des conflits en milieu de travail. Ce modèle comprend deux dimensions : l'affirmation personnelle et la coopération. L'affirmation personnelle correspond à la volonté qu'a un individu de satisfaire ses propres intérêts au détriment de ceux d'autrui. À l'inverse, la coopération renvoie à la volonté qu'a un individu de satisfaire les intérêts de l'autre partie, en mettant de côté ses propres intérêts. À partir de ces deux dimensions, on dénombre cinq modes (stratégies) de résolution de conflits, à savoir la compétition, la collaboration, l'évitement, l'accommodation et le compromis (voir la figure 6.3, p. 286).

FIGURE 6.3 *Le modèle bidimensionnel des modes de gestion de conflits de Thomas et Kilmann (1974)*

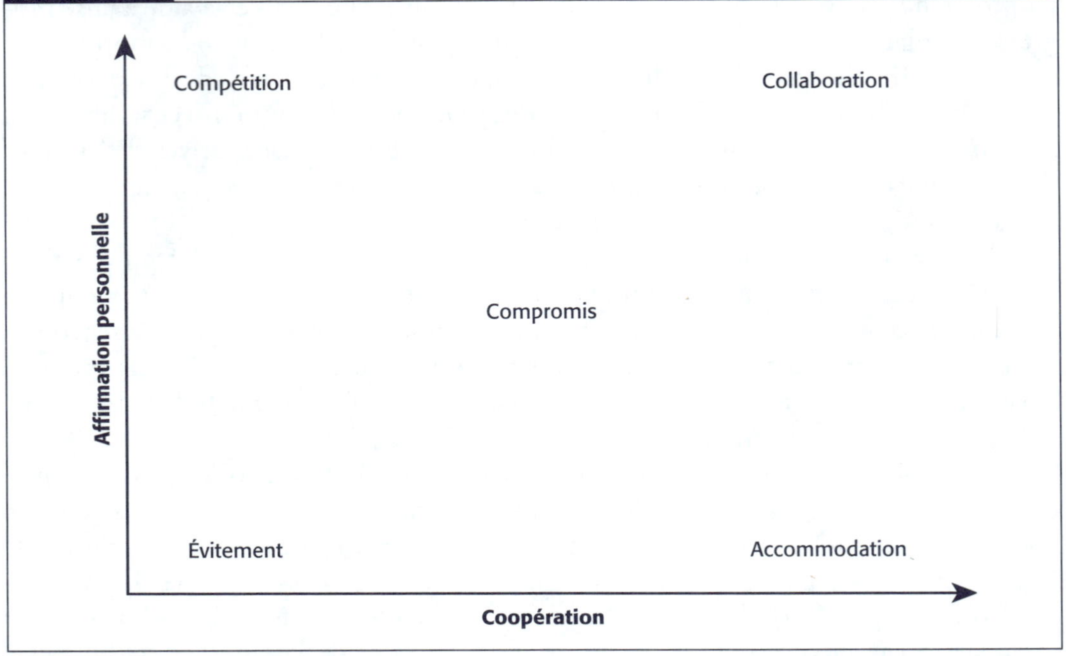

Le mode compétition consiste à imposer son point de vue sans chercher à intégrer la position de l'autre. Le conflit est alors envisagé selon une perspective gagnant/perdant. On a recours à des jeux de pouvoir pour arriver à ses fins.

La collaboration est une stratégie de résolution de problème. On cherche à résoudre le conflit de manière à intégrer les façons de voir, les valeurs, les attentes et les contraintes des deux parties. Alors que la compétition est basée sur une logique distributive, la collaboration fonctionne selon une logique intégrative. En d'autres termes, celui qui adopte cette stratégie estime que chacune des parties peut sortir gagnante du conflit.

Adopter une stratégie d'évitement correspond à faire comme s'il n'y avait pas de conflit. Ce mode de résolution de conflit consiste à compter sur le passage du temps pour que le conflit se règle de lui-même. Certains diraient que cette stratégie consiste à faire l'autruche, à se cacher la tête dans le sable.

La stratégie d'accommodation vise à faire les concessions nécessaires à la réconciliation des parties. Il s'agit de se plier aux requêtes de l'autre.

Enfin, la stratégie du compromis est utilisée lorsque les parties décident de faire leur bout de chemin afin d'arriver à une entente partiellement satisfaisante pour chacun. Bref, cette stratégie consiste à négocier afin de séparer la tarte en deux parts plus ou moins équivalentes.

Nous avons tous nos préférences quant à la façon de gérer nos conflits relationnels. Certaines personnes privilégient presque exclusivement une ou deux stratégies, alors que d'autres adaptent leur stratégie en fonction de la nature du conflit et des caractéristiques de la situation. Il faut garder en tête qu'aucun de ces modes de gestion de conflits n'est en soi meilleur qu'un autre. C'est l'enjeu et le contexte qui détermine celui qui est le plus adéquat. Le tableau 6.3 présente des critères qui permettent de juger de la pertinence de chacun des modes.

TABLEAU 6.3 Des exemples de critères de pertinence pour chacun des modes de gestion de conflits

COMPÉTITION

Ce mode est particulièrement pertinent, lorsque :
- vous voulez engager une action rapidement ;
- la décision est urgente ;
- une mesure disciplinaire s'impose ;
- vous êtes responsable de mettre en place un changement impopulaire ;
- les autres approches ont échoué ;
- vous devez vous protéger contre des personnes qui exploitent votre bonne volonté à collaborer.

COLLABORATION

Ce mode est particulièrement pertinent, lorsque :
- les enjeux sont importants ;
- les intérêts individuels sont compatibles ;
- vous voulez éliminer une hostilité qui a gêné une relation professionnelle ;
- vous voulez obtenir l'engagement de la part des autres ;
- on est disposé à y consacrer le temps nécessaire.

ÉVITEMENT

Ce mode est particulièrement pertinent, lorsque :
- l'enjeu est peu important ;
- il y a d'autres problèmes plus urgents ;
- les possibilités d'atteindre votre but sont faibles ;
- le processus de résolution du conflit causerait plus de tort que le conflit lui-même ;
- le degré d'émotivité est trop élevé.

ACCOMMODATION

Ce mode est particulièrement pertinent, lorsque :
- vous vous rendez compte que vous avez commis une erreur ;
- l'enjeu du conflit est beaucoup plus important pour l'autre que pour vous ;
- il faut bâtir un capital politique pour faire face à d'autres situations plus importantes ;
- vous devez faire preuve de bonne volonté.

COMPROMIS

Ce mode est particulièrement pertinent, lorsque :
- les objectifs à atteindre sont assez importants, mais ne méritent pas qu'on leur consacre les efforts et les risques associés à des attitudes plus autoritaires ;
- les deux protagonistes ont des pouvoirs égaux et poursuivent avec détermination des objectifs absolument contradictoires (ex. : dans les négociations syndicales et patronales) ;
- vous souhaitez aboutir à un règlement provisoire de problèmes complexes ;
- vous voulez trouver un expédient, faute de temps.

Source : Adapté de Cormier (2004).

En résumé, se transmettre du feed-back constructif, pratiquer l'écoute active et gérer adéquatement les conflits relationnels représentent trois habiletés interpersonnelles importantes pour le développement de relations professionnelles productives et satisfaisantes.

Le harcèlement psychologique en milieu de travail

L'adoption de certaines attitudes et de certains comportements favorise le développement de relations humaines positives. Conséquemment, nous sommes en partie imputables de la qualité de nos relations au travail et dans toutes les autres sphères de notre vie. Cependant, notre bonne volonté et nos habiletés relationnelles ne suffisent pas toujours pour entretenir des relations saines et productives. Sartre (1947) n'avait pas tort : dans certains cas, l'enfer, c'est vraiment les autres…

Par la publication de son livre *Le harcèlement moral : la violence perverse au quotidien,* Marie-France Hirigoyen (1998) a grandement contribué à lever le voile sur un phénomène plutôt tabou jusqu'alors : le harcèlement moral (ou psychologique). Selon cette psychiatre et psychanalyste française, le harcèlement moral correspond à « toute conduite abusive (geste, parole, comportement, attitude…) qui porte atteinte, par sa répétition ou sa systématisation, à la dignité ou à l'intégrité psychique ou physique d'une personne, mettant en péril l'emploi de celle-ci ou dégradant le climat de travail » (Hirigoyen, 2001, p. 13). Plusieurs appellations sont utilisées dans la documentation pour référer au harcèlement ou à des phénomènes connexes, dont l'agression, la violence, les comportements antisociaux, etc.

Le harcèlement psychologique se caractérise généralement par son aspect sournois et insidieux. Ainsi, prise isolément, une conduite peut paraître anodine et sans conséquence. C'est la répétition dans le temps de plusieurs conduites vexatoires et non désirées qui correspond à du harcèlement. En d'autres mots, c'est lorsque ces conduites font partie du quotidien d'un individu qu'elles deviennent une menace pour son intégrité psychologique. Une étude menée par Courcy (2003) a permis de déterminer les 20 comportements d'agression (ou de harcèlement) les plus fréquents en milieu de travail (tableau 6.4).

TABLEAU 6.4 Les 20 comportements d'agression les plus fréquents en milieu de travail

1. Parler dans le dos de quelqu'un.	11. Passer des remarques sarcastiques.
2. Rire dans le dos de quelqu'un.	12. Faire des reproches sans motifs valables.
3. Regarder quelqu'un de travers.	13. Insulter une personne.
4. Rabaisser une personne en son absence.	14. Refuser de préciser ce que l'on a contre quelqu'un.
5. Bouder quelqu'un.	15. Refuser de répondre à une demande justifiée.
6. Ne pas tenir compte des idées d'une personne.	16. Déshabiller quelqu'un du regard.
7. Faire des reproches devant les autres.	17. Éviter tout contact avec une personne.
8. Cesser d'adresser la parole à quelqu'un.	18. Exercer une surveillance excessive.
9. Semer la chicane.	19. Donner un délai trop court pour un travail.
10. Rapporter des propos compromettants.	20. Ne pas contredire une fausse rumeur.

Source : Courcy et autres (2004).

Bien que le harcèlement psychologique puisse exister dans tous les milieux de travail, certains milieux sont plus à risque que d'autres, dont les équipes de travail dirigées par un gestionnaire autocratique, les services où la compétition entre les employés est très vive, ceux au sein desquels il existe des conflits récurrents et mal gérés, ainsi que les groupes de travail où règnent des guerres de pouvoir malsaines. Sur le plan organisationnel, le harcèlement psychologique peut notamment entraîner une augmentation du taux d'absentéisme, du taux de roulement, ainsi que des coûts associés au traitement des griefs et des plaintes (Einarsen et Mikkelsen, 2003).

Les effets les plus immédiats du harcèlement se font naturellement ressentir chez les victimes. Sur le plan individuel, le harcèlement psychologique entraîne différentes conséquences, dont des symptômes graves de détresse psychologique, des symptômes psychosomatiques, une baisse de la performance au travail et, trop souvent, la perte d'emploi (Leymann, 1990). Dans certains cas, le harcèlement psychologique peut même mener au suicide. Il convient également de rappeler que, contrairement à la croyance populaire, les victimes de harcèlement psychologique ne sont généralement pas plus « faibles et sans défense » que les autres travailleurs. Au contraire, les victimes sont souvent très compétentes et peuvent même susciter l'envi dans leur entourage. D'ailleurs, les risques d'être victimes de harcèlement psychologique ne varient pas selon le niveau hiérarchique de l'individu (Zapf et Einarsen, 2005). Tout le monde est donc susceptible d'être, à un moment ou un autre de sa carrière, victime de harcèlement psychologique au travail. Personne n'est à l'abri.

Une enquête réalisée par Soares (2002) auprès des différents groupes de travailleurs de la Centrale des syndicats du Québec indique que la problématique du harcèlement psychologique au travail a pris des proportions alarmantes dans les dernières années. Plus spécifiquement, 28,9 % des participants à cette enquête affirmaient être victimes de harcèlement psychologique au travail ou l'avoir été au cours des 12 mois précédant le sondage.

La prévention du harcèlement psychologique au travail a toutefois fait de réels progrès au cours des dernières années. Au Québec, depuis le 1er juin 2004, la Loi sur les normes du travail (article 81.18) stipule que « tout salarié a droit à un milieu de travail exempt de harcèlement psychologique ». Elle précise également que « l'employeur doit prendre les moyens raisonnables pour prévenir le harcèlement psychologique et, lorsqu'une telle conduite est portée à sa connaissance, pour la faire cesser ». L'adoption de cette loi, ainsi que les nombreuses campagnes de prévention en matière de harcèlement psychologique au travail, ne permettront probablement pas de contrer totalement ce problème. Par ailleurs, ces actions contribuent à rompre le silence et à faire sortir de l'ombre une problématique trop longtemps négligée.

Texte classique

L'écoute active[1]

Ce qu'est l'écoute active

L'une des tâches premières de tout gestionnaire ou superviseur consiste à assurer l'épanouissement, l'adaptation et l'intégration des employés. Il lui faut mettre en valeur leur potentiel, leur déléguer des responsabilités et obtenir leur coopération. À cette fin, le gestionnaire ou le superviseur doit être en mesure d'écouter les gens avec qui il travaille avec attention et intelligence.

Il existe cependant de nombreux types d'aptitudes à l'écoute. Un avocat qui interroge un témoin, par exemple, écoute ses réponses en étant à l'affût des contradictions, des erreurs et d'autres points faibles. Ce n'est cependant pas ce type d'écoute qui nous intéresse. En effet, l'avocat ne porte généralement pas attention aux déclarations du témoin dans le but de l'aider à s'adapter, à coopérer ou à produire. Nous allons ici plutôt examiner les aptitudes à l'écoute d'un gestionnaire ou d'un superviseur qui aide les employés à mieux comprendre leur situation, à assumer des responsabilités et à collaborer entre eux.

Deux exemples

Le genre d'écoute qui nous intéresse porte le nom d'« écoute active ». On qualifie cette écoute d'« active » parce que l'auditeur assume une responsabilité bien déterminée. Il ne se contente pas d'absorber passivement les paroles de l'autre. Au contraire, il s'efforce activement de reconnaître les faits et les sentiments communiqués, et tente, par son écoute, d'aider le locuteur à résoudre ses problèmes.

Pour bien comprendre ce qu'est l'écoute active, voyons deux manières différentes d'aborder un même problème de travail. La situation présentée a pour cadre le secteur de l'imprimerie, mais le comportement décrit pourrait se manifester dans tout type d'organisation.

Exemple n° 1

- Contremaître : Paul, cette commande urgente n'a aucun sens. On ne peut pas faire un tirage de 50 000 exemplaires aujourd'hui, c'est impossible.
- Superviseur : C'est malgré tout ce qu'on nous demande, alors terminez cette commande le plus tôt possible. Les patrons sont particulièrement exigeants cette semaine.
- C : Ils doivent pourtant savoir qu'on a déjà du retard sur l'horaire depuis qu'on a eu ce bris de matériel.
- S : Écoutez, ce n'est pas moi qui décide. On me paie pour m'assurer que le travail sera accompli, et c'est exactement ce que je vais faire.
- C : Ça ne va pas faire plaisir à mes gens.
- S : C'est votre problème, pas le mien.

Exemple n° 2

- Contremaître : Jean, cette commande urgente n'a aucun sens. On ne peut pas faire un tirage de 50 000 exemplaires aujourd'hui, c'est impossible.
- Superviseur : Ils vous en demandent beaucoup, hein ?
- C : Vous l'avez dit, et ça ne me plaît pas du tout. Juste au moment où on allait combler le retard qu'on a pris à cause de ce bris de matériel, ils nous arrivent avec cette commande.
- S : Comme si vous n'aviez pas déjà assez de travail.
- C : Exactement. Je ne sais vraiment pas comment je vais apprendre la nouvelle à mon opérateur de presse.
- S : Je me trompe, ou vous n'avez vraiment pas envie de lui transmettre une commande urgente en ce moment ?
- C : Non, vous avez raison. Pierre est déjà débordé aujourd'hui. On dirait qu'on ne reçoit que des commandes urgentes.
- S : Vous croyez qu'il a déjà assez de pain sur la planche aujourd'hui sans qu'on en rajoute ?
- C : C'est ce que je pense, oui. Je sais bien que tout le monde a beaucoup de travail, mais ce n'est pas

1. Source : Tiré de Rogers et Farsons (1984, p. 255-267).

juste que Pierre hérite de toutes les commandes urgentes. Mais s'il n'y a pas moyen de faire autrement, je ferais mieux d'aller lui apprendre la nouvelle et de réviser l'horaire encore une fois.

Il y a manifestement plusieurs différences entre ces deux exemples. La principale est que Jean, le superviseur du second, recourt à l'écoute active. Il écoute et réagit d'une façon qui indique clairement qu'il comprend aussi bien le sens des propos de son contremaître que les sentiments qu'ils traduisent.

L'écoute active n'exige pas nécessairement de longues périodes passées à écouter les doléances personnelles ou autres des employés. Il s'agit simplement d'une manière d'aborder les difficultés qu'entraînent les aspects courants de tout travail.

Pour être efficace, l'écoute active doit être fermement ancrée dans les convictions de l'auditeur. L'individu dont l'attitude fondamentale va à l'encontre des principes de base de l'écoute active ne peut y recourir avec succès. Tout au plus ses tentatives se traduiront-elles par un comportement vide et stérile que les autres auront tôt fait de reconnaître comme tel. Il faut avoir acquis un respect véritable de la valeur potentielle de tout individu, tenir compte de ses droits et faire confiance à sa capacité de se diriger lui-même avant de pouvoir devenir un bon auditeur.

Ce qu'apporte l'écoute active

L'écoute active offre un moyen important d'amener les gens à changer. Beaucoup jugent l'écoute comme passive, mais des études et des recherches ont démontré qu'une écoute réceptive s'avère très efficace pour susciter un changement de personnalité chez un individu et favoriser l'évolution d'un groupe. L'écoute active amène les gens à revoir leur attitude envers eux-mêmes et envers les autres, ainsi que leurs valeurs fondamentales et leur philosophie personnelle. Les personnes qu'on a écoutées de cette façon nouvelle et particulière deviennent plus mûres sur le plan émotif, parlent plus volontiers de leur vécu, se tiennent moins sur la défensive, et adoptent une attitude à la fois plus démocratique et moins autoritaire.

Tout individu qu'on écoute d'une manière réceptive tend à s'écouter lui-même avec plus d'attention, et à révéler clairement ce qu'il pense et ce qu'il ressent. À l'intérieur d'un groupe, chacun aura tendance à écouter davantage les autres, ainsi qu'à se montrer moins prompt à un débat et plus disposé à accepter le point de vue d'autrui. Comme l'écoute active réduit la probabilité qu'on critique les propos de l'autre, le locuteur peut reconnaître plus facilement la nature véritable des idées qu'il exprime ; il sera donc plus susceptible d'avoir le sentiment d'apporter une contribution valable.

Une autre conséquence importante de l'écoute active réside dans le changement qu'elle suscite chez l'auditeur. En plus de renseigner sur autrui davantage que toute autre activité, elle engendre la création de liens étroits et positifs, et tend à modifier pour le mieux l'attitude de l'auditeur. Elle contribue à la croissance personnelle.

Comment écouter

L'écoute active a pour but de susciter un changement chez autrui. À cette fin, elle fait appel à des techniques bien particulières, c'est-à-dire à un ensemble de choses à faire et à éviter. Avant d'examiner ces techniques, il est utile de comprendre pourquoi elles portent des fruits. Or, cela est impossible sans une certaine connaissance de la manière dont se développe la personnalité.

La croissance de l'individu

Dès la plus tendre enfance, tout individu apprend à se définir en des termes très précis. Il élabore ainsi tout au long de sa vie différentes images de lui-même. Ces images s'avèrent passablement réalistes dans certains cas, moins dans d'autres. Il arrive, par exemple, qu'une femme obèse d'apparence ordinaire se voie comme une ravissante jeune beauté, ou qu'un adolescent maladroit s'imagine être un athlète d'élite.

Or, chaque être humain vit toutes sortes d'expériences. Lorsqu'elles sont en accord avec l'image qu'il se fait de lui-même, il les accepte ; lorsqu'elles ne sont pas conformes à cette image, il devient beaucoup plus difficile de le faire. De fait, lorsqu'un individu accorde une très grande importance à la préservation de l'image qu'il a de lui-même, il refuse tout simplement d'accepter ou de reconnaître les expériences qui entrent en contradiction avec elle.

L'image qu'on a de soi-même n'est pas nécessairement plaisante. Ainsi, une personne peut se juger incompétente et bonne à rien. Elle peut croire qu'elle n'accomplit pas bien son travail, et ce, même si son entourage professionnel pense le contraire. Tant qu'elle aura cette conviction, elle niera toute expérience pouvant indiquer qu'elle est compétente. Il est si important pour elle de préserver l'image de soi qu'elle a élaborée qu'elle se sent menacée par tout ce qui tend à la remettre en cause. Ainsi, dans son esprit, une augmentation salariale pourrait tout simplement lui confirmer ce qu'elle croit, à savoir qu'elle ne la mérite pas, mais qu'elle a su tromper les autres. Cette personne doit préserver l'image qu'elle se fait d'elle-même, peu importe sa nature, parce qu'elle n'a rien d'autre à quoi s'identifier.

C'est pourquoi toute tentative visant à susciter chez cette personne un changement ou une modification de l'image qu'elle a d'elle-même représente pour elle une menace : elle est alors obligée de protéger son image de soi ou de nier totalement l'expérience qu'elle vit. Or, nier cette expérience et défendre cette image tendent, sur le plan personnel, à susciter un comportement rigide et à engendrer certaines difficultés d'adaptation.

L'écoute active, par contre, ne menace pas l'image qu'on se fait de soi-même. N'ayant pas à défendre cette image, la personne de notre exemple peut alors l'examiner, l'envisager telle qu'elle est véritablement ; elle peut décider par elle-même jusqu'à quel point cette image est réaliste. Cette personne devient ainsi en mesure de changer.

Lorsqu'on souhaite aider quelqu'un, il faut adopter une attitude susceptible d'éliminer le sentiment de menace qu'on peut représenter à ses yeux en tant que source éventuelle d'un changement. En effet, aussi longtemps que plane une menace, une communication efficace est impossible. Il faut donc établir un climat qui ne dénote ni critique, ni évaluation, ni moralisation. Ce climat doit favoriser l'égalité et la liberté, la confiance et la compréhension, l'acceptation et la chaleur. Ce n'est que dans pareil climat qu'un individu se sentira suffisamment en sûreté pour incorporer de nouvelles expériences et de nouvelles valeurs à la conception qu'il a de lui-même. Or, l'écoute active aide à créer ce type de climat.

Les choses à éviter

La réaction habituelle lorsqu'on rencontre une personne ayant un problème consiste à tenter de lui faire envisager la situation sous un jour différent, à l'amener à la voir comme on la voit soi-même ou comme on aimerait qu'elle la voie. On plaide, on raisonne, on réprimande, on encourage, on insulte, on essaie tout ce qui peut engendrer un changement dans la direction voulue, c'est-à-dire celle qu'on désire faire prendre à l'autre. Toutefois, en agissant de cette manière, on répond à son propre besoin d'envisager les choses d'une certaine façon, sans égard à celui de l'autre. Il est en effet toujours difficile de tolérer et de comprendre les actions qui ne sont pas conformes à la manière dont on juge devoir soi-même se comporter. Toutefois, lorsqu'on réussit à se libérer du besoin d'influencer les autres et de les entraîner sur la voie qu'on suit, on devient à même de les écouter avec compréhension. Dès lors, on peut avoir recours à l'agent de changement le plus puissant qui soit à notre portée.

L'une des plus grandes difficultés de l'écoute active est de ne pas répondre aux questions qui demandent qu'on prenne une décision, qu'on porte un jugement ou qu'on fasse une évaluation. En effet, le locuteur sollicite sans cesse l'opinion de celui ou celle qui l'écoute. Ce qu'il faut savoir, c'est que le plus souvent, en le sollicitant de la sorte le locuteur veut davantage exprimer certains sentiments ou certains besoins voilés qu'obtenir une réponse à la question posée. Comme il ne peut exprimer ces sentiments ouvertement, le locuteur les masque en leur donnant une forme acceptable à ses yeux et à ceux d'autrui, à savoir celle de l'interrogation. Pour bien comprendre ce phénomène, examinons ici quelques questions typiques et le genre de réponses le plus susceptibles de faire apparaître les sentiments qui en sont à l'origine.

Question de l'employé	Réponse de l'auditeur
Qui au juste a la responsabilité de s'assurer que ce travail sera fait ?	Croyez-vous ne pas avoir une autorité suffisante pour vous en occuper ?
Ne croyez-vous pas que l'avancement devrait plutôt être fonction du talent que de l'ancienneté ?	Qu'est-ce qui vous fait dire ça ?
Qu'est-ce que le patron veut qu'on fasse au sujet de ces vieilles machines ?	Vous en avez marre d'utiliser du matériel désuet, n'est-ce pas ?
Mon rendement s'est amélioré depuis votre dernière évaluation, n'est-ce pas ?	On dirait bien que vous avez l'impression de mieux faire votre travail depuis quelques mois.

Les réponses proposées ici en guise d'exemple permettent de reconnaître les questions de l'employé, tout en laissant à ce dernier la possibilité d'indiquer ce qui le trouble véritablement. Grâce à elles, l'auditeur participe à la résolution du problème ou de la situation, sans assumer toute la responsabilité de la prise de décision ou des actions. Il s'agit en fait d'un processus où l'on réfléchit avec l'autre, et non pour lui ou à son sujet.

La formulation d'un jugement, que celui-ci soit favorable ou non, fait en sorte qu'il est difficile pour l'autre de s'exprimer librement. De même, les conseils et les renseignements sont presque toujours perçus par l'autre comme une tentative visant à susciter chez lui un changement, ce qui constitue une barrière à la libre expression et à l'établissement d'une relation propice à la créativité. En outre, les conseils que l'on donne sont rarement suivis, et l'information transmise n'est presque jamais utilisée. Par exemple, on ne peut s'attendre à ce qu'un jeune stagiaire pressé de réussir se montre patient simplement parce qu'on lui dit que la route qui mène au succès est parsemée d'embûches et que Paris ne s'est pas construit en un jour. Il ne sera pas davantage utile pour lui d'apprendre qu'un seul stagiaire sur cent parvient à gravir les échelons jusqu'au niveau supérieur.

Fait intéressant, il n'est pas facile d'apprendre que les évaluations positives constituent parfois des obstacles au même titre que les évaluations négatives. On nuit presque autant à la liberté d'une relation en déclarant à l'autre qu'il a raison, qu'il est compétent ou qu'il fait bien son travail qu'en lui affirmant le contraire. Une évaluation positive peut faire en sorte qu'il soit encore plus difficile pour l'autre de parler des lacunes qui le troublent ou de ce qu'il considère comme un manque de compétence.

Les encouragements peuvent aussi être perçus comme une tentative visant à amener le locuteur sur une certaine voie, ou à le tenir à distance, plutôt qu'à le soutenir. On n'aide en rien une personne abattue par un problème en lui affirmant que tout finira par s'arranger.

En d'autres termes, la plupart des techniques et des éléments le plus souvent mis à contribution dans le cadre d'une relation avec autrui s'avèrent peu utiles pour établir le type de relation recherché dans le présent contexte.

Les choses à faire

Qu'implique l'écoute active ? Elle exige essentiellement qu'on se mette à la place du locuteur et qu'on saisisse son point de vue, ce qu'il essaie de faire comprendre. Plus encore, il faut indiquer au locuteur qu'on envisage les choses de son point de vue. Il y a donc plusieurs choses à faire pour assurer une écoute active.

Être à l'affût de l'ensemble de la signification du message Tout message qu'un individu s'efforce de transmettre comporte en général deux éléments, soit un contenu et un sentiment – une attitude – sous-jacent. L'un et l'autre ont de l'importance ; l'un et l'autre contribuent à la signification du message. Il importe de chercher à comprendre l'ensemble de cette signification. Prenons l'exemple d'une secrétaire qui annonce à son patron : « J'ai terminé le rapport que vous m'avez demandé. » Ce message présente un contenu factuel évident, et peut aussi constituer une manière de demander une autre tâche à effectuer. Imaginons, par contre, que la secrétaire déclare : « Hé, bien ! J'ai enfin terminé ce foutu rapport. » Le contenu factuel reste le même, mais la signification complète du message a changé, et ce, d'une manière importante, tant pour le patron que pour sa secrétaire. Une écoute réceptive pourra ici améliorer les relations de travail. Si le patron réagit en donnant à sa secrétaire des lettres à mettre au propre, celle-ci aura-t-elle l'impression qu'il a saisi la totalité de la signification de son message ? Se sentira-t-elle bien aise de lui parler des difficultés de son travail ? Sera-t-elle plus satisfaite de son travail et plus désireuse de bien accomplir la nouvelle tâche qui l'attend ?

Imaginons que le patron formule, au contraire, une réponse qui indique à sa secrétaire qu'il a bien entendu son message et qu'il le comprend, telle que « On dirait que vous êtes bien contente d'avoir terminé ce rapport ; ce n'était pas facile, n'est-ce pas ? » ou « Vous n'aimeriez sans doute pas qu'on vous confie une autre tâche de ce genre ». Cela ne veut pas dire qu'il devra inévitablement lui assigner une tâche différente de celle qu'il avait prévue, ou passer une heure à l'écouter décrire les difficultés que lui a causées ce rapport. Le patron fera peut-être un certain nombre de choses différemment à la lumière de l'information qu'il vient d'obtenir de sa secrétaire, mais pas nécessairement. La mesure additionnelle de sensibilité dont il fait preuve peut cependant transformer un climat de travail plus ou moins agréable en un bon climat de travail.

Réagir aux sentiments Dans certains cas, le contenu est beaucoup moins important que le sentiment qui le sous-tend. Pour bien saisir toute la signification d'un message, on doit réagir particulièrement au sentiment qu'il traduit. Si la secrétaire de notre exemple déclarait : « J'aimerais faire brûler tous les papiers carbone que j'ai utilisés pour préparer ce rapport ! » il serait évidemment absurde de réagir au contenu de son message. On reconnaît toutefois ce contenu en réagissant au dégoût ou à la colère qu'elle éprouve. Tout message fait une place plus ou moins importante au contenu et aux sentiments. L'auditeur doit, chaque fois, s'efforcer de porter une attention particulière à l'ensemble de la signification que le message présente pour le locuteur. Qu'essaie-t-il de me dire ? Qu'est-ce que cela signifie pour lui ? Comment envisage-t-il la situation ?

Prendre note de tous les indices La communication n'est pas seulement verbale. Les propos du locuteur ne transmettent pas à eux seuls l'ensemble de son message. Ainsi, pour bien écouter, il faut prendre conscience de plusieurs autres formes de communication. L'hésitation dont fait preuve le locuteur, par exemple, peut en dire long sur ses sentiments. La même chose est vraie des inflexions de sa voix. Il se peut que le locuteur prononce certains mots d'une manière claire et forte, et qu'il en marmonne d'autres. On doit aussi porter attention, entre autres, à son expression faciale, à sa posture, aux mouvements de ses mains et de ses yeux, ainsi qu'à sa respiration. Toutes ces choses peuvent, en effet, contribuer à la transmission de l'ensemble du message.

Ce qu'on communique par l'écoute

Lorsqu'ils envisagent l'écoute comme moyen de traiter avec autrui, la plupart des gens jugent initialement qu'elle ne peut s'avérer suffisante en elle-même. Selon eux, de par son caractère passif, l'écoute ne communique rien au locuteur. Or, en réalité, il en va bien autrement.

En se montrant sans cesse à l'écoute d'un locuteur, on lui transmet le message suivant : « Je m'intéresse à vous en tant que personne, et j'accorde de l'importance à vos sentiments. Je respecte vos idées et, même lorsque je ne les partage pas, je reconnais qu'elles sont valables pour vous. Je ne doute pas que vous ayez une contribution à apporter. Je n'essaie pas de vous faire changer d'avis ou de vous évaluer. Je souhaite tout au plus vous comprendre. Vous méritez qu'on vous écoute, et je veux que vous sachiez que je suis le genre de personne à qui vous pouvez parler. »

L'aspect le plus important de l'écoute active est qu'elle consiste en une attitude qui témoigne de l'ouverture à l'autre dont fait preuve l'auditeur. Il est en effet très difficile de convaincre une personne qu'on la respecte en le lui affirmant. Par contre, l'écouter manifeste concrètement ce respect.

Toute personne qui se sent responsable dans une situation donnée peut donner le ton à son interaction avec autrui. La leçon importante à retenir est que tout comportement adopté finira par engendrer un comportement semblable chez l'autre. Ainsi, un comportement d'écoute engendrera l'écoute. Cela signifie que pour assurer une bonne communication entre les membres d'une organisation, comme entre deux personnes, il faut tout d'abord être attentif à tout problème de communication et établir un modèle d'écoute.

Il faut savoir qu'il est beaucoup plus difficile, mais aussi beaucoup plus utile, de susciter un comportement positif chez l'autre. Or, l'écoute active figure parmi les comportements positifs que l'on peut adopter, et inspirer. Cependant, l'écoute est vouée à l'échec si on se contente d'attendre que le locuteur ait terminé de parler sans vraiment porter attention à ses propos. Ainsi, si l'on veut susciter un comportement d'écoute dans son entourage, et éventuellement jouir d'une écoute véritable compréhensive et respectueuse de la part d'autrui, il faut savoir soi-même faire preuve d'une telle écoute.

Vérifier qu'on a bien compris

Comme il est plus difficile de comprendre autrui qu'il n'y paraît de prime abord, on doit sans cesse vérifier qu'on est capable d'envisager le monde de la même façon que le locuteur. À cette fin, on peut retransmettre au locuteur ce qui semble être la signification de ses paroles et de ses gestes. Sa réaction révèlera s'il se sent compris ou non. Une bonne règle à appliquer consiste à supposer que l'on a véritablement compris ce que l'autre veut dire que lorsqu'on a retransmis ses propos de façon satisfaisante pour lui.

Voici un moyen d'évaluer l'aptitude à l'écoute. Au cours d'une discussion animée ou controversée, on peut faire une pause et suggérer à son interlocuteur de continuer l'échange en adoptant la règle suivante : avant de présenter une idée ou une opinion nouvelle, chacun doit reformuler la dernière idée ou opinion avancée par l'autre, et ce, en ses propres termes (car répéter les propos de l'autre exactement comme il les a énoncés prouve qu'on les a entendus, mais non qu'on les a compris). Avant de pouvoir prendre la parole, celui qui écoute devra avoir reflété les propos de son interlocuteur de façon suffisamment juste selon ce dernier.

Pareille façon de procéder peut s'avérer utile lors d'une rencontre houleuse où les gens s'expriment sur un sujet qui soulève les passions au sein du groupe. Avant de pouvoir faire connaître ses propres idées et sentiments, tout membre du groupe devrait retransmettre la signification de l'intervention du locuteur précédent, et ce, à la satisfaction de ce dernier. Chaque membre du groupe devrait également être à l'affût de toute évolution du climat émotionnel et de la qualité de la discussion lorsqu'on utilise cette méthode.

Les difficultés de l'écoute active

L'écoute active n'est pas facile à maîtriser. Son apprentissage exige de la pratique. Peut-être plus important encore, il nécessite qu'on modifie ses attitudes fondamentales, ce qui demande beaucoup de temps et s'avère parfois très difficile. Voyons maintenant quelques-unes des principales difficultés associées à l'écoute active, et ce qu'on peut faire pour les surmonter.

Le risque personnel

Pour assurer une écoute active efficace, il faut s'intéresser sincèrement au locuteur. Si on feint simplement de le faire, ce dernier ne tardera pas à s'en apercevoir, d'une manière consciente ou inconsciente, et, dès lors, il ne s'exprimera plus librement.

L'écoute active comporte un risque personnel important. En effet, lorsqu'on réussit à accomplir tout ce qui est décrit ici – soit à prendre conscience des sentiments de l'autre, à saisir la signification qu'il donne à son vécu et à envisager le monde comme il le fait –, on risque d'être soi-même transformé. Lorsqu'on choisit par exemple d'écouter véritablement une personne qu'on ne connaît pas ou qu'on désapprouve, on court le risque, pour comprendre la signification de son existence, d'en venir à envisager le monde à sa manière. On se trouve menacé chaque fois qu'on abandonne ses propres convictions, même temporairement, pour adopter le point de vue d'autrui. Il faut donc une confiance et un courage intérieurs considérables pour être en mesure de risquer ainsi de mettre en péril ce qu'on est afin de comprendre autrui.

Dans le cas d'un gestionnaire, le courage d'adopter le point de vue d'autrui exige généralement qu'il puisse se considérer lui-même comme les autres le considèrent. Pareille démarche peut parfois être désagréable, voire très difficile. En effet, ce n'est pas chose facile de se libérer du besoin de voir les choses à sa façon, de voir et d'entendre seulement ce qui nous convient ; c'est sûrement encore moins facile de se percevoir soi-même en adoptant le regard des autres.

C'est donc un défi de taille que d'adopter une attitude témoignant d'un intérêt sincère pour le locuteur, car on ne peut y parvenir que si on est disposé à envisager le monde à sa manière. Cependant, après avoir vécu pareille expérience un certain nombre de fois, on en vient à faire sienne une attitude qui permet d'accorder un intérêt tout à fait sincère au locuteur.

Les manifestations d'hostilité

Il arrive souvent qu'un auditeur fasse l'objet de propos négatifs et hostiles, lesquels sont toujours difficiles à entendre. En effet, personne n'aime être le point de mire de propos désagréables ou de manifestations d'hostilité. Il n'est pas facile d'en arriver à avoir une force suffisante pour essuyer ce genre d'attaques sans ressentir le besoin de répliquer ou de se défendre.

En outre, chacun craint que les autres ne s'effondrent sous le poids des sentiments négatifs. C'est pourquoi on tend à perpétuer une attitude de pseudo-paix, comme si on ne pouvait faire face au moindre conflit par crainte des effets néfastes qui peuvent se répercuter sur soi-même, sur la situation et sur les autres. Pourtant, loin d'apaiser le climat régnant entre deux ou plusieurs personnes, le déni et la suppression des sentiments négatifs lui causent véritablement du tort. Évacuer un problème sans y faire face ne règlera rien, bien au contraire.

Les manifestations déplacées

La manifestation d'un comportement habituellement jugé inacceptable par la société pose aussi un problème à l'auditeur. Lorsqu'ils sont extrêmes, ces comportements peuvent se manifester sous des formes auxquelles font face les psychothérapeutes, telles que les fantasmes meurtriers ou les perversions sexuelles. L'auditeur feint souvent d'ignorer pareilles manifestations du fait de leur nature particulièrement menaçante. Mais même en face de comportements anormaux ou inappropriés moins extrêmes, comme les larmes chez un homme ou les plaisanteries grivoises en présence de femmes, tout individu éprouve un certain malaise.

Lors de tout échange face-à-face, on note des manifestations de ce type qui empêchent la communication, du moins temporairement. Au sein d'une organisation, toute manifestation de faiblesse ou d'incompétence est généralement jugée inacceptable et fait, par conséquent, obstacle à une bonne communication entre les personnes. Par exemple, écouter un gestionnaire expliquer qu'il a l'impression de n'avoir pas su comment prendre la situation en main dans son service peut créer un malaise, parce qu'il est généralement admis que c'est là quelque chose que tout gestionnaire est censé être capable de faire.

L'acceptation des sentiments positifs

Fait intéressant et troublant à la fois, lorsqu'ils communiquent entre eux, les gens éprouvent beaucoup moins de difficulté à composer avec les manifestations d'hostilité qu'avec les sentiments positifs. Cela est particulièrement vrai en ce qui concerne les gestionnaires. En effet, étant donné leur rang dans la hiérarchie et le travail qu'ils font, on s'attend de leur part à des manifestations d'indépendance, d'audace, de ruse et de dynamisme, mais très rarement à des manifestations de gentillesse, de compréhension, de chaleur humaine. Un gestionnaire qui échappe à ce stéréotype et qui fait preuve de sentiments positifs peut en venir à envisager ses propres comportements comme des signes de faiblesse ou des actes déplacés. Cependant, l'être humain a besoin de ces sentiments et même s'il nie leur existence, chez lui et chez les autres, il ne peut pas pour autant les éviter : tout au plus peut-il arriver à les voiler ou à les rendre confus. Or, nier les sentiments positifs nuit à l'effort collectif. Par contre lorsqu'on en reconnaît l'existence, ils y contribuent largement.

Les indications d'un danger posé par les émotions

Les émotions de l'auditeur font aussi parfois obstacle à l'écoute active. C'est lorsque les passions se déchaînent, soit lorsque l'écoute est le plus nécessaire, qu'on éprouve le plus de difficulté à laisser de côté ses propres préoccupations et à se montrer compréhensif. Un individu n'a bien souvent de pire ennemi que ses propres émotions lorsqu'il tente de devenir un auditeur. Plus on est concerné par une situation ou un problème, moins on est susceptible de vouloir ou de pouvoir se mettre à l'écoute des sentiments et de l'attitude des autres. En d'autres termes, plus on juge nécessaire de répondre à ses propres besoins, moins on est en mesure de répondre à ceux d'autrui. Examinons ici quelques-uns des principaux indices susceptibles d'indiquer à un auditeur que ses émotions nuisent à son écoute.

Une attitude de défense Les idées au sujet desquelles on se montre le plus éloquent, celles qu'on souhaite le plus ardemment faire accepter aux autres, sont toujours celles dont on cherche soi-même à se convaincre. On doit, par conséquent, prendre conscience du danger lorsqu'on insiste sur un point ou qu'on tente de le faire accepter à autrui, car on est alors vraisemblablement moins sûr de soi qu'on le prétend, et donc moins enclin à écouter.

Un ressentiment suscité par l'opposition Il est toujours plus facile d'écouter un point de vue semblable au sien qu'une opinion divergente. Lorsque l'auditeur a l'impression que ses idées et son point de vue sont remis en cause, il peut gagner à réfléchir un moment à la situation et, ensuite, à faire part de cette inquiétude au locuteur.

Un conflit de personnalité Ici encore, l'expérience montre que l'auditeur contribue davantage à établir une saine relation lorsqu'il exprime ses sentiments en toute sincérité plutôt que lorsqu'il les réprime. Il en va ainsi des sentiments d'hostilité, de ressentiment ou de menace comme des sentiments d'admiration ou d'autres sentiments positifs. Une relation véritablement honnête sera la plus productive, quelle que soit sa nature. Le locuteur se sentira en sécurité après avoir découvert que l'auditeur peut exprimer ses sentiments d'une manière franche et ouverte. Il est bon pour tout auditeur de se rappeler ce fait lorsqu'il commence à redouter un conflit de personnalité. Autrement, il ne pourra exprimer pleinement ses sentiments, et ce, par crainte de ses propres émotions.

L'écoute de soi

L'écoute de soi est essentielle à l'écoute d'autrui et constitue, dans bien des cas, un moyen efficace de surmonter les difficultés décrites précédemment. Tout individu risque de moins comprendre ses propres sentiments lorsque son excitation, son animation et ses exigences sont à leur comble. Il est néanmoins essentiel de ne pas avoir de doutes sur son propre point de vue, ses propres valeurs et ses propres besoins lorsqu'on s'attarde aux problèmes d'autrui.

Reconnaître et comprendre la signification qu'a pour lui un épisode particulier, et tous les sentiments que celui-ci lui inspire, permet à l'auditeur de faire le point et d'être de nouveau en mesure de bien écouter le locuteur. Il en va de même de sa capacité à s'exprimer lorsque ses sentiments font obstacle à l'écoute active. Ainsi, lorsqu'une personne ou une situation donnée engendre certains sentiments qui empêchent l'auditeur d'écouter avec compréhension, celui-ci doit se mettre à l'écoute de lui-même. Il est essentiel, pour établir une relation efficace, de ne pas réprimer ces sentiments. On gagne au contraire à les exprimer le plus clairement possible et à essayer d'amener l'autre à les accepter. En d'autres mots, la capacité d'écoute de tout individu est fonction de son aptitude à être à l'écoute de lui-même.

L'écoute active et les objectifs de l'organisation

« Comment l'écoute peut-elle améliorer la productivité ? »

« Nous évoluons dans le milieu rude et compétitif des affaires, où tout se déroule à un rythme effréné. Comment allons-nous trouver le temps de conseiller nos employés ? »

« Nous devons nous occuper d'abord des problèmes organisationnels. »

« Nous avons trop de travail pour passer la journée à écouter les autres. »

« Quel lien y a-t-il entre le moral et le service offert au public ? »

« On doit parfois sacrifier un individu pour le bien des autres membres de l'organisation. »

Les personnes qui, comme nous, tentent de promouvoir l'écoute active à l'intérieur des organisations entendent fréquemment ce genre de remarques, qui posent un réel problème en raison de leur honnêteté et de leur légitimité. Malheureusement, les réponses ne sont pas aussi claires que les questions formulées.

L'importance de l'individu

L'une de ces réponses repose sur une supposition clé de l'écoute active : le type de comportement qui aide l'individu finit par aider le groupe. Autrement dit, ce qui est le mieux pour l'individu l'est aussi pour l'organisation. Forts de notre expérience dans le domaine de la psychologie et de l'éducation, nous sommes convaincus du bien-fondé de cette supposition, qui fait actuellement l'objet de recherches en milieu organisationnel. Selon nos études, mettre l'accent sur le groupe au détriment des individus qui le composent engendre un malaise chez ceux-ci et ne contribue pas à unifier le groupe. Au contraire, dans un tel contexte, les membres du groupe deviennent plus inquiets et plus méfiants.

Nous ne connaissons pas encore précisément les différentes manières dont le groupe bénéficie de l'intérêt témoigné à un de ses membres, mais nous avons plusieurs pistes valables. La première est que le groupe se sent plus en sécurité lorsqu'on écoute l'un ou l'autre de ses membres avec intérêt et sensibilité. Or, nous supposons que pareille chose ne peut qu'améliorer le groupe. Lorsqu'un individu n'a pas à craindre de se dévoiler aux autres membres de son groupe, on peut s'attendre à ce qu'il s'exprime d'une façon plus libre et plus spontanée. Lorsque le leader d'un groupe répond aux besoins d'un individu et lui accorde la priorité, les autres membres ne tardent pas à l'imiter, et tous en viennent à agir collectivement au moment de reconnaître les besoins d'un membre en particulier et d'y répondre. Or, cette action positive et constructive semble constituer pour le groupe une expérience beaucoup plus satisfaisante que le rejet d'un de ses membres.

L'écoute et la productivité

Personne ne sait si l'écoute ou toute autre activité visant à améliorer les relations humaines au sein d'une organisation contribue effectivement à une meilleure productivité ou, en d'autres termes, s'il existe un lien entre le moral et le rendement. Certains affirment sans détour qu'on ne peut s'attendre à trouver un lien entre le moral et la productivité, que cette dernière est souvent le fait d'inadaptés sociaux, d'excentriques ou de solitaires. D'autres choisissent, quant à eux, de travailler dans un climat de coopération et d'harmonie au sein d'un groupe où le moral est très bon, et ce, pour des raisons qui n'ont rien à voir avec les réalisations ou la productivité.

Un rapport publié par le Survey Research Center de la University of Michigan sur une étude réalisée à La Prudentielle d'Amérique, compagnie d'assurances, fait état de sept découvertes liées à la productivité et au moral. Comparativement aux gestionnaires subalternes dont le groupe de travail génère une faible production, ceux dont le groupe se révèle très productif présentent les caractéristiques suivantes :

1) ils font l'objet d'une surveillance moins poussée de la part de leur supérieur ;
2) ils accordent une importance directe moindre à la production en tant qu'objectif ;
3) ils favorisent la participation des employés à la prise de décision ;
4) ils ont une attitude davantage axée sur les employés ;
5) ils consacrent plus de temps à la supervision, et moins au travail dit « de production » ;
6) ils se sentent plus en confiance dans leur rôle de superviseur ;
7) ils sont convaincus de bien connaître leur situation au sein de l'organisation.

Ce même rapport indique qu'aucun lien manifeste n'a été découvert entre la productivité et les autres aspects liés au moral, comme l'identification à l'entreprise, la satisfaction tirée du travail et le prestige associé au poste occupé. On y propose l'interprétation psychologique suivante.

Dans un contexte où chacune de leurs actions leur est imposée, les gens sont plus efficacement motivés s'ils jouissent d'une certaine latitude quant à la manière d'accomplir leur travail. Ils offrent de meilleurs résultats lorsqu'ils sont en mesure de prendre eux-mêmes certaines des décisions relatives à leur travail. Ils se comportent plus adéquatement lorsqu'on les traite comme des individus, et non comme de simples rouages d'une machine. Bref, on peut mieux stimuler leur intérêt si on est en mesure de tirer avantage des motivations du moi que sont l'autodétermination, la libre expression et le sentiment d'avoir de la valeur. Des sanctions ou des pressions exercées pour accroître la production peuvent se révéler efficaces, mais pas autant que les éléments plus intériorisés. Lorsque l'individu en vient à s'identifier à son travail et à celui de son groupe, les ressources humaines sont davantage mises en valeur au cours du processus de production.

Le Survey Research Center a aussi effectué certaines études auprès de travailleurs d'autres secteurs. Dans le cadre d'un exposé sur les résultats de ces travaux, Robert L. Kahn écrit :

> Il ressort d'études réalisées auprès d'employés de bureau, de travailleurs du rail et de travailleurs de l'industrie lourde que les gestionnaires dont l'unité s'avère plus productive consacrent davantage de temps à leurs tâches de superviseur et, en particulier, à l'aspect interpersonnel de leur travail. Les superviseurs dont l'unité est moins productive ont, quant à eux, plus tendance à consacrer leur temps à des tâches que leurs employés eux-mêmes effectuent ou à l'aspect « bureaucratique » de leur travail.

Une créativité maximale

Peut-être n'aura-t-on jamais accumulé suffisamment de données pour trancher cette question à la satisfaction de tous. Du point de vue organisationnel, cependant, la créativité et l'effort productif des êtres humains au sein d'une organisation constituent la meilleure source non encore exploitée d'une productivité accrue. Il existe en effet un écart considérable entre la capacité de production maximale des gens et le niveau de production actuel des organisations. Nous voulons simplement suggérer qu'il serait peut-être plus facile de tirer le maximum de cette capacité en faisant appel à ce qui motive déjà intérieurement les individus plutôt qu'à des stimulants extérieurs.

Or, c'est tout d'abord en écoutant l'individu avec respect et compréhension qu'on peut faire appel à ce qui le motive. L'écoute représente un premier pas pour en arriver à donner à l'individu le sentiment qu'il est digne d'apporter une contribution, ce qui pourrait être source d'un dynamisme et d'une productivité considérables au sein de l'organisation. Une organisation à but lucratif n'est jamais trop occupée pour adopter les moyens techniques les plus efficients ou pour se doter de sources abondantes de matières premières. Toutefois, la technologie et les matières premières ne sont que de bien piètres ressources lorsqu'on les compare aux ressources intérieures des gens qui œuvrent au sein de l'organisation.

En parlant de la gestion axée sur la collaboration, G. L. Clements de la Jewel Tea Co., Inc. a déclaré ce qui suit.

> Nous croyons que cette méthode reconnaît la prise sans cesse répétée d'un vote secret par les membres de toute organisation. Les employés se prononcent en effet en faveur ou non de leur superviseur. Un vote favorable se manifeste par la coopération, le travail d'équipe, la compréhension et la production au sein du groupe. Pour remporter ce vote secret, tout superviseur doit partager les problèmes de son groupe et travailler de concert avec lui.

Il revient à chaque gestionnaire ou superviseur de prendre lui-même la décision de consacrer du temps à écouter ses subordonnés. De plus en plus, les gestionnaires doivent s'occuper des gens et des relations qu'ils entretiennent au lieu de produire des biens ou des services. Dès qu'un individu reçoit une promotion qui en fait un superviseur, il cesse d'avoir directement part à la production de biens ou de services, et il doit se préoccuper des hommes et des femmes qui l'entourent plutôt que des vis et des clous. Or, comme les gens diffèrent des objets, il a besoin à cette fin d'une panoplie d'aptitudes. La réalisation de ses tâches nouvelles exige un type d'individu bien particulier. L'apprentissage de l'écoute représente le premier pas sur la voie qui permettra au gestionnaire de s'inscrire dans cette catégorie d'individus.

Chapitre 7

L'influence sociale

Obtenir la collaboration d'autrui

Le lion et l'agneau se coucheront
certainement ensemble un jour,
mais l'agneau aura du mal à dormir[1]
WOODY ALLEN (1975, P. 28)

Les questions concernant le pouvoir et les modalités d'influence sont inéluctables dans les organisations. Travailler, coopérer et s'affirmer dans un groupe ou une entreprise supposent la création de relations avec autrui et, par conséquent, l'interaction sociale et l'établissement de liens d'interdépendance. L'interdépendance implique des échanges de ressources entre des personnes et la réciprocité, signes de l'autonomie et de la dépendance des individus. Ainsi, les relations humaines dans les organisations suscitent autant la coopération que le conflit, deux dimensions inhérentes à l'action sociale organisée. Michel Crozier (1995) explique :

> Pour exister, pour intervenir comme un acteur dans son travail, il faut s'affirmer, travailler avec d'autres et coopérer. Cette coopération fait nécessairement intervenir un jeu du pouvoir. [...] Même si vous avez une conception totalement altruiste de la vie et que vous vous consacrez à une action humanitaire, la simple question d'efficacité de votre action et de l'organisation avec d'autres personnes fera intervenir la question du pouvoir (p. 38).

On associe souvent le pouvoir au besoin de pouvoir et à la recherche de pouvoir. Ces représentations comportent une charge affective parce qu'elles sont souvent assimilées à la manipulation. Or, d'après Moscovici (1994), la manipulation est un phénomène qui suppose l'existence d'individus totalement soumis, d'une part, et celle d'individus totalement autonomes, d'autre part, ce qui s'avère presque impossible. En effet, l'être humain est fondamentalement libre : il a toujours le

1. Traduction libre de *The lion and the calf shall lie down together but the calf won't get much sleep.*

choix d'accepter ou de refuser de participer à la vie sociale, même en présence de contraintes extérieures, tant qu'il demeure conscient de ses désirs et de sa volonté (Jankélévitch, 1980).

Le pouvoir, c'est un potentiel d'action, c'est la capacité d'agir. Dans ce sens, le pouvoir constitue une possibilité. Le besoin de pouvoir et la recherche de pouvoir sont deux phénomènes différents. D'une part, le besoin de pouvoir détermine une motivation à comprendre et à maîtriser l'environnement, à exercer son libre arbitre pour accroître son autonomie et influencer son destin (Adler, *1931,* 1979). D'autre part, la recherche de pouvoir est associée au désir de puissance et, à cause de son lien avec la tendance à dominer les autres, elle est souvent perçue comme indésirable (Collerette, 1991).

French et Raven (1959) se sont penchés sur les sources (fondements) de pouvoir des personnes occupant une position d'autorité dans les organisations. Il existerait essentiellement cinq sources de pouvoir, à savoir le pouvoir de récompense, le pouvoir de punition (coercition), le pouvoir légitime, le pouvoir d'expertise et le pouvoir de référence. Les trois premières sources de pouvoir sont directement liées à la position hiérarchique de l'individu, alors que les deux autres constituent des sources de pouvoir personnel. L'individu en position d'autorité peut influencer autrui en utilisant des récompenses (ex. : augmentation de salaire, promotions). Il peut également susciter l'obéissance d'autrui en le « punissant » (ex. : mauvaise évaluation de rendement, élimination de privilèges, etc.). Quant au pouvoir légitime, il découle simplement de la position d'autorité dans une organisation. Dans le monde du travail, les superviseurs sont dotés du droit de gérance et de direction sur le travail des employés, ce qui leur confère le pouvoir de s'assurer que les employés utilisent adéquatement leur temps de travail et les ressources mises à leur disposition pour accomplir les tâches qui leur sont confiées. Ainsi, les superviseurs sont en droit de gérer l'assiduité des employés, de répartir les tâches et d'organiser le travail de la manière qui leur semble la plus efficace, d'évaluer le rendement de leur équipe, etc. Par ailleurs, l'expertise et la réputation sont des sources de pouvoir personnel. Par conséquent, ces sources de pouvoir sont accessibles à tous, sans égard au rang dans la hiérarchie. Le pouvoir d'expertise résulte des connaissances et des compétences mobilisées dans le travail. Lorsqu'une personne est considérée comme un expert, ses collègues auront tendance à suivre ses conseils. Enfin, une personne dispose du pouvoir de référence lorsqu'elle suscite le respect et l'admiration d'autrui. Le pouvoir de référence, ou la réputation, est attribuable aux caractéristiques personnelles de l'individu (ex. : personnalité, considération, renommée, prestige, etc.).

L'influence, c'est l'exercice du pouvoir. Paicheler (1991) définit l'influence sociale comme étant « l'ensemble des empreintes et des changements que la vie sociale ou les relations avec autrui produisent sur les individus ou les groupes, qu'ils en soient ou non conscients » (p. 380). L'influence sociale comporte des négociations tacites, la confrontation de points de vue différents et la recherche d'une solution acceptable. Cela suppose la mise en œuvre de processus qui incluent les actions, les réactions et les interactions des personnes en présence, que celles-ci constituent la source d'influence (c'est-à-dire l'origine des pressions sociales) ou la cible (c'est-à-dire l'individu ou le groupe vers qui sont dirigées les pressions sociales).

La difficulté de percevoir l'influence sociale est un indice de son efficacité. Qu'elle procède de la persuasion ou de la séduction, l'influence sociale tend à modifier les croyances, les attitudes et les comportements des individus, dans un contexte défini, en vue de satisfaire des intérêts communs et particuliers. L'influence est manifeste lorsqu'elle entraîne un changement effectif dans les opinions, les attitudes ou les conduites d'un individu ou d'un groupe.

L'influence sociale assume une double fonction. D'une part, elle vise à uniformiser et à faire accepter les normes, les valeurs et les critères de jugement, en gérant et en réduisant les différences. D'autre part, elle vise à stimuler le changement social par la négociation des conflits et la mise au jour des dissensions inévitables au sein des groupes et des ensembles sociaux. L'influence sociale est donc un processus d'interaction et de négociation qui permet l'uniformisation des conduites et l'innovation sociale.

Les pressions sociales s'établissent toujours dans une histoire, dans les rapports sociaux entre des personnes en quête d'affirmation et d'affiliation, en quête de sens ou même de vérité. Selon les types d'interactions et les contextes dans lesquels elle se manifeste, l'influence sociale peut prendre quatre formes : la normalisation, la conformité, l'obéissance et l'innovation. Chaque forme d'influence sociale correspond à un type particulier de négociation entre la source d'influence et la cible, à une façon particulière de l'individu de faire face au conflit possible entre ses intérêts et ceux des autres, et à la dissonance cognitive que provoque la situation sociale.

Le premier objectif de ce chapitre est d'expliquer ces quatre formes d'influence sociale afin de mieux comprendre la dynamique des relations dans les organisations. La normalisation caractérise les influences réciproques exercées par les individus dans les groupes. La conformité est l'influence de la majorité exercée sur les minorités. À l'opposé, l'innovation désigne la forme que prend l'influence des minorités sur la majorité. L'obéissance résulte de l'exercice de l'autorité et du consentement des personnes à qui elle s'adresse. D'une certaine façon, on peut dire que la normalisation vise l'uniformité des conduites sociales par la création de normes, que la conformité et l'obéissance ont pour but de préserver le *statu quo* dans un champ social et que l'innovation vise à créer des changements sociaux. Il est donc possible d'apporter des changements dans les organisations en adoptant des styles de comportement aptes à modifier les opinions majoritaires. Nous décrivons ces styles de comportement dans ce chapitre, de même que dans le texte classique qui le suit.

Le deuxième objectif de ce chapitre consiste à définir plus en profondeur l'art de diriger. De plus en plus, les auteurs en management présentent l'art de diriger comme la capacité d'obtenir la coopération des membres d'une équipe de travail (ex. : Barnard, 1938 ; Bennis et autres, 1995 ; De Pree, 1990 ; Drath et Palus, 1994). Nous aborderons notamment les notions de leadership.

La normalisation : établir un consensus

Levine et Pavelchak (1984) définissent la normalisation comme étant l'influence réciproque des membres d'un groupe, où chacun fait un compromis en rapprochant sa position de celle des autres, l'accord qu'ils établissent leur permettant d'éviter les conflits. Cette forme d'influence se différencie de la conformité par trois aspects : 1) les normes ne sont pas encore partagées par les individus ; 2) il n'y a pas forcément de modèle de conduite prescrit et 3) tous les individus sont en même temps la source et la cible de l'influence. La normalisation est un processus de création de normes (Aebischer et Oberlé, 1990). C'est la forme que prend le plus souvent l'influence sociale au cours de la formation des groupes ou des ensembles sociaux, mais elle peut aussi se manifester à d'autres moments de la vie d'un groupe.

L'expérience de Sherif (1936) illustre un cas typique de normalisation : on présente un point lumineux à des groupes de trois personnes dans une pièce obscure, créant ainsi l'illusion que la lumière se déplace. On demande à chaque personne de décrire la position de la lumière, d'abord individuellement et en privé, puis à tour de rôle et en groupe. Après trois jours d'expérimentation, on constate que les petits groupes ont établi des normes d'estimation qui s'écartent parfois beaucoup des estimations individuelles faites le premier jour. Cette expérience montre que les individus tentent de rapprocher leur point de vue de ceux des autres après en avoir pris connaissance. Les individus convergent spontanément vers une norme, de façon à s'accorder les uns avec les autres, et ce, en l'absence de pressions sociales explicites. Des phénomènes semblables se produisent dans les organisations lorsqu'on consulte des employés pour prendre une décision.

Comme nous l'avons vu dans les chapitres précédents[2], les individus ne réagissent pas seulement à la réalité objective, mais aussi à la représentation qu'ils s'en font dans leurs interactions avec leur entourage. La normalisation, comme les autres formes de l'influence sociale, constitue un processus interactif complexe qui met en jeu la perception que les individus ont d'eux-mêmes, des autres, de leur position par rapport aux autres et de leur environnement. Parmi les processus cognitifs qui interviennent dans ces relations d'influence, soulignons l'attribution (Kelley, 1967), la catégorisation sociale (Tajfel, 1981) et la comparaison sociale (Festinger, 1954).

L'attribution consiste en une inférence ou une hypothèse que la personne fait pour comprendre et expliquer ce qu'elle perçoit ; les processus d'attribution l'aident dans sa recherche de significations dans ses relations avec les autres. C'est en partie par ses attributions concernant les attitudes et les comportements des autres que la personne est en mesure de saisir les règles sociales et les attentes à son endroit, et qu'elle peut s'adapter en conséquence.

2. En particulier dans les chapitres portant sur la perception, la motivation et les relations humaines.

La catégorisation sociale désigne le processus par lequel s'élaborent des catégories ou des schémas d'objets, de personnes et d'événements dont se sert la perception pour sélectionner et structurer les relations de l'individu avec son entourage. La catégorisation sociale conduit à la formation des stéréotypes, des préjugés, des préceptes et des idées préconçues. Les catégories sociales permettent à la personne de réaliser des économies d'énergie et de trouver facilement des façons d'agir adaptées à la situation et, donc, de repérer rapidement les normes appropriées à la situation sociale dans laquelle elle se trouve.

Le processus de comparaison sociale a été explicité par Festinger (1954). Par ses recherches, il a démontré l'existence chez l'individu du besoin de vérifier l'exactitude (*rightness*) de ses opinions, de ses choix et de ses performances. Ce besoin se manifeste particulièrement lorsqu'il se trouve privé de critères objectifs pour valider ses perceptions, ce qui est le cas dans la réalité sociale et culturelle.

En effet, quand il s'agit de vérifier un phénomène physique comme le chauffage de l'eau ou le déplacement d'un objet, l'individu est capable de juger par lui-même de l'efficacité de ses actions. Par contre, quand il s'agit de vérifier un phénomène social comme l'amélioration du rendement d'un employé ou la satisfaction des exigences d'un client, cela devient plus difficile. Festinger (1954) a observé qu'en l'absence de critères objectifs pour vérifier ses idées, l'individu a tendance à rechercher l'opinion des autres en espérant les confirmer.

La comparaison sociale est un processus cognitif qui permet à l'individu d'évaluer ses croyances et ses conduites pour les ajuster avec celles d'autrui. Ce processus recherche les similitudes entre différents points de vue et réduit les divergences, soit en assimilant le point de vue des autres, soit en accommodant les représentations initiales, soit en faisant les deux.

La vie en société donne régulièrement lieu aux divergences d'opinions et à la dissension. D'après Moscovici et Doise (1992), trois instances sociales permettent de trancher les différences : la tradition, la science et le consensus.

La tradition condense et accumule les expériences passées, les transmet aux générations successives et indique aux individus les choix à effectuer. Quand on ne sait pas quoi penser ou comment agir dans une situation, il suffit de se rappeler comment le problème était résolu par le passé et d'appliquer la solution traditionnelle.

La science constitue une autre instance sociale en mesure d'aider les individus à vérifier leurs positions, car les jugements scientifiques sont fondés sur l'expérience empirique. Par exemple, dans une situation problématique, on peut consulter la documentation scientifique, faire une recension des solutions expérimentées et choisir celle qui semble la meilleure. On a confiance dans la décision parce qu'elle se fonde sur des études sérieuses.

Le consensus est une instance moins stable que les deux premières, mais, parce qu'il résulte de l'exploration de diverses possibilités et d'une décision commune, il représente une certaine valeur qui tend à augmenter avec l'affaiblissement des traditions et l'effritement de l'autorité de la science dans les sociétés. Ce qui confère de la valeur au consensus n'est pas tellement la validité des décisions qui en ressort, mais plutôt la participation des personnes qui l'ont conclu : le nombre de participants et leur crédibilité seraient ainsi des conditions importantes de la valeur du consensus.

Quand on y songe, les représentations que nous avons de la réalité sont largement fondées sur le consensus. Cette instance comporte toutefois des écueils importants. Moscovici et Doise (1992) soulignent le paradoxe suivant : « Des individus en principe logiques et pondérés, après s'être renseignés et avoir délibéré, ayant en main toutes les informations utiles, se sont mis d'accord sur une proposition qui n'est ni pondérée ni logique » (p. 23). Comment interpréter ce paradoxe ?

En fait, le consensus repose sur trois hypothèses : 1) le choix est fait par plusieurs personnes ; 2) les participants ont confiance les uns dans les autres ainsi que dans le consensus qu'ils ont établi et 3) le consensus est conforme à la raison.

1) Le choix : plusieurs personnes se réunissent pour parvenir à trouver une solution à un problème qui leur est posé. On présume qu'elles considèrent que la question est importante et qu'elle mérite qu'on y consacre du temps pour trouver la meilleure réponse possible. La comparaison des opinions, l'examen des différences et l'opposition des arguments donnent à chaque personne l'impression d'avoir fait un choix parmi plusieurs possibilités et d'avoir retenu la meilleure.

   Le consensus acquiert une valeur d'objectivité en raison de la distanciation que prennent les personnes à l'égard de la question et de la décentration des intérêts individuels. La valeur du consensus se fonde toutefois sur deux prémisses fondamentales : le choix sera meilleur si les personnes disposent de tous les éléments d'information nécessaires pour prendre la décision et si elles sont capables de les examiner soigneusement. Or, il n'est pas du tout certain que ces conditions soient remplies.

   Simon (1947) a bien montré les limites de la rationalité des individus : leurs capacités cognitives, leurs intérêts particuliers et la dynamique des interactions constituent des limites difficiles à dépasser au moment de la collecte et du traitement de l'information. Très souvent, les individus ne sont même pas conscients qu'il leur manque de l'information pour prendre une décision. L'imagination et l'attribution compensent le manque d'information ou la méconnaissance de la situation et des solutions. La difficulté d'appréhender la complexité de la situation est réduite par la sélectivité perceptuelle et la simplification cognitive de l'information. Enfin, les individus ont tendance à retenir la solution qui leur semble la plus conforme aux buts organisationnels et à leurs valeurs personnelles. En définitive, le consensus se forme autour de la solution qui paraît la plus satisfaisante aux yeux du plus grand nombre et, surtout, des personnes les plus influentes.

2) La confiance : la convergence des individus vers une solution commune et leur consentement à se rallier à la décision du groupe supposent qu'ils ont confiance

les uns dans les autres, et leur consentement entretient cette confiance réciproque. Le consentement des individus scelle l'engagement de chacun envers la décision du groupe. En donnant son accord, l'individu accepte d'emblée le système de valeurs du groupe et se montre prêt à partager le sort de celui-ci, quel qu'il soit : tacitement, chacun fait un serment d'appartenance. L'intériorisation de la décision du groupe équivaut à l'intériorisation du contrôle social, d'où l'autorégulation et l'autocensure des conduites individuelles qui en découlent.

3) La raison : selon le sens commun, la seule façon d'aborder des choix difficiles qui soit conforme à la raison est de s'informer, de reconnaître les conflits d'intérêts et les divergences d'opinions, de faire les arbitrages nécessaires et de définir une position qui tient compte des pour et des contre. C'est exactement ce qui devrait se passer lorsqu'on établit un consensus. C'est la comparaison et l'opposition de perspectives différentes relativement à une question, par des personnes responsables et informées, qui confèrent au consensus une valeur d'objectivité et de rationalité. Dans les faits, cependant, quand on regarde de près le consensus, on constate que la tendance normale est d'aboutir à un compromis : celui du plus petit dénominateur commun. Chacun accepte de céder sur des aspects de la question qui ne sont pas vraiment importants pour lui dans le but de parvenir à une entente et à une vision partagée par les autres, tout en défendant les aspects qu'il considère comme fondamentaux. Par le jeu des influences réciproques, la tendance centrale se dessine petit à petit dans les interactions, conduisant les individus à se forger une opinion commune sur la question qui leur est posée. L'accord auquel ils aboutissent est tel que chacun reconnaît une certaine valeur à la position des autres sans être obligé de désavouer la sienne. En fait, un consensus n'est vraiment possible qu'en l'absence de différences profondes entre les participants. On peut donc s'interroger sur la rationalité du consensus. Ne s'agit-il pas plutôt d'un compromis visant à ménager la chèvre et le chou ? Cette propension à faire un compromis découle du besoin d'être avec les autres et de la nécessité d'ajuster ses manières pour être avec eux : elle reflète la tendance de l'individuation et les exigences de l'adaptation[3].

Suivant le sens commun, le consensus qui se forme autour de la tendance centrale est modéré. On est porté à croire que la confrontation de points de vue différents et la présence des autres tempèrent les inclinations des individus et les rendent raisonnables. Moscovici et Doise (1992) donnent toutefois un autre point de vue sur cette question.

En réalité, le consensus tend à se polariser autour des positions dominantes, qu'elles soient modérées ou extrêmes. Il tend à se former pour aller dans le sens de la valeur prédominante qui est défendue par les figures influentes du groupe. C'est ce que Moscovici et Doise (1992) appellent la polarisation.

---

3. Voir à ce propos la dynamique de la relation humaine au chapitre précédent.

Les tentatives des individus pour réconcilier les choix discordants et les opinions contraires réussissent spontanément mieux autour d'une solution extrême qu'autour d'une solution moyenne. D'après Moscovici et Doise (1992), si rien n'entrave les débats et les échanges, le consensus s'établit d'ordinaire sur les positions extrêmes préférées du groupe. Comme ces chercheurs le font remarquer, on ne doit cependant pas confondre la polarisation avec l'extrémisme : la polarisation dénote un mouvement vers une position dominante, alors que l'extrémisme caractérise une attitude partisane pour des opinions extrêmes. Il arrive aussi que la polarisation se fasse autour de positions extrêmement modérées.

Le paradoxe posé par Moscovici et Doise (1992), que nous avons énoncé précédemment, met au jour les conflits qu'engendrent inévitablement les situations sociales : pour que l'entente entre des personnes qui ont des points de vue différents puisse se faire, il faut que des personnes acceptent la décision commune et que d'autres s'associent à l'opinion des leaders. D'après Moscovici et Doise, le consensus est possible grâce à la participation des intéressés, à la soumission de ceux qui s'abstiennent et à la démission de ceux qui se font complices des figures dominantes, sans mettre en concurrence les divergences ni les réconcilier vraiment.

Les phénomènes d'abstention et de combinaison font ressortir les confusions à propos du postulat de la rationalité du consensus.

L'abstention désigne le fait de ne pas se prononcer sur la question posée aux membres du groupe. En s'abstenant, un participant abdique son autorité et sa responsabilité, renonce à son pouvoir d'action et à son influence dans le groupe, et s'en remet à la décision des autres. En s'abstenant, les individus escomptent que les autres agiront à leur place comme ils l'auraient fait eux-mêmes ou qu'ils agiront pour le bien commun. Des individus s'abstiennent également en signe de protestation, mais le résultat demeure inchangé : ils ne participent pas au consensus et les désaccords qu'ils veulent exprimer restent sans effet sur l'issue de l'affaire.

Les phénomènes d'abstention sont typiques des groupes sans leader ou des groupes qui manquent d'organisation (Jones et Gerard, 1967). C'est le cas des rassemblements et des structures institutionnelles : l'inertie caractéristique de ces structures collectives encourage les uns et les autres à s'abstenir au moment de la prise de décision. C'est aussi ce qui se passe dans les situations représentant un danger pour les personnes : l'individu assiste à un méfait sans réagir, en pensant que d'autres sont mieux placés que lui pour agir. L'abstention est un signe de la dilution de la responsabilité individuelle dans les situations sociales.

La combinaison représente le fait de se mettre d'accord sur une solution qui paraît acceptable dès l'instant où elle permet d'éviter les discussions et les conflits, et de sauvegarder la cohésion du groupe. C'est le phénomène de la pensée de groupe (*groupthink*) que Janis (1972) a étudié[4]. Que les individus se soumettent à la position du groupe par loyauté ou par intérêt personnel, le résultat reste le même : ils se

4. Le phénomène de pensée de groupe sera approfondi dans le chapitre 8.

font solidaires de la décision commune. La combinaison est donc elle aussi un signe de la dilution de la responsabilité personnelle dans les situations de groupe.

On peut maintenant mieux comprendre le paradoxe du consensus. Ce ne sont pas les qualités des participants ni les connaissances dont ils disposent qui importent, pas plus que leur nombre, mais les relations d'échange et de connivence entre eux qui les amènent à éviter les dissonances, les discussions et les dissensions, et ce, pour sauvegarder l'esprit de corps et satisfaire les besoins de sécurité et d'appartenance.

Il est cependant possible d'améliorer la participation des individus au consensus en élucidant les motivations des conflits latents dans le groupe, en clarifiant les règles de la discussion et en stimulant le sens de la vérité, la responsabilité individuelle et la conscience morale.

Les facteurs qui influent sur la normalisation

Comme l'a expliqué Lewin (*1950,* 1975), le groupe constitue un champ de forces qui exacerbent les conflits en délimitant les frontières (opposition nous/eux), qui contrastent les différences et qui inhibent l'esprit critique des individus pour protéger l'esprit de corps. Le groupe exerce sur les individus une emprise assimilable aux phénomènes d'hypnose : les individus effectuent ce qu'on attend d'eux sans trop s'en rendre compte ni pouvoir réagir à la suggestion (Freud, *1921,* 1960 ; LeBon, 1963 ; Pagès et autres, 1979). Dans les groupes, l'esprit critique et le sens de la responsabilité personnelle sont affaiblis, mais les réactions émotionnelles sont stimulées. La crainte d'être différent, l'angoisse de la solitude et l'intériorisation de l'autorité portent les individus à normaliser leurs croyances et leurs conduites lorsqu'ils sont en présence des autres. Il s'ensuit que les individus dans les groupes arrivent à adopter des normes de conduite qu'ils pourraient juger inacceptables individuellement.

S'il est vraisemblable que les groupes exercent une emprise sur les dispositions individuelles, il est aussi vraisemblable que les individus se prêtent aisément aux pressions du groupe. En raison de la nature même de la socialisation, qui est une dimension fondamentale de la relation humaine, le contrôle social est graduellement intériorisé par l'individu. En conséquence, la normalisation fonctionne comme un principe de coercition que l'individu prend lui-même en charge afin de ne pas être considéré comme un marginal et pour éviter d'être exposé à l'exclusion.

La composition du groupe représente un autre facteur important à considérer, particulièrement l'égalité des statuts et la force d'attraction du groupe. Lewin (*1950,* 1975) a montré que l'empressement à appartenir au groupe incite les individus à accepter rapidement la décision de celui-ci et, par conséquent, à modifier les normes qui régissent leurs conduites et leurs habitudes. Le consensus qui correspond à la décision du groupe procure aux individus la sécurité nécessaire pour leur donner la force de modifier leurs croyances et de passer à l'acte.

Le degré d'engagement personnel dans la situation collective stimule également la tendance à s'associer à la décision du groupe : plus on se sent concerné, plus une relation ou un problème qui nous paraissait insignifiant prend de l'importance. De plus, l'engagement pris en public à l'égard de la décision du groupe cristallise les changements opérés par la normalisation en créant le besoin de conserver l'estime des autres à l'égard de soi (Lewin, *1950,* 1975).

Ajoutons enfin que l'ambiguïté de la situation, l'instabilité de l'environnement ainsi que l'étrangeté constituent d'autres facteurs qui amènent les individus à prêter attention aux jugements et aux opinions des autres, puis à faire confiance au groupe.

Le pourquoi de la normalisation

Plusieurs motivations poussent les gens à normaliser leurs conduites : le besoin de l'autre (la dépendance), le désir de se rendre acceptable pour autrui en tant que semblable, le besoin de certitude et la recherche de l'objectivité.

Dans une situation sociale, les individus sont sensibles aux jugements des autres ; certains redoutent même d'être mal jugés. En effet, les individus sont portés à agir de façon à produire une bonne impression et à protéger leur image personnelle, ce qui les amène à s'ajuster de façon réciproque.

De plus, la primauté de la raison, en tant que norme sociale de bonne conduite, amène les gens à croire en la possibilité d'émettre un jugement exempt de toute partialité : le fait d'avoir consulté plusieurs parties et d'avoir formulé le jugement avec elles procure le sentiment d'être impartial.

Les conséquences de la normalisation

La normalisation amène deux conséquences d'ordre différent : elle préserve le *statu quo* et elle stimule le changement social.

D'une part, le consensus peut se révéler un instrument du *statu quo* : tant que le compromis demeure un idéal à atteindre, il s'exprime par le plus petit dénominateur commun entre les opinions exprimées, chacun ayant à la fois tort et raison. Dans ce cas, le consensus reflète le contraste entre les idées et les intérêts qui ont été mis en commun sans les modifier vraiment.

D'autre part, le consensus peut représenter un moyen de provoquer un changement social : il peut servir à modifier les normes et les règles sociales, en laissant les tensions et les antagonismes se modifier les uns par rapport aux autres. Cela devient possible par l'action de la polarisation, qui suscite une tension nécessaire dans le champ social que constitue le groupe. Les dissensions et les discussions qu'elle entraîne constituent un levier de changement, à condition toutefois qu'il existe une différence optimale de valeurs entre les participants (Moscovici et Doise, 1992).

Bref, la normalisation comporte donc plusieurs avantages pour la vie en société : elle stabilise l'environnement, rend prévisible le comportement d'autrui, harmonise les liens, réduit le risque d'apparition de conflits et assure la cohérence et la solidarité.

La conformité : maintenir le *statu quo*

L'affiliation à un groupe s'accompagne inévitablement de la socialisation. En s'intégrant à un groupe, les individus subissent des pressions sociales, réelles ou imaginées, qui les amènent à se conformer aux attentes du groupe, c'est-à-dire à adopter les *patterns* de comportement attendus, les rôles, lesquels sont soutenus par les valeurs et les normes sociales (Aronson, 1976).

La conformité est le fait de modifier une attitude ou une conduite afin de l'harmoniser avec celle du groupe. L'influence qui la provoque s'exerce de façon typique par des pairs, c'est-à-dire par des individus ayant le même statut que la personne. La conformité peut se produire sans que les membres du groupe soient conscients de cette influence. Plus encore, il n'est même pas nécessaire qu'ils soient conscients de son existence : du moment que la personne connaît la position du groupe et souhaite être d'accord avec celle-ci, la conformité va s'opérer.

Après s'être conformée, la personne adoptera un comportement semblable à celui des autres membres du groupe. En effet, la conformité implique que la personne ne partageait pas le point de vue du groupe, mais qu'elle a décidé de modifier sa conception pour y appartenir. Dans le cas où l'individu s'accorde déjà avec le point de vue du groupe, avant même qu'il ne soit en contact avec ses membres, il est déjà « converti » et, par conséquent, une uniformité de comportement existe aussi, ce qui exclut la possibilité d'un conflit et la nécessité de se conformer. Par contre, s'il ne partage pas la position du groupe au moment de son intégration, un conflit risque de se manifester, et l'individu ressentira la nécessité de se conformer s'il veut être accepté par les membres du groupe.

La conformité concerne donc l'action de céder sous les pressions sociales et résulte d'un conflit entre l'individu et le groupe. Le conflit que vit l'individu qui s'affilie à un groupe relève de la dissonance cognitive. L'individu est aux prises avec des idées inconsistantes, incohérentes, qui le gênent. Il se crée alors une mauvaise gestalt, c'est-à-dire un déséquilibre entre ses croyances et celles qui sont valorisées par le groupe, ce qui entraînera chez lui un état de tension et l'incitera à tenter de changer ses perceptions, ses comportements ou ses croyances.

La décision individuelle de se conformer, engendrée par la prescription d'une règle ou d'une norme, justifie le renforcement des comportements désirés et l'application de sanctions contre les comportements déviants, c'est-à-dire ceux qui vont à l'encontre de la règle. Les effets produits par la conformité sont le maintien et le renforcement des normes du groupe, donc le *statu quo*.

D'après Levine et Pavelchak (1984), l'apparition de la conformité nécessite trois conditions :

1) une position de groupe fortement intériorisée par ses membres et activement partagée par chacun ;

2) l'existence d'une norme d'objectivité, c'est-à-dire l'existence d'un critère vérifiable ou d'un consensus très fort concernant une croyance, une attitude ou une conduite;
3) le fait que l'individu n'a pas encore pris position sur la question.

Un exemple facilitera la compréhension de ce qui précède. Jean-Claude Élie, nouveau propriétaire de la société G. DuBon, a recruté Philippe Maisonneuve en tant que directeur du service des finances avec le mandat de redresser la situation financière de l'entreprise. Philippe devait s'intégrer dans une équipe de direction composée de trois autres directeurs: le directeur des achats, celui des ventes et celui des ressources humaines. La nouvelle recrue était bien décidée à ne pas décevoir M. Élie. Ainsi, pour démontrer son savoir-faire, Philippe a commencé par agrandir le service des finances en augmentant le nombre d'employés, sélectionnés parmi des diplômés universitaires, puisqu'il n'y a rien de tel, selon lui, pour avoir la crème des employés autour de soi. Il a aussi organisé son service en y divisant les activités telles que le crédit, les comptes à payer, les comptes à recevoir, etc. Il a également acheté et mis en place un système informatique pour mieux surveiller l'évolution des activités. Dans son service, il prenait seul les décisions. À l'occasion des conseils de direction, Philippe n'acceptait jamais l'avis ou les conseils des autres directeurs de service. Pour se justifier, il disait souvent: « OK, j'admets que les autres ont plus d'expérience que moi, mais il n'y en a pas un qui est allé à l'université ! Qu'est-ce qu'ils connaissent dans les techniques modernes de gestion ? Rien, moins que rien ! » Dans les autres services de G. DuBon, les directeurs craignaient un peu Philippe, car ils le voyaient vraiment comme l'homme de confiance de M. Élie. En fait, ils essayaient de respecter le mieux possible ses décisions pour ne pas déplaire au propriétaire, même s'ils n'étaient pas toujours d'accord avec celles-ci. Philippe Maisonneuve, quant à lui, se permettait de leur faire des reproches et de leur imposer ses idées. Petit à petit, le climat de travail s'est dégradé, et une grande confusion s'est installée dans les services, réduisant de plus en plus la performance de l'entreprise. Inquiet devant les résultats du premier exercice financier, Jean-Claude Élie a engagé les services d'un consultant pour faire un diagnostic de la situation. Les employés interrogés blâmaient tous Philippe : chacun rapportait ses erreurs de gestion et émettait des opinions négatives sur sa performance. Par exemple, le directeur des ventes a affirmé sans hésiter, devant ses collègues : « Maisonneuve a tout chambardé dans l'organisation. Le service de réception et d'expédition est peut-être celui qui a le plus écopé, mais je vous jure qu'il n'est pas le seul. Tout le monde a subi des réductions d'effectif et de budget. Je ne sais pas pour qui il se prend, le jeune, mais nous, nous n'avons jamais compris pourquoi Élie l'a engagé. Il a dû l'enjôler avec son petit diplôme universitaire. L'université, ce n'est pas tout ce qu'il faut pour réussir. En tout cas, sa présence dans l'entreprise n'a pas réglé les problèmes du service à la clientèle. Les commandes sont toujours en retard et il y a encore des annulations de commandes. » Désireux de vérifier le fondement de ces nombreuses accusations, le consultant est allé voir Philippe Maisonneuve, qui, de son côté, a défendu son point de vue avec acharnement.

Ce cas relate l'histoire d'un jeune diplômé qui ne s'intègre pas dans une équipe de directeurs. Il illustre l'opposition de la valeur du diplôme et de la valeur de l'expérience, ainsi que le conflit des générations. L'objet de dissension concerne la façon de gérer l'entreprise et de redresser sa situation financière : Philippe préconise l'application des techniques modernes de gestion et agit de son propre chef, tandis que les trois directeurs déjà en place valorisent l'expérience et attendent que le propriétaire leur dise quoi faire. C'est aussi un exemple de non-conformité et des conflits que cela entraîne. Dans cette histoire, deux des conditions de l'apparition de la conformité que nous avons vues précédemment sont présentes. Premièrement, les directeurs de services de G. DuBon s'entendent pour dire que le fait d'être diplômé en gestion n'est pas un gage de compétence ni d'efficacité, et ils partagent tous fortement cette position (première condition). Deuxièmement, les résultats obtenus par Philippe confirment leur position : la situation financière ne s'est pas améliorée depuis son arrivée (deuxième condition). Mais Philippe refuse de reconnaître la valeur de l'expérience des directeurs et refuse d'attendre les ordres de M. Élie pour intervenir dans la conduite de l'entreprise. Étant donné que Philippe a pris position contre les normes des directeurs, la troisième condition n'est pas remplie : il n'y a donc pas de conformité.

Les facteurs qui influent sur la conformité

Plusieurs facteurs influent sur la conformité. Levine et Pavelchak (1984) les regroupent en trois catégories : les caractéristiques personnelles de l'individu qui s'intègre dans le groupe, les caractéristiques du groupe et la relation de l'individu avec le groupe.

En premier lieu, les caractéristiques de l'individu qui est exposé à la pression du groupe sont à considérer, notamment les prédispositions acquises avant qu'il entre en contact avec les gens du groupe, le degré d'estime de soi et les différences culturelles concernant la conformité.

Selon ses expériences passées et ses croyances, l'individu qui s'intègre dans un groupe sera plus ou moins d'accord avec ses normes. Dans le cas de Philippe, il a investi de l'énergie et du temps pour obtenir son diplôme en administration, et pour mériter une place importante dans l'entreprise. Il a manifestement un préjugé favorable pour les diplômés universitaires, et peut-être y voit-il un gage de modernité et d'efficacité. Fort de l'assurance propre à la jeunesse, il est pressé de faire ses preuves et de montrer sa valeur personnelle. Il accorde beaucoup d'importance au statut en tant que signe de réussite. En conséquence, il lui importe de gagner l'estime de Jean-Claude Élie, le propriétaire de l'entreprise. En outre, il a une grande confiance dans les modèles théoriques qu'il a appris à l'université et il s'applique à démontrer leur validité. Il n'a que faire des conseils de ses homologues, qui semblent relever du sens commun et de la sagesse populaire. Philippe est du type pensée extravertie : il recherche la maîtrise autant que possible, il aime prendre des décisions et agir rapidement, mais il a tendance à négliger les besoins des autres à force de se concentrer sur le travail à faire. De telles dispositions sont en mesure d'aider une équipe en orientant l'énergie vers les buts fixés, ainsi qu'en fournissant des modèles pour comprendre les problèmes et examiner les solutions possibles. Cependant, Philippe risque d'irriter ses collègues en les dirigeant à outrance et en oubliant que l'engagement commence quand on tient compte des intérêts des autres et quand on reconnaît leur valeur.

Le degré d'estime de soi constitue une autre caractéristique personnelle qui peut avoir un effet sur la disposition à se conformer : s'il n'a pas beaucoup confiance en lui, l'individu sera plus vulnérable et plus sensible à l'influence exercée par la majorité (Aronson, 1976). Par ailleurs, si l'individu s'estime compétent dans un domaine donné, il sera plus enclin à faire confiance en ses propres perceptions, et cela renforcera ses résistances aux pressions sociales (Marc et Picard, 1989). Dans le cas de Philippe, on peut aisément émettre l'hypothèse qu'il a confiance en ses capacités et dans les connaissances qu'il a acquises à l'université.

Enfin, les différences culturelles par rapport à la conformité sont également déterminantes : par exemple, les Français seraient moins enclins à se conformer que ne le sont les citoyens des États-Unis (Aronson, 1976). Il semble que la culture française se distingue de la culture américaine par le fait qu'elle valorise davantage les questions sociales, la parole, les remises en question, la collectivité, la reconnaissance des différences et des divergences, et la négociation des conflits (Enriquez, 1972 ; Faucheux et autres, 1982). Ce qui distingue peut-être le plus la société française de la société américaine seraient les antagonismes politiques qui alimentent et colorent les conflits dans les relations de travail.

En deuxième lieu, les caractéristiques du groupe d'où provient l'influence ont des effets importants sur la conformité, principalement la taille et la composition du groupe, l'unanimité des participants, l'attraction envers le groupe et la présence d'un soutien social.

La taille et la composition du groupe conditionnent l'intensité des pressions exercées sur l'individu qui s'y intègre. L'histoire du groupe peut influer sur sa cohésion, ce qui entraîne des conséquences sur les pressions de conformité. À la société G. DuBon, par exemple, les directeurs gèrent leur service au quotidien, en suivant les directives que leur transmet le propriétaire. Par le fait même, ils n'ont pas tendance à exprimer leurs idées et leurs oppositions, ni à prendre des initiatives pour changer la situation ; ils attendent et respectent les directives de leur supérieur. De plus, l'instabilité financière et les changements successifs de propriétaires ont contribué à établir un climat d'insécurité et de tension qui renforce l'externalité des directeurs. Cette insécurité affaiblit la cohésion de l'équipe de direction et l'efficacité des pressions de conformité.

Par ailleurs, la conformité augmente en fonction du nombre d'entités sociales distinctes (ou indépendantes) qui épouse une opinion, indépendamment du fait que ces entités soient des individus ou des groupes. L'unanimité, ou plutôt le degré de consensus qui règne chez les membres d'un groupe relativement au problème en question, peut inciter l'individu à modifier ses croyances, ses attitudes et ses comportements. D'après Aronson (1976), l'effet de l'unanimité serait plus grand que celui de la taille du groupe : un groupe unanime de 3 personnes a autant d'influence sur la tendance à se conformer qu'un groupe de 12 personnes, pour autant que l'individu éprouve une attraction pour la norme en question.

Ainsi, l'attraction envers le groupe (ou, d'une façon générale, l'attraction de la source d'influence) et la désirabilité sociale des comportements favorisent la conformité. L'attraction envers le groupe serait liée à son prestige et à sa cohésion. En règle générale, si l'individu perçoit chez des personnes du groupe des qualités ayant de la valeur à ses yeux, il aura tendance à s'identifier à elles et à se conformer à leurs modèles de conduites. Par conséquent, ce qui paraît déterminant est davantage l'attitude de la cible envers la source d'influence que les caractéristiques réelles de celle-ci. Dans le cas de la société G. DuBon, deux caractéristiques des membres de l'équipe rebutent Philippe : le fait qu'ils ne possèdent pas de diplôme universitaire et le fait qu'ils ne soient pas parvenus à maintenir la stabilité financière de l'entreprise.

Enfin, dans le cas où la personne n'est pas d'accord avec la norme du groupe, il lui est possible de résister aux pressions sociales si elle trouve un appui dans le groupe. La présence d'un soutien social diminue la conformité, parce que l'appui du partenaire (perçu comme acceptable ou neutre dans le groupe) réduit la peur de l'individu devant de possibles représailles exercées par le groupe pour sa déviance et parce que l'allié (perçu comme compétent) peut lui fournir de l'information pertinente sur la norme en question. Les directeurs de la société G. DuBon perçoivent Philippe comme étant le bras droit et l'homme de confiance du propriétaire, ce qui lui confère énormément de pouvoir et de liberté d'action dans l'entreprise.

En troisième lieu, la relation entre l'individu et le groupe englobe un autre ensemble de facteurs qui déterminent la conformité, soit le niveau d'interdépendance entre l'individu et le groupe, le degré d'acceptation et le statut de l'individu.

Lorsque l'individu et les membres du groupe agissent en vue d'une récompense commune, la conformité est plus grande que lorsqu'il s'agit d'obtenir des récompenses individuelles. Si on considère l'exemple de la société G. DuBon, on pourrait être tenté de croire que la pérennité de l'entreprise et la protection des emplois constituent des récompenses communes, mais cela n'est pas le cas. Chacun agit dans la logique de ses intérêts particuliers et ne voit pas d'avantage à conjuguer ses efforts avec ceux des autres. L'interdépendance est minimale.

De plus, le degré d'acceptation que ressent l'individu de la part du groupe auquel il souhaite appartenir s'avère aussi une variable importante : l'individu ne se conformera à un groupe attrayant que s'il éprouve des doutes quant à son acceptation et s'il croit qu'en se conformant, il a des chances d'être accepté. Dans le cas de Philippe, il n'est pas du tout attiré par l'équipe des directeurs ; il n'a que faire de leur acceptation. Par contre, il lui importe de plaire au propriétaire, Jean-Claude Élie, et s'attache à lui démontrer sa valeur et ses compétences. Ce type de réaction est en fait un signe manifeste du besoin de valorisation et d'identité qu'éprouve Philippe à ce moment-ci de son développement, et des mécanismes qui sont mis en œuvre pour protéger l'image qu'il a de lui-même.

Enfin, le statut de l'individu à l'intérieur du groupe a également son importance, car, en général, statut et acceptation vont de pair, c'est-à-dire que les personnes ayant un statut élevé sont facilement acceptées, alors que celles dont le statut est inférieur sont acceptées avec plus de difficulté. Étant donné que Philippe est perçu comme l'homme de confiance du nouveau propriétaire, les directeurs acceptent ses directives, même s'ils ne les approuvent pas.

Le pourquoi de la conformité

Les recherches de Sherif (1936) et d'Asch (1952) ont démontré que les gens se conforment soit pour harmoniser leurs croyances et leurs perceptions avec celles de la majorité (influence informationnelle), soit pour recevoir une récompense, par exemple être accepté, ou pour éviter une punition, par exemple être rejeté (influence normative).

L'influence de l'information répond au besoin de s'assurer que ce qu'on croit et perçoit correspond à ce que les autres croient et perçoivent, ce qui est en fait le besoin d'objectivité et de sens. À ce sujet, Levine et autres (1993) rapportent que dans une situation complexe, où l'information est ambiguë, l'individu est porté à imiter les autres et, donc, à se conformer. Les autres peuvent lui fournir des moyens pour réinterpréter la situation et y trouver du sens. L'influence informationnelle dépend de deux aspects de la situation : la crédibilité de la source d'influence et le degré de confiance en ses propres jugements.

L'efficacité de l'influence informationnelle est liée à la possibilité pour l'individu de vérifier la validité de l'information transmise par la source d'influence : celle-ci persuadera plus facilement l'individu si elle transmet une connaissance non vérifiable (efficacité supérieure dans le cas des actes de foi, car il est impossible de vérifier soi-même) que si elle transmet une connaissance vérifiable ou vérifiée (efficacité inférieure dans le cas des savoirs, en raison de la possibilité d'exercer son jugement critique).

L'influence de l'information donne lieu à un accord privé, lequel suppose une consistance entre les dispositions de la personne et les normes du groupe. L'accord privé constitue en fait une adhésion de la personne au modèle préconisé par le groupe, ce qui implique une modification de ses attitudes.

Les gens se conforment aussi pour satisfaire des intérêts particuliers grâce à la coopération des autres, par exemple l'affiliation, ou pour se protéger contre une menace, par exemple l'exclusion du groupe. L'influence des normes amène les gens à se conformer en vue d'être récompensés ou par crainte de conséquences déplaisantes. La source d'influence sert alors de référence, de règle, en vertu de laquelle la personne accepte d'ajuster ses conduites.

L'influence normative amène la personne à adopter des conduites acceptables sans forcément adhérer aux normes et aux valeurs qui les inspirent : il s'agit d'un accord public. Son acquiescement n'est pas un signe de sa conversion, même s'il peut en constituer la première étape.

Cette notion d'accord privé et son corrolaire, l'accord public, sont importantes pour déterminer la stabilité des changements de comportement amenés par la conformité (Levine et autres, 1993). Lorsqu'il y a accord public seulement, il y a soumission de l'individu aux normes du groupe : on observe un changement manifeste dans son comportement orienté vers la position du groupe. Le changement de comportement peut être temporaire et local : les comportements conformes n'apparaissent qu'en présence de la source d'influence.

Lorsqu'il y a accord privé, il y a acceptation de l'individu : il se produit alors un changement d'attitude latent orienté vers la position du groupe. Le changement de comportement devient permanent et généralisé à d'autres situations sociales. Il est possible qu'il y ait un décalage entre les comportements manifestes d'un individu en situation sociale (accord public) et les croyances auxquelles il adhère (accord privé). Ce décalage risque de créer une tension dans le champ psychologique qui peut devenir une source de dissonance cognitive et de modification de comportement.

D'une façon plus précise, Kelman (1958) a déterminé trois formes que peut prendre la conformité chez l'individu, chacune correspondant à des motivations différentes : l'acquiescement (*compliance*), l'identification et l'intériorisation.

L'acquiescement se rapporte au mode de comportement d'une personne qui est motivée à gagner une récompense ou à éviter une punition. La principale composante de cette forme de conformité est le pouvoir de la source d'influence. En conséquence, les comportements que la personne adopte dans la situation de groupe sont temporaires : il s'agit d'un accord public d'agir conformément aux attentes du groupe.

L'identification conduit la personne à se comporter comme le modèle prescrit par le groupe, en raison de l'attirance qu'elle éprouve pour celui-ci. L'attraction exercée par le modèle d'identification est la principale composante de cette forme de conformité. À la différence de l'acquiescement, l'identification amène la personne à croire dans les valeurs et les normes qui sous-tendent les comportements qu'elle adopte, bien qu'elle puisse garder un esprit sceptique ou critique à leur égard. Il s'agit donc d'un accord public de se comporter conformément au modèle prescrit qui tend à se transformer en accord privé, en raison de la dissonance cognitive produite par l'inconsistance des conduites et des croyances initiales. La conformité qu'elle produit engendre des comportements relativement permanents.

Enfin, l'intériorisation d'une valeur ou d'une croyance entraîne une conversion, un changement de comportement plus permanent que les deux premières formes de conformité, car elle donne lieu à un accord privé avec les normes du groupe. Elle constitue souvent une réponse à la motivation d'être correct (*to be right*) envers soi-même et les autres. La principale composante de cette forme de conformité est la crédibilité de la source d'influence. La crédibilité de la source d'influence repose sur la compétence ou le prestige que lui accorde l'individu : la source d'influence paraîtra probablement plus crédible aux yeux de l'individu si elle se montre bienveillante et désintéressée.

Les conséquences de la conformité

La conformité d'un individu comporte à la fois des conséquences positives et des conséquences négatives. Dans une situation complexe, elle facilite l'adaptation de l'individu. Elle lui permet d'être accepté et valorisé, et assure une certaine harmonie dans ses relations. Par contre, la conformité réduit les possibilités d'innovation et d'expression de l'individualité. Les pressions vers l'uniformité et l'unanimité risquent de nuire à l'efficacité du groupe, et de l'individu, en empêchant la prise en considération de solutions de rechange peut-être meilleures que la solution proposée par la majorité. Un accord donné trop facilement risque en outre d'influer sur le sentiment de valeur personnelle.

L'obéissance et l'autorité

L'obéissance désigne la modification par la personne d'une attitude ou d'une conduite afin de se soumettre aux ordres directs d'une autorité légitime. L'influence s'exerce donc par une figure d'autorité, d'un statut supérieur à celui de la personne qui obéit. Les individus qui obéissent ont généralement un comportement différent de celui de la figure d'autorité. L'obéissance présuppose que la personne en position d'autorité désire exercer une influence et qu'elle peut vérifier la soumission d'autrui à ses ordres.

Le mot « autorité » provient du mot *auctor,* qui signifie « auteur », « origine », « inventeur », et du mot *augere,* qui signifie « augmenter », « élever ». L'autorité, c'est le fait de servir de référence, de règle, grâce à la reconnaissance de son mérite ou de ses attributs ; c'est aussi, par le fait même, le droit légitime d'influencer les conduites des autres, dans le but de les élever, de les faire croître, pour le bien commun.

Enriquez (1991) définit l'autorité comme étant la capacité d'un individu, occupant une position sociale ou possédant une compétence reconnue à l'intérieur d'un système social, d'obtenir de la part des autres une conformité aux normes édictées et une obéissance aux ordres, sans avoir recours à la force, mais avec le seul système de sanctions établi. L'autorité suppose la confiance des personnes dans la compétence de la personne qui l'exerce, et donc leur consentement à son droit d'action (Katz et Kahn, 1978).

Cette conception de l'autorité s'accorde avec celle de Barnard (1938). Il définit l'autorité comme étant le caractère d'une communication (un ordre) dans l'organisation en vertu duquel la personne qui la reçoit ajuste ses conduites et ses contributions au projet commun. D'après lui, l'autorité comporte deux aspects : un aspect subjectif, relatif à l'acceptation et au consentement à obéir, et un aspect objectif, relatif à la responsabilité inhérente à la position occupée dans l'organisation. Cette conception de l'autorité met en évidence le fait que ce sont des personnes qui confèrent l'autorité à quelqu'un. En d'autres termes, l'autorité d'un chef de service repose sur l'acceptation et le consentement des employés à lui obéir. Barnard (1938) énonce quatre facteurs qui font varier le degré d'acceptation des employés :

1) l'employé comprend la directive émise par son chef ;
2) il croit qu'elle n'est pas inconsistante relativement à la raison d'être de l'organisation ;
3) il croit qu'elle est compatible avec ses intérêts personnels, dans l'ensemble ;
4) il s'estime capable mentalement et physiquement de l'accomplir.

Pour que son autorité soit acceptée par les autres, la personne doit avoir une attitude de coopération envers ses collègues et la capacité de mobiliser les ressources nécessaires à l'accomplissement des objectifs organisationnels.

Barnard (1938) définit les organisations comme des systèmes de coopération qui comportent trois éléments : des personnes capables de communiquer ensemble, disposées à apporter leur contribution, pour accomplir un but commun. Dans ce contexte, la principale habileté du gestionnaire consiste à obtenir la coopération des personnes qu'il emploie. L'autorité constitue un moyen important d'assurer la cohérence dans les organisations ; comme la culture, elle représente un moyen efficace d'aider un groupe à trouver le sens des événements et des choses (Drath et Palus, 1994). Comme nous l'avons vu précédemment, l'autorité n'est effective que si les individus acceptent volontiers de réaliser ce que le leader leur propose.

La dynamique de l'obéissance

C'est surtout à Stanley Milgram (1975) qu'on associe les recherches sur l'obéissance. Il a montré que l'autorité constitue une source d'influence extrêmement puissante, qu'elle soit investie dans une personne (ex. : un chef politique), dans un symbole (ex. : un uniforme) ou dans un ensemble social (ex. : un gouvernement). Même dans des cas extrêmes, où on demande aux individus de faire des choses qui vont à l'encontre de la moralité ou de la justice, la grande majorité obéit aux ordres provenant de l'autorité.

Les recherches de Milgram ont permis de comprendre qu'en général les gens surestiment l'effet des facteurs internes comme la personnalité, les valeurs et le jugement moral au détriment des facteurs externes comme la légitimité de l'autorité, la compétence et l'information. En effet, il est plus facile de croire que nous sommes des personnes responsables, dotées de jugement et de sens moral, capables de distinguer entre le bien et le mal, que de croire que nous faisons aisément confiance à des personnes investies d'autorité.

Le pourquoi de l'obéissance

Pour expliquer les raisons qui poussent les individus à se soumettre à l'autorité, Milgram (1975) différencie deux états psychologiques : l'état d'autonomie et l'état d'agent. Une personne se trouve dans un état d'autonomie lorsqu'elle se sent personnellement responsable de ses actes, se sert de sa propre conscience comme guide de conduite correcte et a le courage d'agir selon ses propres convictions. Au contraire, une personne est dans un état d'agent lorsqu'elle considère qu'elle a un statut dans un ensemble social où d'autres personnes sont investies d'une autorité à laquelle elle doit se soumettre et qu'elle se sert de leurs directives comme guide de conduite correcte. Milgram explique que pour qu'une personne passe de l'état d'autonomie à l'état d'agent, au moins deux conditions doivent être remplies : la soumission à l'autorité doit lui avoir procuré par le passé des expériences positives et la source d'influence doit être perçue comme étant légitime. Une fois que la personne se trouve dans un état d'agent, elle devient réceptive aux directives de la figure d'autorité et dilue sa responsabilité personnelle dans la situation d'influence.

Comment peut-on expliquer cette propension à l'obéissance ? L'autorité fait peur, mais elle fascine. Le chef d'un groupe est investi d'un pouvoir qui revêt un caractère sacré, suscitant à la fois le respect et la soumission à son autorité (Freud, *1913,* 1988). La base affective de l'obéissance réside peut-être dans la vie psychique des groupes (Anzieu, 1984 ; Kahn et Kram, 1994).

Freud (*1930,* 1962a) fait référence au mythe d'Œdipe pour expliquer les mécanismes d'identification des subordonnés à leur chef. D'après sa théorie, chaque individu cherche à s'identifier à quelqu'un qui puisse incarner complètement son idéal du moi. La personne qui représente cet idéal est souvent le chef du groupe, c'est-à-dire celle qui est la plus apte à satisfaire les intérêts communs et à sécuriser les individus. D'après Freud, le rôle fondamental de la figure d'autorité est de protéger, tout en aimant, les personnes qui lui sont soumises. Pris isolément, chacun veut être traité par le chef de manière égale aux autres ; le chef ne doit pas faire de favoritisme. Le chef d'un groupe, l'autorité, représente donc l'idéal de chacun, l'idéal collectif auquel tous vont s'identifier. Mais cette identification est ambivalente : tout comme chacun s'approprie les qualités du chef, comme personne aimée, et a besoin de lui pour la sécurité qu'il lui procure, il le craint pour les frustrations qu'il lui fait vivre.

L'obéissance à l'autorité permet d'intérioriser les éléments socioculturels propres au milieu. C'est par l'attachement à leur chef que les individus font leurs ses qualités, ses valeurs, ses manières d'être et d'agir, qu'ils jugent comme étant idéales. L'identification qui s'ensuit a pour conséquence de distendre le lien affectif qui les unit au chef, donc d'amorcer le processus de détachement. En devenant plus autonomes, les membres du groupe ont alors moins besoin de leur chef et ils peuvent donc réduire les effets dérangeants qu'il a sur eux. Après l'acte de détachement, chacun éprouve un sentiment de culpabilité qui entraîne à la fois l'organisation du clan et la naissance de la conscience morale.

La dynamique de l'obéissance fait apparaître la dialectique de la relation humaine : la recherche de l'autonomie et de l'autodétermination à travers des relations de dépendance et d'acceptation. Cet extrait de Laing (1977) illustre bien cette dialectique :

> Jack dit que Jill
> fait Jack omnipotent
> pour rester impuissante
> pour rendre Jack impuissant à la rendre puissante
> pour détruire la puissance de Jack
> qu'elle envie...
>
> Jill croit que Jack se trompe (p. 91).

L'explication analytique permet de rendre compte des phénomènes affectifs dans les groupes et les organisations, et d'élucider les aspects dynamiques des relations professionnelles. Plusieurs chercheurs ont contribué à la compréhension de l'influence sociale dans les organisations à l'aide du modèle psychanalytique, dont Hirschhorn (1993), Lapierre (1991), Pauchant (1991) et Zaleznik (1989).

À ce propos, Kahn et Kram (1994) attirent l'attention sur le fait que les explications concernant les comportements d'obéissance reposent davantage sur des facteurs de la situation que sur des facteurs psychologiques. Or, il se trouve que la dynamique de la relation d'autorité doit aussi être prise en considération pour comprendre les raisons qui poussent les gens à obéir. Ces chercheurs expliquent que l'obéissance renvoie à des modèles d'autorité qui ont été intériorisés au cours du développement de la personne, successivement transférés et transformés d'une relation à une autre. D'après ces chercheurs, les modèles d'autorité sont inconscients, mais ils influent tout de même sur la qualité des relations avec l'autorité. Pauchant (1991) avait déjà fait une proposition semblable pour expliquer la relation qu'entretenaient des personnes avec un leader charismatique.

Kahn et Kram (1994) ont déterminé trois modèles de relation avec l'autorité, chacun correspondant à un style d'attachement : le modèle dépendant (soumission aux rôles et aux règles hiérarchiques), le modèle contre-dépendant (résistance, voire rébellion, contre la hiérarchie) et le modèle interdépendant (reconnaissance des personnes et des rôles sociaux). Le tableau 7.1 (p. 320) fournit une description de chaque modèle.

D'après la théorie de Kahn et Kram (1994), les individus ont tendance à adopter les *patterns* de comportement correspondant à leur modèle d'autorité lorsqu'ils sont dans une situation anxiogène. Il est possible de transformer la relation d'autorité par la prise de conscience des modèles intériorisés et par la relation d'aide.

TABLEAU 7.1 Trois modèles de relation avec l'autorité

	Dépendant	Contre-dépendant	Interdépendant
Attitude envers l'autorité	Valorise les rôles d'autorité et de subordination.	Dévalorise, et même dénigre, les rôles d'autorité et de subordination.	Valorise l'interdépendance des personnes occupant des positions hiérarchiques différentes.
Prémisses sous-jacentes	L'autorité est très importante ; il faut respecter les règles de la hiérarchie ; il faut s'abstenir de personnaliser ses rapports, car cela mine l'autorité.	L'autorité n'a pas d'importance ; il faut s'en méfier, car elle empêche les gens d'exprimer leurs idées.	L'autorité est un processus d'influence fondé sur la collaboration ; les relations d'autorité dépendent à la fois des personnes et des rôles sociaux.
Identité personnelle dans la relation avec l'autorité	Se définit par la position occupée et les rôles joués (conformisme).	Est menacée, déniée, supprimée, déconstruite (anticonformisme).	Se définit simultanément par l'apprentissage des rôles et par l'actualisation de soi (individuation, adaptation).
Style d'attachement correspondant	Ambivalent-anxieux	Fuyant-anxieux	Assuré-sécurisant
Stratégies béhavioriales	Accorde de l'importance au statut ; encourage la dépendance ; idéalise l'autorité ; réprime l'expression de ses idées et de ses opinions.	Dénie les différences de statuts ; se rebelle contre l'autorité (activement ou passivement) ; dénie la dépendance ; cherche à sortir des rangs.	Valorise la personne dans le rôle ; exprime ses opinions et ses sentiments à ses supérieurs ; collabore de façon responsable.

Source : Adapté de Kahn et Kram (1994, p. 27).

Les styles de subordination

Tout comme il est possible de déterminer des styles de leadership, il est aussi possible de déterminer des styles de subordination. La compréhension des styles de subordination permet de clarifier les aspects affectifs et psychologiques des attitudes à l'égard de l'autorité, dans le but d'aider les individus à améliorer l'efficacité de leurs relations avec la hiérarchie.

Dans le cadre d'activités de formation, De Angéli et Hébrard (1976) ont cherché un moyen de faire prendre conscience aux participants de leur style de subordination, et de développer chez eux, grâce à des études de cas et à des jeux de rôles, une attitude plus rationnelle quant à l'utilisation de différentes stratégies possibles. Le modèle qu'ils proposent est une description des stratégies effectivement utilisées par les participants dans la réalité, telles qu'ils ont pu les observer. Les sept styles de subordination qu'ils présentent peuvent être associés avec les modèles de relations avec l'autorité définis par Kahn et Kram (1994). La confiance admirative, la soumission passive et la séduction-persuasion sont des styles de subordination caractérisés par la dépendance envers la figure d'autorité ; la revendication-mise en accusation et la force sont, pour leur part, associées à la contre-dépendance ; et la négociation et la coopération-concertation caractérisent des styles interdépendants.

Les styles dépendants

Parmi les styles de subordination dépendants, la confiance admirative détermine un style actif qui consiste à faire confiance à son chef, à s'en remettre à lui pour le travail, pour son avancement et pour tout ce qui concerne son propre intérêt, à ne jamais mettre ses paroles en doute, à lui faire des confidences. Ce style de subordination prend racine dans le besoin d'être aimé et estimé par le chef.

La soumission passive caractérise, quant à elle, un style passif qui consiste à obéir mécaniquement, sans poser de questions. Ce style se teinte à la fois de résignation passive et d'agressivité contenue, témoignant d'une attitude ambiguë à l'égard de l'autorité.

Enfin, la séduction-persuasion constitue un style actif qui consiste à se comporter avec son chef de manière à se faire accepter par lui, à se soumettre à ses ordres afin d'assurer son avancement dans l'entreprise. La personne caractérisée par ce style s'intéresse aux publications traitant de relations publiques, où elle puise des trucs pour influencer les autres, et surtout son chef.

Les styles contre-dépendants

Au nombre des styles de subordination contre-dépendants, la revendication-mise en accusation représente un style actif qui consiste à exprimer sa frustration sur le mode des plaintes et des griefs, allant des reproches d'injustice à l'accusation de son chef. Généralement, le subordonné n'est pas disposé à faire des concessions ni à proposer une solution constructive en guise de remplacement. La frustration, qui peut être permanente ou occasionnelle, prend souvent racine dans le besoin inconscient d'être estimé, guidé, choisi par son chef (Levinson, 1975).

Pour sa part, la force est un style actif qui consiste à faire pression sur son chef par l'utilisation de moyens de pression variés – légaux ou non –, dont l'intimidation et la menace physique, la création d'une coalition contre le chef, le recours à un supérieur ou au délégué du personnel, l'atteinte morale à la réputation par la diffamation, etc.

Les styles interdépendants

Parmi les styles de subordination interdépendants, la négociation désigne un style actif qui consiste à soumettre ses diverses demandes à son chef de façon progressive, en demandant des explications, des garanties, en faisant des propositions concrètes, en essayant d'établir un accord sur certaines bases, en s'entendant sur une marche à suivre et en tentant de faire valoir au mieux ses atouts. Des désaccords et des insatisfactions pourront être exprimés, quelquefois vivement, mais ils le seront dans une opposition active des divergences.

La coopération-concertation constitue, quant à elle, un style actif qu'on retrouve surtout dans les secteurs décentralisés où l'on préconise la gestion participative. Ce style est différent de la négociation : la coopération suppose un accord obtenu relativement à un objectif commun, alors que la négociation résulte de la comparaison d'objectifs individuels pour trouver le plus petit dénominateur commun.

Soulignons en terminant que, dans la réalité, les styles de subordination ne se manifestent presque jamais à l'état pur. Par exemple, il est possible que le style de négociation se mêle au style de séduction-persuation ou au style de coopération-concertation.

Quels sont les facteurs qui déterminent le style de subordination ? D'après De Angéli et Hébrard (1976), ils sont de trois ordres : les caractéristiques de l'employé, les caractéristiques du gestionnaire et les caractéristiques propres à la situation et au problème posé.

- Les caractéristiques de l'employé : la personnalité et les attitudes interpersonnelles ont une incidence sur le style que l'employé aura tendance à adopter dans sa relation avec l'autorité. Par exemple, une personne dépendante et passive aura tendance à montrer de la soumission passive. En outre, son âge, son expérience et son sexe seraient des facteurs importants : enfin, son ambition, ses aspirations et ses projets professionnels ont également un effet sur le style de subordination qu'elle adoptera.
- Les caractéristiques du gestionnaire : de nombreux facteurs influencent les représentations que l'employé se fait du gestionnaire, ainsi que ses attitudes à son égard, dont la tendance à se laisser influencer, l'intérêt à influencer les autres, le style de leadership, le besoin d'être accepté, le besoin d'être admiré, la peur d'être dépassé et concurrencé par les autres, le style de subordination, l'âge et la formation.
- Les caractéristiques propres à la situation et au problème posé : plusieurs facteurs de ce type influencent le style de subordination, dont la nature du travail (production ou administration), le type d'organisation du travail (travail à la chaîne, travail en équipes semi-autonomes, etc.), la philosophie de gestion et la nature du problème posé (une question d'ordre purement technique ou qui concerne la situation et le statut de l'employé – rémunération, fonctions, classification, mutation, etc.).

Les facteurs qui influent sur l'obéissance

Plusieurs facteurs influent sur l'obéissance : la proximité physique de la victime (s'il y en a une) qu'on a reçu l'ordre de léser, la proximité physique de la personne en position d'autorité, les sources de pouvoir de l'autorité, les effets de groupe, le degré d'engagement, la responsabilité personnelle et les caractéristiques individuelles.

Kahn et Kram (1994) ajoutent à cette liste les modèles d'autorité intériorisés au cours du développement de la personne.

Dans les expériences de Milgram (1975), l'expérimentateur demandait aux sujets d'infliger des chocs électriques à une personne (un compère de l'expérimentateur), sous prétexte qu'on voulait comprendre l'effet de la punition sur l'apprentissage. Les recherches utilisant ce type de devis expérimental, tout autant que les récits sur les criminels de guerre, ont montré que la proximité de la victime influe sur la disposition à obéir aux ordres : plus la victime est éloignée de son bourreau, plus il est facile pour ce dernier de suivre les directives transmises par une personne en poste d'autorité. La proximité de la victime n'empêche toutefois pas certains individus de continuer à la punir si l'expérimentateur l'ordonne. Ainsi, 30 % des sujets de Milgram ont continué de le faire malgré leur rapprochement physique avec la victime.

Le taux d'obéissance semble aussi dépendre de la proximité physique de l'autorité : Milgram (1975) et Miller (1986) ont observé que la disposition à obéir diminuait lorsque l'autorité était absente physiquement et qu'elle communiquait ses directives par téléphone.

Les sources de pouvoir de l'autorité constituent également un facteur important. Milgram (1975) a montré que la position sociale et le prestige de la figure d'autorité incitent à l'obéissance.

Les effets de groupe, quant à eux, concernent essentiellement la pression à se conformer (les autres encouragent la personne à faire comme eux) et la pression de rébellion (certains refusent d'obéir et créent ainsi une possibilité pour la personne de ne pas obéir elle non plus). Comme on peut s'y attendre, la pression à se conformer renforce la disposition à obéir, alors que la pression de rébellion l'affaiblit.

Le fait d'avoir adopté certains comportements à d'autres occasions semblables représente aussi un facteur important dans la détermination de la disposition à obéir. Effectivement, Kiesler (1971) explique qu'il est difficile pour une personne d'agir dans le sens contraire de ce qu'elle a déjà fait par le passé. Cela fait référence à la loi de la contingence. Le fait d'avoir agi d'une certaine manière dans un contexte donné pousse la personne à répéter ce type de comportement dans une situation semblable. Ce qu'on appelle la technique du « pied dans la porte » consiste donc à obtenir l'engagement d'une personne à obéir en l'amenant à faire des choses qui lui paraissent de prime abord acceptables, parce qu'elle a déjà agi de même par le passé.

Pour sa part, le sens de la responsabilité personnelle augmente la résistance de l'état d'autonomie d'une personne : un individu qui a tendance à se sentir personnellement responsable de ses actes est moins enclin à obéir à des ordres qui vont à l'encontre de son code moral (Kilham et Mann, 1974).

Enfin, des caractéristiques individuelles telles que certains traits de personnalité (comme l'autoritarisme et le dogmatisme), l'âge, le sexe et la culture pourraient expliquer la disposition à obéir. Toutefois, les recherches ne permettent pas d'arriver à un consensus qui permettrait de tirer des conclusions à ce sujet. Dans tous les cas, il demeure que les gens ont tendance à obéir plutôt qu'à exercer leur libre arbitre lorsqu'ils sont soumis aux pressions de l'autorité.

Les conséquences de l'obéissance

Les conséquences de l'obéissance sont variées. La personne qui obéit satisfait son besoin de dépendance et a des chances d'être récompensée. L'atteinte des objectifs du groupe devient plus facile à cause de l'effet de la synergie et de la facilitation sociale. Par contre, l'originalité et l'efficience des activités du groupe dépendent davantage des capacités du chef et de l'atmosphère que ses comportements engendrent dans le groupe. Le supérieur voit son sentiment de valeur personnelle renforcé lorsqu'on lui obéit. Comme il est responsable des conséquences de ses décisions, il s'en porte garant et doit les assumer.

Les recherches sur l'obéissance montrent que la majorité suit l'autorité. Dans un contexte socio-économique qui valorise la responsabilité, les phénomènes d'obéissance nous amènent à reconnaître le besoin de sécurité et de dépendance des êtres humains et à en tenir compte dans les pratiques de responsabilisation des employés. L'examen des résultats de recherche indique au moins deux pistes possibles : développer la compréhension empathique des individus pour stimuler leur sens des responsabilités et encourager le développement de relations positives afin de favoriser l'interdépendance.

L'innovation : stimuler le changement social

Parler de normalisation, de conformité et d'obéissance, c'est parler de conventions entre des individus d'une même collectivité sur ce qui est normal. En conséquence, il faut également poser la question de non-normalité, c'est-à-dire des écarts de conduite (variance) et des excentricités (déviance).

Variance et déviance dans un groupe

Dans une collectivité, les individus ont une certaine marge d'autonomie qui leur permet d'interpréter les normes en fonction de leurs besoins, d'exercer leur jugement personnel et de choisir un comportement qui leur semble approprié à la situation. Cette marge d'autonomie de l'individu définit les écarts tolérés des conduites personnelles par rapport à la norme. La variance montre qu'il existe, au sein d'une collectivité, des différences entre les individus et qu'il faut les respecter.

Que se passe-t-il lorsqu'un individu s'écarte tellement des limites qu'il sort de la normalité ? Il devient un déviant ; par ses conduites, il ne correspond plus à ce qu'on attend de lui. La déviance peut se définir comme un type de conduite qui résulte d'un conflit entre les valeurs d'un individu et les normes du groupe, et qui place l'individu en dehors du groupe, où ses conduites ne semblent plus être dictées par les règles de celui-ci (Fischer, 1987 ; Marc et Picard, 1989).

La déviance risque d'avoir des effets négatifs dans une organisation. Ainsi, quand un individu profite d'une situation en faisant fi des conventions sociales, il remet en cause la détermination individuelle à agir selon les normes, la loyauté et l'autodiscipline. En effet, à l'intérieur d'un groupe, chaque individu suppose que s'il respecte les règles, les autres en feront tout autant. Dès qu'une personne dément cette assertion, les autres peuvent s'interroger sur le crédit qu'ils accordent aux normes et adopter une attitude de quant-à-soi et de méfiance envers le système. Cela peut entraîner des conséquences négatives sur la cohésion sociale et sur l'efficacité du système. Quand cela arrive, on peut s'attendre à ce que le groupe ait tendance à exclure l'individu déviant et à ce que cela contribue au renforcement de la cohésion sociale au détriment de la réputation et de la valeur personnelle.

L'hostilité à l'égard d'un déviant dépend de plusieurs facteurs : les motifs des membres, le comportement actuel et passé du déviant, le contexte social, les dispositions du sujet et l'évaluation de l'influence du déviant sur la possibilité pour le groupe d'atteindre les buts qu'on lui a fixés (Levine, 1980).

En revanche, la déviance peut avoir des effets positifs sur la collectivité. Dans beaucoup de cas, elle déclenche un changement social ou stimule la vitalité du système. Semblables à des éclaireurs, les déviants sont souvent ceux qui ont perçu, avant les autres, le besoin de changer un mode de conduite ne répondant plus aux impératifs d'une situation. Parce qu'ils font face à un problème auquel ils n'ont pas trouvé de solution à l'intérieur des modèles prescrits par le groupe, ils adoptent des modes de conduite originaux, donc déviants. Dans la mesure où sa structure sera assez souple pour reconnaître leur créativité et accepter de remettre les normes en question, le groupe pourra mettre à profit ces comportements déviants en amorçant un processus de changement.

L'innovation constitue un cas particulier d'influence sociale où c'est le déviant ou un individu en position minoritaire qui influence le groupe. Cette forme d'influence sociale a généralement pour source une minorité ou un individu qui s'efforce soit d'introduire ou de créer de nouvelles idées, de nouveaux modes de pensée ou de comportement, soit de modifier des idées reçues, des attitudes traditionnelles, d'anciens modes de pensée ou de comportement (Doms et Moscovici, 1984).

Luc (2004) explique comment un individu peut se libérer du conformisme social en prenant des initiatives, en défiant le *statu quo,* en disant la vérité alors que d'autres se taisent, en proposant des façons différentes d'analyser et de solutionner des problèmes, en implantant de nouvelles pratiques, en prenant des risques, en développant une vision nouvelle et mobilisatrice pour une collectivité, en s'opposant à la pensée de groupe, etc. Dans les organisations actuelles, où le travail en équipes semi-autonomes et l'habilitation psychologique (*empowerment*) sont valorisés, il revient à chacun de prendre en charge la responsabilité de sa vie et d'exercer une influence positive sur ses collègues, ses employés et ses patrons.

Il est donc possible d'exercer une influence sur une majorité, à condition de disposer d'une solution de rechange cohérente, de s'efforcer de se rendre visible et de se faire reconnaître par un comportement consistant, c'est-à-dire d'une manière résolue, avec assurance et en s'engageant avec conviction. Les minorités qui affrontent délibérément le conflit avec la majorité, ou même qui le recherchent en mettant au défi l'opinion dominante et le consensus social, peuvent amener cette majorité à changer son point de vue afin d'établir un nouveau consensus. Selon Doms et Moscovici (1984), une minorité exercera une influence plus forte si elle parvient à faire percevoir à la majorité que sa position s'avère davantage originale que déviante. En effet, il est plus facile de rallier des opinions majoritaires quand les comportements de la minorité éveillent de l'intérêt et lorsque des personnes occupant des positions dominantes ne les jugent pas absurdes, mais plutôt acceptables.

Pour qu'une minorité parvienne à influencer une majorité, il importe donc que son action se fasse dans le cadre normatif. Pour être écoutée, une minorité doit accorder son discours avec l'« esprit du temps », c'est-à-dire tenir des propos qui soient conciliables avec les normes sociales en vigueur. Ainsi, les répercussions des styles de comportement dépendent pour une large part du contexte social dans lequel ils interviennent. De plus, les styles de comportement de la minorité doivent refléter l'investissement, l'autonomie, la consistance, la flexibilité et l'équité. Nous les décrivons brièvement un peu plus loin dans cette section ; ils font en outre l'objet du texte classique qui figure à la suite de ce chapitre.

La position initiale de la cible de changement et la possibilité d'un soutien social sont aussi des facteurs déterminants de l'efficacité de l'influence de la minorité. Si la position majoritaire s'écarte trop de la position minoritaire, les efforts pour susciter le changement social devront être plus grands. De plus, la possibilité de recevoir l'appui d'une personne tenue en estime par la majorité augmentera l'efficacité de l'influence.

Enfin, l'innovation exige toujours un effet de démonstration, le début de l'empiétement de la minorité et le démembrement de la majorité par le mouvement de l'un de ses membres vers une nouvelle position. L'influence d'une minorité peut s'accroître lorsqu'elle produit un mouvement d'opinion de la part d'un membre de la majorité ; elle sera d'autant plus forte si ce membre est accepté et considéré comme crédible par la majorité.

Par contre, une minorité n'a aucune influence sur des membres de la majorité qui sont certains de leur point de vue (accord privé) ou qui sont du moins en mesure de prévoir que d'autres membres de la majorité n'adopteront pas le point de vue minoritaire.

Comment changer une opinion majoritaire ?

Moscovici (1984) a montré que, lorsqu'un individu influence un groupe, le principal facteur de réussite est le style de comportement qu'il adopte dans ce groupe. Dans le texte classique qui suit ce chapitre, il explique en détail les différents styles de comportement et relate les expériences qui l'ont conduit à les définir.

Le style de comportement est spécifiquement lié aux phénomènes d'influence, alors que la dépendance est plus étroitement associée aux phénomènes de pouvoir. Dans la détermination de l'influence, le style de comportement est entièrement indépendant de la situation, qu'il s'agisse d'une majorité, d'une minorité ou de l'autorité (Moscovici, 1979).

Un style de comportement est, selon Moscovici (1979), « un arrangement intentionnel des signaux verbaux et non verbaux, exprimant la signification de l'état présent et l'évolution future du sujet qui les affiche » (p. 123). Il s'agit de l'organisation des attitudes et des conduites qui expriment non seulement l'intention de l'individu, mais aussi son état et sa personnalité.

D'après Moscovici (1984), toute série de comportements a deux aspects : un aspect utilitaire, qui définit son objet et fournit des renseignements qui y sont relatifs, et un aspect symbolique, qui donne des renseignements sur l'état du sujet, source de comportements, et le définit. Pour qu'un style de comportement soit socialement reconnu et identifié, trois conditions doivent être respectées :

1) l'individu doit avoir conscience de la relation qui existe entre son état (intérieur) et les signaux qu'il utilise pour le communiquer ;
2) il doit utiliser ces signaux de façon systématique et consistante afin d'assurer la compréhension de ses interlocuteurs ;
3) il doit conserver les mêmes relations entre ses comportements et le sens qu'il veut qu'on leur attribue au cours de l'interaction.

Moscovici (1984) a défini cinq styles de comportement : l'investissement, l'autonomie, la consistance, la flexibilité et l'équité.

L'investissement consiste en l'effort fourni pour justifier ou pour modifier une attitude ou une conduite, qui dénote chez l'individu une grande confiance en ses choix et une grande capacité d'autorenforcement. Trois caractéristiques permettent de reconnaître ce style de comportement : l'individu s'est librement engagé envers l'objet de sa conduite, le but qu'il poursuit est tenu en haute estime et il est prêt à faire des sacrifices personnels pour l'atteindre.

L'autonomie caractérise une indépendance de jugement et d'attitude qui reflète la détermination à agir selon ses propres principes. Elle implique la capacité de tenir compte de tous les facteurs pertinents et d'en tirer les conclusions d'une manière rigoureuse, sans se laisser détourner par des intérêts subjectifs ni paraître dominateur (Moscovici, 1984). L'individu qui affiche un style autonome se fera non seulement écouter, mais il aura aussi un pouvoir par rapport aux personnes à qui ce degré d'autonomie fait défaut. En effet, lorsqu'un individu semble agir indépendamment des agents extérieurs ou des forces intérieures, son action est plus facilement acceptée par la majorité. Lorsque son avis paraît exempt de tout parti pris, l'individu exerce une plus grande influence que s'il cherche à protéger ses intérêts personnels, et ce, indépendamment de son statut.

La consistance est quant à elle perçue comme un indice de la certitude, comme l'affirmation de la décision de s'en tenir à un point de vue donné et le reflet de l'engagement dans un choix cohérent (Moscovici, 1984). La fonction première de la consistance est d'attirer l'attention sur l'existence d'un point de vue cohérent, sur quelque chose d'important et, évidemment, sur une norme.

C'est à partir de la théorie des attributions causales de Kelley (1967) que Moscovici trouve l'explication de l'importance de ce style de comportement pour stimuler un changement dans un groupe. Pour que les comportements de l'individu soient perçus comme étant consistants, il doit se comporter de la même façon à l'égard de l'objet de changement et de tous les objets de la même catégorie (faible particularité), indépendamment du temps (forte consistance temporelle) et des situations (forte consistance situationnelle), et ses comportements se distingueront de la façon dont les autres réagiront à cet objet (faible consensus).

La consistance de la conduite permet à l'individu d'être efficace dans l'exercice de son influence, soit parce qu'elle exprime une très forte conviction dans des circonstances où il existe de l'incertitude, soit parce qu'elle indique une solution de rechange valable à des opinions majoritaires. De plus, la consistance suppose un état d'accord interne ou de congruence qui garantit, en partie, une meilleure communication et une relation positive.

Pour sa part, la flexibilité définit la capacité d'apprécier différents aspects de la réalité et de se dégager de ses propres points de vue pour comprendre ceux des autres. Un style flexible n'implique toutefois pas une tendance à faire des compromis ou à se soumettre aux pressions du groupe. À l'opposé de la flexibilité, la rigidité est perçue comme un manque de finesse, de souplesse et de sensibilité ; elle est synonyme de conflit, elle indique un refus d'accepter un compromis, une volonté d'imposer son propre point de vue à tout prix. La rigidité suscite souvent l'antipathie ou une autre forme de rejet.

Enfin, l'équité est l'expression simultanée d'un point de vue particulier et d'un souci de réciprocité de la relation dans laquelle s'expriment les opinions. Un tel style de comportement dénote une certaine solidité, un caractère saillant qui permet de voir aisément la position du sujet dans le champ de l'action sociale et un souci de tenir compte de la position des autres. Ce style de comportement donne l'impression d'un désir de réciprocité et d'interdépendance, d'une volonté d'engager un dialogue authentique.

L'art de diriger

L'envergure d'un patron
ne se mesure pas à la qualité de la tête,
mais à la tonalité du corps.
DE PREE (1990, P. 31-32)

L'influence sociale dans les organisations est souvent associée à l'exercice de l'autorité, aux pratiques de négociation et à la mise en place de systèmes de participation aux décisions. Au centre des préoccupations concernant la formation des gestionnaires, la direction des groupes et des organisations demeure toutefois la fameuse question du leadership.

L'exercice du leadership a longtemps été considéré comme la capacité d'une personne investie d'autorité à influencer les autres pour qu'ils fassent ce qu'on attend d'eux. Cette conception du leadership repose sur l'idée qu'il faut motiver les personnes à travailler dans la direction souhaitée et à coopérer.

Cette conception du leadership a toutefois été remise en question avec les transformations des milieux de travail. Les études sur la motivation et sur le sens du travail montrent clairement qu'en général les individus estiment que le travail occupe une place importante dans leur vie et qu'il remplit des fonctions primordiales : il permet d'être autonome et indépendant, il procure des occasions de rencontrer des personnes, il constitue un moyen de s'affirmer et d'utiliser ses compétences, il rythme les jours et les saisons de la vie, il permet d'apporter une contribution sociale, il donne un sens à la vie. Pour toutes ces raisons et bien d'autres encore, on ne peut plus ignorer le potentiel des personnes et leur volonté d'autodétermination. Levinson (1988) constate d'ailleurs que les dirigeants d'aujourd'hui doivent développer, en plus de leurs capacités analytiques et techniques, leurs capacités émotionnelles. L'art de diriger requiert le développement de l'intelligence de la tête et du cœur.

Aujourd'hui, dans les organisations, une personne qui a du leadership est celle qui est capable d'aider les autres à comprendre le sens des événements, à se donner des objectifs qui s'avèrent consistants avec la raison d'être de l'organisation, et à prendre des décisions qui tiennent compte de la moralité et des préoccupations écologiques. Cette nouvelle conception de la direction repose sur l'idée que les individus sont motivés et intéressés à apporter une contribution significative dans leur communauté et à faire quelque chose qui leur permette d'actualiser leur potentiel. À la suite de Bennis et autres (1995), on peut croire que la fonction du leadership dans les organisations n'est pas de motiver les individus à travailler, mais d'offrir aux membres de l'organisation des moyens légitimes de faire des choses qui ont du sens à leurs yeux et qui accroissent leur importance aux yeux de la communauté. Diriger, c'est servir de guide et de facilitateur, c'est aider les individus à nommer et à interpréter les événements ainsi que leurs expériences professionnelles, et c'est obtenir leur engagement pour l'accomplissement des objectifs communs (Drath et Palus, 1994).

Selon Bloch et autres (2002), le leadership désigne la « fonction assumée, avec un certain style, par un individu, un sous-groupe ou un groupe placés dans une situation définie, visant à influencer de manière significative ou même à transformer la conduite d'autrui (homme, groupe, organisation) afin que celui-ci progresse vers les buts qui lui sont assignés ou réalise la tâche exigée » (p. 707).

Plusieurs facteurs contribuent à former le style de leadership pratiqué par une personne dans un groupe : les prescriptions de rôles, le type de personnalité du leader, la nature de ses relations avec les autres personnes et l'atmosphère du groupe sont parmi les plus reconnus (Barnard, 1938 ; Kahn et Kram, 1994 ; Lewin, 1975 ; Pauchant, 1991). Par exemple, comparativement à une situation de coopération, une situation de compétition crée davantage d'occasions de conflits et, par conséquent, la nécessité d'exercer un style plus directif. De plus, l'amitié entre les individus, la présence d'une figure d'autorité respectée et la solennité de la situation sont des forces qui peuvent être considérées comme étant opposées à la manifestation de l'agressivité, mais favorables à la manifestation de la collaboration.

Les styles de leadership

Déjà en 1948, Lewin, assisté de Lippitt et White, a déterminé trois styles de leadership qui servent encore de référence aujourd'hui : le style démocratique, le style autocratique et le style « laissez-faire ». Le tableau 7.2 résume les principales différences comportementales de ces trois styles de leadership.

D'après Lewin (*1950,* 1975), le leadership démocratique encourage la manifestation de conduites d'entraide et de coopération, alors que le leadership autocratique engendre des conduites d'agressivité et d'hostilité, surtout contre des boucs émissaires. L'exercice démocratique du leadership diminue les risques de manifestations d'agressivité pour les raisons suivantes. Premièrement, le style démocratique encourage l'exercice du libre arbitre des individus, ce qui rend possible l'expression des différences individuelles et diminue les tensions dans le groupe. Deuxièmement, le style démocratique favorise l'émergence du sentiment du « nous », ce qui tend à diminuer l'agressivité entre les individus et à créer des liens d'amitié. Ce style de leadership facilite le développement de la maturité et du sens de la responsabilité des personnes, encourage la créativité et stimule la coopération. Par contre, les activités de discussion entraînent des remises en question qui consomment du temps. Il s'ensuit que la productivité y est souvent plus faible que dans les groupes autocratiques. Le style démocratique convient moins bien aux situations d'urgence que le style autocratique. Cependant, cette constatation ne devrait pas servir d'argument pour conserver des attitudes autoritaires dans les organisations : les situations d'urgence sont en effet rarement permanentes (à moins que le gestionnaire ne sache pas gérer le temps et les priorités, ce qui est un autre problème !).

TABLEAU 7.2 Trois styles de leadership

Démocratique	Autocratique	Laissez-faire
Suscite et encourage la discussion et le dialogue entre les membres du groupe afin de prendre les décisions.	Prend seul les décisions et donne ses directives aux membres du groupe.	Laisse toute la liberté possible aux membres du groupe pour prendre les décisions.
S'efforce de faciliter les activités du groupe et n'intervient à titre d'expert que pour l'orienter et en stimuler l'efficacité.	Dicte les façons de faire aux membres du groupe au fur et à mesure que les activités progressent, de telle sorte que les membres ne savent pas trop à quoi s'attendre.	Précise quelles sont les ressources offertes au groupe et ne donne de l'information que sur demande.
Encourage les membres du groupe à organiser les activités de la meilleure façon possible et à s'associer avec les personnes de leur choix.	Donne à chacun une tâche à faire et forme les équipes.	Prend le minimum d'initiatives et fait le minimum de suggestions.
Explicite les critères d'évaluation de l'efficacité du groupe ; s'engage dans le groupe comme un membre à part entière.	S'abstient d'expliquer les critères d'évaluation de l'efficacité du groupe ; reste à l'écart, sauf pour faire des démonstrations.	S'abstient d'évaluer l'efficacité du groupe ; demeure amical, bien que passif.

Sources : Adapté de Lewin (*1950*, 1975) et de Lippitt et White (1947).

Le style autocratique engendre un climat de tension qui ne se reflète pas forcément dans les conduites individuelles. En effet, l'expression de l'agressivité et des tensions peut être inhibée par le respect de la règle contre l'agression ouverte, imposée implicitement ou explicitement par le leader. L'application de cette force supplémentaire augmente cependant la tension interne, en dépit d'une apparence de calme et d'ordre. D'après Lewin (*1950*, 1975), l'exercice de l'autocratie conduit tout droit vers l'escalade des moyens de maîtrise de l'agression, réponse nécessaire pour se décharger de la tension élevée qui règne dans le groupe. Pour éviter de prendre de tels moyens, le leader autocratique peut promouvoir l'obéissance aveugle comme une valeur de groupe (ce que faisait Hitler) ou permettre l'agression ouverte en la canalisant vers une source qui ne sera pas menaçante pour lui, en se servant d'un bouc émissaire, par exemple. Dans les groupes autocratiques, les membres affichent plus de dépendance à l'égard de leur chef, plus d'attitudes impersonnelles et plus de conformisme que dans les groupes démocratiques. Par contre, les groupes autocratiques sont en général plus productifs que les groupes démocratiques, quoique leurs réalisations manquent d'originalité et de créativité.

Le style laissez-faire, quant à lui, engendre un climat de désordre et d'éparpillement. Les membres du groupe sont laissés à eux-mêmes, sans direction ni organisation. Les résultats sont tous négatifs : perte de temps, dépense d'énergie inutile, augmentation des temps morts, inefficacité et mécontentement.

Dans l'ensemble, la constance de certaines observations nous porte à conclure qu'un de ces trois styles de leadership est plus efficace que les autres, soit le style démocratique. Ce style s'inspire d'une conception participative de l'organisation et d'une conception positive de la nature humaine. Les valeurs qui sous-tendent le style démocratique sont l'autodétermination, l'autonomie, la responsabilité, la coopération et l'équité. Cependant, la mise en place d'un système de gestion participative peut toucher, par les changements qu'il introduit dans les relations d'autorité, à des attitudes profondément ancrées dans la culture (Trepo, 1973). Il oblige en effet le gestionnaire à renoncer à la distance que lui confère son autorité pour faire face à l'employé et le rencontrer en tant que personne ; il oblige de même l'employé à abandonner son attitude sécurisante de soumission résignée pour examiner ses performances de façon responsable et prendre en charge l'évolution de sa vie professionnelle.

Le nouveau leadership

En se basant sur les travaux de Burns (1978), Bass (1985) a proposé la théorie du leadership transformationnel et transactionnel. Il s'agit de la théorie du leadership sur laquelle a porté le plus grand nombre de recherches au cours des 15 dernières années (voir Judge et Poccolo [2004] pour une recension des études dans ce domaine). Cette théorie fait le pont entre une nouvelle conception du leadership (le leadership transformationnel) et une conception traditionnelle du leadership (le leadership transactionnel).

Le leadership transformationnel vise à soutenir et à faire progresser les individus dans leur développement personnel et professionnel (Northouse, 2004). Le leader transformationnel croit en l'être humain, témoigne de la considération à chacun des employés, répond à leurs préoccupations, cherche à satisfaire leurs besoins et discute ouvertement des possibilités futures pour l'équipe. De cette façon, le leader transformationnel augmente le sentiment d'efficacité personnelle des individus et leur sentiment d'appartenance à l'équipe ainsi qu'à l'organisation. Dans un contexte organisationnel, un gestionnaire qui chercherait à changer les valeurs de l'entreprise afin de promouvoir des standards d'équité et de justice exercerait un leadership transformationnel. Plus spécifiquement, le leadership transformationnel se sous-divise en quatre dimensions, à savoir le charisme, l'inspiration, la stimulation intellectuelle et la considération pour les individus.

1. Le charisme correspond au degré auquel le leader se comporte de façon à ce que d'autres individus s'identifient à lui. Les leaders charismatiques s'expriment avec conviction, prennent publiquement position et suscitent l'engagement des personnes. À titre d'exemple, John F. Kennedy faisait appel aux valeurs humaines de la population américaine lorsqu'il a affirmé : « Ne vous demandez pas ce que votre pays peut faire pour vous ; demandez-vous plutôt ce que vous

pouvez faire pour votre pays[5]. » Cette dimension du leadership transformationnel se rapproche de la notion de leadership charismatique introduite par House (1977).

2. L'inspiration réfère à la capacité du leader à insuffler une vision partagée. Les leaders qui possèdent cette compétence ont des standards de performance élevés, arrivent à communiquer leur optimisme en regard de l'atteinte des objectifs et donnent ainsi un sens au travail à accomplir.
3. La stimulation intellectuelle renvoie à la propension du leader à remettre en question les prémisses de base, à prendre des risques et à solliciter la participation des individus. Les leaders qui présentent ces caractéristiques stimulent la créativité et l'innovation au sein de leur groupe.
4. La considération pour les personnes est l'aptitude du leader à se préoccuper des besoins individuels, à agir à titre de mentor ou d'accompagnateur, et à prendre en considération les préoccupations des individus dans ses décisions.

Comparativement au leadership transformationnel, le leadership transactionnel s'appuie sur l'évaluation et le contrôle des subordonnés par l'entremise de moyens rationnels et économiques (Bass, 1985). Le terme « transactionnel » provient du fait que le leader et les subordonnés ont à interagir pour négocier des ententes mutuellement satisfaisantes. En échange de leurs efforts, le leader s'engage à donner aux employés certaines récompenses établies à l'avance, telles que des promotions ou des augmentations de salaire. Selon cette approche, il s'avère très important pour le leader de disposer du pouvoir nécessaire pour récompenser ses subordonnés et corriger les comportements inadéquats.

Le leadership transactionnel se compose principalement de deux dimensions, soit la contingence des récompenses et la gestion par répréhension.

1. La contingence des récompenses réfère au fait de clarifier les attentes et de spécifier la nature des récompenses que les individus obtiendront s'ils satisfont ces attentes.
2. La gestion par répréhension correspond à l'adoption, par le leader, de mesures correctrices et disciplinaires visant à s'assurer que les subordonnés se conforment aux attentes. Ces mesures peuvent prendre une forme active ou passive :
   a) la gestion par répréhension active consiste à exercer un suivi auprès des individus, à anticiper les problèmes et à prendre des mesures correctrices avant que les problèmes dégénèrent.
   b) la gestion par répréhension passive consiste à attendre que les problèmes soient importants avant d'agir. Un exemple de gestion par répréhension passive consisterait à transmettre une très mauvaise évaluation de rendement à un

5. Il s'agit d'une traduction de la célèbre phrase de John F. Kennedy : « *Ask not what your country can do for you ; ask what you can do for your country.* »

employé sans avoir jamais discuté de la situation avec lui auparavant. Évidemment, la gestion par répréhension active s'avère plus efficace que la gestion par répréhension passive.

Bass (1999) est d'avis que les meilleurs leaders présentent à la fois un style de leadership transformationnel et transactionnel. Howell et Avolio (1993) abondent dans le même sens en spécifiant que le leadership transformationnel complète le leadership transactionnel. En d'autres mots, ces auteurs soutiennent que le leadership transformationnel ne peut être efficace si, à la base, l'individu ne fait pas preuve de leadership transactionnel.

L'exercice du leadership dans les équipes de travail semi-autonomes

Selon Roy et autres (1998), le concept d'équipes semi-autonomes de travail réfère à : « un mode d'organisation du travail où des employés sont collectivement responsables, en permanence, d'une séquence complète de travail dans un processus de production d'un bien ou d'un service destiné à des clients internes ou externes. Les équipes sont imputables de leurs résultats et les membres de l'équipe assument, à l'intérieur de certaines limites, des fonctions de gestion en plus d'accomplir leurs tâches de production[6] » (p. 2). Bien que le rôle du leader soit passablement différent dans un contexte d'équipes de travail semi-autonomes comparativement à un contexte de travail traditionnel, il demeure que ces équipes ont généralement un leader officiellement reconnu (O'Connell et autres, 2002). En d'autres mots, ce n'est pas parce que les membres de l'équipe assument plusieurs responsabilités de gestion qu'il est inutile qu'un leader prenne officiellement la direction du groupe. D'ailleurs, plusieurs auteurs reconnaissent que les problèmes de leadership (et plus spécifiquement le manque de leadership) constituent l'une des principales causes d'échec lors de l'implantation d'équipes de travail (Katzenbach, 1997).

Dans les équipes semi-autonomes, le leader formel est généralement un membre de l'équipe. Il s'agit donc d'un leader interne. Echols et Mitchell (1990) spécifient que le rôle du leader dans une telle équipe de travail consiste à offrir aux membres de la formation et du *coaching,* à diriger certains projets spéciaux, à assurer l'accès aux ressources, ainsi qu'à effectuer un suivi sur la performance du groupe. Dans ce même ordre d'idées, Manz et Sims (1987) ajoutent que le rôle du leader dans une équipe consiste à enseigner aux membres comment assumer certaines responsabilités de gestion, telles que se fixer des objectifs et évaluer sa performance. En d'autres termes, il s'agit d'amener l'équipe à se gérer elle-même. Le leader aurait également pour fonctions de coordonner les activités des membres et de représenter l'équipe dans les réunions impliquant la direction et les autres leaders d'équipe. Selon l'organisation, le leader d'équipes de travail est appelé coordonnateur, *coach* ou

6. Nous abordons plus en profondeur la notion d'équipe de travail dans le chapitre 8.

facilitateur, ce qui témoigne du fait qu'il exerce davantage un rôle de soutien qu'un rôle de contrôle.

Dans un article publié en 2000, Bachiochi et autres ont répertorié les compétences d'un leader d'équipe efficace. Parmi ces compétences se trouvent la capacité d'agir comme « entraîneur » (*coach*), d'offrir du soutien aux personnes, d'insuffler une vision partagée, de gérer les conflits et de susciter l'engagement des équipiers à l'égard des objectifs communs.

Plus récemment, le leadership dans les équipes de travail a été envisagé en tant que processus collectif d'influence. En fait, des auteurs soutiennent que l'équipe, en tant que système, peut influencer chacun des membres au même titre qu'un seul individu peut faire preuve de leadership auprès d'un groupe de personnes (Sivasubramaniam et autres, 2002). Ce phénomène peut être désigné sous les appellations « leadership d'équipe » ou « leadership partagé » (Luc, 2004). Comme le leadership individuel, le leadership d'équipe pourrait s'exercer selon différents styles. À cet égard, les résultats de la recherche conduite par Sivasubramaniam et autres (2002) indiquent que le leadership transformationnel, appliqué à l'équipe, serait particulièrement efficace pour favoriser un haut niveau de performance groupale.

Les rôles du gestionnaire

D'après Tellier (1991), la position du gestionnaire dans une organisation conditionne les rôles qui lui sont attribués. Trois aspects de sa position sont particulièrement importants : le groupe qu'il dirige s'insère dans un environnement social et naturel, il fait partie d'une équipe elle-même supervisée par quelqu'un et il est responsable d'un groupe de travail plus ou moins restreint.

Le gestionnaire en tant que membre d'un système social, économique et écologique

Van den Hove (1996) définit le management dans les termes suivants : « Une activité intrinsèquement politique, articulée à un projet éthique, qui a pour objet la réalisation collective d'un produit ou d'un service de qualité, humainement, socialement et culturellement utile, économiquement justifié, accompli aux moindres coûts, tant pour l'entreprise et ses membres que pour la nature et la société de tous les individus actuelles et futures » (p. 5). Cette définition fait valoir l'idée que les organisations se trouvent dans des environnements sociaux, culturels et naturels, avec lesquels elles effectuent des échanges et sans lesquels elles ne sauraient assurer leur pérennité. En tant que partie intégrante d'un système complexe, formé par la nature, par des sociétés, des personnes, des imaginations et des archétypes collectifs, l'organisation a irrémédiablement des conséquences et des effets, attendus et imprévisibles, auxquels les gestionnaires doivent s'adapter.

Les responsabilités du gestionnaire à l'égard de la communauté sont nombreuses et font de plus en plus l'objet des questions d'intérêt public. Les ouvrages de Bennis et autres (1995) et de Pauchant et Mitroff (1995) constituent, entre autres, des références en cette matière. Parmi les responsabilités sociales, on peut souligner le devoir d'assurer un actif à l'entreprise, l'obligation de se soucier des valeurs de celle-ci et la responsabilité de créer de l'emploi ainsi que de préparer la relève.

Puisqu'il évolue dans un monde complexe, le gestionnaire doit faciliter la synthèse des connaissances et des compétences spécialisées pour les mettre au service de l'humanité et de l'écologie (Kolb, 1988 ; Levinson, 1988). De plus, il doit s'assurer que le système de valeurs soutenu par les activités de l'entreprise est cohérent et s'accorde avec les valeurs sociales, écologiques et morales de la société (Vaill, 1989). C'est par l'intégration de valeurs et la définition d'une raison d'être acceptable, capable de susciter l'adhésion des individus, que le gestionnaire saura obtenir la coopération dans l'organisation (Barnard, 1938 ; Van den Hove, 1996).

De plus, les gestionnaires ont la responsabilité d'assurer l'avenir des employés et des générations présentes et futures. Les problèmes de chômage, d'emploi et de pauvreté sont sérieux. Les gestionnaires des organisations sont parmi les personnes les mieux placées pour faciliter la recherche de solutions à ces préoccupations sociales. Le travail est une nécessité vitale pour l'être humain : il mérite qu'on y prête toute notre attention.

Le gestionnaire en tant que membre d'une équipe de gestion

Étant donné la structure des organisations, les gestionnaires font eux-mêmes partie d'une équipe. En tant que membre, le gestionnaire joue des rôles importants : il intègre les objectifs de l'entreprise au programme de son unité, il fait valoir sa vision auprès de ses pairs et il obtient leur allégeance.

La notion de « vision » est fort répandue dans les ouvrages sur le management. La vision, c'est la représentation imaginaire de ce qui est possible et de ce qui doit être fait pour que l'organisation assure sa pérennité et que les individus qu'elle emploie continuent de faire un travail qui a du sens pour eux. Cette vision peut être plus ou moins précise, mais elle doit offrir aux gens une perspective du futur réaliste, attrayante et crédible.

La notion de vision s'associe, en outre, à la notion du temps (Kolb, 1988). Les responsabilités du gestionnaire à l'endroit de la communauté et de l'environnement sont d'autant plus importantes que les décisions qu'il prend engendrent des effets dans un futur éloigné. C'est pourquoi il demeure important d'élargir le champ de la conscience et de dialoguer avec ses collègues dans le but d'estimer les effets productifs et contre-productifs de la vision proposée (Pauchant et Mitroff, 1995).

La vision n'est pas quelque chose qu'on peut fabriquer de toutes pièces. De par sa nature, elle émerge de l'expérience de l'individu, de ses intuitions, de son imagination et de ses fantasmes. La vision est donc foncièrement subjective. Elle condense les conflits antérieurs et l'espérance, et les projette dans l'avenir. C'est ce qui lui confère sa force et sa signification individuelle et collective.

Le fait d'appartenir à une équipe permet aux gestionnaires d'examiner ensemble les problèmes, les difficultés et les actions possibles, de comparer différents points de vue, d'élaborer une vision commune et de partager un sens des valeurs. L'équipe de gestion est un lieu approprié pour réfléchir aux expériences passées ainsi qu'aux questions importantes qui se profilent et pour apprendre collectivement.

Le gestionnaire en tant que responsable de son unité

À titre de chef d'un groupe de travail, le gestionnaire a la responsabilité de donner du pouvoir à ses employés, de leur communiquer ses attentes et sa vision, de gérer la mise en œuvre des activités, de travailler en équipe et de développer les compétences de chacun. Cela requiert des connaissances techniques et administratives, mais aussi des connaissances relatives aux différences individuelles et aux équipes de travail. Selon De Pree (1990), « Il est indispensable qu'en plus de tous les pourcentages, les objectifs, les paramètres et les résultats des comptes d'exploitation, les chefs d'entreprise essaient de comprendre les êtres humains. Cela commence par la compréhension de la diversité des dons et des talents de chaque individu » (p. 26).

Accepter et comprendre la diversité permettent de trouver des moyens de donner un sens au travail, de fournir aux individus une occasion de s'épanouir dans leur travail et dans l'organisation, ainsi que de définir des objectifs acceptables et compréhensibles qui suscitent l'adhésion et la coopération.

La prise en considération des différences remet en question les droits du travail. Ceux-ci devraient inclure le droit d'être nécessaire, de s'engager dans ce qu'on fait, d'avoir des relations positives avec les autres, de comprendre ce qu'on fait et pourquoi il faut le faire, d'être maître de son destin, d'être responsable de ses actes, d'être engagé pour quelque chose qui nous tient à cœur. De Pree (1990) l'exprime très justement : « Le travail devrait et peut être productif et gratifiant, avoir un sens et nous aider à devenir adulte, être source d'enrichissement et d'épanouissement, consoler et réjouir. Le travail est un des plus grands privilèges que nous possédions. Il peut même être poétique » (p. 52).

Dans les milieux de travail, il faut cultiver l'engagement chez les individus, non plus dans des projets de croissance pour la croissance elle-même, mais bien dans des projets dignes d'eux-mêmes, faisant valoir l'intelligence, l'imagination et l'esprit de service de l'être humain.

Texte classique

Les styles de comportement[1]

[...]

Lorsqu'un individu ou un sous-groupe influence un groupe, le principal facteur de réussite est le style de comportement.

Comme je l'ai déjà fait remarquer, l'influence sociale implique des négociations tacites, la confrontation des points de vue et la recherche éventuelle d'une solution acceptable pour tous. Mais quels sont les éléments qui en déterminent l'issue ?

Tant que nous considérons cette question du point de vue des rapports de pouvoir, c'est-à-dire du point de vue qui détermine les expériences et les concepts admis, la dépendance apparaît comme le facteur décisif.

Cette réponse n'est pas valable quand on traite de l'influence sociale qui devrait être étudiée indépendamment des processus de pouvoir. Le leadership, la compétence et la majorité peuvent jouer un certain rôle en tant que paramètres externes de la dépendance, mais il n'est pas crucial pour le processus d'influence. Ce qui est crucial, c'est le *style de comportement* de chaque partenaire social. Pourquoi cette variable devrait-elle remplacer celle de dépendance ? Tout d'abord parce que, comme je l'ai déjà souligné, le style de comportement est spécifiquement lié aux phénomènes d'influence, tandis que la dépendance est plus étroitement liée à la dimension de pouvoir des rapports sociaux. Ensuite, la dépendance à l'égard d'un individu ou d'un sous-groupe dans le processus d'innovation peut être une conséquence du processus d'influence plutôt que sa cause. Par exemple, le besoin de suivre les conseils des experts en ce qui concerne l'utilisation de la vidéo ou de l'ordinateur suit la décision d'utiliser la vidéo ou l'ordinateur. Enfin, toute minorité qui provoque une innovation authentique doit se lancer et continuer pendant un certain temps sans qu'il en résulte pour elle aucun avantage sur le plan du pouvoir, du statut, des ressources ou de la compétence.

La dépendance n'est donc pas une variable indépendante ou générale susceptible d'expliquer le type d'influence auquel je me réfère. Je crois que la seule variable dotée de pouvoir explicatif est le style de comportement, qui est entièrement indépendant de la majorité, de la minorité, de l'autorité, dans sa détermination de l'influence.

Le style de comportement est un concept nouveau et pourtant familier. Il renvoie à l'organisation des comportements et des opinions, au déroulement et à l'intensité de leur expression, bref, à la « rhétorique » du comportement et de l'opinion. Les comportements en soi, comme les sons d'une langue pris individuellement, n'ont pas de signification propre. C'est seulement combinés selon les intentions de l'individu ou du groupe émetteur, ou selon l'interprétation de ceux à qui ils sont adressés, qu'ils peuvent avoir une signification et susciter une réaction. La répétition d'un même geste ou d'un même mot peut, dans un cas, refléter l'entêtement et la rigidité ; dans un autre cas, elle peut exprimer la certitude. Corrélativement, l'entêtement et la certitude peuvent se manifester de bien des manières différentes : par la répétition, le rejet, l'intensité des gestes ou des mots.

Qu'implique cet état de choses ? Simplement que toute série de comportements a deux aspects : l'un, instrumental, définit son objet et fournit des informations relatives à cet objet ; l'autre, symbolique, donne des informations sur l'état de l'acteur, source des comportements, et le définit. Ainsi, lorsqu'au laboratoire un sujet naïf entend une personne répéter vingt fois que « la ligne A a la même longueur que la ligne B », ou que la diapositive qui lui apparaît bleue est verte, il en déduit deux ordres de choses différents : d'une part, qu'il se peut que la ligne A soit de même longueur que la ligne B, ou que la diapositive bleue soit verte ; d'autre part, que la personne qui émet ces affirmations a une certitude et cherche peut-être à l'influencer.

En général, les styles de comportement ont donc à la fois un aspect symbolique et un aspect instrumental, qui se rapportent à l'acteur par leur forme et à l'objet de l'action par leur contenu. Ils suscitent également des déductions concernant ces deux aspects de leur

1. Source : Adapté de Moscovici (1979, p. 121-165).

signification. À la fois ils transmettent des significations et déterminent des réactions en fonction de ces significations. Cette insistance sur la signification du comportement semblera futile à beaucoup de lecteurs. Mais elle est, en fait, d'une très grande importance parce que, jusqu'ici, on a uniquement insisté sur son absence de signification.

Nous aborderons maintenant quelques points plus concrets du style de comportement. La personne ou le groupe qui adopte l'un de ces styles doit, s'il veut que le style soit socialement reconnu et identifié, remplir les trois conditions suivantes :

a) Avoir conscience de la relation qui existe entre l'état intérieur et les signaux extérieurs qu'il utilise. La certitude se manifeste par un ton affirmatif, confiant ; par exemple, l'intention de ne pas faire de concessions s'exprime par la consistance du comportement adéquat.

b) Utiliser des signaux de façon systématique et consistante afin d'éviter un malentendu de la part du récepteur.

c) Conserver les mêmes relations entre les comportements et les significations tout au long d'une interaction ; en d'autres termes, s'assurer que les mots ne changent pas de signification au cours de l'interaction.

Dans l'interaction sociale, ces manières conventionnelles d'organiser le comportement ont pour but de donner à l'autre groupe ou à l'autre personne des informations sur la position et la motivation de la personne ou du groupe à l'origine de l'interaction. Elles peuvent, par exemple, témoigner d'un degré d'ouverture, de certitude ou d'engagement. Elles peuvent aussi signaler un désir d'influencer. Ainsi, les styles de comportement sont des arrangements intentionnels de signaux verbaux et/ou non verbaux qui expriment la signification de l'état présent et l'évolution future de ceux qui les affichent.

D'où provient l'efficacité des styles de comportement dans l'influence ? Je n'ai pas encore trouvé de réponse satisfaisante à cette question. On suppose qu'ils suscitent simplement des attitudes positives ou des attitudes négatives, mais ceci ne nous mène pas très loin. Il se peut qu'ils déterminent des champs psychologiques, ou qu'ils attirent l'attention en donnant des poids différents à des éléments d'information ou en mettant l'accent sur des événements et des objets particuliers de l'environnement.

La résistance non violente, par exemple, qui oppose la force calme de la détermination et démontre la futilité de la répression physique, peut simultanément susciter l'intérêt pour la cause qu'elle sert et obliger à un changement de méthode à l'égard de cette cause, puisque les méthodes conventionnelles s'avéreront inefficaces contre elle. De même, lorsqu'un enfant exprime l'envie qu'il a d'un jouet particulier par des pleurs et des cris, par le refus d'en accepter un autre en remplacement ou de se laisser consoler, ses parents se trouvent contraints de tenir compte de son point de vue et de son échelle de préférences. Mais on sait vraiment peu de choses concernant les mécanismes sous-jacents du style de comportement ; c'est une notion nouvelle dont l'importance pour notre compréhension des phénomènes en psychologie sociale commence seulement à être reconnue.

Il existe cinq styles de comportement que l'on peut décrire objectivement : a) l'investissement ; b) l'autonomie ; c) la consistance ; d) la rigidité ; e) l'équité. La consistance est le seul des cinq qui ait reçu une attention sérieuse, et c'est probablement le plus fondamental.

L'investissement

Les recherches sur la dissonance cognitive (par exemple, Festinger, 1957 ; Brehm et Cohen, 1962 ; Zimbardo, 1960) et l'apprentissage social (par exemple, Bandura et Walters, 1963) ont mis en lumière le rôle joué par l'effort, ou investissement psychologique, qui est fourni pour justifier et changer le comportement. Si un individu ou un groupe se donne beaucoup de mal pour mener à bien quelque dessein particulier, les autres en tireront deux conclusions : 1) qu'il accorde une grande confiance au choix qu'il a fait ; 2) qu'il possède une grande capacité d'autorenforcement.

Prenons un exemple imaginaire et considérons une situation dans laquelle on fait une collecte. On sait que la plupart des donateurs ont tendance à faire un don « moyen », établissant par là même une norme qui convient plus ou moins à tout le monde. Chaque donateur suppose vraisemblablement que les autres font un sacrifice comparable au sien, ou que leur don est, comme le sien, proportionnel à leurs moyens. S'il arrivait que, dans la liste des précédents donateurs que présentent habituellement ceux qui collectent les fonds, apparaisse l'information qu'un individu pauvre a fait un sacrifice exceptionnel, on a tout lieu de s'attendre que cette information influencera la plupart des autres donateurs et les incitera à prendre ce sacrifice comme point de référence pour déterminer ce qu'ils doivent donner.

Hain et autres (1956) ont étudié les conditions qui déterminent la signature des pétitions. Ils ont observé que le nombre des signatures déjà visibles n'est pas le facteur décisif. Ce qui importe le plus, c'est la conviction et l'urgence avec lesquelles est fait l'appel à signer. Ils écrivent :

> Les résultats jettent le doute sur la validité de l'information absolue selon laquelle plus le nombre de signatures est grand pour une pétition, plus le sentiment en faveur du changement proposé est répandu (p. 389).

Dans l'ensemble, on pourrait dire qu'auront une influence dans les échanges sociaux les styles de comportement qui témoignent que le groupe ou l'individu impliqué est fortement engagé par un libre choix, et que le but poursuivi est tenu en haute estime au point que des sacrifices personnels sont volontiers consentis.

L'autonomie

L'autonomie est une valeur qui, lorsqu'elle se manifeste, suscite des réactions positives. Elle est considérée comme une attitude exemplaire qui encourage l'émulation. Comment la définir ? L'autonomie comporte plusieurs facettes. Tout d'abord, une indépendance de jugement et d'attitude qui reflète la détermination d'agir selon ses propres principes. L'objectivité entre également en jeu, c'est-à-dire la capacité de prendre en compte tous les facteurs pertinents et d'en tirer les conclusions d'une manière rigoureuse sans se laisser détourner par des intérêts subjectifs. L'extrémisme peut aussi être un élément de l'autonomie dans la mesure où il implique une attitude consistante et intransigeante.

De Monchaux et Shimmin (1955) ont démontré l'effet de l'indépendance dans leur analyse d'une étude faite en Grande-Bretagne par Schachter. Dans cette étude, on avait demandé à plusieurs groupes de sélectionner un modèle pour un avion dont ils devaient ensuite simuler la production. Le compère de l'expérimentateur avait reçu pour instruction de choisir de manière consistante le modèle le plus rejeté par le groupe ; le groupe devait, par ailleurs, arriver à une décision unanime. Sur les trente-deux groupes, douze sont parvenus à un accord qui ne tenait pas compte du choix du compère, six ont adopté son choix, et quatorze n'ont pas réussi à se mettre d'accord. Les auteurs concluent :

> Notre hypothèse a été que, au fur et à mesure que la discussion avançait, le besoin de parvenir à une décision de groupe aurait raison des besoins individuels. Mais il est possible que le comportement du déviant, qui maintenait tranquillement et sans agressivité son propre choix, ait accru la fermeté des choix individuels (« S'il ne renonce pas à son choix, pourquoi renoncerais-je au mien ? »). Nous avons donc considéré qu'il était possible que la présence du déviant ait œuvré comme une pression à l'individualité du choix plutôt qu'à l'unanimité de groupe (p. 59).

Il apparaît, d'après cette étude, que le comportement perçu comme indépendant peut, ou *bien* influencer la décision du groupe en sa faveur (six groupes ont opté pour le modèle choisi par le compère), ou *bien* encourager une attitude d'indépendance de la part des membres du groupe. L'un et l'autre cas sont le reflet de l'influence exercée par le compère. Un individu qui semble avoir des opinions et un jugement autonomes, et qui n'est ni dominateur ni particulièrement enclin au compromis, sera perçu, caractérisé, et probablement traité, comme le défenseur d'un modèle ou d'un ensemble particulier de valeurs. Il donnera, par conséquent, l'impression de maîtriser son comportement. D'une certaine manière, il est l'initiateur d'un ensemble d'actions. Le peu que nous savons de la communication indirecte et de la causalité sociale montre que cet individu (ou sous-groupe), non seulement se fera écouter, mais aura un pouvoir par rapport aux autres individus à qui ce degré d'autonomie fait défaut. Le comportement autonome, pas plus que le comportement qui exprime l'investissement, n'est apparemment perçu comme ayant pour but d'influencer.

Dans un groupe, les individus se méfient toujours des intentions manipulatrices. On n'attribue pas et on ne peut pas attribuer de telles intentions à un individu dont on juge évidentes l'intégrité et l'absence d'arrière-pensée. C'est pourquoi un tel individu prend de l'ascendant sur les autres, et ses opinions et son jugement ont plus de poids. S'il est présent lorsqu'il faut parvenir à un consensus, au cours d'une réunion par exemple, ou d'un travail d'équipe, ou lorsqu'il faut exprimer une opinion sur un sujet de controverse, et qu'il se comporte de telle sorte qu'il donne l'impression de dominer de nombreux faits pertinents et bien examinés, il exercera probablement une grande influence sur le résultat collectif. Sa réflexion et son indépendance, telles qu'elles se manifestent dans son comportement, inspireront le respect et trouveront un appui.

Ceci explique, entre parenthèses, pourquoi nous acceptons facilement, et peut-être trop facilement, les affirmations des scientifiques, des autorités religieuses et des groupes d'experts. Nous supposons, souvent à tort, que leurs opinions ont été soigneusement pesées, et qu'il n'y a pas d'intérêts personnels ou de motifs cachés dans les solutions qu'ils proposent.

Myers et Goldberg (1970) ont mené une étude qui tend à appuyer mon analyse. On a demandé à trois cent trente-sept étudiants de lire un court « article de revue » sur la pollution atmosphérique. À l'insu des sujets, cet article avait été rédigé par les expérimentateurs. L'idée exprimée dans l'article était que la pollution atmosphérique n'est pas dangereuse. On avait choisi ce problème parce que l'on supposait que les sujets partageraient la conviction répandue que la pollution atmosphérique constitue réellement un danger. La possibilité existait donc de pouvoir faire changer les sujets d'opinion dans le sens suggéré par le message persuasif.

Pour notre propos, nous ne rapporterons ici que les résultats de trois des conditions expérimentales. Dans une première condition, « *groupe* de haute moralité », on disait aux étudiants que la position exprimée dans l'article représentait la conclusion à laquelle était parvenu un groupe d'experts après trois heures de discussion. Dans une seconde condition, « *individus* de haute moralité », on informait les sujets que l'article s'appuyait sur un sondage effectué parmi un petit groupe de scientifiques importants. Dans une troisième condition, « *individu* de haute moralité », on disait aux sujets que l'article représentait la conclusion à laquelle était parvenu l'un des scientifiques les plus éminents des États-Unis.

Nous pouvons supposer qu'il n'y avait pas de différences de prestige entre les experts dans les trois conditions. Cependant, c'est dans la condition « *groupe* de haute moralité » que l'on a observé la plus grande influence : les sujets croyaient que l'article représentait le résultat d'une délibération commune, et ils pensaient probablement qu'on avait examiné la question avec un soin exceptionnel.

Mais la délibération ne suffit apparemment pas. Pour que l'autonomie soit perçue, il faut aussi avoir la conviction que la personne ou le groupe qui exprime les idées en question occupe une situation sociale particulière, est à l'origine des idées, et a librement choisi cette position. Une expérience de Nemeth et Wachtler (1973) est ici particulièrement pertinente.

Ils ont réuni des groupes de cinq personnes afin de constituer des jurys simulés, et ont donné une étude de cas à lire à chaque groupe. Dans un cas particulier, un individu avait réclamé des dommages et intérêts pour une blessure subie au cours de son travail. Tandis qu'il réparait une machine à laver, il était tombé de quelques marches et s'était déchiré un cartilage du genou. La compensation maximum qu'autorisait la loi était de 25 000 dollars. Lorsqu'on a interrogé les sujets individuellement et en privé, la plupart d'entre eux pensaient que l'on devait verser une forte compensation : la somme moyenne suggérée était de 14 560 dollars.

Cependant, dans les conditions de l'expérience, les sujets étaient exposés aux arguments d'un compère qui suggérait, de façon consistante, la somme de 3000 dollars. Les cinq personnes de chaque groupe jury (quatre sujets et un compère) discutaient du cas pendant quarante-cinq minutes durant lesquelles le compère présentait sept arguments qu'il avait mémorisés auparavant. Entre autres, il mettait en question la gravité de la blessure, il suggérait que le jury devait envisager une compensation équitable, plutôt que d'accorder le maximum uniquement parce que la compagnie d'assurances pouvait payer, et il indiquait que 3000 dollars représentaient une somme d'une réelle importance. On mit aussi en place une condition témoin dans laquelle les cinq sujets délibéraient sur le cas sans qu'aucun compère soit présent.

On introduisit enfin une variation qui présente un intérêt particulier. (Des recherches sur les jurys sont venues appuyer la conviction que, dans notre culture, la position de la place occupée par une personne est un reflet de son statut et du pouvoir qu'elle a d'influencer. La position en bout de table, en particulier, est habituellement associée au pouvoir et au prestige. Il se peut bien que la personne qui prend cette place attire de ce fait l'attention sur elle-même, affirmant sa maîtrise et sa compétence, et son intention de se comporter en leader. Si le fait d'occuper une place en bout de table *incite* les autres à attribuer à son occupant des caractéristiques de leader, il se peut qu'un individu soit mieux placé pour exercer l'influence s'il adopte ce style de comportement.) Dans leur expérience, Nemeth et Wachtler ont utilisé une table où la disposition des sièges était telle qu'elle apparaît dans la figure 1. La place du bout de la table est S et les sièges latéraux, Q et R. Le compère, selon la condition expérimentale, occupait soit la place du bout de la table, soit l'une des places latérales. La variation cruciale était que, dans certaines conditions, le compère *choisissait* une place tandis que dans les autres on lui en *attribuait* une. Dans toutes les conditions, et c'est là un point important, le compère présentait exactement les mêmes arguments (qui revenaient à défendre une position déviante) pendant les quarante-cinq minutes que durait la discussion du cas.

La différence entre le fait de choisir une place et le fait qu'elle vous soit attribuée est que le premier est un signe d'autonomie, tandis que le second indique la soumission à un système de règles et d'autorité. Nous pouvons donc nous attendre que, toutes choses étant égales d'ailleurs, le compère exerce une grande influence lorsqu'il a choisi sa place. Les résultats de l'expérience confirment cette attente. Les analyses de l'efficacité du compère montrent que ce n'est que lorsqu'il a choisi la place en bout de table qu'il a exercé une influence. Lorsqu'on lui a attribué cette place, ou lorsqu'il a occupé une place latérale (par choix ou par attribution), il n'a exercé aucune influence ($t = 1{,}53$; $p < 0{,}07$).

Les auteurs observent que :

> le fait de prendre la place du bout de la table, étant un style de comportement, pouvait être interprété par les autres comme un signe de confiance en soi. Ceci rend alors l'individu efficace. Le fait d'occuper cette place, s'il ne résultait pas d'un choix, n'apportait aucune information sur l'acteur concernant de tels traits de caractère (p. 20).

Cependant, cela va plus loin. En réagissant de façon ferme à l'hostilité ou au manque d'empressement des autres, l'individu à son tour confère crédibilité aux caractéristiques que les autres lui attribuent. Nemeth et Wachtler rapportent que :

> Dans cette étude, la majorité opposait une véritable résistance aux conceptions du compère. Dans de nombreuses occasions, la majorité tourmenta ou ridiculisa le compère en raison de sa position très déviante. Quelqu'un menaça même de briser la jambe du compère après la fin de l'expérience pour lui montrer la douleur et la souffrance qu'entraîne une telle blessure. On se rend donc compte que la majorité n'a pas donné facilement son adhésion ; pourtant, les sujets ont été influencés par ce même compère utilisant les mêmes arguments lorsque, par le fait de prendre la place du bout de la table, c'est-à-dire par son style de comportement, il a manifesté de la confiance en soi (p. 21).

FIGURE 1 *Disposition des sièges dans l'étude de jury simulé*

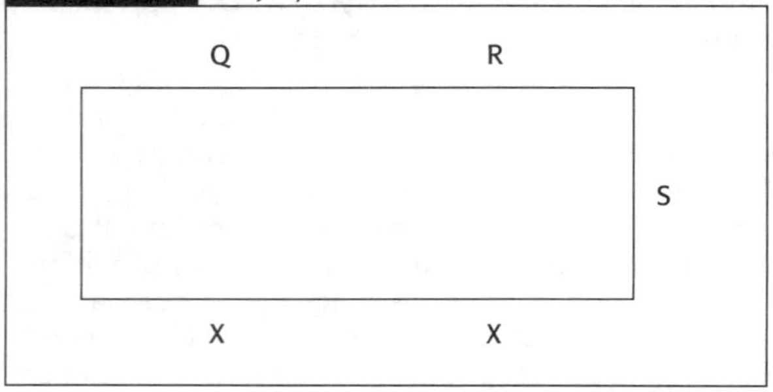

Voici une autre manière d'illustrer l'effet d'autonomie et d'objectivité. La société suppose toujours que les individus ont des intérêts et des motifs cachés. On attribue leurs jugements et leurs opinions à des raisons externes (appartenance à une classe, milieu familial, etc.) ou internes (jalousie, ambition, etc.). Par conséquent, on suppose aussi que le comportement n'est jamais vraiment libre, ni dans son contenu ni dans son but. Cependant, on peut prédire sans risque de se tromper que, lorsqu'une personne semble agir indépendamment des agents extérieurs ou des forces intérieures, sa réaction sera facilement acceptée par la majorité des individus.

De nombreuses études entreprises dans le champ de la communication sont fondées sur le paradigme de la dépendance. Elles ont réussi à prouver leur postulat, à savoir que le prestige ou la crédibilité de l'émetteur d'un message constitue le facteur essentiel de l'efficacité de la communication. Plus précisément, toutes choses égales d'ailleurs, plus la crédibilité est grande, plus le changement d'opinions du récepteur est important. On a toujours supposé, en outre, que le message n'avait aucun rapport avec les intérêts, soit de l'émetteur, soit du récepteur, et que les gens ne considéraient pas la possibilité d'un tel rapport. Walster et autres (1966) ont entrepris de montrer qu'*il y a* perception des rapports entre les messages et les intérêts, et que cela se répercute sur la communication et sur la formation des attitudes et des jugements. Ils ont pris pour point de départ l'hypothèse selon laquelle une personne sera perçue comme plus sincère et plus digne de confiance si elle soutient un point de vue qui est contraire à son intérêt personnel évident. Dans leur recherche, les sujets étaient divisés en quatre groupes expérimentaux. Le premier groupe recevait une communication émanant d'un individu jouissant d'un grand prestige (procureur général), qui défendait une position favorable à ses propres intérêts ; le second groupe recevait une communication émanant d'un individu jouissant d'un faible prestige (criminel), qui défendait une position favorable à ses propres intérêts ; le troisième groupe recevait une information émanant d'un individu jouissant d'un grand prestige, qui défendait une position défavorable à ses intérêts ; et le quatrième groupe recevait une communication émanant d'un individu jouissant d'un faible prestige, qui défendait une position défavorable à ses intérêts.

Lorsque les deux individus soutenaient des points de vue opposés à leurs propres intérêts, ils exerçaient une plus grande influence, indépendamment de leur statut. En fait, l'individu jouissant d'un faible prestige avait *plus* d'influence que l'individu jouissant d'un grand prestige lorsqu'il adoptait une position opposée à son intérêt personnel. Donc, la communication qui apparaît comme dégagée de tout parti pris est interprétée comme plus honnête et mieux informée. Elle exerce davantage d'influence. Powell et Miller (1967) se sont aussi nettement rendu compte qu'une source d'information apparaissait plus digne de confiance lorsqu'on estimait qu'elle ne tirait pas profit du comportement de la cible. On faisait entendre aux sujets des messages enregistrés qui recommandaient de donner gratuitement son sang à la Croix-Rouge. Un médecin connu et le président d'une section de recrutement de donneurs de sang de la Croix-Rouge, c'est-à-dire des individus anonymes, étaient censés lire les messages visant à persuader les sujets. Le médecin, qui agissait en partie désintéressée, fut considéré comme plus digne de confiance, et exerça davantage d'influence que le président de la section de recrutement, qui apparaissait évidemment plus intéressé et plus égoïste.

Les hommes politiques en ont conscience, et ils ne manquent jamais une occasion de proclamer qu'ils sont capables de s'élever au-dessus de leurs intérêts particuliers pour embrasser l'intérêt général. On s'aperçoit souvent que les conservateurs ont moins de difficulté à faire adopter des lois sociales « de gauche » ; ils rencontrent une moindre résistance et peuvent faire apparaître ces lois comme nécessaires. Aux États-Unis, il est courant pour le Parti républicain de mener à bien des objectifs politiques que le Parti démocrate a défendus. On a observé la même chose en France en ce qui concerne l'indépendance accordée aux colonies : la gauche a toujours plaidé en sa faveur, mais la droite l'a le plus souvent rendue effective.

L'extrémisme n'est pas un sujet d'étude populaire, et il n'a été abordé qu'en tant que comportement déviant. Les théoriciens ont eu tendance à considérer qu'il était moins bien accepté, et notamment moins efficace, que le comportement modéré. La théorie de l'équilibre suppose même qu'il existe un « parti pris anti-extrémisme ». Taylor (1969) écrit :

> Si la personne focale communique avec une autre personne à propos d'un problème ou d'un sujet, alors la personne focale, ou bien son interlocuteur, peut affirmer sa position de façon « modérée » ou l'affirmer de façon plus « extrême ». On admet que les gens en général préféreront une communication utilisant des termes modérés à une communication faite en termes vigoureux. C'est un parti pris contre « l'extrémisme ». Ceci implique qu'une communication modérée, venant de la personne focale ou de l'autre personne, a plus de chances d'entraîner un changement d'attitude ou de sentiment qu'une communication faite en termes vigoureux (p. 122).

En dépit de ce postulat, les quelques études disponibles offrent une image moins négative des chances qu'a un extrémiste d'exercer une influence étant donné son caractère déviant ou « déséquilibré ». Une expérience peu connue de Mulder (1960) permet de rétablir l'équilibre. Les petits commerçants d'une communauté urbaine furent réunis pour être informés de l'implantation future d'un supermarché dans le pays. Ils se trouvaient confrontés à la nécessité de défendre leurs droits et leurs biens contre la menace que représentait le supermarché pour leurs commerces. L'un des commerçants, en fait un compère de l'expérimentateur, adopta une position dure, refusant tous les compromis, et insistant sur la nécessité pour la communauté de s'organiser et de résister activement à la construction du supermarché. Il plaida en faveur de la création d'un syndicat local de défense mutuelle. Un second commerçant, également un compère, adopta une position modérée, défendant les mêmes idées mais avec moins d'insistance. Les participants devaient décider de créer ou non un syndicat et éventuellement élire les délégués qui les représenteraient et les défendraient. Les résultats de l'expérience montrent que les participants adoptèrent la ligne dure. Le plus souvent, ils choisirent comme représentant le compère radical, et le compère modéré fut très souvent rejeté. Étant donné les conditions de l'expérience, on peut être sûr que les participants étaient plus impliqués que si la tâche avait consisté à estimer le nombre de points contenus dans une figure. Les commerçants de l'expérience de Mulder étaient polarisés sur des alternatives nettes, cohérentes et radicales. La position ferme du compère extrémiste, loin de bloquer l'interaction, a permis aux participants d'établir une position de groupe solide.

Plus récemment, Eisinger et Mills (1968) ont essayé de montrer que, si un individu émettant un message est du « même camp » que ses auditeurs, il sera jugé plus sincère qu'un émetteur du « camp opposé », pour la raison apparemment évidente qu'il sera plus populaire. Les auteurs ont également posé en postulat qu'un émetteur de message extrémiste sera moins populaire et jugé moins sincère qu'un émetteur modéré. Généralement, cependant, les résultats montrent que les individus extrémistes suscitent des réactions plus positives que les individus modérés. Les auteurs n'avaient pas prévu cette issue, qu'ils commentent de la manière suivante :

> Il se peut que la plus grande sympathie pour le porte-parole du même camp ait aussi été contrecarrée par la perception selon laquelle le porte-parole du camp opposé affrontait une plus grande désapprobation sociale (p. 231).

Autrement dit, la position de l'extrémiste se trouve renforcée par le courage dont il fait preuve en affrontant des risques, et, lorsqu'on le compare à un modéré du même parti, on lui donne la préférence parce qu'« on l'estime plus sincère, plus compétent, plus sympathique et plus digne de confiance » (p. 231).

Non seulement la vertu n'est pas récompensée, mais, qui plus est, le type et le style de réponse qui, depuis Allport, étaient censés susciter l'antipathie, éveillent au contraire l'admiration et sont considérés comme une marque de sérieux et de crédibilité. Aucune de ces expériences ne constitue une preuve catégorique ; pourtant, aussi peu concluantes qu'elles soient, elles laissent supposer qu'une nouvelle orientation s'impose. En outre, elles constituent un solide témoignage qui plaide pour que l'autonomie dans ses diverses manifestations soit traitée en tant que style distinctif de comportement.

La consistance

La consistance du comportement est perçue comme un indice de certitude, comme l'affirmation de la décision de s'en tenir inébranlablement à un point de vue donné, et comme le reflet de l'engagement dans un choix cohérent, inflexible. La force de cette source d'influence ne peut être attribuée ni à une différence d'aptitude, ni à une forme explicite de dépendance. Il est vrai que « la consistance du comportement » englobe de nombreuses formes de comportement, depuis la répétition opiniâtre d'une expression, en passant par le fait d'éviter les comportements contradictoires, jusqu'à l'élaboration d'un système de preuve logique. En ce qui nous concerne ici, ce n'est pas là un point important ; l'intuition et l'expérimentation détermineront le registre. Je me bornerai ici à analyser les implications de la consistance dans l'optique de l'influence sociale.

Tout d'abord, réaffirmons l'hypothèse selon laquelle chaque individu ou chaque groupe essaie d'imposer une organisation à l'environnement matériel et social, de valider la connaissance qu'il en a et d'affirmer les règles qu'il a adoptées pour traiter avec lui. L'individu et le groupe agissent sur la réalité, font des prévisions à son sujet et acquièrent sur elle un contrôle en séparant les comportements et les événements éphémères et variables de leurs fondements permanents et invariants ; ils introduisent une séquence temporelle et causale dans une situation où tout pourrait sembler accidentel et arbitraire. Lorsque deux personnes se rencontrent, la seule manière qu'elles ont de communiquer et d'adopter des comportements mutuellement satisfaisants est d'extraire quelques traits dominants de la masse des impressions rudimentaires : intentions, sentiments, aptitudes, et ainsi de suite. Les objets matériels donnent lieu à la même opération de comparaison, de classification, de sélection des stimuli transmis, ce qui conduit à une caractérisation des dimensions de l'objet, telles que la couleur, la vitesse, etc., et à une détermination de son application possible à quelque but. Que nous ayons affaire à des personnes ou à des objets, un processus d'inférence concernant leurs particularités s'engage.

Si nous poursuivons la réflexion dans ce sens, il devient clair que la consistance joue un rôle décisif dans le processus d'acquisition et d'organisation de l'information venant de l'environnement. Ce rôle correspond, soit à une consistance interne, intra-individuelle (consistance dans le temps et les modalités, selon la terminologie de Heider), soit à une consistance inter-individuelle, sociale (consensus). Les deux reviennent en réalité au même, car la consistance dans le temps et les modalités n'est qu'une sorte de consensus que chacun établit intérieurement afin d'harmoniser différentes séries d'informations et d'actions, tandis que le consensus est une forme de consistance imposée ou recherchée par différents individus. Ces deux formes de consistance se traduisent par une réduction de la variabilité des réponses. Cette réduction est la manifestation habituelle et visible d'un modèle d'action à travers lequel se dégagent les caractères souhaités et sont validées les dimensions invariantes du monde social et matériel, c'est-à-dire les normes qui déterminent le comportement. Du moins, l'individu *a l'impression* que tel est l'effet de la réduction de la variabilité des réponses, et telle devient sa signification.

En résumé, nous voyons pourquoi la consistance du comportement a une telle influence. D'une part, elle exprime soit une très ferme conviction dans des circonstances où les opinions sont habituellement moins assurées, soit une solution de rechange valable à des opinions dominantes. D'autre part, un individu qui affiche un comportement consistant, non seulement semble très sûr de lui, mais il garantit aussi qu'un accord avec lui conduira à un consensus solide et durable. La consistance en appelle encore au désir général d'adopter des opinions ou des jugements relativement clairs et simples et de définir sans ambiguïté les réalités auxquelles un individu doit couramment faire face. Elle peut sembler requérir beaucoup trop d'attention ; elle peut sembler entraîner un comportement extrême ou étrange, mais elle peut aussi exercer un attrait et constituer un point de ralliement pour des tendances de groupes latentes. Ces considérations éclairent le sens de la détermination de Caton l'Ancien, qui finissait toujours ses discours, quel qu'en fût le sujet, par cette phrase célèbre : « Il faut détruire Carthage », jusqu'à ce que le Sénat adopte ses vues et envoie une expédition contre la cité rivale de Rome.

Il existe maintenant des éléments pour appuyer les affirmations que j'ai exprimées concernant la consistance en tant que style de comportement. Deux expériences réalisées par Moscovici et Faucheux (1972) en témoignent.

Première expérience

Procédure expérimentale

L'expérience est présentée aux sujets comme une recherche portant sur un problème de psychologie appliquée. On leur explique que, avec les développements récents de la transmission de l'information, notamment dans la navigation aérienne et spatiale, des opérateurs ont à lire les informations projetées sur des écrans cathodiques. C'est pourquoi il importe de déterminer les préférences des gens pour les différents codes possibles, de façon à améliorer la lisibilité et la discrimination de l'information transmise. Un exemple concret est fourni : celui des opérateurs qui, dans les tours de contrôle des aéroports, doivent suivre et guider simultanément un grand nombre d'appareils qui se préparent, soit à atterrir, soit à décoller. Pour la sécurité des aéroports, il importe de simplifier au maximum le travail de ces opérateurs. Il convient donc que les informations qu'ils utilisent (altitude, position, vitesse, priorité, etc.) leur soient présentées de la façon la plus claire possible, au moyen des symboles et des signaux les mieux appropriés, de sorte qu'ils puissent prendre des décisions rapides et correctes.

On explique ensuite aux sujets qu'ils participent à une expérience qui reproduit, de manière simplifiée, les conditions de la tour de contrôle, mais qui nécessite le même genre d'attention sélective et de prise de décision. Pour ce faire, on leur montre une série de dessins variant suivant quatre dimensions : la *taille* (ils sont grands ou petits) ; la *couleur* (ils sont rouges ou verts), la *forme* (ils sont arrondis ou anguleux) et le *tracé* (ils sont en ligne pointillée ou en ligne continue). On montre aux sujets un échantillon de chacun de ces dessins. On les informe alors qu'on leur présentera une longue série de dessins et que, pour chaque dessin, il y aura donc toujours quatre réponses correctes possibles. Toutefois, on leur demande de ne donner qu'*une seule* réponse : celle qui, pour quelque raison que ce soit, leur paraîtra la plus appropriée à un moment donné pour un dessin particulier. Les réponses devaient être données soit oralement soit par écrit. L'ordre de réponse était systématiquement varié : le sujet qui avait donné sa réponse le premier à l'essai précédent était le dernier à parler à l'essai suivant et ainsi de suite.

La série de stimuli comporte soixante-quatre dessins qui se succèdent de telle sorte qu'une seule dimension demeure inchangée d'un dessin à l'autre ; par exemple, un dessin était grand-vert-arrondi-pointillé, le suivant était grand-rouge-anguleux-continu, puis le

TABLEAU 1 Première expérience : Moyenne de choix dans chaque dimension : comparaison entre les groupes expérimentaux et les groupes témoins

Dimension	Couleur	Tracé	Taille	Forme
Groupes expérimentaux ($k = 8$)	20,86	16,18	16,09	10,88
Groupes témoins ($k = 6$)	15,28	18,93	14,20	15,59
t de *Student*	2,46	1,67	0,75	2,74
Seuil de signification	$p < 0,2$	$p < 0,10$	$p < 0,10$	$0,2 > p < 0,05$

suivant était petit-rouge-arrondi-pointillé, etc. Les sujets, réunis en groupes de quatre ou cinq, occupent trois côtés d'une table rectangulaire, le quatrième côté étant occupé par l'expérimentateur, qui présente les dessins l'un après l'autre pour examen. Un compère de l'expérimentateur choisit constamment la réponse *couleur* tout au long de l'expérience. Les groupes témoins ne comportent que des sujets naïfs et pas de compère.

Résultats

Le tableau 1 montre que le nombre de réponses « couleur » augmente de manière significative dans les groupes expérimentaux comparés aux groupes témoins. On observe que cet accroissement du nombre de réponses « couleur » s'accompagne d'une diminution significative du nombre de réponses « forme ». Cependant, on ne saurait attribuer cette variation à aucun facteur déterminé. La « forme » n'est pas la dimension le plus souvent choisie dans les groupes témoins, et elle ne paraît pas être associée d'une manière particulière à la couleur.

Il existe un deuxième indice de l'influence du sujet minoritaire. Normalement, lorsqu'ils expriment un choix préférentiel, les sujets ne l'émettent pas de manière isolée, mais plutôt par série de deux ou plusieurs réponses successives. On observe que, dans les groupes expérimentaux, les jugements « couleur » sont émis plus fréquemment par série de deux ou plusieurs réponses successives ($\chi^2 = 17{,}84$, $p < 0{,}001$). Pour les autres dimensions, ou bien l'on ne trouve pas de différence significative (« taille »), ou bien le nombre de réponses isolées augmente (« forme » : $\chi^2 = 5{,}45$, $0{,}05 > p > 0{,}02$; « tracé » : $\chi^2 = 22{,}397$, $p > 0{,}001$). Ainsi, le comportement consistant d'une minorité détermine non seulement la fréquence des réponses de la majorité, mais également leur organisation.

Deuxième expérience

Procédure expérimentale

Une norme implicite est une norme qui régit notre comportement sans que nous ayons clairement conscience de sa généralité, ou du fait qu'elle détermine la plupart de nos décisions. De telles normes sont omniprésentes dans le domaine de la mode, de la nourriture, du goût, du langage, etc. Pour des raisons de commodité, nous avons choisi pour cette expérience du matériel linguistique. Les habitudes verbales peuvent être définies comme des régularités normatives dans une collectivité qui partage ces habitudes. Nous avons choisi quatre-vingt-neuf associations de mots dans une liste établie par Nunnally et Hussek (1958), qui avaient mesuré la fréquence de certaines associations de mots dans une population d'étudiants américains. À chaque mot stimulus (par exemple « orange ») correspondent deux associations, dont l'une est un qualificatif (par exemple « ronde »), et l'autre, un supra-ordonné (par exemple « fruit »). On donne au sujet un fascicule de cinq pages dans lequel sont imprimées les quatre-vingt-neuf associations. Tandis que l'expérimentateur lit le mot stimulus, le sujet choisit et énonce laquelle des deux associations se trouvant sur la même ligne que le mot stimulus lui semble le plus étroitement liée au stimulus ; le sujet enregistre aussi ses propres réponses. Comme dans la première expérience, l'ordre des réponses est systématiquement varié. Les sujets sont assis de la même façon que dans la première expérience. Les groupes expérimentaux sont composés de trois sujets naïfs et d'un compère. Les groupes témoins sont uniquement composés de sujets naïfs. Dans les groupes expérimentaux, le compère choisit toujours l'association supra-ordonnée.

Nous avons arrangé les associations dans deux listes différentes selon une probabilité croissante ou décroissante de choix du mot supra-ordonné dans la population générale. Dans la première liste (liste A), la probabilité d'association au stimulus des réponses supra-ordonnées est plus grande au début : ainsi, l'association « choisie » par le compère pour ces stimuli se trouve correspondre à la norme. Au fur et à mesure que la probabilité de ses réponses diminue, son comportement apparaît comme « conservateur » et de nature à freiner l'adaptation au changement des habitudes verbales. Dans la seconde liste (liste B), où la probabilité des associations supra-ordonnées est moindre au commencement, les réponses du compère apparaissent comme « déviantes ».

Nous avons utilisé ces deux listes pour montrer que : a) la véritable source d'influence est la *consistance* du comportement de la minorité et non pas son degré de déviation ; b) le conformisme initial d'une minorité, contrairement à ce qui semble ressortir des travaux de Kelley et Shapiro (1954) et de Hollander (1960), peut renforcer son influence, mais n'est pas la cause de son influence.

Résultats

Quel que soit l'ordre d'utilisation des listes, l'accroissement du nombre de réponses « supraordonnées » est significatif dans les groupes expérimentaux comparés aux groupes témoins. L'influence du compère sur les réponses de la majorité est indéniable, qu'il se comporte en « conservateur » ou en « déviant » (voir le tableau 2). On pourrait se demander si l'effet du choix de l'*individu minoritaire* sur le choix des *individus majoritaires* s'exerce sur toute la liste, ou seulement dans la partie de la liste où il est plus près de la norme. Si l'influence s'exerçait sur toutes les réponses, il y aurait modification de la norme majoritaire par rapport à la norme américaine originale. En fait, on observe bien une telle modification : la proportion des associations supra-ordonnées choisies par les sujets des groupes expérimentaux est significativement plus élevée que la proportion des associations supra-ordonnées choisies par les sujets des groupes témoins dans la seconde moitié de la liste A :

$$(t = 3{,}41,\ v = 34\ ;\ 0{,}01 > p > 0{,}001)$$

et dans la première moitié de la liste B

$$(t = 2{,}38,\ v = 34\ ;\ 0{,}01 > p > 0{,}001).$$

Y a-t-il une différence entre l'influence du compère « déviant » et l'influence du compère « conservateur » ? Nous observons que l'ordre de présentation des listes n'agit pas sur la direction des associations. La proportion des réponses supra-ordonnées dans les groupes témoins est la même, qu'il s'agisse de la liste A ou de la liste B. Toute différence qui apparaît dans les groupes expérimentaux est nécessairement due à la position du compère. Pour la liste A, où le compère fait des choix conservateurs, la fréquence de réponses supra-ordonnées est plus élevée que pour la liste B, où le compère fait des choix déviants :

$$(t = 1{,}91,\ v = 10\ ;\ 0{,}10 > p > 0{,}05).$$

Ainsi le conformisme initial d'une minorité accroît son influence, mais il n'est pas une condition nécessaire de l'influence.

Les deux expériences décrites ont été les premières à étudier les effets de la consistance du comportement. D'autres expériences qui les ont répétées ont confirmé la tendance générale des premières découvertes.

La rigidité

Ces expériences sur le style de comportement ont soulevé de nouveaux problèmes. L'un de ces problèmes est embarrassant ; comment s'exprime la consistance, par la répétition ou par l'adoption d'un modèle de comportement ? Plus exactement, le problème qui se pose vient de ce que le comportement rigide peut être une cause de l'influence, mais il peut aussi Être parfois un obstacle. Tout d'abord, l'antipathie naît des comportements qui manquent, à l'égard des réactions d'autrui, de finesse, de souplesse et de sensibilité. Ensuite, le comportement rigide est symptôme de conflit, de refus d'accepter un compromis ou de faire des concessions, et d'une volonté d'imposer son propre point de vue à tout prix. Une telle rigidité peut être parfois attribuée à l'incapacité d'un individu ou d'un groupe d'apprécier certains aspects de la réalité, ou de se dégager des points de vue limités qu'il s'est imposés. Cependant, il ne faut pas oublier que le comportement rigide peut n'être que le résultat d'une situation dans laquelle la concession et le compromis sont en fait impossibles.

Il nous faut aussi nous préoccuper de la question de savoir dans quelle mesure le comportement consistant doit être interprété en tant que comportement rigide, et de la signification psychologique de ce comportement. Pour l'instant, cependant, je veux simplement montrer qu'une telle rigidité n'est pas uniquement fonction du comportement des minorités, mais aussi fonction de la manière dont les autres, à leur tour, son amenés à catégoriser le comportement rigide. C'est-à-dire que la rigidité ne se situe pas seulement au niveau du comportement de la personne ou du sous-groupe mais aussi de la perception de l'observateur.

Ricateau (1971) réunit un groupe de trois personnes pour discuter du cas d'un jeune criminel, Johnny Rocco, et leur demanda de décider quel type de châtiment ou de traitement lui était applicable. En général, la majorité était plutôt indulgente à son égard, mais

TABLEAU 2 Moyenne des réponses « supra-ordonnées » : comparaison des groupes expérimentaux et des groupes témoins

	Liste A	Liste B
Moyennes des groupes expérimentaux ($k = 6$)	74,01	63,67
Moyennes des groupes témoins ($k = 6$)	57,61	53,89
t de *Student*	2,24	1,91
Seuil de signification	$p < 0{,}05$	$0{,}10 > p > 0{,}05$

la minorité, un compère de l'expérimentateur, émettait constamment des recommandations plus sévères. La majorité et la minorité devaient confronter leurs points de vue avant de prendre des décisions individuelles. Les décisions s'appuyaient sur une échelle en sept points d'indulgence-sévérité. Deux décisions individuelles étaient prises au cours de l'expérience. La première avait lieu avant le début de toute discussion. La seconde avait lieu après trente minutes de discussion (qui étaient divisées en trois périodes de dix minutes chacune). Trois conditions expérimentales avaient été mises en place afin de déterminer les degrés de rigidité dans le « mode d'appréhension d'autrui ». Celui-ci était défini comme la manière dont les membres d'un groupe se jugent et se catégorisent. Comment pouvons-nous découvrir ou manipuler ces modes d'appréhension ? En obligeant les sujets à se juger eux-mêmes ou à juger les autres selon un plus ou moins grand nombre de catégories. Dans la vie réelle, par exemple, les individus dogmatiques ou racistes se jugent, et jugent particulièrement les autres, selon un nombre très limité de catégories – habituellement deux – tandis que les individus à l'esprit plus ouvert utilisent davantage de catégories.

Ricateau invita ses sujets à se juger et à juger les autres membres du groupe selon une échelle tirée du différenciateur sémantique d'Osgood. Les sujets devaient se catégoriser en termes de polarités, par exemple actif/passif, réaliste/romantique, et ainsi de suite. Ces polarités étaient les points extrêmes d'échelles en six points sur lesquelles les sujets indiquaient par une lettre de l'alphabet la position jugée comme la plus exactement descriptive de chaque membre du groupe. Dans la première condition expérimentale (I), on ne donnait aux sujets que deux échelles de polarité pour indiquer leurs jugements. Dans la seconde condition expérimentale (II), ils utilisaient cinq échelles, et dans la troisième condition (III), ils en utilisaient huit. Ils remplissaient ces échelles à intervalles réguliers (toutes les dix minutes) au cours de la discussion sur le jeune délinquant, Johnny Rocco.

Comme je l'ai indiqué, cette activité de jugement sur deux, cinq et huit échelles visait à fournir aux sujets un code spécifique d'appréhension d'autrui, qui variait d'une condition expérimentale à l'autre par le nombre de dimensions proposées. Il s'agissait donc d'induire une certaine préparation à la catégorisation, de telle sorte que l'image de la minorité (qui était élaborée au cours de la discussion) se dégage d'un nombre variable de dimensions. Le contenu des échelles de jugement avait été sélectionné de façon à n'avoir aucun rapport direct avec le contenu de la discussion proprement dit. En changeant l'étroitesse du code d'appréhension d'une condition expérimentale à l'autre, l'expérimentateur espérait induire un degré de différenciation plus ou moins important dans l'image réelle du comportement d'autrui, et modifier ainsi la saillance relative de certaines dimensions, et donc l'aptitude à influencer de l'individu déviant. L'hypothèse était qu'il exercerait une plus grande influence quand il serait perçu à travers un plus grand nombre de dimensions.

Ricateau a confirmé que les sujets de la condition I se sont significativement moins déplacés vers la norme minoritaire que les sujets de la condition II ($\chi^2 = 4{,}99$, $0{,}02 < p < 0{,}05$) et de la condition III ($\chi^2 = 3{,}92$, $p < 0{,}05$).

De même, les sujets de la condition II se sont moins déplacés vers la norme minoritaire que les sujets de la condition III ($\chi^2 = 2{,}72$, $p < 0{,}10$).

Les indices de déplacement, une fois rangés par ordre, ont montré que le degré d'influence exercé par la minorité était inversement proportionnel au nombre de catégories utilisées dans l'induction des « modes d'appréhension d'autrui » (voir le tableau 3). Partant de là, nous pouvons conclure qu'il y aura moins de chances qu'une majorité accepte les conceptions d'une minorité si leur interaction est perçue de « façon dogmatique », situation dans laquelle le comportement consistant de la minorité sera ressenti comme plus rigide. Au contraire, le même comportement exercera une influence indéniable sur une majorité moins dogmatique.

Une étude de Nemeth et autres (1974) a démontré qu'un comportement moins « dogmatique », plus « souple », peut être plus efficace par « l'adoption d'un modèle » dans ses réponses que par la répétition de ses réponses. Les stimuli utilisés dans l'expérience étaient des diapositives bleues. Les groupes de six sujets se composaient de deux compères et de quatre sujets naïfs. Dans une partie de l'expérience, les compères prétendaient qu'ils voyaient les diapositives « vertes » dans 50 % des essais et « vertes et bleues » dans les

TABLEAU 3 Degré d'influence et ampleur des décisions catégorielles

Ordre établi en fonction du degré croissant d'uniformité	III < II < I
Ordre établi en fonction du degré croissant de soumission à l'influence exercée	I < II < III

autres essais. Dans une première condition, ils donnaient ces réponses – « vertes » et « vertes et bleues » – au hasard ; dans une seconde condition, les compères donnaient les réponses « vertes » pour les douze diapositives dont l'éclat était le plus faible, et les réponses « vertes et bleues » pour les douze dont l'éclat était le plus vif (condition de corrélation I). Dans une troisième condition, c'était l'inverse ; les compères disaient qu'ils voyaient les diapositives « vertes et bleues » lorsque leur éclat était le plus faible, et qu'ils les voyaient « vertes » quand leur éclat était le plus vif (condition de corrélation II). Ainsi, dans ces deux dernières conditions, les compères ont adopté un modèle de réponses selon l'éclat des stimuli. On mit également en place une condition témoin dans laquelle il n'y avait pas de compère.

La première variable dépendante faisant apparaître l'influence était le nombre moyen d'essais dans lesquels la réponse était « verte ».

La seconde variable dépendante était la proportion de réponses totales « vertes ». Le tableau 4 montre la moyenne pour ces deux variables dans toutes les conditions. Si l'on compare la condition « aléatoire » et les conditions « de corrélation » (dans lesquelles 50 % des réponses des compères étaient « vertes » et 50 % étaient « vertes et bleues », il est clair que la minorité exerce une influence quand l'ensemble de ses réponses suit un modèle, mais qu'elle n'exerce aucune influence quand ses réponses sont faites au hasard. Les différences sont toutes statistiquement significatives (t = 1,94, p < 0,05). De plus, si l'on compare les conditions dans lesquelles les compères se comportaient de façon consistante, par la répétition, il apparaît que les conditions dans lesquelles un modèle de réponse a été adopté étaient équivalentes aux conditions de répétition « vert et bleu », mais significativement plus efficaces que la condition de répétition « vert » (t = 1,883, p < 0,05). Il est évident, d'après les données, que les conditions d'adoption d'un modèle (en corrélation) faisaient apparaître une influence minoritaire significative, par comparaison avec la condition témoin (dans laquelle il n'y avait pas de compère). La condition de répétition « vert et bleu » était partiellement efficace, par comparaison avec la condition témoin (t = 1,3, p < 0,10). La condition de répétition « vert », au contraire, n'avait aucune efficacité. Les auteurs concluent :

> Il est clair que la réponse dans laquelle une minorité adoptait un modèle était au moins aussi efficace pour modifier l'opinion de la majorité que la simple répétition d'une position (p. 15).

Que nous apprend cette expérience ? Tout d'abord qu'un style de comportement, en l'occurrence la consistance, se définit par un certain degré de rigidité, et que, lorsque cette rigidité est visible, elle exerce une influence. En théorie, un style de comportement moins rigide devrait avoir un effet plus grand qu'un style plus rigide. Mais nous apprenons ensuite que la rigidité de la minorité est fonction de la signification sociale que lui attribue la majorité ; c'est l'une des déductions qui résulte du comportement de la minorité déviante. Si souplesse signifie compromis et soumission à la pression du groupe, alors les chances de modifier les opinions du groupe sont certainement réduites. C'est ce qu'ont récemment démontré Kiesler et Pallak (1975). Dans leur expérience, qui est en fait plus complexe et plus subtile que ce que je vais présenter ici, les auteurs invitent les sujets à participer à une étude de prise de décision de groupe, en les informant qu'une décision de groupe serait prise à propos d'un cas de relations humaines. Les sujets lisent le rapport et communiquent en privé leurs recommandations personnelles. Il s'agissait du cas d'un délinquant de quinze ans, Johnny Politano. On avait rédigé l'histoire du garçon de telle sorte que le lecteur éprouve relativement peu de sympathie à son égard. On le présentait comme perturbateur et agressif, comme un personnage égoïste qui s'en prenait aux autres malgré la sympathie et l'indulgence avec lesquelles ils le traitaient. Une fois que chaque sujet avait donné sa recommandation personnelle, on lui montrait une distribution des opinions avec une majorité de six et une minorité de deux. En voyant la distribution, chaque sujet pouvait se percevoir comme appartenant à la majorité. On a prétexté une erreur technique, qui entraînait un manque d'information complète, pour demander aux sujets de voter à nouveau, et chaque sujet a vu changer une partie de la distribution des opinions. Il y avait six conditions expérimentales :

TABLEAU 4 Nombre moyen d'essais dans lesquels les sujets ont répondu « vert »

Réponses répétitives « vertes »	0,69
Réponses répétitives « vertes et bleues »	4,00
Réponses suivant un modèle ou en corrélation (I et II)	5,84
Réponses aléatoires	0,06
Condition témoin	0,00

a) Les sujets de la situation témoin ont vu la même distribution qu'avant l'« erreur technique ».

b) Les sujets de la condition « compromis minoritaire » ont vu que les deux membres minoritaires modifiaient de deux points leurs recommandations en direction de la position majoritaire.

c) Les sujets de la « condition réactionnaire » ont observé qu'un membre de la majorité devenait plus négatif, se polarisant contre la position minoritaire.

d) Les sujets de la « condition mixte » ont noté un mouvement de polarisation contre la minorité, en même temps qu'un mouvement de compromis venant de la minorité déviante.

e) Les sujets de la condition « compromis majoritaire » ont vu que l'un des membres de la majorité, qui soutenait auparavant la position majoritaire modale, avait modifié de deux points sa recommandation en direction de la minorité déviante.

f) Les sujets de la « condition déserteur majoritaire » ont observé, en examinant la nouvelle distribution des opinions, que l'un des membres de la majorité avait déserté en adoptant totalement la position minoritaire.

Ainsi, dans deux conditions, la minorité semble se diriger vers la majorité ; dans deux autres conditions, nous observons un mouvement de la majorité vers la minorité ; et dans les deux dernières conditions, il y a des signes de polarisation contre la minorité. En outre, afin de déterminer un changement encore plus grand, chaque sujet « recevait » une note de l'un des membres de la minorité, qui plaidait en faveur d'une attitude plus ouverte et plus positive à l'égard du jeune délinquant, et qui témoignait du sentiment qu'il s'améliorerait certainement durant sa période de mise en liberté surveillée. Après avoir lu la note, les sujets remplissaient trois sortes d'échelles d'attitude : a) l'une relative à ce qu'ils pensaient que le groupe devait faire ; ce jugement devait, supposaient-ils, être communiqué aux autres membres du groupe et utilisé comme point de départ pour la discussion de groupe ; b) une autre relative à ce qu'ils pensaient qu'il fallait certainement éviter ; c) la dernière relative à ce que serait, à leur avis, la recommandation finale du groupe. On procéda également à d'autres mesures, mais elles ne nous intéressent pas directement ici.

Les résultats montrent que les membres de la majorité ont modifié leurs opinions lorsque la minorité a été capable d'entraîner un membre de la majorité à accepter un compromis (« compromis majoritaire ») ou à déserter (« déserteur majoritaire »). Dans les deux cas, l'impact de la minorité déviante est significativement différent par comparaison avec la condition témoin ($t = 2{,}24$ et $5{,}63$ respectivement, $p < 0{,}001$). De plus, la désertion d'un des membres de la majorité a plus ébranlé l'opinion de la majorité que la condition de compromis ($t = 3{,}39$, $p < 0{,}0002$). Comme nous nous y attendions, le compromis minoritaire n'a produit aucun changement dans l'attitude de la majorité. De même, la « réaction » de la majorité (« condition réactionnaire ») n'a pas eu de grand impact. Autrement dit, une minorité consistante (inflexible) peut influencer un groupe, tandis qu'une minorité inconsistante (accommodante) n'a pas ce pouvoir. En fait, les trois mesures d'attitudes nous montrent l'impact différentiel. L'influence la plus forte, c'est-à-dire le mouvement le plus important en direction de la position minoritaire, a été observée dans la prévision des sujets concernant la décision finale du groupe ; et l'influence la plus faible, dans les opinions personnelles des sujets. Le changement propre du sujet en direction de l'opinion exprimée par la minorité déviante se situait entre les deux.

Tandis que cette expérience démontre l'impact du style de comportement de la minorité, elle fait aussi ressortir que, bien qu'il soit une condition nécessaire, il n'est pas toujours une condition suffisante. Dans la condition témoin, la minorité était consistante, mais elle n'a pas provoqué un plus grand changement que la minorité inconsistante, accommodante. Ce n'est que lorsque la minorité a été capable de faire naître un mouvement d'opinion de la part d'un membre de la majorité que l'effet différentiel lié au style de comportement est réellement devenu apparent dans sa totalité. Ce n'est pas du tout surprenant. Les conversions ont toujours été utilisées par les minorités scientifiques, religieuses ou politiques, pour faire ressortir la justesse de leur point de vue, à titre d'exemple que les autres devraient suivre, et comme un moyen de légitimer leur position. L'innovation exige toujours ce qu'on a appelé un « effet de démonstration », le début de l'empiètement de la minorité et la dislocation de la majorité par le mouvement de l'un de ses membres vers une nouvelle position. Fait plus surprenant, la modération et le compromis de la minorité ne sont presque jamais récompensés, et son attitude « raisonnable » ne la rend pas plus influente. Mais pourquoi la majorité change-t-elle quand le mouvement de la minorité prouve la justesse de ses propres positions ? Ceci est surprenant pour une certaine conception du sens commun et pour toute théorie qui veut en inclure les principes. Cela l'est moins pour une certaine pratique sociale et politique et dans la perspective que j'essaie de présenter ici.

Mais, pour le moment, la leçon essentielle de cette expérience est que, tandis qu'il y a une limite à la rigidité, il y a aussi une limite à la souplesse, à savoir qu'elle peut apparaître comme une concession ou une soumission à la majorité. Il est certain cependant que cette affirmation est ambiguë. En fait, nous devrions dire que, si un individu ou un groupe souhaite établir une distance entre lui-même et un autre individu ou un autre groupe, ou souhaite lui faire prendre une position extrême opposée à la sienne, il doit alors adopter un style rigide de comportement. Corrélativement, si un individu ou un groupe souhaite déterminer une convergence avec un autre individu ou un autre groupe, alors l'affirmation théorique est valable : un style de comportement moins rigide exercera plus d'influence à condition qu'une certaine distance demeure entre les deux parties du groupe – majorité et minorité – et que la souplesse ne semble pas être la conséquence d'une soumission à une pression extérieure. C'est évidemment difficile à réaliser, bien que souhaitable à maints égards.

Il est certain qu'un style rigide de comportement peut avoir plusieurs effets négatifs sur l'influence directe.

1) Premièrement, il peut provoquer une attitude de rejet, car il est ressenti, le cas échéant, comme une sorte de violence ou de contrainte inacceptable, notamment si l'autre personne ne dispose que d'un nombre limité de réactions possibles. Une expérience de Paicheler et Bouchet (1973) illustre fort bien cela.

L'expérience a eu lieu pendant l'année universitaire qui a suivi la révolte des étudiants de Mai 1968 en France. Les sujets étaient tous des étudiants invités à discuter de questions qui couvraient divers aspects des problèmes soulevés par le mouvement étudiant. Comme dans toutes les expériences de ce genre, ils ont d'abord exprimé leurs opinions individuellement. Ensuite, réunis par groupes de quatre, ils devaient discuter de chaque question et parvenir à un consensus. Enfin, ils exprimaient à nouveau individuellement leurs opinions sur les mêmes questions. Il y a eu trois sortes de mesures : préconsensus, consensus, postconsensus. Certains groupes comptaient parmi leurs membres un ou deux extrémistes, et d'autres n'en avaient pas (voir le tableau 5).

Si l'on compare ces deux types de groupes, les résultats montrent que le consensus des groupes modérés est plus extrême que les jugements individuels de leurs membres, et que, une fois le consensus atteint, les individus adoptent la norme du groupe sans aucune tendance à revenir à leur jugement individuel antérieur. Corrélativement, dans les groupes comprenant un ou plusieurs extrémistes, alors qu'un fort extrémisme se manifeste dans le consensus, il y a une nette régression vers les jugements individuels antérieurs dans la phase postconsensus.

Il semble évident que, dans ce second cas, la force de la norme du consensus a rendu impossible l'apparition d'une opposition ferme au cours de la discussion de groupe. La minorité a réussi à forcer les autres membres du groupe à donner à contrecœur leur consentement à la norme. L'une des conséquences a été, comme le montrent les données, que les extrémistes étaient encore plus extrêmes après l'interaction de groupe. Parallèlement, les modérés sont devenus plus conservateurs (23 %) qu'ils ne l'étaient avant la discussion. On peut donc supposer que certains sujets ont réagi à la pression assez injustifiée qu'ils ont sentie s'exercer sur eux.

2) Le second effet négatif qu'un style rigide de comportement peut avoir sur son influence est donc un effet *déplacé* qui intervient là où on l'attend le moins. Ceci vient de ce que, même lorsqu'une personne souhaite tomber d'accord avec un autre individu ou un autre sous-groupe sur un sujet, la rigidité du comportement de cet individu ou de ce sous-groupe peut avoir un effet de répulsion suffisant pour empêcher cette personne de réaliser son souhait. Une expérience de Mugny (1974a) montre que tel est bien le cas. Au cours d'une étude préliminaire, Mugny s'est rendu compte que les élèves d'un lycée, non seulement tenaient l'industrie pour largement responsable de la pollution de l'environnement, mais qu'aussi ils

TABLEAU 5 Comparaison des moyennes obtenues dans les groupes les plus extrêmes et dans les groupes les moins extrêmes

Groupes	Phases		
	Préconsensus	Consensus	Postconsensus
Les plus extrêmes	1,37	2,22	1,73
Les moins extrêmes	0,75	1,17	1,07

étaient indécis quant à la façon d'attribuer cette responsabilité. À partir de cette étude, Mugny a construit un questionnaire pour mesurer l'attitude des sujets concernant leur attribution de la responsabilité de la pollution. Le questionnaire de type Likert se composait de vingt phrases, dont huit accusaient ou défendaient l'industrie ; huit autres accusaient ou défendaient les individus et l'idée que « chaque détritus compte », et quatre phrases accusaient ou défendaient à la fois les individus et l'industrie. On a réalisé l'expérience dans les salles de classe des élèves. Les sujets ont d'abord répondu au questionnaire en indiquant leur position sur chaque question. On leur a ensuite demandé de lire un tract qui traitait de plusieurs remèdes possibles au problème de la pollution. Il y avait deux sortes de tracts : le premier (F) prenait position par rapport à la pollution et proposait des solutions « raisonnables » (restrictions à la production industrielle, amendes, etc.), tandis que le second (R) présentait les auteurs comme intransigeants et préconisait des mesures très sévères (fermeture des usines qui polluent l'environnement, interdiction des pique-niques dans les sites naturels, etc.). On a demandé aux sujets de répondre au questionnaire une seconde fois après avoir lu l'un des tracts. Dans l'analyse des résultats, Mugny a fait la distinction entre les changements intervenus dans les questions qui étaient liées à la source d'influence, c'est-à-dire dont le contenu était traité dans les tracts (D) et les changements intervenus dans les questions dont le contenu n'était pas traité dans les tracts (ND). Une analyse de variance montre qu'il y a plus de changements pour les questions indirectes (ND) que pour les questions directes (D). Mais, en fait, comme le montre le tableau 6, lorsqu'on a donné aux sujets un texte cohérent sans être rigide, l'influence est également répartie parmi les deux types de questions, tandis que l'influence est pratiquement nulle pour les questions directes, et au contraire très forte pour les questions indirectes, quand on a donné aux sujets un texte qui présentait ses auteurs comme rigides ($F = 5{,}761$, $p < 0{,}025$).

TABLEAU 6 Changement dans les questions directes et indirectes et dans le style de comportement

	Questions	
Style de comportement	Directes	Indirectes
Consistant mais non rigide	+ 3,52	+ 3,40
Consistant et rigide	– 0,84	+ 6,04

Ceci montre que, même lorsqu'un style de comportement rigide produit un changement, son influence demeure indirecte. Mais cette rigidité est-elle toujours ressentie comme un blocage ? Nous pourrions supposer que c'est le cas uniquement quand il y a un désaccord perçu ou réel entre l'émetteur et le récepteur d'influence. Dès lors, l'impression qu'il y a un accord sur les attitudes fondamentales tendrait à diminuer le sentiment de blocage et le rejet des tentatives d'influence. Dans une autre expérience, Mugny (1974b) a utilisé le même questionnaire et les mêmes tracts que dans l'expérience précédente, uniquement en modifiant la procédure de l'expérience. On a d'abord demandé aux sujets de compléter le questionnaire. Puis l'expérimentateur a dit qu'il reviendrait dans une semaine, et qu'entre-temps il montrerait les réponses des sujets à des gens compétents qui appartenaient à un groupe (fictif) de spécialistes de l'environnement à qui l'on demanderait de répondre à chaque sujet individuellement. On avait présenté l'expérimentateur lui-même comme faisant partie d'un groupe d'études sur les enquêtes d'opinions et donc complètement indépendant de l'organisation intéressée par les problèmes de pollution. Dans la seconde phase de l'expérience, on a donné aux sujets deux feuilles de papier. La première feuille apprenait au sujet si ses réponses étaient en accord ou en désaccord avec les opinions de l'équipe fictive de recherche de spécialistes de l'environnement. La seconde feuille contenait un texte sur la pollution, soit le tract (F), soit le tract (R) de l'expérience décrite ci-dessus. Aussitôt après qu'ils avaient lu ces documents, on demandait aux sujets de répondre de nouveau au questionnaire. Dans l'analyse des résultats, Mugny, comme dans l'expérience précédente, a établi la distinction entre les questions directes (D) et les questions indirectes (ND). Voici les changements observés : dans l'ensemble, les sujets qui ont reçu les messages du tract « rigide » ont été moins influencés ($F = 6{,}745$, $p < 0{,}025$) que les sujets qui ont reçu les messages de l'autre tract. L'accord ou le désaccord d'opinion perçu a eu ici un effet très net. Si les sujets croyaient qu'il y avait accord entre eux et la source d'influence, le premier type de message (R) entraînait un changement uniquement pour les questions indirectes (ND) sans produire un quelconque changement pour les questions directes (D), tandis que le second type de message (F) avait la même influence pour les questions directes (D) et pour les questions indirectes (ND). Autrement dit, quand le sujet sent une contrainte, la résistance à la source d'influence s'accompagne d'un très fort déplacement du centre de gravité des concessions qu'il est décidé à faire. Par ailleurs, quand le sujet est en désaccord avec la source, le message flexible (F) modifie particulièrement, et même plus fortement, les opinions indirectes (ND) qui ne sont pas liées au contenu du message, tandis que le message rigide (R) influe aussi sur ces opinions (ND) mais à un degré bien moindre. La présence ou l'absence d'accord a donc des conséquences plus marquées quand la source apparaît rigide que quand elle apparaît flexible (voir le tableau 7).

Les raisons de ces phénomènes ne sont pas encore claires, et on ne devrait pas se lancer dans des réflexions avant d'en savoir davantage sur les mécanismes qui sous-tendent l'interaction dans ces conditions. Il suffit de souligner le fait que l'impact et le type d'impact des styles de comportement dépendent pour une large part du contexte social dans lequel ils interviennent.

Il faut bien admettre que cette conclusion ne nous mène pas très loin. Cependant, si nous tenons sérieusement compte de cette dépendance par rapport au contexte social, nous comprenons mieux les opérations subtiles de la « grammaire des comportements » et le rôle qu'elles jouent dans les processus d'influence. En traçant un réseau de règles et de significations, cette grammaire transforme chaque information, chaque attitude et chaque signe en une *action* dirigée vers (ou contre) quelqu'un ou quelque chose. Compte tenu de ce fait, nous pouvons affirmer que la consistance n'est pas la caractéristique ou la solution miracle de l'interaction ; sa fonction première est d'attirer l'attention sur l'existence d'un point de vue cohérent, sur quelque chose de puissant, et évidemment sur une norme. En un mot, elle indique avec force la qualité nomique d'un individu ou d'un groupe. En outre, nous savons que la consistance peut se manifester de mille manières différentes, les unes productives pour l'individu ou le groupe, et les autres, au contraire, qui lui sont défavorables. Cette observation n'est pas très surprenante, mais il valait la peine de l'appuyer sur l'expérience. Il était temps d'apporter quelque restriction à la notion quelque peu outrée selon laquelle le style de comportement est toujours efficace, quelles que soient les circonstances.

L'équité

Quelle est la conséquence d'un comportement rigide, monolithique, répétitif, quand deux personnes, deux groupes, une majorité et une minorité, se trouvent face à face ? Comme nous l'avons déjà vu, on aboutit à l'échec de la communication, au refus de prendre en considération les intérêts, les opinions et le point de vue de l'autre personne ou de l'autre groupe. C'est là un problème sérieux parce que, comme nous l'avons déjà laissé entendre, chaque acteur social, même s'il s'attend à changer dans une certaine mesure, espère aussi être capable de déterminer un changement chez les autres. Les gens peuvent être tout à fait disposés à reconnaître qu'ils ont parfois tort, mais non pas qu'ils ont toujours tort. On peut souhaiter que les autres aient raison, mais il est pénible de devoir croire que la raison est toujours de leur côté. C'est ainsi que, sous un certain angle, le comportement autonome, consistant, d'une minorité semblera à la majorité ferme et résolu, mais, sous un autre angle, ce même comportement peut paraître obstiné et sans rapport avec la réalité.

Mais quel type de comportement échappe à ce soupçon de rigidité ? Il en est un et je l'ai défini comme un état d'« équité » pour deux raisons. La première est que ce style présente une certaine solidité, un certain caractère saillant, qui permet de voir aisément la position de l'acteur individuel ou collectif dans le champ de l'action sociale. De ce point de vue, ce style est proche de la consistance et perçu comme tel. La seconde raison, c'est qu'il exprime un souci de tenir compte de la position des autres. Il donne l'impression, dans l'interaction avec les autres, d'un désir de réciprocité et d'interdépendance, d'une volonté d'engager un dialogue authentique. L'individu ou le groupe se présente avec un esprit ouvert ; il peut, dans une certaine mesure, subir une influence et il

TABLEAU 7 Changement d'attitude selon la perception de la relation avec la source d'influence

Relation perçue entre l'émetteur et le récepteur	Style de comportement			
	Flexible (F)		Rigide (R)	
	Questions directes	Questions indirectes	Questions directes	Questions indirectes
Accord	4,07	4,57	0,89	9,14
Désaccord	3,85	10,39	1,60	4,142

peut aussi influencer les autres. L'absence d'accord avec eux n'engendre, chez cet individu ou ce groupe, ni animosité ni sens de l'échec, et n'exclut pas d'autres contacts. Il ne tente pas de contraindre, encore qu'il exprime clairement ses préférences, ses convictions et ses opinions. Il n'est ni indifférent ni nécessairement à la recherche d'un compromis ou disposé à y parvenir ; il est prêt à envisager toutes les possibilités. Autrement dit, tout le monde a une chance d'être compris et le jeu reste ouvert jusqu'à un certain point. Dans ces conditions, les gens sont davantage préparés à se soumettre à une influence, à changer, parce qu'ils sentent qu'ils ne sont pas seuls à le faire.

L'exemple le plus frappant de ce style, dans l'histoire moderne, est celui du pape Jean XXIII. Il succéda à Pie XII qui, dans le langage que nous employons, n'était pas ouvert au dialogue avec les autres groupes de chrétiens, ni avec les représentants d'autres mouvements sociaux et politiques. Beaucoup de gens jugeaient rigide son attitude envers le monde, et considéraient que ses positions étaient déterminées par une stricte adhésion aux dogmes traditionnels. Jean XXIII n'était pas moins fidèle aux enseignements de l'Église catholique, pas moins soucieux de ses intérêts, ou de l'autorité du pape, que son prédécesseur. Mais, en outre – et c'est là que réside son importance historique –, il se déclara prêt à rouvrir la discussion, entre les catholiques, sur des questions qui en étaient exclues depuis des siècles, prêt à écouter, prêt à engager un dialogue avec les autres religions chrétiennes, à faire participer directement les évêques au gouvernement de l'Église, à réexaminer les relations de l'Église avec les pays socialistes, et à tenir compte de l'évolution des mœurs et des mentalités dans le monde occidental et ailleurs. En d'autres termes, sans nécessairement abandonner les pouvoirs et les traditions séculaires, il se montrait disposé à changer si c'était nécessaire, prêt à se laisser convaincre de la nécessité de modifier les institutions et les opinions séculaires, tandis qu'en même temps, il attendait et demandait, de la part des autres, des changements correspondants. Finalement, son but était de faire sortir l'Église de sa position plutôt isolée et d'étendre son influence par des moyens mieux adaptés aux conditions de l'époque.

L'« équité » signifie exactement l'expression *simultanée* d'un point de vue particulier et le souci de réciprocité de la relation dans laquelle s'expriment les opinions. Les preuves expérimentales concernant ce style de comportement sont rares, mais elles existent. Mugny, Humbert et Zubel (1973) et Mugny (1973) ont étudié ce style de manière relativement détaillée dans une série d'expériences sur l'interaction entre une minorité et une majorité. Le problème par lequel ils ont commencé nous est déjà quelque peu familier. En adoptant constamment une attitude de rejet à l'égard des normes de la majorité, une minorité se place dans une situation de conflit par rapport à la majorité. Dès le départ, la majorité n'a donc pas tendance à se diriger vers les normes de la minorité, même si celles-ci vont dans le sens de ses propres intérêts. Rejeter toute approche, toute possibilité de changement, indique l'intention de maintenir le conflit à son paroxysme, de bloquer toute tentative de communication ou de négociation avec le reste de la communauté. Ceci tend à diminuer les chances de réussite de la minorité puisqu'elle sera perçue comme dogmatique et hostile.

Les auteurs ont supposé qu'une forme de comportement aussi extrême, accompagnée de points de vue rigides et d'exigences excessives, est un style de comportement moins efficace que le style équitable, qui donne à la majorité une certaine latitude pour influencer la minorité. Le style équitable, tout en maintenant la consistance du comportement, permet des concessions dans un esprit de tolérance qui, à son tour, si la majorité y répond, rendra le comportement consistant des déviants plus acceptable. Tout en étant souple, afin d'influencer, une minorité doit néanmoins rester nomique, éviter la désunion qui pourrait conduire à l'anomie. Tout au moins, ceci est vrai si la conception génétique est correcte.

Les faits que nous devons examiner nous ont été fournis par la procédure expérimentale suivante. Il y avait trois phases :

Phase prétest

Tout d'abord se faisait la présentation des sujets, réunis par groupes de trois (deux sujets naïfs et un compère). Ils fournissaient ensuite individuellement les données prétest suivantes :

- Puisque le sujet de la discussion devait être le service militaire en Suisse, on demandait aux sujets d'exprimer une opinion sur cette question en choisissant une position sur une échelle en huit points.
- Afin de mesurer les opinions sous-jacentes, on demandait aux sujets de remplir un questionnaire dans lequel ils devaient mettre oui ou non en regard de quarante adjectifs selon qu'ils les jugeaient décrire correctement ou non l'armée suisse.

Sur la page où se trouvait l'échelle en huit points (et ceci est important), on informait les sujets qu'ils auraient plus tard à exprimer leur opinion oralement. La seconde page du questionnaire ne comportait pas cette mention. On disposait donc de deux mesures : une mesure des attitudes manifestes et une mesure des opinions latentes.

Phase d'interaction

Pour commencer, les sujets exprimaient leur opinion. Afin d'accentuer le caractère « public » de cette expression de leur opinion, on avait placé, bien en évidence dans la pièce, un tableau d'affichage sur lequel on inscrivait la réponse de chaque sujet à chacune des questions du questionnaire par A, B et C (C représentait toujours le compère). On abordait alors la discussion. Les sujets recevaient un fascicule qui contenait six questions du type : « Face au rapport des forces militaires et politiques actuellement (au plan international), pensez- vous qu'il faille modifier le budget de la Défense nationale suisse ? Votre opinion est qu'il faudrait : supprimer le budget de l'armée, diminuer de beaucoup le budget de l'armée, doubler le budget de l'armée… » Pour chacune des questions, les sujets choisissaient l'une des huit réponses possibles qu'ils exprimaient oralement. Ensuite, commençait la discussion au cours de laquelle ils devaient défendre leurs positions. Les compères défendaient leurs positions selon des arguments préparés à l'avance et basés sur les décisions des tribunaux militaires jugeant les cas des objecteurs de conscience. Les questions qui auraient pu être embarrassantes pour les sujets avaient été prévues à partir des arguments présentés par les objecteurs de conscience devant ces mêmes tribunaux.

Les compères défendaient leurs positions de deux manières. Dans la première condition expérimentale (R), ils étaient rigides et conservaient la même position extrême tout au long de l'expérience. Dans la seconde condition (E), ils adoptaient des positions extrêmes pour les trois premières questions, mais prenaient des positions moins extrêmes pour les trois dernières questions. La position déviante consistait à être favorable à l'Armée suisse, puisque l'ensemble des étudiants suisses y est généralement opposé.

Phase post-test

Après discussion, les sujets devaient de nouveau remplir le questionnaire. Ensuite, on interviewait les sujets naïfs individuellement sur leur perception des autres sujets, leur certitude d'opinion, etc.

Voici quels furent les résultats de cette expérience. Au niveau de l'attitude manifeste, il n'y avait pas de différence entre les deux conditions expérimentales. Que le compère soit « rigide » ou « équitable » n'entraînait aucune différence. Cependant, nous obtenons une autre image quand nous considérons les opinions latentes. Comme on s'y attendait, le compère « équitable » modifie plus d'opinions en sa faveur et engendre moins de réactions négatives que le compère « rigide » (voir le tableau 8).

Le résultat le plus intéressant concerne la *relation* entre les deux types de réponses selon la condition expérimentale ; il pose clairement le problème de leur signification psychologique. On a trouvé les relations suivantes : dans la condition (R), il y avait une forte corrélation négative entre le changement au niveau des attitudes manifestes et le changement au niveau des attitudes latentes. Les sujets dont les attitudes latentes divergeaient le plus de la minorité avaient des attitudes manifestes qui étaient très proches de celles de la minorité. Dans la condition (E), la corrélation était positive. Dans ce cas, les changements manifestes allaient dans le même sens que les changements d'opinion latents et étaient d'importance égale.

Au départ, une minorité qui refuse de reconnaître la position de la majorité exerce une sorte de pression à la suivre sur les individus, ne serait-ce que parce qu'il ne semble pas y avoir de solution de rechange ; mais plus un individu se laisse entraîner, plus il devient hostile, et plus sa conscience s'y oppose. Au contraire, une minorité « équitable » peut inciter les individus à la suivre sans provoquer cette réaction à

TABLEAU 8 Changement dans l'opinion sous-jacente après interaction avec une minorité « rigide » ou avec une minorité « équitable »[1]

	Changement favorable à la minorité (%)	Aucun changement (%)	Changement défavorable à la minorité (%)
Condition R	11	28	61
Condition E	39	28	33

1. Le test de Mann-Whitney a donné un résultat significatif à 0,04.

retardement d'hostilité et de répugnance. Il semble donc que l'équité présente quelque avantage.

Cependant, les choses ne sont pas aussi simples que nous le souhaiterions. Se demandant dans quelle mesure n'importe quel style de comportement pouvait provoquer un effet identique, Mugny (1973) simplifia sa procédure expérimentale. Dans une première phase, les sujets remplissaient une série de questionnaires portant sur leur attitude à l'égard de l'Armée suisse et leur attitude envers les autres sujets. Dans une seconde phase, les sujets écoutaient un discours sur l'Armée suisse, qui représentait la position d'un groupe extrémiste d'antimilitaristes de gauche. Dans cette population, les sujets étaient plutôt favorables à l'Armée. Le discours, lu par un compère, contenait une attaque à trois niveaux :

a) L'argument économique : l'Armée est le soutien économique de la classe au pouvoir.

b) L'argument idéologique : l'Armée est une « matraque » idéologique qui organise et renforce la hiérarchie de l'emploi dans la division capitaliste du travail.

c) L'argument politique : le discours se terminait par une dénonciation de l'Armée en tant qu'instrument de répression des luttes progressistes, contrôlé par la bourgeoisie. Des exemples historiques en fournissaient l'illustration.

Entre les points a) et b), et les points b) et c), s'intercalait une courte discussion sur le problème des objecteurs de conscience qui sont généralement reconnus comme ayant adopté une position idéologique contre l'Armée. Cette discussion faisait ressortir une attitude d'extrême gauche qui accepte l'objection de conscience à titre de solution individuelle, personnelle, mais non comme une méthode pouvant entraîner un changement fondamental de la nature des institutions militaires. Dans cette courte discussion, on introduisait une variation qui était la différence majeure entre les conditions expérimentales (R) et (E) :

1) Entre les points a) et b), la discussion était la même dans les deux conditions : « Nous pensons que la seule façon efficace d'affaiblir l'Armée est de mener des activités révolutionnaires à l'intérieur de l'Armée et contre elle. Nous pensons que l'objection de conscience est trop individualiste pour réussir en tant que moyen de saper l'Armée. »

2) Entre les points b) et c), les individus de la condition (R) entendaient la même idée, mais exprimée avec légèrement plus de force : « Dans la lutte contre l'enrégimentement idéologique, nous croyons que des méthodes telles que l'objection de conscience manquent de sincérité, sont individualistes, petites-bourgeoises et presque réactionnaires. Nous devons lutter dans et contre l'Armée. » Dans la condition (E), le compère prenait une position légèrement plus conciliatrice entre b) et c). « J'aimerais revenir à la question de l'objection de conscience, que je n'ai pas bien traitée auparavant. Notre position est que l'objection de conscience collective, si elle est bien organisée, est une méthode de lutte utile et valable contre l'Armée. Cependant, nous croyons aussi qu'il est important de mener la lutte à l'intérieur de l'Armée elle-même. »

Dans ces deux conditions, la position idéologique fondamentale reste la même. Ce qui les distingue, c'est que, dans la condition (R), la minorité ne tient pas compte des opinions possibles de l'auditoire et maintient un point de vue inflexible ; dans la condition (E), la minorité fait l'effort de reconnaître les vues possibles de l'auditoire et semble sous-entendre : « Je connais vos opinions sur la question et je suis prêt à les reconnaître et à les prendre en considération. » Les deux minorités se comportent évidemment avec une égale consistance.

Dans cette expérience, le style de comportement qualifié d'« équitable » s'avérait plus efficace pour provoquer un changement que le style de comportement rigide ($t = 1{,}821$, $p < 0{,}05$). Cependant, chacun d'eux a eu un certain impact propre. Si 70 % des sujets de la condition (E) ont modifié leurs opinions en direction du compère, il en a été de même de 57 % des sujets de la condition (R).

Mugny a obtenu des résultats identiques dans deux autres expériences qui n'ont pas été publiées, en utilisant, comme méthode de communication, des tracts d'extrême gauche que les sujets lisaient individuellement. Mais il a aussi observé qu'une minorité rigide, dogmatique, a plus de chances d'agir sur les sujets dont les positions sont plus éloignées. D'autre part, une minorité qui se présente de façon « équitable » a plus de chances d'exercer une vaste et égale influence sur tous les sujets. La différence initiale de positions entre l'émetteur et le récepteur complique donc considérablement le tableau.

C'est là un vieux problème des études sur l'influence sociale. Nous savons, par exemple, que l'influence est directement proportionnelle aux différences de positions jusqu'à un certain point optimal de divergence, après quoi elle diminue. On a aussi montré, de plusieurs manières différentes, qu'un déviant extrémiste exerce ou bien une très forte ou bien une très faible influence, tandis qu'un déviant « modéré » a un effet plus uniforme sur l'ensemble de la population. C'est probablement pourquoi tant de partis révolutionnaires et d'Églises mettent de l'eau dans leur vin pour devenir plus respectables et augmenter le nombre de leurs adeptes en attendant la fin de l'histoire ou le jour du Jugement dernier.

On a aussi observé cette relation entre le type du message et le type du récepteur dans des études sur l'impact des communications. Durant la Seconde Guerre mondiale, on a présenté aux hommes d'un camp d'entraînement militaire des arguments exposant un double point de vue concernant la durée supposée de la guerre avec le Japon. Les résultats indiquaient que, pour les hommes qui étaient déjà convaincus du point de vue présenté, les arguments à thèse unique modifiaient plus efficacement les attitudes que les arguments à double thèse. Pour ceux qui étaient initialement opposés au point de vue, les arguments à double thèse étaient plus efficaces (Hovland et autres, 1949). Nous avons aujourd'hui des connaissances plus précises sur ces phénomènes, et nous savons qu'ils dépendent de certains aspects du style de comportement sous lesquels ils sont présentés, et non pas simplement du degré de différence et du nombre des alternatives que contient un message.

Toutes ces découvertes sont en accord avec une idée, à savoir que, en se comportant d'une façon dogmatique, une minorité agit sur les opinions de ceux dont les convictions étaient plus ou moins les mêmes que les siennes, mais elle confirme les autres dans leurs positions initiales. Par ailleurs, une minorité « équitable » modifie non seulement les opinions de ceux qui étaient déjà bien disposés à son égard, mais aussi les opinions de ceux qui lui étaient initialement opposés.

Comme le laboratoire oublie parfois les réalités plus vastes, nous essaierons maintenant d'oublier le laboratoire un instant et de nous tourner vers des réalités plus vastes. Au lieu de parler de « condition (R) » et de « condition (E) », nous parlerons de « gauchistes » et de communistes. L'observateur le plus naïf de l'histoire contemporaine, tout au moins en Europe, sait que ces deux courants marxistes ont plus ou moins les mêmes origines intellectuelles et le même langage, mais qu'ils diffèrent dans leurs méthodes et dans leurs rapports avec le reste de la société. Les groupes gauchistes se considèrent comme très radicaux et très révolutionnaires et se montrent méfiants à l'égard de tout ce qui pourrait être interprété comme une soumission ou comme un compromis de leur part. Ils estiment que la « soumission » et le « compromis » constituent de fâcheuses tendances chez les communistes, qu'ils considèrent comme des réformistes. Les communistes, par ailleurs, établissent une distinction entre ce qu'ils appellent la « tactique » et la « stratégie ». Ils sont disposés à retarder temporairement la réalisation de certains de leurs buts politiques afin de pouvoir parvenir à des alliances, à des accords, etc., qui, croient-ils, finiront par renforcer leur position.

Les découvertes de Mugny tendent à suggérer que les groupes gauchistes auront tout autant, sinon plus, d'influence sur les gens qui sont déjà sympathisants envers les idées marxistes, que n'en auront les communistes. Mais le revers de la médaille est que, même à l'intérieur de cette fraction de la population, ils auront suscité l'hostilité en raison de leur dogmatisme et de leur refus, par mauvaise volonté, de reconnaître la possibilité d'opinions différentes. Au-delà de la fraction de gens déjà sympathisants envers la gauche, les méthodes des communistes sont incontestablement plus efficaces. Lénine fut, au début de ce siècle, à l'origine de ces méthodes qui visaient en fait à contrecarrer les « gauchistes » de l'époque. Il ordonna en particulier de soutenir la classe paysanne et de lui témoigner de la solidarité dans sa lutte contre le tsarisme avant de procéder à une distribution équitable de la terre parmi les paysans. Cette dernière mesure allait évidemment à l'encontre de la doctrine orthodoxe de la collectivisation immédiate. Lénine écrivait : « La bourgeoisie paysanne qui veut la démocratie, le prolétariat des villes qui veut le socialisme, et les pauvres campagnards misérables comprendront mieux cet ordre que les phrases brillantes mais creuses des révolutionnaires-socialistes populistes. »

Ce n'est pas à moi ni à qui que ce soit de décider entre différents groupes ou différentes méthodes politiques. Chacun choisit son propre chemin, et l'aptitude à gagner des partisans n'est pas le seul critère de vérité historique. J'ai essayé de me limiter à l'exploration, à la lumière des découvertes issues d'études expérimentales, des raisons pour lesquelles certains groupes exercent une influence plus immédiate que d'autres. J'aimerais pousser cette exploration un peu plus loin afin de mieux comprendre la signification de ces découvertes expérimentales.

Mugny a souvent indiqué que les deux styles de comportement « rigide » et « équitable » offrent le même degré de consistance et que le sujet s'en aperçoit. C'est uniquement la dynamique des styles qui les différencie, qui leur donne des significations distinctes et qui détermine des relations différentes avec l'audience majoritaire. En extrapolant davantage, on pourrait dire qu'à l'intérieur de son propre groupe, s'il s'agit d'une minorité, le style dogmatique de comportement convient. Le style « équitable » ne devient important qu'en cas de contacts entre majorité et minorité, ou avec un autre groupe. On peut encore dire que le premier style est compatible avec les relations intragroupes et le second style avec les relations intergroupes. Bref, à l'intérieur d'un groupe, la rigidité est efficace : à quelques exceptions près, plus le style est rigide, plus il exercera d'influence. Dans les relations externes, cependant, le style « équitable », également ferme et consistant, doit être utilisé afin d'agir sur l'environnement social.

Autrement dit, on ne peut pas se comporter de la même manière à l'intérieur et à l'extérieur d'un groupe. C'est une chose à laquelle les étudiants et parfois les participants de l'interaction sociale n'ont pas toujours pensé. Mais, afin que le comportement « interne » et le comportement « externe » soient différents, il faut opérer une distinction entre les environnements interne et externe au niveau de l'organisation et des capacités. De ce fait, un groupe ressemble à un organisme vivant. Les rapports entre les groupes sont en grande partie déterminés par la réussite ou l'échec à établir cette distinction, et par le fait que les groupes concernés ont ou n'ont pas un milieu interne.

On peut illustrer cette réflexion par le même exemple historique que précédemment, celui des gauchistes et des communistes. Les groupes gauchistes s'adressent au monde extérieur comme s'il s'agissait de leur propre monde intérieur. Ils se comportent avec les gens de l'extérieur de la même manière qu'avec les gens de l'intérieur. Leur succès auprès d'une certaine partie de la société vient précisément de là. En même temps, leur rigidité fait naître une hostilité latente. Une coercition et une rhétorique trop fermes engendrent des nids d'opposition. Voici comment, par exemple, un lecteur de la publication extrémiste *Science for the People* (juillet 1973, p. 13) réagissait au style de celle-ci :

> […] J'ai testé les réactions de mes collègues (et j'ai réfléchi aux miennes) à l'égard de SftP. Je pense qu'il y a accord unanime pour dire que la revue est intéressante et suscite la réflexion (la discussion aussi, et c'est bien). Cependant, tous ceux à qui j'ai passé les magazines ont fait des commentaires sur leur rhétorique extrémiste périmée. Je crois bien être du même avis. J'ai fait mes premières armes à SDS (Students for Democratic Society) quand j'étais étudiant (1965-1969), et j'ai progressivement rompu avec le groupe (quelque élevés qu'aient été ses motifs et ses récriminations) parce que j'étais fatigué d'entendre la façon stupide et exagérée dont il transmettait son message. Je crains de réagir de la même manière à SftP. Je souhaite que vous ayez un rédacteur strict, qui relirait tous les textes à publier et qui se débarrasserait de tous ces mots chargés d'émotion et que la gauche extrémiste a (malheureusement) pollués à jamais aux yeux d'une grande partie des gens que SftP essaie précisément d'atteindre. Par exemple, peu importe que le mot « génocide » soit le terme exact que vous voulez employer, approuvé par le dictionnaire et les écrits des Nations Unies. Le mot est pollué. Quand je vois le terme « génocide » dans un titre, j'ai la nausée, non en raison de l'acte présumé du génocide mais parce que, neuf fois sur dix, quand le mot est utilisé, il est mal employé par des extrémistes rigides. Le mot suscite de fortes réactions, chez moi tout au moins, à l'égard de celui qui l'emploie, non à l'égard de l'auteur de l'acte. Peut-être ne suis-je pas seul à réagir ainsi… Le contenu de votre magazine est tellement formidable ; sa coloration émotionnelle le gâche.
>
> Peu importe ! Je continuerai à soutenir votre groupe par tous les moyens en mon pouvoir.

La réponse du rédacteur en chef n'est pas moins intéressante. Là où le lecteur demande un changement de rhétorique, le rédacteur voit une lacune intellectuelle à combler :

> […] Parce que l'accusation de « marchand de rhétorique » est fréquemment adressée aux extrémistes, souvent avec raison, nous estimons qu'une réponse s'impose. Les dirigeants de l'Amérique et de la plus grande partie du monde sont les auteurs conscients de crimes contre le peuple ; il n'est pas dans ce cas de rhétorique qui puisse exagérer le problème. De plus, beaucoup de politiciens justifient ces activités par des mots tels que « liberté » et « démocratie ». Le problème de la rhétorique se pose quand les gens qui essaient de partager leur perception de la réalité ne réussissent pas à la justifier aux yeux des autres, ou ne réussissent pas à montrer qu'il existe d'autres solutions réelles, que les situations scandaleuses ne sont pas des aspects simplement inévitables de notre monde essentiellement corrompu. Si certains mots se sont « pollués », c'est habituellement parce que nous n'avons pas fait ce qu'il

> fallait pour les justifier. Ceci permet aux gens qui n'ont pas vécu jusqu'au bout la situation sur laquelle se fonde une « analyse extrémiste » de prendre leurs distances par rapport à des conclusions qui seraient choquantes. Nous ne devons pas permettre que cela se produise. Beaucoup d'entre nous devront contribuer par la lutte, la parole et l'écriture, à dégager ce qui est rhétorique de ce qui est vérité…

Qui a raison ? Je n'essaierai pas d'en décider. Cependant, il est assez clair que ces deux personnes ne se comprennent pas. Chacune voit le problème à un niveau différent. Le lecteur est d'accord avec le contenu de la revue et avec les buts du mouvement « extrémiste » mais il souhaite un changement, une réforme de la rhétorique. Ce lecteur juge le style de comportement exagéré et rigide et il réagit par opposition à la coercition que ce style représente. Mais le rédacteur défend cette rhétorique, la justifie, et ne voit aucune raison valable d'en changer. Il croit, cependant, qu'une amélioration du contenu et un effort pour appuyer les idées sur une base factuelle plus solide supprimeront les aspects négatifs, et par là même arbitraires et coercitifs.

En fait, quand le lecteur demande au rédacteur d'adapter l'émetteur au récepteur, le rédacteur demande au lecteur d'adapter le récepteur à l'émetteur ; le lecteur considère la rhétorique à la fois comme importante et modifiable, le rédacteur la juge à la fois secondaire et immuable. Cette controverse est le reflet du processus observé au laboratoire, et donne aussi un aperçu des facteurs subjectifs qui peuvent empêcher un style de comportement rigide d'exercer une influence, même quand le contenu du message que l'on transmet bénéficie déjà d'une grande sympathie.

Cet exemple spécifique éclaire aussi un phénomène plus vaste. Nous nous apercevons que ce type de groupe refuse absolument de « s'ouvrir », et toutes les démarches faites dans ce sens à l'intérieur du groupe sont interprétées comme une trahison, un abandon ou une apostasie, même si ces démarches concernent des problèmes qui ne sont pas essentiels. Ce qui ne peut manquer de vouloir dire que de tels groupes n'ont pas le moyen de pénétrer les secteurs de la société qui leur sont opposés, aussi faible que puisse être cette opposition.

Pourquoi l'« ouverture » est-elle considérée comme une telle menace, pourquoi la flexibilité n'est-elle pas possible ? On pourrait dire que c'est surtout parce que ces groupes manquent de milieu interne ; le « repliement » est la seule garantie d'unité, la seule protection contre la dissolution et les dangers de l'environnement externe. Leurs concurrents et adversaires, les communistes, ont adopté deux styles de comportement. L'un vise à maintenir la cohésion et la stabilité du groupe lui-même ; l'autre est dirigé vers les autres groupes et classes sociales. L'un est adapté au milieu interne, l'autre au milieu externe.

Nous voyons aussi que les concessions politiques et économiques vont souvent de pair avec le renforcement de la discipline idéologique, et que la notion de coexistence, et même d'unité de différents groupes sociaux, a tendance à se manifester en même temps qu'une insistance sur la solidarité de groupe et la fidélité aux objectifs et à l'idéologie traditionnels. Ceci peut sembler paradoxal, vu de l'extérieur, et pourtant, d'un autre point de vue, cette dualité s'accorde exactement avec les exigences psychosociologiques révélées par les expériences décrites. Si nous faisons un pas de plus, nous observons le modèle de développement suivant : au début, un groupe minoritaire, déviant, se comporte de manière rigide, ce qui lui permet de se consolider à l'abri d'une unité ferme. C'est sa phase de différenciation. Après une certaine évolution, il est en mesure de développer un comportement plus flexible qui découle du fait que son milieu interne est constitué et séparé de son environnement externe. Son nouveau style « équitable » lui permet de maintenir sa consistance, tout en concluant des alliances, de tenir compte des points de vue opposés au sien, d'ébaucher des compromis, bref, d'élargir sa sphère d'influence, sans pour autant prendre le risque d'éclater ou de devenir inconsistant. S'il a réussi, l'exigence se fait jour pour lui de tenir de plus en plus compte de la diversité de l'environnement extérieur, d'être de plus en plus flexible et de moins en moins consistant, c'est-à-dire soumis aux besoins de son milieu interne. Jusqu'à ce qu'il cesse d'être, soit minoritaire, soit réellement déviant, agissant beaucoup moins par innovation que par conformité. L'étude des divers groupes, mouvements et partis – notamment du Parti communiste – permettrait de vérifier ces conjectures. Mais la génétique des groupes sociaux en est encore aux balbutiements. L'analyse des styles de comportement contribuera, à mon avis, à lui donner l'impulsion qui lui fait défaut.

Pour le moment, nous devons simplement nous contenter de décrire les styles et leurs effets. Quel est le meilleur style ? Quel est le plus efficace ? Ces questions trahissent une approche du problème qui serait magique et non pas scientifique. Il n'y a pas d'arme ultime, ni de méthode infaillible d'influence.

Tout dépend des circonstances, des états internes de la minorité ou de la majorité, et de leurs relations avec l'environnement social.

Je voudrais souligner, une dernière fois, la conséquence du style de comportement en tant que source d'influence. Le sens commun attribue les effets d'influence au statut social, au leadership, à beaucoup d'autres formes de dépendance. Je soutiens que ces différentes formes de dépendance ne sont pas des facteurs décisifs de l'influence sociale. Une minorité peut modifier les opinions et les normes d'une majorité, indépendamment de leur pouvoir ou de leur statut relatif, tant que, toutes autres choses égales d'ailleurs, l'organisation de ses actions, de même que l'expression de ses opinions et de ses objectifs, obéissent aux conditions que j'ai exposées de consistance, d'autonomie, d'investissement ou d'équité.

J'affirme même que la préoccupation presque exclusive pour les variables « externes » – statut, leadership, compétence, etc. – a occulté les vrais problèmes posés par les processus d'influence sociale et s'est traduite par une concentration sur les caractéristiques les plus évidentes, précisément celles qui ne demandent pas d'explications. Ainsi, beaucoup de psychologues sociaux ont travaillé avec acharnement à édifier un savoir scientifique autour de phénomènes qui, pour autant que nous sachions, ne posent pas de questions et n'attendent pas de réponses.

Références

Bandura, A., et Walters, R. H. (1963). *Social Learning and Personality Development,* New York, Holt, Rinehart & Winston.

Brehm, J. W., et Cohen, A. R. (1962). *Explorations in Cognitive Dissonance,* New York, Wiley.

De Monchaux, C., et Shimmin, S. (1955). « Some problems of method in experimental group psychology », *Human Relations, 8,* p. 58-60.

Eisinger, R., et Mills, J. (1968). « Perception of the sincerity and competence of a communication as a function of the extremity of his position », *Journal of Experimental Social Psychology, 4,* p. 224-232.

Festinger, L. (1957). *Theory of Cognitive Dissonance,* Evanston, Row, Peterson.

Hain, J. D., Graham, R. N. Jr., Mouton, J. S., et Blake, R. R. (1956). « Stimulus and background factors in petition signing », *Southwest Social Science Quarterly, 36,* p. 385-390.

Hollander, E. P. (1960). « Competence and conformity in the acceptance of influence », *Journal of Abnormal and Social Psychology, 61,* p. 360-365.

Hovland, C., Lumsdaine, A. A., et Sheffield, F. D. (1949). *Experiments on Mass Communication,* Princeton, N.J., Princeton University Press.

Kelley, H. H., et Shapiro, M. M. (1954). « An experiment on conformity to group norms where conformity is detrimental to group achievement », *American Sociological Review, 19,* p. 667-677.

Kiesler, C. A., et Pallak, M. S. (1975). « Minority influence : the effect of majority reactionaries anddefectors, and minority and majority compromisers, upon majority opinion and attraction », *European Journal of Social Psychology, 5* (2), p. 237-256.

Moscovici, S., et Faucheux, C. (1972). « Social influence, conformity bias, and the study of active minorities », dans Berkowitz, L. (dir.), *Advances in Experimental Social Psychology,* New York and London, Academic Press, vol. 6, p. 149-202.

Mugny, G. (1973). *Négociation et influence minoritaire,* EPSE, Université de Genève, Miméo.

Mugny, G. (1974a). *Importance de la consistance dans l'influence de communications minoritaires « congruentes » et « incongruentes » sur des jugements opinions,* Genève, Miméo.

Mugny, G. (1974b). *Notes sur le style de comportement rigide,* Genève, Miméo.

Mugny, G., Humbert, B., et Zubel, R. (1973). « Le style d'interaction comme facteur de l'influence sociale », *Bulletin de psychologie, 26,* p. 789-793.

Mulder, M. (1960). « The power variable in communication experiments », *Human Relations, 13,* p. 241-257.

Myers, M. T., et Goldberg, A. A. (1970). « Group credibility and opinion change », *Journal of Communication, 20,* p. 174-179.

Nemeth, C., Swedlund, M., et Kanki, B. (1974). « Patterning of the minority's responses and their influence on the majority », *European Journal of Social Psychology, 4*(1), p. 53-64.

Nemeth, C., et Wachtler, J. (1973). « Consistency and modification of judgment », *Journal of Experimental Social Psychology, 9,* p. 65-79.

Nunnally, J., et Hussek, T. R. (1958). « The phony language examination : an approach to the measurement of response bias », *Educational and Psychological Measurement, 18,* p. 275-282.

Paicheler, G., et Bouchet, Y. (1973). « Attitude polarisation, familiarisation, and group process », *European Journal of Social Psychology, 3*(1), p. 83-90.

Powell, F. A., et Miller, G. R. (1967). « Social approval and disapproval cues in anxiety-arousing communications », *Speech Monographs, 34,* p. 152-159.

Ricateau, P. (1971). « Processus de catégorisation d'autrui et les mécanismes d'influence », *Bulletin de psychologie, 24,* p. 909-919.

Taylor, H. F. (1969). *Balance in Small Groups,* New York, Van Nostrand-Reinhold Company.

Walster, E., Aronson, E., et Abrahams, D. (1966). « On increasing the persuasiveness of a low prestige communicator », *Journal of Experimental Social Psychology, 2,* p. 325-342.

Zimbardo, P. G. (1960). « Involvement and communication discrepancy as determinants of opinion conformity », *Journal of Abnormal and Social Psychology, 60,* p. 86-94.

Chapitre 8

Les petits groupes

Travailler en équipe

Le mot « groupe » fait aujourd'hui partie du vocabulaire de tous les jours. On l'emploie pour désigner notre cercle d'amis, notre équipe de travail, notre association professionnelle, notre équipe sportive, etc. Ce mot est tellement intégré à notre vocabulaire quotidien, qu'on a l'impression qu'il a toujours existé et qu'il serait pratiquement impossible de s'en passer pour communiquer avec autrui. Or, le mot français « groupe » serait apparu seulement au XVIIe siècle (Anzieu et Martin, 2003). D'ailleurs, à l'époque, ce mot n'avait pas exactement la même signification qu'aujourd'hui. Il s'agissait d'un terme technique utilisé par les artistes et les architectes pour désigner un assemblage d'objets rapprochés (ex. : formes, colonnes). Auparavant, on utilisait plutôt les mots « cercle » et « rond » pour faire référence à des personnes réunies. Ce n'est en fait qu'au XVIIIe siècle que le mot « groupe » a commencé à être utilisé pour désigner un ensemble de personnes.

Si le mot « groupe » n'a pas toujours existé, les individus ont pour leur part toujours eu tendance à se regrouper. L'émergence des groupes est inhérente à l'existence humaine. L'appartenance à un groupe répond à un besoin essentiel des êtres humains, c'est-à-dire le besoin de l'autre (Schutz, 1958). D'après Leclerc (1999), trois désirs incitent les individus à se regrouper : le désir d'affiliation, qui amène les personnes à rechercher la compagnie des autres ; le désir d'approbation, qui porte les individus à s'associer à des personnes qu'ils estiment et qui leur donnent une image positive d'eux-mêmes ; et, enfin, le désir de reconnaissance sociale, selon lequel les individus cherchent à défendre leurs positions, et ce, surtout auprès des groupes adverses.

En milieu de travail, certains groupes se forment naturellement afin de répondre à différents besoins individuels (ex. : groupes d'amis, coalitions), alors que d'autres groupes sont constitués par les gestionnaires (ex. : comités, équipes de travail semi-autonomes, groupes de projet). Dans ces derniers cas, l'appartenance au groupe est généralement obligatoire et, par conséquent, les membres ne se choisissent pas entre eux. De toute évidence, ces groupes font face à des enjeux différents de ceux que connaissent les groupes qui se forment spontanément à partir des affinités personnelles des membres. Nous avons tous vécu une situation où nous avions à travailler avec des personnes avec lesquelles nous avions peu d'affinités, du moins de prime abord. Ces expériences de vie nous ont fait prendre conscience des difficultés que peut entraîner le travail de groupe, notamment l'émergence de conflits et les problèmes de coordination. Heureusement, la plupart d'entre nous avons également vécu bien d'autres expériences qui nous ont démontré l'intérêt de travailler en équipe, c'est-à-dire de mettre en commun les forces de chacun afin d'atteindre des objectifs difficiles, voire impossibles à atteindre seul.

Dans un contexte organisationnel, le groupe représente une ressource, tant pour l'individu qui en fait partie que pour l'entreprise. Le groupe peut notamment offrir à l'individu un soutien au moment de son insertion et au cours de son cheminement dans l'entreprise, de l'aide pour l'acquisition et le perfectionnement des habiletés utiles pour l'accomplissement de ses tâches ainsi qu'une assistance dans ses activités quotidiennes. Pour l'entreprise, le groupe permet de réaliser des tâches complexes ou difficiles en mettant à contribution les talents de plusieurs. Il permet aussi d'améliorer la qualité des décisions, de faciliter le changement et d'assurer la stabilité organisationnelle par le renforcement du sentiment d'appartenance au groupe de travail.

Le but de ce chapitre vise à mieux comprendre les groupes en milieu organisationnel et, plus spécifiquement, les équipes de travail. Quiconque travaille dans une organisation gagne à comprendre la dynamique des groupes afin d'être en mesure de mieux y intervenir, que ce soit en tant que membre du groupe ou en tant qu'intervenant externe (ex. : gestionnaires, consultants). Dans ce chapitre, nous approfondirons le concept de groupe, les différents types de groupes dans les milieux de travail, la formation d'un groupe. De plus, comme un nombre croissant d'organisations sont basées sur des équipes, une section importante du chapitre sera consacrée à ce mode d'organisation du travail. Enfin, dans le texte classique qui suit ce chapitre, Leavitt (1975) discute de la place des groupes dans les organisations ainsi que des avantages et des difficultés qu'ils entraînent.

Qu'est-ce qu'un groupe ?

Plusieurs auteurs ont tenté de définir la notion de « groupe ». Par exemple, Homans (1950) définit le groupe par les interactions des individus qui en font partie. En effet, les activités qu'on demande de faire à des individus dans un groupe de travail leur donnent des occasions d'interagir ensemble. De ces interactions surgissent des sentiments, qui à leur tour influent sur les interactions et les activités des individus membres du groupe. La structure comportementale du groupe se développe peu à peu. D'après Homans, les activités, les interactions et les sentiments sont trois composantes mutuellement dépendantes ; le changement de l'une d'entre elles entraîne un changement des deux autres.

Likert (1961) étudie les groupes de travail (unités de travail) pour comprendre la consistance ou l'inconsistance des normes de ceux-ci avec les normes de l'organisation à laquelle ils appartiennent.

Lewin (1975) définit le groupe comme un système d'interdépendances, un champ de forces en état d'équilibre quasi stationnaire. Il explique aussi comment modifier les normes d'un groupe.

En psychologie sociale, on présente traditionnellement le groupe comme un tout, une entité, un objet social relativement permanent, qui a une existence propre. Par exemple, Durkheim (1976) conçoit le groupe comme une entité réelle pouvant servir d'unité d'analyse.

Il semble toutefois plus juste de concevoir le groupe comme un champ social dans lequel les individus agissent et interagissent. En effet, le groupe existe parce que les individus se perçoivent comme étant en relation les uns avec les autres, réunis autour d'un projet commun qui satisfait à la fois à des exigences individuelles et collectives. Un groupe a dès lors une existence temporaire : il a une histoire, un début et une fin, qui est déterminée par des conditions matérielles, psychologiques, sociales et culturelles.

L'explication que donne Sartre (*1960,* 1985) permet de rompre avec la tradition psychosociale qui considère le groupe comme une totalité statique ou un objet social. Sartre conçoit plutôt le groupe comme une totalisation des multiples actions individuelles qui comportent une signification pour chaque personne. Ces actions individuelles s'inscrivent à l'intérieur d'un projet commun. Dans cette perspective, le groupe n'est pas un objet social qui existe en dehors des individus. Au contraire, le groupe existe par et dans les actions, les réactions et les interactions des individus qui se perçoivent comme participant à un projet commun afin de servir les intérêts qu'ils ont mis en commun. Cette conception du groupe est également celle que préconisent Abric (1987), Allport (1960), Hon (1980) et Shaw (1981).

Un groupe existe à partir du moment où des personnes le perçoivent comme formant un tout. C'est la conscience du *membership* qui détermine la réalité du groupe. Le *membership* se définit par la force des liens qui unissent les individus, laquelle produit un sentiment d'affiliation ou d'appartenance. Les relations humaines constituent un élément essentiel de la formation d'un groupe. C'est en effet grâce aux relations entre les personnes qu'il est possible de délimiter les frontières d'un groupe et, plus précisément, grâce aux représentations que se font les personnes de ces relations.

Le concept de frontière élaboré par Lewin (*1950,* 1975) sert à définir le groupe, à en dénombrer les membres, à savoir qui fait partie du groupe et qui n'en fait pas partie. Les frontières d'un groupe sont en quelque sorte une représentation de l'intérieur et de l'extérieur (nous *versus* eux). « Rester à l'extérieur du groupe », « s'insérer dans un groupe », « être dans un groupe » sont autant d'expressions qui désignent les frontières d'un groupe, qui distinguent le dedans et le dehors, l'intérieur et l'extérieur. En définissant les frontières du groupe, on le situe dans le temps et l'espace et on détermine par le fait même l'extérieur du groupe. Reconnaître les frontières du groupe, c'est reconnaître l'environnement avec lequel il doit forcément interagir. Ainsi, la compréhension de la dynamique d'un groupe doit aussi tenir compte des conditions matérielles et culturelles, passées, présentes et futures, qui déterminent ses activités et son développement.

D'après Bion (1965), un groupe peut être étudié sur deux plans : le plan explicite, qui correspond essentiellement aux caractéristiques observables du groupe et à la tâche qu'il est censé accomplir, et le plan implicite, qui se rapporte principalement aux émotions communes. En d'autres termes, un groupe, sur le plan explicite, constitue une multiplicité de relations entre les personnes qui le composent, relations structurées en fonction d'un objectif commun. Sur le plan implicite, un groupe est une mise en commun d'images ou de représentations, conscientes ou inconscientes, qui animent les rapports des personnes entre elles et ceux qu'elles ont avec le chef du groupe.

Le groupe sur le plan explicite

De manière générale, un groupe est défini comme un ensemble d'au moins trois personnes qui entretiennent des relations structurées en fonction d'un objectif commun (Anzieu et Martin, 2003 ; Landry, 1995). Cette définition met en lumière deux aspects importants des groupes : les relations humaines et la communauté des objectifs (Saint-Arnaud, 2002).

Quoique cette définition soit largement utilisée dans la documentation, la poursuite d'objectifs communs en tant qu'élément essentiel de la constitution d'un groupe ne fait pas l'unanimité. Selon Leclerc (1999), le groupe qui est motivé par des objectifs plus individuels que collectifs n'est pas nécessairement moins optimal qu'un autre. Dans plusieurs cas, la formation d'un groupe ne serait pas attribuable à un processus rationnel et délibéré. Plusieurs groupes se forment lorsque les individus constatent l'impossibilité dans laquelle ils sont de réaliser leurs désirs sans la contribution des autres ou, encore, au moment où ils se trouvent dans l'impossibilité concrète de se soustraire à l'effet qu'exercent les autres sur eux. Les groupes se maintiennent alors tant et aussi longtemps que ces individus ressentent une interdépendance. Ainsi, il ne serait pas nécessaire que les membres tendent vers un but commun pour que le groupe fonctionne.

Landry (1995) estime qu'un groupe se reconnaît à la présence des 10 caractéristiques suivantes :

1) un certain nombre de personnes (de trois à environ une vingtaine) ;
2) des interactions directes entre chacun des membres ;
3) la poursuite de buts valorisés par les membres ;
4) le développement d'un réseau de liens affectifs entre les membres ;
5) le développement d'une structure de pouvoir et l'émergence du leadership ;
6) l'interdépendance des membres, même en dehors des rencontres ;
7) la différenciation des rôles ;
8) l'émergence de normes ;
9) le développement d'une culture groupale, marquée par des croyances, des rites et un langage propre au groupe ;
10) des interactions constantes, symboliques et réelles, entre le groupe et son milieu (social ou physique).

Les groupes qui correspondent à ces critères peuvent prendre de multiples formes dans nos sociétés. Il peut s'agir d'une famille, d'une équipe sportive (ex. : une équipe de baseball), d'un groupe d'apprentissage, d'un groupe de travail, etc. Bref, chaque jour, nous entrons en relation avec plusieurs de ces groupes. Cela dit, tous les regroupements ne sont pas forcément des groupes.

D'autres types de regroupements

Afin de clarifier la notion de groupe, Leclerc (1999) distingue celui-ci de six autres types de regroupements, à savoir l'agrégat, la foule, le réseau, la communauté de pensée et d'action, la catégorie sociale et l'organisation.

Un agrégat correspond à une juxtaposition de personnes qui n'entretiennent pas de relations entre elles sur une base personnelle. Ces personnes forment un regroupement parce qu'elles se trouvent au même endroit en même temps ou parce que d'autres individus ont décidé de les regrouper selon des critères de classification quelconques. Ainsi, Leclerc distingue les agrégats physiques (ex. : une file de personnes attendant de passer à la caisse au supermarché) des agrégats statistiques (ex. : les Canadiens décédés du cancer du poumon en 2004).

La foule constitue un autre type de regroupement qui se distingue des groupes. Les foules se composent d'un grand nombre d'individus attirés au même endroit par un événement particulier (ex. : concert, manifestation). Les individus faisant partie de la foule ne cherchent pas nécessairement à interagir entre eux, même s'ils partagent certains intérêts. D'ailleurs, ils se retrouvent ensemble en un même lieu uniquement de façon temporaire.

Les réseaux se distinguent également des groupes. Ils sont composés d'individus reliés les uns aux autres d'une certaine manière, mais qui ne poursuivent pas nécessairement un objectif commun (ex. : réseau professionnel, réseau d'amis). De plus, comparativement aux membres d'un groupe, les membres d'un réseau ne se connaissent pas nécessairement tous entre eux. À titre d'exemple, nous connaissons personnellement toutes les personnes de notre réseau de contacts professionnels, alors que ces mêmes personnes n'ont pas nécessairement toutes conscience de l'existence des autres membres du réseau.

Comparativement aux groupes, les communautés de pensée et d'action sont généralement composées d'un grand nombre de personnes qui partagent des points de vue semblables sur des sujets particuliers, qui adhèrent aux mêmes approches ou qui ont recours à des cadres de référence communs (ex. : l'Ordre des administrateurs agréés, les membres du mouvement Greenpeace, etc.). Bien entendu, les individus qui font partie d'une même communauté de pensée ou d'action n'interagissent pas tous directement entre eux.

Les catégories correspondent essentiellement à des regroupements sociodémographiques. Les catégories peuvent concerner les professions (ex. : les comptables, les médecins), la scolarité (ex. : les individus possédant un baccalauréat), l'âge (ex. : les individus de moins de 30 ans), la religion (ex. : les chrétiens), la langue maternelle (ex. : les individus dont la langue maternelle est le français) ou le pays d'origine (ex. : les Italiens de souche). En fait, une catégorie comporte un nombre indéfini de personnes.

Les organisations sont un autre type de regroupement que Leclerc (1999) distingue des groupes. Contrairement aux groupes, les organisations incluent généralement un nombre important de membres qui ne se connaissent pas nécessairement tous entre eux et dont les rapports sont plus ou moins institutionnalisés.

Enfin, il convient de préciser que pour plusieurs auteurs, un groupe ne correspond pas non plus à une dyade ou à un couple. Anzieu et Martin (2003) affirment que le groupe naît avec l'introduction d'un tiers dans une paire et avec les phénomènes consécutifs de coalition, de rejet, de majorité et de minorité.

Le groupe sur le plan implicite

Afin de bien comprendre ce qu'est un groupe, il importe d'étendre notre description au-delà de ce qu'il est possible d'observer sur le plan explicite.

Sur le plan implicite, le groupe est une mise en commun d'images ou de représentations, conscientes ou inconscientes, qui animent les rapports des personnes entre elles ainsi que les rapports qu'elles ont avec le chef du groupe. À ce sujet, Abric (1987) a démontré que le comportement d'un individu dans une situation sociale est déterminé non seulement par les caractéristiques objectives de cette situation, mais aussi par les représentations qu'il se fait de chacun des éléments (le soi, l'autre, la tâche et le contexte).

Par définition, toute représentation[1] repose sur un système de valeurs, de croyances et de pratiques relatives à un objet ou à une classe d'objets (Doise, 1985). Les représentations sont en quelque sorte des images de la réalité, génératrices de prises de position (c'est-à-dire des attitudes et des jugements) et organisatrices des actions (c'est-à-dire des comportements et des stratégies). L'individu a tendance à se comporter de façon logique et cohérente avec ses représentations de la réalité. En soi, les représentations ne sont ni véridiques, ni complètes. Elles sont des approximations vraisemblables de la vie « réelle » du milieu ; elles dépendent partiellement des valeurs, des croyances et des intentions de l'individu.

Les représentations donnent une signification aux relations humaines au sein d'un groupe. Ces représentations constituent la référence à partir de laquelle les gestes, les mots ou les regards seront interprétés. Les représentations ont une forte teneur affective, étant déterminées par les besoins et les attentes des individus les uns envers les autres. Bien qu'elles soient relativement conscientes, ces représentations ou ces images sont communiquées le plus souvent dans le non-dit. Elles sont implicites dans les relations. En raison de leur connotation affective, elles exercent une forte influence sur les relations sociales. En ce sens, l'implicite conditionne et transcende

1. La notion de représentation est expliquée au chapitre 2.

l'explicite dans les relations humaines. Si les représentations sociales sont importantes pour comprendre la dynamique d'un groupe, il ne faut toutefois pas oublier de considérer le milieu et les conditions dans lesquels le groupe se trouve (Briand, 1995 ; Landry, 1995 ; Lemoine, 1995b).

L'existence d'un groupe peut être « fantasmée » par chacun, dès le début, et même de façon anticipée. Chacun a des projets, des attentes et des craintes plus ou moins conscientes, des idées de ce que devrait être le groupe, de ce qui devrait s'y produire, de sa structure éventuelle, etc. Ces représentations sont à la fois l'expression masquée des désirs envers le groupe et des moyens de défense contre cette réalité encore (et toujours) inconnue. Ces images peuvent correspondre ou non à celles qu'ont d'autres personnes, ce qui implique que tous les membres d'un groupe n'ont pas forcément la même représentation de ce qu'est le groupe.

C'est sans doute lorsqu'il y a une grande correspondance entre les représentations, plus ou moins conscientes, que chacun se construit par rapport à la situation, à ce qui se passe effectivement entre les personnes, qu'émerge la notion de groupe. Bien souvent, le groupe apparaît aux individus comme le moyen le plus économique de satisfaire les besoins et les intérêts, tant individuels que collectifs. En raison de l'interdépendance des individus, les comportements de chacun influencent les comportements des autres, et chacun apporte une contribution particulière et nécessaire à l'efficacité du groupe.

C'est en fait sur le plan implicite, celui des émotions communes, qu'on peut rendre intelligible le fonctionnement d'un groupe (Bion, 1965). On peut y arriver en mettant en lumière les images, les fantasmes et les conflits qui « animent » sa structure (Anzieu, 1984). De telles représentations sont le plus souvent inconscientes : les résistances, parfois violentes, que manifestent les individus lorsqu'on cherche à les découvrir en sont une indication certaine. Selon Anzieu et Martin (2003) :

> Les représentations spontanées que chaque individu a du groupe en général ou de tel groupe en particulier sont des représentations imaginaires, c'est-à-dire non fondées sur une analyse rationnelle de la réalité. L'individu n'a, en général, pas conscience de ses représentations ; il y adhère comme à une croyance […]. Leur reconnaissance se paie d'un prix psychologiquement coûteux : affrontements et tensions entre les individus au sein d'une réunion ou d'un groupe, déchirements intérieurs chez l'intéressé pour parvenir à briser ses idoles. Pour imaginaires qu'elles soient, ces représentations n'en sont pas moins efficaces : c'est en fonction d'elles, beaucoup plus que de la situation réelle dans laquelle le groupe se trouve à un moment donné, que les membres de ce groupe réagissent (p. 23-24).

Les émotions communes qui avivent la dynamique d'un petit groupe sont bien réelles. Geen (1991) en a recensé quatre :

1) la peur de la mort (ex. : la peur de voir le groupe disparaître, la peur de perdre son travail, etc.) ;

2) la peur de l'exclusion (ex. : la peur d'être rejeté, de ne pas être aimé) ;
3) la protection de l'image de soi (le besoin de bien paraître) ;
4) la fuite de soi (ex. : la peur de la solitude).

La permanence du groupe et le maintien du lien d'appartenance à ce dernier constituent des défenses efficaces contre le sentiment inévitable de vulnérabilité de l'individu et la conscience de sa condition de mortel. La peur de l'exclusion découle pour sa part du besoin d'affiliation de l'être humain. En fait, l'appartenance à un groupe et l'approbation des membres procurent à l'individu un sentiment de sécurité qui apaise sa peur d'être rejeté par les autres. Paradoxalement, il n'est pas rare d'observer dans les groupes des personnes qui justifient leurs gestes, jettent le blâme sur les autres, font des reproches aux autres, etc. De telles conduites peuvent être en fait des façons de protéger leur image personnelle. Dans le but de « sauver la face », les individus peuvent même aller jusqu'à déformer la réalité perçue et convaincre les autres que leur opinion est la bonne. Enfin, il y a des personnes qui ont peur de se retrouver seules, face à elles-mêmes ; le groupe constitue pour elles une façon d'échapper à leur anxiété et à leur solitude.

La formation d'un groupe : de l'inertie à l'action

Pour comprendre les phénomènes des groupes et des organisations, Sartre (*1960,* 1985) distingue deux réalités sociales : le collectif et le groupe. Le groupe surgit du collectif et se transforme au fur et à mesure que s'établissent les relations d'échange et de réciprocité entre les individus, et que se stabilisent ses processus de différenciation et d'intégration des actions individuelles et sociales.

Le collectif

Le collectif, ou le rassemblement, est un ensemble d'individus réunis dans un même lieu et liés par des rapports impersonnels. Les relations qu'ils peuvent avoir entre eux sont superficielles. Ils sont en présence des autres, mais sans les connaître. Ils peuvent prendre conscience des autres, mais sans pour autant vouloir faire leur connaissance. Ils peuvent également être réunis pour accomplir des tâches, comme c'est le cas dans une unité de travail. Chacun joue des rôles définis par sa position dans la structure sociale. Dans ce cas, les relations sont déterminées par les normes, les contraintes et les statuts des individus.

Dans un collectif, chaque individu est lié à un autre par un rapport d'altérité. Chacun est interchangeable. Le collectif se définit comme un champ social « pratico-inerte », en raison de la relative indépendance des individus, chacun étant étranger à l'autre et agissant (d'où « pratico ») en tenant compte au minimum de l'autre (d'où « inerte »).

Le groupe

Le groupe est, au contraire, un moyen d'action commune. Le groupe, c'est la multiplicité des relations entre les individus qui en font partie et des représentations qu'ils se font de ces relations. Il se définit par ses objectifs, son projet, et par son mouvement constant d'intégration des actions individuelles, essayant de supprimer toutes les formes d'inertie en son sein. Dans un groupe, chaque individu est activement responsable du projet commun ; chacun se sent personnellement concerné par le projet du groupe et engagé dans sa réalisation.

Les liens qui unissent les individus sont réciproques ; chacun contribue activement, selon ses capacités, à la réussite du projet commun et reconnaît la contribution des autres comme étant nécessaire. Le degré de réciprocité peut cependant varier ; il peut aller d'une relation instrumentale servant les intérêts qu'ils ont mis en commun, jusqu'à une relation intime, transformant les intérêts communs en sentiments partagés.

Le groupe se forme parce qu'il représente, le seul moyen de servir un intérêt partagé ou de se protéger contre un danger qui menace chaque personne. Le groupe n'apparaît donc pas par hasard. Certaines conditions matérielles et affectives déterminent son existence : les besoins des individus, la prise de conscience de leurs intérêts réciproques et de leur interdépendance, l'organisation de leurs relations et le développement de leur appartenance.

La perspective du groupe qu'offre Sartre (*1960,* 1985) met en évidence la dialectique de l'inertie et de l'action au sein des groupes sociaux, comme l'illustre la figure 8.1. L'inertie désigne la relative impuissance des individus dans une situation donnée (Aebischer et Oberlé, 1990), le non-engagement dans les événements auxquels ils assistent, leur relative « inopérance » dans leur milieu, l'impersonnalité des relations interpersonnelles. En d'autres termes, l'inertie renvoie à l'énergie individuelle qui n'est pas disponible pour l'accomplissement des activités du groupe. Au contraire,

FIGURE 8.1 *La dialectique de l'inertie et de l'action au sein des groupes sociaux*

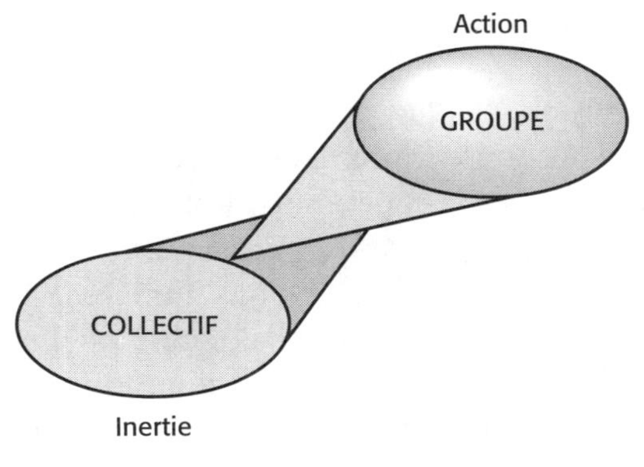

l'action désigne à la fois l'énergie disponible pour l'activité et la praxis, c'est-à-dire les pratiques et les activités entreprises pour réaliser un projet.

Dans un groupe, l'énergie des individus oscille constamment entre des états d'inertie et d'action, entre des moments de fermeture au groupe (pendant lesquels les individus sont attentifs à autre chose qu'à ce que leur proposent les membres du groupe) et des moments d'ouverture (pendant lesquels les individus sont activement engagés dans le groupe).

Le groupe se forme à partir du collectif ; la conscience de l'interdépendance, la prise en charge d'une finalité commune et l'organisation des relations, compte tenu des contraintes du milieu, sont les trois conditions qui rendent possible l'existence d'un groupe (Sartre, *1960,* 1985). Dès que ces conditions ne sont plus opérantes, le groupe tend à disparaître. En effet, le groupe est destiné à retourner à son état de collectif lorsque les relations redeviennent impersonnelles, c'est-à-dire lorsque les membres du groupe ne se perçoivent plus en relation d'interdépendance ou qu'ils ne partagent plus les objectifs ni les rôles qu'ils s'attribuaient jusque-là. C'est ainsi que le champ social que forment les individus oscille également, comme l'énergie de ces derniers, entre des états d'inertie et d'action, c'est-à-dire entre des moments où il est un collectif (champ social « pratico-inerte ») et un groupe (action commune).

Du collectif au groupe organisé

Du collectif émerge le groupe en fusion, lequel va se transformer en groupe statutaire, puis en groupe organisé, avant de se fondre à nouveau dans le collectif.

Le groupe en fusion

Dans un collectif, le groupe représente la conséquence d'un besoin, ressenti par chaque individu comme un manque qui se manifeste et qui devient un acte, une recherche des possibilités de satisfaction à partir de ce qu'il perçoit dans son milieu. Sous la pression des besoins et des intérêts, les individus prennent conscience de leur interdépendance et des possibilités d'action que leur donneraient l'union et la coopération. C'est alors qu'ils entrent en contact les uns avec les autres et qu'ils découvrent l'intérêt qu'ils ont en commun.

Dans un groupe en fusion, chaque individu intériorise l'intérêt qu'il a en commun avec les autres. Chacun découvre l'interdépendance des actions individuelles pour l'efficacité du groupe et la satisfaction des individus. Cette prise de conscience, rendue possible par le dégel des communications, permet la transformation des relations.

Par son libre engagement dans l'action commune, chacun se sent solidaire des autres, intégré au groupe par son action personnelle, qu'il régularise lui-même. Le groupe en fusion trouve son unité dans l'action commune ; il ne se pose pas comme objet de l'action, mais comme une praxis en rapport avec l'objectif choisi par tous.

Dès que le groupe a atteint son objectif ou que les pressions extérieures exercées sur lui se relâchent, il risque de disparaître, soit par éclatement (dispersion des individus), soit par ossification (inertie). Par conséquent, le groupe doit agir sur lui-même pour resserrer son unité. Dès l'instant où chaque individu perçoit un nouvel intérêt commun ou craint un nouveau danger pour lui-même, la survie du groupe devient l'objectif commun : « [...] il faut sauver sa permanence » (Sartre, *1960,* 1985, p. 516). Le moyen de maintenir l'existence du groupe, c'est de procéder à sa réorganisation.

Le groupe statutaire

D'abord, chaque individu s'engage, plus ou moins formellement et plus ou moins explicitement, à maintenir son appartenance au groupe. Le serment d'appartenance est une invention qui sert à sauvegarder le groupe et à nier l'inertie ou la dispersion qui le menace (il ne doit pas être confondu avec le contrat social). Il marque le passage d'un groupe temporaire, en danger d'éclater ou de s'ossifier, à un groupe organisé, relativement permanent. Par le serment d'appartenance, la structure des multiples relations entre les individus va encore se transformer.

La réorganisation du groupe transforme la structure diffuse du groupe en fusion en une structure statutaire des relations communes ; le groupe peut maintenant se différencier, diviser et répartir les tâches, définir des fonctions, des règles et des procédures, nommer des chefs. Le groupe statutaire devient de plus en plus organisé. La définition des statuts et des rôles entraîne l'inertie dans le groupe, tout autant que le fait le rituel du serment d'appartenance, car elle réduit la marge de liberté de ses membres.

Le groupe organisé

Dans le groupe organisé apparaissent des statuts officiels, des droits et des devoirs, formant une structure permanente qui exerce des pressions sur les individus pour qu'ils demeurent loyaux et productifs. Dans cette structure, le groupe organisé tend à devenir une institution, recréant une structure collective où un tiers devient autorité et a le pouvoir d'imposer ses propres règles, assurant l'intégration des unités différenciées. Plus la structure du groupe se différencie et se formalise, plus elle devient une structure collective. Ainsi, le groupe redeviendra, un jour ou l'autre, un collectif.

En effet, quand le groupe commence à produire les résultats attendus, les tensions qui légitimaient son existence s'affaiblissent et il a tendance à se dissoudre. Pour sauvegarder la permanence du groupe, certains membres vont se servir de cette tendance à le quitter comme une menace contre l'existence du groupe, et chaque individu se percevra comme susceptible de « trahison ». Percevant la possibilité de rompre ses relations avec les autres, chacun va, de façon plus ou moins explicite, assurer le groupe de sa loyauté et affirmer ainsi son appartenance. À partir de cette garantie, la structure du groupe peut se différencier et s'élaborer. Par la définition des statuts et des rôles, le nivellement des conduites et le conformisme, l'inertie s'introduit dans la structure du groupe. Le développement du groupe organisé s'accompagne de la résistance au changement et a pour conséquence soit son ossification (en devenant une bureaucratie), soit sa dispersion (les individus se désintéressent progressivement des activités du groupe et se fondent dans le rassemblement).

Dans le groupe devenu institution, les rapports entre les individus se transforment : ils deviennent asymétriques, au sens où certains ont plus de pouvoir que d'autres. Les membres du groupe acceptent d'obéir à quelques-uns et ainsi de servir leurs intérêts particuliers. Les rapports prennent alors la forme de manipulateur à manipulé, chaque partie cherchant à se servir de l'autre pour satisfaire ses propres intérêts. Les conflits dans les groupes et entre les groupes de l'organisation sont nécessaires à leur développement et à celui de l'organisation. Loin de menacer leur existence, ils sont source de créativité et d'innovation, dans la mesure où, bien sûr, les individus sont disposés à coopérer.

Dans les organisations, les groupes de travail présentent des caractéristiques semblables à celles des groupes organisés (Lemoine, 1995b) :

1) les groupes de travail s'inscrivent dans une structure organisationnelle plus ou moins élaborée ;
2) il existe des statuts et des rôles ;
3) des processus de direction, d'influence et de décision régularisent les rapports et les activités des uns et des autres ;
4) les groupes de travail ont des objectifs à atteindre, qui concordent plus ou moins avec ceux de l'organisation ;
5) tous les membres du groupe de travail n'adhèrent pas forcément aux objectifs de celui-ci ;
6) il existe des enjeux tant à l'intérieur qu'à l'extérieur du groupe, réduisant ainsi les répercussions des interventions personnelles dans le groupe.

Les groupes de travail font souvent preuve de beaucoup d'inertie et le souhait des gestionnaires est de transformer cette inertie en action commune et de stimuler l'effort des individus pour atteindre les objectifs organisationnels. Les préoccupations dont les médias professionnels se font l'écho, concernant les habiletés de direction, la conception et la transformation du travail ainsi que la qualité de vie au travail, font foi des problèmes d'inertie dans les organisations.

Les conditions de la formation d'un groupe

Sartre (*1960,* 1985) explique comment les groupes surgissent du collectif et sont constamment sujets à retourner à cet état. Cinq moments caractérisent la naissance d'un groupe à partir du champ social « pratico-inerte » qu'est le collectif :

1) la présence d'un besoin ou d'un intérêt chez chaque individu ;
2) la prise de conscience de l'interdépendance ;
3) la prise de conscience d'une finalité commune ;
4) l'organisation des relations entre les individus ;
5) le développement de l'appartenance.

La présence d'un besoin ou d'un intérêt

Pour que des individus souhaitent participer aux activités d'un groupe, il est nécessaire que chacun d'eux éprouve un besoin qui ne peut être satisfait autrement qu'en intégrant ses actions individuelles à une action commune. Le groupe devient alors une nécessité, un moyen de servir les intérêts qu'ils ont mis en commun. Le groupe naît du collectif à partir de l'exigence des besoins des individus. Sartre (*1960,* 1985) explique :

> Sans la tension originelle du besoin comme rapport d'intériorité avec la Nature, le changement n'aurait pas lieu et, réciproquement, il n'existe pas de praxis commune, à quelque niveau qu'elle se situe, dont la signification régressive ou descendante ne se rapporte pas directement ou indirectement à cette tension première (p. 453).

Ainsi, on peut affirmer qu'un groupe de travail mobilise ses membres dans la mesure où chacun a une raison de travailler avec les autres (besoin-intérêt) et qu'il est convaincu qu'il est plus efficace de faire son travail en coopérant avec les autres que de le faire tout seul (besoin-intérêt). Cette approche reconnaît que les individus sont des acteurs sociaux ayant chacun des intérêts et des logiques d'action particuliers.

Dans les organisations, plusieurs situations peuvent conduire les individus à former un groupe.

1) Les exigences de la tâche à faire : les efforts intellectuels et physiques requis ; la complémentarité ou la diversité des compétences et des connaissances, l'interdépendance des activités, des rôles et des fonctions, la difficulté ou la complexité de la tâche, etc.

2) La sociabilité et l'attraction interpersonnelle : la similitude, la complémentarité, la proximité physique, l'attention sociale et la valorisation personnelle, le besoin de tester et de vérifier la réalité sociale, l'amitié et la solidarité des employés (résolution de problèmes, négociation, expertise, entraide, etc.), le plaisir de faire des choses avec d'autres personnes, etc.

3) Une situation anxiogène : le stress, les conflits de rôles, l'ambiguïté d'une situation, la perte du sens du travail, le manque d'intérêt au travail, les conflits interpersonnels, la menace d'abolition de postes, la rationalisation des processus de production, la présence d'un individu ou d'un groupe antagoniste, etc.

Il est important de considérer les besoins et les attentes des individus au moment de la formation d'un groupe de travail. Ce groupe devrait être perçu par chacun comme un moyen d'atteindre les objectifs qu'il poursuit ou d'obtenir les résultats personnels qu'il recherche ; sans quoi le groupe risque de rassembler des individus autour d'un projet qui ne pourra les mobiliser.

La prise de conscience de l'interdépendance

La formation d'un groupe nécessite aussi la prise de conscience individuelle de l'interdépendance. Cela est possible par la communication, c'est-à-dire par la mise en commun des intérêts et des objectifs personnels. C'est aussi par la communication que les individus peuvent mettre en commun les moyens dont ils disposent pour maîtriser leur environnement, s'y développer et réaliser leur projet. En d'autres termes, pour qu'un groupe se forme, les individus doivent pouvoir déterminer les contributions qu'ils attendent les uns des autres ; ils ont besoin de l'expérience, des compétences et de l'engagement des uns et des autres pour atteindre les objectifs qu'ils ont mis en commun (interdépendance).

La prise de conscience d'une finalité commune

De cette mise en commun des intérêts et des attentes résulte la prise de conscience, individuelle et collective, d'une finalité commune. Le groupe n'est donc pas une fin en soi, mais une action qui n'a de sens que par rapport à la finalité commune et aux besoins qui l'ont déterminée. Le groupe nécessite, en conséquence, la « co-opération » des individus qui y participent.

Au moment de la formation du groupe, chaque individu partage ses intérêts avec les autres et découvre avec eux une finalité commune satisfaisant en partie ses intérêts personnels. Cette finalité peut prendre différentes formes : il peut s'agir d'une tâche commune ou d'objectifs communs ; Saint-Arnaud (1989) utilise l'expression « cible commune ». Lorsque cette finalité est comprise et acceptée par chaque individu, l'ensemble se transforme en un groupe caractérisé par des relations d'échange et de réciprocité (Sartre, *1960,* 1985). Cette conscience et cette responsabilité devant la finalité commune servent à diriger efficacement les actions et l'engagement des individus. Le groupe s'organise alors en se fixant des objectifs qui concourent à sa finalité (Anzieu et Martin, 2003).

Il convient toutefois d'éclaircir la notion d'objectif de groupe. On oppose fréquemment « objectif de groupe » à « objectif de l'individu ». Cela résulte en partie de la réification du groupe (ou de l'organisation) en tant qu'objet existant indépendamment des individus, de leurs besoins et de leurs intérêts. Le groupe (ou l'organisation), ainsi réifié devient alors un leurre permettant de faire passer les objectifs et les intérêts de certains pour les objectifs et les intérêts du groupe (ou de l'organisation), et ce, le plus souvent d'une façon non intentionnelle (ou non consciente).

L'objectif d'un groupe n'est pas une donnée *a priori*. Les objectifs du groupe n'existent pas en soi ; ils correspondent tous à des systèmes de valeurs, à des idéologies qui demeurent généralement tout à fait implicites, et qui sont habituellement celles des personnes en situation d'autorité ou de leadership.

Pour un chef, les objectifs du groupe, qui sont également les siens, correspondent souvent à des finalités supérieures (des valeurs) et indépendantes de son intérêt personnel, mais il peut s'agir aussi d'une projection de ses propres désirs inconscients sur le groupe qu'il dirige (besoin d'affection, désir de puissance, de prestige, de succès, etc.). Ces objectifs peuvent alors lui sembler extérieurs à lui-même, puisqu'ils ont été projetés de lui-même, relativement clairs et non conflictuels ; le mécanisme opérant dans ce cas est celui de l'identification projective. Il est aussi possible qu'il adopte des objectifs extérieurs et indépendants, en apparence, de ses propres objectifs ; il peut s'agir d'une identification à des objets qu'il ne considère pas comme les siens. Dans ce dernier cas, le mécanisme à l'œuvre est celui de l'identification narcissique.

Les valeurs et les objectifs des membres d'un groupe sont souvent multiples et inconsistants, comme le constate Briand (1995) :

> En fait, on pourrait dire que la fameuse « tâche commune du groupe », dont traite toute la littérature sur les groupes, constitue elle aussi à la fois un idéal et une illusion créés par le travail de groupe. Ce qui compte, c'est que les membres aient l'impression de travailler à une tâche commune, mais chacun définit celle-ci à sa façon, à partir de son engagement social, et la décompose en tâches instrumentales et/ou préalables selon une « gestalt » particulière (p. 195-196).

Pour Saint-Arnaud (1989), la perception d'une cible commune constitue la première condition de la naissance d'un groupe. La définition et le partage des objectifs du groupe permettent à chacun de déterminer la nature de sa contribution. Chaque individu contribue à atteindre la finalité du groupe par ses efforts, ses actions, ses habiletés, ses connaissances et d'autres ressources pertinentes à l'action du groupe. En adhérant à la finalité du groupe, en comprenant ses objectifs, chacun se sent concerné par les activités communes. L'engagement personnel est renforcé par l'approbation et le soutien des autres. Le sentiment de faire partie du groupe se développe alors, stimulant la solidarité et la coopération.

Certaines mesures sont nécessaires pour maintenir l'intérêt et l'engagement des acteurs dans le groupe, d'où l'organisation des relations à l'aide de rôles et de normes soutenus par un système de valeurs et de croyances.

L'organisation des relations

Un groupe se définit à partir des relations entre les individus. Par « relations », on désigne les rapports d'échange et de réciprocité entre des individus, les interdépendances. Dans un groupe, chacun use de son influence afin d'atteindre les objectifs qu'il poursuit et de satisfaire ses besoins ainsi que ceux des autres. De telles relations permettent non seulement au groupe d'être autonome dans son environnement, mais aussi de mobiliser les ressources personnelles nécessaires à l'action du groupe (Saint-Arnaud, 1989).

En raison de l'influence exercée par les individus, un réseau de communication se constitue ; des statuts et des rôles, des normes et des valeurs vont prendre forme dans le groupe. De plus, pour atteindre les objectifs du groupe, chaque acteur va mobiliser les ressources qu'il juge pertinentes dans ses rapports avec les autres. Ce faisant, ces ressources deviennent disponibles pour l'action du groupe.

L'organisation des relations soulève la question des normes dans les groupes. Briand (1995) a trouvé que, dans les comités, les normes sont négociables et négociées. En effet, si les individus se conforment aux attentes des uns et des autres pour devenir membres du groupe, il n'en demeure pas moins que des stratégies d'influence et de normalisation sont constamment mises en œuvre dans le but de favoriser à la fois la croissance des individus et l'efficacité du groupe.

Le développement de l'appartenance

La présence de besoins et d'intérêts, la prise de conscience de l'interdépendance et d'un objectif commun et l'organisation des relations sont les conditions qui permettent l'émergence d'un groupe au sein d'un ensemble social. Le groupe mobilise les ressources personnelles et oriente les actions de chacun vers des finalités communes. Il s'instaure dans les relations entre les individus une dynamique qui stimule l'intérêt et l'engagement de chacun dans le projet retenu, engendrant ainsi de la cohésion.

On l'a vu précédemment, le groupe mobilise l'énergie des personnes d'une façon temporaire. Dès que les tensions qui l'ont fait apparaître s'affaiblissent, les individus ont tendance à le quitter ou à s'en désintéresser. Il se produit alors une dispersion des individus par le relâchement des liens, ou une ossification du groupe en raison de l'inertie propre aux structures collectives. Ce qui peut maintenir la permanence du groupe, c'est justement l'utilisation de cette menace contre sa permanence, menace qui se traduit par le développement de l'appartenance de chacun au groupe. La force du sentiment d'appartenance est déterminée par plusieurs facteurs : le temps consacré aux activités et aux relations, l'intensité émotive, le degré d'intimité partagée avec les autres et la teneur des services échangés.

Chaque personne prend part à différents groupes, tant à l'intérieur d'une même organisation qu'à l'extérieur de celle-ci. Chacun est ainsi amené à réaliser, dans ces groupes, des projets différents et potentiellement concurrentiels et contradictoires. Les conflits ne sont plus, par conséquent, situés sur le plan des relations sociales, mais sur le plan de l'individu ; ils se rapportent à sa propre identité. Freud (*1963,* 1985) exprime cette situation ainsi :

> Chaque individu fait partie de plusieurs collectivités, présente les identifications les plus variées, est orienté par ses attaches dans des directions multiples, et a construit son idéal du moi d'après les modèles les plus divers (p. 137).

Les normes et les structures ont, en outre, pour projet et pour effet d'organiser les relations et de reconstituer l'identité des individus. Par exemple, le fait de s'appeler par son prénom, le tutoiement, les présentations sont autant de pratiques qui peuvent comporter toute une série de dénégations, instaurant de la sorte une rupture entre le « moi-ici » et le « moi-ailleurs », entre le rôle et la personne qui le joue. Cette quête de cohérence, voire d'unité dans le groupe, peut aller de la recherche de relations égalitaires jusqu'à la dénégation des différences individuelles, sociales ou culturelles. C'est là le danger de l'appartenance, car des individus vulnérables peuvent adopter des conduites conformistes, voire fascistes, afin d'être acceptés par les autres, de se donner l'impression d'avoir de la valeur, d'être quelqu'un.

Les types de groupes en milieu organisationnel

Il existe une grande diversité de groupes dans la société en général et dans les organisations plus particulièrement. Dans un contexte de travail, on reconnaît deux ensembles, à savoir les groupes informels et les groupes formels (Brunet et Savoie, 2003).

Les groupes informels

Selon Savoie et Mendès (1993), un groupe est informel dans la mesure où sa façon de fonctionner n'est pas régie par des règles explicites, mais dépend essentiellement des intérêts et de la personnalité de ses membres. Les groupes informels correspondent à ce que l'on nomme dans le langage courant les gangs, les cliques ou les clans. Il peut s'agir du groupe de travailleurs dont les membres se rassemblent le midi pour manger ensemble ou, encore, du groupe de collègues qui se rencontrent le samedi pour jouer à la balle molle. Plus spécifiquement, Laroche (1991) définit le groupe informel comme une collection d'individus entretenant entre eux des relations non prescrites, de sorte qu'ils sont perçus comme formant ensemble une entité sociale, qui dépasse la simple juxtaposition des membres et qui est distincte de la structure formelle de l'organisation.

Loin d'être marginaux, les groupes informels seraient très répandus dans les organisations. Selon Brunet et autres (1998), les deux tiers des employés feraient partie d'au moins un groupe informel au travail. Les individus se joindraient à des groupes informels en raison de leur besoin d'interagir avec des gens qui leur ressemblent, qui les complètent et qui peuvent les aider à se défendre dans l'arène organisationnelle.

Pour différentes raisons, les groupes informels ont souvent mauvaise presse auprès des gestionnaires. Comme le rapportent Anzieu et Martin (2003), plusieurs individus estiment que tout groupe qui s'isole est un groupe qui conspire, ou qui peut conspirer. Certains gestionnaires craignent en fait que les groupes informels nuisent au fonctionnement de l'organisation en suscitant notamment des résistances aux changements ou, encore, en court-circuitant les contrôles formels.

Des recherches récentes indiquent toutefois que la présence de groupes informels serait au contraire associée à de nombreux avantages pour leurs membres et pour l'organisation (pour une recension de ces recherches, voir Brunet et Savoie, 2003). Les groupes informels permettraient notamment de combler plusieurs besoins individuels, dont le besoin de similitude, de complémentarité et de protection. L'appartenance à des groupes informels stimule l'estime de soi et l'identité personnelle des membres, en plus de leur fournir un soutien émotionnel et instrumental. Bref, les groupes informels contribueraient au bien-être et à l'efficacité des employés.

Les groupes formels

Comparativement aux groupes informels, dont l'objectif est essentiellement de répondre à des besoins d'ordre affectif, les groupes formels auraient pour principale fonction la réalisation d'une ou de plusieurs tâches (Richard, 1996). En d'autres termes, les membres d'un groupe formel s'associeraient en vue de mener à terme un mandat collectif.

S'inscrivant généralement dans la structure officielle de l'organisation, les groupes formels sont souvent mis en place par une instance extérieure dans un but déterminé (Leclerc, 1999). Ainsi, contrairement aux membres d'un groupe informel, les membres d'un groupe formel n'ont pas nécessairement choisi de se joindre au groupe de façon volontaire.

Il est possible de recenser différentes typologies concernant les groupes formels dans les organisations (Devine, 2002 ; Sundstrum et autres, 1990 ; Sunstrom et autres, 2000). Celle de Devine (2002) répartit ces groupes en 14 types, soit les équipes de direction, les groupes de commandement, les groupes de négociation, les comités, les groupes de développement, les groupes de conseils, les groupes qui fournissent un service, les groupes de production, les groupes de performance, les groupes médicaux, les groupes d'urgence, les groupes militaires, les groupe de transport et les équipes de sports. Cette typologie rend compte de la vaste diversité de groupes formels en milieu de travail. Le tableau 8.1 présente des exemples de ces différents types de groupes ainsi que leurs principales fonctions.

Le développement des groupes formels

Les groupes de travail s'avèrent rarement efficaces dès leur implantation. Pour le devenir, ils doivent atteindre un certain niveau de maturité dans leur développement.

Afin de rendre compte du processus de maturation des groupes de travail, Gersick (1988, 1989) a développé un modèle rappelant la théorie de Sartre concernant la formation des groupes. Le modèle proposé par cette auteure est par contre spécifiquement conçu pour les groupes en milieu de travail (voir la figure 8.2). Gersick remarque que chaque groupe passe d'abord par une phase d'inertie (*inertia*) au cours de laquelle les membres développent leur propre vision quant à la façon d'aborder la tâche à accomplir. Il y a peu de travail d'équipe à proprement parler durant cette première phase. Les relations entre les membres ont davantage une fonction de socialisation qu'une fonction de production. À un certain moment, le groupe traverse une période de transition, qui se caractérise par le fait que les membres prennent conscience du temps dont ils disposent pour finaliser leur mandat. Concrètement, les équipiers commencent à ressentir une certaine pression liée au respect de leurs engagements envers les instances extérieures. Le groupe s'engage alors dans une seconde phase, durant laquelle les membres rejettent leurs anciens schèmes comportementaux, adoptent de nouvelles perspectives vis-à-vis du travail

TABLEAU 8.1 Les différents types de groupes formels dans les organisations

Type de groupe de travail	Exemples de groupes	Exemples de fonctions
Équipe de direction	Conseil d'administration Conseil de ville	Planifier Diriger
Groupe de commandement	Tour de contrôle Centre de combat	Transmettre des ordres
Groupe de négociation	Syndicat	Négocier Persuader
Comité	Jury Comité des activités sociales	Examiner Choisir
Groupe de développement	Groupe de recherche et de développement Équipe de marketing	Développer Créer
Groupe-conseil	Cercle de qualité Comité de pilotage	Suggérer Conseiller
Groupe offrant un service	Équipe de restauration Équipe de mécaniciens	Fournir Réparer
Groupe de production	Équipe de la voirie Chaîne d'assemblage	Construire Assembler
Groupe de performance	Distribution d'un film Orchestre	Exposer Présenter
Groupe médical	Équipe de chirurgie Équipe de soins	Guérir Traiter
Groupe d'urgence	Équipe de pompiers Équipe de premiers répondants	Protéger Secourir
Groupe militaire	Escouade Équipe de combat	Neutraliser Protéger
Groupe de transport	Équipe de pilotage Équipe de matelots	Piloter Transporter
Équipe de sport	Équipe de baseball Équipe de hockey	Jouer Gagner

Source : Adapté de Devine (2002).

à accomplir et font de réels progrès. Cette phase d'achèvement (*completion*) amène les membres à terminer leur mandat avant l'échéance. Chaque groupe atteint donc inévitablement un point de non-retour l'incitant à effectuer une transition d'une phase passive à une phase active.

Un autre modèle utilisé pour comprendre le développement des groupes de travail est celui de Tuckman (1965). Ce modèle vise à décrire le développement des groupes, peu importe leur fonction, leur durée de vie et leur composition. Cette conception

FIGURE 8.2 *La représentation schématique du modèle de développement des groupes formels de Gersick*

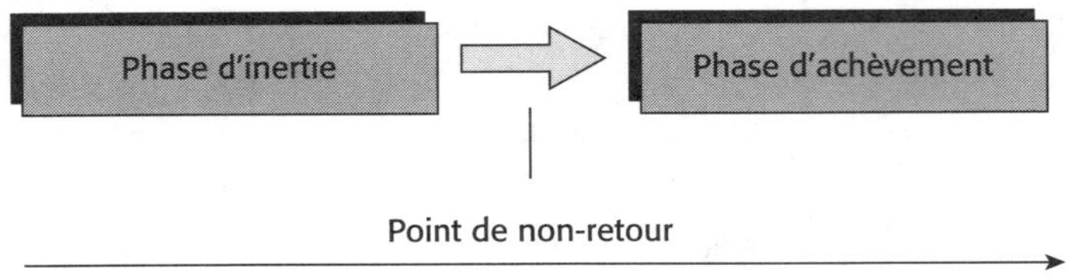

théorique repose sur une analyse de 50 articles portant sur le développement des groupes à durée de vie limitée, à savoir les groupes de thérapie, les groupes d'apprentissage (*T groups*) ainsi que les groupes de travail en milieu naturel et en laboratoire. Parmi les études considérées dans cette analyse se trouvent les brillants travaux de Bales (1950, 1953), de Miles (1953), de Bennis et Shepard (1956), de Schutz (1958) et de Bion (1961). Malgré le fait que le modèle de Tuckman date de plusieurs années, il demeure le plus couramment utilisé pour analyser le développement des groupes de travail.

Plus spécifiquement, Tuckman a élaboré un modèle comprenant quatre stades, à savoir la formation (*forming*), l'agitation (*storming*), l'élaboration de normes (*norming*) et, finalement, la performance (*performing*). Au cours du stade de formation, les membres font connaissance et des liens commencent à se tisser entre eux. On pourrait dire que les membres s'apprivoisent mutuellement. Le stade d'agitation se caractérise par l'émergence de conflits interpersonnels au sein du groupe. Ces conflits traduisent la résistance des membres face à l'influence du groupe et aux exigences de la tâche. Les membres ne s'entendent ni sur les méthodes de travail à adopter ni sur les résultats à atteindre. Au stade de l'élaboration de normes, une plus grande cohésion se développe à l'intérieur du groupe et des standards de performance émergent. Plus ou moins consciemment, les membres se dotent d'un code de conduite implicite qui guidera la façon de se comporter à l'intérieur du groupe. On observe également à ce stade que les membres adoptent de nouveaux rôles et expriment leurs opinions plus librement. Enfin, au stade de la performance, la qualité des relations interpersonnelles permet aux membres de consacrer leur énergie à l'accomplissement du mandat collectif. De plus, les rôles deviennent plus flexibles et fonctionnels. En 1977, Tuckman et Jensen ajoutent un stade d'ajournement (*adjourning*) à ce modèle de développement. Dans ce dernier stade, la séparation inévitable des membres du groupe devient une préoccupation importante pour plusieurs d'entre eux.

Les équipes de travail

En 1975, Leavitt soutenait que l'équipe de travail deviendrait éventuellement l'unité de base (*basic building block*) des organisations. À l'époque, cette idée semblait très audacieuse, voire farfelue. En fait, il paraissait hautement invraisemblable qu'un jour une équipe soit embauchée, formée, évaluée, récompensée et congédiée, au même titre qu'un individu (Savoie et Beaudin, 1995). Bien que ces dernières pratiques ne constituent pas encore la norme en milieu organisationnel, l'idée de Leavitt a fait du chemin. D'ailleurs, à l'aube de ce troisième millénaire, il convient d'admettre que cet auteur était davantage un visionnaire qu'un rêveur…

Afin de demeurer concurrentiels et de répondre aux attentes de la clientèle (ex. : le sur-mesure de masse), des équipes de travail sont implantées dans un nombre croissant d'organisations (Porter et Beyerlein, 2000 ; Roy et Audet, 2003). L'intérêt suscité par les équipes de travail dans les milieux organisationnels est sans doute attribuable aux nombreux avantages qui leur sont associés. La présence d'équipes de travail entraînerait, entre autres, une augmentation de la productivité, de la flexibilité, de l'innovation sur le plan des produits et des services, et de la satisfaction des employés, en plus d'une réduction du nombre d'accidents de travail, du taux de roulement, des coûts de production et de l'absentéisme (West et autres, 1998).

Le regain d'intérêt suscité par les équipes de travail depuis la fin des années 1980 pourrait laisser croire qu'il s'agit d'un nouveau mode d'organisation du travail. Or, le travail en équipe est loin de constituer une pratique révolutionnaire. Selon Savoie et Brunet (2000), il s'agirait même d'une des plus anciennes technologies sociales de production. À cet égard, Doré (1995) rappelle que, dès le début de l'ère industrielle, le travail était organisé autour des compétences des hommes de métier qui collaboraient avec les compagnons et les apprentis.

Qu'est-ce qu'une équipe de travail ?

L'appellation « équipe de travail » est largement répandue dans les entreprises. Il arrive même que des regroupements d'individus n'aient d'équipe que le nom. Afin d'éviter toute confusion, précisons qu'une équipe de travail correspond à tout ensemble formel, permanent et bien défini comprenant au moins deux individus interdépendants dans l'accomplissement d'une tâche dont ils partagent collectivement la responsabilité envers l'organisation (Savoie et Mendès, 1993).

De la documentation scientifique découlent également six critères plus spécifiques permettant de distinguer une équipe des autres types de groupes formels en milieu de travail (Aubé et autres, 2000 ; Hackman, 1987 ; Sundstrom et autres, 1990) :

1) Un mandat collectif doit être confié aux membres par l'organisation. La principale fonction d'une équipe consiste généralement à produire un bien ou un service destiné à des clients internes ou externes.

2) Les membres doivent évoluer dans un environnement organisationnel plus large, qui entretient des attentes à leur endroit et vis-à-vis duquel ils ont des droits et des obligations.
3) Les membres doivent se percevoir et être perçus par les autres instances organisationnelles comme formant une équipe.
4) Les membres doivent travailler ensemble sur une base relativement permanente, ce qui signifie que la durée de vie de l'équipe n'est pas prédéterminée.
5) Les membres doivent être interdépendants en regard de la tâche, c'est-à-dire que la nature du travail implique nécessairement que les équipiers interagissent et partagent des ressources pour mener à bien leur mandat collectif.
6) Un nombre plus ou moins grand de responsabilités de gestion est généralement délégué aux équipiers. En d'autres termes, l'équipe bénéficie d'une certaine marge d'autonomie.

Comme l'interdépendance des équipiers en regard de la tâche et le niveau d'autonomie de l'équipe constituent des éléments centraux d'une équipe de travail, il convient de les expliciter davantage.

L'interdépendance des équipiers : une caractéristique clé des équipes de travail

L'interdépendance des équipiers en regard de la tâche correspond au degré auquel les membres d'un groupe ont besoin d'interagir et dépendent les uns des autres pour accomplir leur travail efficacement (Campion et autres, 1993). Certains types de tâches peuvent – et ont intérêt – à être organisées de sorte à susciter l'interdépendance des individus qui la réalisent. Il s'agit notamment des tâches qui exigent de résoudre des problèmes et de faire preuve de créativité (ex. : développer une campagne publicitaire, fournir des soins à un patient atteint du cancer). Par ailleurs, d'autres tâches peuvent difficilement être aménagées afin d'encourager le travail en équipe ou n'ont tout simplement pas avantage à l'être (ex. : conduire un camion de marchandise).

Selon Thompson (1967), il existe trois niveaux d'interdépendance, à savoir l'interdépendance commune (*pooled interdependence*), séquentielle (*sequential interdependence*) et réciproque (*reciprocal interdependence*). Lorsque l'interdépendance est commune, les membres travaillent la plupart du temps chacun de leur côté, et le rendement d'équipe correspond approximativement à la somme des contributions individuelles (voir la figure 8.3). Les interactions entre les membres se limitent généralement à l'échange de conseils ou de ressources sur une base ponctuelle. L'interdépendance commune constitue le plus faible niveau d'interdépendance. À la limite, les groupes dans lesquels l'interdépendance peut être qualifiée de commune ne sont pas des équipes de travail telles que définies dans ce chapitre.

FIGURE 8.3 *L'interdépendance commune*

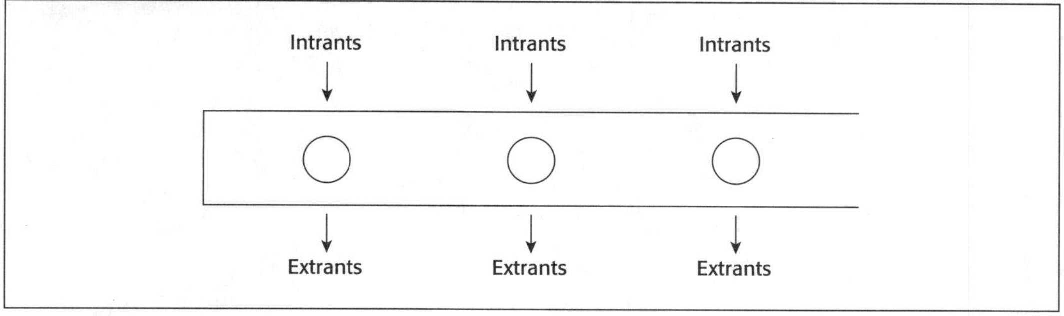

Source : Van de Ven et autres (1976).

Le travail des vendeurs d'automobiles est généralement aménagé de cette façon. Chaque vendeur a des quotas de vente individuels à atteindre, et ses relations avec les autres vendeurs se résument essentiellement à de l'entraide occasionnelle.

L'interdépendance s'avère toutefois séquentielle lorsque les membres exécutent leurs tâches à tour de rôle selon un ordre unidirectionnel et prédéterminé (voir la figure 8.4). Par exemple, sur les chaînes d'assemblage dans les usines, l'interdépendance entre les employés s'avère généralement de cette nature. Les équipiers exécutent à tour de rôle une partie du travail, d'où l'expression « travail à la chaîne ».

FIGURE 8.4 *L'interdépendance séquentielle*

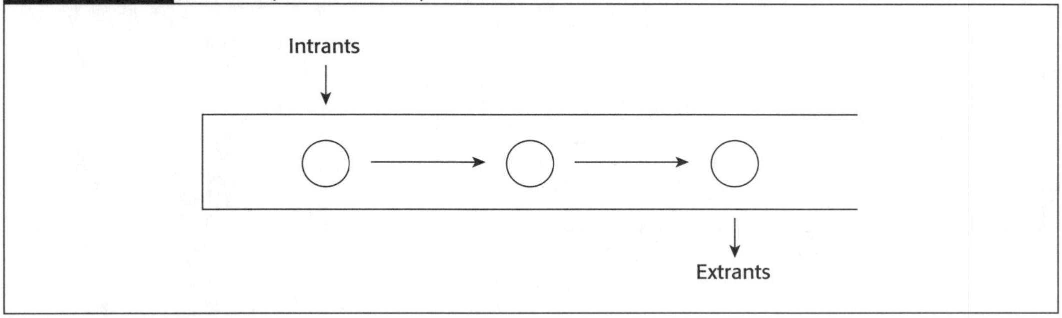

Source : Van de Ven et autres (1976).

Lorsque l'interdépendance est réciproque, la tâche implique des échanges bidirectionnels entre certains des membres de l'équipe (voir la figure 8.5). Néanmoins, ces derniers n'ont pas tous à interagir entre eux pour réaliser leur travail. Dans une équipe de soins, le niveau d'interdépendance est souvent réciproque. Le médecin interagit avec les autres professionnels de la santé (ex. : infirmière, psychologue, ergothérapeute, travailleur social), mais ces derniers ne collaborent pas nécessairement entre eux.

Van de Ven et autres (1976) ajoutent à cette hiérarchie un quatrième niveau, soit l'interdépendance d'équipe (*team interdependence*). À ce niveau, les membres doivent

FIGURE 8.5 *L'interdépendance réciproque*

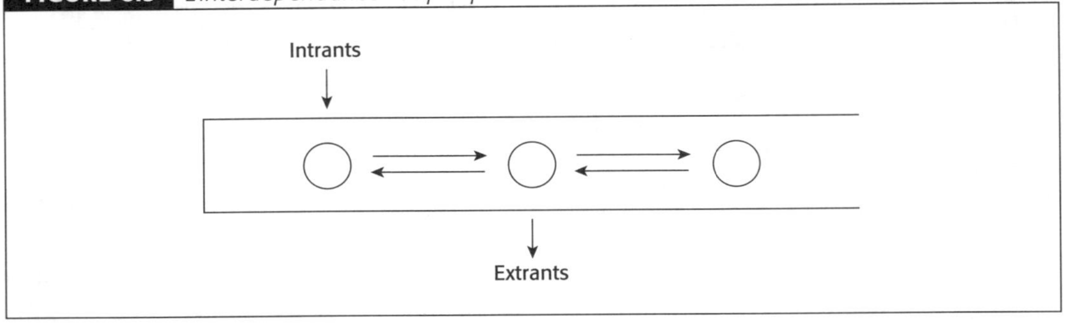

Source : Van de Ven et autres (1976).

conjointement diagnostiquer et résoudre des problèmes (voir la figure 8.6). Ainsi, la tâche nécessite un très haut niveau de synchronisation, de communication et de coordination entre les membres. À titre d'exemple, c'est généralement ce type d'interdépendance qui unit les membres d'une équipe multidisciplinaire chargée d'améliorer certains produits ou services dans une entreprise. Pour bénéficier au maximum du travail en équipe, les tâches gagnent à être aménagées selon ce dernier niveau d'interdépendance.

FIGURE 8.6 *L'interdépendance d'équipe*

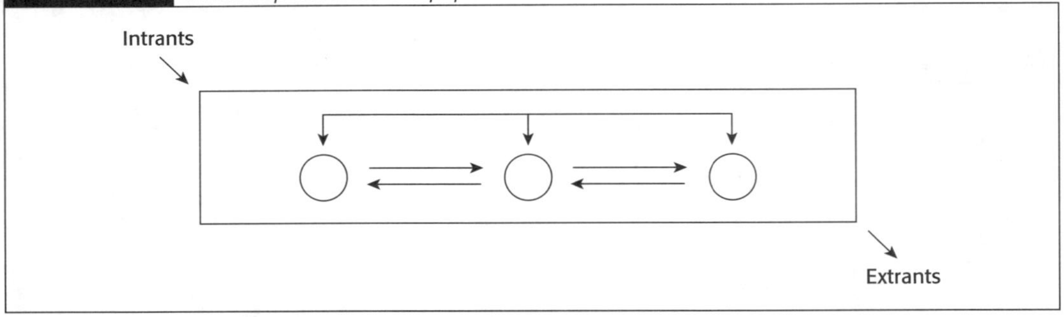

Source : Van de Ven et autres (1976).

Les équipes de travail selon un continuum d'autonomie

L'une des caractéristiques de plusieurs équipes de travail correspond au fait que les membres assument un certain nombre de responsabilités de gestion. Le niveau d'autonomie des équipes de travail, c'est-à-dire le pouvoir décisionnel dévolu aux membres, varie toutefois considérablement d'une équipe de travail à l'autre (Roy et Audet, 2003).

En pratique, certaines équipes de travail assument très peu, voire aucune responsabilité de gestion. Ces équipes de travail peuvent être qualifiées de non autonomes. C'est le supérieur immédiat de l'équipe qui prend toutes les décisions de gestion, et les équipiers exécutent le travail selon les directives reçues.

Les équipes de travail qui assument en partie ou en totalité leur gestion peuvent être qualifiées de semi-autonomes, d'autogérées ou d'auto-organisées (Sundstrom et autres, 1990). Dans les équipes semi-autonomes, le pouvoir décisionnel est partagé entre les équipiers et leur supérieur immédiat. Pour ce qui est des équipes autogérées, celles-ci doivent assumer l'ensemble des responsabilités relatives à l'organisation du travail. Ces équipes élisent leur leader et élaborent elles-mêmes leurs stratégies de travail, c'est-à-dire « qui fait quoi quand où et comment » dans l'équipe. Enfin, les équipes auto-organisées sont responsables de se définir en tant qu'équipes de travail, en plus de définir leur relation avec l'organisation (ex. : une équipe de chercheurs dans une université). Roy et autres (1998) rapportent les principales aires de responsabilités des équipes de travail, allant des plus fréquentes aux moins fréquentes (voir la figure 8.7).

FIGURE 8.7 *La progression des responsabilités de gestion dans les équipes de travail*

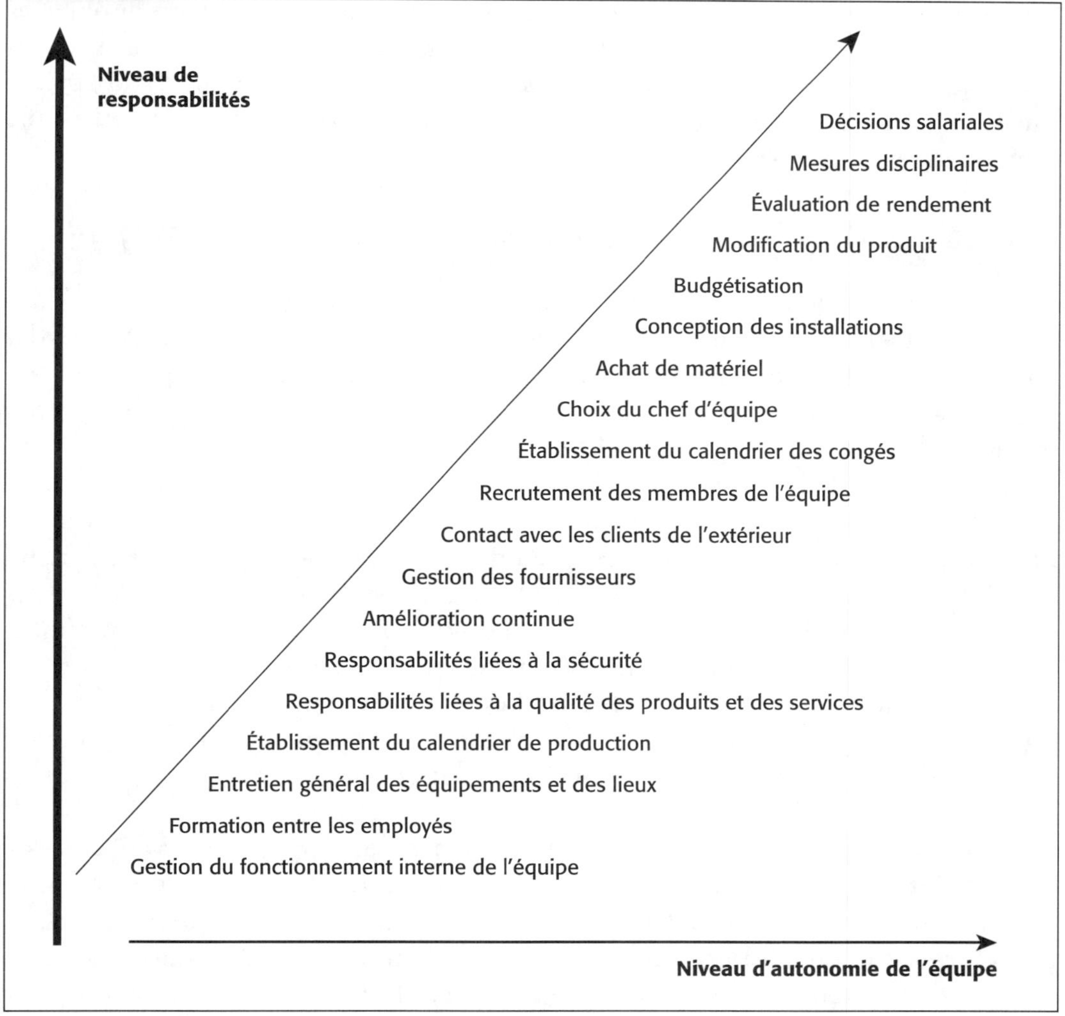

Sources : Adapté de Roy et autres (1998) et de Wellins et George (1991).

Les pratiques de gestion innovantes adoptées au cours des années 1970 dans certaines entreprises scandinaves ont littéralement propulsé la popularité des équipes de travail semi-autonomes, voire autogérées, partout dans le monde (Roy et Saint-Jacques, 2003). À titre d'exemple, c'est à partir de cette époque que des entreprises telles que Volvo et Saab ont décidé d'abandonner les traditionnelles chaînes de montage pour implanter des équipes de travail dont les formes les plus avancées assument maintenant de A à Z la production des automobiles (Nilsson, 2000).

L'implantation d'équipes de travail semi-autonomes, autogérées ou auto-organisées implique que les superviseurs adoptent un rôle de *coach.* À cet égard, des auteurs ont répertorié les comportements que gagnaient à adopter les superviseurs afin de favoriser l'autogestion de leurs équipes (Arnold et autres, 2000 ; Cox et Sims, 1996). Ces comportements consistent notamment à encourager les membres à se fixer eux-mêmes des objectifs de performance, à évaluer leurs progrès dans la réalisation de leurs tâches, à se transmettre du feed-back entre eux, à résoudre leurs problèmes collectivement et à célébrer leurs succès. L'implantation d'équipes de travail plus ou moins autonomes engendre parfois des résistances chez les superviseurs qui sentent leur emploi menacé compte tenu du fait qu'ils doivent dorénavant apprendre à leurs équipes à se gérer elles-mêmes…

L'efficacité des équipes de travail : un modèle d'analyse

Malgré les nombreux avantages associés à l'implantation d'équipes dans un contexte organisationnel (ex. : augmentation de la productivité et de la qualité de vie des travailleurs), ce mode d'organisation du travail n'est pas pour autant gage de réussite (Roy et Saint-Jacques, 2003). Le niveau d'efficacité est d'ailleurs susceptible de varier considérablement d'une équipe à l'autre.

L'évaluation de l'efficacité d'une équipe de travail constitue une tâche importante et complexe. En fait, il n'y a pas de consensus sur la mesure de l'efficacité. En 1995, Savoie et Beaudin ont proposé un modèle multidimensionnel qui tente d'intégrer les connaissances acquises sur cette question et qui s'appuie sur les recherches de Morin et autres (1994) concernant l'efficacité des organisations. Ces auteurs adoptent une conception multidimensionnelle de l'efficacité, comprenant le rendement, la qualité de l'expérience groupale, la pérennité et la légitimité de l'équipe. Plus récemment, des auteurs ont également mis en évidence l'importance de l'innovation en tant que dimension d'efficacité des équipes de travail (West et autres, 1998).

Compte tenu du fait que la fonction principale d'une équipe de travail consiste généralement à produire un bien ou à fournir un service, la dimension d'efficacité la plus souvent prise en considération dans les entreprises est le rendement. Néanmoins, les autres dimensions d'efficacité d'équipe sont incontournables afin de bien évaluer les résultats d'une équipe de travail (voir la figure 8.8). Chacune de ces dimensions peut également être décortiquée en des critères plus précis.

1) Le rendement de l'équipe correspond essentiellement au degré auquel le travail collectif répond aux normes de quantité, de qualité, de synchronisme et de coûts de production. Cette dimension de l'efficacité se mesure au moyen d'indicateurs comme les gains de productivité, le taux de rotation des stocks, les bénéfices réalisés, etc.
2) L'innovation de l'équipe se traduit pour sa part par le développement et l'application intentionnelle de nouvelles idées et méthodes de travail permettant, d'une part, de réduire les coûts et les délais de production et, d'autre part, d'augmenter la qualité des biens et des services. Cette dimension de l'efficacité se mesure au moyen d'indicateurs tels que la pertinence des améliorations apportées aux produits et aux services.
3) La qualité de l'expérience groupale se traduit par le degré auquel le climat au sein de l'équipe contribue au bien-être ainsi qu'à la croissance personnelle et professionnelle des membres. Cette dimension de l'efficacité se mesure au moyen d'indicateurs telles la qualité de la relation avec les collègues et la fierté du travail accompli.
4) La pérennité de l'équipe se définit comme la capacité de l'équipe à s'adapter aux changements internes (ex. : intégration de nouveaux membres) et externes (ex. : introduction d'une nouvelle technologie) de sorte que les membres puissent continuer à travailler ensemble. Un bon indicateur de la pérennité de l'équipe est l'engagement des équipiers.
5) La légitimité de l'équipe correspond à la dimension politique de l'efficacité. Elle se traduit par l'évaluation de l'efficacité groupale par des groupes externes (ex. : fournisseurs, clients internes et externes, direction de l'organisation, autres équipes). Cette dimension réfère à la réputation de l'équipe.

FIGURE 8.8 *Les dimensions de l'efficacité des équipes de travail*

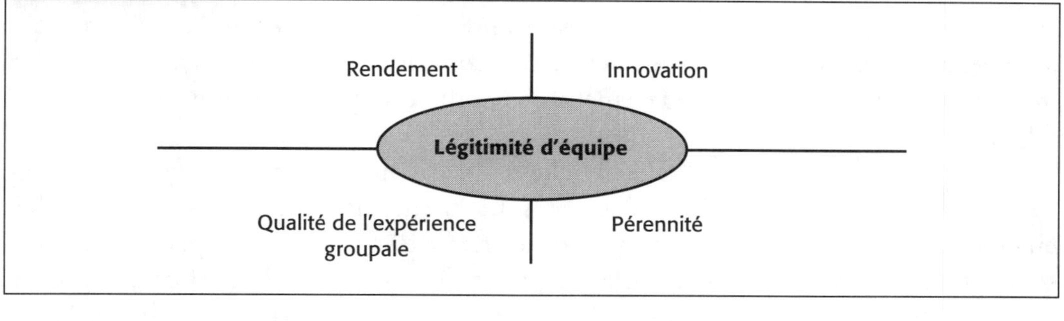

Les déterminants de l'efficacité des équipes de travail

Le niveau d'efficacité fluctue largement d'une équipe à l'autre. Alors que certaines équipes atteignent une performance exceptionnelle, d'autres subissent une série d'échecs. Ce constat indique clairement qu'il ne suffit pas de regrouper des individus pour que ceux-ci sachent automatiquement comment travailler en équipe (Rousseau et autres, 2006). Parmi les déterminants d'efficacité des équipes de travail les plus documentés, notons la composition de l'équipe, le fonctionnement interne, la cohésion, les croyances groupales, les modèles mentaux communs, les phénomènes de groupe négatifs, les pratiques de supervision et les facteurs environnementaux.

La composition de l'équipe

En tant que champ d'études, la composition des équipes de travail a fait couler beaucoup d'encre ces dernières années. En 2003, Jackson et autres recensaient plus de 60 recherches réalisées en milieu organisationnel portant sur ce thème. La plupart de ces études avaient pour objectif de déterminer les caractéristiques des membres qui permettent de prédire l'efficacité des équipes.

Dans la documentation scientifique, les caractéristiques des membres d'une équipe de travail sont souvent abordées sous l'angle des aptitudes cognitives, des traits de personnalité, des compétences et des attitudes. Les recherches concernant les caractéristiques démographiques (ex. : l'origine socioculturelle, le sexe, la langue, la religion) et les caractéristiques liées au travail (ex. : le titre de l'emploi, le statut hiérarchique, l'ancienneté, la profession) donnent pour leur part des résultats très divergents et, conséquemment, peu utiles pour tirer des conclusions générales (Jackson et autres, 2003).

Les aptitudes cognitives. Au même titre que l'efficacité individuelle, l'efficacité des équipes de travail est en grande partie tributaire des aptitudes cognitives des membres qui la composent (Barrick et autres, 1998 ; Neuman et Wright, 1999). De manière générale, plus le niveau moyen des aptitudes cognitives des membres est élevé, plus l'efficacité de l'équipe est grande. Ce lien serait encore plus marqué dans les équipes devant effectuer des tâches complexes. Par analogie, on peut dire que les aptitudes cognitives des membres sont à l'équipe ce que le moteur est à l'automobile.

Les traits de personnalité. Les recherches concernant l'influence de la personnalité des membres sur l'efficacité des équipes sont essentiellement basées sur le modèle en cinq facteurs (*Big five*), présentée dans le chapitre 1. Les traits de personnalité qui seraient les plus reliés à l'efficacité des équipes de travail sont le caractère consciencieux, l'extraversion et l'agréabilité (Barrick et autres, 1998 ; Mount et autres, 1998 ; Neuman et Wright, 1999). En fait, plus ces traits de personnalité seraient présents chez les équipiers, plus l'équipe serait efficace. Quoi qu'il en soit, la recherche dans ce domaine ne permet pas encore de définir la composition idéale d'une équipe à partir des traits de personnalité. En d'autres termes, il n'est pas encore possible de déterminer l'amalgame des profils de personnalité qui entraînerait une efficacité optimale (Stock, 2004). D'ailleurs, il n'existe peut-être pas de composition idéale en soi. Il est en fait fort probable que les traits de personnalité à rechercher chez les équipiers varient en fonction des tâches à réaliser. Par exemple, des recherches indiquent que le caractère consciencieux des membres est davantage associé à l'efficacité des équipes pour les tâches de planification que pour les tâches impliquant de la créativité ou de la résolution de problème (Barry et Stewart, 1997 ; Neuman et Wright, 1999).

Les compétences. Tous ceux qui ont déjà travaillé à l'intérieur d'un groupe s'entendront pour dire que le travail en équipe exige des individus des compétences différentes de celles concernant spécifiquement l'exécution des tâches (compétences techniques). Dans un contexte d'équipe, le terme « compétence » correspond à la capacité d'un individu à adopter avec aisance des comportements associés au travail en équipe. À la suite d'une revue de la documentation, Steven et Campion (1994) ont fait ressortir deux catégories de compétences, à savoir les compétences relatives aux relations interpersonnelles et les compétences propres à l'autogestion. Les compétences liées aux relations interpersonnelles incluent la résolution de conflits, la résolution de problèmes et la communication, alors que les compétences associées à l'autogestion concernent la fixation d'objectifs, la gestion de la performance ainsi que la planification-coordination des activités de travail.

Les attitudes. En plus des aptitudes cognitives, des traits de personnalité et des compétences, certaines attitudes sont susceptibles de faciliter le travail en équipe (Cannon-Bowers et autres, 1995). Les principales attitudes associées à l'efficacité des équipes concernent l'appréciation du travail d'équipe en lui-même ainsi que l'orientation collectiviste de l'individu. L'appréciation du travail d'équipe correspond au degré auquel les équipiers préfèrent travailler en équipe plutôt qu'individuellement. Pour ce qui est de l'orientation collectiviste, il s'agit du degré auquel les équipiers estiment que les intérêts collectifs doivent primer sur les intérêts individuels. Plus les membres d'une équipe apprécient travailler en équipe et affichent une orientation collectiviste, plus l'équipe tend à être efficace.

L'identification des caractéristiques individuelles qui favorisent l'efficacité des équipes engendre d'autres préoccupations, dont celle consistant à déterminer s'il est préférable de constituer une équipe homogène, c'est-à-dire une équipe dont les membres partagent beaucoup de points communs, ou de privilégier l'hétérogénéité dans l'équipe (Garcia-Prieto et autres, 2003). Les avis sont partagés à ce sujet. D'une part, la diversité dans les équipes de travail est susceptible d'entraîner une plus grande créativité et un plus haut niveau d'innovation en suscitant l'émergence de nouvelles façons de faire le travail et de nouvelles idées (Beaumier et Lescarbeau, 2001). D'autre part, plus les membres sont différents les uns des autres, plus il risque d'y avoir des tensions et des conflits au sein de l'équipe (Williams et O'Reilly, 1998).

Ce dilemme de gestion a notamment des répercussions sur la sélection des travailleurs dans les organisations dont le mode d'organisation du travail est basé sur des équipes. Les résultats des recherches dans ce domaine mettent en lumière l'importance de l'adéquation entre l'individu et l'équipe de travail[2]. Ainsi, ce ne serait pas tant l'homogénéité ou l'hétérogénéité des membres qui déterminerait l'efficacité des équipes, mais plutôt la complémentarité et la compatibilité des caractéristiques des équipiers (Hough et Olswald, 2000). C'est d'ailleurs sur ce principe que se basent les gestionnaires pour constituer les équipes multidisciplinaires.

Enfin, un autre aspect associé à la composition de l'équipe a trait à sa taille. Pour être efficace, une équipe doit-elle compter un nombre déterminé de membres ? En d'autres termes, une équipe a-t-elle une taille optimale ? Il ne semble pas y avoir de consensus dans la documentation concernant la taille idéale d'une équipe. Alors que Katzenbach et Smith (1993) estiment qu'une équipe doit compter une douzaine de membres, Scharf (1989) est d'avis que la taille optimale d'une équipe est de sept. D'autres auteurs, quant à eux, avancent que la taille idéale d'une équipe serait plutôt fonction de la tâche à réaliser (Kozlowski et Bell, 2003). L'équipe devrait compter suffisamment de membres pour effectuer efficacement la tâche commune, mais pas trop, sinon la coordination du travail risquerait d'être compromise. Rappelons que, dans une équipe, comme dans l'ensemble des groupes restreints, tous les membres doivent pouvoir interagir entre eux directement.

Le fonctionnement interne

Une équipe de travail ne peut être efficace si ses membres n'adoptent pas certaines conduites clés. Afin de rendre compte du fonctionnement interne des équipes, deux approches sont présentées : celle relative aux comportements des équipiers et celle qui concerne les rôles.

Les comportements des équipiers. Les comportements des équipiers peuvent être regroupés selon deux grandes catégories (Rousseau, 2003). La première correspond aux comportements d'ordre technique, qui sont directement liés à la production d'un bien ou d'un service (ex. : saisir des données à l'ordinateur, répondre à un client au téléphone, assembler les pièces d'un appareil électrique). Ces comportements varient selon les tâches à accomplir et se révèlent sensiblement les mêmes, que le travail soit réalisé en équipe ou de façon individuelle. La seconde catégorie concerne les comportements qui facilitent la réalisation du travail en équipe. Ces comportements se révèlent inhérents à l'existence même des équipes de travail. Les recherches de Rousseau (2003) indiquent que les comportements des équipiers peuvent être regroupés en sept dimensions distinctes, à savoir la coopération, la communication, le soutien psychologique, la gestion de conflits, la planification-organisation du travail, la gestion des ressources et le soutien à l'innovation (voir le tableau 8.2). Bref, le fait d'adopter ces comportements faciliterait le travail en équipe.

Au terme d'une recherche réalisée par Rousseau et autres (2006), il appert que ces sept dimensions associées aux comportements des équipiers peuvent être regroupées en deux dimensions plus générales, à savoir la gestion du travail de l'équipe et le

2. La notion d'adéquation entre l'individu et son groupe de travail est présentée au chapitre 1.

TABLEAU 8.2 Les sept dimensions des comportements des équipiers

Dimension	**Définition**
Coopération	Le degré auquel les équipiers s'aident volontairement les uns les autres en cas de besoin lors de l'exécution de leur travail.
Communication	Le degré auquel les équipiers échangent au moment opportun des renseignements ou des idées concernant la tâche d'équipe.
Soutien psychologique	Le degré auquel les équipiers manifestent leur respect mutuel ainsi que leur préoccupation eu égard au bien-être de chacun.
Gestion de conflits	Le degré auquel les équipiers cherchent à concilier de façon constructive leurs divergences réelles ou potentielles à l'égard de leurs préférences, de leurs valeurs ou de leurs intérêts.
Planification-organisation du travail	Le degré auquel les équipiers se dotent d'un plan de travail décrivant la distribution des activités entre eux et les méthodes utilisées pour coordonner leur travail et pour terminer leur tâche d'équipe dans les délais prescrits.
Gestion des ressources	Le degré auquel les équipiers s'assurent d'utiliser de façon optimale les ressources dont l'équipe dispose.
Soutien à l'innovation	Le degré auquel les équipiers utilisent des moyens facilitant l'implantation de nouvelles pratiques dans l'équipe.

Source : Rousseau (2003).

soutien interpersonnel. Ce résultat rappelle les deux fonctions classiques des comportements des membres d'un groupe, issues des travaux de Bales (1950 ; *Interaction Process Analysis*). Sur la base d'un examen systématique et continu des phénomènes relationnels dans les groupes, Bales soutient que les comportements des membres assument soit une fonction instrumentale, soit une fonction expressive (ou socio-émotionnelle) au sein d'un groupe. La première fonction est axée sur la réalisation de la tâche, alors que la deuxième concerne les relations interpersonnelles. Selon Bales, les comportements qui assument une fonction expressive peuvent être qualifiés de positifs ou de négatifs selon qu'ils favorisent ou non le maintien du groupe.

Tel que souligné par Rousseau et autres (2006), cette conception en deux dimensions s'avère également omniprésente dans les travaux classiques concernant le leadership, tels que ceux sur les comportements de considération et les comportements d'initiation de la structure (Halpin et Winer, 1957), les comportements orientés vers les relations et les comportements orientés vers la tâche (Kahn et Katz, 1960), la préoccupation pour les personnes et la préoccupation pour la production (Blake et Mouton, 1969) ainsi que le maintien et la performance (Misumi, 1985). Il ne faut toutefois pas conclure que ces deux fonctions sont mutuellement exclusives ou encore que chaque comportement assume soit une fonction expressive, soit une fonction instrumentale. Il convient plutôt de considérer ces fonctions comme complémentaires, puisqu'elles sont toutes deux susceptibles de jouer un rôle positif et distinct dans le fonctionnement des groupes, dont les équipes de travail.

Les rôles des équipiers. Une autre façon de décrire le fonctionnement d'une équipe de travail consiste à définir les rôles que les membres sont susceptibles d'assumer. Selon Biddle (1979), la notion de rôle peut se définir comme un ensemble de comportements caractérisant une personne dans une situation donnée. Au même titre que les comportements des équipiers, les rôles que peuvent adopter les membres d'une équipe se divisent en deux catégories ; la première concerne les aspects techniques du travail à réaliser, et l'autre, les conduites des équipiers. Les rôles techniques existent peu importe le mode d'organisation du travail et ils sont généralement définis par l'organisation (ex. : secrétaire, gestionnaire, président). Quant aux rôles des équipiers, ils s'avèrent rarement formels (ex. : bouc émissaire, bouffon, gardien du temps, gendarme).

Mongeau et Tremblay (1995, 1998) ont également proposé une typologie des modes d'interaction (rôles) dans les groupes ayant une tâche à accomplir (voir le tableau 8.3). Cette typologie comprend six modes d'interaction (impulsif, convaincant, analyste, strict, sceptique, discret) regroupés selon deux catégories (proactifs et réactifs) ou selon trois dimensions (production, organisation, relations).

Les modes proactifs, qui incluent les modes impulsif, convaincant et analytique, donnent lieu à des comportements qui visent à intervenir et à influencer activement le déroulement des événements dans le groupe. Mongeau et Tremblay (1995) décrivent ces modes dans les termes suivants :

> L'impulsif exprime promptement son avis, ses sentiments et ses opinions, quitte à les analyser ultérieurement. Il ne peut s'empêcher de laisser savoir ce qu'il pense. Ses interventions dynamisent le travail du groupe. Le convaincant tente de persuader, de vendre une idée ou un projet. Il cherche à convaincre tout le monde et profite de toutes les occasions pour obtenir l'adhésion à ses propositions. Il sert à rallier les diverses contributions des membres autour d'un même projet. L'analyste met en perspective l'ensemble des éléments, communique sa compréhension des enjeux, accorde une grande importance à bien établir où l'on va. Il permet principalement de clarifier les échanges et la production (p. 146).

Les modes réactifs comprennent les modes strict, sceptique et discret. Ces modes d'interaction traduisent des réactions à ce qui se passe dans le groupe et les comportements qui leur sont associés visent à régulariser le fonctionnement du groupe et à

TABLEAU 8.3 La typologie des modes d'interaction

Modes d'interaction en groupe						
Modes	Impulsif	Convaincant	Analyste	Strict	Sceptique	Discret
Dimensions	Production		Organisation		Relations	
Catégories	Proactifs			Réactifs		

Source : Adapté de Mongeau et Tremblay (1995, 1998).

assurer à tous une occasion de participer à la réalisation de la tâche commune. Mongeau et Tremblay (1995) définissent ainsi ces modes d'interaction :

> Le discret appuie plus souvent qu'il ne propose, reste silencieux lors d'affrontements entre d'autres membres, est plutôt effacé et tend à noyer ses idées parmi celles des autres. Sa contribution se situe principalement au niveau de l'écoute et de l'appui aux autres membres. Le sceptique se fie peu aux autres. Il est aux aguets et cherche à savoir à qui profitera une décision. Face aux tensions, il tend à tout ramener à un conflit d'intérêts. Sa fonction est de surveiller et d'examiner les échanges. Le strict est préoccupé par le respect de l'horaire, des règles et des procédures. Il porte beaucoup d'attention à la structure et à la répartition équitable des tâches. Il sert à structurer les échanges et la production (p. 146).

Mongeau et Tremblay (1995, 1998) font des rapprochements entre ces modes d'interaction et les types de personnalité. Il est en effet difficile de ne pas reconnaître dans ces descriptions des types de personnalité comme l'extraverti et l'introverti ou le confiant et le méfiant. Janet (*1929,* 1984) enseignait à ce sujet que les individus ont tendance à jouer des rôles et des personnages qui s'accordent bien avec leur personnalité.

La cohésion

La cohésion constitue l'une des variables qui a reçu le plus d'attention dans les recherches sur les équipes de travail. Cette dernière correspond à un processus dynamique reflétant la tendance des membres d'une équipe à rester ensemble et à demeurer unis dans la poursuite de leurs objectifs (Carron et autres, 1988). On utilise également les termes « esprit de corps » ou « esprit d'équipe » pour traduire la notion de cohésion.

Selon Gross et Martin (1952), la cohésion serait un concept bidimensionnel comprenant la cohésion associée à la tâche et la cohésion interpersonnelle. La cohésion associée à la tâche correspond à l'engagement des membres à l'égard de la tâche à réaliser ou des objectifs à atteindre. Cette dimension de la cohésion inciterait les membres à fournir davantage d'efforts dans leur travail. La cohésion interpersonnelle correspond, pour sa part, au niveau d'attraction des membres envers l'équipe. Cette dimension serait associée à une communication plus ouverte et à une plus grande coordination des efforts.

De manière générale, une forte cohésion inciterait les équipiers à s'investir davantage dans la réalisation de leur mandat collectif (Savoie et Brunet, 2000). À cet égard, une méta-analyse réalisée par Beal et autres (2003) corrobore l'idée selon laquelle la cohésion serait reliée positivement au rendement des équipes de travail. Les résultats d'une recherche de Villeneuve et Letarte (1995) indiquent néanmoins que la force des relations entre la cohésion et le rendement des équipes varierait en fonction du contexte dans lequel évolue l'équipe de travail (ex. : militaire, sportif, organisationnel). Afin de promouvoir la cohésion dans une équipe de travail, il est recommandé, entre autres choses, de fixer des objectifs communs et de clarifier les normes de performance.

Deux croyances incontournables : la confiance groupale et la confiance interpersonnelle

Deux croyances s'avèrent particulièrement cruciales pour favoriser le succès d'une équipe de travail : il s'agit de la confiance groupale et de la confiance interpersonnelle. La confiance groupale, connue en anglais sous l'appellation *potency*, correspond à la croyance partagée par les membres à l'égard de l'efficacité de leur équipe (Guzzo et autres, 1993). Plus spécifiquement, cette croyance concerne la capacité de l'équipe à être efficace, et ce, quelle que soit la tâche à réaliser. Des recherches indiquent que la confiance groupale permet d'accroître l'efficacité des équipes du fait qu'elle incite les membres à se montrer persévérants dans la réalisation de leur travail en dépit des obstacles ou des échecs. Les résultats de la méta-analyse de Gully et autres (2002) corroborent l'idée selon laquelle la confiance groupale serait reliée de façon positive au rendement d'équipe.

La confiance interpersonnelle se manifeste, pour sa part, lorsque les membres acceptent de se montrer vulnérables face à leurs coéquipiers dans l'espoir que ces derniers adopteront les comportements attendus (Mayer et autres, 1995). Ce serait à partir de l'interprétation des motivations et des intentions d'autrui que la confiance interpersonnelle se développerait. Dans un contexte d'équipe où, par définition, les membres sont interdépendants dans la réalisation de leur travail, la confiance interpersonnelle est cruciale. Comme le succès des uns dépend du succès des autres, les membres doivent faire confiance à leurs coéquipiers. Concrètement, nous avons confiance en nos collègues lorsque nous croyons qu'ils fourniront les efforts nécessaires à la réalisation de leurs tâches, qu'ils se montreront honnêtes et qu'ils n'essaieront pas de tirer excessivement profit des situations (Cummings et Bromiley, 1996). La confiance interpersonnelle se manifesterait notamment par une communication ouverte, une collaboration accrue et une gestion efficace des conflits. À titre indicatif, les résultats de certaines études indiquent que la perception de confiance interpersonnelle dans une équipe est reliée positivement à la coopération entre les membres, à la satisfaction, à l'engagement, au bien-être psychologique et à la préférence pour le travail en équipe (Costa et autres, 2001 ; Kiffin-Petersen et Cordery, 2003).

Les modèles mentaux communs

Les modèles mentaux communs (*team mental models*) correspondent aux représentations mentales que partagent les membres à propos des éléments clés constituant l'environnement interne et externe de leur équipe (Klimoski et Mohammed, 1994). Ces représentations ont trait essentiellement à l'équipement utilisé par l'équipe (ex. : matériel, outils), aux tâches à réaliser (ex. : les façons de les réaliser, les objectifs à atteindre), aux caractéristiques des membres (ex. : compétences, personnalité) et au fonctionnement idéal de l'équipe. En fait, plus les membres partagent une compréhension appropriée de ces derniers éléments, plus ils ont de la facilité à élaborer des stratégies de travail et à coordonner leurs efforts (Marks et autres, 2002 ; Mathieu et autres, 2000). Afin d'encourager les membres à développer des modèles mentaux communs, il est notamment suggéré de fixer à l'équipe des objectifs communs, d'encourager les membres à se transmettre du feed-back entre eux et à planifier collectivement leurs activités de travail.

Les phénomènes de groupe négatifs

Les déterminants d'efficacité des équipes de travail sont généralement envisagés sous l'angle des facteurs qui favorisent l'efficacité des équipes, mais rarement sous celui des facteurs qui nuisent au travail en équipe. Or, les membres font face à certains obstacles qui risquent de miner l'efficacité du groupe. Il s'agit notamment des phénomènes de groupe négatifs, dont la flânerie sociale (*social loafing*), la pensée de groupe (*group think*), de même que les conflits et les tabous (Pearce et Giacalone, 2003 ; Locke et autres, 2001).

La flânerie sociale. Les individus fournissent généralement un effort moindre lorsqu'ils sont en groupe que lorsqu'ils doivent répondre individuellement de leurs actes (Latané et autres, 1979). Il s'agit du phénomène de flânerie sociale. Les comportements de flânerie sociale découlent de l'une ou l'autre des situations suivantes, à savoir : 1) la tentation de profiter de l'anonymat que procure le groupe (*free riding*) ; 2) l'effet « ventouse » (*succer effect*) ; ou 3) l'impression de ne pas être indispensable (*felt dispensability*). Le *free riding* survient généralement lorsque les contributions individuelles ne peuvent être identifiées. Dans ce contexte, certains individus peuvent être tentés de moins s'investir dans leur travail en comptant sur le fait que leurs coéquipiers prendront la relève. Le *succer effect* se manifeste pour sa part lorsqu'un individu estime qu'il travaille davantage que les autres et qu'il décide de rétablir l'équité en fournissant un effort moindre. Enfin, lorsqu'un individu ne se perçoit pas indispensable à l'équipe, c'est-à-dire lorsqu'il estime que sa contribution individuelle n'est pas nécessaire ou n'ajoute rien à celles des autres, il risque de réduire sa contribution au travail collectif.

Au quotidien, le phénomène de flânerie sociale se traduit par le fait de décider, plus ou moins consciemment, de laisser faire une partie de son propre travail par quelqu'un d'autre ou, du moins, de diminuer ses efforts. Concrètement, un individu fait preuve de flânerie sociale lorsqu'il fait semblant d'être très occupé alors qu'il pourrait très bien accepter d'autres responsabilités, qu'il s'absente plus longuement que nécessaire pour aller se chercher à boire ou à manger ou qu'il feint un malaise afin de quitter le travail plus tôt que prévu. Dans un contexte où les travailleurs dépendent les uns des autres pour effectuer correctement leur travail, ce type de conduites risque de nuire considérablement à l'efficacité de l'équipe. Comme l'illustre si bien l'analogie suivante : la chaîne (l'équipe) est aussi forte que le plus faible de ses maillons (l'équipier le moins productif)…

Encadré 8.1 Des moyens visant à diminuer la flânerie sociale dans les équipes

- Préciser les rôles et les responsabilités de chacun ;
- Décomposer les objectifs communs en objectifs individuels ;
- Valoriser et récompenser les contributions de chacun au travail collectif.

La pensée de groupe. La pensée de groupe correspond à une détérioration de l'efficience mentale, de l'évaluation de la réalité et du jugement moral attribuable aux pressions provenant de l'intérieur du groupe (Janis, 1982). Le phénomène de pensée de groupe nuirait principalement au processus de prise de décision dans l'équipe en diminuant le nombre de possibilités prises en considération par les membres. En d'autres termes, la pensée de groupe affecterait l'esprit critique des équipiers. Janis estime qu'en situation de crise, la pensée de groupe pourrait même entraîner des fiascos. Pensons notamment à l'invasion de la Baie des cochons, à l'escalade de la guerre du Vietnam et à la crise des missiles cubains. Sept symptômes sont associés à ce phénomène, soit : 1) l'illusion d'invulnérabilité ; 2) la croyance incontestée en la moralité du groupe ; 3) le développement de stéréotypes concernant les autres groupes ; 4) l'autocensure ; 5) l'illusion d'unanimité ; 6) les pressions sur les dissidents ; ainsi que 7) la formation de « barrières mentales » ayant pour objet de protéger le groupe de l'information susceptible de compromettre le travail collectif.

Concrètement, le phénomène de pensée de groupe se manifeste par différents comportements tels que : a) exercer des pressions sur les membres pour éliminer toute forme de dissension dans l'équipe (ex. : soupirer bruyamment lorsqu'un coéquipier exprime une opinion différente ; ridiculiser les idées qui s'éloignent de l'opinion défendue par la majorité) ; b) ignorer les opinions qui vont à l'encontre des décisions adoptées (ex. : seconder sans hésitation la première idée énoncée ; se montrer distrait lorsque des idées différentes sont communiquées ; passer rapidement à un autre sujet lorsque quelqu'un exprime une objection) ; c) rationaliser les décisions prises par l'équipe lorsque des événements les remettent en question (ex. : soutenir qu'au moment de prendre la décision, il s'agissait de la meilleure solution possible ; déclarer qu'il n'y avait pas d'autres solutions) ; et d) omettre d'exprimer certaines opinions qui ne vont pas dans le même sens que ce qui a été convenu en équipe (ex. : se taire alors qu'on a de bonnes raisons de croire que l'équipe fait fausse route). Selon Moorhead et autres (1998), les répercussions négatives du phénomène de pensée de groupe sont d'autant plus grandes lorsque les équipes de travail s'avèrent très cohésives et que les membres doivent prendre un large éventail de décisions de gestion.

Encadré 8.2 Des moyens visant à diminuer la pensée de groupe dans les équipes

- À chaque séance de travail, demander à l'un des membres du groupe de jouer à l'avocat du diable ;
- Demander au supérieur immédiat et aux leaders informels de ne pas afficher de partialité à l'égard d'une position ;
- Créer des sous-groupes qui travaillent sur un même problème ;
- Demander aux membres de consulter des personnes extérieures au groupe ;
- Inviter des experts à observer et à commenter le fonctionnement du groupe ;
- Quand un consensus semble se dégager, tenir une « réunion de la dernière chance ».

Source : Adapté de Schermerhorn et autres (2002).

Les conflits. L'émergence de conflits est un phénomène pratiquement incontournable à partir du moment où des individus doivent travailler ensemble (Jehn, 1994, 1995). Il existerait essentiellement deux types de conflits dans les équipes, soit les conflits cognitifs, qui sont associés aux tâches à effectuer (ex. : désaccords quant aux méthodes de travail à adopter), et les conflits relationnels, qui comportent une plus grande charge émotive (ex. : conflits de personnalités). Alors que les conflits cognitifs sont susceptibles d'améliorer l'efficacité de l'équipe en débouchant entre autres sur des solutions novatrices, les conflits relationnels, s'ils ne sont pas gérés convenablement et dans un délai raisonnable, risquent de nuire au travail en équipe. Compte tenu du fait que ces derniers sont généralement perçus par les équipiers comme une menace à l'atteinte des objectifs individuels, ils suscitent la plupart du temps des réactions négatives (Zapf et Gross, 2001). À la longue, ils divisent les membres de l'équipe au lieu de les inciter à collaborer. Les conflits relationnels se manifestent par différents types de comportements, allant des subtiles insinuations aux sérieuses prises de bec.

Encadré 8.3 Des moyens visant à diminuer les conflits relationnels dans les équipes

- Fixer des objectifs communs (ce qui n'implique pas l'élimination des objectifs individuels) ;
- Créer un climat de respect et de confiance ;
- Établir des règles de conduite claires ;
- Aborder les situations délicates et épineuses avant qu'elles ne dégénèrent en conflit ;
- Faire appel à un médiateur au besoin ;
- Ne pas tenir pour acquis que les conflits se régleront d'eux-mêmes avec le passage du temps.

Les tabous. Dans les équipes de travail, il existe des sujets tabous, des activités importantes ou des arrangements significatifs qui ne sont ni discutés ni discutables pour toutes sortes de raisons. En parler ouvertement risquerait de froisser certaines personnes, cela pourrait causer du tort à l'équipe, cela pourrait gêner la progression de la carrière de quelqu'un, etc. L'ombre d'une équipe de travail, c'est le non-dit qu'il est interdit d'expliciter.

C'est en examinant courageusement les problèmes qui causent de la gêne dans une équipe de travail que de véritables améliorations peuvent être apportées en ce qui a trait à la dynamique du groupe et à son efficacité. Par contre, laisser perdurer une situation inacceptable ne règle pas les problèmes et les conflits qui peuvent en émerger risquent d'entraîner des conséquences fâcheuses. Jung (*1945,* 1978) a écrit :

> Ce n'est pas une petite affaire que d'admettre sa culpabilité et le mal que l'on porte en soi, mais il n'y a certainement rien à gagner à perdre de vue son ombre. Quand nous sommes conscients de notre culpabilité, nous sommes dans une position favorable – nous pouvons au moins espérer changer et nous améliorer. Comme nous le savons, tout ce qui demeure inconscient est incorrigible ; des corrections psychologiques peuvent seulement être faites dans la conscience (p. 215-216).

Prenons un exemple. Charles G. est un gestionnaire de 41 ans, au service d'une grande entreprise canadienne. Ancien officier de l'armée, Charles s'est gardé en excellente forme physique grâce à un programme suivi d'haltérophilie et de natation. Très bien formé (il possède un diplôme en sciences administratives) et s'exprimant avec aisance, Charles a un commentaire pour chaque situation, un précieux conseil, une blague méprisante ou une critique personnelle. Pas une pensée ne lui traverse l'esprit sans qu'il ne la communique à tous. Il atténue même ses défauts en faisant des déclarations telles que : « Je suis le premier à reconnaître mes préjugés. J'ai seulement de la difficulté à transiger avec les femmes ou les personnes provenant de groupes minoritaires qui occupent des fonctions égales à la mienne. » Il a une bonne productivité et il est attentif à son travail et à la performance de son équipe. Les évaluations annuelles de sa performance sont excellentes. Il est un très bon gestionnaire – si bon en fait que d'autres entreprises lui ont déjà fait des offres d'emploi. Mais Charles est un fin renard ; il a le don de faire passer ses intérêts personnels pour ceux de l'entreprise, ou encore pour de la loyauté envers les gens de son unité de travail. Au bureau, il est devenu le catalyseur, catégorisant chaque personne « pour » lui ou « contre » lui. Les femmes gestionnaires ne semblent pas apprécier ses manières, mais les femmes de l'équipe de soutien semblent être d'avis contraire. Les hommes aussi sont divisés entre les « pro-Charles » et les « anti-Charles », quoique ce partage ne dépend pas clairement de la position hiérarchique. Charles fait fi de la colère dirigée contre lui en arguant que cela n'est que « simple jalousie ». Le climat de travail dans l'équipe n'a jamais été le sujet d'une discussion ouverte ; une règle implicite dans la culture de l'entreprise veut que « les relations entre les personnes soient une affaire privée». Le sujet des relations personnelles n'est jamais abordé dans les réunions. Ainsi, les comportements de Charles envers ses collègues et ses subordonnés sont toujours demeurés hors du contrôle administratif. Charles transgresse, d'une façon discrète, certaines règles de l'entreprise. Par exemple, il rentre chez lui plus tôt pour effectuer des tâches domestiques ; il loue toujours des chambres d'hôtel à un tarif un peu plus élevé que celui qui est autorisé. Quelques-uns des collègues de Charles ont été témoins de ses écarts de conduite, et ils envient son habileté à s'en tirer aussi facilement. Aux yeux des supérieurs, un peu de grogne parmi les employés, c'est moins important que les résultats.

Le cas de Charles montre l'ombre d'une équipe de travail : le manque de courage à l'égard de la déviance sociale (non-respect des collègues) et organisationnelle (abus des règles) ainsi que la fascination qu'exerce la notion de performance. Imaginez que vous êtes le supérieur hiérarchique de Charles et que vous décidez de fermer les yeux sur sa conduite. Quelles conséquences cette attitude pourrait-elle avoir pour Charles, pour ses collègues et pour vous-même ?

Dans une équipe de travail, il peut y avoir des comportements, des attitudes, des croyances, des activités ou des arrangements qui sont maintenus par une ou des personnes que les membres de l'équipe connaissent, mais dont ils refusent de discuter parce qu'ils perçoivent des menaces, réelles ou imaginaires, pour les membres de l'équipe ou pour l'équipe. La présence de sujets indiscutables est une menace qui cause de l'anxiété et qui engendre, le plus souvent, des stratégies défensives. Par exemple, les décisions sur des questions sans importance peuvent être soumises à l'approbation de la direction, ce qui prend beaucoup de temps ; ou encore, les membres de l'équipe peuvent examiner minutieusement tous les détails et vérifier tous les aspects d'une décision avant de la prendre ; ou bien, les membres de l'équipe peuvent se comporter d'une façon agressive en prétextant jouer les avocats du diable, etc.

Avant qu'un sujet ne devienne tabou, des idées et des hypothèses sont émises pour l'expliquer ou l'ignorer. Par exemple, les membres de l'équipe peuvent manquer de confiance en eux-mêmes, ce qui peut les conduire à douter de leur capacité à prendre des décisions et à avoir peur d'être pénalisés s'ils commettent des erreurs. De même, il peut exister des conflits entre les membres de l'équipe, mais personne n'a envie d'intervenir pour les régler.

Il faut de la compétence et du courage pour faire sortir de l'ombre les sujets complexes. Plusieurs motifs peuvent être avancés pour justifier le fait que ces sujets ne sont pas discutés sérieusement dans une équipe : cela ne touche pas la performance de l'équipe ; il faut donner la chance au coureur ; travailler en équipe n'exige pas qu'on aime travailler ensemble ; on n'a pas de preuve ; ces comportements ne sont pas observables ; les résultats ne sont pas quantifiables ; etc. Ce sont là des rationalisations qui témoignent de la vulnérabilité des membres d'une équipe. Ce qui est dommage, c'est que les activités ou les arrangements cachés ont des effets sur la qualité de vie au travail et sur la performance des équipes (Egan, 1994 ; Senge, 1991).

Encadré 8.4 Des moyens visant à faire sortir de l'ombre les tabous dans les équipes

- Décrire les activités significatives pour l'entreprise et les arrangements qui demeurent cachés ou qui ne sont pas discutés, pour n'importe quelle raison, à l'occasion des réunions d'équipe ;
- Respecter la peur qu'engendre la tâche de faire sortir des problèmes de l'ombre ;
- Surveiller les attributions non vérifiées et, en particulier, les motifs des personnes concernées ;
- Se montrer vigilant et curieux plutôt que soupçonneux ;
- Explorer aussi les situations qui ne semblent pas faire problème ;
- Être attentif à ce qui est dit et à ce qui ne l'est pas ;
- Remettre en question les idées et les prémisses, les attitudes et les comportements, non pas les personnes ;
- Ne pas hésiter à aborder les sujets qui violent les valeurs de l'entreprise ou de la société ;
- Examiner avec soin les activités et les arrangements qui semblent ajouter de la valeur à l'institution, même s'ils contreviennent à certaines règles existantes ;
- Ne pas officialiser immédiatement les arrangements cachés qui sont profitables pour l'institution ; cela pourrait les rendre caducs.

Sources : Adapté de Egan (1994) et Senge (1991).

Les pratiques de supervision

Les équipes de travail relèvent habituellement d'un supérieur immédiat, et ce, même lorsqu'elles assument certaines responsabilités de gestion (Devine et autres, 1999). Au bout du compte, c'est au supérieur immédiat qu'incombe la responsabilité du fonctionnement et de l'efficacité des équipes sur le plan organisationnel. Conséquemment, la question à se poser est la suivante : comment les supérieurs immédiats peuvent-ils amener les membres de leurs équipes à travailler ensemble et à performer au meilleur de leurs compétences ?

Selon plusieurs auteurs, le fait de ne pas adapter les pratiques de supervision aux particularités des équipes constitue l'un des principaux obstacles au succès de ce mode d'organisation du travail (Aubé et autres, 2006 ; Yeatts et Hyten, 1998). En effet, superviser les membres des équipes de travail comme s'ils travaillaient de manière isolée les uns par rapport aux autres amène les équipiers à percevoir leur rendement individuel comme étant prioritaire au rendement de l'équipe, ce qui compromet forcément la collaboration entre les membres. Cela ne signifie pas que les pratiques de supervision traditionnelles doivent être reléguées aux oubliettes dans un contexte d'équipes de travail, mais plutôt qu'elles gagnent à être conciliables avec le fait que les membres des équipes dépendent les uns des autres dans la réalisation de leur travail.

Certaines pratiques de supervision, dont la fixation d'objectifs, le feed-back et l'octroi de récompenses peuvent être utilisées au niveau individuel ou au niveau de l'équipe (Aubé et autres, 2006). Lorsque qu'un superviseur fixe des objectifs, donne son feed-back et octroie des récompenses à un membre en particulier, il incite ce dernier à fournir des efforts afin de bien faire son travail. Par ailleurs, quand un superviseur applique ces interventions au niveau de l'équipe, il encourage non seulement les équipiers à s'investir davantage dans leur travail, mais il les incite aussi à travailler en collaboration. En fait, lorsque ces interventions sont destinées à l'équipe dans son ensemble, les équipiers prennent conscience de leur interdépendance et, par la même occasion, de la nécessité de coopérer pour connaître du succès.

En plus de devoir être adaptées à un contexte d'équipes de travail, les pratiques de supervision doivent être de qualité afin d'influencer positivement l'efficacité des équipes. Selon Locke et Latham (1990), les objectifs seraient pleinement efficaces lorsqu'ils sont clairs, précis et suffisamment difficiles sans toutefois s'avérer inaccessibles. De tels objectifs susciteraient l'engagement des équipiers, ce qui favoriserait l'efficacité de l'équipe. Des résultats de recherches réalisées auprès d'équipes de travail issues d'organisations québécoises corroborent d'ailleurs l'importance capitale de la qualité des objectifs communs dans la prédiction de l'efficacité des équipes de travail (Aubé et autres, 2006).

Quant au feed-back collectif, plusieurs auteurs sont d'avis que, plus il est clair, précis et constructif, tout en étant transmis sans trop de délai, meilleur est le rendement. Tout d'abord, un feed-back clair permettrait aux équipiers de bien comprendre l'information qui leur est transmise. Deuxièmement, plus le feed-back serait précis, plus les équipiers détermineraient avec justesse ce qui doit être amélioré et ce qui doit être maintenu tel quel dans la réalisation du travail. Troisièmement, un feed-back constructif, c'est-à-dire formulé avec respect et fournissant des pistes d'amélioration, aurait plus de chances d'être accepté et d'amener les équipiers à modifier la façon dont ils réalisent leur travail. Enfin, pour que les équipiers puissent corriger à temps leurs erreurs ou améliorer leurs faiblesses, le feed-back gagnerait à être transmis le plus tôt possible après l'évaluation du rendement.

Des auteurs estiment que les récompenses de groupe sont de qualité lorsqu'elles sont reliées au rendement, convoitées et équitables. En fait, pour que les équipiers perçoivent qu'ils ont une influence sur l'obtention de la récompense, cette dernière devrait être octroyée si et seulement si l'équipe atteint le niveau de rendement attendu. Des récompenses attribuées aléatoirement auraient un effet mitigé, voire nul. En outre, les récompenses devraient être convoitées par les équipiers pour que ceux-ci cherchent réellement à les obtenir. À cet égard, Yeatts et Hyten (1998) précisent qu'une récompense valorisée par le supérieur immédiat ne l'est pas nécessairement par les équipiers à qui elle est destinée (ex. : une augmentation des responsabilités). Enfin, pour éviter d'engendrer de la frustration chez les membres, l'attribution des récompenses devrait être effectuée de façon équitable.

De manière générale, ces pratiques de supervision permettent aux gestionnaires de faire connaître aux équipiers les attentes de l'organisation, d'orienter le travail des membres dans une même direction et de motiver ces derniers à effectuer leurs tâches au meilleur de leurs compétences.

L'environnement organisationnel de l'équipe

L'interaction entre l'équipe et son environnement organisationnel est un important déterminant d'efficacité des équipes de travail (Savoie et Brunet, 2000). L'environnement de l'équipe constitue toutefois une catégorie fourre-tout pouvant inclure une grande variété d'éléments (ex. : ressources matérielles, culture organisationnelle, technologies). De manière générale, cet ensemble de déterminants a trait au degré auquel l'équipe dépend de l'organisation et vice versa. L'idée générale est que plus l'équipe s'avère tributaire de l'organisation, plus elle se conforme aux attentes de celle-ci.

Comme les équipes de travail n'évoluent pas en vase clos, elles doivent demeurer à l'affût des besoins et des attentes des autres instances organisationnelles afin de pouvoir y répondre de façon adéquate. Les membres des équipes doivent également communiquer aux individus et aux groupes appropriés leurs propres besoins et attentes. De cette façon, l'équipe s'assure d'avoir accès aux ressources nécessaires pour mener à bien son mandat. Cependant, les ressources s'avèrent la plupart du temps limitées, ce qui risque d'occasionner l'émergence de conflits entre les différentes instances organisationnelles. À titre d'exemple, la compétition interéquipes constitue une réalité pouvant favoriser la motivation des équipiers, mais pouvant aussi nuire à la communication entre des entités interdépendantes qui gagneraient à collaborer (Hennessy et West, 1999).

La consolidation d'équipe

Comme nous l'avons vu précédemment, il existe une multitude de raisons pour lesquelles une équipe peut s'avérer plus ou moins efficace qu'une autre. Afin de remédier à plusieurs types de problèmes d'efficacité, on fait de plus en plus appel à la consolidation d'équipe. Cette intervention est aussi connue sous les appellations de « lac à l'épaule », « retraite annuelle » ou « atelier de planification stratégique ».

Différents types de consolidation d'équipe peuvent être envisagés suivant la nature des problèmes d'efficacité vécus par le groupe. Labelle (2001) fait ressortir essentiellement trois types de consolidation d'équipe : 1) la consolidation à caractère opérationnel ; 2) la consolidation à caractère relationnel et 3) la consolidation de type intégration. La consolidation à caractère opérationnel permet notamment de clarifier la mission et les objectifs de l'équipe ainsi que les rôles et les responsabilités de chacun. Dans certaines organisations, ce type de consolidation est effectué chaque année. La consolidation d'équipe à caractère relationnel vise pour sa part à modifier les processus de groupe. Parmi les processus de groupe sur lesquels ce type de consolidation est susceptible d'exercer une influence se trouvent la communication, la capacité à résoudre des conflits, la cohésion et la confiance groupale. Enfin, la consolidation de type intégration a pour objectif d'intégrer un ou plusieurs nouveaux membres à l'équipe. Ce dernier type de consolidation a généralement lieu à la suite d'une fusion d'entreprises ou à l'occasion de la mise en place d'équipes de projets.

Un atelier de consolidation d'équipe peut comprendre différentes activités : présentation des résultats d'un diagnostic du fonctionnement de l'équipe (basé sur des entrevues ou des questionnaires) ; discussions de groupe structurées portant sur la définition de la mission et des objectifs de l'équipe ; activités interactives permettant de prendre conscience des avantages du travail en équipe par rapport au travail individuel ; et questionnaires d'autoévaluation visant à mieux comprendre ce que valorise et dévalorise chaque membre de l'équipe (ex. : MBTI). Certains ateliers de consolidation d'équipe sont essentiellement basés sur la compréhension des différents types de personnalités dans le groupe (Samson, 2002). Dans tous les cas, les activités réalisées doivent être choisies en fonction des problèmes spécifiques d'efficacité que rencontre l'équipe.

Sur le plan de la logistique, les sessions de consolidation d'équipe s'étendent généralement sur plusieurs jours et ont lieu à l'extérieur des lieux de travail (ex. : dans une auberge à la campagne). Le fait de tenir la consolidation d'équipe à l'extérieur de l'entreprise permet aux membres de se soustraire à leurs préoccupations quotidiennes pour se concentrer sur les difficultés de l'équipe. Idéalement, le lieu choisi est neutre et assure la confidentialité des propos échangés.

Des consolidations d'équipe de nature plus ludique (récréative) sont également offertes par certaines firmes de consultants. Ces consolidations visent essentiellement à développer le sentiment d'appartenance à l'équipe ainsi qu'à faire prendre conscience aux membres de l'importance de collaborer pour connaître du succès. Ce type de consolidation peut se dérouler en plein air (ex. : rafting, escalade) ou en gymnase.

L'exemple suivant, rapporté par Miquelon et autres (2001), illustre bien quelle forme peut prendre une consolidation d'équipe récréative à caractère relationnel réalisée à l'intérieur :

> [...] Ce matin, un groupe de cinq collègues participent à des activités récréatives intérieures afin d'améliorer le fonctionnement de leur équipe. Avant de prendre part aux activités, les cinq membres de l'équipe doivent revêtir un dossard de la même couleur et choisir un nom d'équipe. Lors de la première activité, tous les membres de l'équipe doivent, chacun à leur tour, se laisser tomber d'un peu moins d'un mètre de haut dans les bras de leurs collègues, disposés en cercle en dessous d'eux. La deuxième activité proposée est un exercice qui exige des participants de résoudre un problème en se mettant d'accord sur une seule solution. La solution que les membres adoptent doit donner lieu à un consensus. Lors de cet exercice, les participants doivent trouver la meilleure façon de faire traverser le gymnase à un des membres de l'équipe, sans qu'il touche le sol. Pour ce faire, l'équipe dispose d'un ballon et tous les membres doivent avoir les yeux bandés, à l'exception de celui que

> l'on a choisi pour la traversée. Lorsque les membres de l'équipe ont examiné les différentes solutions possibles et se sont mis d'accord sur l'une d'elles, ils peuvent commencer l'exercice. [...]
>
> Le dernier exercice exige des participants qu'ils effectuent l'ascension d'un mur d'escalade intérieur. La réussite de l'ascension nécessite la collaboration et la participation de chacun des membres de l'équipe. Lorsque l'équipe a terminé l'ascension du mur, les responsables du programme lui indiquent que son travail d'équipe est excellent et que sa performance est un succès, car elle est comparable à celle des trois meilleures équipes qui ont déjà mené l'activité. Bien entendu, le degré de difficulté de l'activité est prévu de manière à ce que toutes les équipes participantes puissent réussir l'exercice et faire l'expérience du succès [...] (p. 246-247).

Les résultats de la recherche de Miquelon et autres (2001) indiquent qu'un programme de consolidation d'équipe mené en contexte récréatif permet d'augmenter le sentiment de cohésion, la capacité de l'équipe à gérer des conflits et le niveau de confiance groupale des membres.

Quoi qu'il en soit, il faut demeurer conscient que les programmes de consolidation d'équipe, quelle que soit leur nature, ne constituent pas une panacée à tous les problèmes d'efficacité. D'ailleurs, s'il s'agit de la seule intervention pour remédier aux difficultés vécues par l'équipe, les effets risquent de s'avérer éphémères. Dans les semaines qui suivront l'activité, l'équipe pourra effectivement sembler plus performante. Ce résultat risque cependant d'être de courte durée si la consolidation d'équipe ne s'inscrit pas dans un plan d'action plus général, incluant d'autres interventions telles que des ateliers de formation plus spécialisés (ex. : tenue de réunion, gestion des priorités), du *coaching* individualisé ou des modifications ayant trait aux pratiques de supervision (ex. : attribution de récompenses de groupe).

Encadré 8.5 Des mises en garde concernant les consolidations d'équipe récréatives

- Les objectifs doivent être clairement définis. Désirez-vous offrir un divertissement à vos équipes de travail ou désirez-vous une activité d'apprentissage ? Peut-être un mélange des deux ? Alors, le dosage des activités et des sessions en plénière visant à faire le pont entre les activités récréatives et le travail quotidien de l'équipe est très important.
- Les règles de sécurité doivent être bien respectées. Faites-les-vous expliquer avant de conclure l'entente avec le fournisseur.
- Personne ne doit être indisposé ou embarrassé par ce genre d'activités, que ce soit à cause d'un handicap ou d'une limitation physique (ex. : surplus de poids) ou parce que l'on ne se sent pas à l'aise avec le jeu.

Source : Adapté de Labelle (2001).

Un mode d'organisation du travail en pleine expansion : les équipes virtuelles

Pour demeurer concurrentielles, les organisations contemporaines utilisent de plus en plus les technologies de l'information et des communications (TIC), c'est-à-dire Internet, le courriel, les conférences téléphoniques, les forums électroniques, etc. Ces technologies rendent notamment possible la mise en place d'équipes de travail virtuelles. Ces équipes permettent à des individus qui ne travaillent pas dans le même lieu physique et qui, parfois même, ne demeurent même pas dans le même pays, de collaborer à la réalisation d'un mandat commun (Pauleen, 2004). Comparativement aux équipes de travail conventionnelles (c'est-à-dire non virtuelles), les membres d'équipes de travail virtuelles interagissent essentiellement par l'entremise des TIC et ont peu de contacts de personne à personne.

Les équipes de travail virtuelles présentent des enjeux managériaux, techniques et sociaux particuliers (Connaughton et Daly, 2004 ; Powell et autres, 2004). Un premier enjeu a trait à la distance qui sépare les équipiers. Compte tenu du fait que les membres se trouvent dans des lieux distincts et souvent assez éloignés les uns des autres (ex. : différentes villes, provinces, différents pays), ils risquent de se sentir isolés par rapport à leur supérieur immédiat et à leurs collègues. Ce cloisonnement pourra éventuellement miner le sentiment d'appartenance et l'engagement des membres à l'égard de leur équipe et même de leur organisation. Cette conséquence sera encore plus marquée dans les cas où les individus travaillent à partir de leur domicile. D'autre part, l'utilisation des TIC risque d'entraîner de la confusion dans les échanges entre les membres. Les silences (ex. : au téléphone) et les absences de réponse (ex. : aucune rétroaction à la suite de l'envoi d'un courriel) peuvent être mal interprétés et, éventuellement, se transformer en conflits relationnels. Ces malentendus sont encore plus probables lorsque les équipiers sont issus de cultures nationales différentes, ce qui est de plus en plus souvent le cas dans les entreprises internationales. En outre, le fait que les membres ne puissent pas toujours communiquer entre eux en temps réel et de vive voix rend la coordination du travail plus difficile.

Compte tenu du contexte socio-économique actuel, les équipes de travail virtuelles connaîtront probablement une popularité croissante dans les organisations. Conséquemment, il devient crucial de se pencher sur les particularités de ce type de groupe et sur les moyens de favoriser leur fonctionnement et leur efficacité. Bref, les équipes de travail virtuelles constituent un mode d'organisation du travail qui comporte des avantages évidents, mais qui doit être géré convenablement pour s'avérer efficace.

Encadré 8.6 Des moyens visant à favoriser l'efficacité des équipes de travail virtuelles

- Prendre le temps de mener des rencontres en personne au début du projet et à intervalles réguliers (si possible). La confiance et la cohésion se développent plus facilement entre des individus qui se sont déjà rencontrés en personne qu'entre des individus qui n'ont interagi que par l'entremise des TIC.
- Consacrer du temps à développer et à maintenir de bonnes relations interpersonnelles avec les membres de l'équipe malgré la distance (ex. : contacter les membres par téléphone pour prendre de leurs nouvelles).
- Transmettre toute l'information nécessaire au moment opportun par l'entremise de différents médiums (ex. : courriel, bulletin électronique, courrier postal, forum électronique). Les membres des équipes virtuelles ne doivent pas se sentir moins bien informés que les membres des équipes conventionnelles.
- Éviter de surcharger les équipiers d'information. Pour y parvenir, il est notamment recommandé de faire parvenir les courriels seulement aux personnes concernées. En d'autres termes, les fonctions « répondre à tous » et « transférer » de certains logiciels de courrier électronique doivent être utilisées avec discernement.
- Utiliser les TIC les plus appropriées compte tenu des tâches à réaliser ou du message à transmettre. Certaines activités, telles que le remue-méninges, la gestion des conflits et l'élaboration de stratégies, gagnent à être réalisées en temps réel. Les tâches plus structurées ou routinières peuvent, quant à elles, être effectuées au moyen d'une communication électronique (ex. : courriels). D'autre part, certains types d'information (ex. : échecs, licenciements) doivent être transmis de vive voix. Bref, le superviseur d'une équipe virtuelle doit posséder de très bonnes compétences en matière de communication par l'entremise des TIC.
- Transmettre des directives précises dans les messages électroniques. Le fait que les équipiers ne puissent pas interagir en temps réel avec le gestionnaire et leurs coéquipiers peut entraîner de la confusion concernant les stratégies de travail. En d'autres termes, il importe de définir clairement « qui fait quoi » dans l'équipe.
- Formaliser, standardiser et systématiser les processus d'échange d'information et de coordination entre les membres de l'équipe. Cette façon de faire évitera plusieurs malentendus et des pertes de temps.
- Standardiser et formaliser les manières de fonctionner et de se comporter au sein de l'équipe virtuelle en vue de créer un climat d'équipe basé sur des rituels sociaux qui faciliteront des échanges informels entre les membres de l'équipe. Il s'agit en quelque sorte d'établir un code de conduite.

Sources : Adapté de Connaughton et Daly (2004) et de Lessard (2002).

Texte classique

Et si nous prenions les groupes au sérieux...[1]

Introduction

Le présent chapitre traite surtout d'un fantasme, mais d'un fantasme qui n'est pas utopique. Comme le suggère le titre, on tente d'explorer ce qui arriverait si l'on prenait les petits groupes vraiment au sérieux, autrement dit si l'on considérait réellement les groupes, plutôt que les individus, comme composantes de base d'une organisation.

Le moment semble approprié pour discuter d'un tel fantasme. Il y a cinquante ans, le travail en petit groupe informel a été découvert à Hawthorne. Depuis, les groupes ont été examinés sous toutes les coutures : on a fait des expériences sur eux, on les a observés, on les a construits et on les a déconstruits. Les petits groupes sont devenus l'outil principal des spécialistes des sciences du comportement. Les processus de développement organisationnel font également appel aux groupes. Presque tout ce qui a trait à la gestion participative se fonde d'ailleurs sur des techniques liées aux groupes.

Ainsi, l'idée d'utiliser les groupes comme mécanismes organisationnels n'est pas plus nouvelle que fantastique. Le fantasme réside dans l'idée de s'appuyer sur les groupes au lieu de les ajouter par la suite, de concevoir les organisations autour de petits groupes plutôt qu'autour d'individus.

A priori, de tels propos semblent aller à l'encontre d'une valeur importante et bien ancrée dans notre société : l'individualisme. Toutefois, ce fantasme ne mène pas réellement à une approche anti-individualiste.

Le reste du chapitre abordera les questions suivantes : 1) Est-il exact de dire que les groupes n'ont pas été pris suffisamment au sérieux jusqu'à maintenant sur le plan du design organisationnel ? 2) Pourquoi vaudrait-il la peine d'envisager les groupes comme les composantes de base des organisations ? (Quelles caractéristiques des groupes pourraient rendre ces derniers assez intéressants pour qu'on leur prête attention sérieusement ?) 3) Que signifie l'expression « prendre les groupes au sérieux » ? (Qu'est-ce qui devrait être fait différemment ?) 4) Quels changements devraient être apportés dans les autres aspects de l'organisation afin que les groupes puissent devenir les composantes de base ? 5) L'idée d'aménager une organisation autour de petits groupes est-elle radicalement différente ou s'agit-il plutôt d'un pas de plus dans une direction dans laquelle nous sommes déjà engagés ?

Les groupes n'ont-ils pas été pris suffisamment au sérieux jusqu'à maintenant ? Cet argument selon lequel les groupes n'ont pas été pris « au sérieux » ne semble pas difficile à défendre. Les idées contemporaines au sujet des groupes n'ont commencé à faire leur chemin que dans les années 1930 et 1940. À l'époque, il existait déjà une tradition rationaliste dans la conception des organisations. Cette tradition s'appuyait fortement sur l'idée que les individus étaient les composantes de base de l'organisation et la logique voulait que l'on considère la tâche projetée à rebours : il s'agissait d'abord de cibler la tâche ou le but, puis de trouver la structure et la technologie appropriées, et, finalement, d'attribuer à chaque individu un segment préétabli de l'action à accomplir. C'était là, par exemple, l'essence de la psychologie industrielle pendant son développement entre les deux guerres mondiales. La psychologie industrielle s'intéressait presque exclusivement aux différences entre les individus et se mettait au service du structuralisme pour tenter d'insérer des humains dans les organisations comme des cylindres dans des trous carrés. Le rôle du psychologue était alors subordonné à celui du concepteur de l'ensemble de l'organisation. C'était un rôle de soutien : au lieu d'influer sur la conception, il devait se contenter de suivre la voie déjà tracée.

La théorie classique des organisations n'était pas la seule théorie qui mettait l'accent sur l'individu : l'ensemble de la tradition entrepreneuriale de la société américaine appuyait cette vision. On inculquait aux individus (du moins aux hommes) la volonté de réussir.

1. Source : Tiré de Leavitt (1975).

On leur enseignait à rechercher une évaluation individuelle, à se montrer compétitifs, à voir le monde (et en particulier les organisations) comme un endroit où l'on doit se battre pour ses propres accomplissements et pour sa satisfaction individuelle.

Dans ce sens, le design organisationnel classique correspondait à l'environnement culturel de l'époque. Les structures organisationnelles individualistes se confondaient avec l'environnement qui se voulait également individualiste. Toutes les pièces s'assemblaient : les programmes de récompense individuelle pour les travailleurs rémunérés à l'heure, les programmes d'évaluation du mérite individuel et les tests de sélection axés sur les individus.

L'organisation comportait cette caractéristique particulière qu'elle n'était pas simplement une piste de course sur laquelle des individus rivalisaient, mais aussi un système dans lequel les comportements compétitifs des individus pouvaient être coordonnés, utilisés et maîtrisés afin que ceux-ci puissent mieux accomplir les tâches communes. Bien entendu, un des effets négatifs de ce système était la tension continuelle existant entre les individus et l'organisation : d'un côté, l'organisation tentait de contrôler et de coordonner les activités des individus tout en essayant de motiver ces derniers ; de l'autre, les individus compétitifs insistaient pour dépasser les contraintes que l'organisation leur imposait. Un produit de cette tension a été l'apparition de groupes informels, découverts à la Western Electric : ces coalitions non planifiées visaient à combattre le système.

Plus tard, on a découvert que les groupes pouvaient être exploités d'une manière positive du point de vue des gestionnaires : ils pouvaient en effet *favoriser* la productivité au lieu de s'en écarter.

Une période d'expérimentation sur les petits groupes s'en est suivie. On y apprenait à se servir des groupes au sein des organisations existantes pour soulager les tensions entre les individus et l'organisation. On y encourageait la coordination par des méthodes de groupe. On y apprenait aussi que les groupes étaient utiles pour discipliner et contrôler les individus récalcitrants.

Les groupes ont été intégrés dans les organisations. Les compétences relationnelles des individus se sont améliorées, avec pour résultat qu'on réussissait à mieux coordonner les efforts individuels, à mieux réprimer les comportements déviants et à encourager l'engagement des employés. Toutefois, les groupes étaient perçus principalement comme un outil pouvant être greffé sur les systèmes individualistes existants des organisations et utilisé à l'intérieur de ces systèmes. À part quelques exceptions (comme dans le texte de Rensis Likert [1961]), les nouvelles organisations n'étaient pas fondées sur des groupes. Au contraire, les groupes ont engendré d'autres types de tensions et de conflits au moment où ils ont été intégrés dans les modèles d'organisations existants. Les gestionnaires se plaignaient non seulement de la lenteur des groupes, mais aussi du fait qu'ils diluaient les responsabilités et affaiblissaient le pouvoir hiérarchique parce qu'ils étaient trop « démocratiques et qu'ils finissaient par former de petits empires difficiles à pénétrer ». Il y a eu, par exemple, une période où un écart important existait entre les groupes de formation (qui devaient se faire sur des « îlots culturels ») et l'organisation que l'on réintégrait par la suite. Les adeptes de ces formations parlaient beaucoup, par conséquent, de « problèmes de réintégration », c'est-à-dire notamment du problème de l'intégration d'une nouvelle culture (celle des groupes de formation) conçue autour des groupes, dans une culture organisationnelle construite autour des individus.

Il va de soi que les groupes n'ont pas disparu à cause des difficultés qu'ils engendraient. Comment auraient-ils pu disparaître ? Ils avaient toujours été là, bien qu'ils n'aient pas toujours été au service des organisations. Même si, dans de nombreux cas, ils étaient peu reconnus, ils se sont révélés utiles, voire nécessaires, puisque les organisations grossissaient, que les spécialisations se multipliaient et que le besoin d'une meilleure coordination s'accroissait en même temps que les attentes des individus sur le plan humain. Ainsi, les groupes « reconnus » (qui se distinguent des groupes informels ou « naturels ») demeuraient assez solidement ancrés, même dans les organisations conservatrices, mais on les voyait surtout comme un ajout compensatoire que les gestionnaires intégraient à contrecœur.

On n'a toutefois pas encore laissé aux groupes la chance de se faire valoir. C'était comme si l'on insistait pour concevoir des automobiles capables de circuler sur le terrain existant au lieu de construire des routes adaptées aux automobiles.

Vaut-il la peine d'envisager l'utilisation des groupes comme composantes de base des organisations ? Pourquoi les groupes représenteraient-ils un plus grand intérêt que les individus en tant que composantes de base des organisations ? Quelles sont les principales caractéristiques des petits groupes ? Pourquoi sont-ils dignes d'intérêt ? Voici quelques réponses à ces questions.

Premièrement, les petits groupes semblent être profitables aux individus qui les composent. Ainsi, ils peuvent satisfaire d'importants besoins d'appartenance. Ils peuvent aussi fournir tout un éventail d'activités aux individus qui en font partie. Ils peuvent fournir du soutien dans les périodes de tension ou de crise. Ce sont des milieux où les gens peuvent apprendre non seulement d'une façon cognitive, mais aussi d'une façon empirique, à faire confiance aux autres et à s'entraider jusqu'à un certain point. Deuxièmement, les groupes semblent être un bon outil pour révéler les problèmes. Ils semblent être utiles pour promouvoir l'innovation et la créativité. Troisièmement, dans diverses situations de prise de décision, les groupes arrivent à de meilleures décisions que les individus. Quatrièmement, ils sont un bon outil de mise en œuvre. Ils favorisent l'engagement de leurs membres afin que les décisions prises en groupes aient plus de chances d'être adoptées volontairement. Cinquièmement, les groupes contribuent à contrôler et à discipliner les individus grâce à des moyens auxquels les systèmes plus impersonnels, quasi juridiques, ne pourraient dans bien des cas recourir sans grande difficulté. Sixièmement, les petits groupes semblent être des moyens utiles d'amortir de nombreux effets négatifs engendrés par la croissance des organisations. Dans une certaine mesure, ils assurent l'efficacité des communications, limitent les échelons de la hiérarchie et empêchent que les individus ne se perdent dans la foule.

Il y a une septième raison de prendre les groupes au sérieux, laquelle est d'un type bien différent. Jusqu'ici, les concepteurs d'organisations semblaient avoir le choix entre la mise en place d'une organisation basée sur des individus et la mise en place d'une organisation basée sur des groupes. Une organisation basée sur des groupes aura, de fait, à composer avec des individus, mais nous savons depuis longtemps que les organisations dont l'unité de base est l'individu doivent composer avec les groupes. Les groupes sont des phénomènes naturels et des réalités de la vie organisationnelle. Ils peuvent être créés, mais leur apparition spontanée ne peut pas être empêchée. La question n'est pas de savoir s'il doit y avoir des groupes ou non, mais de savoir si la création de groupes doit être planifiée ou non. Si l'on opte pour la négative, les groupes se mettront à pousser dans le « jardin » de l'organisation comme de la mauvaise herbe. Si l'on assimile les groupes à de la mauvaise herbe au lieu d'y voir des fleurs, ils seront perçus, comme auparavant, en tant que tares qui enlaidiront à jamais la beauté des organisations basées rationnellement sur des individus et qui persisteront à se former spontanément (et irrationnellement) pour embarrasser les planificateurs.

Il y a de fortes chances que le contraire (c'est-à-dire percevoir les groupes comme des fleurs et les individus comme de la mauvaise herbe) amène d'autres problèmes, mais cette discussion peut attendre un peu.

[...]

Les groupes dans une culture individualiste. Un architecte a le choix de concevoir un bel édifice qui s'harmonise ou qui détonne avec son environnement. Les concepteurs d'organisations ne peuvent cependant pas opter pour la seconde solution. En effet, si nous concevions une organisation dont la structure ne s'harmonise pas avec son environnement, il serait inimaginable de croire que l'environnement se transformerait pour s'adapter à l'organisation. Il est plus probable que l'environnement rejetterait l'organisation. Si le design organisationnel se basant sur des groupes contraste fortement avec les tendances de l'environnement, nous devrions peut-être abandonner cette idée.

[...]

Les groupes deviennent aussi plus pertinents pour des raisons aussi bien organisationnelles que culturelles. Ils semblent particulièrement utiles en tant que mécanismes de coordination et d'intégration dans le cas de tâches complexes qui demandent une grande variété de connaissances spécialisées. En fait, le développement d'organisations de type matriciel dans l'industrie de la haute technologie constitue peut-être un effort visant à transformer les organisations axées sur les individus en des organisations orientées davantage vers les groupes, et ce, non pour des raisons humaines, mais plutôt en réponse à l'augmentation considérable de la complexité informationnelle des tâches.

À quoi peut ressembler une organisation qui tient compte sérieusement des groupes ? Que signifie une organisation centrée sur les groupes ? Du point de vue des opérations, en quoi cette conception diffère-t-elle des organisations centrées sur les individus ? Une façon de répondre à cette question consiste simplement à prendre les choses que les organisations font avec les individus pour les transposer dans les groupes. Il s'agit alors de passer du niveau de l'atome à celui de la molécule et ainsi de *recruter* des groupes plutôt que des individus, de *former* des groupes plutôt que des individus, de *payer* des groupes plutôt que des individus, de *donner une promotion* à des groupes plutôt qu'à des individus, de *concevoir des emplois* pour des groupes plutôt que pour des individus, de *licencier* des groupes plutôt que des individus, et ainsi de suite, soit toutes les activités qu'accomplissent traditionnellement les organisations lorsqu'elles emploient des individus.

Certaines de ces activités semblent faciles à effectuer en groupes. Par exemple, il ne semble pas très ardu de définir des tâches groupales. En fait, c'est ce que font déjà les dirigeants dans de nombreux cas. Ils assignent des tâches précises à des comités et ils fonctionnent souvent eux-mêmes en groupe. Le problème semble d'ordre pratique : définir des ensembles de tâches qui sont assez importants pour qu'il soit utile de travailler en groupe, mais pas trop importants afin que le nombre de membres du groupe soit limité. La taille des ensembles, dans ce cas, signifie qu'il faut choisir des tâches qui non seulement occuperaient tous les membres du groupe, mais aussi leur permettraient d'apprendre et d'évoluer.

Des notions telles que l'évaluation, les promotions et la rémunération au niveau des groupes soulèvent de nombreux problèmes plus complexes mais tout de même intéressants. Ce que l'on pourrait dire de mieux à propos de ces notions est qu'elles offrent une occasion de réfléchir de façon créative à la rémunération et à l'évaluation. Imaginons, par exemple, qu'un groupe obtienne une augmentation de son budget salarial annuel comme récompense pour son bon travail. Les membres de ce groupe devraient déterminer eux-mêmes les hausses salariales. On peut sûrement prévoir les différents types de problèmes qui risquent de surgir dans le groupe.

Cependant, ces problèmes potentiels sont-ils vraiment plus difficiles à régler que ceux qu'engendrent les augmentations au mérite accordées aux individus ? Existe-t-il une entreprise aux États-Unis qui soit satisfaite de ses mécanismes actuels d'évaluation du rendement et d'attribution des salaires ? Le principe de justice distributive à l'intérieur des petits groupes mènerait probablement à des discussions ou à des débats internes. On pourrait même envisager de permettre au groupe d'attribuer des sommes à ses membres de manières différentes et à différents moments, selon certains critères qu'ils pourraient établir en fonction de la contribution des membres.

En ce qui a trait à l'évaluation du rendement, il est sans doute plus facile pour des personnes situées au haut de la hiérarchie d'évaluer le rendement de l'ensemble des groupes que d'évaluer le rendement des employés pris individuellement situés au bas de la hiérarchie. Les dirigeants d'organisations décentralisées le font constamment, mais ils ont tendance à récompenser le chef de l'unité décentralisée plutôt que l'ensemble du personnel de cette unité.

L'idée d'accorder une promotion à un groupe entraîne un autre type de difficultés. On peut songer, par exemple, aux coûts associés au fait d'avoir à transférer tout un groupe d'un lieu à un autre, ou aux coûts liés à la formation de l'ensemble du groupe à de nouvelles tâches, surtout s'il n'y a personne sur place qui soit en mesure d'assurer la formation. Il peut toutefois y avoir des avantages considérables à ce type de promotion. Par exemple, lorsqu'un groupe doit changer de lieu, ses membres sont déjà habitués à travailler ensemble. Par conséquent, s'ils ont à déménager en raison de leur travail, les employés ainsi que leurs familles seront moins perturbés par le changement.

Il y a aussi le problème du recrutement. Est-il raisonnable de recruter des groupes ? Pourquoi pas ? Pourrait-on trouver des moyens de faire une sélection qui, en plus de permettre de vérifier les connaissances et les aptitudes des candidats, évaluerait leur capacité à travailler ensemble ? Il existe déjà beaucoup de pistes sur ce sujet dans la littérature.

Après la phase initiale de l'implantation des groupes, il y aura, bien sûr, les problèmes liés à l'intégration et au départ d'individus dans les groupes existants. Nous en savons beaucoup jusqu'ici sur la façon d'aider de nouveaux membres à intégrer des groupes déjà en place. Incidemment, un directeur d'usine du Midwest me racontait dernièrement un phénomène curieux qu'il avait constaté : des personnes postulant à des emplois en groupe. En effet, des groupes de trois ou quatre personnes s'étaient présentés à son usine : ils voulaient travailler ensemble et demeurer ensemble.

Les désavantages et les dangers. Quels dangers y a-t-il à vouloir concevoir des organisations autour des groupes ? Une organisation basée sur des groupes ressemble davantage à un marché libre que les organisations actuelles. Un plus grand nombre de décisions doivent être traitées de manière ponctuelle, et de façons toujours différentes. On devrait, par conséquent, prévoir davantage de temps pour négocier à la fois entre les groupes et à l'intérieur de chaque groupe.

Il y aurait davantage de problèmes d'équité, que ce soit dans les rapports entre les individus et le groupe ou dans les rapports entre les différents groupes. Pour résoudre ces problèmes, il faudrait des mécanismes d'arbitrage plus nombreux et mieux adaptés, en plus d'un système de tenue de dossiers souple et efficace. Ajoutons que la technologie moderne employée pour la tenue de dossiers remplit bien ces deux conditions.

Un autre aspect dont il faut tenir compte concerne la mise en place de solutions de rechange pour les individus. Les groupes ont la réputation d'être cruels et injustes envers leurs membres qui n'agissent pas selon les règles. Bien entendu, les individus qui le souhaitent auraient toujours la possibilité de quitter l'organisation. Une autre possibilité consisterait tout simplement à affecter ces individus dans d'autres groupes.

Un autre danger qu'il y aurait à miser à fond sur les groupes concerne la tendance à écarter de l'organisation les personnes très individualistes, qui n'aiment pas fonctionner en groupe. Il est à noter que les contraintes organisationnelles rigides que l'on impose actuellement entraînent le même genre de situations. Les groupes ne pourraient-ils pas mieux protéger les individualistes que les règles impersonnelles qu'on trouve actuellement dans les grandes organisations ?

Voici un autre problème flagrant : si l'on insiste pour donner, entre autres choses, les récompenses, la rémunération et les promotions aux groupes, ces derniers ne risquent-ils pas de se percevoir comme des centres de pouvoir qui se font concurrence ? À moins que nous ne puissions concevoir de nouveaux mécanismes d'adaptation à l'organisation, les tensions entre les groupes risquent d'être fortes. Pour résoudre ce problème (ainsi que d'autres), Likert propose le concept de charnière. Cette notion implique que les individus sont membres de plusieurs groupes du même niveau hiérarchique ou de niveaux hiérarchiques différents. Cependant, Likert semble considérer fondamentalement les organisations du point de vue de l'individu, puisque ce sont toujours les individus qui obtiennent un salaire, des promotions, et ainsi de suite. Dans une organisation davantage axée sur les groupes, le concept de charnière doit être modifié de façon que les individus puissent être membres à temps partiel d'autres groupes tout en appartenant toujours au même groupe. Ainsi, une partie de la paie de l'individu pourrait provenir de chaque groupe, selon la perception de sa contribution par les groupes.

Dans une organisation basée sur des groupes, il faudrait assurément davantage de discussions entre les groupes et à l'intérieur de chaque groupe ; on peut alors débattre la question de savoir si ces discussions engendreront des coûts ou des bénéfices. Dans tous les cas, la mise en place minutieuse de solutions de rechange pour les individus de même que les rapports entre les groupes dans ce type d'organisations, seraient de la même importance que les escaliers entre les étages dans la conception d'une maison.

Il existe aussi un risque de structurer les groupes de façon excessive. Les différents groupes d'une organisation n'ont pas besoin de se ressembler, au contraire. Les tâches et les technologies liées aux groupes devraient avoir un effet important sur la forme et la taille de chaque sous-groupe dans une grande organisation. Tout comme les individus, qui ont la responsabilité de fixer les limites de leurs tâches et de s'adapter à leur poste, les groupes devraient être assez flexibles pour pouvoir s'adapter et changer de manière à accomplir ce que la technologie et les tâches exigent d'eux.

Un autre problème relatif aux groupes, *a priori* inquiétant, concerne la perte potentielle d'une figure d'autorité formelle bien définie. Comment peut-on motiver le personnel sans chef officiel ? Comment peut-on contrôler les individus et maintenir la discipline ? Sans chef, comment peut-on préciser les responsabilités ? Même au moment de formuler ces questions, je ne peux m'empêcher de penser qu'elles sont archaïques : elles intéressent en effet des organisations qui perçoivent les individus comme les composantes de base.

Le problème ne concerne pas tant les chefs que le fonctionnement des mécanismes liés à l'autorité. Il va de soi que les groupes vont se trouver des meneurs ; toutefois, ceux-ci seront choisis par la base. Avec une bonne définition de tâches, certains groupes pourraient, dans certaines situations, attribuer des rôles de meneurs plus ou moins permanents à certains de leurs membres. D'autres groupes pourraient changer de meneur selon les besoins ou le faire en fonction du pouvoir relatif que les membres de tout groupe peuvent avoir selon les besoins du moment. Un temps raisonnable de traitement des problèmes relatifs à l'autorité peut être réservé aux groupes, mais ces problèmes devraient être réglés à l'intérieur de chaque groupe. Le bon côté de la chose est qu'il pourrait être possible d'éliminer certains niveaux hiérarchiques. On aurait ainsi besoin de beaucoup moins de responsables pour superviser le travail accompli individuellement. Certains groupes pourraient même jouer le rôle de supérieurs hiérarchiques auprès d'autres groupes.

Une organisation basée sur des groupes présente deux autres désavantages potentiels. D'abord, il pourrait y avoir de nombreux conflits internes et de petites guerres de pouvoir, qui seraient encore plus problématiques que maintenant. De plus, les organisations basées sur des groupes risquent de devenir très politisées : des coalitions pourraient se former et s'affronter au sujet de certaines problématiques. Si tel est le cas, le reste du système organisationnel devrait, pour tenir compte de ces problèmes politiques, établir des structures qui favoriseront la communication entre les groupes et consacrer plus de temps et d'expertise à la résolution des conflits.

Toutefois, ce dernier problème, qui n'est pas nouveau, ne se limite pas aux organisations basées sur des groupes. Les conflits entre les groupes sont courants dans les grandes organisations, lesquelles sont aussi de nos jours des systèmes politiques. Cependant, les mécanismes permettant de résoudre ces conflits sont souvent ponctuels, puisque ces problèmes n'ont, dans bien des cas, pas été prévus. Il en résulte que l'on tente fréquemment de régler les conflits de manière tout à fait irrationnelle.

Un autre type de problème associé au pouvoir entre les groupes peut devenir très important et difficile à régler. Il y a, en effet, un danger réel que des groupes relativement autonomes et cohésifs demeurent fermés non seulement aux autres groupes, mais surtout aux conseils provenant de la direction ou à l'intégration de nouvelles technologies.

Certes, ces problèmes existent déjà, mais ils risquent d'être amplifiés par la structure de groupes. Je ne vois pas de solution idéale. Toutefois, une possibilité serait d'intégrer à temps partiel dans des groupes hiérarchiques des individus venant de groupes fonctionnels. Une autre solution consisterait à communiquer davantage aux groupes hiérarchiques les contributions possibles des groupes fonctionnels. Évidemment, le système de récompenses (le vieux système du marché) sera probablement le moyen le plus puissant pour éviter que les groupes ne deviennent rétrogrades dans un monde de technologies et d'idées nouvelles.

Cependant, l'étape de la conceptualisation ne permet pas d'évaluer toutes les conséquences possibles liées aux organisations basées sur des groupes. Pour en savoir davantage, il faudrait construire des modèles de travail plus complets et des installations-pilotes. Dans tous les cas, il ne semble pas certain qu'un ralentissement du travail ou des processus décisionnels serait nécessairement rattaché aux organisations basées sur des groupes.

Certains avantages possibles pour les organisations. Enfin, d'un point de vue organisationnel, quels pourraient être les avantages d'une organisation basée sur des groupes ?

Le premier avantage pourrait être une importante réduction du nombre d'unités à superviser. La supervision n'aurait pas à être faite jusqu'à l'individu situé à la base de la hiérarchie. Si la taille moyenne des groupes est de cinq personnes, le nombre d'unités dont la direction aurait à se soucier serait réduit de 20 %. Un tel design organisationnel permettrait probablement aussi de réduire le nombre de niveaux dans l'organisation. En fait, les niveaux qui servent principalement à la supervision seraient intégrés dans les groupes qu'ils supervisent.

Ainsi, de nombreux avantages associés aux petites organisations basées sur des individus pourraient se retrouver dans l'approche basée sur des groupes, simplement à cause du nombre réduit des composantes de base (qui seraient plus grosses) avec lesquelles on peut construire ou modifier l'organisation.

Mais surtout – cela reste incertain malgré l'ampleur de l'intérêt des spécialistes du comportement pour les groupes – on trouverait dans les organisations basées sur des groupes davantage de cohésion, de motivation et d'engagement, ce qui pourrait se traduire par une augmentation de la productivité, de la cohésion sociale et de l'interaction avec l'environnement dans l'organisation.

Résumé

L'outil le plus puissant des spécialistes du comportement – qui est aussi leur préféré – est de loin le petit groupe. Depuis les recherches effectuées à la Western Electric, ils ont appris à comprendre, à mettre à profit et à apprécier les groupes. On s'est d'abord intéressé aux groupes comme moyen de mettre en œuvre des décisions ainsi que d'accroître l'engagement et la motivation du personnel. On apprécie maintenant les groupes parce qu'ils favorisent aussi la créativité et l'innovation. De plus, les groupes prennent souvent de meilleures décisions que les individus. Ils améliorent également le climat organisationnel. Il est inimaginable de penser embaucher un spécialiste du comportement qui ne proposera pas aussitôt de convoquer une réunion pour discuter de l'organisation : la réunion est son principal outil de travail.

Toutefois, les regroupements à l'intérieur des organisations ne sont pas une invention des behavioristes. Il s'agit de phénomènes naturels. Qu'on le veuille ou non, des groupes informels se forment au sein des organisations. Il est à la fois possible et juste de décrire de grandes organisations comme des ensembles de groupes qui interagissent, qui négocient, qui forment des coalitions, qui coopèrent et qui sont en concurrence. Il est aussi possible et juste de percevoir les décisions que de grandes organisations prennent comme le résultat de l'interaction entre les groupes dans ces organisations et non seulement comme le résultat d'une analyse rationnelle.

[...]

Le contrôle des comportements individuels est aussi un problème important dans les grandes organisations occidentales. Ce problème a mené de nombreuses organisations à établir des ensembles de règles bureaucratiques quasi juridiques, qui vont des mécanismes d'évaluation du travail jusqu'aux systèmes de récompenses, en passant par les évaluations du rendement. Toutes ces structures, qui sont axées sur l'individu, sont terriblement complexes et créent des problèmes de justice distributive. Une organisation qui parvient à éliminer autant que possible cette superstructure juridique bénéficie d'un grand avantage.

Les gestionnaires devraient songer à concevoir des organisations employant une matière qui est maintenant très bien comprise et qui semble avoir beaucoup de potentiel : les petits groupes. Jusqu'à récemment du moins, les groupes ont surtout servi à réparer et à corriger les défauts des organisations construites sur une autre base.

[...]

Références

Johnson, Richard T., et William G. Ouchi (1974). « Made in America (under Japanese management) ». *Harvard Business Review*.

Li, Victor (1971). « The Development of the Chinese Legal System ». Dans John Lindbeck (dir.), *China : The Management of a Revolutionary Society.* Seattle : University of Washington Press.

Likert, Rensis (1961). *New Patterns of Management.* New York : McGraw-Hill.

Glossaire

A

Absentéisme : Terme utilisé dans les organisations pour désigner les absences évitables et imprévisibles (Statistique Canada, 2005).

Abstention : Le fait de ne pas agir, de ne rien faire ou de ne pas se prononcer.

Accommodation : 1. (modèle de Kolb) Style d'apprentissage caractérisé par la préférence pour l'expérimentation active et l'expérience concrète. 2. (modèle de Piaget) Ajustement qui se fait par la modification des schèmes d'assimilation lorsque ceux-ci s'avèrent inopérants dans une nouvelle situation (Bloch et autres, 2002, p. 8).

Accord privé : Le fait d'adhérer au modèle préconisé par le groupe, ce qui implique une modification des attitudes.

Accord public : Le fait d'adopter des conduites acceptables sans forcément adhérer aux normes et aux valeurs qui les inspirent.

Acquiescement : Le fait de céder à la pression d'un groupe ou d'une personne pour éviter une punition ou pour obtenir un renforcement positif (Vallerand, 1994).

Activité perceptive : Activité de la perception orientée vers la recherche de l'information nécessaire afin que l'individu puisse satisfaire ses besoins, réaliser ses projets et s'adapter aux conditions de son milieu : exploration, représentation ou configuration, et anticipation.

Adaptation : 1. Mécanismes par lesquels un individu s'ajuste à une situation (*adaptare*) et devient apte (*as*, *aptus*) à s'y développer. 2. (dans le sens de se tirer d'affaire) Effort d'ajustement des conduites intellectuelles et manifestes comportant la prise de conscience de son propre fonctionnement et des difficultés éprouvées, la remise en cause de ses stratégies – ainsi que leur perfectionnement ou leur transformation –, en vue d'atteindre des objectifs individuels dans une situation qui n'est ni facile ni avantageuse pour la personne.

Adéquation – candidat – environnement de travail : Degré de compatibilité entre les caractéristiques d'un individu et les exigences de l'emploi considéré au sens large.

Adéquation – candidat – groupe de travail : Degré auquel les caractéristiques d'un individu sont compatibles avec celles des membres du groupe de travail.

Adéquation – candidat – organisation : Degré auquel les valeurs, les besoins et les buts d'un individu sont conciliables avec la structure, la culture et le fonctionnement organisationnel.

Adéquation – candidat – travail à effectuer : Degré auquel un individu possède les aptitudes nécessaires pour effectuer un travail en particulier.

Affect : Ensemble de comportements observables qui expriment un état émotionnel subjectivement éprouvé (APA, 1996, p. 289).

Affirmation personnelle : (dimension de la gestion de conflit) Degré auquel un individu cherche à satisfaire ses propres intérêts, au détriment des intérêts d'autrui (Thomas et Kilmann, 1974).

Agrégat : Juxtaposition de personnes qui n'entretiennent pas de relations entre elles sur une base personnelle (Leclerc, 1999, p. 13). Il existe des agrégats physiques et des agrégats statistiques.

Altruisme : 1. Conduites d'aide à autrui, de manière désintéressée, mais desquelles l'individu retire beaucoup de satisfaction personnelle. 2. Mécanisme de défense par lequel le sujet répond aux conflits émotionnels ou aux facteurs de stress internes ou externes en se consacrant à répondre aux besoins des autres (APA, 1996, p. 879).

Ambiguïté de rôle : Source de stress occupationnel liée au fait que l'information disponible pour le poste occupé est inadéquate ou trop vague.

Amotivation : Processus par lequel des comportements sont adoptés de façon automatique, sans qu'on ait besoin d'y réfléchir (ex. : un réflexe, une habitude).

Analyse d'emploi : Processus de collecte d'information par lequel il est possible de décrire tous les aspects essentiels d'un emploi, qu'il s'agisse des tâches, des responsabilités ou des conditions de travail (Pettersen, 2000).

Angoisse : Ensemble des sentiments et des phénomènes affectifs caractérisé par une sensation interne d'oppression et de resserrement, et par la crainte réelle ou imaginaire d'un malheur grave ou d'une grande souffrance devant lesquels on se sent à la fois démuni et totalement impuissant à se défendre (Bloch et autres, 2002, p. 67).

Annulation rétroactive : Mécanisme de défense par lequel le sujet répond aux conflits émotionnels ou aux facteurs de stress internes ou externes en utilisant des mots ou des comportements visant à nier ou à corriger symboliquement des pensées, des sentiments ou des actes jugés inacceptables (APA, 1996 ; Thobaben, 2005).

Anthropomorphisme : Croyance selon laquelle une organisation dispose des mêmes caractéristiques que l'être humain, telles que la capacité d'apprendre, la mémoire, la réflexion, l'intelligence, etc.

Anxiété : Anticipation craintive d'un danger ou d'un malheur à venir accompagnée d'un sentiment de dysphorie ou de symptômes somatiques de tension (APA, 1996, p. 890).

Appréhension : Mode de connaissance associé à la pensée synthétique, impliquant une approche inductive, phénoménologique et totalisante des problèmes.

Apprendre : Acquérir des connaissances et des compétences ; modifier ses attitudes et ses comportements pour être plus efficace qu'avant ; changer ses routines, ses habitudes et ses automatismes ; s'adapter à une nouvelle situation tout en devenant soi-même.

Apprentissage : Modification de la capacité d'un individu à réaliser une tâche sous l'effet des interactions dans son environnement (Bloch et autres, 2002, p. 79).

Apprentissage en double boucle : (théorie d'Argyris) Processus de détection et de correction des écarts entre les résultats obtenus et les résultats désirés, qui inclut aussi la remise en cause des hypothèses, des normes et des objectifs sous-jacents.

Apprentissage en simple boucle : (théorie d'Argyris) Processus de détection et de correction des écarts entre les résultats obtenus et les résultats désirés, sans remise en cause des hypothèses et des objectifs sous-jacents.

Art de diriger : Capacité de donner aux gens la liberté d'accomplir ce qu'on attend d'eux de la manière la plus efficace et la plus humaine possible (De Pree, 1990).

Aspect énergétique : (théorie de Piaget) Les besoins, les tendances, les désirs ou la recherche du plaisir.

Aspect structural : (théorie de Piaget) Le sens, les intentions, les projets, les rapports entre l'action et la finalité, entre les moyens et l'objectif.

Assimilation : 1. (modèle de Kolb) Style d'apprentissage caractérisé par deux habiletés : l'observation réfléchie et la conceptualisation abstraite. 2. (théorie de Piaget) Mécanisme psychologique qui modifie les données extérieures par un ensemble d'actions, lesquelles, une fois coordonnées, constituent un schéma d'assimilation, structure stable, répétable, pouvant incorporer de nouveaux objets et événements (Bloch et autres, 2002, p. 106). Intégration des éléments extérieurs compatibles avec la nature des concepts ou des connaissances que l'individu possède à propos de son expérience.

Attachement : Système inné de réaction à autrui qui a pour but de satisfaire le besoin de l'autre (Zazzo, 1979).

Attaque de panique : Syndrome psychiatrique se manifestant par un niveau très élevé d'anxiété et de peur, associé à l'appréhension d'une catastrophe imminente et inévitable.

Attente : (théorie des attentes) Probabilité qu'un certain niveau de performance puisse être atteint si l'individu fournit suffisamment d'efforts.

Attitude : État interne influençant les choix individuels ou les décisions de se comporter d'une certaine façon dans des circonstances particulières.

Attitude type : (typologie psychologique) Orientation de l'énergie de la personne vis-à-vis d'un événement ou d'un stimulus : l'extraversion et l'introversion.

Attribution : Inférence ou hypothèse faite par la personne ayant pour fonction l'explication des données observables, des événements ou des comportements (Vallerand et Bouffard, 1985).

Authenticité : Faculté d'une personne d'être ce qu'elle est, de jouer les rôles qui lui conviennent, à sa façon, sans façade ni prétention (Rogers, 1976).

Autonomie : 1. Liberté d'action que possède un individu dans l'exercice de ses fonctions. 2. (style de comportement) Indépendance de jugement et d'attitude qui reflète la détermination à agir selon ses propres principes (Moscovici, 1984).

Autorité : Capacité d'une personne, occupant une position sociale ou possédant une compétence reconnue à l'intérieur d'un système social, d'obtenir de la part des autres une conformité aux normes édictées et une obéissance aux ordres, sans avoir recours à la force, mais avec le seul système de sanctions établi (Enriquez, 1991).

B

Besoin : État organique qui résulte d'un déséquilibre entre, d'une part, des normes physiologiques et culturelles et, d'autre part, de l'information ou des représentations concernant l'état du milieu intérieur.

Besoin de pouvoir : Motivation à comprendre et à maîtriser l'environnement, à exercer son libre arbitre pour accroître son autonomie et influencer son destin (Adler, 1979).

Besoins d'actualisation : (théorie des besoins de Maslow) Catégorie de besoins se rapportant au besoin général de réaliser quelque chose qui constitue un défi et de se réaliser (ex. : développement de son potentiel, individuation).

Besoins d'amour et d'appartenance : (théorie des besoins de Maslow) Catégorie de besoins se rapportant au besoin de l'autre (ex. : amitié, attachement, affiliation, appartenance, complicité).

Besoins de sécurité : (théorie des besoins de Maslow) Catégorie de besoins se rapportant au besoin général de se protéger contre les risques et les dangers (ex. : besoin de stabilité, de dépendance, de protection, de structure, de routine, d'ordre, de justice).

Besoins d'estime : (théorie des besoins de Maslow) Catégorie de besoins se rapportant au besoin général d'accroître sa valeur personnelle, tant en ce qui a trait à l'estime de soi (ex. : accomplissement, maîtrise, compétence, confiance en soi, indépendance, liberté) qu'à l'estime des autres (ex. : réputation, prestige, statut, succès, gloire, dominance, reconnaissance, attention, importance, dignité, appréciation).

Besoins de transcendance : (théorie des besoins de Maslow) Catégorie de besoins se rapportant au dépassement de soi (ex. : altruisme, vérité, bonté, beauté, unité, nécessité, finalité, sens, justice, ordre, simplicité, jeu).

Besoins physiologiques : (théorie des besoins de Maslow) Catégorie de besoins se rapportant à la survie de l'individu et de l'espèce (ex. : oxygène, faim, soif, copulation, sommeil, instinct maternel, besoin d'exercice, besoin de stimulation).

Biais : Distorsion que subit une information en entrant dans le système cognitif ou en en sortant (Bloch et autres, 2002, p. 156).

Biais de désirabilité sociale : Tendance, plus ou moins consciente, à se présenter sous un jour favorable.

Biais égocentrique : Tendance à attribuer ses réussites à des dispositions personnelles et ses échecs, à des facteurs externes.

Blocage : Comportement caractérisé par un refus, une incapacité apparente et provisoire de poursuivre un apprentissage, de réagir à une situation (Bloch et autres, 2002, p. 159).

C

Caractère agréable/désagréable : (modèle en cinq facteurs) Facteur de la personnalité concernant la qualité de l'orientation interpersonnelle de l'individu le long d'un continuum allant de la compassion à l'antagonisme dans les idées, les sentiments et les actes (Rolland, 2004).

Caractère consciencieux/négligent : (modèle en cinq facteurs) Facteur de personnalité concernant le degré d'organisation, de persévérance et d'assiduité de l'individu (Rolland, 2004).

Catégorie : Regroupement sociodémographique (Leclerc, 1999).

Catégorisation sociale : Processus par lequel s'élaborent des catégories ou des schémas d'objets, de personnes et d'événements dont se sert la perception pour sélectionner et structurer les relations de l'individu avec son entourage.

Centralité : Valeur ou degré d'importance attribué à quelque chose. Place qu'occupe cette chose dans la vie de quelqu'un.

Champ phénoménal : Ce dont la personne a conscience ici et maintenant. Synonymes : champ psychologique, champ perceptuel, conscience, expérience.

Champ subliminal : Ensemble des faits qui ne sont pas perçus par la personne ou qui sont inconscients, mais qui influencent tout de même ses attitudes et ses conduites.

Charisme : (dimension du leadership transformationnel) Degré auquel le leader se comporte de façon que d'autres individus s'identifient à lui.

Clivage : Mécanisme de défense par lequel le sujet répond aux conflits émotionnels ou aux facteurs de stress internes ou externes en compartimentant des états affectifs opposés et en échouant à intégrer ses propres qualités et défauts et ceux des autres dans des images cohérentes (APA, 1996, p. 879).

Coaching : Méthode de formation selon laquelle un employé travaille avec un autre employé plus expérimenté (appelé *coach*) dans le but d'arriver à développer différentes compétences cognitives, interpersonnelles ou managériales.

Cognition : 1. Ensemble des activités intellectuelles et des processus qui se rapportent à la connaissance et à la fonction qui la réalise (Bloch et autres, 2002, p. 211). 2. Connaissance formée de plusieurs éléments reliés entre eux d'une façon cohérente, comme un réseau. Synonymes : schème d'action, structure opérative, notion, connaissance, croyance, concept, schéma.

Cognition sociale : Processus qui implique la considération de tous les facteurs influençant l'acquisition, la représentation et le rappel de l'information concernant les personnes ainsi que les relations de ces processus avec les jugements réalisés par l'observateur (Hamilton, 1981).

Cohérence : (base de la personnalité) Degré de connexion entre les différents éléments de la personnalité ; ce qui fait que l'individu est perçu comme étant équilibré, consistant et logique (Porot, 1969).

Cohésion : Processus dynamique reflétant la tendance des membres d'une équipe à rester ensemble et à demeurer unis dans la poursuite de leurs objectifs (Carron et autres, 1988).

Collectif : Ensemble d'individus réunis dans un même lieu et liés par des rapports impersonnels (Sartre, 1985).

Combat : Lutte contre l'agent stressant dans le but qu'il cesse d'agir, et ce, afin de préserver l'intégrité de l'organisme.

Combinaison : Le fait de se mettre d'accord sur une solution qui paraît acceptable, dès l'instant où elle permet d'éviter les discussions et les conflits, et de sauvegarder la cohésion du groupe.

Communauté de pensée et d'action : Grand nombre de personnes qui partagent des points de vue semblables sur des sujets particuliers, qui adhèrent aux mêmes approches ou qui ont recours à des cadres de référence communs (Leclerc, 1999, p. 15).

Communication : (au sein d'une équipe) Degré auquel les équipiers échangent au moment opportun de l'information ou des idées concernant la tâche d'équipe (Rousseau, 2003).

Comparaison sociale : Processus par lequel les individus se comparent aux autres et peuvent ainsi assurer à la fois leurs ressemblances et leurs différences avec autrui.

Comportement d'équipiers : Comportement qui facilite la réalisation d'une tâche en équipe (Rousseau, 2003).

Compréhension empathique : Aptitude à se représenter de manière empathique le point de vue de l'autre, à en saisir le sens dans son intégralité.

Compréhension soudaine (*insight*) : Découverte soudaine de la solution d'un problème, de la nature d'une figure ou d'un objet perçu (Bloch et autres, 2002, p. 640).

Conceptualisation abstraite : (modèle de Kolb) Façon d'acquérir des connaissances, relevant de la représentation abstraite et de l'interprétation des phénomènes perçus.

Conditionnement : Acquisition d'un comportement rendue possible par les relations qui existent entre les stimulations du milieu et les réactions de l'organisme (Bloch et autres, 2002, p. 249).

Confiance admirative : (style de subordination) Style actif qui consiste à faire confiance à son chef, à s'en remettre à lui pour le travail, pour son avancement et pour tout ce qui concerne son propre intérêt, à ne jamais mettre ses paroles en doute, à lui faire des confidences (De Angéli et Hébrard, 1976).

Confiance dans les autres : (typologie des employés) Perception qu'a la personne des intentions, des attitudes et des conduites d'autrui (Rice, 1978). Avoir confiance dans les autres, c'est les percevoir comme de bonnes personnes, honnêtes, capables d'écouter et de comprendre et prêtes à collaborer avec soi.

Confiance groupale (*potency*) : Croyance partagée par les membres d'une équipe à l'égard de l'efficacité de leur équipe (Guzzo et autres, 1993). Plus spécifiquement, cette croyance concerne la capacité de l'équipe à être efficace, et ce, quelle que soit la tâche à réaliser.

Confiance interpersonnelle : Degré auquel les membres d'une équipe acceptent de se montrer vulnérables vis-à-vis de leurs coéquipiers dans l'espoir que ces derniers adopteront les comportements attendus (Mayer et autres, 1995).

Conflit de rôle : Source de stress occupationnel liée à la perception d'incompatibilité ou d'incongruité face aux demandes auxquelles doit répondre le titulaire d'un poste.

Conformité : Le fait de modifier une attitude ou une conduite afin de l'harmoniser avec celle du groupe.

Congruence : Degré d'accord ou de consistance interne entre l'expérience vécue par l'individu, sa représentation consciente de cette expérience (la métaconscience), l'image de soi et l'expression de cette expérience (ses attitudes et ses comportements).

Conscience : 1. Synthèse de tous les éléments perçus par la personne, qui lui permet de comprendre son expérience immédiate, passée et future, en fonction de sa personnalité. 2. Propriété de réflexivité de l'être humain qui lui permet d'avoir des expériences subjectives, ce qui fait que le sujet peut dire des choses par rapport à ses propres actes mentaux, à ses états émotionnels, à ses perceptions sensorielles, à ses croyances (Bloch et autres, 2002, p. 261).

Conscience de soi : (base de la personnalité) Capacité à se percevoir d'une manière réaliste et à se présenter correctement à la fois sa vie intérieure et le monde extérieur.

Considération positive inconditionnelle : Capacité d'une personne d'accepter et de respecter tout ce qu'une autre personne exprime, verbalement ou non et directement ou non, à propos d'elle-même et de son expérience (Rogers, 1947).

Considération pour les personnes : (dimension du leadership transformationnel) Aptitude du leader à se préoccuper des besoins individuels, à agir à titre de mentor ou d'accompagnateur, et à prendre en considération les préoccupations des individus dans ses décisions.

Consistance : (style de comportement) Affirmation de la décision de s'en tenir à un point de vue donné et le reflet de l'engagement dans un choix cohérent (Moscovici, 1984).

Consistance (principe de) : La personne cherche à comprendre et à expliquer les expériences, heureuses et malheureuses, tout autant qu'à accorder ses décisions et ses actions, afin de se sentir cohérente et logique.

Consolidation d'équipe : Intervention réalisée afin de remédier à différents types de problèmes d'efficacité dans une équipe de travail.

Contraste (effet de) : Effet perceptif de renforcement produit par l'opposition entre des personnes, des choses ou des situations qui sont présentées simultanément ou successivement, et ayant pour conséquence de faire ressortir les différences, voire les oppositions et les contraires.

Convergence : 1. (modèle de Kolb) Style d'apprentissage caractérisé par la préférence pour la conceptualisation abstraite et l'expérimentation active. 2. (pensée convergente) Forme de pensée qui s'applique dans les cas où il faut, à partir de faits donnés, parvenir à une conclusion exacte, unique.

Coopération : 1. (au sein d'une équipe) Degré auquel les équipiers s'aident volontairement les uns les autres en cas de besoin lors de l'exécution de leur travail (Rousseau, 2003). 2. (dimension de la gestion de conflit) Volonté d'un individu de satisfaire les intérêts de l'autre partie, en mettant de côté ses propres intérêts (Thomas et Kilmann, 1974).

Coopération-concertation : (style de subordination) Style de subordination actif basé sur un accord obtenu relativement à un objectif commun (De Angéli et Hébrard, 1976).

Cortex cérébral (néocortex) : Structure commune aux espèces évoluées essentielle au traitement et à la mémorisation à long terme de l'information, à l'intégration des messages sensorimoteurs et en particulier à la conscience, à la connaissance et à l'imagination créatrice (Laborit, 1974).

Courbe théorique d'apprentissage : Courbe comportant essentiellement trois stades : la motivation à apprendre, l'expérience d'apprentissage et l'acquisition des conduites efficaces.

Cristallisation : (modèle de Lewin) Action de rendre permanent le champ de force, de stabiliser l'état d'équilibre atteint, tant par la consolidation de la structure du système que par le renforcement des acquis.

Croyance : Attitude intellectuelle d'une personne qui tient pour vrai un énoncé ou un fait sans qu'il y ait nécessairement une démonstration objective et acceptable de son attitude (Bloch et autres, 2002, p. 299).

Culture d'absentéisme : Croyances, valeurs et patrons de comportements reliés à la présence au travail que partagent les membres d'un groupe de travail ou d'une organisation (Gellatly et Luchak, 1998).

Cycle d'apprentissage : (modèle de Kolb) Séquence de transformations des connaissances qui les ramènent périodiquement à la phase initiale. Kolb (1984) a déterminé quatre phases : l'expérience concrète, l'observation réfléchie, la conceptualisation abstraite et l'expérimentation active.

D

Décentration : Opération consistant à mettre en suspens son propre jugement pour un certain temps afin de prendre du recul par rapport à son propre point de vue, dans le but de mieux comprendre celui d'un autre.

Décristallisation : (modèle de Lewin) Action de créer une ouverture à l'expérience et de stimuler l'intérêt pour le changement ; en d'autres mots, à déséquilibrer le champ psychologique.

Demandes psychologiques : (modèle demande/contrôle) Exigences de l'emploi (ex. : niveau de productivité attendu, échéancier de travail).

Déni : Mécanisme de défense par lequel le sujet répond aux conflits émotionnels ou aux facteurs de stress internes ou externes en se refusant à reconnaître comme réels certains aspects extérieurs douloureux ou certaines expériences subjectives douloureuses pourtant apparentes pour autrui (APA, 1996, p. 880).

Déplacement : 1. Mécanisme de défense par lequel le sujet répond aux conflits émotionnels ou aux facteurs de stress internes ou externes en transférant l'expression d'une émotion associée à une situation particulière à une autre situation dans laquelle l'émotion peut être exprimée sans risque (Thobaben, 2005). 2. (modèle de Lewin) Processus procédant soit par la correction des schèmes d'action ou la compensation des perturbations (il s'agit en fait d'une équilibration simple), soit par la production de nouveaux schèmes d'action ou par la transformation du système, ce qui nécessite son dépassement (il s'agit alors d'une équilibration majorante).

Dépression : Maladie mentale caractérisée par une modification profonde de l'état thymique, de l'humeur dans le sens de la tristesse, de la souffrance morale et du ralentissement psychomoteur (Bloch et autres, 2002, p. 327).

Désir : Prise de conscience du besoin ou de la tendance, un peu comme une action mise en suspens ; le désir est une force dans le champ psychologique, mais une force maîtrisable parce qu'elle est consciente.

Détachement : Conséquence de l'autonomie acquise par rapport à une personne, ne signifiant pas la négation du lien entre deux personnes mais plutôt son intériorisation (Pietroni, 1993 ; Zazzo, 1979).

Détermination : Le caractère défini, l'identité de la personne ainsi que le caractère résolu, la capacité d'exercer son libre arbitre et de suivre sa voie (Jung, 1981).

Déviance : Type de conduite qui résulte d'un conflit entre les valeurs d'un individu et les normes du groupe et qui place l'individu en dehors du groupe, où ses conduites ne semblent plus être dictées par les règles de celui-ci (Fischer, 1987 ; Marc et Picard, 1989).

Dialectique : Caractère inséparable des contradictions.

Dimension irrationnelle : (typologie psychologique) Dimension regroupant les deux fonctions psychologiques (sensation et intuition) qui visent à rendre les *patterns* de comportement conformes à la réalité perçue, qu'elle soit externe ou interne. C'est à partir de ces fonctions que l'individu perçoit le monde.

Dimension rationnelle : (typologie psychologique) Dimension regroupant les deux fonctions psychologiques (pensée et sentiment) dont l'activité se caractérise par la suprématie de la réflexion, de la raison et du jugement. C'est à partir de ces fonctions que l'individu prend ses décisions.

Discrimination (phénomène de) : Une personne conditionnée à adopter des comportements devant un stimulus peut être amenée à faire la différence entre plusieurs stimuli et à ne réagir qu'à un seul d'entre eux.

Dissociation : Mécanisme de défense par lequel le sujet répond aux conflits émotionnels ou aux facteurs de stress internes ou externes par une altération des fonctions d'intégration de la conscience, de la mémoire, de la perception de soi ou de l'environnement ou du comportement sensorimoteur (APA, 1996, p. 880).

Dissonance cognitive : Incompatibilité des idées observées chez une personne à propos d'un objet, d'un individu, d'une situation, etc., entraînant un effort de sa part pour concilier ses idées d'une manière ou d'une autre (Festinger, 1957).

Divergence : 1. (modèle de Kolb) Style d'apprentissage caractérisé par la préférence pour l'expérience concrète et l'observation réfléchie. 2. (pensée divergente) Forme de pensée permettant, à partir de faits donnés, de parvenir à une pluralité d'idées différentes ou de solutions différentes d'un problème.

Dynamique de groupe : Phénomènes se déroulant à l'intérieur des groupes ou comportant des groupes (Anzieu et Martin, 2003).

E

École des coups durs : Expression employée pour désigner les apprentissages qui résultent de l'expérience des coups durs, des situations de crises.

Écoute active : Tentative, consciente et persévérante, de saisir les idées et les sentiments de l'autre, et volonté de l'aider à comprendre sa situation et à surmonter ses difficultés (Rogers et Farson, 1984).

Effet Zeigarnik : Phénomène selon lequel les tâches interrompues sont mieux retenues que celles qui sont menées jusqu'à leur terme (Bloch et autres, 2002, p. 1398). Les projets qu'on ne trouve pas le temps de terminer nous préoccupent beaucoup plus que ceux qu'on a réalisés.

Égocentrisme : Situation d'un sujet qui considère le monde de son seul point de vue (Bloch et autres, 2002, p. 416).

Égoïsme : Tendance qui porte un individu à se préoccuper exclusivement de son propre plaisir et de son propre intérêt sans se soucier de ceux des autres (Larousse, 2006).

Élaboration cognitive : Acquisition de nouvelles connaissances et réorganisation des connaissances dissonantes en présence.

Émotion : Constellation de réponses de forte intensité qui comportent des manifestations expressives, physiologiques et subjectives typiques (Bloch et autres, 2002, p. 422).

Empathie : Représentation correcte du cadre de référence d'autrui avec les harmoniques subjectives et les valeurs personnelles qui s'y rattachent (Rogers, 1976).

Empirisme : Courant philosophique selon lequel la connaissance dérive de l'expérience, et en particulier de l'expérience sensorielle (Dortier, 2004, p. 190).

Emploi actif : (modèle demande/contrôle de Karasek) Emploi qui engendre un niveau élevé de demandes psychologiques, mais qui procure à l'individu la latitude décisionnelle nécessaire pour relever adéquatement les défis.

Emploi à faible tension : (modèle demande/contrôle de Karasek) Emploi qui se caractérise par un niveau peu élevé de demandes psychologiques, combiné à une importante marge de manœuvre.

Emploi à haute tension : (modèle demande/contrôle de Karasek) Emploi qui engendre des demandes psychologiques élevées et qui permet très peu de latitude décisionnelle.

Emploi passif : (modèle demande/contrôle de Karasek) Emploi qui implique à la fois un faible niveau de demande psychologique et un faible niveau de contrôle.

Engagement : Force qui pousse un individu à accomplir des actions s'avérant pertinentes en regard d'une ou de plusieurs cibles. Il s'agit d'un concept tridimensionnel, incluant l'engagement affectif (identification à la cible), l'engagement de continuité (coût associé au fait de rompre le lien avec la cible) et l'engagement normatif (sentiment d'obligation envers la cible).

Engagement envers les objectifs : Degré auquel la personne est déterminée à atteindre ses objectifs en dépit des difficultés et des obstacles.

Entraînement à la tâche : Ensemble d'activités visant l'acquisition, en cours de production, de connaissances, d'habiletés et d'attitudes reliées à l'exercice de nouvelles tâches dans le cadre d'un emploi donné.

Entreprise apprenante : Type d'entreprise où l'apprentissage est valorisé et encouragé entre les différents services, impliquant la croyance de la permanence du changement.

Équilibration : (théorie de Piaget) Processus par lequel une structure mentale (c.-à-d. un schème d'action) qui a perdu son équilibre retrouve un nouvel équilibre.

Équilibration majorante : (théorie de Piaget) Processus de régulation qui procède par la production de nouveaux schèmes d'action ou par la transformation de la structure actuelle, impliquant son dépassement.

Équilibration simple : (théorie de Piaget) Processus de régulation visant à conserver la structure originale, soit par la correction des éléments ou des relations qui forment la structure ou par la compensation des perturbations causées par les éléments étrangers.

Équilibre : 1. (théorie de Piaget) Mode temporaire d'organisation des structures mentales produisant un état relativement stable. 2. État idéal, instable, fait d'oscillations et de mouvements constants (Pauchant et Mitroff, 1995 ; Timmerman, 1986).

Équipe de travail : Tout ensemble formel, permanent et bien défini comprenant au moins deux individus interdépendants dans l'accomplissement d'une tâche dont ils partagent collectivement la responsabilité envers l'organisation (Savoie et Mendès, 1993).

Équipe virtuelle : Groupe d'individus qui ne travaillent pas dans le même lieu physique, mais qui collaborent à la réalisation d'un mandat commun (Pauleen, 2004).

Équité : (style de comportement) Expression simultanée d'un point de vue particulier et d'un souci de réciprocité de la relation dans laquelle s'expriment les opinions (Moscovici, 1984).

Erreur fondamentale d'attribution : Tendance à privilégier la causalité interne au détriment des facteurs de situation et des contraintes de rôle (Bloch et autres, 2002, p. 127).

Estime de soi : Donnée fondamentale de la personnalité, placée au carrefour de plusieurs composantes essentielles du soi, notamment cognitive (regard sur soi) et affective (évaluation de soi) (Dortier, 2004, p. 206).

État d'agent : Une personne est dans un état d'agent lorsqu'elle considère qu'elle a un statut dans un ensemble social où d'autres personnes sont investies d'une autorité à laquelle elle doit se soumettre et qu'elle se sert de leurs directives comme guide de conduite correcte (Milgram, 1975).

État d'autonomie : Une personne se trouve dans un état d'autonomie lorsqu'elle se sent personnellement responsable de ses actes, se sert de sa propre conscience comme guide de conduite correcte et a le courage d'agir selon ses propres convictions (Milgram, 1975).

Évaluation cognitive (*appraisal*) : Processus par lequel l'individu détermine si oui ou non un événement est susceptible d'affecter son bien-être et, dans l'affirmative, de quelle façon il peut y faire face.

Évaluation primaire (*primary appraisal*) : Processus visant à donner un sens à un événement et à évaluer l'enjeu.

Évaluation secondaire (*secondary appraisal*) : Processus visant à déterminer si quelque chose peut être fait pour surmonter ou prévenir un danger ou encore pour augmenter les probabilités de succès face à un défi.

Évitement (conduite d'évitement) : Mouvement de recul contre quelque chose ou quelqu'un permettant de ne pas subir un tort.

Expansion de la conscience : Introspection et analyse des pensées, des sentiments et des images qui « meublent » l'expérience de la personne.

Expérience : Ensemble des événements qui exercent sur l'individu une influence durable, sinon irréversible (Bloch et autres, 2002, p. 469).

Expérience concrète : (modèle de Kolb) Façon d'acquérir des connaissances, par l'exposition directe avec la situation concrète, immédiate.

Expérimentation active : (modèle de Kolb) Mode de transformation de l'expérience, recourant à l'extension, et supposant des actions et des opérations portant directement sur des objets de l'environnement.

Externalité : Caractéristique des personnes qui croient que ce qui leur arrive dans la vie ne dépend pas d'elles, mais d'agents ou de facteurs extérieurs comme le système, le gouvernement, Dieu, la chance, etc. (Rice, 1978).

Extraversion : (typologie psychologique) Attitude désignant l'orientation de l'intérêt vers la « réalité extérieure », c.-à-d. les gens, les choses, les relations, les événements, les normes, etc.

Extraversion/introversion : (modèle en cinq facteurs) Facteur de la personnalité concernant la quantité et l'intensité de l'interaction interpersonnelle, du niveau d'activité, du besoin de stimulation et de la capacité de s'amuser (Rolland, 2004).

F

Facteurs de motivation : (théorie des deux facteurs de Herzberg) Facteurs qui favorisent la motivation des employés en éveillant leur besoin de croissance.

Facteurs d'hygiène : (théorie des deux facteurs de Herzberg) Facteurs qui préviennent l'insatisfaction des employés, sans toutefois accroître leur niveau de motivation.

Fantasme : Scénario inconscient mettant en relation le sujet et un objet de désir (Bloch et autres, 2002, p. 484).

***Feedback* :** Rétroaction positive ou négative portant sur les comportements ou l'efficacité d'une personne et visant le développement de l'autonomie.

Figure/fond (relation) : Distinction issue de la gestalt-théorie et dans laquelle la figure fait partie du champ perceptif qui se détache du fond, qui s'individualise, tandis que la structure du fond reste indistincte (Bloch et autres, 2002, p. 489).

Flânerie sociale : Phénomène de groupe selon lequel les individus fournissent généralement moins d'efforts lorsqu'ils sont en groupe que lorsqu'ils doivent répondre individuellement de leurs actes (Latané et autres, 1979).

Flexibilité : (style de comportement) Capacité d'apprécier différents aspects de la réalité et de se dégager de ses propres points de vue pour comprendre ceux des autres (Moscovici, 1984).

Flow (épisode d'expérience optimale) : État psychologique de profond bien-être, de concentration et de motivation intenses, qui survient lorsqu'une activité est perçue comme constituant un défi égal ou légèrement supérieur aux habiletés que l'on possède (Csikszentmihalyi, 1990, 2003).

Fonction auxiliaire : (typologie psychologique) Fonction psychologique permettant l'équilibration des conduites de l'individu. Elle est au service de la fonction dominante.

Fonction dominante : (typologie psychologique) Fonction psychologique à laquelle l'individu recourt le plus souvent et le plus naturellement. Elle caractérise son mode habituel de réaction.

Fonction inférieure : (typologie psychologique) Fonction psychologique à l'opposé de la fonction dominante. Comme l'individu ne la maîtrise pas, elle constitue son point faible.

Fonction psychologique : (typologie psychologique) Forme particulière de l'activité psychique qui demeure la même, en principe, dans des conditions changeantes.

Fonction tertiaire : (typologie psychologique) Fonction psychologique à l'opposé de la fonction auxiliaire. Elle sert à dépanner quand la fonction auxiliaire fait défaut.

Force : (style de subordination) Style de subordination actif qui consiste à faire pression sur son chef par l'utilisation de moyens de pression variés – légaux ou non –, dont l'intimidation et la menace physique, la création d'une coalition contre le chef, le recours à un supérieur ou au délégué du personnel, l'atteinte morale à la réputation par la diffamation, etc. (De Angéli et Hébrard, 1976).

Formation réactionnelle : Mécanisme de défense par lequel le sujet répond aux conflits émotionnels ou aux facteurs de stress internes ou externes en substituant à un comportement, à des pensées ou à des sentiments personnels inacceptables, d'autres qui leur sont diamétralement opposés (APA, 1996, p. 880).

Foule : Grand nombre d'individus attirés au même endroit par un événement particulier (Leclerc, 1999, p. 15).

Frontières (d'un groupe) : Concept développé par Lewin (1975) permettant de définir les limites du groupe, c.-à-d. d'identifier qui fait partie du groupe et qui n'en fait pas partie. Représentation de l'intérieur et de l'extérieur du groupe (nous versus eux).

Frustration : État psychologique déplaisant causé par un retard ou un obstacle dans la progression vers la satisfaction d'un besoin ou d'un désir.

Fuite : Soustraction à l'agent stressant et à ses effets nocifs afin de préserver l'intégrité de l'organisme.

G

Généralisation : Capacité acquise par les stimuli de déclencher une réaction conditionnelle en vertu de leur similitude avec le stimulus conditionnel alors qu'ils ne lui ont jamais été associés.

Généralisation (phénomène de) : Une personne conditionnée à adopter des comportements devant un stimulus aura tendance à reproduire ces mêmes comportements en réponse à tout stimulus semblable.

Genèse : Processus de développement de quelque chose ; ensemble de faits qui ont concouru à la formation, à la création de quelque chose (Larousse, 2006).

Gestalt : Forme perçue comme constituant un tout (Bloch et autres, 2002, p. 529).

Gestion des conflits : (au sein d'une équipe) Degré auquel les équipiers cherchent à concilier de façon constructive leurs divergences réelles ou potentielles en regard de leurs préférences, de leurs valeurs ou de leurs intérêts (Rousseau, 2003).

Gestion des ressources : (au sein d'une équipe) Degré auquel les équipiers s'assurent d'utiliser de façon optimale les ressources dont l'équipe dispose (Rousseau, 2003).

Grotte de Platon : (philosophie) Récit d'hommes emprisonnés dans une grotte. Les ombres qu'ils voient sur les parois semblent, pour eux, la réalité. Si l'un d'eux devait sortir de cette grotte, il ne pourrait raconter aux autres ce qu'il a vu : ils ne le croiraient pas puisqu'ils souffriraient de connaître la vérité. Pour eux, la réalité, ce sont les ombres sur le mur.

Groupe : Ensemble d'au moins trois personnes qui entretiennent des relations structurées en fonction d'un objectif commun (Anzieu et Martin, 2003 ; Landry, 1995).

Groupe en fusion : Groupe qui se forme (Sartre, 1985).

Groupe formel : Groupe dont la principale fonction est la réalisation d'une ou de plusieurs tâches (Richard, 1996).

Groupe informel : Collection d'individus entretenant entre eux des relations non prescrites, de sorte qu'ils sont perçus comme formant ensemble une entité sociale, qui dépasse la simple juxtaposition des membres et qui est distincte de la structure formelle de l'organisation (Laroche, 1991).

Groupe organisé : Le moment où apparaissent, à l'intérieur du groupe, les statuts officiels, des droits et des devoirs, définissant ainsi une structure permanente qui exerce des pressions sur les individus pour qu'ils demeurent loyaux et productifs (Sartre, 1985).

Groupe statutaire : Le moment où les membres d'un groupe définissent les statuts et les rôles de chacun, réduisant ainsi leur liberté (Sartre, 1985).

H

Habileté : Qualité d'une personne habile, c.-à-d. capable, apte.

Habilitation du personnel : Mode de gestion où l'employé de première ligne se voit allouer plus de latitude dans la réalisation des tâches et de pouvoir dans l'organisation (Boudrias et autres, 2003).

Habilitation psychologique : État psychologique d'un individu habilité comptant quatre composantes cognitives, soit le sens du travail, la compétence, l'autodétermination et l'impact (Spreitzer, 1995 ; Thomas et Velthouse, 1990).

Halo (effet de) : Tendance d'une personne, à qui on demande d'évaluer une caractéristique déterminée chez une autre personne connue de la première, à être affectée par l'opinion qu'a l'évaluateur sur les autres caractéristiques de la personne évaluée ou par l'impression générale que lui laisse cette personne (Bloch et autres, 2002, p. 560).

Harcèlement moral : Toute conduite abusive (geste, parole, comportement, attitude…) qui porte atteinte, par sa répétition ou sa systématisation, à la dignité ou à l'intégrité psychique ou physique d'une personne, mettant en péril l'emploi de celle-ci ou dégradant le climat de travail (Hirigoyen, 2001, p. 13).

Homéostasie : Tendance générale de l'organisme au rétablissement de l'équilibre, et ce, chaque fois que ce dernier est rompu.

Humour : Mécanisme de défense par lequel le sujet répond aux conflits émotionnels ou aux facteurs de stress internes ou externes en faisant ressortir les aspects amusants ou ironiques du conflit ou des facteurs de stress (APA, 1996, p. 880).

I

Idéalisation : Mécanisme de défense par lequel le sujet répond aux conflits émotionnels ou aux facteurs de stress internes ou externes en s'attribuant – ou en attribuant à autrui – des qualités exagérées (APA, 1996, p. 880).

Identification : Action de se comporter comme le modèle prescrit par le groupe, en raison de l'attirance éprouvée pour celui-ci.

Identité : (base de la personnalité) Continuité ou consistance de la personnalité dans le temps.

Illusion : Phénomène manifestant une discordance entre une expérience perceptive et des propriétés physiques de la stimulation (Bloch et autres, 2002, p. 591).

Implication au travail : Importance du travail en général dans la vie de l'individu (Kanungo, 1982).

Implication dans l'emploi : Degré auquel l'individu s'identifie à l'emploi qu'il occupe actuellement (Kanungo, 1982).

Inconscient : Tous les éléments qui ne sont pas perçus par la personne, mais qui exercent tout de même une certaine influence sur ses attitudes et ses conduites.

Induction : Forme d'inférence consistant à généraliser une propriété commune aux cas déjà connus d'une classe d'objets ou d'événements à l'ensemble des cas de la même classe (Bloch et autres, 2002, p. 624).

Inertie : Relative impuissance des individus dans une situation donnée (Aebischer et Oberlé, 1990).

Influence sociale : Ensemble des empreintes et des changements que la vie sociale ou les relations avec autrui produisent sur les individus ou les groupes, qu'ils en soient ou non conscients (Paicheler, 1991).

Inhibition de l'action : Réaction observée lorsqu'un individu estime qu'il ne peut ni utiliser la fuite ni le combat face à l'agent stressant. Il n'a pas alors le choix de l'action : il doit subir et attendre que cela se passe.

Innéisme : (philosophie) Doctrine postulant l'innéité, caractère de ce qui est inné, de certaines structures mentales (Larousse, 2006).

Innovation : 1. Le fait de reconnaître, de filtrer, de consolider, de développer, de modifier, de clarifier et, éventuellement, de commercialiser ou d'implanter les idées créatives (Amabile et autres, 1996). 2. (forme d'influence) Modification par la majorité des membres du groupe d'une attitude ou d'une conduite à la suite de l'exercice de l'influence d'une minorité. 3. (innovation d'équipe) Degré auquel l'équipe favorise le développement et l'application de nouvelles idées et méthodes de travail permettant de réduire les coûts et les délais de production, ainsi que d'augmenter la qualité des biens et des services.

Inspiration : (dimension du leadership transformationnel) Capacité du leader à insuffler une vision partagée.

Instrumentalité : (théorie des attentes de Vroom) Probabilité qu'un certain niveau de performance (résultat) puisse entraîner une conséquence particulière.

Intégrité : Unité de la personnalité, mais aussi de sa plénitude (Jung, 1981).

Intellectualisation : Mécanisme de défense par lequel le sujet répond aux conflits émotionnels ou aux facteurs de stress internes ou externes en s'adonnant à un usage excessif de pensées abstraites ou de généralisations pour contrôler ou minimiser des sentiments gênants (APA, 1996, p. 880).

Intelligence : Capacité générale d'adaptation à des situations nouvelles par des procédures cognitives (Bloch et autres, 2002, p. 646).

Intelligence émotionnelle : Capacité de se motiver à réaliser quelque chose d'important pour soi et de persister dans ses projets en dépit des frustrations, de contenir ses impulsions et de retarder les gratifications, de comprendre ses humeurs et de conserver la maîtrise de soi dans une situation stressante, d'être empathique et de garder l'espoir pour le futur (Goleman, 1995).

Intelligence interpersonnelle : Capacité à comprendre les autres (ce qui les motive, leurs façons d'être et d'agir) et de réagir de façon appropriée (Gardner, 1983).

Intelligence intrapersonnelle : Capacité de discerner ses propres sentiments, de faire des choix responsables et d'orienter ses comportements en fonction de ses choix (Gardner, 1983).

Interdépendance : Degré auquel les membres d'un groupe ont besoin d'interagir et dépendent les uns des autres pour accomplir leur travail efficacement (Campion et autres, 1993).

Interexpérience : Expérience vécue par au moins deux personnes (Laing et autres, 1972).

Intériorisation : Modification sur le plan d'une valeur ou d'une croyance entraînant un changement de comportement relativement permanent donnant lieu à un accord privé avec les normes du groupe. Elle constitue souvent une réponse à la motivation d'être correct (*to be right*) envers soi-même et les autres.

Internalité : (typologie d'employé) Caractéristique des personnes qui croient pouvoir exercer une influence sur les événements qui les concernent (Rice, 1978).

Introjection : Mécanisme de défense par lequel le sujet répond aux conflits émotionnels ou aux facteurs de stress internes ou externes en faisant passer, sur un mode fantasmatique, du « dehors » en « dedans », des objets et des qualités inhérents à ces objectifs (Morin et Bouchard, 1992).

Introversion : (typologie psychologique) Attitude qui représente l'orientation de l'intérêt vers la « réalité intérieure », c.-à-d. les idées, les pensées, les suppositions de base, les images, les fantasmes, etc.

Intuition : (typologie psychologique) Fonction qui permet à l'individu de sentir ce qui va arriver dans le futur, d'imaginer ce qui pourrait être.

Inventaire des types psychologiques de Myers-Briggs (MBTI) : Questionnaire visant à déterminer le type psychologique d'une personne ; il définit 16 types psychologiques à partir de 4 dimensions : l'attitude type, la fonction rationnelle, la fonction irrationnelle et le style de vie.

Investissement : (style de comportement) Effort fourni pour justifier ou pour modifier une attitude ou une conduite, qui dénote chez l'individu une grande confiance en ses choix et une grande capacité d'autorenforcement (Moscovici, 1984).

Isolation : Mécanisme de défense par lequel le sujet répond aux conflits émotionnels ou aux facteurs de stress internes ou externes en séparant les idées des sentiments qui leur étaient initialement associés (APA, 1996, p. 881).

J

Jugement : (typologie psychologique) Style de vie reflétant une préférence à conduire sa vie de façon planifiée et organisée.

Justice distributive : Équité des traitements et des rétributions.

Justice interactionnelle : Rectitude des pratiques de supervision (respect, intégrité, cohérence).

Justice procédurale : Rectitude des décisions prises par les gestionnaires.

L

Latitude décisionnelle : (modèle demande/contrôle de Karasek) Marge de manœuvre dont dispose l'individu (niveau d'autonomie) et diversité des compétences qu'il doit mobiliser pour faire son travail (variété des tâches).

Leadership : Fonction assumée, avec un certain style, par un individu, un sous-groupe ou un groupe placé dans une situation définie, visant à influencer de manière significative ou même à transformer la conduite d'autrui (individu, groupe, organisation) afin que celui-ci progresse vers les buts qui lui sont assignés ou réalise la tâche exigée (Bloch et autres, 2002, p. 707).

Leadership autocratique : Style de leadership très directif et axé sur la tâche.

Leadership démocratique : Style de leadership qui encourage l'implication et la participation des employés.

Leadership « laisser faire » : Style de leadership passif qui offre un maximum de liberté aux employés.

Leadership transactionnel : Leadership basé sur l'évaluation et le contrôle des subordonnés par l'entremise de moyens rationnels et économiques (Bass, 1985).

Leadership transformationnel : Leadership visant à soutenir et à faire progresser les individus dans leur développement personnel et professionnel (Northouse, 2004).

Légitimité (de l'équipe) : Dimension politique de l'efficacité d'une équipe de travail. La légitimité de l'équipe correspond à sa réputation.

Libido : Énergie du désir, de l'envie, des pulsions sexuelles (Bloch, 2002, p. 721).

Loi de la totalité : Le tout est différent de la somme de ses parties ; en d'autres termes, l'ensemble des parties a des propriétés qui ne se réduisent pas à la somme des propriétés des parties.

Loi de l'effet : Le lien entre un stimulus et un comportement varie selon la nature des conséquences de ce comportement pour la personne. Si les conséquences sont jugées satisfaisantes, le lien s'établit et se renforce. Au contraire, si les conséquences sont jugées insatisfaisantes, le lien s'affaiblit et tend à disparaître (Thorndike, 1931).

Loi de l'exercice : Le lien entre un stimulus et un comportement s'établit, et la performance s'améliore avec le nombre de répétitions. Au bout d'un certain nombre de répétitions, le comportement tend à devenir automatique ; il devient une habitude (Thorndike, 1931).

M

Management : Activité intrinsèquement politique, articulée à un projet éthique, qui a pour objet la réalisation collective d'un produit ou d'un service de qualité, humainement, socialement et culturellement utile, économiquement justifié, accompli aux moindres coûts, tant pour l'entreprise et ses membres que pour la nature et la société de tous les individus, actuelles et futures (Van den Hove, 1996, p. 5).

Manipulation : Phénomène qui suppose l'existence d'individus totalement soumis, d'une part, et celle d'individus totalement autonomes, d'autre part, ce qui s'avère presque impossible (Moscovici, 1994).

Maturation : Développement normal d'un organisme qui le rend apte à assurer ses fonctions.

Maturité : Caractère épanoui de la personne qui lui donne de l'assurance et de la sûreté dans son jugement ainsi que le courage d'affronter l'anxiété et les difficultés de l'existence (Jung, 1933).

Mécanisme de défense : Procédé dont se sert le moi, qui est une instance psychique inconsciente, lorsqu'il fait face à une représentation insupportable, à défaut de savoir l'intégrer aux autres représentations, conscientes celles-là, par un travail de la pensée.

Méfiance : (typologie des employés) Avoir de la méfiance, c'est percevoir les autres comme des personnes mal intentionnées, malhonnêtes, égoïstes, prêtes à exploiter quelqu'un si cela devient nécessaire pour satisfaire leurs intérêts personnels (Rice, 1978).

Menace : Signe perçu, réel ou imaginé, dans le milieu indiquant à la personne la possibilité d'un danger pouvant lui causer un dommage physique ou psychologique.

Mentorat : Méthode de formation impliquant qu'un membre de l'organisation, ayant accumulé plusieurs années d'expérience, prenne en charge la socialisation et le cheminement de carrière d'un employé occupant depuis peu de temps un poste dans la même organisation (Saks et Haccoun, 2004).

Métacognition : Procédure mentale qui consiste à réfléchir sur la façon dont on pense ; comporte des activités d'introspection, d'autorégulation et d'individuation

Métaconscience : Niveau supérieur de la conscience qui implique le développement de notre autonomie quant à la façon de penser et au sens qu'on veut donner à son existence.

Méthode constructive d'adaptation : Stratégie comportementale permettant l'ajustement (*coping*) de la personne aux conditions de son milieu, l'augmentation de ses possibilités d'action et l'accroissement de sa satisfaction générale.

Méthode négative d'adaptation : Stratégie défensive visant à soulager ou à éviter l'anxiété sans résoudre le conflit qui l'a engendrée, mais entraînant un rétrécissement du champ de la conscience, la réduction des possibilités d'action et la restriction des relations avec autrui.

Mobilisation : Masse critique d'employés qui accomplissent des actions (faisant partie ou non de leur contrat de travail et étant rémunérées ou non) bénéfiques au bien-être des autres, de leur organisation et à l'accomplissement d'une œuvre collective (Tremblay et Wils, 2005).

Modèles mentaux communs : Représentations mentales que partagent les membres d'une équipe à propos des éléments clés constituant l'environnement interne et externe (Klimoski et Mohammed, 1994).

Moi : Lieu de l'identité personnelle ; consciemment accessible mais prenant racine dans l'inconscient, le moi émerge à partir des sensations éprouvées et s'affirme avec l'usage du je dans la parole (Bloch et autres, 2002, p. 785).

Motivation : Processus psychophysiologique responsable du déclenchement, de l'entretien et de la cessation d'un comportement, ainsi que de la valeur appétitive ou aversive conférée aux éléments d'un milieu sur lesquels s'exerce ce comportement (Bloch et autres, 2002, p. 790).

Motivation extrinsèque : Motivation de l'individu qui décide de réaliser une activité en raison de contraintes extérieures, sans avoir de plaisir à réaliser cette activité.

Motivation intrinsèque : Motivation de l'individu qui décide volontairement de réaliser une activité pour la simple satisfaction que cette dernière lui procure.

N

Négociation : (style de subordination) Style actif qui consiste à soumettre ses diverses demandes à son chef de façon progressive, en demandant des explications, des garanties, en faisant des propositions concrètes, en essayant d'établir un accord sur certaines bases, en s'entendant sur une marche à suivre et en tentant de faire valoir au mieux ses atouts (De Angéli et Hébrard, 1976).

Névrose : Maladie mentale dont le sujet reste douloureusement conscient et qui, malgré les troubles permanents de la personnalité qu'elle peut entraîner, n'en affecte pas profondément les fonctions essentielles (Bloch et autres, 2002, p. 833).

Normalisation : Influence réciproque des membres d'un groupe où chacun fait un compromis en rapprochant sa position de celle des autres, l'accord qu'ils établissent leur permettant d'éviter les conflits (Levine et Pavelchak, 1984).

Norme : Règle de conduite désirable, prescrite par un groupe et partagée par les individus qui en font partie. Les normes constituent le produit concret des valeurs.

O

Obéissance : Modification par la personne d'une attitude ou d'une conduite afin de se soumettre aux ordres directs d'une autorité légitime.

Objectivité : Qualité de ce qui est conforme à la réalité, de ce qui décrit avec exactitude (Larousse, 2006).

Observation réfléchie : (modèle de Kolb) Mode de processus de transformation de l'expérience recourant à l'intention et procédant du raisonnement hypothético-déductif qui permet la classification et la construction de la connaissance ainsi que la formulation de propositions et d'inférences.

Ontogenèse : Construction de l'individu ; développement biologique et comportemental entraînant cette construction progressive, notamment dans le domaine de la formation de la personnalité et dans l'acquisition des instruments de la connaissance (Bloch et autres, 2002, p. 866).

Organisation : Regroupement qui inclut généralement un nombre important de membres qui ne se connaissent pas nécessairement tous entre eux et dont les rapports sont plus ou moins institutionnalisés (Leclerc, 1999, p. 17).

Organisation apprenante : Organisation qui arrive à acquérir, à traiter et à diffuser de façon continue les connaissances concernant les marchés, les produits, les technologies et les affaires et qui a des structures suffisamment souples pour permettre le travail en équipe et la mise en place de mécanismes de coordination informels (Slater et Narver, 1994).

Orientation : Fonction du travail, c.-à-d. l'intention, la finalité ou le dessein personnel associé au travail, ou les raisons pour lesquelles un individu travaille. Les résultats personnels recherchés par le travail.

Ouverture à l'expérience : (modèle en cinq facteurs) Facteur de personnalité qui concerne la recherche proactive et la capacité d'apprécier les expériences pour elles-mêmes, de tolérer l'inconnu et de l'explorer (Rolland, 2004).

P

Passage à l'acte : Mécanisme de défense par lequel le sujet répond aux conflits émotionnels ou aux facteurs de stress internes ou externes par des actions plutôt que par des sentiments ou des réflexions (APA, 1996, p. 88).

Pensée : (typologie psychologique) Fonction psychologique qui permet à l'individu de juger à partir de règles, de principes ou de lois.

Pensée de groupe : Détérioration de l'efficience mentale, de l'évaluation de la réalité et du jugement moral attribuable aux pressions provenant de l'intérieur du groupe (Janis, 1982).

Percept : Entité cognitive permanente dont on suppose l'existence pour pouvoir rendre compte des perceptions particulières (Bloch et autres, 2002, p. 894). Le percept est une image ou une structure figurative.

Perception : 1. Ensemble des mécanismes et des processus par lesquels l'organisme prend connaissance du monde et de son environnement sur la base de l'information élaborée par ses sens (Bloch et autres, 2002, p. 898). 2. (typologie psychologique) Style de vie reflétant une préférence à conduire sa vie de façon spontanée et flexible.

Pérennité d'équipe : Capacité de l'équipe à s'adapter aux changements internes (ex. : intégration de nouveaux membres) et externes (ex. : introduction d'une nouvelle technologie), de sorte que les membres puissent continuer à travailler ensemble dans l'avenir.

Performance : Grandeur des écarts entre les objectifs de rendement assignés à l'individu et les résultats qu'il obtient.

Personnalité : Ensemble de caractéristiques affectives, émotionnelles, dynamiques relativement stables et générales de la manière d'être d'une personne dans sa façon de réagir aux situations dans lesquelles elle se trouve (Bloch et autres, 2002, p. 927).

Planification/organisation du travail : (au sein d'une équipe) Degré auquel les équipiers se dotent d'un plan de travail décrivant la distribution des activités de travail entre eux et les méthodes utilisées pour coordonner leur travail et pour compléter leur tâche d'équipe à l'intérieur des délais prescrits (Rousseau, 2003).

Polarisation : Consensus qui a tendance à se former pour aller dans le sens de la valeur prédominante qui est défendue par les figures influentes du groupe (Moscovici et Doise, 1992).

Positive (dans « la perception est positive ») : Phénomène qui se produit lorsqu'on perçoit ce qui est, qu'il s'agisse de stimuli internes ou de stimuli externes.

Pouvoir : Un potentiel d'action, la capacité d'agir.

Pouvoir de coercition : Pouvoir détenu par celui qui a la capacité d'exercer un contrôle sur les autres en les menaçant d'une sanction s'ils ne se soumettent pas (Leclerc, 1999, p. 173).

Pouvoir de récompense : Pouvoir détenu par celui qui peut procurer à autrui des ressources qu'il recherche ou valorise (Leclerc, 1999, p. 173).

Pouvoir de référence : Pouvoir qui repose sur le désir de ressembler ou de s'associer à un individu que l'on affectionne, admire, dont on respecte les qualités personnelles (Leclerc, 1999, p. 176).

Pouvoir d'expertise : Pouvoir détenu par celui qui possède un ensemble de connaissances ou de compétences techniques qui le rend indispensable ou difficilement remplaçable dans certains domaines ou dans certaines situations (Leclerc, 1999, p. 175).

Pouvoir légitime : Pouvoir basé sur la position occupée par une personne ou un ensemble de personnes dans une structure hiérarchique (Leclerc, 1999, p. 174).

Préjugé : Attitude positive ou négative à l'égard d'un groupe fondée sur des jugements, sur des généralisations faites à partir d'information fausse ou incomplète.

Première impression : Tendance à trop se fier aux perceptions qu'on a de quelqu'un ou de quelque chose lors du premier contact. Ces impressions sont généralement fausses puisqu'elles sont justement produites à partir de trop peu d'information.

Préoccupation (phase de) : Inquiétude, zone d'inconfort perçue par l'individu à l'égard d'un changement dont il est l'un des destinataires (Bareil, 2004).

Principe de contiguïté : Une combinaison de stimuli, qui a entraîné un comportement, tendra à provoquer le même comportement si elle se présente de nouveau (Guthrie, 1952).

Projection : Mécanisme de défense par lequel le sujet répond aux conflits émotionnels ou aux facteurs de stress internes ou externes en attribuant à tort à autrui ses propres sentiments, impulsions ou pensées inacceptables (APA, 1996, p. 881).

Prophétie autoréalisatrice : Définition erronée de la situation qui provoque un nouveau comportement qui, une fois manifesté, fait en sorte que la définition erronée devient vraie (Merton, 1948).

Psychologie différentielle : Domaine de la psychologie qui étudie les différences individuelles.

Psychotique : Perte des limites du moi ou altération importante de l'expérience de la réalité (APA, 1996).

Pulsion : Énergie fondamentale d'une personne, la force nécessaire à ses activités, qui s'exerce au plus profond d'elle.

Punition négative : Situation d'apprentissage dans laquelle un comportement entraîne le retrait d'un stimulus dont la valeur est appétitive visant ainsi à diminuer les probabilités d'occurrence de ce même comportement.

Punition positive : Situation d'apprentissage dans laquelle un comportement est suivi par un stimulus dont la valeur est aversive visant à diminuer les probabilités d'occurrence de ce même comportement.

Pygmalion (effet de) : Performance faible ou élevée d'une personne ou d'un groupe, obtenue par le fait que la personne en position d'autorité a un préjugé à l'égard de cette personne ou de ce groupe, qui influence inconsciemment ses attitudes et ses comportements à son endroit.

Q

Qualité de l'expérience groupale : Degré auquel le climat au sein d'une équipe contribue au bien-être ainsi qu'à la croissance personnelle et professionnelle des membres.

Qualité de vie au travail : État général de bien-être des personnes dans leur milieu de travail.

R

Rationalisation : Mécanisme de défense par lequel le sujet répond aux conflits émotionnels ou aux facteurs de stress internes ou externes en dissimulant les motivations réelles de ses propres pensées, actes ou sentiments, derrière des explications rassurantes ou complaisantes mais erronées (APA, 1996, p. 881).

Réactions psychotiques brèves : Syndrome psychiatrique se caractérisant par l'apparition de symptômes psychotiques qui durent de quelques heures à un mois, et qui sont provoqués par un événement traumatisant.

Récence (effet de) : Tendance à mieux se rappeler des dernières impressions que des premières.

Recherche de pouvoir : Désir de puissance, souvent perçu comme indésirable, à cause de son lien avec la tendance à dominer les autres (Collerette, 1991).

Récompense : Gratification, avantage reçu à la suite de l'émission d'un comportement attendu ou de l'accomplissement d'une tâche.

Récompense extrinsèque : Gratification provenant de l'environnement (ex. : rémunération au mérite, promotion selon la compétence, actes de reconnaissance de la contribution).

Récompense intrinsèque : Gratification engendrée par l'accomplissement du travail lui-même (ex. : fierté pour le travail accompli, satisfaction personnelle, sentiment d'accomplissement).

Recouvrement spontané : Réapparition de la réaction conditionnelle après une extinction, en l'absence de toute modification de la situation (Bloch et autres, 2002, p. 1081).

Rééducation : Processus qui consiste à se fixer de nouveaux buts, à définir ses valeurs et à choisir de vivre en fonction de celles-ci d'une façon responsable et réaliste.

Refoulement : Mécanisme de défense par lequel le sujet répond aux conflits émotionnels ou aux facteurs de stress internes ou externes en expulsant de sa conscience des désirs, des pensées ou des expériences pénibles (APA, 1996, p. 881).

Régression : Mécanisme de défense par lequel le sujet répond aux conflits émotionnels ou aux facteurs de stress internes ou externes en retournant à un stade antérieur de développement pour faire face à un conflit (Thobaben, 2005).

Relation humaine : Une interexpérience, c.-à-d. une expérience vécue par au moins deux personnes. La relation humaine peut se définir comme étant le lien d'interdépendance des individus, c.-à-d. ce qui maintient deux personnes ou plus dans un état de relative dépendance mutuelle tout en leur permettant de conserver une certaine autonomie (Laing et autres, 1972).

Rendement (de l'équipe) : Degré auquel les produits de l'équipe respectent les normes de quantité, de qualité, de synchronisme et de coûts de production (Savoie et Beaudin, 1995).

Renforcement (principe de) : Tendance à répéter les comportements qui procurent du plaisir, c'est-à-dire de la satisfaction.

Renforcement négatif : Phénomène ou procédure d'apprentissage qui se traduit par le retrait d'une menace ou l'absence de punition.

Renforcement positif : Phénomène ou procédure d'apprentissage qui se traduit par des résultats positifs ou des conséquences satisfaisantes.

Représentation mentale : Entité de nature cognitive reflétant, dans le système mental d'un individu, une fraction de l'univers extérieur à ce système (Bloch et autres, 2002, p. 1112).

Répression : Mécanisme de défense par lequel le sujet répond aux conflits émotionnels ou aux facteurs de stress internes ou externes en évitant délibérément, mais de façon temporaire, de penser à des problèmes, des désirs, des sentiments ou des expériences pénibles (APA, 1996, p. 881).

Réseau : Regroupement d'individus reliés les uns aux autres d'une certaine manière, mais qui ne poursuivent pas nécessairement un objectif commun (Leclerc, 1999, p. 15).

Résistance : (base de la personnalité) La résistance permet à l'individu de conserver son caractère malgré les difficultés de l'existence, sans pour autant perdre ses capacités d'adaptation.

Résistance au changement : Force qui s'oppose à la réorganisation des conduites et à l'acquisition des nouvelles compétences ou, en d'autres mots, à des forces restrictives.

Retournement contre soi : Mécanisme de défense par lequel le sujet répond aux conflits émotionnels ou aux facteurs de stress internes ou externes en retournant ou redirigeant contre soi une représentation ou un affect insupportable concernant une personne autre que soi.

Revendication-mise en accusation : (style de subordination) Style de subordination actif qui consiste à exprimer sa frustration sur le mode des plaintes et des griefs, allant des reproches d'injustice à l'accusation de son chef (De Angéli et Hébrard, 1976).

Rituel : Séquence d'activités mise en place par une personne ou un groupe dans le but d'obtenir d'autrui des réponses déterminées.

Rôle : Ensemble des comportements associés à une position ou à un statut dans un groupe et auxquels s'attendent les personnes qui en font partie.

Rotation de postes (ou de tâches) : Série planifiée d'affectations dans différentes fonctions afin d'élargir le bagage de compétences d'un employé.

S

Santé mentale : État de complet bien-être physique, psychologique et social ne se limitant pas à une absence de maladie ou d'infirmité (OMS, 1946).

Satisfaction : État psychologique correspondant à l'atteinte, partielle ou totale, de l'objectif recherché.

Satisfaction au travail : Degré auquel des individus perçoivent qu'ils sont équitablement récompensés par divers aspects de leur travail et par l'organisation à laquelle ils appartiennent.

Schéma : Ensemble structuré de connaissances abstraites qui représentent un domaine particulier d'objet-stimulus, avec ses traits caractéristiques, ou attributs, et les relations entre attributs (Bloch et autres, 2002, p. 1138).

Schéma de soi (ou concept de soi) : Ensemble des idées que nous avons sur nous-mêmes, ce qui nous confère notre identité, et en fonction de quoi nous agissons.

Schéma des personnes : Ensemble des prototypes et des traits qu'on peut attribuer à un groupe de personnes.

Schéma des rôles : Ensemble des comportements auxquels on s'attend des personnes, compte tenu de leur statut et de leur milieu.

Schéma d'événements : Idées qu'on se fait de certaines situations et du genre de scénario qui pourrait s'y produire.

Séduction-persuasion : (style de subordination) Style de subordination actif qui consiste à se comporter avec son chef de manière à se faire accepter par lui, à se soumettre à ses ordres afin d'assurer son avancement dans l'entreprise (De Angéli et Hébrard, 1976).

Sénescence : Processus de vieillissement.

Sens (dans « sens du travail ») : Effet, produit de l'activité humaine, pouvant être décrit à l'aide de trois composantes : la signification, l'orientation et la cohérence.

Sensation : 1. Événement psychique résultant du traitement de l'information dans le système nerveux central à la suite d'une stimulation d'un organe de sens (Bloch et autres, 2002, p. 1170). 2. (typologie psychologique) Fonction psychologique qui permet à l'individu de sentir ce qui se passe en lui et autour de lui.

Sensibilité extéroceptive : Possibilité de détecter et de discriminer les sensations en provenance du monde extérieur, soit par le contact direct, soit par la précurrence ; elle informe l'organisme sur ce qui se passe à l'extérieur.

Sensibilité intéroceptive : Possibilité de détecter et de discriminer les sensations en provenance de la paroi des viscères et des muqueuses, en particulier de l'estomac et du tube digestif. Elle informe l'organisme sur ses besoins et sur ses émotions.

Sensibilité proprioceptive : Possibilité de détecter et de discriminer les sensations en provenance des muscles, des tendons et des articulations. Elle renseigne l'organisme sur ses positions et sur ses mouvements dans l'espace et dans le temps.

Sentiment : (typologie psychologique) Fonction psychologique qui permet à l'individu de juger, à partir de ses valeurs, de ce qui est désirable ou idéal dans un système donné.

Sentiment d'efficacité personnelle : Croyance concernant la capacité de réaliser avec succès une tâche spécifique.

Signification : Définition du travail, c.-à-d. la connaissance et la compréhension du travail ou, en d'autres mots, la représentation du travail.

Socialisation : Processus par lequel la personne humaine apprend et intériorise tout au cours de sa vie les éléments socioculturels de son milieu, les intègre à la structure de sa personnalité sous l'influence d'expériences et d'agents sociaux significatifs et par là s'adapte à l'environnement social où elle doit vivre (Rocher, 1969, p. 105).

Soumission passive : (style de subordination) Style de subordination passif qui consiste à obéir mécaniquement, sans poser de questions (De Angéli et Hébrard, 1976).

Soutien à l'innovation : (au sein d'une équipe) Degré auquel les équipiers utilisent des moyens facilitant l'implantation de nouvelles pratiques dans l'équipe (Rousseau, 2003).

Soutien psychologique : (au sein d'une équipe) Degré auquel les équipiers manifestent leur respect mutuel ainsi que leur préoccupation pour le bien-être de chacun (Rousseau, 2003).

Stabilité émotionnelle/névrotisme : (modèle en cinq facteurs) Facteur de la personnalité qui permet de repérer les personnes sujettes à la détresse psychologique, aux idées irréalistes, aux besoins ou aux désirs excessifs et aux stratégies d'adaptation inappropriées (Rolland, 2004).

Stade : Étape dans l'existence de la personne associée à des discontinuités dans son évolution et à des changements somatiques, physiologiques, psychologiques ou culturels.

Statut : Position d'un individu dans un groupe.

Stéréotype : Schéma cognitif associé à l'un des critères tels que l'apparence physique, le sexe, l'identité religieuse, politique, ethnique, sexuelle, etc., critères qui définissent nos croyances et qui guident nos jugements sur les groupes sociaux et sur leurs membres (Bloch et autres, 2002, p. 1259).

Stimulation intellectuelle : (dimension du leadership transformationnel) Propension du leader à remettre en question les prémisses de base, à prendre des risques et à solliciter la participation des individus.

Stimulus : Toute forme d'énergie qui se produit à l'intérieur ou à l'extérieur de l'organisme et qui est d'une intensité suffisante pour déclencher une réaction psychophysiologique spécifique ou, en d'autres mots, pour exciter un récepteur sensoriel.

Stress : Réponse non spécifique de l'organisme à toute demande qui lui est faite (Selye, 1974).

Stress post-traumatique : Syndrome psychiatrique causé par un événement inhabituel qui comporte une menace réelle, soit pour la vie ou l'intégrité physique de la personne ou d'un être cher ; ou qui résulte de la destruction de biens personnels importants ou encore de l'implication à titre de témoin d'un accident ou d'une situation de violence physique causant des blessures à une personne ou sa mort.

Structure figurative : Image formée par les données sensorielles ; représentation, percept.

Structure opérative (ou schème d'action) : Ensemble des actions extérieures et intériorisées qui transforment les données perçues en leur imposant une forme et une valeur (Piaget, 1975b). Les notions et les concepts peuvent être considérés comme des structures opératives.

Style d'apprentissage : Manière particulière d'apprendre ; les individus ont tendance à privilégier une ou deux habiletés d'apprentissage entraînant la formation de « styles d'apprentissage » : l'assimilation, l'accommodation, la divergence et la convergence.

Style de comportement : Arrangement intentionnel des signes verbaux et non verbaux, exprimant la signification de l'état présent et l'évolution future du sujet qui les affiche (Moscovici, 1989).

Style de vie : (typologie psychologique) Dimension qui reflète la dominance de l'axe rationnel (jugement) ou de l'axe irrationnel (perception) dans les conduites de la personne. Le style de vie détermine la façon dont l'individu s'oriente dans le monde extérieur.

Subjectivité : Attitude de quelqu'un qui juge d'après ses seules opinions personnelles (Larousse, 2006).

Sublimation : Mécanisme de défense par lequel le sujet répond aux conflits émotionnels ou aux facteurs de stress internes ou externes en canalisant des sentiments ou des impulsions potentiellement inadaptés vers des comportements socialement acceptables (APA, 1996, p. 882 ; Thobaben, 2005).

Surcharge de travail émotionnelle : Source de stress occupationnel liée au fait de devoir exprimer des émotions qui ne sont pas nécessairement ressenties ou de réprimer des émotions vécues.

Surcharge de travail qualitative : Source de stress occupationnel liée au fait que le niveau de difficulté des tâches à réaliser excède le niveau de compétence de la personne.

Surcharge de travail quantitative : Source de stress occupationnel liée au fait que le nombre de tâches à réaliser est très important, que les interruptions durant le travail sont fréquentes (ex. : le téléphone, les réunions) ou que les délais à respecter sont serrés.

Surengagement : Tendance qu'ont certains individus à sous-estimer les demandes provenant du travail et à surestimer leurs capacités personnelles.

Sympathie : Sentiment de bienveillance et de compassion à l'égard d'autrui, impliquant la participation à sa souffrance.

Syndrome : Ensemble de signes et de symptômes reposant sur la fréquence de leur survenue conjointe, ce qui fait évoquer une pathogénie, une évolution, des aspects familiaux ou des choix thérapeutiques sous-jacents communs.

Syndrome de l'épuisement professionnel (*burnout*) : État se manifestant principalement par un épuisement physique et émotionnel, un sentiment de cynisme et de détachement à l'égard du travail, ainsi qu'une perception d'inefficacité et d'un manque d'accomplissement.

Système limbique : Situé dans la partie médiane du cerveau, ce système joue un rôle majeur dans l'organisation des réponses émotionnelles qui régissent les conduites ; il exerce également un rôle essentiel dans l'établissement de la mémoire à long terme, permettant à l'organisme de répéter les expériences qu'il juge agréables et d'éviter celles qu'il trouve désagréables (Laborit, 1974).

Système nerveux autonome (SNA) : Système qui assure la régulation des fonctions viscérales, la commande des muscles involontaires, tels que le cœur, les poumons et les viscères (Laborit, 1974).

Système nerveux central (SNC) : Système responsable des fonctions sensorimotrices et des fonctions mentales (Laborit, 1974).

T

Tabous : Activités importantes ou arrangements significatifs qui ne sont ni discutés ni discutables pour toutes sortes de raisons.

Tendance actualisante : Tendance inhérente à développer toutes ses potentialités et à les développer de manière à favoriser sa conservation et son enrichissement (Rogers et Kinget, 1976, p. 172).

Traits de personnalité : Dimensions de la personnalité qui servent essentiellement à décrire quelqu'un et à prédire des comportements typiques, mais qui ne permettent pas de comprendre la dynamique ni les processus psychologiques concernés (McAdams, 1992). Les traits de personnalité permettent de décrire la personnalité par l'entremise de plusieurs concepts indépendants les uns des autres (Lévy-Leboyer, 2005).

Transfert (phénomène du) : Des acquisitions préalables facilitent l'apprentissage pour autant que l'apprentissage initial ne soit pas trop avancé.

Transformation en son contraire : Mécanisme de défense par lequel le sujet répond aux conflits émotionnels ou aux facteurs de stress internes ou externes en amenant une pulsion à régresser puis à lui faire subir un renversement, ce qui se traduit par des conduites « antimaléfiques » contre des objets symboliques.

Tronc cérébral : Région primitive du cerveau responsable des comportements instinctifs, assurant la survie de l'individu et de l'espèce (Laborit, 1974).

Troubles d'adaptation : Syndrome psychiatrique se manifestant par des réactions mal adaptées à un agent stressant repérable dans l'environnement de l'individu.

Type artistique : (typologie professionnelle de Holland) Individus qui cherchent à s'exprimer par la voie de l'art (ex. : le langage, le théâtre, la musique, l'écriture).

Type conventionnel : (typologie professionnelle de Holland) Individus qui apprécient les activités impliquant la manipulation ordonnée et systématique de données telles que la tenue de dossiers et la comptabilité.

Type entreprenant : (typologie professionnelle de Holland) Individus qui préfèrent les activités où ils peuvent interagir avec d'autres, mais cette fois dans l'optique de diriger, de coordonner, d'influencer ou de persuader.

Type investigateur : (typologie professionnelle de Holland) Individus qui préfèrent la réflexion à l'action. Ils aiment la recherche sous toutes ses formes ainsi que résoudre des problèmes.

Type psychologique : *Pattern* relativement stable dans la façon de percevoir, de juger et d'orienter ses intérêts ; un type psychologique est essentiellement formé par une attitude type et une fonction psychologique dominante.

Type réaliste : (typologie professionnelle de Holland) Individus qui valorisent le sens pratique et les aspects concrets.

Type social : (typologie professionnelle de Holland) Individus qui recherchent les activités dans lesquelles ils peuvent interagir avec d'autres.

Types de personnalité : Combinaison unique d'attributs qui sont censés déterminer certaines tendances personnelles et des réactions typiques (McAdams, 1992).

U

Unité : (base de la personnalité) Capacité de l'individu de se comporter et de réagir comme un tout cohérent, à un moment donné de son existence.

V

Valence : (théorie des attentes de Vroom) Degré auquel la conséquence du comportement est convoitée.

Valeur : Manière d'être ou d'agir qu'une personne ou une collectivité juge idéale et qui rend désirables ou estimables les conduites qui y sont associées (Rocher, 1969).

Valeur appétitive : Qui porte à rechercher, à vouloir, qui donne envie.

Valeur aversive : Qui cause de la répugnance, de la répulsion.

Variance : Marge d'autonomie de l'individu que définissent les écarts tolérés des conduites personnelles par rapport à la norme.

Vision : Représentation imaginaire de ce qui est possible et de ce qui doit être fait pour que l'organisation assure sa pérennité et pour que les individus qu'elle emploie continuent de faire un travail qui a du sens pour eux.

Vitalité : (base de la personnalité) Le dynamisme, la vigueur, l'énergie que la personne déploie dans ses activités.

Bibliographie

Abramson, L.Y., Seligman, M.E.P. et Teasdale, J.D. (1978). Learned helplessness in humans : Critique and reformulation. *Journal of Abnormal Psychology, 87,* 49-74.

Abric, J.-C. (1987). *Coopération, compétition et représentations sociales.* Cousset France : Delval.

Adler, A. (1979). *Superiority and social interest.* New York : Norton (texte original publié en 1931).

Aebischer, V. et Oberlé, D. (1990). *Le groupe en psychologie sociale.* Paris : Dunod.

Aiken, M.W., Martin, J.S. et Paolillo, J.G.P. (1994). Requisite skills of business school graduates : Perceptions of senior corporate executives. *Journal of Education for Business, 69,* 159-162.

Ainsworth, M.D.S. (1979). Infant-mother attachment. *American Psychologist, 34,* 932-937.

Allen, N.J. et Meyer, J.P. (1990). The measurement and antecedents of affective, continuance and normative commitment to the organization. *Journal of Occupational Psychology, 63,* 1-18.

Allen, W. (1975). *Without feathers.* New York : Ballantine Books.

Allport, G.W. (1960). *Personality and social encounter ; selected essays.* Boston, MA : Beacon Press.

Amabile, T.M. (1998). How to kill creativity. *Harvard Business Review, 76,* 77-89.

Amabile, T.M., Conti, R., Coon, H., Lazenby, J. et Herron, M. (1996). Assessing the work environment for creativity. *Academy of Management Journal, 39,* 1154-1185.

Amchin, J. (1991). *Psychiatric diagnosis : A biopsychosocial approach using DSM-III-R.* Washington, DC : American Psychiatric Press.

American Psychiatric Association (APA, 1996). *DSM-IV. Manuel diagnostique et statistique des troubles mentaux* (4e édition). Paris : Masson.

American Psychiatric Association (APA, 2000). *Appendix B : DSM-IV-TR Defensive functioning scale. Diagnostic and statistical manual of mental disorders* (4e édition, texte révisé). Washington, DC : American Psychiatric Association.

Anderson, C., John, O.P., Keltner, D. et Kring, A.M. (2001). Who attains social status ? Effects of personality and physical attractiveness in social groups. *Journal of Personality & Social Psychology, 81,* 116-132.

Anzieu, D. (1984). *Le groupe et l'inconscient : l'imaginaire groupal.* Paris : Dunod.

Anzieu, D. et Martin, J.-Y. (2003). *La dynamique des groupes* (11e édition). Paris : PUF.

Aquino, K., Galperin, B.L. et Bennett, R.J. (2004). Social status and aggressiveness as moderators of the relationship between interactional justice and workplace deviance. *Journal of Applied Social Psychology, 34,* 1001-1029.

Argyris, C. (1978). Savoir se remettre en question. *Harvard/L'Expansion, 8,* 66-77.

Argyris, C. (1985). *Strategy, change and defensive routines.* Boston : Pitman.

Arnold, J.A., Arad, S., Rhoades, J.A. et Fritz, D. (2000). The empowering leadership questionnaire : the construction and validation of a new scale for measuring leader behaviors. *Journal of Organizational Behavior, 21,* 249-269.

Aronson, E. (1976). *The social animal.* San Francisco : W.H. Freeman.

Asch, S.E. (1952). *Social psychology.* New York : Prentice-Hall.

Aubé, C., Rousseau, V. et Savoie, A. (2000). Le développement des équipes de travail : où en sommes-nous ? *Revue québécoise de psychologie, 21,* 159-177.

Aubé, C., Rousseau, V. et Savoie, A. (2006). Les interventions régulatrices groupales et le rendement des équipes de travail : un modèle théorique. *Le Travail humain.*

Bachiochi, P.D., Rogelberg, S.G., O'Connor, M.S. et Elder, A.E. (2000). The qualities of an effective team leader. *Organization Development Journal, 18,* 11-27.

Bales, R.F. (1950). *Interaction process analysis : A method for the study of small groups.* Cambridge, MA : Addisson-Wesley.

Bales, R.F. (1953). The equilibrium problem in small groups. Dans T.T. Parsons, R.F. Bales et E.A. Shils (dir.), *Working Papers in the Theory of Action.* Glencoe, IL : Free Press.

Bandura, A. (1977a). Self-efficacy : Toward a unifying theory of behavioral change. *Psychological Review, 84,* 191-215.

Bandura, A. (1977b). *Social learning theory.* Englewood Cliffs, NJ : Prentice-Hall.

Bandura, A. (1986). *Social foundations of thought and action : A social cognitive theory*. Englewood Cliffs, NJ : Prentice-Hall.

Barbian, J. (2002). Training top 100 : AmeriCredit. *Training, 39,* 46-47.

Bareil, C. (2004). *Gérer le volet humain du changement*. Montréal : Les Éditions Transcontinental.

Bareil, C. et Savoie, A. (1999). Comprendre et mieux gérer les individus en situation de changement organisationnel. *Gestion, 24,* 86-94.

Barnard, C. (1938). *The functions of the executive*. Cambridge, MA : Harvard University Press.

Barrick, M.R., Mount, M.K. et Judge, T.A. (2001). Personality and performance at the beginning of the new millennium : What do we know and where do we go next ? *International Journal of Selection & Assessment, 9,* 9-30.

Barrick, M.R., Stewart, G.L., Neubert, J.M., et Mount, M.K. (1998). Relating member ability and personality to work-team processes and team effectiveness. *Journal of Applied Psychology, 83,* 377-191.

Barry, B. et Stewart, G.L. (1997). Composition, process, and performance in self-managed groups : The role of personality. *Journal of Applied Psychology, 82,* 62-78.

Basic Behavioral Science Task Force of the National Advisory Mental Health Council (1996). Basic behavioral science research of mental health : Vulnerability and resilience. *American Psychologist, 51,* 22-28.

Bass, B.M. (1985). *Leadership and performance beyond expectations*. New York : Free Press.

Bass, B.M. (1999). Two decades of research and development in transformational leadership. *European Journal of Work & Organizational Psychology, 8,* 9-32.

Battistini, Y. (1968). *Trois présocratiques : Héraclite, Parménide, Empédocle*. Paris : Gallimard.

Beal, D.J., Cohen, R.R., Burke, M.J., et McLendon, C.L. (2003). Cohesion and performance in groups : A meta-analytic clarification of construct relations. *Journal of Applied Psychology, 88,* 989-1004.

Beaumier, M., et Lescarbeau, R. (2001). La gestion de la diversité dans les équipes mutlidisciplinaires. *Interactions, 5,* 151-183.

Bennis, W.G., et Shepard, H.A. (1956). A theory of group development. *Human Relations, 9,* 415-437.

Bennis, W., Parikh, J. et Lessem, R. (1995). *Beyond leadership : Balancing economics, ethics and ecology*. Cambridge, MA : Basil Blackwell.

Berger, D.M. (1987). *Clinical empathy*. Northvale, NJ : Jason Aronson.

Bettelheim, B. (1976). *La psychanalyse des contes de fée*. Paris : Laffont.

Biddle, B.J. (1979). *Role theory : Expectations, identities, and behavior*. New York : Academic Press.

Bion, W.R. (1961). *Experience in groups*. New York : Basic Books.

Bion, W.R. (1965). *Recherches sur les petits groupes*. Paris : PUF.

Blais, M.R., Brière, N.M., Lachance, L., Riddle, A.S. et Vallerand, R.J. (1993). L'inventaire des motivations au travail de Blais. *Revue québécoise de psychologie, 14,* 193-216.

Blake, R.R., et Mouton, J.S. (1964). *The managerial Grid*. Houston, TX : Gulf Publishing Compagny.

Blake, R.R. et Mouton, J.S. (1969). *Building a dynamic corporation through grid organisation development*. Reading, MA : Addison-Wesley.

Bloch, H., Dépret, É., Gallo, A., Garnier, P., Gineste, M.-D., Leconte, P., Le Ny, J.F., Postel, J., Reuchlin, M. et Casalis, D. (dir.), (2002). *Dictionnaire fondamental de la psychologie*. Paris : Larousse.

Boneau, C.A. (1992). Observations on psychology's past and future. *American Psychologist, 47,* 1586-1596.

Borman, W.C. (2004). The concept of organizational citizenship. Current directions in psychological science. *American Psychological Society, 13,* 238-241.

Bosma, H., Peter, R., Siegrist, J. et Marmot, M. (1998). Two alternative job stress models and the risk of coronary heart disease. *American Journal of Public Health, 88,* 68-74.

Boudrias, J.-S., Gobert, P., Savoie, A. et Vandenberghe, C. (2003). L'habilitation psychologique au travail : que savons-nous après une décennie de recherche ? *Revue québécoise de psychologie, 24,* 43-73.

Bower, G.A. (1993). The fragmentation of psychology ? *American Psychologist, 48,* 905-907.

Bowlby, J. (1958). The nature of a child's tie to his mother. *International Journal of Psychoanalysis, 39,* 350-373.

Bowlby, J. (1978). *Attachement et perte* (vol. 1 : Attachement). Paris : PUF.

Bowlby, J. (1979). Seconde intervention. Dans R. Zazzo (dir.), *L'attachement* (p. 127-139). Neuchâtel : Delachaux et Niestlé.

Bowlby, J. (1988). *A secure base*. New York : Basic Books.

Bozionelos, N. (2004). The relationship between disposition and career success : A British study. *Journal of Occupational & Organizational Psychology, 77,* 403-420.

Bracke, P.E. et Bugental, J.F.T. (1995). Existential addiction : A model for treating type-A behavior and workaholism. Dans T.-C. Pauchant (dir.), *In search of meaning* (p. 65-93). San Francisco : Jossey-Bass.

Brennan, K.A., Clark, C.L. et Shaver, P.R. (1998). Self-report measurement of adult attachment : An integrative overview. Dans J.A. Simpson et W.S. Rholes (dir.), *Attachment theory and close relationships* (p. 46-76). New York : Guilford Press.

Briand, A. (1995). Le choc de la réalité : les illusions de l'approche humaniste sur le fonctionnement des comités. *Revue québécoise de psychologie, 16,* 155-184.

Brief, A.P. et Nord, W.R. (dir.) (1990). *Meaning of occupational work : A collection of essays.* Lexington, MA : Lexington Books.

Brown, S.P. (1996). A meta-analysis and review of organizational research on job involvement. *Psychological Bulletin, 120,* 235-255.

Brown, T.S. et Wallace, P.M. (1980). *Physiological psychology.* New York : Academic Press.

Brun, J.-P. et Dugas, N. (2002). *La reconnaissance au travail : une pratique riche de sens.* Québec : Centre d'expertise en gestion des ressources humaines, Secrétariat du Conseil du trésor du Québec, document de sensibilisation.

Brun, J.P., Biron, C., Martel, J. et Yves, H. (2003). *Évaluation de la santé mentale au travail : une analyse des pratiques de gestion des ressources humaines.* Institut de recherche Robert-Sauvé en santé et en sécurité du travail (IRSST).

Brunet, L. et Savoie, A. (2003). *La face cachée de l'organisation : groupes, cliques et clans.* Montréal : Les Presses de l'Université de Montréal.

Brunet, L., Savoie, A. et Rousson, M. (1998). Les groupes informels dans les organisations : de réjouissantes données empiriques. Dans A. Savoie (dir.), *Leadership et pouvoir, équipes et groupes* (p. 195-204). Québec : Presses Inter Universitaires.

Brunswik, E. (1956). *Perception and the representative design of psychological experiments.* Berkeley, CA : University of California Press.

Bujold, C. et Gingras, M. (2000). *Choix professionnel et développement de carrière* (2e édition). Montréal : Gaëtan Morin Éditeur

Bunning, C. (1992). Turning experience into learning : The strategic challenge for individuals and organizations. *Journal of European Industrial Training, 16,* 7-12.

Burns, J.M. (1978). *Leadership.* New York : Harper & Row.

Campion, A.C., Medsker, G.J. et Higgs, A.C. (1993). Relations between work group characteristics and effectiveness : Implications for designing effective work groups. *Personnel Psychology, 46,* 823-850.

Cannon, W.B. (1915). *Bodily changes in pain, hunger, fear and rage.* New York : Appleton-Century-Crofts.

Cannon-Bowers, J.A., Tannenbaum, S.I., Salas, E. et Volpe, C.E. (1995). Defining competencies and establishing team training requirements. Dans R.A. Guzzo et E. Salas (dir.), *Team effectiveness and decision making in organizations* (p. 333-380). San Francisco : Jossey-Bass Publishers.

Carlsson, B., Keane, P. et Martin, J.B. (1976). R&D organizations as learning systems. *Sloan Management Review,* printemps, 1-15.

Carron, A.V., Widmeyer, L.R. et Brawley, W.N. (1988). The impact of group size in an exercise setting. *Journal of Sport & Exercise Psychology, 12,* 376-384.

Casas, E. (1990). *Les types psychologiques jungiens.* Edmonton, Alberta : Psychometrics Canada.

Cattell, R.B. (1947). Oblique, second order, and cooperative factors in personality analysis. *Journal of General Psychology, 36,* 3-22.

Cattell, R.B. (1965). *The scientific analysis of personality.* London : Penguin.

Cauvin, P. et Cailloux, G. (1994). *Deviens qui tu es (partie 1).* Barret-le-Bas, France : Le Souffle d'Or.

Cayer, M. et Pauchant, T.-C. (1995). *L'apprentissage organisationnel : une vogue de plus ou une vague de fond ?* Montréal : École des Hautes Études Commerciales. Cahier de recherche non publié.

Chalvin, D. (1985). *Faire face aux stress de la vie quotidienne.* Paris : Éditions ESF – Entreprise moderne d'édition.

Changeux, J.P. (1983). *L'homme neuronal.* Paris : PUF.

Coe, C.K. (1992). The MBTI : Potential uses and misuses in personnel administration. *Public Personnel Management, 21,* 511-522.

Collerette, P. (1991). *Pouvoir, leadership et autorité.* Sillery, Québec : Presses de l'Université du Québec.

Comer, D.R. (1995). A model of social loafing in real work groups. *Human Relations, 48,* 647-667.

Conference Board du Canada (2000). *Compétences relatives à l'employabilité 2000+.* Ottawa, Ontario : Conseil d'entreprises sur l'enseignement, Centre national sur les affaires et l'enseignement.

Connaughton, S.T. et Daly, J.A. (2004). Long distance leadership : Communicative strategies for leading virtual teams. Dans D.J. Pauleen (dir.), *Virtual teams : Projects, protocols and processes* (p. 116-143). Hershey, PA : Idea Group Publishing.

Cooper, C.L., Dewe, P.J. et O'Driscoll, M.P. (2001). *Organizational Stress: A review and critique of theory, research, and applications*. Thousand Oaks, CA: Sage Publications.

Coquery, J.M. (1991). Motivation. Dans H. Bloch, R. Chemama, A. Gallo, P. Leconte, J.-F. Le Ny, J. Postel, S. Moscovici, M. Reuchlin et E. Vurpillot (dir.), *Grand dictionnaire de la psychologie* (p. 480-482). Paris: Larousse.

Cormier, S. (2004). *Dénouer les conflits relationnels en milieu de travail*. Sainte-Foy, Québec: Presses de l'Université du Québec.

Costa, A.C., Roe, R.A. et Taillieu, T. (2001). Trust within teams: The relation with performance effectiveness. *European Journal of Work & Organizational Psychology, 10,* 225-244.

Costa, P.T. et McCrae, R.R. (1992). *NEO PI-R, professional manual*. Odessa, FL: Psychological Assessment Resources.

Courcy, F. (2003). *Mesure et prédiction des agressions en milieu de travail*. Thèse de doctorat, Université de Montréal, Canada.

Courcy, F., Savoie, A. et Brunet, L. (dir.) (2004). *Violences au travail: diagnostic et prévention*. Montréal: Les Presses de l'Université de Montréal.

Cox, J.F. et Sims, H.P. (1996). Leadership and team citizenship behavior: A model and measures. *Advances in Interdisciplinary Studies of Work Teams, 3,* 1-41.

Crozier, M. (1995). Le pouvoir confisqué: jeux des acteurs et dynamique du changement. *Sciences humaines, Hors série,* 9.

Csikszentmihalyi, M. (1975). *Between boredom and anxiety*. San Francisco: Jossey-Bass.

Csikszentmihalyi, M. (1982). Toward a psychology of optimal experience. Dans L. Wheeler (dir.), *Review of personnality and social psychology* (p. 13-36). Beverly Hills, CA: Sage.

Csikszentmihalyi, M. (1990). *Flow: The psychology of optimal experience*. New York: Harper & Row.

Csikszentmihalyi, M. (1997a). *Finding flow*. Psychology Today, 30, 46-71.

Csikszentmihalyi, M. (1997b). Happiness and creativity. *The Futurist, 31,* 8-12.

Csikszentmihalyi, M. (2003). *Good business: Leadership, flow, and the making of meaning*. New York: Penguin Group.

Cummings, L.L. et Bromiley, P. (1996). The Organizational Trust Inventory (OTI): Development and validation. Dans R.M. Kramer et T.R. Tyler (dir.), *Trust in organizations: Frontiers of theory and research* (p. 302-330). Thousand Oaks, CA: Sage Publications.

Danielson, M.M. (2004). A theory of continuous socialization for organizational renewal. *Human Resource Development Review, 3,* 354-384.

Danna, K. et Griffin, R.W. (1999). Health and well-being in the workplace: A review and synthesis of literature. *Journal of Management, 25,* 357-384.

Davey, J.A., Schell, B.H. et Morrisson, K. (1993). The Myers-Briggs Personality Indicator and its usefulness for problem solving by mining industry personnel. *Group & Organization Management, 18,* 50-65.

Davis, D.L., Grove, S.J. et Knowles, P.A. (1990). An experimental application of personality type as an analogue for decision-making style. *Psychological Reports, 66,* 167-175.

de Angéli, G. et Hébrard, J. (1976). *Formation aux relations humaines*. Strasbourg, France: Euro-training.

De Boer, E.M., Bakker, A.B., Syroit, J.E. et Schaufeli, W.B. (2002). Unfairness at work as a predictor of absenteeism. *Journal of Organizational Behavior, 23,* 181-197.

De Dreu, C.K.W. et Van Vianen, A.E.M. (2001). Managing relationship conflict and the effectiveness of organizational teams. *Journal of Organizational Behavior, 22,* 309-328.

de Jonge, J., Bosma, H., Peter, R. et Siegrist, J. (2000). Job strain, effort-reward imbalance and employee well-being: A large-scale cross-sectional study. *Social Science & Medicine, 50,* 1317-1327.

de Jonge, J., Dormann, C., Janssen, P.P.M., Dollard, M.F., Landeweerd, J. A. et Nijhuis, F.J.N. (2001). Testing reciprocal relationships between job characteristics and psychological well-being: A cross-lagged structural equation model. *Journal of Occupational & Organizational Psychology, 74,* 29-46.

De Paolis, P., Doise, W. et Mugny, G. (1987). Social markings in cognitive operations. Dans W. Doise et S. Moscovici (dir.), *Current issues in european social psychology* (vol. 2, p. 1-46). Cambridge, MA: Cambridge University Press.

De Pree, M. (1990). *Diriger est un art*. Paris: Rivages/Les Échos.

De Saint-Exupéry, A. (1999). *Le petit prince*. Paris: Gallimard (texte original publié en 1943).

Deci, E.L. et Ryan, R.M. (1985). *Intrinsic motivation and self-determination in human behavior*. New York: Plenum.

Deci, E.L. et Ryan, R.M. (2000). The "what" and "why" of goal pursuits: Human needs and the self-determination of behavior. *Psychological Inquiry, 11,* 227-268.

Deci, E.L., Koestner, R. et Ryan, R.M. (1999). A meta-analytic review of experiments examining the effects of extrinsic rewards on intrinsic motivation. *Psychological Bulletin, 125,* 627-668.

Dejours, C. (1980). *Travail : usure mentale. Essai de psychopathologie du travail.* Paris : Le Centurion.

Dejours, C. (1986). *Le corps entre biologie et psychanalyse.* Paris : Fayot.

Delprato, D.J. et Midgley, B.D. (1992). Some fundamentals of B.F. Skinner's behaviorism. *American Psychologist, 47,* 1507-1520.

DeNeve, K.M. et Cooper, H. (1998). The happy personality : A meta-analysis of 137 personality traits and subjective well-being. *Psychological Bulletin, 124,* 197-229.

Denis, M. (1989). *Image et cognition.* Paris : PUF.

Devine, D.J. (2002). A review and integration of classification systems relevant to teams in organizations. *Group Dynamics : Theory, Research, & Practice, 6,* 291-310.

Devine, D.J., Clayton, L.D., Philips, J.L., Dunford, B.B. et Melner, S.B. (1999). Teams in organizations : Prevalence, characteristics, and effectiveness. *Small Group Research, 30,* 678-711.

Dew, K., Keefe, V. et Small, K. (2005). "Choosing" to work when sick : workplace presenteeism. *Social Science & Medicine, 60,* 2273-2282.

Dewey, J. (1938). *Expérience et éducation.* Paris : Bourrelier.

Dewey, J. (1958). *Experience and nature.* New York : Dover Publications.

Diel, P. (1947). *Psychologie de la motivation.* Paris : Petite bibliothèque Payot.

Dierendonck, D.V., Haynes, C., Borrill, C. et Stride, C. (2004). Leadership behaviour and subordinate well-being. *Journal of Occupational Health Psychology, 9,* 165-175.

Digman, J.M. (1990). Personality structure : Emergence of the five-factor model. *Annual Review of Psychology, 41,* 417-440.

Dixon, N. (1985). Consciousness : The illusion of certainty. Dans S. Nash (dir.), *Science and certainty* (p. 171-181). Northwood, England : Science Reviews.

Dixon, N.M. (1994). *The organizational learning cycle.* London : McGraw-Hill.

Doise, W. (1985). Les représentations sociales : définition d'un concept. *Connexions, 45,* 243-252.

Dolle, J.-M. (1987). *Au-delà de Freud et Piaget.* Toulouse, France : Privat.

Doms, M. et Moscovici, S. (1984). Innovation et influence des minorités. Dans S. Moscovici (dir.), *Psychologie sociale* (p. 51-89). Paris : PUF.

Doré, M. (1995). *Travail en équipe et démocratie au travail.* Montréal : Confédération des syndicats nationaux.

Dortier, J.-F. (dir.), (2004). *Le dictionnaire des sciences humaines.* Auxerre, France : Éditions Sciences humaines.

Drath, W.H. et Palus, C.J. (1994). *Making common sense. Leadership as meaning-making in a community of practice.* Greensboro, CA : Center for Creative Leadership.

Drolet, M. et Douville, M.-J. (2004). *Comment gérer un employé difficile.* Montréal : Les Éditions Transcontinental.

Dubé, L. (1994). Les relations interpersonnelles. Dans R.J. Vallerand (dir.), *Les fondements de la psychologie sociale* (p. 458-508). Boucherville, Québec : Gaëtan Morin Éditeur.

Durkheim, E. (1976). *De la division du travail social.* Paris : PUF.

Duyckaerts, F. (1979). Métapsychologie et psychologie. Dans R. Zazzo (dir.), *L'attachement* (p. 155-184). Neuchâtel : Delachaux et Niestlé.

Echols, D. et Mitchell, R. (1990). *Champion or victim ? The supervisor's new role in a team-based work system.* Paper presented at 7th annual fall forum, Association for quality and participation, Denver, CO.

Eden, D. (1992). Leadership and expectations : Pygmalion effects and other self-fulfilling prophecies in organizations. *Leadership Quarterly, 3,* 271-305.

Egan, G. (1994). *Working the shadow side. A guide to positive behind-the-scenes management.* San Francisco : Jossey-Bass.

Egan, T.M. (2005). Factors influencing individual creativity in the workplace : An examination of quantitative empirical resesearch. *Advances in Developing Human Resources, 7,* 160-181.

Einarsen, S. et Mikkelsen, E.G. (2003). Individual effects of exposure to bullying at work. Dans S. Einarsen, H. Hoel, D. Zapf et C.L. Cooper (dir.), *Bullying and emotional abuse in the workplace.* International perspectives in research and practice (p. 3-30). London : Taylor & Francis.

Ekman, P. (1982). *Emotion in the human face.* New York : Cambridge University Press.

Elovainio, M., Kivimäki, M. et Vahtera, J. (2002). Organizational justice : Evidence of a new psychosocial predictor of health. *American Journal of Public Health, 92,* 105-108.

Enriquez, E. (1972). Problématique du changement. *Connexions, 4,* 5-45.

Enriquez, R. (1991). Autorité. Dans H. Bloch, R. Chemama, A. Gallo, P. Leconte, J.-F. Le Ny, J. Postel, S. Moscovici, M. Reuchlin et E. Vurpillot (dir.), *Grand dictionnaire de la psychologie* (p. 91). Paris : Larousse.

Erdelyi, M.H. (1992). Psychodynamics and the unconscious. *American Psychologist, 47,* 784-787.

Erikson, E.J. (1950). *Childhood and society*. New York : Norton.

Eysenck, H. (1947). *Dimensions of personality*. London : Routledge & Kegan Paul.

Eysenck, H. J. (1970). *The structure of human personality* (3e édition). London : Methuen.

Fatzer, G. (1990). Experiential learning in organizations : Humanistic education and organization development. Dans F. Massarik (dir.), *Advances in organization development* (vol. 1, p. 124-143). Norwood, NJ : Ablex.

Faucheux, C., Amado, G. et Laurent, A. (1982). Organizational development and change. *Annual Review of Psychology, 33,* 343-370.

Ferraro, F., Pfeffer, J. et Sutton, R.I. (2005). Economics languages and assumptions : How theories can become self-fulfilling. *Academy of Management Review, 30,* 8-24.

Festinger, L. (1954). A theory of social comparison processes. *Human Relations, 7,* 117-140.

Festinger, L. (1957). *A theory of cognitive dissonance*. Stanford, CA : Stanford University Press.

Field, T. (1996). Attachment and separation in young children. *Annual Review of Psychology, 47,* 541-561.

Fischer, G.-N. (1987). *Les concepts fondamentaux de la psychologie sociale*. Paris : Bordas, Dunod/PUM.

Fischer, G.-N. (1991). *Les domaines de la psychologie sociale. Tome 2. Les processus du social*. Paris : Dunod/Bo-Pré.

Folkman, S. et Lazarus, R.S. (1984). If it changes it must be a process : Study of emotion and coping during three stages of a college examination. *Journal of Personality & Social Psychology, 48,* 150-170.

Forest, J. (2004). Plaisir et travail. *Le journal des psychologues, 220,* 25-30.

Fox, A. (1980). The meaning of work. Dans G. Esland et G. Salaman (dir.), *The politics of work and organizations* (p. 139-191). Milton Keyes : Open University Press.

Fraley, R.C. (2002). Attachment stability from infancy to adulthood : Meta-analysis and dynamic modeling of developmental mechanisms. *Personality & Social Psychology Review, 6,* 123-151.

Frankl, V.E. (1967). *Psychotherapy and existentialism. Selected papers on logotherapy*. New York : Washington Square Press.

Frankl, V.E. (1993). *Raisons de vivre*. Genève : Éditions du Tricorne.

French, J.R.P. et Raven, B. (1959). The bases of social power. Dans D. Cartwright (dir.), *Studies of social power* (p. 150-167). Ann Arbor, MI : Institute of Social Research.

Freud, A. (1949). *Le moi et les mécanismes de défense*. Paris : PUF.

Freud, S. (1933). *Essais de psychanalyse appliquée*. Paris : Gallimard.

Freud, S. (1953). *Cinq leçons sur la psychanalyse*. Paris : Payot, (texte original publié en 1909).

Freud, S. (1960). *Group psychology and the analysis of the ego*. New York : Bantam Books, (texte original publié en 1921).

Freud, S. (1962a). *Civilization and its discontents*. New York : Norton, (texte original publié en 1930).

Freud, S. (1962b). *Trois essais sur la théorie de la sexualité*. Paris : Gallimard, (texte original publié en 1905).

Freud, S. (1981). *Essais de psychanalyse*. Paris : P.B.P., (textes originaux publiés entre 1915 et 1923).

Freud, S. (1985). *Psychanalyse. Textes choisis*. Paris : PUF (première édition publiée en 1963).

Freud, S. (1988). *Totem et tabou*. Paris : P.B.P., (texte original publié en 1913).

Frijda, N.H. (1989). Les théories des émotions : un bilan. Dans B. Rimé et K. Scherer (dir.), *Les émotions* (p. 21-72). Neuchâtel, France : Delachaux et Niestlé.

Fromm, E. (1968). *L'art d'aimer*. Paris : Epi.

Fromm, E. (1978). *Avoir ou être ? Un choix dont dépend l'avenir de l'homme*. Paris : Robert Laffont.

Gagné, M. et Deci, E.L. (2005). Self-determination theory and work motivation. *Journal of Organizational Behavior, 26,* 331-362.

Garcia-Prieto, P., Bellard, E. et Schneider, S.C. (2003). Experiencing diversity, conflict, and emotions in teams. *Applied Psychology : An International Review, 52,* 413-440.

Gardner, D.G. (1986). Activation theory and task design : An empirical test of several new predictions. *Journal of Applied Psychology, 71,* 411-418.

Gardner, H. (1983). *Frames of mind*. New York : Basic Books.

Gatewood, R.D. et Feild, H.S. (2001). *Human Ressources Selection* (5e édition). Orlando, FL : Harcourt College Publishers.

Geen, R.G. (1991). Social motivation. *Annual Review of Psychology, 42,* 377-399.

Gellatly, I.R. et Luchak, A.A. (1998). Personal and organizational determinants of perceived absence norms. *Human Relations, 51,* 1085-1102.

George, J.M. et Zhou, J. (2001). When openness to experience and conscientiousness are related to creative behaviour : An interactional approach. *Journal of Applied Psychology, 86,* 513-524.

Gersick, C.J.G. (1988). Time and transition in work teams : Toward a new model of group. *Academy of Management Journal, 31,* 9-41.

Gersick, C.J.G. (1989). Marking time : Predictable transitions in task group. *Academy of Management Journal, 31,* 9-41.

Goldberg, L.R. (1993). The structure of phenotypic personality traits. *American Psychologist, 48,* 26-34.

Goleman, D. (1995). *Emotional intelligence : Why it can matter more than IQ.* New York : Bantam Books.

Gottesman, I. (1963). Heritability of personality : A demonstration. *Psychological Monographs, 77,* 1-21.

Gottfredson, G.D. et Holland, J.L. (1996). *Dictionary of Holland occupational codes* (3e édition). Odessa, FL : Psychological Assessment Resources.

Greenhalgh, P. (1994). *Emotional growth and learning.* New York : Routledge.

Greenwald, A.G. (1992). New look 3. Unconscious cognition reclaimed. *American Psychologist, 47,* 766-779.

Gross, N. et Martin, W.E. (1952). On group cohesiveness. *American Journal of Sociology, 57,* 546-554

Guillaume, P. (1969). *Manuel de psychologie.* Paris : PUF.

Guisinger, S. et Blatt, S.J. (1994). Individuality and relatedness. Evolution of a fundamental dialectic. *American Psychologist, 49,* 104-111.

Gully, S.M., Incalcaterra, K.A., Joshi, A. et Beaubien, J.M. (2002). A meta-analysis of team-efficacy, potency, and performance : Interdependence and level of analysis as moderators of observed relationships. *Journal of Applied Psychology, 87,* 819-832.

Guthrie, E.R. (1952). *The psychology of learning.* New York : Harper & Row.

Guzzo, R.A, Yost, P.R., Campbell, R.J. et Shea, G.P. (1993). Potency in groups : Articulating a construct. *British Journal of Social Psychological Society, 32,* 87-106.

Haar, J.M. (2004). Work-family conflict and turnover intention : Exploring the moderation effects of perceived work-family support. *New Zealand Journal of Psychology, 33,* 35-39.

Hackman, J.R. (1987). The design of work teams. Dans J.W. Lorsch (dir.), *Handbook of organizational behavior* (p. 315-342). Englewood Cliffs, NJ : Prentice-Hall.

Halpin, A.W. et Winer, B.J. (1957). A factorial study of the leader behaviour descriptions. Dans R.M. Stogdill et A.E. Coons (dir.), *Leader behavior : Its description and measurement* (p. 39-51). Columbus : Bureau of Business Research, Ohio State University.

Hamilton, D.L. (dir.) (1981). *Cognitive Processes in Stereotyping and Intergroup Behavior.* Hillsdale, NJ : Lawrence Erlbaum Associates.

Hammer, L.B.B., Talya N. et Grandey, A.A. (2003). Work-family conflict and work-related withdrawal behaviors. *Journal of Business & Psychology, 17,* 419-436.

Hammer, W.C. (1977). Using reinforcement theory in organizational settings. Dans H.L. Tosi et W.C. Hammer (dir.), *Organizational behavior and management : A contingency approach* (p. 388-395). Chicago : St. Clair Press.

Hanna, R.W. (1985). Personal meaning : Its loss and rediscovery. Dans R. Tannenbaum, N. Margulies et F. Massarik (dir.), *Human systems development* (p. 42-66). San Francisco : Jossey-Bass.

Hardy, G.E. et Barkham, M. (1994). The relationship between interpersonal attachment styles and work difficulties. *Human Relations, 47,* 263-281.

Hardy, G.E., Woods, D. et Wall, T.D. (2003). The impact of psychological distress on absence from work. *Journal of Applied Psychology, 88,* 306-314.

Harel-Giasson, F. (1993). Apprendre à bien diriger : le point de vue d'une femme née à Montréal en 1940. *Leçon inaugurale,* 10 mars 1993.

Harlow, H.F. (1958). The nature of love. *American Psychologist, 13,* 673-685.

Harlow, H.F. (1979). Les affectivités. Dans R. Zazzo (dir.), *L'attachement* (p. 58-72). Neuchâtel, France : Delachaux et Niestlé.

Harpaz, I. (1986). The factorial structure of the meaning of working. *Human Relations, 39,* 595-614.

Harris-Lalonde, S. (2001). *Training and development outlook.* Ottawa : The Conference Board of Canada.

Harvey, J.H. et Weary, G. (1984). Current issues in attribution theory and research. *Annual Review of Psychology, 35,* 427-459.

Hastie, R. (1981). Schematic principles in human memory. Dans E.T. Higgins, C.P. Herman et M.P. Zanna (dir.), *Social cognition, The Ontario Symposium* (vol. 1, p. 39-88). Hillsdale, NJ : Lawrence Erlbaum.

Hazan, C. et Shaver, P.R. (1987). Romantic love conceptualized as an attachment process. *Journal of Personality & Social Psychology, 52,* 511-524.

Hazan, C. et Shaver, P.R. (1990). Love and work : An attachment – theoretical perspective. *Journal of Personality & Social Psychology, 59,* 270-280.

Hebb, D.O. (1974). *Psychologie. Science moderne.* Montréal : Éditions HRW.

Heider, F. (1946). Attitudes and cognitive organization. *Journal of Psychology: Interdisciplinary & Applied, 21,* 107-112.

Henderson, L.J. (1970). *On the social system*. Chicago: The University of Chicago Press.

Hennessy, J. et West, M.A. (1999). Intergroup behavior in organizations: A field test of social identity theory. *Small Group Research, 30,* 361-382.

Herzberg, F. (1968). One more time: How to motivate employees? *Harvard Business Review, 46,* 53-62.

Herzberg, F. (1995). The four questions of life: Their effect on human motivation and organizational behavior. Dans T.-C. Pauchant (dir.), *In search of meaning* (p. 244-267). San Francisco: Jossey-Bass.

Herzberg, F., Mausner, B. et Snyderman, B.B. (1959). *The motivation to work*. New York: Wiley.

Hillman, J. (1982). *Emotion*. Evanston, IL: Northwestern University Press.

Hillman, J. (1993). *La beauté de la psyché. L'âme et ses symboles*. Paris: Le Jour.

Hirigoyen, M.-F. (1998). *Le harcèlement moral: la violence perverse au quotidien*. Paris: Syros.

Hirigoyen, M.-F. (2001). *Malaise dans le travail: harcèlement moral – démêler le vrai du faux*. Paris: Syros.

Hirschhorn, L. (1993). *The workplace within. Psychodynamics of organizational life*. Cambridge, MA: The MIT Press.

Hirsh, B.J. (1980). Natural support systems and coping with major life changes. *American Journal of Community Psychology, 8,* 159-171.

Hirsh, S. et Kummerow, J. (1994). *Introduction aux types psychologiques dans l'organisation*. Edmonton, Alberta: Psychometrics Canada.

Hodges, E. J. (1964). *The three princes of Serendip*. New York: Atheneum.

Hogan, J. et Holland, B. (2003). Using theory to evaluate personality and job-performance relations: A socioanalytic perspective. *Journal of Applied Psychology, 88,* 100-112.

Holland, J.L. (1985). *Making vocational choices: A theory of vocational personalities and work environments* (2e édition). Englewood Cliffs, New Jersey: Prentice-Hall, Inc.

Holland, J.L. (1996). Exploring careers with a typology. *American Psychologist, 51,* 397-406.

Holland, J.L., Fritzsche, B.A. et Powell, A.B. (1994). *Technical Manual: Self-directed Search*. Odessa, FL: Psychological Assessment Resources.

Holmes, T.H. et Rahe, R.H. (1967). The social readjustment rating scale. *Journal of Psychosomatic Research, 11,* 213-218.

Homans, G.C. (1950). *The human group*. New York: Harcourt, Brace & Company.

Hon, D. (1980). *Meetings that matter*. New York: Wiley.

Horney, K. (1937). *The neurotic personality of our time*. New York: Norton.

Hough, L.M. et Furnham, A. (2003). Use of personality in work settings. *Handbook of psychology: Industrial and organizational psychology* (chapitre 7, vol. 12). Indianapolis, IN: Wiley Publishing.

Hough, L.M. et Oswald, F.L. (2000). Personnel selection: Looking toward the future – remembering the past. *Annual Review of Psychology, 51,* 631-664.

House, R.J. (1977). *A 1976 theory of charismatic leadership*. Dans J.G. Hunt et L.L. Larson (dir.), *Leadership: The cutting edge* (p. 189-207). Carbondale, IL: South Illinois University Press.

Howell, J.M. et Avolio, B.J. (1993). Transformational leadership, transactional leadership, locus of control, and support for innovation: Key predictors of consolidated-business-unit performance. *Journal of Applied Psychology, 78,* 891-902.

Hunter, F. et Levy, N. (1982). Relationship of problem-solving behaviors and Jungian personality types. *Psychological Reports, 51,* 379-384.

Husserl, E. (1962). *Ideas. General introduction to pure phenomenology*. New York: Coller Books.

Ichheiser, G. (1949). Misunderstandings in human relations: A study in false social perception. *American Journal of Sociology, 55,* 1-70.

Ikemi, A. et Kubota, S. (1996). Humanistic psychology in Japanese corporations: Listening and the small steps of change. *Journal of Humanistic Psychology, 36,* 104-121.

Izard, C.E. (1977). *A social interactional theory of emotions*. New York: Wiley.

Izard, C.E. (1993). Four systems for emotion activation: Cognitive and noncognitive processes. *Psychological Review, 100,* 68-90.

Jackson, C. (1993). Mentoring: Choices for individuals and organizations. *The International Journal of Career Management, 5,* 10-16.

Jackson, S.E., Joshi, A. et Erhardt, N.L. (2003). Recent research on team and organizational diversity: SWOT analysis and implications. *Journal of Management, 29,* 801-830.

James, K. et Snell, R. (1994). Management learning: The need for creative enquiry for the next millenium. *Management Learning, 35,* 5-10.

James, W. (1961). *Psychology. The briefer course*. New York: Harper Torchbooks (texte original publié en 1892).

Janet, P. (1984). *L'évolution psychologique de la personnalité.* Paris : Édition Chahine (texte original publié en 1932).

Janis, I.L. (1972). *Victims of groupthink.* Boston : Houghton Mifflin.

Janis, I.L. (1982). *Groupthink* (2e édition). Boston : Houghton Mifflin Company.

Jankélévitch, V. (1980). *Le je-ne-sais-quoi et le presque-rien* (vol. 3. La volonté de vouloir). Paris : Seuil.

Jaques, E. (1955). Social systems as a defense against persecutory and depressive anxiety. Dans M. Klein, P. Heimann et R.E. Money-Kryle (dir.), *New Directions in Psychoanalysis.* London : Tavistock.

Jaques, E. (1965). Death and the mid-life crisis. *International Journal of Psycho-Analysis, 46,* 502-514.

Jaspars, J. et Hewstone, M. (1984). La théorie de l'attribution. Dans S. Moscovici (dir.), *Psychologie sociale* (p. 309-329). Paris : PUF.

Jehn, K.A. (1994). Enhancing effectiveness : An investigation of advantages and disadvantages of value-based intragroup conflict. *The International Journal of Conflict Management, 5,* 223-238.

Jehn, K.A. (1995). A multimethod examination of the benefits and detriments of intragroup conflict. *Administrative Science Quarterly, 40,* 256-282.

Johns, G. (2003). How methodological diversity has improve our understanding of absenteeism from work. *Human Resource Management Review, 13,* 157-184.

Johns, G. et Saks, A.M. (2005). *Organizational Behaviour : Understanding and managing life at work* (6e édition). Toronto : Pearson Education.

Jones, E.E. et Gerard, H.B. (1967). *Foundations of Social Psychology.* New York : Wiley.

Jones, M. (1988). *Growing old : The ultimate freedom.* New York : Human Sciences Press.

Judge, T.A., Bono, J.E., Ilies, R. et Gerhart, M.W. (2002b). Personnality and leadership : A qualitative and quantitative review. *Journal of Personnality & Social Psychology, 87,* 765-780.

Judge, T.A., Heller, D. et Mount, M.K. (2002a). Five-Factor model of personality and job satisfaction : A meta-analysis. *Journal of Applied Psychology, 87,* 530-541.

Judge, T.A. et Ilies, R. (2002). Relationship of personality to performance motivation : A meta-analytic review. *Journal of Applied Psychology, 87,* 797-807.

Judge, T.A. et Piccolo, R.F. (2004). Transformational and transactional leadership : A meta-analytic test of their relative validity. *Journal of Applied Psychology, 89,* 755-768.

Jung, C.G. (1976). *Psychological types* (vol. 6). New York : Bollingen Series XX/Princeton University Press (texte original publié en 1921).

Jung, C.G. (1978). *Civilization in transition* (vol. 10). New York : Bollingen Series XX/Princeton University Press (texte original publié en 1945).

Jung, C.G. (1981). *The Development of Personality* (vol. 17). New York : Bollingen Series XX/Princeton University Press (texte original publié en 1930).

Jung, C.G. (1989). *Analytical psychology* (notes du séminaire donné en 1925 par C.G. Jung). New York : Bollingen Series XX/Princeton University Press (texte original publié en 1925).

Jung, C. G. (1991). *Problème de l'âme moderne.* Paris. Buchet/Chastel. p. 195-219. Conférence donnée au congrès des médecins aliénistes de la Suisse, en 1928, à Zurich. Paru dans C. G. Jung, *Seelen-probleme der Gegenwart,* Éd. Rascher, Zurich, 1931.

Jung, C.G. (1933). *Dialectique du Moi et de l'inconscient.* Paris : Éditions Gallimard.

Kahn, R.L. et Katz, D. (1960). Leadership practices in relations to productivity and morale. Dans D. Cartwright et A. Zander (dir.), *Group Dynamics : Research and theory* (p. 554-570). New York : Harper & Row.

Kahn, W.A. et Kram, K.E. (1994). Authority at work : Internal models and their organizational consequences. *Academy of Management Review, 19,* 17-50.

Kanfer, R., Wanberg, C.R. et Kantrowitz, T.M. (2001). Job search and employment : A personality-motivational analysis and meta-analytic review. *Journal of Applied Psychology, 86,* 837-855.

Kanungo, R.N. (1982). Measurement of job and work involvement. *Journal of Applied Psychology, 67,* 341-349.

Kaplan, K.J. et O'Connor, N.A. (1993). From mistrust to trust : Through a stage vertically. Dans G.H. Pollock et S.I. Greenspan (dir.), *The course of life* (vol. 6, *Late adulthood,* p. 153-198). Madison, CT : International Universities Press.

Karasek, R.A. (1979). Job demands, job decision latitude, and mental strain : Implications for job redesign. *Administrative Science Quarterly, 24,* 285-308.

Karasek, R.A. et Theorell, T. (1990). *Healthy work : Stress, productivity, and the reconstruction of working life.* New York : Basic Books, Inc.

Karniol, R. et Ross, M. (1996). The motivational impact of temporal focus : Thinking about the future and the past. *Annual Review of Psychology, 47,* 593-620.

Katz, D. et Kahn, R.L. (1978). *The social psychology of organizations.* New York : Wiley.

Katzell, R.A. et Thompson, D.E. (1990). An integrative model of work attitudes, motivation and performance. *Human Performance, 3,* 63-85.

Katzenbach, J.R. (1997). *Teams at the Top : Unleashing the potential of both teams and individual leaders.* Boston : Harvard Business School Press.

Katzenbach, J.R. et Smith, D.K. (1993). *The Wisdom of Teams : Creating the high performance organization.* Boston, MA : Harvard Business School Press.

Keirsey, D. et Bates, D. (1984). *Please Understand Me.* Del Mar, CA : Prometheus Nemesis Books.

Kelley, H.H. (1967). Attribution theory in social psychology. Dans D. Levine (dir.), *Nebraska Symposium on Motivation* (vol. 15, p.192-240). Lincoln, NE : University of Nebraska Press.

Kelman, H.C. (1958). Compliance, identification, and internalization : Three processes of attitude change. *Journal of Conflict Resolution, 2,* 51-60.

Kets de Vries, M.F.R. et Miller, D. (1985). *L'entreprise névrosée.* Montréal : McGraw-Hill.

Kiesler, C.A. (1971). *The psychology of commitment : Experiments linking behavior to belief.* New York : Academic Press.

Kiffin-Petersen, S.A. et Cordery, J.L. (2003). Trust, individualism and job characteristics as predictors of employee preference for teamwork. *International Journal of Human Resource Management, 14,* 93-116.

Kilham, W. et Mann, L. (1974). Level of destructive obedience as a function of transmitter and executant roles in the Milgram obedience paradigm. *Journal of Personality & Social Psychology, 29,* 696-702.

Kimble, G.A. (1994). A frame of reference for psychology. *American Psychologist, 49,* 510-519.

Kivimäki, M., Ferrie, J.E., Head, J., Shipley, M.J., Vahtera, J. et Marmot, M.G. (2004). Organisational justice and change in justice as predictors of employee health : The Whitehall II study. *Journal of Epidemiology & Community Health, 58,* 931-937.

Klimoski, R.J. et Mohammed, S. (1994). Team mental model : Construct or metaphor ? *Journal of Management, 20,* 403-437.

Koch, S. (1993). "Psychology" or "The psychological studies" ? *American Psychologist, 48,* 902-904.

Koestler, A. (1965). *Le cri d'Archimède.* Paris : Colmann-Levy.

Koestner, R. et Losier, G.F. (2002). Distinguishing three ways of being internally motivated : A closer look at introjection, indetification, and intrinsic motivation. Dans E. L. Deci et R.M. Ryan (dir.), *Handbook of self-determination research* (p. 101-121). Rochester, NY : The University of Rochester Press.

Koestner, R., Lekes, N., Powers, T.A. et Chicoine, E. (2002). Attaining personal goals : Self-concordance plus implementation intentions equals success. *Journal of Personality & Social Psychology, 83,* 231-244.

Kolb, D.A. (1974). On management and the learning process. Dans D.A. Kolb, I.M. Rubin et J.M. McIntyre (dir.), *Organizational psychology : A book of readings* (p. 27-42). Englewood Cliffs, NJ : Prentice-Hall.

Kolb, D.A. (1984). *Experiential learning. Experience as the source of learning and development.* Englewood Cliffs, NJ : Prentice-Hall.

Kolb, D.A. (1985). *Learning style inventory. Technical manual.* Boston : McBer and Co.

Kolb, D.A. (1988). Integrity, advanced professional development, and learning. Dans S. Srivastava (dir.), *Executive integrity. The search for high human values in organizational life* (p. 68-88). San Francisco : Jossey-Bass.

Kolb, D.A., Rubin, I.M. et McIntyre, J.M. (dir.) (1976). *Comportement organisationnel : une approche expérientielle.* Montréal : Guérin.

Komorita, S.S. et Parks, C.D. (1995). Interpersonal relations : Mixed-motive interaction. *Annual Review of Psychology, 46,* 183-207.

Kozlowski, S.W.J. et Bell, B.S. (2003). Work groups and teams in organizations. Dans W.C. Borman, D.R. Ilgen et R.J. Klimoski (dir.), *Handbook of Psychology : Industrial and Organizational Psychology* (chapitre 14, vol. 12, p. 333-375). Londres : Wiley.

Kroeger, O. et Thuesen, J.M. (1988). *Type talk.* New York : Delacorte Press.

Kuvaas, B. (2003). Employee ownership and affective organizational commitment : Employees' perceptions of fairness and their preference for company shares over cash. *Scandinavian Journal of Management, 19,* 193-212.

Labelle, G. (2001). *Une équipe du tonnerre.* Montréal, Les Éditions Transcontinental.

Laborit, H. (1970a). *L'agressivité détournée. Introduction à une biologie du comportement social.* Paris : Union générale d'Éditions.

Laborit, H. (1970b). *L'homme imaginant. Essai de biologie politique.* Paris : Union générale d'Éditions.

Laborit, H. (1974). *La nouvelle grille.* Paris : Robert Laffont.

Laing, R.D. (1977). *Nœuds.* Paris : Éditions Stock+Plus.

Laing, R.D., Phillipson, H. et Lee, A.R. (1966). *Interpersonal perception : A theory and a method of reseau.* New York : Harper & Row.

Lambert, E.G., Edwards, C., Camp, S.D. et Saylor, W.G. (2005). Here today, gone tomorrow, back again the next day : Antecedents of correctional absenteeism. *Journal of Criminal Justice, 33,* 165-175.

Landry, S. (1995). Le groupe restreint : prémisses conceptuelles et modélisation. *Revue québécoise de psychologie, 16,* 45-62.

Lapierre, L. (1991). Le leadership : le meilleur et le pire. *Gestion, 16,* 8-14.

Lapierre, L. (1992). L'approche clinique : la fiction et la recherche sur le leadership. Dans L. Lapierre (dir.), *Imaginaire et leadership* (p. 57-88). Montréal : Québec-Amérique et Presses HEC.

Laroche, R. (1991). *La structure interne du groupe informel dans l'organisation : synthèse théorique et conception d'une méthodologie.* Mémoire de maîtrise, Département de psychologie, Université de Montréal.

Le Petit Larousse grand format. (2006). Paris, Larousse, 2056 p.

Latané, B., Williams, K. et Harkins, S. (1979). Many hands make light the work : The causes and consequences of social loafing. *Journal of Personality & Social Psychology, 37,* 822-832.

Latham, G.P. et Pinder, C.C. (2005). Work motivation theory and research at the dawn of the twenty-first century. *Annual Review of Psychology, 56,* 485-516.

Lawler, E. et Hall, D. (1970). Relationships of job characteristics to job involvement, satisfaction, and intrinsic motivation. *Journal of Applied Psychology, 54,* 305-312.

Lawler, E.E. (1991). *High-involvement management.* San Francisco : Jossey-Bass.

Lawler, E.E. III (1986). *High-involvement management : Participative strategies for improving organizational performance.* Sans Francisco : Jossey-Bass.

Lawler, E.E. III (2003). Reward practices and performance management system effectiveness. *Organizational Dynamics, 32,* 396-404.

Lazarus, R.S. (1966). *Psychological stress and the coping process.* New York : McGraw-Hill.

Lazarus, R.S. (1991a). *Emotion and adaptation.* New York : Oxford University Press.

Lazarus, R.S. (1991b). Progress on a cognitive-motivational-relational theory of emotion. *American Psychologist, 46,* 819-834.

Lazarus, R.S. (1993). From psychological stress to the emotions : A history of changing outlooks. *Annual Review of Psychology, 44,* 1-21.

Lazarus, R.S. (1999). *Stress and emotion : A new synthesis.* New York : Springer Publishing Company.

Lazarus, R.S. et Folkman, S. (1984). *Stress, appraisal and coping.* New York : Springer.

Leavitt, H.J. (1975). Suppose we took groups seriously... Dans E.L. Cass et F.G. Zimmer (dir.), *Man and Word in Society* (p. 67-77). New York : Van Nostrand Reinhold.

LeBon, G. (1963). *La psychologie des foules.* Paris : PUF.

Leclerc, C. (1999). *Comprendre et construire les groupes.* Saint-Nicolas, Québec : Les Presses de l'Université Laval.

Leconte, P. (1991). Leadership. Dans H. Bloch, R. Chemama, A. Gallo, P. Leconte, J.-F. Le Ny, J. Postel, S. Moscovici, M. Reuchlin et E. Vurpillot (dir.), *Grand dictionnaire de la psychologie* (p. 427-428). Paris : Larousse.

L'Écuyer, R. (1994). *Le développement du concept de soi : de l'enfance à la vieillesse.* Montréal : Presses de l'Université de Montréal.

Leiter, M.P. et Maslach, C. (2001). Burnout and quality in a sped-up world. *The Journal for Quality & Participation, 24,* 48-51.

Lemoine, C. (1995a). Évaluation, recherche d'indices et auto-régulation de la conduite. *Psychologie du travail et des organisations, 1,* 75-83.

Lemoine, C. (1995b). Les tribulations d'une notion : Du groupe à l'équipe de travail. *Revue québécoise de psychologie, 16,* 97-110.

LePine, J.A., Erez, A. et Johnson, D.E. (2002). The nature and dimensionality of organizational citizenship behavior : A critical review and meta-analysis. *Journal of Applied Psychology, 87,* 52-65.

Lesage, P.-B. et Rice-Lesage, J. (1978). Le sens du travail et le gestionnaire. *Gestion, 3,* 6-16.

Lesage, P.-B. et Rice-Lesage, J. (1982). Comment tenir compte des différences individuelles au travail ? *Gestion, 7,* 17-26.

Lesage, P.-B. et Rice-Lesage, J. (1986). Deux traits de personnalité et leur influence sur la difficulté d'être le supérieur idéal. *Revue québécoise de psychologie, 7,* 84-110.

Lessard, R. (2002). *Les facteurs clés de succès d'une équipe virtuelle,* Mémoire de maîtrise. HEC Montréal.

Levine, A. (1980). *Why innovation fails.* Albany, NY : State University of New York Press.

Levine, J.M. et Pavelchak, M.A. (1984). Conformité et obéissance. Dans S. Moscovici (dir.), *Psychologie sociale* (p. 25-50). Paris : PUF, Fondamental.

Levine, J.M., Resnick, L.B. et Higgins, E.T. (1993). Social foundations of cognition. *Annual Review of Psychology, 44,* 585-612.

Levinson, H. (1975). *Executive stress.* New York : Harper & Row.

Levinson, H. (1988). You won't recognize me : Predictions about changes in top-management characteristics. *Academy of Management Executive, 2,* 119-125.

Lévy-Leboyer, C. (2001). *La motivation dans l'entreprise : modèles et stratégies.* Paris : Éditions d'Organisation.

Lévy-Leboyer, C. (2005). *La personnalité : un facteur essentiel de réussite dans le monde du travail.* Paris : Éditions d'Organisation.

Lewin, K. (1938). *The conceptual representation and the measurement of psychological forces.* Durham, NC : Duke University Press.

Lewin, K. (1951). *Field theory in social sciences.* New York : Harper & Row.

Lewin, K. (1975). *Psychologie dynamique. Les relations humaines.* Paris : PUF (texte original publié en 1950).

Leymann, H. (1990). Mobbing and psychological terror at workplaces. *Violence & Victims, 5,* 119-126.

Likert, R. (1958). Measuring organizational performance. *Harvard Business Review, 36,* 41–51.

Likert, R. (1961). *New patterns of management.* New York : McGraw-Hill.

Linton, R. (1936). *The study of man : An introduction.* New York : Appleton-Century.

Lipiansky, E.M. (1995). L'identité à l'articulation du psychologique et du social. *Revue internationale de psychologie, 2,* 21-34.

Lippitt, R. et White, R. (1947). An experimental study of leadership and group life. Dans T.M. Newcomb et E.L. Hartley (dir.), *Readings in social psychology.* New York : Holt.

Locke, E.A. et Latham, G.P. (1990). *A theory of goal setting and task performance.* Englewood Cliffs, NJ : Prentice-Hall.

Locke, E.A. et Latham, G.P. (2004). What should we do about motivation theory ? Six recommendations for the twenty-first century. *Academy of Management Review, 29,* 388-403.

Locke, E.A., Tirnauer, D., Roberson, Q., Goldman, B., Latham, M.E. et Weldon, W. (2001). The importance of the individual in an age of groupism. Dans M.E. Turner (dir.), *Groups at work : Theory and research* (p. 501-528). Mahwah, NJ : Lawrence Erlbaum Associates.

Loftus, E. F. et Klinger, M. R. (1992). Is the unconscious smart or dumb ? *American Psychologist, 47,* 761-765.

Luc, É. (2004). *Le leadership partagé : modèle d'apprentissage et d'actualisation.* Montréal : Les Presses de l'Université de Montréal.

Lykken, D.T., McGue, M., Tellegen, A. et Bouchard, T.J. (1992). Emergenesis : Genetic traits that may not run in families. *American Psychologist, 47,* 1565-1577.

Lynch, A.Q. (1985). The Myers-Briggs type indicator : A tool for appreciating employee and client diversity. *Journal of Employment Counseling, 22,* 104-109.

Maccoby, M. (1976). *The gamesman : The new corporate leader.* New York : Harper & Row.

Madjar, N. (2005). The contributions of different groups of individuals to employees' creativity. *Advances in Developing Human Resources, 7,* 182-206.

Mahoney, M.J. (1991). *Human change processes. The scientific foundations of psychotherapy.* New York : Basic Books.

Main, M. et Cassidy, J. (1988). Categories of response to reunion with the parent at age 6 : Predictable from infant attachment classifications and stable over a 1-month period. *Developmental Psychology, 24,* 415-426.

Maisonneuve, J. (1991). Apprentissage. Dans H. Bloch, R. Chemama, A. Gallo, P. Leconte, J.-F. Le Ny, J. Postel, S. Moscovici, M. Reuchlin et E. Vurpillot (dir.), *Grand dictionnaire de la psychologie* (p. 58-64). Paris : Larousse.

Malrieu, P. (1979). (Sans titre). Dans R. Zazzo (dir.), *L'attachement.* Neuchâtel, France : Delachaux et Niestlé.

Manz, C.C. et Sims, H.P. (1987). Leading workers to lead themselves : the external leadership of self-managing work teams. *Administrative Science Quarterly, 32,* 106-28.

Marc, E. et Picard, D. (1989). *L'interaction sociale.* Paris : PUF.

Margerison, C.J. et Lewis, J.R. (1979). *How work preferences relate to learning styles.* Bedfordshire, England : Cranfield School of Management.

Marks, M.A., Sabella, M.J., Burke, C.S. et Zacarro, S.J. (2002). The impact of cross-training on team effectiveness. *Journal of Applied Psychology, 87,* 3-13.

Martocchio, J.J. et Jimeno, D.I. (2003). Employee absenteeism as an affective event. *Human Resource Management Review, 13,* 227-241.

Maslach, C. (2003). Job burnout : Research and intervention. *American Psychological Society, 12,* 189-192.

Maslach, C. et Jackson, S.E. (1982). Burnout in health professions : A social psychological analysis. Dans G. Sanders et J. Suls (dir.), *Social psychology of health and illness.* Hillsdale, NJ : Erlbaum.

Maslach, C. et Leiter, M.P. (1999). Take this job and... love it ! *Psychology Today, 32,* 50-54.

Maslow, A.H. (1943). A theory of human motivation. *Psychological Review, 50,* 370-396.

Maslow, A.H. (1954). *Motivation and personality.* New York : Harper.

Maslow, A.H. (1962). *Toward a psychology of being.* Princeton, NJ : Van Nostrand.

Maslow, A.H. (1971). *The farther reaches of human nature.* New York : Viking.

Massarik, F. et Wechsler, I.R. (1984). Empathy revisited : The process of understanding people. Dans D.A. Kolb, I.M. Rubin et J.M. McIntyre (dir.), *Organizational psychology : Readings on human behavior in organizations* (p. 285-297). Englewood Cliffs, NJ : Prentice-Hall.

Massé, R., Poulin, C., Dassa, C., Lambert, J., Bélair, S. et Battaglini, A. (1998a). Élaboration et validation d'un outil de mesure du bien-être psychologique : L'ÉMMBEP. *Revue canadienne de santé publique, 89,* 352-357.

Massé, R., Poulin, C., Dassa, C., Lambert, J., Bélair, S. et Battaglini, A. (1998b). Élaboration et validation d'un outil de mesure de la détresse psychologique dans une population non clinique de Québécois francophones. *Revue canadienne de santé publique, 89,* 183-187.

Mathieu, J.E., Heffner, T.S., Goodwin, G.F., Salas, E. et Connon-Bowers, J.A. (2000). The influence of shared mental models on team process and performance. *Journal of Applied Psychology, 85,* 273-283.

Mattoon, M.A. et Davis, M. (1995). The Gray-Wheelwrights Jungian type survey : Development and history. *Journal of Analytical Psychology, 40,* 205-234.

May, R. (1975). *The courage to create.* New York : W.W. Norton.

May, R. (1977). *The meaning of anxiety.* New York : Washington Square Press.

Mayer, R.C., Davis, J.H. et Schoorman, F.D. (1995). An integrative model of organizational trust. *Academy of Management Review, 20,* 709-734.

Mayo, G.E. (1933). *The human problems of an industrial civilization.* New York : Macmillan.

McAdams, D.P. (1992). The five-factor model in personality : A critical appraisal. *Journal of Personality, 60,* 329-361.

McCaulley, M.H. (1989). *The Myers-Briggs Type Indicator and leadership.* Gainsville, FL : Center for Applications of Psychological Types.

McCrae, R.R. et Costa, P.T., Jr. (1997). Personality trait structure as a human universal. *American Psychologist, 52,* 509-516.

McDougall, W. (1932). Of the words character and personality. *Character & Personality, 1,* 3-16.

McGregor, D. (1960). *The human side of enterprise.* New York : McGraw-Hill.

McLean, L.D. (2005). Organizational culture's influence on creativity and innovation : A review of the literature and implications for human resource development. *Advances in Developing Human Resources, 7,* 226-246.

Menon, S.T. (1999). Psychological empowerment : Definition, measurement, and validation. *Canadian Journal of Behavioural Sciences, 31,* 161-164.

Menon, S.T. (2001). Employee empowerment : An integrative psychological approach. *Applied Psychology : An International Review, 50,* 153-180.

Merleau Ponty, M. (1942). *La structure du comportement.* Paris : PUF.

Merleau Ponty, M. (1945). *Phénoménologie de la perception.* Paris : Gallimard.

Merton, R.K. (1948). The self-fulfilling prophecy. *Antioch Review, 8,* 193-210.

Meyer, J.P. et Allen, N.J. (1984). Testing the "side-bet theory" of organizational commitment : Some methodological considerations. *Journal of Applied Psychology, 69,* 372-378.

Meyer, J.P. et Herscovitch, L. (2001). Commitment in the workplace : Toward a general model. *Human Resource Management Review, 11,* 299-326.

Meyer, J.P. et Allen, N.J. (1991). A three-component conceptualization of organizational commitment. *Human Resource Management Review, 1,* 61-89.

Meyer, J.P., Allen, N.J. et Topolnytsky, L. (1998). Commitment in a changing world of work. *Canadian Psychology, 39,* 83-93.

Mikulincer, M. et Shaver, P.R. (2003). The attachment behavioral system in adulthood : Activation, psychodynamics, and interpersonal process. Dans M.P. Zanna (dir.), *Advances in experimental social psychology* (vol. 35, p. 53-152). San Diego, CA : Academic Press.

Miles, M.B. (1953). Human relations training : How a group grows. *Teachers College Record, 55,* 90-96.

Milgram, S. (1975). *Soumission à l'autorité.* Paris : Calman-Lévy.

Miller, A. G. (1986). *The obedience experiments : A case study of controversy in social science.* New York : Praeger.

Miller, D., Toulouse, J.-M. et Bélanger, N. (1985). Top-executive personality in corporate strategy : Three tentative types. *Advances in Strategic Management, 3,* 223-232.

Maslow, A. (2006). *Être humain*. Paris : Éditions Eyrolles.

Mills, J., Robey, D. et Smith, L. (1985). Conflict-handling and personality dimensions of project-management personnel. *Psychological Reports, 57,* 1135-1143.

Mink, O.G., Owen, K.Q. et Mink, B.P. (1993). *Developing high performance people : The art of coaching*. Reading, MA : Addison-Wesley.

Miquelon, P., Perreault, S. et Abbondanza, M. (2001). Activités récréatives et performance : jouer ensemble pour mieux travailler en équipe. *Loisir et société, 24,* 245-279.

Misumi, J. (1985). *The behavioural science of leadership : An interdisciplinary Japenese research program*. Ann Arbor, MI : The Univesity of Michigan Press.

Mitchell, T.R. (1982). Motivation : New directions for theory, research, and practice. *Academy of Management Review, 7,* 80-88.

Mitroff, I.I. (1983). *Stakeholders of the organizational mind*. San Francisco : Jossey-Bass.

Mitroff, I.I. et Pauchant, T.-C. (1990). *We're so big and powerful nothing bad can happen to us*. New York : Caroll Publishing.

Mobley, W.H. (1977). Intermediate linkages in the relationship between job satisfaction and employee turnover. *Journal of Applied Psychology, 62,* 237-240.

Monat, A. et Lazarus, R.S. (1985). *Stress and coping : An anthology*. New York : Columbia University Press.

Mongeau, P. et Tremblay, J. (1998). *Connais-toi toi-même : découvrez votre profil personnel et son effet sur les autres*. Paris : Maxima.

Mongeau, P. et Tremblay, J. (1995). Typologie des modes d'interaction en groupe de tâches. *Revue québécoise de psychologie, 16,* 135-154.

Moore, T. (1994). *Soul mates. Honoring the mysteries of love and relationship*. New York : Harper Perennial.

Moorhead, G., Neck, C.P. et West, M.S. (1998). The tendency toward defective decision making within self-managing teams : The relevance of groupthink in the 21st century. *Organizational Behavior & Human Decision Processes, 73,* 327-351.

Moreland, R.L. et Levine, J.M. (1982). Socialization in small groups : Temporal changes in individual-group relations. Dans L. Berkowitz (dir.), *Advances in experimental social psychology* (vol. 15, p. 137-192). New York : Academic Press.

Moreland, R.L. et Levine, J.M. (2001). Socialization in organizations and work groups. Dans M. Turner (dir.), *Groups at work : Theory and research* (p. 69-112). Mahwah, NJ : Erlbaum.

Morin, E.M. (1993). Enantiodromia and crisis management : A Jungian perspective. *Industrial & Environmental Crisis Quarterly, 7,* 91-114.

Morin, E.M. (1995). Organizational effectiveness and the meaning of work. Dans T.C. Pauchant *et al.* (dir.), *Search of meaning. Managing for health of our organizations, ou communities and the natural world* (chapitre 1, p. 29-64). San Franscisco, CA : Jossey-Bass.

Morin, E.M. (2003). Stimuler la santé par le travail : est-ce possible ? Dans R. Foucher, A. Savoie et L. Brunet (dir.), *Concilier performance organisationnelle et santé psychologique au travail* (p. 113-133). Montréal : Éditions Nouvelles.

Morin, E.M., Savoie, A. et Beaudin, G. (1994). *L'efficacité de l'organisation*. Boucherville, Québec : Gaëtan Morin Éditeur.

Moscovici, S. (1979). *Psychologie des minorités actives*. Paris : PUF.

Moscovici, S. (1994). L'influence n'est pas la manipulation. *Sciences humaines, 37,* 38-41.

Moscovici, S. (dir.) (1984). *Psychologie sociale*. Paris : PUF.

Moscovici, S. et Doise, W. (1992). *Dissensions et consensus*. Paris : PUF.

Mount, M.K., Barrick, M.R. et Stewart, G.L. (1998). Five-factor model of personality and performance in jobs involving interpersonal interactions. *Human Performance, 11,* 145-165.

Mowday, R.T., Porter, L.W. et Steers, R.M. (1982). *Employee commitment, turnover and absenteeism*. New York : Academic.

Mucchielli, A. (1983). *L'analyse phénoménologique et structurale en sciences humaines*. Paris : PUF.

Muchinsky, P.M. et Monahan, C.J. (1987). What is person-environment congruence ? Supplementary versus complementary models of fit. *Journal of Vocational Behavior, 31,* 268-277.

Mugny, G., De Paolis, P. et Carugati, F. (1984). Social regulations in individual development. Dans W. Doise et A. Palmonari (dir.), *Social interaction in cognitive development* (p. 127-146). Cambridge, MA : Cambridge University Press.

Myers, I.B. (1975). *Manual: The Myers Briggs Type Indicator*. Palo Alto, CA : Consulting Psychologists Press.

Myers, I.B. (1989). *Contributions of type to executive success*. Gainesville, FL : Center for Applications of Psychological Type.

Myers, I.B. et McCaulley, M.H. (1985). *Manual: A guide to the development and use of the Myers-Briggs Type Indicator*. Palo Alto, CA : Consulting Psychologists Press.

Neisser, U. (1967). *Cognitive psychology.* New York : Appleton.

Neisser, U. (1976). *Cognition and reality : Principles and implications of cognitive psychology.* New York : W.H. Freeman.

Nelson, D.L. et Simmons, B.L. (2003). Health psychology and work stress : A more positive approach. Dans J.C. Quick et L.E. Tetrick (dir.), *Handbook of occupational health psychology,* (p. 97-119). Washington, DC : American Psychological Association.

Neuman, G.A. et Wright, J. (1999). Team effectiveness : Beyond skills and cognitive ability. *Journal of Applied Psychology, 84,* 376-389.

Nielsen, M.L., Rugulies, R., Christensen, K.B., Smith-Hansen, L., Bjorner, J.B. et Kristensen, T.S. (2004). Impact of psychosocial work environment on registered absence from worlk : A two-year longitudinal study using the IPAW cohort. *Work & Stress, 18,* 323-335.

Nilsson, T. (2000). A history of team : The case of Sweeden and Volvo. Dans M.M. Beyerlein (dir.), *Social indicators research series. Work teams : Past, present and future* (vol. 6, p. 275-288). Boston : Kluwer Academic Publishers.

Northouse, P.G. (2004). *Leadership : Theory and practice* (3e édition). Thousand Oaks, CA : Sage Publications.

Oatley, K. et Jenkins, J.M. (1992). Human emotions : Function and dysfunction. *Annual Review of Psychology, 43,* 55-85.

O'Connell, M.S., Doverspike, D. et Cober, A.B. (2002). Leadership and semiautonomous work team performance. *Group & Organization Management, 27,* 50-65.

Olafsdottir, L. (2004). Prevention, health and safety program in companies provide a more successful and healthier workplace. *Work : Journal of Prevention, Assessment & Rehabilitation, 22,* 27-30.

Oldham, G.R. et Cummings, A. (1996). Employee creativity : Personal and contextual factors at work. *Academy of Management Journal, 39,* 607-634.

Olson, J.M. et Zanna, M.P. (1993). Attitudes and attitude change. *Annual Review of Psychology, 44,* 117-154.

O'Neill, J.R. (1991). The dark side of success. Dans C. Zweig et J. Abrams (dir.), *Meeting the shadow. The hidden power of the dark side of human nature* (p. 107-109). Los Angeles : Jeremy P. Tarcher.

O'Reilly, C.A. (1991). Organizational behavior : Where we've been, where we're going. *Annual Review of Psychology, 42,* 427-458.

Organ, D.W. (1988). *Organizational citizenship behavior : The good soldier syndrome.* Lexington, MA : Lexington Books.

Organisation mondiale de la santé (OMS, 1946). *Préambule à la Constitution de l'Organisation mondiale de la santé, tel qu'adopté par la Conférence internationale sur la santé, New York, 19-22 juin 1946* ; signé le 22 juillet 1946 par les représentants de 61 États (actes officiels de l'Organisation mondiale de la santé, n° 2, p. 100) et entré en vigueur le 7 avril 1948.

Organisation mondiale de la santé (OMS, 1999). *Rapport sur la santé dans le monde 1999. Pour un réel changement.* OMS.

Organisation mondiale de la santé, [en ligne], www.who.int/mediacentre/fr/index.html (page consultée le 8 mai 2006).

Ornstein, R. et Thompson, R. (1987). *L'incroyable aventure du cerveau.* Paris : InterÉditions.

Osgood, C.E. et Tannenbaum, P.H. (1955). The principle of congruity in the prediction of attitude change. *Psychological Review, 62,* 42-55.

Ostroff, C. (1992). The relationship between satisfaction, attitudes, and performance : An organizational level analysis. *Journal of Applied Psychology, 77,* 963-974.

Ozer, D.J. et Reise, S.P. (1994). Personality assessment. *Annual Review of Psychology, 45,* 357-388.

Pagès, M. (1984). *La vie affective des groupes. Esquisse d'une théorie de la relation humaine.* Paris : Dunod.

Pagès, M. (1986). *Trace ou sens. Le système émotionnel.* Paris : Hommes & Groupes Éditeurs.

Pagès, M., Bonetti, M., de Gaulejac, V. et Descendre, D. (1979). *L'emprise de l'organisation.* Paris : PUF.

Paicheler, G. (1991). Influence sociale. Dans H. Bloch, R. Chemama, A. Gallo, P. Leconte, J.-F. Le Ny, J. Postel, S. Moscovici, M. Reuchlin et E. Vurpillot (dir.), *Grand dictionnaire de la psychologie* (p. 380-384). Paris : Larousse.

Paris, G. (1991). Le théâtre émotionnel. Dans R. Tessier et Y. Tellier (dir.), *Changement planifié et développement des organisations. Tome 4. Pouvoirs et cultures organisationnels* (p. 291-304). Sillery, Québec : Presses de l'Université du Québec.

Pauchant, T.-C. (1991). Transferential leadership. Towards a more complex understanding of charisma in organizations. *Organization Studies, 12,* 507-527.

Pauchant, T.-C. (dir.) (1996). *La quête du sens.* Montréal : Québec-Amérique/Presses HEC.

Pauchant, T.-C. et Mitroff, I.I. (1995). *La gestion des crises et des paradoxes. Prévenir les effets destructeurs de nos organisations.* Montréal : Québec-Amérique/Presses HEC.

Pauleen, D. (2004). *Virtual teams : Projects, protocols and processes.* Hershey, PA : Idea Group Publishing.

Pearce, G.L. et Giacalone, R.A. (2003). Team behaving badly : Factors associated with anti-citizenship behaviour in teams. *Journal of Applied Psychology, 33,* 58-75.

Pelletier, D. (2005). *Dictionnaire septembre des métiers et professions.* Québec : Éditions Septembre.

Pelletier, L.G. et Vallerand, R.J. (1994). Les perceptions et les cognitions sociales : Percevoir les gens qui nous entourent et penser à eux. Dans R.J. Vallerand (dir.), *Les fondements de la psychologie sociale.* Boucherville, Québec : Gaëtan Morin Éditeur.

Pervin, L.A. et John, O.P. (2005). *Personnalité : Théorie et Recherche* (adaptation française de L. Nadeau, D. Acier et D. Miranda). Saint-Laurent, Québec : ERPI.

Peter, R. et Siegrist, J. (1997). Chronic work stress, sickness absence, and hypertension in middle managers : General or specific sociological explanations ? *Social Science & Medicine, 45,* 1111-1120.

Pettersen, N. (2000). *Évaluation du potentiel humain dans les organisations.* Québec, Sainte-Foy : Les Presses de l'Université du Québec.

Piaget, J. (1954). *Intelligence and affectivity : Their relationship during child development.* Palo Alto, CA : Annual Reviews, Inc.

Piaget, J. (1967). *La psychologie de l'intelligence.* Paris : Armand Colin (texte original publié en 1947).

Piaget, J. (1970). *Psychologie et épistémologie. Pour une théorie de la connaissance.* Paris : Gonthier.

Piaget, J. (1975a). *L'équilibration des structures cognitives. Problème central de développement.* Paris : PUF.

Piaget, J. (1975b). *Les mécanismes perceptifs. Modèles probabilistes. Analyse génétique. Relations avec l'intelligence.* Paris : PUF.

Picher, C. (2005). Absentéisme : des pertes de 16 milliards. *La Presse,* jeudi 7 juillet, La Presse Affaires 5.

Pichot, P. (1987). *L'anxiété.* Paris : Masson.

Pietroni, P. (1993). Attachment-detachment and non-attachment. *Journal of Analytical Psychology, 38,* 45-55.

Pinard, A. (1992). Métaconscience et métacognition. *Psychologie canadienne, 33,* 27-41.

Platon (1993). *La république. Du régime politique, traduction de Pierre Pachet.* Paris : Gallimard (texte original 387 av. J.-C.).

Podsakoff, P.M., MacKenzie, S.B., Paine, J.B. et Bachrach, D.G. (2000). Organizational citizenship behaviors : A critical review of the theoretical and empirical literature and suggestions for future research. *Journal of Management, 26,* 513-563.

Porot, A. (1969). *Manuel alphabétique de psychiatrie clinique et thérapeutique.* Paris : PUF.

Porter, G. et Beyerlein, M. (2000). Historic roots of team theory and practice. Dans M.M. Beyerlein (dir.), *Social indicators research series. Work teams : Past, present and future* (vol. 6, p. 3-24). Boston : Kluwer Academic Publishers.

Porter, L.W. et Lawler, E.E. (1968). *Managerial attitudes and performance.* Homewood, IL : Irwin.

Porter, L.W. et Steers, R.M. (1973). Organizational, work, and personal factors in employee turnover and absenteeism. *Psychological Bulletin, 80,* 151-176.

Powell, A., Piccoli, G. et Ives, B. (2004). Virtual teams : A review of current literature and directions for future research. *The Data Base for Advances in Information Systems, 35,* 6-36.

Prigogine, I. et Stengers, I. (1979). *La nouvelle alliance.* Paris : Gallimard.

Quick, J.C., Quick, J.D., Nelson, D. L. et Hurrell, J.J. Jr. (1997). *Preventive Stress Management in Organizations.* Washington, DC : American Psychological Association.

Raad, B.D. et Perugini, M. (2002). Big five factor assessment : Introduction. Dans B.D. Raad et M. Perugini (dir.), *Big five assessment.* Kirkland, WA : Hogrefe & Huber Publishers.

Ramlall, S. (2004). A review of employee motivation theories and their implications for employee retention within organizations. *Journal of American Academy of Business, 5,* 52-63.

Reboul, O. (1991). *Qu'est-ce qu'apprendre ?* Paris : PUF.

Revelle, W. (1995). Personality processes. *Annual Review of Psychology, 46,* 295-328.

Rice, J.A. (1978). *Trust – mistrust and internality – externality as determinants of organization assessment by white-collar francophones in Quebec.* Thèse de doctorat, Département de sociologie, Université du Michigan, Ann Arbor.

Richard, B. (1996). *Psychologie des groupes.* Cap-Rouge, Québec : Presses Inter Universitaires.

Richelle, M., et Droz, R. (dir.) (1976). *Manuel de psychologie, Introduction à la psychologie scientifique.* Bruxelles : Dessart & Mardaga.

Rocher, G. (1969). *Introduction à la sociologie générale* (vol. 1 : L'action sociale). Montréal : Hurtubise HMH.

Roethlisberger, F.J. et Dickson, W.J. (1939). *Management and the worker.* Cambridge, MA : Harvard University Press.

Rogers, C. et Farson, R.E. (1984). Active listening. Dans D.A. Kolb, I.M. Rubin et J.M. McIntyre (dir.), *Organizational psychology : Readings on human behavior in organizations* (p. 255-267). Englewood Cliffs, NJ : Prentice-Hall.

Rogers, C. et Kinget, M. (1976). *Psychothérapie et relations humaines* (vol. 1). Louvain, Belgique : Presses universitaires de Louvain.

Rogers, C.R. (1947). *Le développement de la personne.* Paris : Dunod.

Rogers, C.R. (1980). *A way of being.* Boston : Houghton Mifflin.

Rogers, C.R. (1995). What understanding and acceptable mean to me. *Journal of Humanistic Psychology, 35,* 7-22.

Rolland, J.P. (2004). *L'évaluation de la personnalité : le modèle en cinq facteurs.* Sprimont, Belgique : Mardaga.

Rosenberg, M.J. (1966). An analysis of affective-cognitive consistency. Dans M.J. Rosenberg, C.I. Hovland, W.J. McGuire, R.P. Abelson et J.W. Brehm (dir.), *Attitude organization and change* (p. 15-64). New Haven : Yale University Press.

Rosenberg, M.J. et Hovland, C.I. (1966). Cognitive, affective, and behavioral components of attitudes. Dans M.J. Rosenberg, C.I. Hovland, W.J. McGuire, R.P. Abelson et J.W. Brehm (dir.), *Attitude organization and change* (p. 1-14). New Haven : Yale University Press.

Rousseau, D.M. (1989). Psychological and implicit contracts in organizations. *Employee Rights & responsabilities Journal, 2,* 121-139.

Rousseau, V. (2003). *Le fonctionnement interne des équipes de travail : conceptualisation, mesure et validation.* Thèse de doctorat, Université de Montréal.

Rousseau, V., Aubé, C. et Savoie, A. (2006). Le fonctionnement interne des équipes de travail : conception et mesure. *Revue canadienne des sciences du comportement.*

Roy, M. et Audet, M. (2003). La transformation vers de nouvelles formes d'organisation plus flexibles : un cadre de référence. *Gestion, 27,* 43-49.

Roy, M. et Saint-Jacques, D. (2003). *Équipes semi-autonomes et santé et sécurité du travail. Mise à jour de la recension des écrits et du modèle d'organisation du travail en équipes semi-autonomes.* Institut de recherche Robert-Sauvé en santé et en sécurité du travail (IRSST).

Roy, M., Guindon, J.-C., Bergeron, J.-L., Fortier, L. et Giroux, D. (1998). *Équipes semi-autonomes de travail : recension d'écrits et inventaire d'expériences québécoises.* Sherbrooke, Québec : Université de Sherbrooke.

Ryan, R.M. et Deci, E.L. (2000). Self-determination theory and the facilitation of intrinsic motivation, social development, and well-being. *American Psychologist, 55,* 68-78.

Saint-Arnaud, Y. (1974). *La personne humaine. Introduction à l'étude de la personne humaine et des relations interpersonnelles.* Montréal : Éditions de l'homme (CIM).

Saint-Arnaud, Y. (1989). *Les petits groupes, participation et communication.* Montréal : Presses de l'Université de Montréal.

Saint-Arnaud, Y. (2002). *Les petits groupes, participation et communication.* Boucherville, Québec : Gaëtan Morin Éditeur.

Saks, A.M. et Haccoun, R.R. (2004). *Managing performance through training and development* (3e édition). Scarborough, Ontario : Nelson.

Salgado, J. (2002). The Big Five personality dimensions and counterproductive behaviors. *International Journal of Selection & Assessment, 10,* 117-125

Salovey, P. et Mayer, J.D. (1990). Emotional intelligence. *Imagination, Cognition & Personality, 9,* 185-211.

Samson, A. (2002). *Avec qui travaillez-vous ?* Montréal, Canada : Les Éditions Transcontinental inc.

Samuels, A. (1991). *Jung and the post-Jungians.* New York : Tavistock/Routledge.

Sartre, J.-P. (1947). *Huis clos. Les mouches.* Paris : Gallimard.

Sartre, J.-P. (1985). *Critique de la raison dialectique. Tome 1 : Théorie des ensembles pratiques.* Paris : Gallimard (texte original publié en 1960).

Savoie, A. et Beaudin, G. (1995). Les équipes de travail : que faut-il en connaître ? *Psychologie du travail et des organisations, 1,* 116-137.

Savoie, A. et Brunet, L. (2000). Les équipes de travail : champ d'intervention privilégié pour les psychologues. Dans J.-L. Bernaud et C. Lemoine (dir.), *Traité de psychologie du travail et des organisations* (p. 171-202). Paris : Dunod.

Savoie, A. et Mendès, H. (1993). L'efficacité des équipes de travail : une prédiction initialement multidimensionnelle. Dans P. Goguelin et M. Moulin (dir.), *La psychologie du travail à l'aube du XXIe siècle.* Paris : EAP.

Scarr, S. (1969). Social introversion-extraversion as a heritable response. *Child Development, 40,* 823-832.

Scharf, A. (1989). How to change seven rowdy people. *Industrial Management, 31,* 309-329.

Scherer, K.R. (1989). Les émotions : Fonctions et composantes. Dans B. Rimé et K. Scherer (dir.), *Les émotions* (p. 97-133). Neuchâtel, France : Delachaux et Niestlé.

Schermerhorn, J.R., Hunt, J.G. et Osborn, R.N. (2002). *Comportement humain et organisation* (2e édition, traduit de l'anglais par Claire de Billy). Saint-Laurent, Québec : Éditions du renouveau pédagogique.

Schultz, D. (1975). *A history of modern psychology.* New York : Academic Press.

Schutz, W.C. (1958). *FIRO : A three-dimensional theory of interpersonal behaviour.* New York : Rinehart & Company Inc.

Scott, J.L. (1990). O.R. Methodology and the learning cycle. *Journal of Management Science, 18,* 551-553.

Scott, W.E. (1966). Activation theory and task design. *Organizational Behavior & Human Performance, 1,* 3-30.

Scully, J.A., Tosi, H. et Banning, K. (2000). Life event checklists : Revisiting the social readjustment rating scale after 30 years. *Educational & Psychological Measurement, 60,* 864-876.

Seibert, S.E. et Kraimer, M.L. (2001). The five-factor model of personality and career success. *Journal of Vocational Behavior, 58,* 1-21.

Selye, H. (1974). *Stress sans détresse.* Montréal : La Presse.

Selye, H. (1976). *The stress of life.* New York : McGraw Hill.

Senge, P.M. (1990). The fifth discipline : The art and practice of the learning organization. *Training, 31,* 41-49.

Senge, P.M. (1991). *La cinquième discipline. L'art et la manière des organisations qui apprennent.* Paris : First.

Shaw, M.E. (1981). *Dynamics : The psychology of small behavior.* Montréal : McGraw-Hill.

Sherif, M. (1936). *The psychology of social norms.* New York : Harper.

Sherrington, C.S. (1947). *The integrative action of the nervous system* (2e édition). New Haven : Yale University Press.

Siegrist, J. (1996). Adverse health effects of high-effort/low-reward conditions. *Journal of Occupational Health Psychology, 1,* 27-41.

Simon, H.A. (1947). *Administrative behavior : A study of the decision-making processes in administrative organizations.* New York : Free Press.

Simonton, D.K. (2002). Creativity. Dans C.R. Snyder et S.J. Lopez (dir.), *Handbook of positive psychology.* New York : Oxford University Press.

Singer, J. et Loomis, M. (1984). *The Singer-Loomis Inventory of Personality (SLIP) experimental edition. Manual.* Palo Alto, CA : Consulting Psychologists.

Sivasubramaniam, N., Murry, W.D., Avolio, B.J. et Jung, D.I. (2002). A longitudinal model of the effects of team leadership and group potency on group performance. *Group & Organization Management, 27,* 66-96.

Skinner, B.F. (1974). *About behaviorism.* New York : Knopf.

Slater, S.F. et Narver, J.C. (1994). *Market-oriented isn't enough : Build a learning organization.* Cambridge, MA : Marketing Science Institute, rapport n° 94-101.

Snell, R. (1992). Experiential learning at work : Why can't it be painless ? *Management Decision, 30,* 133-142.

Soares, A. (2002). *Quand le travail devient indécent : le harcèlement psychologique au travail.* Rapport de recherche, École des sciences de la gestion, Département des ressources humaines, Université du Québec à Montréal.

Spreitzer, G.M. (1995). Psychological empowerment in the workplace : Dimensions measurement, and validation. *Academy of Management Journal, 38,* 1442-1465.

Spreitzer, G.M. (1997). Toward a common ground in defining empowerment. Dans W.A. Pasmore et R.W. Woodman (dir.), *Research in organizational change and development* (vol. 10, p. 31-62). Greenwich : JAI Press.

Stamper, C.L. et Johlke, M.C. (2003). The impact of perceived organizational support on the relationship between boundary spanner role stress and work outcomes. *Journal of Management, 29,* 569-588.

Staszak, J.-F. (1999). Les prophéties autoréalisatrices. *Sciences humaines, 94,* 42-44.

Statistiques Canada (2004). *Taux d'absence du travail* (n° 71-211-X1F).

Statistiques Canada (2005). *L'emploi et le revenu en perspective* (n° 4 75-001-XPF).

Steers, R.M. et Rhodes, S.R. (1978). Major influences on employee attendance : A process model. *Journal of Applied Psychology, 63,* 391-304.

Steers, R.M., Mowday, R.T. et Shapiro, D.L. (2004). The future of work motivation theory. *Academy of Management Journal, 29,* 379-387.

Stevens, M.J. et Campion, M.A. (1994). The knowledge, skill, and ability requirements for teamwork : Implications for human resource management. *Journal of Management, 20,* 503-530.

Stock, R. (2004). Drivers to team performance : What do we know and what have we still to learn ? *Schmalenbach Business Review, 56,* 274-306.

Storr, A. (1988). *Churchill's black dog, Kafka's mice, and other phenomena of the human mind.* New York : Ballantine Books.

Sundstrum, E., De Meuse, K.P. et Futrell, D. (1990). Work teams : Applications and effectiveness. *American Psychologist, 45,* 120-133.

Sundstrum, E., McIntyre, M., Halfhill, T. et Richards, H. (2000). Work groups : From the Hawthorne studies to work teams of the 1990s and beyond. *Group dynamics : Theory, Research, & Practice, 4*, 44-67.

Tajfel, H. (1981). *Human groups and social categories.* Cambridge, MA : Cambridge University Press.

Taylor, S.E. et Crocker, J. (1981). Schematic bases of social information processing. Dans E.T. Higgins, C.P. Herman et M.P. Zanna (dir.), *Social cognition. The Ontario symposium* (vol. 1, p. 89-134). Hillsdale, NJ : Lawrence Erlbaum.

Tellier, Y. (1991). Leadership et gestion. Dans R. Tessier et Y. Tellier (dir.), *Pouvoirs et cultures organisationnels, changement planifié et développement des organisations* (tome 4, p. 35-88). Sillery, Québec : Presses de l'Université du Québec.

Thobaben, M. (2005). Defense mechanisms and defense levels. *Home Health Care Management & Practice, 17*, 330-332.

Thomas, K.W. et Kilmann, R.H. (1974). *Thomas-Kilmann Instrument.* Tuxedo, NY : Xicom.

Thomas, K.W. et Velthouse, B.A. (1990). Cognitive elements of empowerment : An "interpretive" model of intrinsic task motivation. *Academy of Management Review, 15*, 666-681.

Thompson, J.D. (1967). *Organizations in action.* New York : McGraw-Hill.

Thorndike, E.L. (1931). *Human learning.* New York : Appleton.

Thurstone, L.L. (1934). The vectors of mind. *Psychological Review, 41*, 1-31.

Tillich, P. (1952). *The courage to be.* New Haven, NJ : Yale University Press.

Timmerman, P. (1986). Mythology and surprise in the sustainable development of the biosphere. Dans W.C. Clark et R.E. Mun (dir.), *Sustainable development of the biosphere* (p. 435-453). Laxenberg, Austria : International Institute for Applied Systems Analysis.

Tolman, E.C. (1959). Principle of purposive behavior. Dans S. Koch (dir.), *Psychology : A study of science* (vol. 2, p. 239-261). New York : McGraw-Hill.

Toulouse, J.-M. et Poupart, R. (1976). La jungle des théories de la motivation au travail. *Gestion, 1*, 54-59.

Tremblay, M. et Wils, T. (2005). La mobilisation des ressources humaines : une stratégie de rassemblement des énergies de chacun pour le bien de tous. *Gestion, 30*, 37-49.

Trepo, G. (1973). Les racines du centralisme dans l'entreprise. *Management - Direction, 37*, 21-30.

Trist, E.L. (1981). The sociotechnical perspective. The evolution of sociotechnical systems as a conceptual framework and as an action research program. Dans A. Van de Ven et W.F. Joyce (dir.), *Perspectives on organization design and behavior* (p. 19-75). New York : Wiley.

Trocmé-Fabre, H. (1994). *J'apprends, donc je suis.* Paris : Éditions de l'Organisation.

Tuckman, B.W. (1965). Developmental sequence in small groups. *Psychological Bulletin, 63*, 384-399.

Tuckman, B.W. et Jensen, M.A. (1977). Stages of small group development revisited. *Group & Organization Studies, 2*, 419-427.

Vaill, P.B. (1989). *Managing as a performing art. New ideas for a world of chaotic change.* San Francisco : Jossey-Bass.

Vaillant, G.E. (1971). Theoretical hierachy of adaptative ego mechanisms. *Archives of General Psychiatry, 24*, 107-118.

Vaillant, G.E. (1977). *Adaptation to life.* Boston : Little, Brown.

Vallerand, R.J. (1994). Les attributions en psychologie sociale. Dans R.J. Vallerand (dir.), *Les fondements de la psychologie sociale* (p. 259-326). Boucherville, Québec : Gaëtan Morin Éditeur.

Vallerand, R.J., Blais, M.R., Brière, N.M. et Pelletier, L.G. (1989). Construction et validation de l'échelle de motivation en éducation (EME). *Revue canadienne des sciences du comportement, 21*, 323-349.

Vallerand, R.J. et Bouffard, L. (1985). Concepts et théories en attribution. *Revue québécoise de psychologie, 6*, 45-81.

Van de Ven, A.H., Delbecq, A.L. et Koenig, R. (1976). Determinants of coordination modes within organizations. *American Sociological Review, 41*, 322-338.

Van den Hove, D. (1996). *Fonder le management. Un point de vue de psychosociologue.* Louvain-la-Neuve, Belgique : Université catholique de Louvain.

van Emmerik, L.J.H., Jawahar, I.M. et Stone, T.H. (2005). Associations among altruism, burnout dimensions, and organizational citizenship behaviour. *Work & Stress, 19*, 93-100.

Vasquez, K., Durik, A.M. et Hyde, J.S. (2002). Family and work : Implications of Adult Attachment Styles. *Personality & Social Psychology Bulletin, 28*, 874-886.

Veres, J.G., Sims, R.R. et Locklear, T.S. (1991). Improving the reliability of Kolb's revised Learning Style Inventory. *Educational & Psychological Measurement, 51*, 143-150.

Verne, J. (1994). *Paris au XXe siècle.* Paris : Hachette.

Villeneuve, M. et Letarte, H. (1995). La cohésion est-elle un prédicteur valable de la performance des équipes de travail ? Une méta-analyse. *Psychologie du travail et des organisations, 1*, 86-103.

Vincent, J.-D. (1986). *Biologie des passions*: Paris : Seuil.

von Bertalanffy, L. (1972). *Théorie générale des systèmes.* Paris : Dunod.

von Franz, M.-L. et Hillman, J. (1971). *Jung's typology : The inferior function and the feeling function.* Dallas, TX : Spring.

Vroom, V.H. (1964). *Work and motivation.* New York : John Wiley.

Vurpillot, E. (1991). Identification. Dans H. Bloch, R. Chemama, A. Gallo, P. Leconte, J.-F. Le Ny, J. Postel, S. Moscovici, M. Reuchlin et E. Vurpillot (dir.), *Grand dictionnaire de la psychologie* (p. 354). Paris : Larousse.

Wallon, H. (1959). Le rôle de l'autre dans la conscience du moi. *Enfance, numéro spécial*, 279-286.

Wallon, H. (1969). *Les origines du caractère chez l'enfant.* Paris : PUF.

Wanous, J.P. (1992). *Organizational entry. Recruitment, selection, orientation and socialization of newcomers.* Reading, MA : Addison Wesley.

Weibel, L. et Brandenberger, G. (2002). Stress environnemental : l'altération des rhythmes biologiques chez les travailleurs de nuit. Dans M. Neboit et M. Vézina (dir.), *Stress au travail et santé psychique* (p. 131-142). Toulouse, France : Octares.

Wellins, R.S. et George, J. (1991). The key to self-directed teams. *Training & Development Journal, 45*, 26-31.

Werbel, J.D. et Gilliland, S.T. (1999). Person-environment fit in the selection process. *Research in Personnel & Human Resources Management, 17,* 209-243.

West, M.A., Borrill, C.S. et Unsworth, K.L. (1998). Team effectiveness in organizations. *International Review of Industrial & Organizational Psychology, 13*, 1-48.

Wheelwright, J.B., Sheelwright, J.H., et Buehler, J.A. (1942). *Jungian type survey (the Gray-Wheelwrights' test).* San Francisco : Society of Jungian Analysts of Northern California.

Whitehead, A.N. (1961). *Adventures of ideas.* New York : Free Press.

Wicklund, R.A. et Brehm, J.W. (1976). *Perspectives on cognitive dissonance.* Hillsdale, NJ : Erlbaum.

Williams, K.Y. et O'Reilly, C.A. III. (1998). Demography and diversity in organizations : A review of 40 years of research. *Research in Organizational Behavior, 20*, 77-140.

Wilpert, B. (1995). Organizational behavior. *Annual Review of Psychology, 46*, 59-90.

Winnicott, D.W. (1969). Objets transitionnels et phénomènes transitionnels. Dans D. W. Winnicott (dir.), *De la pédiatrie à la psychanalyse* (p. 109-125). Paris : Payot.

Wrzesniewski, A., Dutton, J.E. et Debebe, G. (2003). Interpersonal sensemaking and the meaning of work. *Research in Organizational Behavior, 25*, 93-135.

Wrzesniewski, A., McCauley, C.R., Rozin, P. et Schwartz, B. (1997). Jobs, careers, and callings : People's relations to their work. *Journal of Research in Personality, 31*, 21-33.

Yalom, I.D. (1980). *Existential psychotherapy.* New York : Basic Books.

Yeatts, D.E. et Hyten, C. (1998). *High-performing self-managed work teams : A comparison of theory and practice.* Thousands Oaks, CA : Sage Publications.

Yoon, J., Baker, M.R. et Ko, J.-W. (1994). Interpersonal attachment and organizational commitment : Subgroup hypothesis revisited. *Human Relations, 47*, 329-351.

Young, P.T. (1967). Affective arousal : Some implications. *American Psychologist, 22*, 32-40.

Zacker, J. (1974). Is opposition to social intervention resistance or coping ? *Professional Psychology, 5*, 198-205.

Zajonc, R.B. (1960). The concepts of balance, congruity, and dissonance. *Public Opinion Quaterly, 24,* 280-296.

Zajonc, R.B. (1965). Social facilitation. *Science, 149*, 269-274.

Zajonc, R.B. (1984). On the primacy of affect. *American Psychologist, 39*, 117-123.

Zaleznik, A. (1966). *Human dilemmas of leadership.* New York : Harper & Row.

Zaleznik, A. (1989). *The managerial mystique : Restoring leadership in business.* New York : Harper & Row.

Zapf, D. et Einarsen, S. (2005). Mobbing at work : escalated conflicts in organizations. Dans S. Fox et P.E. Spector (dir.), *Counterproductive work behavior : Investigations of actors and targets* (chapitre 10, p. 237-270). Washington, DC : American Psychological Association.

Zapf, D. et Gross, C. (2001). Conflict escalation and coping with workplace bullying : A replication and extension. *European Journal of Work & Organizational Psychology, 10*, 497-522.

Zazzo, R. (1979). *L'attachement.* Paris : Delachaux et Niestlé.

Index

A

B

S

U

V